宝安年鉴

2012

深圳市宝安区档案局（馆） 深圳市宝安区史志办公室 编

深圳出版发行集团
海 天 出 版 社

图书在版编目（CIP）数据

宝安年鉴. 2012 / 深圳市宝安区档案局（馆），深圳市宝安区史志办公室编. — 深圳：海天出版社，2012.11

ISBN 978-7-5507-0594-4

Ⅰ. ①宝… Ⅱ. ①深… ②深… Ⅲ. ①区（城市）—深圳市—2012—年鉴 Ⅳ. ①Z526.53

中国版本图书馆CIP数据核字(2012)第253171号

宝安年鉴. 2012

BAO AN NIAN JIAN. 2012

出 品 人　尹昌龙
责任编辑　谢　芳
责任技编　梁立新
装帧设计　徐　刚

出版发行　海天出版社
地　　址　深圳市彩田南路海天大厦（518033）
网　　址　www.htph.com.cn
订购电话　0755-83460293（批发）0755-83460397（邮购）
印　　刷　凸版印刷（深圳）有限公司
开　　本　880mm×1194mm　1/16
印　　张　17.5
字　　数　650千
版　　次　2012年11月第1版
印　　次　2012年11月第1次
印　　数　1—800册
定　　价　120.00元

《宝安年鉴》编审委员会

《宝安年鉴》编辑部

编辑说明

《宝安年鉴》是中共深圳市宝安区委、宝安区人民政府组织编印的地方综合性年鉴，是系统记述宝安区自然、地理、政治、经济、文化和社会等各方面情况的年度资料性文献。其办刊宗旨是：以邓小平理论、“三个代表”重要思想和科学发展观为指导，如实记述宝安改革开放的新成就和各行各业的新变化，客观、全面、系统地反映宝安各项事业新发展；如实记述在加快特区一体化，建设和谐幸福宝安工作中采取的一系列新举措及取得的成效。它是了解宝安、投资宝安的指南，具有重要的历史价值和社会价值。1995年创刊，现已出版18期。

本年鉴体例采用条目体，力求做到文字精炼、图文并茂。

本年鉴涉及的统计数据来源于宝安区统计局。对各单位初稿使用的数据如与统计局公布的数据有出入者，一律以统计局公布的数据为准。

本年鉴的初稿由各单位、各部门特约撰稿人提供，得到各单位领导的重视和大力支持，在此表示衷心感谢！

由于水平有限，疏漏和差错在所难免，敬请广大读者批评指正。

2011年11月11日，中共中央政治局常委李长春到宝安区福永街道文体中心调研，图为李长春翻阅宝安打工文学作家赠书

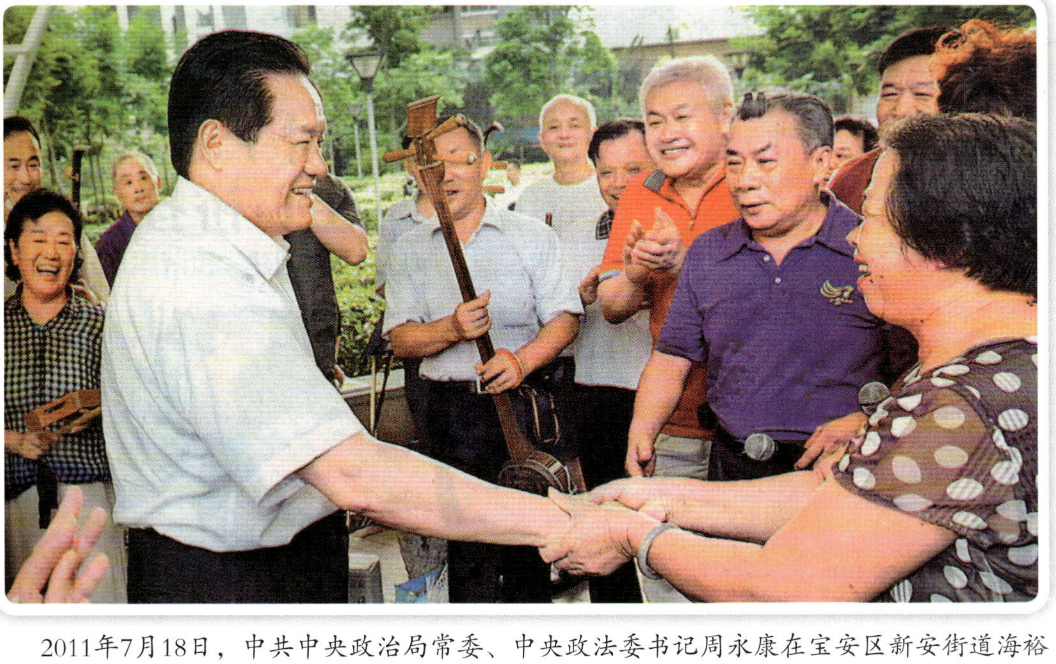

2011年7月18日，中共中央政治局常委、中央政法委书记周永康在宝安区新安街道海裕社区与居民交谈

2011年10月20日，中共中央政治局委员、国务委员刘延东视察观澜版画原创产业基地

2011年3月1日，中共中央政治局委员、广东省委书记汪洋到深圳北站视察

2011年8月13日，国民党荣誉主席连战到观澜版画原创产业基地参观并现场题字

2011年8月14日，文化部部长蔡武到观澜版画原创产业基地考察

2011年12月6日，广东省委副书记、代省长朱小丹在宝安区龙华街道深超光电低温多晶硅液晶面板项目点亮投产仪式上致辞

2011年10月21日，广东省委常委、深圳市委书记王荣到宝安区大浪街道调研时称赞宝安在转型发展上有很好的思路

2011年8月16日，深圳市委副书记、市长许勤到宝安游泳馆检查大运会女子水球赛事运行情况

2011年3月24日，深圳市政协主席白天率队到宝安区沙井街道就“打造文化品牌，发展文化产业”开展专题调研

2011年5月31日，区委书记鲁毅在安乐小学参加“庆六一、迎大运”主题活动

2011年5月25日，区长张备率政府职能部门做客宝安日报社接听“市民热线”

2011年2月25日，区政协主席沈建英到大浪街道视察大浪公园建设情况

2011年4月19日，区人大常委会常务副主任麦启锐到沙井街道衙边社区调研

2011年1月20日，中共深圳市宝安区第四届代表大会第七次会议召开

2011年12月12日，中共深圳市宝安区第五届代表大会第一次会议召开

2011年2月13日，深圳市宝安区第四届人民代表大会第七次会议召开

2011年2月12日，政协深圳市宝安区第三届委员会第七次会议召开

2011年1月30日，中共深圳市宝安区第四届纪律检查委员会第六次全体（扩大）会议召开

2011年2月2日，宝安区福永街道万福民工街舞团在中央电视台2011年春节联欢晚会上表演了舞蹈《咱们工人有力量》并荣获特别类节目一等奖

2011年5月27日，宝安体育场工程举行竣工暨交接仪式

2011年6月16日，深圳市轨道交通龙华线（4号线）全线开通

2011年8月15日，深圳第26届世界大学生夏季运动会女子体操个人全能比赛（决赛）在宝安体育馆举行

2011年9月1日，宝安第一外国语学校揭牌暨初中部开学典礼举行

2011年10月18日，深圳市宝安建设投资有限公司成立庆典暨揭牌仪式举行

2011年11月20日，长安标致雪铁龙汽车有限公司成立暨奠基仪式在宝安区观澜街道举行

2011年12月30日，龙华新区成立挂牌仪式举行

宝安体育场夜景

2011年8月，在宝安体育馆举行的大运会赛事精彩瞬间

深圳北站夜景

2011年12月26日上午，驶出深圳北站的第一辆高铁

建设中的宝安机场T3跑道建筑工程

风景如画的住宅小区——位于民治街道的丰泽湖山庄

西乡北帝古庙三月三庙会

2011年8月14日，福永杂技艺术团在古巴举办的第十届“CIRCUBA”国际夏季杂技节中获金奖

铁岗水库

石岩湖

观澜湖高尔夫球会

海上田园风光

目　录

文　献

特色宝安

总　述

政党政权

群众团体

军 事

工 业

城市规划和建设

人居环境

农林渔业

交通　邮政　电信

金 融

商 贸

经济监督管理

科技 教育

文化 体育 旅游

卫 生

社会生活

街　道

人　物

统计资料

2011年宝安大事记

索引

加快特区一体化　建设和谐幸福宝安

——在中共深圳市宝安区第四届代表大会第七次会议上的报告

（2011年1月20日）

中共深圳市宝安区委书记　鲁　毅

同志们：

现在，我代表中共深圳市宝安区第四届委员会向大会作报告，请审议。

这次大会的主要任务是：深入学习贯彻省委十届八次全会、市委五届六次全会精神，总结我区2010年工作，部署2011年工作，研究制定关于“十二五”规划的建议和加强社会建设的实施意见，动员团结全区党员干部群众，加快特区一体化，建设和谐幸福宝安。

一、关于2010年工作

刚刚过去的2010年，是深圳经济特区建立30周年，也是“十一五”的收官之年，中央批准特区范围扩大到全市，大事多、喜事多、任务重。一年来，在市委市政府的正确领导下，我们牢牢把握特区一体化的重大历史机遇，沉着应对各种风险和挑战，着力巩固基础、优化结构、提高效益、改善环境、保障民生、促进和谐，努力推动经济社会协调健康发展，各项事业取得新的成绩。

（一）抓转型调结构，经济综合实力进一步增强

面对复杂多变的经济环境和转型过程中的严峻挑战，采取一系列有针对性的措施，巩固应对国际金融危机成果，切实加快经济发展方式转变，保持经济平稳较快增长。全年实现地区生产总值2603亿元，增长14.9%；税收（不含光明新区，下同）406亿元，增长25.2%；财政一般预算收入102亿元，增长23.9%，财政一般预算总收入142亿元，增长24.2%。各项主要指标均实现两位数增长，超额完成全年预期目标。

加强对经济工作的领导和服务。出台《关于加快转变经济发展方式　强力推进产业结构调整的决定》和《行动计划》。加强对经济运行情况的监测、分析和研究，及时完善决策部署。扎实开展“服务企业加快转变”活动，为“六类”百强企业提供针对性、“处方式”服务，及时协调解决企业发展面临的问题；安排产业发展资金4.62亿元，重点扶持自主创新、民营经济、战略性新兴产业；组织企业参加38场境内外展会，着力扩内销稳出口，内销产品产值增长12.1%；深入推进企业上市工作，帮助10家企业挂牌上市，全区上市公司总数达28家；分三批对273家重点企业周边环境进行综合整治，已完成165家，企业发展环境进一步改善。

推进产业结构优化。成功举办“高端产业推介会”，引进73个高端产业项目，合同金额达855亿元；实行区领导包项目制度，引进长安标致等带动作用强的大项目，推动一批重大产业项目建成投产；电子信息等支柱产业进一步高端化，文化产业、物流业、总部经济等发展迅速；外贸增长方式加快转变，全年进出口总额增长33.6%，一般贸易出口增幅高于加工贸易11.2个百分点，共有117家“三来一补”企业实现转型。

增强自主创新能力。深入实施知识产权战略和品牌战略，大力推进创新型城区建设。扶持企业建设2家市级工程技术中心和3家开放性研发基地，

98家企业被认定为国家级高新技术企业。全年实现高新技术产品产值4986亿元，增长23.5%，其中具有自主知识产权的2488亿元，增长24.9%；公开公告专利10910项，增长37.8%，其中发明专利4490项，增长13.6%，占41.2%；新增国家驰名商标1个，省名牌产品、著名商标15个。

推动社区经济转型发展。召开第一次全区性社区股份合作公司工作会议，专题部署社区经济发展工作；坚持扶持与监管并重，全面推行街道统一记账，强化财务监管；安排专项扶持资金，为61家公司提供2500多万元补助，选择6家公司开展多元化经营试点，扶持引导股份合作公司转型发展。全区416家股份合作公司总资产达520亿元，增长8%。

（二）抓建设优环境，城市功能和市容面貌进一步提升

以区委区政府1号文出台《关于加快现代化城区建设　全面提升城市环境的实施意见》，扎实开展“环境提升年”活动，以城市环境的优化引领生产、生活、生态质量的提升。

加快基础设施建设。强化重大项目建设的协调、督办，半月一协调，一月一通报，重大项目建设明显加快。37个市级重大建设项目完成投资275.3亿元，完成年度计划的123.7%。区本级安排重大建设项目62个、重大前期项目69个，累计完成投资56.3亿元，完成年度计划的112.5%，其中33个政府投资项目完成投资33.6亿元，完成年度计划的117.9%。

实施市容环境提升行动。充分调动街道、部门、社区和广大群众的积极性，坚持高标准、有特色，点线面结合，突出宝安中心区、机场片区、深圳北站、主要道路等重点区域，全面开展建筑立面刷新、城中村综合整治、道路绿化提升等“六大行动”、“六项工程”。全年完成建筑立面整治刷新共1871万平方米，获得市行动指挥部颁发的第一号嘉奖令，城市家具刷新、环境绿化提升等年度任务全部完成。

推进国家生态区创建。强力推进57项年度创建工作，完成创建申报。治污保洁工作持续推进，环境基础设施建设加快，污染减排完成年度任务的151%。全区绿化覆盖率达46.3%，2号绿道经过我区的62.6公里全线建成，得到国家和省住建部门高度评价，5号绿道经过我区的21.5公里全线拉通。主要饮用水源水质100%达标，观澜河水质明显改善；全年空气质量为优的天数161天，比2009年增加15天。

（三）抓民生保稳定，群众关心的热点难点问题得到进一步解决

坚持民生优先，进一步加大民生投入，区级财政对民生和基本公共服务类的支出86亿元，占一般预算支出的80%，“十项民生实事”全面完成，社会大局和谐稳定。

抓好就业和社会保障。持续开展公益性招聘活动，提供就业岗位126万个，为56万多名劳务工提供免费职介服务；帮助居民就业9431人，保持“零就业家庭”动态归零。深入实施素质工程，开展“百万劳务工素质提升行动”、居民就业创业“金钥匙行动”等培训近万场次，参训人数达227万人次。进一步扩大社会保险覆盖面，各险种参保总量1203万人次，增加21%。全面落实社会救助体系，低收入居民救助工作处于全市领先水平。第四期同富裕工程和对口扶贫开发“双到”工作顺利进行。

全面发展社会事业。进一步加大投入、提高标准、优化布局，加快公共服务设施建设，建成中小学3所，区人民医院新门诊大楼、中心血站新业务大楼投入使用，街道医院、卫生监督所、文化体育中心、固本强基等项目建设加快。积极探索向优质民办学校购买学位，开展特色名校建设、公民办学校“一对一”帮扶等活动，推动教育优质均衡发展，被评为“广东省推进教育现代化先进区”。社康中心服务能力增强，服务人次约占全区门诊量的一半，基本做到“小病不出社区”，卫生、计生服务水平不断提高。大力推进交通一体化，动工建设多个关口交通优化项目，在福永、民治街道开展交通综合改善示范工程，500米公交站点覆盖率提高到82%。创新“一十百千万”募捐方式，慈善捐赠日募捐资金占全市的83.5%，市民慈善意识进一步增强。

努力提升城市公共文明。启动交通文明指数测评，着力整改城市环境、公共秩序和社会治安等方面存在的问题。完善公共文化服务体系，“迎大运”全民健身活动广泛开展，青工文化节、公园文化节、企业文化活动周等群众文化活动精彩纷呈。文艺精品创作成绩喜人，获得61项省级以上奖励。精神文明创建工作深入推进，新安街道被授予“省文明单位”称号，福永怀德、民治新牛社区被授予“省文明社区”称号，6个集体和个人获得市精神文明建设重大成果奖。

着力构建和谐劳动关系。协助妥善处置富士康集团、理光越岭美等企业出现的劳动关系不和谐事件，加强人文关怀，改善用工环境，优化企业周边环境，抓好隐患排查，防止事态扩大化和性质演变，稳定大企业生产，富士康集团出口增长38%。出台《关于加快转变经济发展方式　努力构建和谐劳动关系的若干措施》，发放《致全区企业的一封信》3.2万份，加大劳动执法力度，推广“1+3”劳资恳谈机制，帮助企业化“危”为“机”、转型升级。

保持社会平安稳定。认真落实领导工作责任制，区领导包（挂）街道抓信访维稳工作，成立专案组协调解决了一系列重大不稳定问题；完善区、街道、社区和企业三级综治信访维稳平台，建立矛盾纠纷预警监控机制，开展民生问题专项治理，加强应急管理，及时有效化解矛盾纠纷、处置群体性事件，信访维稳形势保持平稳，连续3年保持零进京非正常上访。加强基层基础建设，深入推进“五五”普法工作，开展“出租屋整治年”活动，推进视频门禁系统试点和治安辅助力量整合；扎实做好“平安鹏城10”、“迎亚运、保稳定、促平安”年终冲刺等行动，不间断地开展治安重点区域整治，加强校园及工业区周边安全保卫，严厉打击各类犯

罪，社会治安形势进一步好转，八类严重暴力案件数下降15.5%。切实加强安全生产、食品药品安全监管，挂牌督办的300家重大和3000家较大安全隐患单位全部完成整改，百日安全生产大排查大整治行动效果明显，全年未发生重特大安全事故。2010年8月被市委市政府授予2009年度平安建设先进区和社会治安综合治理目标管理责任制考核优秀区。

（四）抓党建强基础，党的领导核心作用进一步增强

创先争优和机关作风大提升活动扎实开展。涌现了一批先进基层党组织、优秀党务工作者、优秀共产党员典型，中央创先争优网刊登了我区6个先进基层党组织、8名优秀共产党员的典型事迹。广泛开展机关作风大提升主题实践活动，6个单位及其负责人被评为全市“百优处室”和“百优处室带头人”。

党代会常任制试点工作深入推进。党代表工作室从社区扩展到机关和行业协会，总数增加到29个，开辟了联系和服务群众的新平台。党代表依托工作室开展接待、走访、约访等活动，“听民声、传民意、解民忧”，处理群众意见建议1100余条，并积极参与听证咨询、视察调研、监督评议、提案提议等活动，党代表作用进一步发挥。我区党代会常任制试点工作受到中央政治局委员、广东省委书记汪洋同志和省委、市委的肯定，省委在我区召开现场会推广经验。

党建社区化工作进一步深化。新建9个驻社区党委，总数增加到25个，调动多种资源参与社区建设和管理，探索将非公有制经济组织和社会组织党员纳入驻社区党委一体化管理，建立党组织与社会组织“双向”人才培养模式，不断丰富区域化党建内容。组织168名社区干部赴新加坡、香港等先进国家和地区学习，开展大学生村官培训，促使社区干部不断拓宽视野、转变观念、增长才干。中央政治局委员、书记处书记、中组部部长李源潮同志两次对我区基层党建工作作出批示，给予肯定和鼓励。

干部人事制度改革扎实推进。坚持正确的选人用人导向，采取公开推荐、面试提名、差额考察、差额票决的方式，选拔3名正处级实职干部和8名副处级干部。按照省的统一部署，选拔1名社区党组织书记担任街道中层干部，招录1名大学生村官和2名劳务工为公务员。干部选拔任用工作四项监督制度得到落实。

反腐倡廉进一步加强。认真学习贯彻《廉政准则》，举办纪律教育学习月和廉洁文化周活动，不断健全惩治和预防腐败体系。深入开展干部作风明察暗访，重点纠正行政审批、行政执法、医疗、教育等领域的不正之风。扎实开展工程建设领域突出问题专项治理，探索项目信息公开和要素市场诚信体系建设。开通社区党风廉政信息公开平台，方便群众监督。完善纪检监察派驻机构统一管理，强化对街道和重点领域的常态化、专业化、集约化监督。严肃查处违纪违法案件，全年立案查处案件41件，其中派驻纪检监察组查办23件。

去年工作取得的成绩，是市委市政府正确领导的结果，是区委和区几套班子团结协作的结果，是全区广大党员干部群众共同努力的结果。一年来，市委市政府对宝安的工作高度重视、大力支持。王荣书记、许勤市长等市领导多次到我区调研，悉心指导，对我区提出“四个强力推进”、“率先实现特区一体化”等要求，帮助解决发展中遇到的问题。

一年来，区委坚持以科学发展观为统领，统筹谋划发展全局。召开17次区委理论中心组学习会，不断强化科学发展理念，坚持理论联系实际，深入开展“四个强力推进”重大课题调研；召开5次全委会，研究加快特区一体化工作和重要人事任免等重大事项，区委委员、候补委员共开展55个课题调研，提出一系列建设性意见，有效发挥全委会作用；全力抓好“三港四城十大园区”规划建设、重大产业项目落地、土地整备、城市更新以及查处违法建筑等影响宝安长远发展的重点工作，不断增添发展后劲。

一年来，区人大、政协紧密围绕中心工作，深入开展依法监督和参政议政工作；区政府不断提高行政执行力，坚决贯彻落实区委决策部署，敢抓敢管，切实抓好工作落实；统一战线各党派、各界人士积极建言献策，服务大局；驻区部队和民兵预备役积极参加各项急难险重任务，作出积极贡献；工会、共青团、妇联等群团组织认真履行职责，在联系群众、维护权益、促进和谐等方面做了大量工作；全区各级各部门和广大党员干部群众，不断焕发“想干、敢干、快干”的激情和斗志，立足岗位，辛勤奉献，齐心协力推动宝安各项事业的创新与发展。

在此，我代表区委对全区各级各部门、广大党员干部群众，对大力支持我区发展建设的各民主党派、人民团体，对长期以来始终关心关注宝安的老领导、老同志和社会各界朋友，向全区建设者表示衷心的感谢！

在充分肯定成绩的同时，我们也要清醒地认识到，我区经济社会发展中仍然存在不少突出问题与不足。一是产业国际竞争力有待进一步提升，经济发展创新驱动、内生增长的动力还不足，转变经济发展方式任务紧迫而艰巨。二是基础设施和公共服务设施欠账多，环境污染治理任务艰巨，城市管理仍存在不少薄弱环节，查违形势依然严峻，城市公共文明有待提升，特区一体化任务艰巨。三是社会管理压力巨大，区域环境复杂，社会治安和安全隐患多，社会管理形势仍然严峻。四是一些党员干部敢闯敢试的创新精神弱化，推动科学发展的能力有待进一步增强，干部队伍作风建设需要进一步加强。这些问题必须引起我们的高度重视，在今后的发展中切实加以解决。

二、关于“十一五”规划完成情况和“十二五”规划的建议

“十一五”时期，在市委市政府的坚强领导下，以周林祥同志为书记的区委坚决贯彻中央和省、市的一系列重要决策部署，坚持一手抓发展、一手抓治理，坚持保增长与调结构相

结合，坚持以发展惠民生，针对实际采取一系列有力政策措施，有效应对了国际金融危机的严重冲击，经济综合实力实现新跨越，社会建设取得新进步，平安建设开创新局面，城市面貌得到新改观，体制机制改革迈出新步伐，超额完成“十一五”规划主要目标，地区生产总值达到2603亿元，翻了一番，占全市比重由23.7%提高到27.4%，规模以上工业总产值突破9000亿大关，累计完成全社会固定资产投资2460亿元，财政一般预算收入（不含光明新区）突破100亿元大关，经济社会发展实现了“满堂红”。可以说，“十一五”时期是宝安经济社会又好又快发展、人民群众得到更多实惠的一个时期。

区委经过深入调研、集思广益，研究制定关于“十二五”规划的《建议》（讨论稿），提交大会讨论审议。下面，我就《建议》稿作几点说明：

（一）科学研判和把握发展形势

总的来看，“十二五”时期仍然是宝安推动科学发展可以大有作为的重要战略机遇期。机遇前所未有，挑战尤为突出。一是国际经济格局深度调整的挑战。国际金融危机影响深远，世界经济复苏缓慢曲折，各种保护主义抬头，人民币升值压力进一步加大。这些都对以出口为主导的宝安经济有较大影响。二是国内宏观经济环境趋紧的挑战。今后一段时期将可能面临通胀压力，货币政策由适度宽松调整为稳健，进入加息周期的预期增大，企业将遇到信贷投放收紧和经营成本上升等问题。三是转型期社会矛盾凸显的挑战。我区正处在经济社会全面转型时期，面临短期问题和长期问题交织、结构性问题和体制性问题并存、市场倒逼机制更加趋紧的复杂局面，突出体现在：经济结构性矛盾依然突出，抗风险能力不强；经济发展与人口、资源、环境的矛盾日益突出，传统发展模式难以为继；公共管理和服务压力剧增，公共产品供需矛盾较为突出；制约科学发展的各种历史遗留问题亟待破解。在内外经济环境趋紧形势下，长期积累的各种矛盾和问题很有可能在某些领域和区域集中显现，影响社会稳定。

挑战和机遇从来都是矛盾共存、相互转化的，关键是如何正确把握和驾驭。我们在看到挑战的同时，也要看到面临的良好机遇。一是发展基础较好。经过多年的改革开放，我们已拥有较为完备的基础设施，奠定了较为雄厚的产业基础。“十一五”期间，我们又先行一步调整产业结构，抢抓了科学发展的先机。经过国际金融危机的洗礼，我区一大批企业经受了锻炼，提高了竞争力和抗风险能力。二是新一轮高技术革命带来新机遇。新能源、生物、网络信息等领域正孕育重大突破，这既对宝安发展战略性新兴产业、提高核心技术创新能力提出了新的要求，也为宝安在关键领域实现“弯道超车”提供了机遇。三是区域发展战略为宝安跨越式发展带来新契机。深港合作进一步深化、《珠江三角洲地区改革发展规划纲要（2008～2020）》深入实施、特区一体化及前海开发全面推进、深圳城市发展中心西移，必将极大地推动我区产业结构优化、基础设施建设和公共服务水平提升。宝安有条件、有基础，也有责任和义务率先探索科学发展新路，率先实现特区一体化，为全市经济社会发展多做贡献，这是市委市政府赋予我们的新使命，也是宝安广大人民群众对我们的新期望。

（二）突出“加快特区一体化”这一总抓手

中央提出以科学发展为主题，以加快转变经济发展方式为主线，落实到宝安“十二五”发展，就是要突出加快特区一体化这一总抓手。由于过去特区内外“二元体制”等原因，宝安在基础设施建设、城市管理、公共服务等方面与原特区内还存在相当大的差距。加快特区一体化，是贯彻主题主线的有效载体，是创造“深圳质量”的重要基础，是建设和谐幸福宝安的有力举措，是我们必须牢牢抓住的战略性、历史性机遇。区委四届八次全会提出“力争五年基本实现特区一体化”的目标，在时间上与“十二五”一致。因此，区委把加快特区一体化作为“十二五”规划实施的总抓手，以“大特区”的思路和视野谋划宝安的科学发展，高标准建设现代化国际化先进城区。

（三）明确“十二五”发展战略和目标任务

第一，明确发展定位。《建议》在总结发展成绩，分析发展形势的基础上，提出我区“十二五”时期的发展定位是：努力把宝安建设成为深圳科学发展主力区和特区一体化先行区。确立这一定位，主要基于三方面考虑：一是该定位主题鲜明，相对宏观，能概括、统领今后五年的重点工作；二是作为深圳的产业大区，我们宝安的产业结构转型升级直接关系全市经济结构战略性调整，有基础、有责任当好深圳科学发展主力区；三是作为原特区外经济发展和城市建设基础相对较好的区，我们宝安最有条件率先实现特区一体化。

第二，明确发展战略。“十二五”时期，我区要积极实施追赶跨越、民生优先、自主创新、人才强区、转型替代和低碳发展等“六大发展战略”。这六大战略，既符合中央和省、市确定的重大发展战略精神，又紧密结合宝安发展实际；既保持工作的连续性，又把握发展新形势，体现前瞻性。

第三，明确主要目标。我区“十二五”发展的主要目标，概括起来就是“三个显著一个完善”：经济发展方式转变取得显著进展，区域综合实力和竞争力显著提升，民生福祉显著改善，科学发展的体制机制日益完善。这些目标是“加快建设深圳科学发展主力区和特区一体化先行区”的基本要求。相关单位在制定“十二五”发展《规划》时要进一步深化、细化，转化为预期性指标和约束性指标，并分解为年度任务，确保圆满完成各项目标任务。

第四，明确重点任务。围绕发展定位、发展战略和主要目标，《建议》提出了七个方面重点任务：一是加快经济结构战略性调整，建设现代产业强区；二是加快创新要素集聚，建设创新型城区；三是加快特区一体化，建设现代化国际化先进城区；四是加强和创新社会建设，建设民生幸福城区；五是大力推动文化事业和文化产业发展，建设文化强区；六是坚持低碳发展战略，创建国家生态区；七是全面落实综合配套改革，建立有利于科学发展的体制机制。同时，提出加强党的领导、推进社会主义民主法治建设、建立规划实施的保障机制。

（四）正确处理几个重要关系

把握主题主线，加快建设深圳科学发展主力区和特区一体化先行区，必须继续解放思想，改革创新，先行先试，统筹兼顾处理好以下几个关系：

第一，处理好发展速度和发展方式的关系。转变经济发展方式需要有一定速度作支撑。没有一定的速度，就难以在园区建设、创新支持等方面更好地为产业升级提供支撑，就难以在基础设施、城市管理、公共服务等方面更好地满足人民群众的期待。但是，我们要的是有质量、有效益、可持续的速度，而不是传统发展模式下的速度。我们必须下定决心，加快转变经济发展方式，努力实现从“注重速度”向“崇尚质量”转变，从“宝安制造”向“宝安创造”转变。《建议》提出“十二五”时期地区生产总值年均增长12%左右，目的就是要留出空间、集中力量促创新、调结构、转方式，坚持“好”字优先、“快”在其中，争取又好又快。

第二，处理好经济增长和民生福祉的关系。增进民生福祉是经济增长的根本目的和最终归宿。同时，改善民生可以刺激消费、拉动内需，增强经济增长的内生性和稳定性，促进形成内外需协同拉动经济增长的格局，这恰恰是我们加快转变经济发展方式的重要着力点；改善民生还要发展教育文化、健全法制、完善社会管理、保护生态，增强软实力，这些无疑是支撑经济可持续发展的重要条件。宝安经济实力较强，但民生社会事业发展相对滞后，我们更应该坚持以人为本，把加强社会建设、增进民生福祉摆在更加突出的位置。

第三，处理好工业化、城市现代化和产业转型升级的关系。宝安的工业总产值占全市的“半壁江山”，但产业总体附加值不高，还存在相当数量的劳动密集型企业，与之相对应，在城市形态、城市面貌上存在“面向现代化、身处城中村、背靠脏乱差”的情况，离现代化城市的要求还有相当差距。我们必须按照全市产业布局分工的要求，促进工业化、信息化融合，走新型工业化道路，实现产业大区向产业强区跨越，以产业发展促进城市现代化；同时，以高水平城市发展和良好的生态环境引领产业发展，实现产业发展和城市发展良性互动、齐头并进。

第四，处理好宝安和周边地区的合作与竞争关系。随着沿江高速、城际轨道交通、深中跨江通道等重要交通设施的建设，区域一体化进程加快，区域经济格局面临新一轮调整。我们要充分利用珠三角一体化、深莞惠同城化、深港合作、前海开发开放等机遇，把握产业转移升级的规律，以更加开阔的视野参与区域合作，大力发展开放型经济，更好地“引进来”、“走出去”，同时要避免同质化竞争，走差异化发展路子，进一步提升比较优势。

第五，处理好科学谋划和狠抓落实的关系。近几年来，通过全区上下的共同努力，我们探索了许多行之有效的做法，打造出不少工作亮点。我们要在充分总结过去经验做法的基础上，以改革创新精神科学谋划未来发展，找准我们的定位和目标。在方向、路径确定以后，关键是要抓好落实。全区广大干部要以高度的责任感、强大的执行力狠抓工作落实，一步一个脚印，一项一项认真推进，巩固已有成果，创造性地破解发展难题，进一步拓展来之不易的发展好势头，推动宝安科学发展上新水平。

三、2011年工作重点

2011年是中国共产党成立90周年，是“十二五”规划的开局之年，也是宝安在特区一体化形势下推进跨越式发展的起始之年。今年工作的总体要求是：深入贯彻省委十届八次全会、市委五届六次全会精神，把握科学发展主题，抓住加快转变经济发展方式主线，围绕“加快特区一体化，建设和谐幸福宝安”，坚持一手抓建设、一手抓管理，全面推进经济建设、政治建设、文化建设、社会建设以及生态文明建设和党的建设，充分发挥党委总揽全局、协调各方的领导核心和共产党员先锋模范作用，以优异成绩迎接建党90周年，确保“十二五”发展开好局、起好步。综合考虑宏观经济形势和近几年经济增长态势，并与“十二五”目标相衔接，今年全区经济预期目标定为13%左右。

贯彻落实上述总体要求，做好今年工作，必须从改进思想方法和工作方法入手，在以下几个方面狠下工夫：

（一）坚持以人为本，扎扎实实为群众办实事办好事

以人为本，是科学发展观的核心。只有全心全意为人民群众办实事、办好事、解难事，以人为本才能变成看得见、摸得着、人民群众享受得到的成果。省委十届八次全会提出要“加快转型升级，建设幸福广东”；市委五届六次全会提出建设民生幸福城市。我区社会建设相对滞后的问题尤为突出，应该下更大的决心、花更大的气力、投更多的资源，切实加强社会建设，建设和谐幸福宝安。区委研究制定了《关于加强社会建设的实施意见（讨论稿）》，提交大会讨论，审议通过后以区委区政府1号文件下发。

积极推进基本公共服务一体化。今后一段时期，要努力在教育、卫生、文化、就业、社保等方面缩小与原特区内的差距，推进基本公共服务均等化。创新教育管理体制，加强以师德为核心的教师队伍建设，不断提升教育现代化水平。深化医药卫生体制改革，强化行风建设，健全社康中心运行机制，加强流动人口计划生育管理与服务，不断提高医疗服务水平。加快完善公共文化服务设施建设，创新公益文化活动，提高公共文

化服务质量。认真落实创业带动就业战略，不断完善就业服务帮扶体系，多渠道促进充分就业。完善社会保障体系，进一步扩大基本社会保险覆盖面，拓展社会救助范围，充分发挥各类慈善组织的帮扶救助作用。加大保障性住房和安居型商品房建设力度，多渠道拓展房源。继续推进同富裕工程，实施区内扶贫开发，实现区域协调发展。

进一步加强平安建设。继续加大力度解决平安、稳定这一影响我区科学发展的突出问题，加快推进社会管理创新，努力创造安定有序的社会环境。重点要加强源头治理体系建设，积极构建和谐劳动关系，更加注重对劳务工的人文关怀；全面加强流动人口和出租屋管理服务，逐步健全“以证管人、以房管人、以业管人”的工作运行机制；进一步拓宽社情民意表达渠道，充分发挥三级综治信访维稳中心的平台作用，夯实维稳基层基础，扎实开展矛盾纠纷排查、预警和调处，努力实现案结、事了、人和；加快推进社会治安立体防控体系建设，进一步整合规范治安辅助力量，大力推广视频门禁系统，依法严厉打击各类违法犯罪行为；加强公共安全防控，完善“一格多元”网格化管理体制，严格落实企业安全生产主体责任和规范化管理，加大安全生产宣传教育力度，开展经常性隐患排查整治，坚决遏制重特大安全事故。

加快完善社区服务体系。切实加强社区治理，合理配置社区资源，提高社区服务水平，让社区成为服务群众、解决民生问题的“第一窗口”。扎实推进“织网工程”，依托社区织造覆盖全社会的“服务网”、“民心网”；加大社区社会组织培育和发展力度，发挥社会组织在社区建设、管理和服务中的积极作用，不断完善公共服务、市场服务、公益服务有机结合的社区服务平台；进一步加强基层民主建设，坚持和完善社区党组织领导下的居民自治制度，抓好社区党务、居务、站务公开，倡导邻里相亲、守望相助，推动社会自治和政府管理的更好结合。

继续办好每年“十件民生实事”。按照民生急需、普遍受益、量力而行、全力而为、当年完成的原则，切实选好办好民生实事；选出的项目，要迅速“定方案、定人员、定责任、定进度”，并通过媒体公布，接受人民群众的监督；责任单位和各相关部门要有超常规的措施，加强协调、优化服务、特事特办、绿灯通行，以实实在在的成效取信于民。各街道和区直各部门也要根据实际，每年抓好几件改善民生的实事，不断增强人民群众的幸福感。

（二）抓住主要矛盾，集中力量打好转变经济发展方式这场“攻坚战”

当前我们所面临的资源、环境、人口、社会管理、公共服务等问题，根源在于粗放型发展方式。抓住了转型发展，也就抓住了全局工作的“牛鼻子”。转变经济发展方式，涉及的工作很多，任务十分繁重，区委已多次作出部署，要继续抓好贯彻落实，推进战略性新兴产业规模化、支柱产业高端化、优势传统产业高级化，大力发展现代服务业和总部经济，打造电子信息高端制造业基地、生产性服务中心和技术创新中心，使经济发展方式转变在宝安率先落实、率先见效，努力种出“高产田”，为创造“深圳质量”作出新的更大贡献。今年特别是要在以下几个方面采取强有力的措施，推动转变经济发展方式取得突破性进展。

在大项目引进和建设上取得突破。要加大产业链高端环节和关键缺失环节的招商引资力度，引进大型中央企业到我区投资，争取国家和省、市重大项目在我区布局；对已签约引进的项目，继续实行领导包项目制度，及时协调解决项目落地、建设中遇到的问题；建立定期报告制度，强化督促检查，强力推进重大产业项目尽快建成投产，以优质的增量稀释较低端的存量。

在新型产业园区规划建设上取得突破。加快“十大产业园区”规划建设和工业区整合改造工作，今年重点启动宝安科技创新园、航空产业园、石岩IT服务外包基地、长安标致汽车产业园等园区的建设，推进产业园区周边环境综合整治，完善生产生活配套设施。主管部门和相关街道要主动沟通协调，制定详细工作计划和时间表，共同推进。

在促进自主创新产业化上取得突破。要进一步发挥企业的自主创新主体作用，为企业提供完善的创新条件。多种途径解决创新产业用房问题，为创新型企业提供从孵化器、加速器、创新厂房到总部大厦的空间支持；大力发展创业投资，实施上市培育工程，扶持更多科技企业通过上市解决资金难题；落实“孔雀计划”，切实解决各类高端人才入户、子女入学、配偶就业、医疗保险以及安居住房等问题，打造高端人才集聚的创新高地。

在推动战略性新兴产业发展上取得突破。战略性新兴产业是引导未来经济社会发展的重要力量。要尽快出台产业规划，梳理培育一批新能源、互联网、生物医药、新材料、文化创意等重点项目，规划建设一批战略性新兴产业园区，有针对性地制定企业成长计划，扶持一批战略性新兴产业企业做大做强，抢占新一轮经济和科技发展制高点。

在“腾笼换鸟”上取得突破。“腾笼换鸟”腾出的是新的发展空间，换来的是好项目、大项目，动手越早，代价越小。对不符合产业发展导向、技术落后甚至污染严重、安全隐患和劳资纠纷多的企业，要采取综合措施促其转型升级，依法规范和淘汰。要进行全面摸查，定出年度淘汰计划，年初上报，半年组织检查，年终进行考核；要充分调动基层的积极性，考虑他们的切身利益，形成加快推动“腾笼换鸟”的合力。

在促进社区股份合作公司转型发展上取得突破。社区股份合作公司是宝安经济社会发展的一个重要支撑。要继续落实各项扶持政策措施，规范经营管理，深化多元化发展试点，积累经验并逐步向条件成熟的社区推广，引导股份合作公司因地制宜地发展创新产业、特色产业和高端产业，为大项目、大企业提供配套服务，与重大产业项目和上市公司合资合作，加快转型发展。

（三）善用倒逼机制，强力推动迎大运和特区一体化等重大任务的落实

今年，是我们党成立90周年，市里将举办世界大学生运动会，并迎接全国文明城市复检，争创“全国文明城市标兵”；我们宝安也将接受国家生态区创建验收，还要实现加快特区一体化“一年明显见效”的阶段性目标。这一系列的重大活动、重大任务，对我们的工作提出了很高的要求，压力很大。我们要充分利用这种倒逼压力，分解目标、明确责任，“千斤重担众人挑”，将重大任务、重大活动的巨大压力传送到每个环节和每个岗位，强调“责任第一、认真第一、结果第一”，把重大活动、重大任务的落实情况作为考核干部的重要内容，激发干部干事创业的激情，坚决打赢这些硬仗，使城市面貌有更大变化、文明水平有更大提升、人民群众有更多实惠。

全力以赴抓好“迎大运、创全国文明城市标兵”活动。区里已制订《200天行动纲要》，安排80项具体行动，逐一明确责任领导、责任单位、完成时限。各责任单位要将《行动纲要》继续细化、深化，形成一级抓一级、层层抓落实的局面。要全面贯彻“整洁、有序、生态、有特色”的原则，继续强力推进市容环境提升行动。切实克服“见怪不怪”的思想惰性，转变“重建设轻管理”的观念；调整街道工作重心，整合街道、社区管理资源，把主要精力转移到抓社会管理、城市管理上来，在高质量完成“穿衣戴帽”、绿化美化等工程的同时，更加注重城市清扫保洁等日常管理工作，严格落实“门前三包”，加大城市“六乱”和广告招牌整治力度，创新思路、疏堵结合地解决城市管理中的突出问题；推进城管工作进社区，充分调动社区、企业、群众的积极性，形成文明和谐城区共建共管共享的局面；加强城市管理的专业化、市场化、规范化建设，提高城市管理标准，加大督查考核力度，促进城市管理上新水平；开展交通综合整治，坚决打击蓝牌车、电动单车等非法营运，创造文明安全的交通环境。通过依法严格整治，确保市容环境和公共秩序在短时间内有明显改观，为群众提供更净、更美、更有序的生产生活环境。全力做好全国文明城市、城市公共文明指数测评等迎检工作，深入开展形式多样的群众性文明创建活动，做实、做好机关干部志愿服务，深入推进素质工程，教育引导广大市民增强家园意识和归属感，着力解决公共秩序的突出问题，提升城市文明程度和市民综合素质。

继续扎实做好创建国家生态区工作。对照国家生态区的各项指标，着力改进薄弱环节，继续强力推进节能减排、治污保洁和水环境综合整治，严格环境执法，推进生态修复和城市绿道网建设，不断改善生态环境质量。弘扬生态文明理念，倡导绿色生活、绿色消费的生活习惯，形成良好的生态文明新风尚。

努力实现特区一体化“一年明显见效”。坚持高水平规划、高标准建设、高效能管理，突出抓好重点区域和基础设施建设。加快民治特区一体化先行示范区建设，提高设计标准、品位标准、审美标准、质量标准，开展北站核心区城市设计，高标准实施环境综合提升工程，确保深圳北站开通前面貌焕然一新，并建立“严管区”，保持平稳有序；宝安中心区要以深港共建前海现代服务业合作区为契机，以先进城市和地区为标杆，加快推进现代服务业和总部经济核心区规划建设，增强辐射带动能力；高标准开展大空港区域规划研究，全力推进西部沿江新城的土地整备和滩涂利用规划；松岗西北门户地区的环境提升要列出任务表和时间进度要求，推动城市更新和产业升级试点，进一步提升门户形象；以交通设施建设为突破口，进一步完善城市基础设施体系，重点是尽快打通若干连接关内的重要通道，全力开展街道交通环境综合改善示范工程建设，配合做好地铁1、4、5号线和广深港高铁开通有关工作；继续严格查处土地和建筑违法行为，保持高压态势，确保土地资源有序开发。

对这些重大活动、重大任务，各级领导要靠前指挥，建立项目指挥部，定期协调解决工作中遇到的问题，确保工作进度；强化督察督办，加大考核测评力度，开展明查暗访、现场观摩、工作讲评，增强工作的压力和动力，形成比学赶帮超的局面；要组织党代表、人大代表、政协委员开展巡视督查，将重大任务的目标任务及完成情况全程向社会公开，接受监督和评议。

（四）大胆改革创新，努力破解制约科学发展的难题

改革创新是引领宝安发展的不竭动力。面对新形势下更加艰巨的任务和更加复杂的局面，我们要勇于打破思维定势和行为定势，跳出宝安看宝安，主动学习借鉴国内外先进经验，开拓思路、博采众长；针对工作中遇到的突出问题、难点问题，大胆设想、小心求证、勇于突破，努力打开工作新局面。

在拓展发展空间上，要把城市更新、土地整备与产业结构优化升级、城市环境提升、社区股份合作公司转型结合起来，进一步加大工作力度，创新工作思路。在各街道选择一两个规模较大的综合改造示范区，成立专门小组全力推进，促进连片开发改造。实施土地整备领导包项目制度，及时协调解决工作中出现的问题，确保按时完成土地整备年度计划。

在筹措发展资金上，创新投融资渠道，设立城投公司，继续发挥区投资管理公司融资功能，建立区级投融资平台，科学稳健运用银行信贷资金；有序开放投资领域，鼓励社会资本参与基础设施、公共服务设施建设，满足群众多样化的公共服务需求。

在优化发展环境上，进一步创新为企业服务的方法、机制，继续为重点企业提供针对性、“处方式”优

质服务，及时协调解决企业在资金、土地等方面的难题；加快转变政府职能，积极向市场和社会放权，在政府与市场、政府与社会的结合点中寻找创新点，探索公共服务多元化供给模式，大力发展社会服务业，积极培育和发展社会组织，使市场主体、社会组织能更有效承接政府转移的职能；创新行政运行体制，深化行政审批制度改革，加强电子政务建设，大力推行网上审批、并联审批，进一步提高审批效率，创造公开透明、优质高效的政务环境。

（五）强化政治优势，充分调动和发挥方方面面的积极性

要顺利实现既定的目标任务，必须不断加强和改进新形势下党的建设。以改革创新精神全面推进党的思想建设、组织建设、作风建设、制度建设和反腐倡廉建设，着力加强党的执政能力和先进性建设，不断提高党的建设科学化水平，为全区经济社会发展提供坚强的政治保障和组织保障。

充分发挥区委总揽全局、协调各方的领导核心作用。严格执行民主集中制，加强和改善党委的领导，坚持把方向、抓大事、管全局，最大限度调动和发挥各方面的力量。进一步发挥区委全委会的作用，继续深化干部人事制度改革，完善全委会选人用人机制，拓宽选人用人视野，营造干事创业的良好环境。进一步支持人大依法行使职能，支持区政府全力抓好工作落实，支持政协履行政治协商、民主监督职能，拓展人大代表知情知政和政协委员参政议政渠道；充分发挥统一战线联系各民主党派、各界人士的优势，凝聚智慧和力量；充分发挥各群团组织密切联系群众的桥梁纽带作用，形成推动发展的合力。

充分发挥基层党组织战斗堡垒作用。全面推进区域化党建，丰富党建社区化内涵，建立健全驻社区党委工作机制，发挥社区党组织的龙头作用，创新党员参与社会管理和社区治理的渠道与模式，整合、聚集社区基层组织的力量和资源；加强社会领域党组织建设，深化党务工作者专职化试点工作，试行非公有制经济组织和社会组织党员与社区党员统一管理、互动共建，完善党组织与社会组织的“双向”人才培养机制；充分发挥党员服务中心的辐射功能和阵地作用，夯实区域化党建基础。统筹开展纪念建党90周年系列活动，继续大力推进创先争优活动，发挥典型的引领示范作用，争创党建工作示范点、争当科学发展带头人。切实做好社区“两委”班子换届工作，严格程序，严明纪律，优化结构，选出党委放心、群众满意的好班子；加强社区党员干部培训，提升素质，增强基层组织推动发展、服务群众、凝聚人心、促进和谐的能力。

充分发挥党代表作用。继续落实好《深入开展党代会常任制试点工作方案》，积极探索发挥党代表作用的新途径和新形式。试行公推直选党代表，优化代表结构，建立健全党代表述职制度，加强代表培训，增强代表的主体意识和履职能力。继续实行党代表询问、质询、评议等制度。扩大党代表工作室的覆盖面和影响力，建立健全党代表收集社情民意的处理反馈机制，依托党代表工作室开展多种形式的联系群众活动，进一步树立党委和党代表形象。

充分发挥各级领导干部和党员的模范带头作用。我区各项工作任务非常艰巨，今年还将推进区级机构大部制改革和基层管理体制改革，进行区级班子换届选举，越是这个时候，越考验我们的党性。广大党员干部特别是领导干部要顾全大局，服从组织，坚持以身作则、率先垂范，带头深入学习，积极推进学习型党组织建设，发扬党的优良传统，增强推动科学发展的能力；带头创先争优，深入开展机关作风大提升活动，发扬“想干、敢干、快干”精神，以自身的表率作用激发和带动广大干部群众忘我地投入工作；带头廉洁自律，积极参加“廉洁城市”建设，认真落实党风廉政责任制，严格要求，严格管理，抓好班子，带好队伍；带头服务群众，切实做好新形势下的群众工作。

同志们，我们迎来了“十二五”跨越式发展的大好时机。我们有信心、有决心在市委市政府的坚强领导下，振奋精神，开拓进取，强化责任，求实务实抓落实，圆满完成今年各项任务，实现“十二五”时期“开门红”，为加快特区一体化、建设和谐幸福宝安而努力奋斗！

深圳市宝安区人民代表大会常务委员会工作报告

——在深圳市宝安区第四届人民代表大会第七次会议上的报告

（2011年2月14日）

深圳市宝安区人大常委会常务副主任 麦启锐

各位代表：

我代表深圳市宝安区第四届人民代表大会常务委员会，向大会报告工作，请予审议。

过去一年的主要工作

区四届人大五次会议以来，在区委的正确领导下，区人大常委会紧紧围绕我区中心工作，深入贯彻落实科学发展观，按照区四届人大五次会议提出的“突出针对性、提升实效性、弘扬创新精神、提高规范化水平”的工作思路，依法扎实开展各项工作，积极履行宪法和法律赋予的职责，充分发挥了地方国家权力机关的作用。

一年来，常委会依法听取和审议了“一府两院”专项工作报告4项，其他报告17项，作出决议、决定17项；检查了2部法律在我区的实施情况；参与了市人大常委会1项专项工作监督与1项执法检查；对区政府19份规范性文件进行了备案；任免国家机关工作人员64人次，为推动我区经济社会发展做了卓有成效的工作。

一、围绕中心工作，突出机制创新，促进经济平稳健康发展

常委会围绕区委加快转变经济发展方式的决策部署，创新思路，突出重点，有序开展监督工作，推动政府加大结构调整的力度，提高经济发展的质量和效益。

加强计划预算审查，增强刚性约束力。常委会不断加大计划、预算监督力度，监督政府为全区人民管好“钱袋子”。依法审查批准了我区2009年综合财政总决算、2010年政府投资项目调整计划和2010年区本级财政综合预算调整方案，听取和审议了2009年度区本级预算执行情况和其他财政收支的审计工作报告、2009年度绩效审计工作报告、2010年上半年计划预算执行情况报告等，推动政府深化部门预算改革，压缩行政管理成本，集中财力保障民生领域，推动经济结构优化。同时，积极开展制度创新研究，制定出台了政府投资项目计划、财政预算调整监督工作规程，规范了计划、预算调整的幅度和报批审查的程序，增强了计划、预算执行的刚性约束力。

促进经济转型升级，推进“十二五”规划编制工作。转型发展是科学发展的必然选择，是宝安未来发展的必由之路。去年下半年，常委会对区政府加快经济发展方式转变推进产业结构调整工作开展了专项监督，组织专题座谈、专项视察和走访20余场次。充分听取了加工贸易、商贸物流、高新技术等不同类型企业负责人的意见，实地视察了观澜高新科技园、F518时尚创意园等7个产业园区，走访了区发改、贸工等部门；收集汇总了各方关于发展空间、政策调控、营商环境等三个方面的18条意见；提出了明确政府定位、确立发展导向、注重规划先行、坚持立足基层等多项建议，支持和促进区政府全面总结“十一五”期间产业结构调整工作的成效，找准存在的主要问题，研究制定了一系列的工作措施，并将其体现到“十二五”规划当中。

积极开展视察调研，推动重大项目建设。常委会结合专项监督工作的开展，从去年我区近百个市、区重大项目中，重点选取了大运会场馆、中心文化场馆、排涝泵站建设、河流整治、市容环境提升等项目开展视察调研。街道代表小组结合辖区的实际，分别组织代表视察教育、旧城改造等重大项目20多个。同时，常委会及时向市人大及市相关部门反映代表意见，有力推进了重大项目建设，去年，我区重大项目建设进展顺利，计划投资完成情况比往年要好。

二、围绕民生热点，强化监督实效，促进社会事业全面发展

过去一年，常委会认真贯彻区委切实保障和改善民生的总要求，综合运用听取和审议专项工作报告、执法检查、跟踪监督等法定监督手段，在提高监督实效上下工夫，支持和促进民生领域的各项工作。

推动中等教育事业发展。中等教育是教育事业全面发展的重要组成部分。针对目前我区高中学位需求矛盾日益突出、职业教育亟待加快发展等问题，常委会开展了中等教育专项工作监督，提出了加强统筹规划、加快学校建设、引进师资力量、支持职业教育和民办教育发展等意见建议，促进区政府进一步加强中等教育发展工作，尽快落实已立项的中等教育学校项目建设。目前，我区中等教育学校建设进展顺利，宝安中学新高中部等3所公办高中相继建成并投入使用，职业技术类学校建设项目得到实质性推进，相关项目初步落实选址。

加大环境保护监督力度。环境保护是本届人大常委会关注的重点之一。2007以来，先后针对水污染、固体废物污染、噪声污染开展了一系列环保法律执法检查，去年，常委会继续加大对环境保护工作的监督力度，对《大气污染防治法》实施情况进行了检查。重点查找城市规划、执法监管、垃圾处理、排污整治等方面的不足，提出了加强和改进工作的意见和建议。结合代表建议的督办，对南玻公司废气污染整治问题进行了深入调查，多次组织代表走访视察，力促企业切实加大减排技改力度，力促市、区职能部门加强实时监测和数据公开，引导和支持群众积极参与企业排污监督，推动了企业与周边居民沟通对话机制的形成。

推进食品安全监管工作。食品安全事关人民群众身体健康和生命安全。面对日益严峻的食品安全形势，常委会开展了《食品安全法》执法检查。在两个多月的时间里，执法检查组深入食品生产、流通一线，认真检查重点品种、重点行业和重点区域，对存在安全隐患的门店、场所进行明察暗访，通过召开座谈会、问卷调查、热线电话等形式广泛征集各方意见和建议，全面了解我区贯彻实施法律的基本情况。针对我区在贯彻该法过程中机制不顺、监管缺位的突出问题，提出强化政府食品安全监管责任和监管能力建设、大力整治食品安全违法行为、尽快建立食品行业诚信体系等整改意见与建议。

促进劳动关系和谐发展。构建和谐劳动关系是建设和谐社会的重要组成部分。按照市人大常委会的工作部署，通过市、区联动的形式，对《深圳经济特区和谐劳动关系促进条例》在我区的贯彻实施情况进行了检查。充分利用此前区人大常委会已开展的相关专项监督和调研成果，总结我区在构建和谐劳动关系方面成功的经验和做法，客观分析了劳动关系领域中存在的问题。执法检查报告得到了市人大常委会的充分肯定，“加强企业内部协调机制建设”、“推广劳资恳谈协商机制”、“增强劳务工归属感”等多项建议被市人大常委会执法检查组采纳。

督促审议意见落到实处。常委会牢固树立“监督为了人民、监督依靠人民”的理念，坚持“不敢较真不是真监督、不出实效不是真监督”的工作评价准则，着眼承诺兑现，坚持不懈抓好常委会审议意见的跟踪落实。一年来，先后对社会治安、水污染防治、公共卫生基础设施建设、学校危房改造、物业管理进社区等专项工作进行跟踪监督，取得较好的成效。全区九成以上警力实现了向一线单位下沉，治安辅助力量得到整合；完成了4个一级水源保护区围网工程，全区给水旧管网改造全面启动；区预防医学大楼、卫生监督业务综合楼等一批公共卫生基础设施建设进度明显加快；15所学校24栋危房已完成整治；区政府出台了《宝安区物业服务行业管理工作指引》，强化了对社区物业管理行业的规范引导。

三、围绕公平正义，维护法律权威，促进法治社会建设

公平正义是法治社会的内在要求。常委会坚持监督与支持相结合，促进司法机关履行职责，加强对行政执法行为的监督，提升我区依法行政水平，维护社会和谐稳定。

支持法院加强行政审判工作。在充分调研全面掌握情况的基础上，听取和审议了区人民法院行政审判专项工作报告，深入分析了影响行政审判工作的问题和困难，有针对性地提出了敢于监督、敢于审判的要求，促进法院正确处理行政和解与依法判决的关系，加强了与行政执法部门的沟通，主动为执法人员举办法律讲座，组织执法人员观摩行政审判示范庭，组织市民旁听庭审。行政审判工作全面加强，行政审判对规范执法行为、纠正行政违法、提高行政机关法律意识的积极作用得以充分发挥。执法部门规范执法的水平进一步提升，依法应诉观念进一步强化，行政机关负责人出庭应诉比例逐步提升。

支持检察院加强法律监督工作。常委会紧扣公安执法这一社会热点，听取审议区人民检察院关于监督公安机关执法工作的专项报告，支持和促进检察院进一步加大监督力度，突出抓好公安机关治安执法、刑事立案侦查、经济犯罪侦查等工作重点环节的监督。检察院不断强化主动接受人大监督的意识，迅速制定了《关于加强公安执法专项监督工作实施方案》，通过组织民警培训、参与和指导办案等形式，帮助公安机关提高执法质量，同时重点加强了对公安经济犯罪侦察活动的专项监督。2010年发出的纠正违法通知书和检察建议书数量同比增长144%，立案侦查了民警涉嫌徇私枉法和玩忽职守案件7宗7人，查办力度明显加强。

认真办理人民群众来信来访。常委会着力提高群众来信来访的办理实效，切实为民排忧、替民解难。一是强化服务意识，热情接待来访群众，尤其是做好重复上访群众的思想工作，使接访的过程成为疏导群众情绪的过程。二是优化信函处理流程，减少了群众来回奔波之苦。做到“两告知一回访”，即收信时告知办理期限、办结后告知处理结果并及时回访询问满意度。三是创新督办方式，对于部分重点件、疑难件，采取主动沟通、反复询问、上门督办等方式，力推问题解决。一年来，常委会共受理并办结人民群众来信来访416件次，重点督办58件。同时，积极推动律师参与“法律进社区”，督促有关部门切实加强制度规范和经费保障，发挥了律师在基层矛盾纠纷调解工作中的作

用，努力引导群众通过法律途径解决纠纷、表达诉求。

四、着眼民意通达，加强服务保障，充分发挥代表主体作用

常委会充分发挥联系代表、联系人民群众的优势，不断完善代表履职平台，积极丰富代表闭会期间活动，不断拓宽代表体察民情、听取民声、反映民意的渠道，推进基层困难和问题的加快解决。

代表接访工作制度化。代表接访制度是我区人大常委会开展代表工作的一项创新，实践证明是行之有效的，是保证代表密切联系选民、联系人民群众的制度保障。常委会督促各街道代表小组、代表联络站按照接访制度的要求，认真落实好“每位代表每年至少接访群众两次，每个社区每年至少安排一次代表接访活动”的规定，积极推行社区接访、回访、走访等多种接访形式，形成以联络站为中心，辐射整个社区、街道的多元化接访格局。一年来，宝安辖区的市、区人大代表深入到全区各个社区接访、走访群众近千人次。

代表小组活动规范化。常委会加强指导培训，健全代表小组活动机制，支持和引导代表更好地以代表小组活动的形式履行职责。各街道代表小组立足基层，围绕基层群众关注的环境卫生、教育医疗、道路交通等热点问题开展视察调研，全力推动辖区经济社会的发展、民生问题的解决；各代表专业小组充分利用专业优势，积极参与专项监督，深入开展专题调研，为常委会提高审议质量、强化监督实效，发挥了不可替代的作用。

认真督办代表议案建议。一是认真抓好历年代表建议的跟踪督办。常委会对本届人大以来的646件代表建议进行了梳理，组织召开了10场督办会，对基层反映强烈、代表多次提出、涉及群众切身利益的12件议案建议进行跟踪督办，有力地推动了相关问题的妥善解决。二是认真抓好2010年度代表建议的督办。整合代表集中关注的“环境污染整治”和“扶持社区股份合作公司发展”两类建议作为重点建议，常委会组成人员、各工委、各街道代表小组分工督办。代表建议得到了区政府的高度重视，办理工作收到了较好的效果。目前，已办结的代表建议中，代表对办理工作表示满意和基本满意的达98%。三是高度重视对代表反馈不满意建议的督办。通过实地视察、督办会等多种方式，督促办理单位切实加强和改进工作，落实好代表建议。四是想方设法推动问题的解决。如《关于妥善解决原宝安县二轻系统职工退休待遇的建议》关系到一批老同志的切身利益，本着尊重历史、实事求是、以民为重、为民谋利的精神，常委会督办组主动走访市、区相关部门，传民情、达民意、出点子，促成了问题的最终解决。

支持市人大代表依法履职。一是依法做好市人大代表候选人人选的推荐、考察工作。按照市委、市人大的要求，区四届人大六次会议依法选举产生了我区新一届市人大代表79名。二是协助市人大组织开展代表培训，为市人大代表履行职责、当政议政提供优良的服务和支持。三是发挥市人大代表的作用，推进我区的各项工作。加强市、区两级人大代表的沟通联系，组织市人大代表参加专题调研、集中视察、代表联络站接访等代表活动。我区新一届市人大代表综合素质高、履职能力强，去年5月份以来，已向市人大提出了10件议案和215条建议。我区人民群众在土地房产并轨管理、教育卫生一体化、“农转居”居民社保投入保障等方面的诉求，在这些议案建议中得到了充分的反映。

五、坚持求真务实，深化自身建设，努力提高履职水平

常委会把队伍建设摆在重要位置，从制度、责任、能力等方面入手，全面提高常委会和人大机关干部队伍的整体素质，为依法履职奠定了坚实的基础。

加强作风建设。常委会坚持求真务实的工作作风，积极行使好重大事项决定权，监督工作敢于较真、敢于碰硬，坚持查实情、讲实话、办实事。坚持走群众路线，密切联系代表、密切联系人民群众，常委会组成人员经常深入基层开展调查研究，结合专项监督工作，提出了许多有针对性的意见和建议。邀请代表和市民参与常委会的各项监督、调研工作和列席常委会会议，自觉接受代表和群众的监督。坚持不懈抓好纪律教育，增强干部队伍拒腐防变意识和抵御风险能力，做到廉洁自律、干净干事。

加强能力建设。常委会坚持不懈抓好理论学习，结合形势开展特区一体化、转变经济发展方式等专题学习，结合工作实际抓好业务学习，不断提高常委会组成人员和机关干部的思想政治素质和业务水平。在专项监督、执法检查和专题调研前，坚持组织常委会组成人员和专题调研组、执法检查组成员集中学习相关的法律法规和政策，为提高常委会审议质量夯实了基础。坚持岗位练兵，着力培养年轻干部，营造朝气蓬勃、奋发有为的良好氛围。

加强信息公开。充分运用现代信息技术，创建网络化代表工作平台、信息公开平台，及时公布常委会工作动态、公告、决议、决定等相关信息，进一步提高了人大工作的透明度。定期编发常委会会刊和工作信息，及时将常委会审议的各项工作报告及审议意见向代表通报，保障代表知情知政权。注重与新闻媒体的沟通协调，形成人大监督与舆论监督的合力。

常委会一年来的工作取得了一定的成绩，得到了代表和人民群众的认可，同时也存在着一些薄弱环节，主要表现在：跟踪监督工作机制不够完善，人民群众关心的许多热点难点问题尚待解决，代表活动的实效有待继续增强，自身建设还需要不断深化。我们将自觉接受人民监督，虚心听取代表意见，不断加强和改进工作，更好地履行各项职责。

今后一年的主要任务

2011年是实施“十二五”规划的开局之年，也是宝安在特区一体化形势下推进跨越式发展的起始之年。区人大常委会将坚持在区委的领导下，贯彻落实科学发展观，按照区四届七次党代会的部署，紧紧围绕加快转变经济发展方式这一主线开展工作，为我区建设科学发展主力区和特区一体化先行区作出贡献。

一、以科学发展为主题，积极履行法定职责

按照围绕中心、服务大局、着眼民生、突出成效的思路，以我区经济社会发展中的重大问题、涉及人民群众切身利益的热点问题为重点，积极探索工作创新，依法开展好各项工作。一是充分发挥人大及其常委会联系代表、联系群众的优势，深入走访宣传，加深人民群众对加快经济转型发展的必要性和紧迫性的理解，转变观念，形成合力，监督和支持政府贯彻落实好《深圳经济特区加快经济发展方式转变促进条例》，共同打好转变经济发展方式“攻坚战”。二是紧密关注全市、全区发展新形势，围绕创造“深圳质量”，围绕特区一体化、社会建设、大运会、国家生态区创建等重点工作，依照监督法的规定，认真研究并选定听取和审议区政府环境保护专项工作报告等监督议题，继续规范和加强常委会的经常性监督工作，支持和促进“一府两院”依法履职。三是行使好重大事项决定权，综合运用批准决算、听取报告、绩效审计、专题调查等形式，进一步强化计划、预算监督的刚性要求，加强对政府计划实施情况的监督，推进预算的细化管理，提高审计监督的实效，确保公共财政资金的依法、规范使用，为“十二五”建设开好头、起好步。四是强化服务代表意识，继续完善工作平台，健全工作制度，加强和改进议案建议督办方式，为代表创造更好的履职环境，更好地发挥代表参与管理地方事务的作用。

二、以改善民生为根本，致力推动社会建设

抓住特区一体化的历史性机遇，以保障和改善民生、促进社会公平正义为根本目标，充分发挥人大在社会建设中的职能作用，努力促成一批热点难点问题的解决。一是着重围绕群众普遍关注的民生热点问题、困扰基层发展的难点问题，如办事难、审批难等，综合运用个案剖析、流程跟踪监督等方法，加大调查研究力度，支持和促进“一府两院”找准问题、改进工作，切实加强效能建设。二是对于在本区层面难以解决的问题，特别是对于原特区内外基础设施建设、社会管理、公共服务等方面的巨大差距，进一步加强与市人大和市相关部门的沟通联系，加大“下情上传”力度，畅通诉求表达渠道，争取得到市一级层面的重视和支持。三是大力改善基层依法治理环境，重点面向基层的发展难题开展立法调研，争取向市人大提出高质量的立法建议，推动社会建设纳入法制化轨道。

三、以群众满意为标准，着力加强跟踪监督

区四届人大常委会几年来开展了多项专项工作监督、执法检查、计划预算监督和专题调研视察，形成了数十份审议意见。这些意见建议的落实是体现常委会工作实效的关键。今年常委会将对本届以来开展的监督项目进行全面回顾和总结，对“一府两院”贯彻落实意见建议的情况进行系统的跟踪检查，重点围绕基础设施建设、医疗卫生、教育公平、律师参与法律进社区等工作加强跟踪监督。在跟踪监督过程中，坚持以群众满意为标准，积极探索监督的有效途径，量化监督指标，对“一府两院”所作承诺进行逐一对照检查，切实推动本届常委会关注的问题得到有效解决，使监督工作真正做到议而有决、决而有行、行而有果。

四、以创先争优为抓手，不断推进自身建设

继续发扬历届人大常委会“团结务实、重民利民”的优良传统，切实加强常委会及其机关的自身建设，不断提高依法履职、科学履职、民主履职的能力和水平。一是加强作风建设。始终保持与人民群众的密切联系，自觉接受人大代表和人民群众的监督，顺应民心、反映民意、服务民生。发扬积极进取、奋发有为的精神，营造凝心聚力、干事创业的良好氛围。二是加强思想建设。通过理论研讨、专题辅导等形式，进一步抓好人大机关干部的政治理论和业务知识学习，增强做好人大工作的使命感和责任感，提高工作效能和水平。三是加强队伍建设。以创先争优活动为抓手，发扬“想干、敢干、快干”精神，努力建设有激情、有活力、有作为的人大机关，努力建设政治过硬、业务精通、作风优良的人大干部队伍。

五、以宪法法律为准绳，全力做好换届工作

今年是我区的换届年，常委会将在区委的领导下，全力以赴，认真筹划，充分动员，周密组织，把坚持党的领导、充分发扬民主和严格依法办事贯穿于换届选举的全过程，依照法定程序抓好每个环节，切实维护广大选民与代表的知情权、参与权、选举权和监督权，确保整个换届选举工作依法、有序进行，实现基层政权的顺利交接。尤其在代表候选人的提名、推荐过程中，主动适应新形势、新任务的要求，进一步优化代表结构，提高代表整体素质。同时，认真开展调研工作，重点加强对产业结构升级、基础设施建设、民生福利保障等问题的调研，积极开展权力监督、代表议事、预算编制等方面的制度研究，为新一届常委会谋划工作提供参考和支持。

各位代表，让我们紧密团结在以胡锦涛同志为总书记的党中央周围，在区委的坚强领导下，紧紧依靠全区人民，继续解放思想，齐心协力，真抓实干，为全面建设和谐幸福宝安，为早日实现特区一体化，开创科学发展新局面而奋斗！

政府工作报告

——在深圳市宝安区第四届人民代表大会第七次会议上的报告

（2011年2月13日）

深圳市宝安区人民政府代区长　张　备

各位代表，同志们：

现在，我代表区人民政府向大会作工作报告，请予审议，并请区政协委员和其他列席人员提出意见。

一、2010年工作回顾

2010年，在市委市政府和区委的正确领导下，在区人大和政协的监督支持下，我们以科学发展观为统领，牢牢抓住特区一体化重大历史机遇，大力弘扬“想干、敢干、快干”的精神，开拓进取、真抓实干，顺利完成了区四届人大五次会议确定的各项目标任务，为“十一五”画上了圆满的句号。

（一）经济健康快速发展

1. 综合实力再上新台阶。地区生产总值达到2603亿元，增长14.9%；规模以上工业总产值9032亿元，增长16.6%；规模以上工业增加值1558亿元，增长16.9%；全社会固定资产投资690亿元，增长18.1%；社会消费品零售总额653亿元，增长18.4%；出口（不含光明新区）827亿美元，增长30.4%；两税收入406亿元，增长25.1%；一般预算收入102亿元，增长23.9%。地区生产总值、工业增加值、出口等指标的总量和增速均位列全市各行政区之首，“十一五”规划确定的各项指标均超额完成。

2. 结构调整迈出新步伐。自主创新能力持续提升，发明专利4490项，增长13.6%；实现高新技术产品产值4986亿元，增长23.5%，其中具有自主知识产权的占49.9%。内生增长动力不断强化，规模以上民营工业企业总产值1171.4亿元，增长35.5%，高于外资企业22.7个百分点；内销工业产品产值2402亿元，增长12.1%；内需拉动作用更加突出，全社会固定资产投资、社会消费品零售总额增速均高于生产总值3个百分点以上。外贸结构进一步优化，一般贸易出口增速高出加工贸易11.2个百分点，对印度、巴西等新兴市场的出口增长超过30%。

3. 质量效益得到新提高。每平方公里产出GDP3.59亿元，增加5472万元。居民人均可支配收入达到3万元，增长10.2%。工业经济效益综合指数达138%，提高8.9个百分点；规模以上工业企业利润272.6亿元，增长33.5%。新增世界500强外商投资企业6家、上市企业10家、国家高新技术企业98家、市级特色工业园3个。117家“三来一补”企业实现转型。万元GDP水耗、综合能耗分别下降4.1%和3%，削减化学需氧量3.74万吨。

（二）民生得到持续改善

1. 十件“民生实事”工作任务全面落实。“村改居”小区物业管理覆盖率提高到95%以上；全区500米公交站点覆盖率超过82%；社区给水管网改造一期工程完成80%；90%以上就业困难人员实现就业，“零就业家庭”户数动态归零；区体育场主体工程完工；建成10个社区公园；推进安全系统工程建设，完成213个城中村消防安全整治；大浪实验学校主体工程竣工；开展外来女工流动学校公益培训100场；观澜街道低碳经济试点有效开展。

2. 创业就业和素质工程取得新进展。加强创业就业项目推介，促进9431名失业人员就业和243名“农转居”居民创业，城镇居民登记失业率为1.5%。完成职业技能鉴定7624人。开展“百万员工素质提升”、户籍居民就业创业培训等活动，参与人次达227万。举办各类群众性文化活动3000多场。

3. 社区建设强力推进。完成固本强基项目13个，新开工27个。创建省级“六好”平安和谐社区50个，累计达到120个。创建全国人口计生基层群众自治示范社区8个、无政策外生育社区105个。安排9亿元扶持社区集体经济发展，减轻社区社会管理负担，6家社区股份合作公司多元化经营试点顺利推进。

4. 保障体系逐步完善。社会保险覆盖面扩大，各险种参保总人次达1203万。社会救助体系进一步健全，607户1676人最低生活保障应保尽保。建成38个“星光老年之家”，5200多名老人享受养老补贴。创新“一十百千万”募捐方式，全区募集慈善资金6600多万元。

（三）城市功能加快提升

1. 规划引导作用不断强化。高标准编制“十二五”规划，高质量开展特区一体化发展等重大课题调研，高水平推进民治先行示范区规划建设。开展沿江新城、松岗“西北门户”等区域规划研究，完成产业发展、城市更新、市政交通等一批专项规划。

2. 公共基础设施建设全面加快。37个市级重大项目完成投资275.3亿元，超过计划23.7个百分点；62个区级重大项目完成投资56.3亿元，超过计划12.5个百分点。地铁1号线宝安段试运行，4号、5号线和广深港客运专线基本完工，深圳北站和沿江高速建设顺利推进，松白路、布龙路主车道完成改造。新建、扩建9座变电站。建成4座排涝泵站。中心区图书馆动工建设。9个街道文化艺术中心建设加快推进。西乡高级中学等3所学校投入使用，坪洲中学等6所学校启动建设，教育教学质量进一步提高。区中心血站大楼投入使用，慢性病防治院新院主体工程封顶，预防医学大楼动工建设，社区健康服务体系进一步完善。

3. 城市更新和土地整备有力推进。福永第一工业区等7宗拆除重建类项目动工，19宗专项规划获得市里批准；37宗综合整治类项目竣工。制订土地整备工作方案，整备土地4.18平方公里，完成沿江新城一期填土工程前期工作。

4. 城市环境进一步优化。市容环境提升年度任务圆满完成，市政府两次在我区召开经验交流现场会。总长84.2公里的区域绿道全线贯通，2号线被国家住建部列为样板工程，凤凰山森林公园二期竣工，城市绿化覆盖率达46.3%。连续三年夺得“鹏城环卫杯”。完成治污保洁年度任务，茅洲河界河段清淤清障工程完工，燕川、福永污水处理厂主体工程竣工，污水集中处理率提高8个百分点，达到71%。

（四）社会保持平安稳定

1. 安全生产工作不断加强。进一步落实安全生产管理“1+8”文件，强化企业主体责任和政府监管责任。扎实推进八项整治行动，挂牌督办3300家重大、较大安全隐患单位，消除各类隐患15万多处，培训员工54万多人次，松岗街道和9个社区火灾隐患重点地区整治通过省、市验收。“三防”工作扎实推进，治理地质灾害隐患38个。在全市率先组建综合应急救援大队和专家队伍，开展各类应急演练800多次。加强食品药品监管，开展了20项专项整治行动。全年未发生重特大安全生产和食品安全事故。

2. 信访维稳形势平稳可控。建成区—街道—社区（企业）三级综治信访维稳平台，排查调处各类纠纷4万多宗，调处率91.3%，连续3年未发生非正常进京上访，到市集体上访人次下降31.8%。加大服务企业和关爱劳务工力度，积极推广劳资恳谈协商机制，着力构建和谐劳动关系，欠薪逃匿案件下降25.5%，劳动争议案件下降13.3%。

3. 社会治安持续好转。加强治安薄弱地区综合治理，完成松岗街道和22个治安重点区域整治任务。严厉打击各类刑事犯罪，“两抢”、八类重大恶性警情分别下降23.8%和22.7%。开展“出租屋整治年”专项行动，整改不合格出租屋5万多间（套），消除隐患27.5万处。加强电子防控建设，安装视频门禁系统6700多套，创建安全文明小区22个，全面加强校园及周边安全保卫。

4. 市场秩序进一步规范。坚持疏堵结合，取缔无证无照经营单位1.6万家、疏导发照4万多个。规范市场价格，加强质量检查，查处各类制假售假单位894个。强化知识产权保护，销毁侵权商品5万多件、商标标识26万多件。开展联合整治非法营运专项行动，查扣非法营运车辆近万台。

（五）积极推进政府建设

1. 依法行政全面加强。自觉接受区人大依法监督和区政协民主监督，办理人大议案152件、政协提案203件，满意率达98%。建立法治政府建设考评指标体系，完成12类202项法治政府建设任务。推进法制一体化建设，完成314件政府规范性文件清理。推进信息公开，开通“深圳宝安网”，“宝安政府在线”在全国县（区）级政府网站评比中名列第七。

2. 行政服务不断优化。在全市率先建成区级政府绩效管理电子系统，对198项15.6万笔审批业务实行在线监督，26个试点单位行政审批提速提效，提前办结率达99.8%。全面推行公共服务白皮书制度，36个单位460项白皮书任务圆满完成。大力推进便民服务，10个街道行政服务大厅全部投入使用，集中办理的行政服务事项达177项，网上办理的审批业务达221项。

3. 政风行风切实改进。开展“深化作风建设提高执行力”活动，推行“开门整风”，建立11个政风行风监测点，对24个部门窗口服务质量进行民主评议。开展明察暗访，曝光典型案件4宗，督促整改突出问题44个，问责16人。厉行节约，全区一般日常公用经费比上年压缩10%。严格执行党政正职监督、领导干部问责规定，完善工程建设、政府采购等制度，强化财政资金监管，政府廉政建设水平不断提升。

同志们，2010年，我区经济社会发展取得了巨大成就。这归功于市委市政府和区委的正确领导，归功于历届区委区政府打下的良好基础，归功于区人大、区政协的监督支持，归功于全区人民的共同努力。在此，我谨代表区人民政府，向各位代表、各位委员，向全区广大干部群众，向所有关心、支持宝安建设发展的社会各界人士，表示衷心的感谢和崇高的敬意！

在看到成绩的同时，我们也清醒地认识到，经济社会发展还存在一些问题：一是资源环境约束趋紧，经济发展质量有待进一步提高，发展战略性新兴产业、推进经济结构调整任务还比较艰巨；二是基础设施和公共服务设施欠账较多，特区一体化亟须加快推进；三是人口增长过快、结构性矛盾突出，加大了安全生产、社会治安、环境治理、信访维稳等社会管理的压力；四是民生建设滞后，一些群众关心的热点难点问题还没有很好解决；五是行政服务水平和工作效率还不能完全适应科学发展的要求，等等。这些问题需要在今后的工作中切实加以解决。

二、“十一五”回首和“十二五”展望

“十一五”时期，全区人民在市委市政府和区委的正确领导下，全面贯彻落实科学发展观，有效应对国际金融危机的严重冲击，圆满完成了

"十一五"规划的目标任务，主要表现为"五新一多六翻番"：即经济综合实力实现新跨越，社会建设取得新进步，平安建设开创新局面，城市面貌得到新改观，体制机制改革迈出新步伐，人民群众得到更多实惠。全区工业总产值、GDP、出口、固定资产投资总额、两税收入、一般预算收入等六项指标均实现翻番，分别跨过9000亿元、2000亿元、800亿美元、600亿元、400亿元、100亿元大关。五年来，我区先后获得"全国精神文明创建活动示范区"、"全国民政工作先进区"、"全国社区教育示范区"、"全国计划生育优质服务先进区"、"全国科普示范区"等多项国家级荣誉。"十一五"时期取得的辉煌成就，为我们今后的发展奠定了坚实的基础。

未来五年，是宝安全面推进科学发展、实现转型跨越的关键时期。展望"十二五"，虽然国际形势复杂多变，国内经济发展不确定的因素仍然较多，我区经济社会发展也存在着一些难题，但总体上，机遇大于挑战。从外部环境看，世界经济继续恢复增长，战略性新兴产业处于孕育期，高端制造业和生产型服务业加速转移。国内经济回归正常增长轨道，工业化、信息化、城镇化、国际化持续推进，调整转型成为最重要的阶段性特征。从宝安自身看，我们有着良好的区位优势、优越的发展环境，产业基础雄厚，城市功能日趋完善，目前还面临着特区一体化、深港加速合作、深莞惠同城化等众多历史发展机遇。站在新的起点上，我们完全有条件实现更长时间、更高水平、更好质量的发展。我们要切实增强机遇意识、责任意识和忧患意识，以永不自满、永不松懈的劲头，瞄准更高的目标，勇攀科学发展的新高峰。

根据区委关于"十二五"规划的建议，区政府编制了我区"十二五"总体规划（草案），请各位代表一并审议。

"十二五"时期，全区经济社会发展的总体思路是：按照市委市政府和区委的统一部署，以科学发展为主题，以加快转变经济发展方式为主线，以推进特区一体化为总抓手，以"深圳质量"为新标杆，积极实施追赶跨越、民生优先、自主创新、人才强区、转型替代和低碳发展"六大战略"，积极推进产业结构调整，全面改善社会民生，加快构建和谐幸福宝安，努力把我区建设成为深圳科学发展主力区和特区一体化先行区，全面打造深圳西部城市中心。

"十二五"时期，全区的主要目标可以概括为"三显著一完善"，即经济发展方式转变取得显著进展，区域综合实力和竞争力显著提升，民生福祉显著改善，科学发展的体制机制更加完善。到2015年，地区生产总值达到4500亿元以上，年均增长12%，人均GDP达到10.7万元；战略性新兴产业产值达3000亿元；全社会研发支出占GDP的比重达到3.9%，高新技术产品产值中具有自主知识产权的达54%；居民人均可支配收入达到4.6万元；万元GDP综合能耗、水耗年均下降3%；城镇居民登记失业率控制在3%以内。

"十二五"时期，全区的主要任务：一是加快经济结构战略性调整，努力建设高质经济；二是坚持替代优先，大力发展战略性新兴产业；三是加快创新要素聚集，增强自主创新能力；四是加快推进基础设施和公共服务设施建设，进一步完善城市功能；五是全面加强社会建设，打造民生幸福城区；六是强力推进环境综合治理，提高城市宜居水平；七是全面落实综合配套改革，建立有利于科学发展的体制机制。

以上目标和任务体现了市委市政府对宝安发展的战略要求，代表了全区人民追求幸福生活的共同愿景，展示了宝安科学发展的美好未来。我们坚信，经过五年的不懈奋斗，一个经济更有质量、民生更为幸福、社会更加和谐、城市更富魅力、生态更加优美的现代化、国际化先进城区，一定会崛起在深圳的西部！

三、2011年主要工作安排

2011年是"十二五"规划的开局之年，做好今年的工作，意义重大。今年经济社会发展主要预期目标是：地区生产总值增长13%，规模以上工业增加值增长14%，社会消费品零售总额增长15%，全社会固定资产投资增长12%，出口增长13%，一般预算收入（不含光明新区）增长14%，城镇居民登记失业率控制在3%以内，万元GDP综合能耗、水耗均下降3%。重点要抓好以下工作：

（一）优化调整产业结构，提升产业层次

1. 大力发展战略性新兴产业。出台战略性新兴产业发展规划和政策措施，设立专项扶持资金，引导优质要素、高端要素向战略性新兴产业集聚，重点发展互联网、生物医药、新能源、新材料、节能环保等产业。狠抓试点，选择最有基础、现实市场需求大的领域为突破口，着力引进一批龙头企业和项目。各街道都要高标准规划布局1～2个战略性新兴产业园区。年内民治电子商务产业园开园，西乡互联网产业基地一期投入使用，推进新安尖岗山新兴产业园、福永新能源装备创新基地规划建设。

2. 进一步增强支柱产业核心竞争力。加快发展新一代电子信息产业，重点增强集成电路、新型平板显示等关键部件研发制造能力。打造一批具有自主知识产权的产品品牌。大力实施企业上市培育工程，做好78家拟上市企业的服务工作，争取8家上市。加大对优势传统产业的技术改造，鼓励加工贸易企业向"微笑曲线"两端发展，用两年左右的时间，基本完成规模以上"三来一补"企业转型。高标准组织好重点展会，帮助企业拓展市场。结合旧工业区改造，启动"5年6000家"低端企业淘汰工程，年内淘汰1200家，为高端产业发展腾出空间。

3. 着力提高现代服务业发展水平。进一步完善总部企业扶持政策，出台激励机制，鼓励街道和社区全力争取各类企业总部入驻。年内认定一批总部企业，努力在引进上取得重大突破。大力发展第三方、第四方物流和保税物流，完成大铲湾物流园区、

机场保税物流中心、华润万家物流园等项目规划。打造2～3个品质好、档次高、辐射力强的大型购物中心，重点推进中粮大悦城和海雅商业中心。鼓励社区“退二进三”，着力扶持福永怀德城市综合体、沙井塈岗中亚电子城、民治牛栏前商圈等项目。加快华侨城五星级酒店建设，推动格兰云天五星级酒店早日运营，支持观澜湖高尔夫球会申报国家5A级旅游景区。开工建设观澜版画艺术博物馆和版画交易中心，完成F518时尚创意园和西部国际珠宝城二期规划立项。

4. 强化重大项目龙头带动作用。抓好十大产业园区建设，争取长安汽车产业园一期主体工程完工，推进大唐低碳生态示范园建设，加快打造宝安科技创新园、沙井电子物流园、石岩IT产业园，改善西部滨海和观澜高新产业园公共配套，推动大浪服装产业基地未动工企业尽快开工。抓好高端产业推介会招商项目落地工作，确保日立金融设备制造、广田环保材料等20宗以上项目动工。推进劲嘉彩印、创维电视城、艾美特小家电基地等在建重大项目尽快建成投产。举办战略性新兴产业招商推介会，加大对世界500强、中央企业、龙头民企的招商力度，重点引进附加值高、带动性强的高端项目。

5. 更加注重创新驱动。支持企业科技创新，争取50家以上企业认定为国家级高新技术企业，50个以上科技项目纳入国家、省、市计划，扶持500个以上新兴产业和关键领域技术创新项目。完善自主创新成果展示交易平台建设。推行标准化战略，支持企业参与国家标准和行业标准制定。建立重点产业知识产权联盟，开展中小企业知识产权托管试点。大力加强人才队伍建设，创建一批校企合作技能人才培养示范点，引进5000名以上各类人才。力争设立10个研发和技术中心，建成5个产学研创新合作基地，加快由“宝安制造”向“宝安创造”转变。

（二）扎实办好各项民生实事，努力打造民生幸福城区

1. 优先发展教育。理顺区街教育管理体制，逐步实现一级办学一级管理。坚持教育公平和“优教无类”原则，出台促进民办教育发展的政策，加大资金扶持，大力推动民办教育总体实力上档次、上水平。积极引进境内外优质教育品牌，扶持国际学校发展。规范学前教育发展，确保85%的幼儿园达到市级规范园标准。加快宝安职校新校区建设，完善“宝安职教模式”，力争年内成人教育培训量达115万人次。

2. 加强医疗卫生与人口计生工作。全面铺开公立医院改革，进一步完善医疗卫生管理服务体制。实施便民就医工程，推进社康中心标准化建设，提升社康服务水平。加强医疗卫生基础设施的布局规划，推进新安医院建设，力争区人民医院通过三甲医院评审。完善投入保障机制，加强区域合作，强化流动人口计生服务管理，推进人口计生信息化建设，提升社区生育文化中心服务功能。

3. 发展文化体育事业。推动中心区图书馆、青少年宫、演艺中心的规划建设。促进公共文化体育设施免费开放。鼓励文艺精品创作，办好“打工文学”。抓好文化进社区、电影进厂区等活动，丰富群众文化生活。做好文化遗产保护工作。积极发展体育事业，广泛开展“全民健身迎大运”系列群众体育活动。

4. 加大劳务工关爱力度。进一步推广“1+3”劳资恳谈协商机制，搭建企业内部纠纷调解与权益保障平台，构建和谐劳动关系。开展健康关爱工程，在用工500人以上的企业设立“关爱中心”。积极解决劳务工子女就学、就医、社保等切实利益问题。严格劳动监察执法，规范企业用工，坚决打击黑职介，维护劳务工合法权益。加强劳务工素质提升和职业技能鉴定工作，认真落实招调工和积分入户政策，积极引进技能人才。

5. 促进充分就业。落实创业带动就业战略，新建一批创业孵化和职业见习基地，深化户籍居民就业创业培训“金钥匙行动”，多渠道促进居民创业就业。积极协调市里完善失业补贴政策。健全就业援助体系，确保新成长劳动力、失业人员、就业困难人员就业率达到85%以上，“零就业家庭”户数动态归零。

6. 完善社会保障。继续扩大社会保险覆盖面，力争工伤、医疗保险实现全覆盖。完善以最低生活保障制度为基础的综合性社会救助体系，建立贫困预警机制，确保低保对象和低收入困难群体得到全面救助。大力发展慈善、老年人、妇女儿童和残疾人事业。积极研究出台重点水源保护区生态补偿政策。

7. 改善公共交通。落实全市建设“公交都市”的战略部署，大力解决群众反映强烈的“出行难”问题。完善轨道交通与公交接驳系统，提高关口通行能力。加快打通一批断头路，抓好福永、民治街道交通综合整治试点，着力改善宝安新老城区、机场片区、深圳北站、大龙华片区等重点区域交通微循环，完善人行道与车道衔接系统。加强公交和“绿的”管理，提高从业人员服务水平。

今年，我们将重点为民办好10件实事：

一是建成新安中学新高中部、坪洲小学、坪洲中学、大浪实验学校、松岗实验学校、龙华弓村小学等6所学校，加大老校挖潜扩容力度，9月前新增公办优质学位7000个。

二是进一步加强低收入家庭保障工作。建立低收入户籍居民生活救助与物价上涨挂钩的联动机制。积极解决符合条件的低收入家庭住房问题，新开工建设保障性住房4100套，提高廉租房货币配租补贴标准，与原特区内保持一致。

三是建成、动工一批街道文化艺术中心，龙华、石岩街道文化艺术中心投入使用，福永、沙井、松岗、观澜街道文化艺术中心动工建设，落实民治、大浪街道文化艺术中心项目用地。

四是区慢性病防治院新院投入使用，区妇幼保健院新院基础动工，民治北站综合门诊部开业，建成西乡公共卫生服务大楼，开工建设沙井卫生监督所业务大楼和石岩人民医院扩建

工程。

五是对2010年人均集体有效分配5000元以下“村改居”社区居民的社保，实行梯度补贴。继续推进社区给水管网改造工程，确保一期完工，二期完成50%以上，让群众喝上优质水、放心水。

六是加强安全生产基础工作，完善各街道所有主次干道消防给水管和消火栓等设施；规划建设2个消防站和1栋综合性执勤训练楼；每个街道至少建1个安全生产“教育屋”。

七是开工建设宝安区市民素质教育学校，将其打造成为深圳西部工种最全、质量最优的公益职业培训机构。

八是建设85个公交站台，新增及调整公交线路50条，新增及更新运力300台，500米公交站点覆盖率达85%以上。

九是完成西乡河综合整治三期工程，启动新圳河和西乡河水环境综合整治，提高水环境质量。

十是安装2万套以上视频门禁系统，提高出租屋技防水平。

政府一切工作的出发点和落脚点都必须是为民办实事。上述10件民生实事是广大老百姓高度关注的热点问题，是区政府今年工作的重中之重，也是我们对人民群众的庄严承诺，务必全面完成，不打任何折扣！

（三）大力推进特区一体化建设，促进城市高水平发展

1. 全面落实“迎大运、创全国文明城市标兵”200天行动。认真学习广州办亚运、办城市、惠民生的经验，坚决打赢市容环境提升和城市管理攻坚战，确保大运会前市容市貌有根本性改观。抓好大运场馆维修改造，按时保质完成宝安体育场建设；精心组织、高标准协助办好宝安赛区各项赛事。全力推进城市净化、绿化、美化、亮化工作，特别是要抓紧搞好场馆周围、交通要道、重要商业街区、宾馆饭店、旅游景点的环境整治，全面消除卫生死角和盲区，努力打造干净整洁、美丽有序的城市环境。5月前完成深圳北站、机场、宝安体育场等窗口门户地区的环境整治，6月前完成主次干道沿线建筑立面刷新。加大环卫经费投入，提高保洁标准和清扫频次。大力推进新安、福永、沙井、民治“城管进社区”试点，持续开展“六乱”整治执法行动。强力整治各类招牌广告，维护城市景观。建立社区、工业区和商业区“门前三包”责任制，引导社会参与城市管理。在重点区域、重点路段开展绿化提升行动，多种树、种大树、种好树，尽快增加绿量，形成城市林荫道。组织机关干部带头做好大运会志愿服务，开展百万市民学礼仪、优化公共秩序等行动，深入推进素质工程，提升公共文明和城市品位。

2. 加快推进重点区域一体化。高度重视民治先行示范区建设，加快完善道路交通、市政设施和公共服务配套，高标准提升北站周边综合环境，确保早日取得突破。紧抓前海深港现代服务业合作示范区建设的机遇，以现代化国际化先进城市和地区为标杆，加快推进中心区CBD建设，引进战略投资者建设地标性建筑。高标准开展大空港地区综合规划研究。大力推进松岗产业升级和城市更新试点，进一步提升“西北门户”建设水平。

3. 加快基础设施建设。出台进一步鼓励和引导社会投资的若干办法，建立完善投融资平台，完成政府投资200亿元，带动社会投资770亿元以上。全力做好征地补偿工作，配合启动地铁6、11号线和穗莞深城际线建设，确保1、4、5号线和广深港客运专线按时开通；打通留仙三路，推进5个关口和13个耕作口交通综合改善工程。推进供电设施建设，年内投产5座变电站，建成电缆沟52公里。新建燃气管道45公里。配合加快甲子塘—松岗原水调度工程建设。进一步完善“三防”设施，推进病险水库加固，加快13座排涝泵站建设。

4. 全力创建国家生态区。完善环保实绩考核制度，按月监测各街道主要河流水质情况。启动河流治理大会战，制定观澜河、茅洲河5年治理达标行动计划。年内推进观澜河、茅洲河7条支流共40公里的河道综合整治。完善环境基础设施，福永、燕川污水处理厂上半年投入使用，新增截污干管70公里、支管50公里，加强排污管网养护，力争污水处理率提高到80%以上。加快老虎坑垃圾填埋场和焚烧发电厂二期建设，采取综合措施降低项目对周边环境的影响。强化节能减排目标责任评价考核，建成大型公共建筑节能监管平台。推进民治、石岩等8个城市公园和17个社区公园建设。

5. 拓展城市发展空间。出台加快城市更新的工作措施。召开城市更新项目推介会，实行区领导包点项目制度，强力推进拆除重建类项目，推动8宗加快建设、6宗早日动工。每个街道至少规划一个1平方公里以上的综合改造示范区。依托重大项目建设，结合公共配套，按照突出重点、先易后难的原则，进一步完善工作机制和措施，加快盘活闲置、零散、低效利用的土地，成片开展土地整备。加快启动沿江新城填土工程，全年整备土地11平方公里。

6. 严格土地管理。坚持查事与查人相结合，坚决遏制违法抢建行为。落实卫片执法检查工作，严禁侵占国有土地和非法建设行为。坚持疏堵结合，积极推进历史遗留违法建筑的处理。完成1790亩基本农田改造。做好土地和房产确权，重点帮扶社区股份合作公司、区属街属企业完善土地房产手续。

（四）大力加强平安建设，确保社会和谐稳定

1. 全力推进安全生产向“过得硬”转变。突出抓好安全生产基础建设，年内财政投资3.5亿元，全面加强消防管网、消火栓、消防站等安全设施和消防力量建设。坚决抓好责任落实，理顺消防管理体制，强化政府监管责任，全面推行“一岗双责”、“一格多元”、分级分类管理等制度，建立健全安全生产信息底图；进一步落实企业主体责任，完善企业安全主任管理平台，实施企业“黑名单”和安全生产信用机制。切实抓好标准化管理，总结沙井、松岗火灾隐

患重点地区整治经验，按照省里标准全面推广；在300人以上企业推行国家安全生产标准化管理，完成安全生产托管企业1000家，创建标杆企业200家。强力抓好重点整治，强化安全生产巡查和执法检查，深入推进重点行业和重点领域专项治理，挂牌整治2200家重大和较大安全隐患单位。认真抓好教育和培训，深入推进企业主要负责人、安全管理人员和特种作业人员的安全教育，在高危行业强制推行“平安卡”培训和持证上岗制度。

2. 扎实开展信访维稳工作。切实提高政治敏锐性和工作决断力，善于抓早、抓小、抓苗头，努力把问题解决在萌芽状态。发挥各级综治信访维稳平台的作用，健全街道、社区及企业人民调解组织体系，及时排查、化解信访隐患和矛盾纠纷，做好大运会等敏感时期的防护工作。实行区领导每周接访制度，落实区、街道、部门领导包案责任，着力化解积案、难案。深入推进“法律进社区”，扎实做好人民调解和法律援助工作。进一步加强应急管理，强化监测预警和应急演练，提升应急处置能力。

3. 强化社会治安综合治理。充分发挥公安机关主力军的作用，持续不断地开展“稳、准、狠”的精确打击行动，始终保持对各类犯罪的高压态势；切实加强深圳北站、大运场馆等重点区域和场所的安全保卫；进一步整合巡防员、保安员、出租屋管理员等治安辅助力量，培育发展民间义务治安组织，建立立体人防体系；加强“围合式”小区、“安全文明小区”建设；强化电子防控工程的建设和管理，提升技防水平，实现社会治安进一步好转。

4. 切实维护市场秩序。加强市场价格监管，确保民生重点物资供给。继续开展“清无”整治行动，发现一家、清理一家。加强食品药品质量安全监管，坚决打击各种假冒伪劣行为，确保市民吃上放心食品、用上放心产品。加强税收征管，抓好税收专项检查和整治。整顿和规范文化市场，建立文化市场管理长效机制。

（五）大力促进社区集体经济转型发展，全面加强社区建设

1. 增强社区经济与区主体经济的关联度。进一步落实扶持社区股份合作公司转型发展的措施，推动社区经济从出租经济向投资型、管理型、服务型的实体经济转变。发挥财政专项资金的导向作用，出台包括租金补贴、奖励等扶持政策，确保社区在转型过程中利益不受损失，消除转型顾虑。开展多元化发展试点，鼓励社区股份合作公司以土地、厂房等与大企业和上市公司合作，为大项目提供宿舍、物管、商业等配套服务。政府融资优先考虑社区闲置资金，引导社区参股收益稳定、风险较小的盈利性基础设施建设和优质项目。年内各街道至少选定一个社区开展转型升级试点。全面完成社区股份合作公司经营发展绩效审计调查，逐步建立法人治理结构，加快完善财务制度，促进规范管理。同时，加强对街道集体企业的管理，稳妥推进资产清晰、条件成熟的集体企业进行改制，提高经营发展水平。

2. 加强社区基础设施建设。积极开展“规划师进社区”试点工作，提升社区建设水平。深入推进“同富裕”工程，着力完善社区基础设施。加快推进固本强基项目，争取完工10个以上，新开工15个以上。完善社区文体设施，建成55个社区图书室（电子阅览室）和35条社区（厂区）健身路径。

3. 强化社区治理。进一步加大投入，减轻社区社会管理等负担。按照责权利相统一的原则，落实社区工作准入制，充分调动街道、工作站和居委会的积极性。建立激励机制，推进物业管理进社区进一步向市场化发展，提升服务水平。大力培育社区社会组织，通过购买服务、委托管理等方式推行社区工作社会化。规范社区民主决策、管理和监督程序，提高居民自治水平。3月底前基本完成社区换届选举，选好配强社区班子。有针对性地抓好社区干部教育培训，增强主动转型的意识，提高转型发展的能力。

（六）切实加强政府自身建设，不断提高服务和管理水平

1. 抓责任促民生，建设为民政府。充分利用网络、民生访谈、市民热线等平台，拓宽民意沟通渠道，保障群众知情权、参与权和监督权。以服务对象和结果为导向，优化政务流程，实行跨部门串并联组合审批，减少政府工作“缝隙”，努力为人民群众提供更快、更近、更好的服务。围绕教育、医疗、住房、环保、安全、治安等群众最关心、最直接、最现实的问题，扎扎实实、持之以恒地办好各项民生实事，加快推进基本公共服务均等化，努力消除群众不满意感，增加群众满意度和幸福感。

2. 抓作风争先进，建设效能政府。牢固树立使命必达的意识，全面强化一抓到底的作风。充分利用大运会等重大活动、重大项目、重点工作，压任务、打硬仗、练队伍，以时限倒逼进度，以目标倒逼责任，把工作压力传送到每个环节和岗位，激发工作人员干事创业的干劲。领导干部要自觉深入基层、深入实际开展调查研究，及时总结经验，突出重点抓落实，集中优势兵力打好“歼灭战”。善于打破思维定势，不断改革创新，破解难点，打造亮点。开展检查讲评会，强化典型带动，倡导“比学赶帮超”，推动政府工作提速提质提效。

3. 抓制度强管理，建设法治政府。主动接受人大、政协监督，办好人大议案和政协提案。做好区级政府机构改革，完善公务员分类管理和聘任制改革。完善重大行政决策制度，修订区政府工作规则，建立规范性文件公开征求意见制度；健全执法体制，规范执法行为。强化行政问责，做到有权必有责、有责必施问、有错必追究，奖优治庸罚懒，坚决纠正行政不作为和乱作为。全面启动“六五”普法工作。

4. 抓监督树形象，建设廉洁政府。牢牢守住廉政底线，严格落实党风廉政建设责任制。加强对重点工程和关键领域的监督，规范土地出让、工程建设、招投标和政府采购等公共

资源管理行为，严肃查处违法违纪案件。牢固树立艰苦奋斗意识，厉行节约，降低行政成本。加强机关行为规范教育，不断提高工作人员素质，努力建设一支忠于职守、清正廉洁、执行有力的干部队伍。

各位代表、同志们，回顾过去，我们豪情满怀；展望未来，我们信心百倍。让我们在市委市政府和区委的正确领导下，在区人大和政协的监督支持下，深入贯彻落实科学发展观，解放思想，改革创新，攻坚克难，狠抓落实，为建设深圳科学发展主力区和特区一体化先行区，全面打造深圳西部城市中心而努力奋斗！

《政府工作报告》名词解释

1. 工业经济效益综合指数：是衡量工业经济效益各个方面（含总资产贡献率、资本保值增值率、资产负债率、流动资产周转率、成本费用利润率、全员劳动生产率、产品销售率）总体水平的一种特殊相对数，是反映工业经济运行质量的综合指标。

2. 化学需氧量：是国家减排的一项重要指标，具体指水体中有机物和还原性物质在规定条件下用氧化剂进行氧化所消耗的氧量，是反映水体有机污染的重要参数，常以符号COD表示。

3. 百万员工素质提升工程：2010～2012三年时间里，区里专门为全区企业员工开展安全生产知识、法律常识和城市生活常识专项培训，提高他们安全防范、自我保护和城市生产生活适应能力，引导其做到"知守法律、注重安全、珍惜健康、崇尚文明"，帮助他们尽快实现从农村到城市的生活角色转变，从农民到产业工人的职业角色转变，培育他们的家园意识，增强对企业、社区、城市的认同感和归属感。

4. "一十百千万"募捐方式：每年的11月深圳慈善捐赠月活动期间，在我区开展"一十百千万"募捐，即号召中小学生捐一元，普通市民捐十元，公职人员和个体工商户捐一百元，一般企业捐一千元，规模以上企业捐一万元。

5. 市容环境提升行动：市委市政府为迎接特区建立30周年和第26届世界大学生运动会召开，决定在全市开展以"办赛事、办城市，新大运、新深圳"为主题的市容环境提升工作。我区出台了《宝安区市容环境提升行动实施方案》，在全区开展"建筑立面刷新和屋顶改造、街道家具清洗刷新、交通设施粉刷翻新、窗口门户地区环境综合整治、城中村综合整治、环境卫生及执法专项整治"六大行动，实施"花卉布置、城市绿化改造升级、宝安体育场（馆）周边环境美化、市政公园景观建设与改造、城市照明改造与建设、重点工业企业周边环境提升"六项工程。

6. 绿道：是沿自然和人工廊道建立的线形绿色开敞空间。按英文字面的理解，绿道分为GREEN和WAY两部分，GREEN表示自然存在，诸如山河湖海田林、野生动植物等，WAY表示通道。绿道由"绿廊"＋"慢行道"构成。"绿廊"主要体现绿道的生态功能，包括维育生态基底、为植物生长和动物繁衍提供空间的绿道控制区和发挥安全防护作用、美化景观的绿化隔离带。"慢行道"主要体现绿道的休闲游憩功能，是非机动化的慢行系统，可以是人行道、水道，也可以是自行车道。绿道沿线还配置基本服务设施。

7. 安全生产管理"1+8"文件：包括《宝安区构筑安全生产管理长效机制的实施办法》；八个配套文件：《宝安区安全生产责任制考核办法》、《宝安区安全生产隐患信息处理暂行办法》、《宝安区安全生产管理工作督查办法》、《宝安区全员安全教育培训办法》、《宝安区落实生产经营企业安全生产主体责任实施意见》、《宝安区安全生产巡查工作实施办法》、《宝安区安全生产网格化管理实施办法》和《宝安区安全管理责任追究办法》。

8. 劳资恳谈协商机制：是由政府主导，在遵循劳动法律法规的前提下，企业内部全员参与，通过采取友好平等、开诚布公的恳谈方式来解决劳资纠纷等问题的一种劳资协商机制。

9. 公共服务白皮书：指为强化政府机关责任目标管理，完善政府绩效管理制度，推动重要工作任务顺利完成，不断提高公共服务水平，由政府部门制定并对外公布的，包含若干工作任务、工作目标、进度安排、责任单位等的一种官方文件。它以公开、透明的方式对人民群众作出承诺，保证各工作任务按照工作目标、进度安排完成。工作任务的内容涉及公共服务，主要包括基础教育、公共卫生与基本医疗服务、社会保障与社会救助、公用事业与公共设施、公共文化、公共安全、环境保护与生态建设、就业服务、基础科学研究、科普与科技推广等。

10. 深圳质量："深圳质量"是一个集经济、社会、生态、管理、文化等于一体的综合概念。包含下面几层意思：（1）坚持以质取胜，追求更高的物质文明，使创新能力更强，产业结构更优，内生动力更足，国际竞争力一流；（2）坚持以人为本，追求更高的社会文明，使法制更加健全，社会更加和谐，人民更加幸福；（3）坚持文化强市，追求更高的精神文明，使人的发展更全面，人民生活丰富多彩，社会风貌昂扬向上；（4）坚持内涵发展，追求更高的城市文明，使城市布局更加合理，功能更加完善，现代化国际化水平更高；（5）坚持低碳理念，追求更高的生态文明，使资源消耗更小，环境代价更低，人与自然更加和谐。

11. 替代优先：这是经济学的一个概念，是指西方发达国家、亚洲四小龙在推进经济转型的过程中，坚持以战略性新兴产业替代落后产业，以高端制造替代低端制造，以创新驱动替代要素驱动，最后都成功实现转型。反之，坚持"升级优先"，即将重点放在提升传统产业上，转型都不是很成功。

12. 微笑曲线：在产业链中，附加值更多体现在曲线两端，即设计和销售，处于中间环节的组装制造附加值最低。

13. 第三方、第四方物流：第三

方物流是相对于“第一方”发货人、“第二方”收货人而言的，它是指生产经营企业为集中精力经营主业，把原来属于自己处理的物流活动，以合同方式委托给专业物流服务企业，同时通过信息系统与物流企业保持密切联系，以达到对物流全程管理控制的一种物流运作与管理方式。第四方物流是专门为第一方、第二方和第三方提供物流规划、咨询、物流信息系统、供应链管理等活动。第四方并不实际承担具体的物流运作活动，它不是物流的利益方，而是通过拥有的信息技术、整合能力以及其他资源提供一套完整的供应链解决方案，帮助企业降低成本，以此获取一定的利润。

14. 积分入户政策：是指通过科学设置和确定积分指标体系，对外来务工人员入户深圳市的条件进行指标量化，并对每项指标赋予一定分值，当指标累计积分达到一定分值时，外来务工人员可按深圳市招收技术工人办法申请入户。

15. 金钥匙行动：根据我区户籍居民就业需求和培训意愿，每年开发20个以上的职业技能和岗位适应性政府补贴培训项目，开展创业意识、就业技能、创业技能、岗位适应性及学历教育等多方面内容的培训，以培训促进创业、以创业带动就业，为居民送上一把通往就业创业大门的“金钥匙”。从2008年以来，共培训户籍居民8万多人次，促进就业6235人，创业671人。

16. 公交都市：是以发达的公共交通系统引导城市发展，并辅以必要的需求管理措施。公交都市作为大都市发展到高级阶段应对小汽车高速增长和交通拥堵所采取的一项城市战略，已成为全球大都市的发展方向。

17. 教育屋：又称安全警示教育展厅，指的是由街道组织创建，收集辖区历年安全生产事故文字、照片、视频等资料，制成宣传画、教育片，以血的教训教育群众时刻遵守安全生产制度、珍惜生命安全，在此基础上逐步扩建为宣教培训一体的安全生产教育基地，简称“教育屋”。建成后要求辖区内生产经营单位的新进员工必须到场学习一次以上。

18. 城管进社区：以提升市容环境和居民文明素质为工作重点，通过在社区建立城管工作室，整合社区资源，开展社区服务，建立健全社区城市管理体制机制，不断完善“一格多元、一岗多责”的网格化管理机制，实现城市管理融入社区、根植社区、服务社区。

19. 大空港地区：大空港地区或者空港经济密集区，指的是机场周边交通走廊沿线约15分钟车程范围内，由于机场对周围生产、技术、资本、贸易、人口的聚集，形成的多功能经济区域。通常包括航空公司总部所在地，借助航空运输的快速性和航线网络的辐射效应产生的高科技产业、会展中心、跨国公司的总部等，及其所带动的住宅、大型超市、金融机构、教育机构等。

20. 卫片执法检查：所谓卫片是利用卫星遥感等技术制作的影像图片。卫片执法检查是通过对卫片所反映的土地利用情况变化，掌握新增建设用地情况，以此发现和查处违法用地。

21. 分级分类管理：又称企业分类分级管理，指的是按金属制品业、电子塑料制品业、木制品加工业、纸品包装印刷业、服装皮革制品业等五大类分别制定管理标准，根据企业安全生产状况的好差，将企业评为A、AA、AAA级别，并根据级别的高低确定检查频次，有重点地强化安全生产执法检查。同时公开企业分级的方式方法和结果，积极引导企业不断改善安全生产状况。

22. 政府工作“缝隙”：来源于无缝隙政府的概念。无缝隙政府是以满足服务对象无缝隙的需要为目标的一种组织变革，它不是以部门、职能为导向，而是以服务对象为导向，以结果为导向，以竞争为导向，去掉部门分割和壁垒，使政府每一项资源投入、人员活动、公共产品的提供等，都能真正有效地符合服务对象的需求，使服务对象能够在任何时间和任何地方得到服务，真正实现“为民服务”的目标。目前，无缝隙政府理论在西方已经成为一种重要的政府组织模式，也代表了未来政府建设的趋势。

政协深圳市宝安区第三届委员会常务委员会工作报告

——在政协深圳市宝安区第三届委员会第七次会议上的报告

（2011年2月12日）

深圳市宝安区政协主席　沈建英

各位委员、同志们：

我受政协深圳市宝安区第三届委员会常务委员会的委托，向大会作工作报告，请予审议，并请列席会议的同志提出意见。

一、2010年工作回顾

刚刚过去的2010年，是“十一五”规划最后一年，也是深圳经济特区成立30周年。一年来，在中共宝安区委的坚强领导和市政协的关心指导下，区政协及其常委会牢牢把握团结和民主两大主题，紧紧围绕区委区政府关于努力当好深圳发展生力军、争创科学发展示范区的决策部署和全力推进特区一体化的工作要求，团结全区各民主党派、各人民团体和各界人士，认真履行政治协商、民主监督、参政议政职能，为促进我区经济社会发展和民主政治建设作出了积极贡献。

（一）围绕中心、服务大局，协商议政取得新成果

一年来，常委会坚持把助推区四届五次党代会“五大新突破”和区委八次全会关于全力推进特区一体化工作部署的落实，作为政协全年工作重点，精心选择课题，深入调查研究，认真协商议政，积极献计献策。

认真组织大会发言。围绕“当好深圳发展生力军、争创科学发展示范区”主题，以专委会、各民主党派、委员活动组为单位，就经济发展、社会建设、城市管理以及人才建设等四大领域，选择转变经济发展方式、产业结构优化升级、打造电子信息制造业基地、构建区域创新中心、加强劳务工教育培训、合理配置医疗资源、推进旧城旧村改造、加快基础设施建设、推进社区物业管理以及建设科技人才高地等课题，深入开展调查研究，并在三届六次会议开幕大会上举行大会发言，提出意见和建议39条。区委主要领导高度评价大会发言题目选得准，提出的意见和建议具有前瞻性、针对性和可操作性，要求党政有关部门认真研究吸纳，并给予满意的回应。

切实搞好专题协商。为推动区委区政府1号文件《关于加快现代化城区建设，全面提升城市环境的实施意见》的落实，上半年，先后开展3次专题视察调研，组织委员深入街道和有关部门了解推进情况，并到东莞、三水等地学习考察。6月，召开区政协三届十六次常委（扩大）会议，认真听取区政府有关情况通报，围绕全面提升城市环境进行专题协商，7位委员分别代表党派、界别和专委会作专题发言，充分肯定环境提升行动力度大、措施硬、效果好，针对城市规划起点不高、整体布局不够合理，建设标准偏低、城市功能不够完善，与特区内规划衔接不够紧密等问题，从高起点做好城市环境总体规划及城市道路、城市公园规划，高标准建设产业集聚基地及交通、水务等基础设施，加快推进城市更新，创新城市管理模式、实现高效能管理城市等七个方面，提出意见和建议22条，形成《专题协商会议建议》，作为区委区政府决策参考。

深入开展专题议政。围绕我区科学制定“十二五”规划和推进特区一体化建言献策，是下半年区政协的一项重要工作。8月，制定具体工作方案，以专委会、党派、团体、街道政协联络办、委员活动组为单位，组织委员开展为期2个月的调查研究。9月底，召开区政协三届十七次常委（扩大）会议进行专题议政，认真听取区政府“十二五”规划的基本思路及编制进展情况通报，10位委员分别代表专委会、党派、团体、委员活动组以及街道政协联络办作专题发言，从教育发展、文化建设、城市管理、医疗卫生、道路交通、社会保障、社区服务等七个方面，提出意见30多条，形成《关于对“十二五”规划编制及推动宝安实现特区一体化的建议》，报送市政协和区政府，得到市政协领导和区委鲁毅书记的充分肯定，许多意见和建议被政府有关部门采纳。

着力打造调研精品。按照“突出重点、量力而行、多出精品、注重实效”的要求，着力搞好两个重点课题研究。一是立足产业发展，开展“宝安建设电子信息高端制造业基地”课题研究。打造电子信息高端制

造业基地，是区四届五次党代会确定的产业发展目标。区政协将其列入年度研究重点，会同贸工、发改、科技等单位，联合开展专题研究。经过6个月的深入调研，摸清我区电子信息制造业的现状，根据当前发展的形势与任务，从加快创新体系建设、加大对关键领域产业项目引进和落地、规划建设富士康科技城、优化产业空间布局、扶持电子信息中小企业做大做强、大力发展生产性服务业、加快电子信息制造业高端人才战略性集聚、建立完善推进电子信息高端制造基地建设工作机制等八大方面，提出对策建议，形成调研报告，报送区委区政府作决策参考。二是立足民生改善，开展“发展我区医疗卫生事业”课题研究。大力发展医疗卫生事业，是有效解决我区群众看病难的根本之策，是全面推进特区一体化的民生工程。区政协将其纳入年度重点课题，组织相关领域委员开展专题调研，全面了解我区医疗卫生事业发展现状，从医疗卫生资源总量、结构布局、基础设施设备、医务人员配备、队伍整体素质以及管理服务水平等方面，找出宝安与原特区内各区的明显差距，并从高起点规划、高标准建设、高效率引进人才、高效能科学管理等五个方面提出具体意见和建议19条，形成《建议案》提交区政府。区政府召开专题会议，由分管领导组织相关职能部门抓落实。

（二）以人为本、服务民生，民主监督取得新成效

一年来，常委会把实现好、维护好、发展好最广大人民群众的根本利益作为政协工作的出发点和落脚点，积极协助党委政府做好保障和改善民生的各项工作，努力促进惠民政策措施的有效落实。

搞好专题视察，推进惠民工程建设。宝安中学新高中部是区政府投资的重大建设项目。6月，组织委员实地视察，针对校园周边交通拥堵问题突出、区间路规划不合理及修建工程进展缓慢、市政配套供电工程亟待改善、救助站搬迁工作滞后以及校园绿化整体布局品位不高等问题，形成《关于进一步做好宝安中学新高中部建设工作的几点建议》提交区政府。区政府主要领导十分重视，组织有关职能部门实地调研，逐项落实，推动了相关问题的妥善解决。7月和12月，组织政协委员会同党代表、人大代表，先后视察我区水环境综合整治情况和市容环境提升工程、沙井河片区排涝泵站工程、西乡河整治、中心区图书馆建设等政府投资重大项目建设情况，围绕科学建设污水处理厂和配套管网、高效治理河流水环境及水土流失、推进防洪排涝工程建设，以及做好重大项目前期准备、完善规划设计、加强协调督查、确保建设进度和工程质量等问题，提出意见和建议。配合市政协，认真做好市、区政协委员联合视察我区城市公共文明建设、道路交通基础设施建设、街道医院建设以及推进特区法制一体化工作。一年来，还围绕民办教育发展、文化创意园建设、服装产业集聚基地建设、凤凰山森林公园改造、社区经济发展、固戍一路二路扩建及龙井二路交通整治、社会养老事业发展等问题，开展视察调研，助推相关工作开展。

做好提案办理工作，推进惠民举措落实。坚持把提案作为政协关注民生的重要抓手，选择《关于修建固戍二路的建议》、《关于重新规划区人民医院，创一流就医环境服务市民的建议》等12件提案为重点提案，实行党政领导领办与主席会议督办相结合、部门主要负责人领办与提案委员会督办相结合的工作机制，扎实推进重点提案办理工作。6月，会同区人大召开人大议案和政协提案办理工作汇报会。12月，会同区政府、光明新区管委会分别召开重点提案办理工作汇报会，听取有关单位办理情况汇报，有力地推进了提案办理工作。三届六次会议以来，收到委员提案217件，审查立案207件，全部及时办结，提案意见已经落实的占31.1%，正在落实的占60%，提案人反馈满意率为86.6%，基本满意率为13.4%。12件重点提案中，《关于解决宝城前进路与龙井路交叉路口交通混乱状况的建议》等7件重点提案所提建议得到落实，5件取得重大进展。通过提案办理，一批群众关心的热点难点问题得到较好解决。

畅通社情民意渠道，推进民生问题解决。坚持把反映社情民意作为关注民生的一项经常性工作，制定《关于进一步加强社情民意信息工作的意见》，建立专委会、委员活动组和各民主党派、人民团体、各街道政协联络办组成的社情民意信息员网络，健全激励机制和通报制度，有效地调动广大委员了解民情、反映民意的积极性，畅通各界利益诉求表达渠道，及时采集报送了一批有较高质量的社情民意信息。其中《警惕不当报道引发“维特效应”，呼吁心理危机干预》被全国政协采稿；《宝安区福洲路福永段路线走向不明，影响沿线片区经济发展》引起市政协高度关注，白天主席亲自带领市、区政协委员实地视察调研；《希望解决沙井中学住宿难问题》等信息得到区委区政府领导重视，批示有关部门及时处理，较好地推动了相关问题的解决。

发挥特邀监督员作用，推进服务质量提升。制定《特邀民主监督员管理办法》，进一步规范政协委员担任特邀监督员的选聘程序、监督内容、监督方式、工作职责、纪律要求和管理考核。选派60多名委员担任纪检监察、交通、政府采购、检察院、法院等单位特邀民主监督员，参与有关部门司法行政及管理服务工作的日常监督和检查评议，为改善机关作风、提升工作效率和服务质量发挥了积极作用。

（三）协调关系、服务和谐，民主团结凝聚新合力

一年来，常委会充分发挥政协联系面广、包容性强的优势，在调动各方积极因素、协调关系、汇聚力量、维护稳定等方面尽心尽力。

积极巩固团结合作局面。坚持“长期共存、互相监督、肝胆相照、荣辱与共”方针，密切与各民主党派、工商联和无党派人士的联系，支持他们围绕宝安科学发展的重大决策协商议政，支持他们通过担任各类特邀监督员就一些重要问题实施民主监

督。切实加强民主党派集体提案的办理工作，制定《关于民主党派人民团体提案征集办理的规定》，明确民主党派集体提案的提出和办理要求。将民主党派和无党派人士提交的提案专报区委区政府领导审阅，并将《关于加快创新型城区建设构建区域性科技创新中心的建议》等4件党派提案列入年度重点提案跟踪督办。认真贯彻落实党的民族、宗教政策，发挥民族宗教界委员的积极作用，促进民族团结、宗教和谐。

认真协调社会阶层关系。充分发挥政协界别和委员活动组作用。坚持走访约谈界别委员，支持和鼓励以界别、委员活动小组名义开展学习考察、视察调研，关注不同阶层利益诉求，广泛倾听民声，及时反映民意，协助党委政府妥善处理好各方利益关系，团结各阶层人士共同致力于宝安的发展建设。一年来，组织界别和委员小组活动18次，提交集体提案13件。深入开展“下基层送服务促转变”活动。主席班子成员坚持深入基层，走访港澳委员企业、台资企业、民营企业，及时协调政府有关部门解决企业发展遇到的实际困难和问题。认真开展“委员进社区”活动。1月和5月，以街道政协联络办为依托，组织委员走访企业单位和社区群众，倾听群众呼声，及时向党委政府反映，着力推动相关问题的解决。

广泛开展团结联谊活动。加强与各界代表人士的联系。举办新年茶话会、国庆中秋联谊会、各街道委员座谈会，加强与社会各界的沟通，增进了解，凝聚共识。加强与香港地区友好团体的交往。先后参加香港石岩同乡会、香港公明同乡会成立庆典大会，拜访香港深圳社团总会及文氏宗亲会新界正气堂、观澜旅港同乡会、西乡旅港同乡会、香港长洲宝安会所，为促进两地的交流合作、维护香港繁荣稳定发挥了积极作用。加强与各地政协的交流。成功举办第九届市“政协杯”乒乓球赛，赴内蒙古与通辽市政协联合举办“梦幻与诗篇——深圳宝安·观澜国际版画展”。广泛发动委员关心支持公益慈善事业。组织委员和机关干部积极参与玉树赈灾、“广东扶贫济困日”募捐等公益慈善活动，全年捐赠款物达3600多万元。

（四）与时俱进、创先争优，自身建设实现新提升

一年来，常委会根据新形势、新任务，切实加强自身建设，不断提升整体素质，增强工作活力，为有效履行职能提供坚实保障。

加强学习，夯实团结奋进思想基础。常委会把加强理论学习摆在突出位置，明确学习重点，创新学习形式，增强学习效果。坚持党组会议、主席会议、常委会议和机关集体学习制度，组织委员和机关干部参加全国政协举办的专题培训，并通过举办专题报告会、专题讲座等多种形式，深入学习贯彻党的十七届四中、五中全会和省、市、区委全会精神，深刻领会胡锦涛同志在深圳经济特区建立30周年庆祝大会上的重要讲话精神，努力把政协各参加单位和广大委员的思想认识凝聚到区委区政府的决策部署上来，不断增强服务科学发展的主动性和积极性，使学习的过程成为统一思想、增进共识、团结奋进的过程。

配合督查，推动中央《意见》贯彻落实。《中共中央关于加强人民政协工作的意见》是指导新时期人民政协工作的纲领性文件。开展贯彻落实情况专项督查，是全国政协的重要部署，是推动人民政协工作科学发展的重要举措。为了迎接市委的专项督查，区委高度重视，组成专项督查组，开展督查活动。区政协全力配合，先后召开党组会议和主席会议，认真总结政协工作的主要成效和经验，客观分析政协工作面临的新情况、新问题，积极探索做好政协工作的新思路、新方法。通过专项督查，增强贯彻落实中央《意见》的坚定性和自觉性，巩固和发展重视支持政协工作的良好局面。积极协同有关部门认真做好五届市政协委员推荐工作。加强政协宣传工作，主动与新闻媒体联系，建立联动互动机制，及时沟通活动信息，主动提供新闻线索。一年来，《宝安日报》、宝安电视台刊播政协活动文稿120条，《人民政协报》、《南方日报》、《深圳特区报》刊登文稿11篇，较好地展示了我区政协围绕中心、服务大局的履职成果，扩大了政协的社会影响。

加强管理，充分发挥委员主体作用。加强委员学习培训。通过举办委员培训班、专题座谈会等形式，增强广大委员履行职责的责任感和使命感，激发委员服务经济发展、参与社会公益事业的积极性。搞好委员服务管理。坚持以街道政协联络办为依托，围绕推进街道中心工作，组织所在街道政协委员视察调研，为委员了解社情民意、参政议政创造良好条件。一年来，街道政协联络办组织开展活动共50多次，推进了委员履行职能常态化。完善委员履职考核制度，对委员参加政协会议、视察调研、提交提案、反映社情民意、参加社会公益活动等情况进行年度考核，并予以通报，广大委员履行职责的积极性和主动性进一步增强。

转变作风，有效提升机关服务水平。以创建“学习型、服务型、创新型、和谐型”机关为目标，进一步推进机关思想建设、组织建设、作风建设和制度建设。深入开展“创先争优”、纪律教育学习月和以“想干、敢干、快干”为主题的干部作风大提升等系列学习教育活动，切实增强机关干部的大局意识、责任意识和服务意识，不断提高机关的政务性服务能力和统筹协调能力，为做好各项工作提供良好的服务保障。

各位委员、各位同志，过去的一年，区政协常委会主动作为、务实进取，各项工作扎实推进，成效显著。这是中共宝安区委坚强领导、宝安区政府和光明新区工委管委会大力支持、有关部门和社会各界积极配合的结果，凝聚着政协各参加单位和广大委员的智慧和力量。在此，我谨代表区政协常委会向所有关心、支持政协工作的各级领导、各界人士表示衷心的感谢！向辛勤工作在各条战线并为我区政协工作尽职尽力的全体委员致

以诚挚的敬意！

在肯定成绩的同时，我们也清醒地认识到工作中存在的不足和差距。比如：如何进一步推进政治协商纳入决策程序，切实把民主监督寓于各项工作，提高履行职能的科学化水平；如何进一步健全工作机制，更好地发挥界别的优势和作用；如何进一步提高委员服务管理水平，更好地发挥委员主体作用等等。真诚希望广大委员和同志们对区政协常委会的工作提出意见和建议，帮助我们把工作做得更好。

二、2011年工作思路

2011年是实施“十二五”规划的开局之年，是争当深圳科学发展主力区和特区一体化先行区的关键之年。我们要高举中国特色社会主义伟大旗帜，以邓小平理论和“三个代表”重要思想为指导，深入贯彻落实科学发展观，紧紧围绕全区工作大局，以推进经济社会发展转型为主线，以推进特区一体化为重点，认真履行职能，切实做好协调关系、汇聚力量、建言献策、服务大局各项工作，为推动我区科学发展上新水平作出新贡献。

（一）加强理论学习，努力夯实共同思想政治基础

学习贯彻中共十七届五中全会精神，是当前和今后一个时期人民政协的重大政治任务。要按照中央和省、市的要求，集中开展学习研讨活动，全面领会和准确把握全会精神实质，进一步增强贯彻落实科学发展观、加快转变经济发展方式的责任感和使命感。要结合深入贯彻落实胡锦涛同志在庆祝人民政协成立60周年和深圳经济特区建立30周年庆祝大会上的重要讲话精神，进一步深化对政协工作特点和规律的认识，明确政协围绕中心、服务大局的重点和着力点。要以纪念中国共产党成立90周年为契机，引导参加政协各民主党派、人民团体和广大委员大力弘扬肝胆相照、携手共进的优良传统，自觉肩负起推动科学发展、促进社会和谐排头兵的历史使命。要结合我区实际，按照区四届七次党代会作出的决策部署，充分发挥人民政协在扩大公民有序政治参与中的重要渠道和平台作用，广泛收集各党派、团体和社会各界的意见建议，努力增进社会各界的共识，为加快特区一体化、建设和谐幸福宝安提供坚实的思想政治基础。

（二）围绕发展主线，全力推进“十二五”规划良好开局

加快转变经济发展方式是“十二五”规划的主线，是全区的工作大局。政协各参加单位和广大委员要自觉服从、服务这一大局，充分发挥人才荟萃的优势，多想科学发展大事，多谋科学发展大计，为推动经济发展方式在宝安率先落实、率先见效提供智力支持。要围绕加快重大产业项目和新型产业园区建设、促进自主创新产业化、发展战略性新兴产业、促进社区股份合作公司转型发展等重大问题，深入调查研究，积极建言献策，当好区委区政府科学民主决策的参谋助手。广大委员要勇于担当责任，运用自己的专业特长和资源资本，积极参与经济建设。鼓励委员企业推进产业结构调整，大胆探索新的经济增长模式，为进一步提升科学发展水平、走出转变发展方式新路献计出力。

（三）坚持履职为民，着力推进和谐幸福宝安建设

注重保障和改善民生，是贯彻落实科学发展观的必然要求，是政协工作的出发点和立足点。要坚持把促进民生改善作为重要责任，充分发挥政协组织优势，紧紧围绕区委区政府确定的特区一体化“一年明显见效”阶段性目标和《关于加强社会建设的实施意见》工作部署，积极协助党委政府做好顺民心、解民忧、惠民生的各项工作。要突出基本公共服务一体化，围绕教育、卫生、文化、就业、社保等公共服务建设问题，组织开展视察调研。要突出宜居城市建设，围绕平安建设工程、社区服务体系建设、民生实事工程、城市基础设施建设进行跟踪视察，开展民主评议。要围绕“大运会”成功举办和创建国家生态区工作，继续开展提升市容环境专题视察和专题议政。要充分发挥提案的民主监督作用，坚持党政领导领办和主席会议督办重点提案制度，认真开展提案办理“回头看”活动，对近年来的重点提案办理情况进行梳理检查，对未取得明显成效的要继续跟踪督办，推动委员合理化意见建议的采纳和落实。要进一步加强和改进社情民意信息工作，坚持走访约谈界别委员制度，继续开展委员进社区、进学校、进企业活动，进一步健全信息网络体系建设，及时、准确反映社会各界的诉求和愿望，促进社会和谐稳定。

（四）加强自身建设，不断提高政协工作科学化水平

加强自身建设，是人民政协履行职能的重要基础。要以深入贯彻落实《中共中央关于加强人民政协工作的意见》和省、市委《政治协商规程》为契机，协助区委制定相关实施配套文件，进一步完善履行职能的制度设计和程序设计，推进政治协商纳入决策程序的制度化、规范化、程序化。要以助推党委政府决策部署落实为重点，认真履行政协常委会议、主席会议、专委会议的监督职能，切实提高民主监督实效。进一步发挥民主党派和界别的作用，建立健全党派、团体、界别在区政协履行职能的工作机制。进一步发挥专委会基础作用和委员主体作用，加强委员培训，完善委员履行职责的考核评价机制，激发委员履职积极性。进一步发挥街道政协联络办的作用，为委员及时了解和掌握社情民意，更好地参政议政提供有力保障和良好服务。积极做好政协换届筹备工作，认真总结三届政协的工作经验，切实做好委员履职考核和连任委员的推荐工作。进一步加强政协机关建设，深入开展“创先争优”和干部作风大提升系列教育活动，切实加强思想建设、制度建设和作风建设，不断提高机关工作质量和服务水平。

各位委员、同志们，“十二五”科学发展的蓝图已经绘就，新征程承载新使命、新任务。让我们在中共宝安区委的坚强领导下，振奋精神，团结一心，再接再厉，开拓前进，为实现“十二五”规划良好开局、建设和谐幸福宝安而努力奋斗！

全面推进廉洁城区建设 营造风清气正的干事创业环境

——在中共深圳市宝安区纪委向区四届七次党代会的工作报告

（2011年1月20日）

中共深圳市宝安区纪委书记 刘建柱

各位代表、同志们：

我代表区纪委常委会向区四届七次党代会作工作报告，请予审议。

2010年主要工作情况

一年来，区委区政府审时度势、总揽全局，团结带领全区干部群众一手抓发展、一手抓治理，实现了经济社会建设快速平稳发展。区纪检监察机关在区委区政府的坚强领导下，切实履行监督检查职能，大力维护发展、改革、稳定大局，统筹协调推进党风廉政建设和反腐败各项工作。各级各部门认真落实党风廉政建设责任制，积极构建惩治和预防腐败体系。经过全区上下共同努力，我区反腐倡廉建设迈出新的坚实步伐。

一、坚决维护政令畅通，服务保障中心工作成效突出

集中开展大规模查违督查工作。按照区委区政府主要领导的要求，组织2次查违专项督查，历时近4个月，出动人员500多人次，深入一线明察暗访56次，督查督办28次，立案查处失职渎职、包庇纵容、以权谋私等案件7宗7人，快速调查了结媒体曝光的顶风抢建5宗，严肃了查违工作纪律。督促推进49宗违法用地的整治、拆除和复绿工作，清拆永久建筑720栋18万平方米。切实强化安全生产监督。参与调查安全生产事件69宗，查处责任事故25宗。全程跟踪百日隐患大排查行动，督促检查经营场所1.8万家。督办火灾隐患重点地区整治工作，督促整改隐患46个，有力推动了1个街道和9个社区通过省、市检查验收。大力推动治污保洁工程。每月定期跟进62个环保项目进展情况，全年协调检查203次、督查督办18次，严格环保实绩考核，确保创建国家生态区各项工作落到实处。跟踪检查轨道交通建设。现场协调督办25次，认真检查深圳北站、广深港客运专线和4条地铁线等7个建设项目52个分项工程的进度和质量，协调推动地铁5号线翻身站等3处站点的征地拆迁工作。积极跟进社会综合整治。坚持日常检查与专项督查相结合，督促取缔无证无照经营1.5万家、查扣非法营运车辆1万余台、查处制假售假案件179宗、开展食品安全整治行动23次。

二、全面推进行政效能建设，公共服务水平大幅提高

行政服务进一步减时提速。巩固前四轮行政审批制度改革成果，推动简化5个审批环节，削减4类申请材料。全面强化电子监察，对15.6万笔审批业务实施在线监督。全区198项审批业务平均办结时间缩减至2.7天，比法定时间提前10.3天，较上年度提速18%。开展第一轮行政服务事项清理，将25项非许可类行政审批转为行政服务，并取消设置不合理的行政服务24项。便民服务体系逐步完善。区行政服务大厅新增国土、交通部门窗口，扩容增项后集中办理涉企审批达177项，占总数的78%。10个街道行政服务中心全部投入运行，13类基层站所、街道科室进驻，就近提供40项服务。建成网上行政审批服务大厅，21个部门221项审批事项实现网上申报、办事预约。绩效评估实现信息化和常态化。在全市率先建成区级政府电子绩效评估系统，直接采集、分析、测评电子监察数据，评估客观性和权威性明显提高。深入推进26个单位试点工作，调整优化评估指标体系，严密监控日常运作情况，全区整体绩效状况良好。公共服务白皮书推手作用日益凸显。建立跟踪检查制度，动态监督各单位公共服务白皮书落实情况。区政府承担的39项市级白皮书任务圆满完成，区直部门承担的460项区级白皮书任务完成453项，走在全市前列。

三、深入开展党风廉政教育，拒腐防变能力不断增强

“三纪”教育点面结合、效果良好。分层级分岗位举办8期党纪政纪法纪培训班，对处级干部和司法机关、组织人事、工程建设、政府采购等系统共2500多人进行岗位廉政教育。坚持抓好重要时段提醒教育，每逢春节、中秋等重大节日，都通过廉政贺卡、手机短信等方式对全区党员干部进行温馨提示。纪律教育学习月和廉洁文化周活动亮点纷呈。区委主要领导和各单位“一把手”带头作廉政辅导报告56场，1.2万名党员干部受到教育。举办廉政楹联大赛和美术作品展览，征集优秀作品400多件。收录违纪违法典型案件，编发7期《党纪政纪法纪案例选编》3700册，以身边事教育身边人。发放廉政图书、光碟等学习资料6.2万份，组织全区党员干部学习。反腐倡廉宣传有声有色。打造《廉洁宝安》、《民生访谈》等品牌栏目，刊登新闻稿件130余篇，及时反映我区反腐倡廉建设新动态、新举措，社会影响力日益增强。加大网络和平面媒体宣传力度，在人民网、新华网、《中国纪检监察报》、《南方日报》等媒体刊载新闻报道20篇，在区内主要干道设置立柱广告、宣传标语等460多个，营造廉荣腐耻的社会氛围。

四、加强重点领域制度创新，源头防腐工作纵深发展

反腐倡廉制度建设水平进一步提高。开展“加强制度建设推进反腐倡廉”活动，重点推进政府内部机构运行、电子政务、行政处罚自由裁量权规范等20项制度创新。全面清理1993年以来的规范性文件618份，分类“改、废、留”，形成全区制度建设目录。工程建设领域监管制度日趋完善。全面实行“对承揽方清单制”和“资金使用台账制”，切实强化政府资金使用情况监管。实行小型工程“公开招标简易程序”和“电子邀标抽签定标”，有效防范了围标串标等行为。专项治理工程建设领域突出问题，排查500万以上工程项目598个，涉及资金272亿元，整改问题76个，初步建立项目信息公开制度。政府采购领域竞争性和透明度明显提高。推行“网上竞价”、“商场供货”、“跟标采购”等三项制度，有效降低采购价格，提高采购效率。推行协议采购类商品“标签制”监督，扩大社会监督面，防止货不对板、价格虚高。干部人事制度改革扎实推进。创新干部选拔任用制度，采用“公开推荐、面试提名、差额票决”方式选拔11名处级干部，认真落实“一报告两评议”制度，进一步形成良好的选人用人导向。

五、积极拓展监督渠道，权力运行制约机制逐步完善

纪检监察派驻监督成效显著。7个派驻纪检监察组成立一年来，开展专项检查30多次，纠正推诿扯皮、失职渎职等问题22个；列席驻在单位班子会议340多次，审查、备案会议纪要800多份，纠正违反议事规则的问题52个；建立监督台账，全面监督驻在单位“三重一大”事项；处理信访举报141件，立案查处23人；批评制止党员干部在工作作风、生活作风、社会交往等方面的不良现象50多起，对街道和区直重点单位形成了常态化、专业化监督态势。党内监督渠道进一步拓展。稳步开展罢免撤换试点和询问质询工作，深入组织学习动员，制定完善配套制度，鼓励支持“两委”委员实事求是地提出罢免、撤换、询问和质询，党内民主不断发展。专门机关监督形成合力。全年共有17名处级党政正职向区委、区人大、区政府作了述职述廉报告；区纪检监察机关牵头检查全区处级干部配偶子女在国（境）外定居情况和“一把手”分工情况；区审计部门对7名党政主要领导干部进行了经济责任审计。社会监督作用积极发挥。推出《民生访谈》节目46期，听取群众意见建议100多条。积极回应舆论关切，对网络反映的沙一村官等事件进行调查，严肃依法依纪处理。不断完善政府部门新闻发言人制度，自觉接受媒体监督。

六、坚持作风建设常抓不懈，党风政风行风进一步好转

干部作风查访工作敢碰硬、抓得实。开展深化作风建设提高执行力活动，对基层站所、审批、执法、医疗、教育等部门暗访实拍，纠正群众反映强烈的作风问题44个，曝光典型案件4宗，问责16人；制作、播放第2期《宝安区干部作风暗访实录》，收到良好的教育效果。行风政风建设找到新支点。选择11个有代表性的企业、协会和办事窗口，建立行风政风监测点，广泛收集企业和群众的意见建议，及时发现、纠正带有苗头性、倾向性的问题。开展“窗口作风大家看”和“走进阳光政府”市民开放日活动，组织特邀监察员和群众代表50多人，对公安、劳动、社保等24个部门的窗口形象、服务态度、接听咨询电话等情况进行检查，提出意见建议21条，推动解决了一批突出问题。认真开展对科技、环保、卫监等部门的行风评议活动，坚决纠正行业不正之风。厉行节约。严格控制公用经费支出，党政领导干部因公出国（境）人数较上年度减少10.5%，公务购车费用、评比表彰活动、晚会展览庆典实现“零增长”。

七、严厉惩治消极腐败现象，信访办案综合效益持续提升

信访办案工作保持强劲势头。全年受理纪检监察业务范围内信访举报470件，全部按时通过自查、交办、转办等形式分类处理。进一步完善反腐败大要案协调机制，全年立案查处41宗，给予党纪政纪处分46人，移送司法机关处理9人。重点查办了个别社区干部职务侵占、非法为亲友谋利，少数司法和行政执法人员以权谋私、涉黄涉赌、失职渎职等典型案件，有力惩治和遏制了消极腐败现象。信访办案的教育、挽救和保护作用充分发挥。充分发挥信访举报工作的监督、保护双重作用，通过诫勉谈话、发信访通知书等方式，对61名有违纪苗头或轻微违纪行为的党员干部早打招呼早提醒。严肃处理捏造事实、恶意诬告的行为，为44名受到不实举报的干部澄清了是非。坚持快审快结，严格执行处分决定，并对135宗案件的执行情况进行检查，既切实维护了党纪国法严肃性，又充分保护了被处分人的合法权益。坚持回访制度，对21名被处分人员进行回访，帮助解决工作和生活困难。查办案件的政治、经济和社会效果明显提升。坚持原则、敢于碰硬，以实实在在的反腐败成果取信于民。加大违纪违法款项追缴力度，为国家和集体挽回直接经济损失3000多万元。对群众反映强烈、社会关注度高的案件，快速查办、严肃处理、正面回应，降低负面影响，维护社会稳定。

八、深化社区党风廉政建设，群众切身利益得到有力维护

社区党风廉政信息公开平台建设走在全市前列。10个街道全部完成系统软硬件对接、调试和信息员培训工作，开通社区信息公开平台网站，录入社区党务、居务、站务和股份合作公司财务信息数据2.7万多条，推进了基层民主管理。股份合作公司财务监管更加精细。规范街道记账中心运行，定期检查416家社区股份合作公司统一记账情况，及时纠正记账拖拉掉队等问题。统一财务票据格式，部分街道已逐步开展对票据真实性和开支合理性的实质审查。在观澜街道试点社区工作站代管股份合作公司公章制度，备案公章使用情况。完成对200家股份合作公司经营状况审计，并就公司适应市场、改善经营提出意见建议。公司领导人员出国（境）审查备案工作进一步规范。优化审查备案工作流程，明确审查标准和操作规则，及时更新备案人员身份信息数据库，全年审查备案954人1612次，有效防范了出境赌博。

一年来，我区党风廉政建设和反腐败工作取得阶段性成效，但仍然存在一些薄弱环节，主要表现在：少数党员干部追求个人享乐，宗旨意识、责任意识、廉洁自律意识弱化；反腐败制度建设科学化水平有待提高，执行不力现象较为严重；权力过于集中的问题仍然存在，监督制约机制没有完全建立；一些领域利益关系复杂，改革创新动力不足；少数领域的腐败现象仍然易发多发，一些群众反映强烈的突出问题没有得到彻底纠治。对此，我们必须高度重视，认真加以解决，决不辜负全区人民的期望！

2011年主要工作任务

2011年，我们要以邓小平理论、“三个代表”重要思想和科学发展观为指导，全面贯彻党的十七大、十七届五中全会和中央、省、市纪委全会精神，围绕中心、服务大局，以完善惩治和预防腐败体系为主线，全面推进廉洁城区建设，营造风清气正的干事创业环境，为顺利实施“十二五”规划、建设深圳科学发展主力区和特区一体化先行区提供坚强纪律保障。

一、加强政令检查和效能监察，保证区委区政府重大决策部署贯彻落实

坚决维护政令畅通。紧紧围绕改善民生福利、转变经济发展方式、推进特区一体化、创新社会建设和管理等区委区政府重大决策部署，大力加强日常监督和专项检查，严肃纠正推诿扯皮、敷衍塞责、失职渎职等问题，确保全区中心工作有力、有序、有效推进。坚决维护重大项目的工程质量、建设进度和资金安全。重点跟踪监督产业升级、城市更新、道路交通等重大项目建设，以及迎接大运、创建国家生态区等重大活动开展情况，挖掘提速提效潜力，强化质量和资金监管，确保廉洁、质量、效率相统一。充分发挥绩效评估的指挥棒作用。完善公共服务白皮书制度，跟踪检查白皮书任务落实情况；优化政府绩效评估指标体系，强化评估结果运用，调动自觉落实工作的积极性，营造创先争优氛围。认真开展行政过错责任追究。落实《深圳市党政领导干部问责暂行规定》，充分考虑基层实际，分清条块关系，严格要求，实事求是，权责统一，过罚相当，既要用敢于碰硬的严格问责保证执行力，又要保护干部干事创业的积极性。

二、坚持教育与监督并重，进一步加强和改进干部作风

深化廉政勤政教育。举办6期“三纪”教育培训班，适当缩小办班规模，重点对处级干部和综合执法、公安系统等领域党员干部进行党纪政纪法纪培训。宣传一批勤廉兼优的集体和个人，组织观看警示影片，加强模范教育和警示教育。认真举办第21届纪律教育学习月和第6届廉洁文化周活动，发掘传统戏曲、民谣、故事、版画、书法、楹联等本土文化资源，创作群众喜闻乐见的廉洁文艺作品，推进廉洁文化“五进”。加强廉政教育队伍和阵地建设，发展壮大“廉政宣讲团”。突出对领导干部的监督。加大对《廉政准则》执行情况的检查力度，着重解决领导干部廉洁从政方面的突出问题。贯彻落实领导干部报告个人事项的有关规定，制定实施符合宝安实际的具体办法。严格执行《关于加强党内正职监督的暂行规定》，科学配置领导班子及其成员权力结构，加强对完善议事规则和决策程序的监督检查。探索建立干部作风实时监测和明察暗访机制。适当增设行风监测点，形成监测网络，及时掌握干部作风动态，对不良现象及时提醒、批评和制止。定期察访党员干部作风建设情况，严肃纠正耍特权、冷硬横推、吃拿卡要等问题。认真开展民主评议政风行风工作，办好“民生访谈”和宝安纪检监察网“市民心声”栏目。

三、强化制度创新和执行，切实发挥制度的治本作用

提升党员干部特别是领导干部的制度意识。把反腐倡廉制度宣传纳入区委宣传工作总体布局，统一部署，统筹安排，系统推进。以处级领导干部和重点领域公职人员为重点开展制度教育培训，强化“法律面前人人平等、制度面前没有特权、制度约束没有例外”的意识。加强对制度建设和执行情况的监督检查。将制度建设和执行情况纳入领导班子绩效考核范围，年底组织各单位主要负责人述职。通过纪检监察机关检查、人大代表和政协委员评议、服务对象测评等方式，不断推动各单位完善制度、严格执行。抓紧建立完善推广一批重点制度。建立完善干部选拔、任用、考核制度，创新提名方式，加强后备干部管理，科学安排交流轮岗。深化行政审批制度改革，削减、调整审批事项，精简、规范审批程序，加强审批信息共享，在企业登记注册、政府投资项目建设等领域推动并联审批，争取在原有基础上提速20%。建立司法关键环节廉政风险防范制度，排查查封保全、摇号拍卖、资产评估、强制执行等环节的廉政风险点，规范司法裁量权行使。严格行政处罚标准和程

序，研究制定相对统一的执法尺度，加强协管员队伍管理，规范协助执法行为。

四、加大查办案件工作力度，旗帜鲜明地惩治腐败

建立腐败案件快速发现和查处机制。积极鼓励和正确引导投诉举报，强化举报人和证人保护措施，对实名举报一律核查，及时答复。密切关注网络涉腐信息，对存在的腐败问题坚决查处，对恶意炒作者依法追究责任。严肃查处典型违纪违法案件。严肃查办发生在领导机关和领导干部中滥用职权、贪污贿赂的案件，发生在工程建设、政府采购、执法司法等领域的案件。坚决查处作风漂浮、敷衍塞责造成严重后果的案件，以及严重侵害群众利益的案件。切实发挥信访办案治本功能。注重运用诫勉谈话、组织处理等手段教育和挽救干部。坚持“三个一”个案预防制度，每办理一个典型案件，到发案单位召开一次勤政廉政座谈会，帮助发案单位建立健全一套防范制度，进行一次回访教育。探索推行反腐败大要案通报公开制度，对重大群体性事件和安全生产事故背后的失职渎职或腐败案件，媒体报道揭发、社会广泛关注的违纪违法案件等，及时公布主要案情和查处结果，回应社会关切，增强反腐败信心。

五、巩固发展社区党风廉政建设成果，维护基层和谐稳定

严肃社区换届纪律。加强对社区“两委”和股份合作公司班子换届的纪律监督，坚决查处拉票贿选、宗派斗争等行为，严厉打击黑恶势力干扰选举，大力支持党性强、公道正派、有知识有威望的党员走上社区领导岗位，维护、巩固党在基层的领导核心地位。继续推进社区党风廉政信息公开平台建设。完善平台硬件建设，推动区协同办公系统光纤网对二级股份合作公司的全面覆盖。建成股东信息查询系统，保障股东以个人身份登录平台进行查询，并加强对信息公开及时性和真实性的检查，切实保障社区居民的知情权、参与权和监督权。继续强化股份合作公司监管。不断完善统一记账、出境备案、公章代管制度。推行公司领导人员任职回避制度，配偶、直系血亲、三代以内旁系血亲和直系姻亲不能同时在同一公司任董事长、总经理、监事和会计、出纳。推行重大事项备案制度，公司的建设项目、重大决策、资产处置等必须在街道备案。争取年内全面完成社区股份合作公司经营审计工作，积极规范工程建设、贷款担保、旧城改造、工资福利、年终分红等事项。大力发展基层民主。加大对广大股东的宣传教育，培育激发民主意识和责任意识，鼓励、引导参与公司管理，改变不敢监督、不会监督、懒于监督的现状，推动公司完善治理结构，促进社区长远健康发展、长久和谐稳定。

六、全面加强社会诚信建设，夯实廉洁城区基础

大力构建公平公正的市场环境。推动完善公共资源领域市场配置机制、公共资产领域市场交易机制、公共产品领域市场竞争机制，充分发挥市场在公共资源配置中的基础作用。专项治理中介服务领域和垄断服务行业突出问题。选择一批经济签证类、交易类、经纪类市场中介组织进行试点，严格审查准入要件，认真检查从业人员执业情况，严厉打击官商勾结、商业贿赂、恶意竞争。以水电气、通信、邮政、有线电视等垄断服务行业为重点，认真清理利用垄断搞摊派、违反政策乱收费、不顾民意高收费的行为。加快市场主体诚信信息公开共享。依托电子信息技术，整合市场监管、税务、海关等部门以及司法机关、纪检监察机关、金融机构、公共服务机构掌握的企业和个人信用资料，探索建立全区统一的诚信信息平台，依法对失信行为特别是商业贿赂行为予以曝光。探索建立市场诚信体系。各行业主管部门、行政执法部门、司法机关和公共服务机构、行业组织要根据职责分工，在实施社会管理、提供公共服务和行业服务中，研究制定信用等级标准，建立经营者信用档案。通过经济处罚、降低资质、限制准入等方式，逐步建立失信惩戒机制。

七、以派驻机构改革为主线，构建全区纪检监察工作新格局

深化纪检监察派驻机构统一管理。逐步完善派驻纪检监察组列席驻在单位班子会议、听取工作汇报、调阅文件资料、开展明查暗访、处理投诉举报等方面的制度，加强规范管理。鼓励派驻组积极创新，不断研究新的监督方法，在基层站所廉政建设等领域探索有效的工作抓手。进一步理顺派驻组与驻在单位的关系，始终保持派驻组的监督者地位，明确驻在单位党风廉政建设主体责任，形成职责清晰、齐抓共管、配合协调的反腐倡廉建设新格局。切实加强纪检监察机关班子建设、作风建设和能力建设。严格落实中央《关于加强县级纪检监察机关建设的意见》，抓紧落实处级非领导职数设置、非中共党员监察局副局长配备，完善街道纪工委书记候选人提名规则。加强纪检监察干部的党性锻炼和作风修养，努力做加强学习的模范、真抓实干的模范、严格自律的模范。加强业务知识学习和调查研究，不断提高纪检监察干部保证促进完善市场经济体制的能力、对党员干部实施有效监督的能力、依法执纪依法办案的能力、协助党委组织开展反腐败工作的能力、维护党内民主保障党员权利的能力。

同志们，2011年是实施“十二五”规划开局之年，也是宝安推进特区一体化的起始之年。全面落实今年的各项部署，任务艰巨，使命光荣。我们要在区委区政府和上级纪委的坚强领导下，以更坚决的态度、更有力的举措、更扎实的工作，努力开创全区反腐倡廉建设新局面！

增创科学发展新优势 努力建设现代化国际化新宝安

——在中共深圳市宝安区第五届代表大会第一次会议上的报告

（2011年12月12日）

中共深圳市宝安区委书记 鲁 毅

各位代表，同志们：

现在，我代表中国共产党深圳市宝安区第四届委员会向大会作工作报告，请予审议。

这次大会的主要任务是：高举中国特色社会主义伟大旗帜，以邓小平理论和“三个代表”重要思想为指导，深入贯彻落实科学发展观，认真总结过去5年的工作，研究部署今后5年的任务，展望未来发展蓝图，动员团结全区广大党员和干部群众在新的历史起点上，进一步解放思想、改革创新，加快转型升级，深入推进特区一体化，增创科学发展新优势，努力建设现代化国际化新宝安。

过去5年的工作

过去5年，是极不平凡的5年。在市委市政府的正确领导下，区委带领全区人民团结一心，开拓进取，强化责任，狠抓落实，有效应对国际金融危机严重冲击，圆满完成“迎大运、创文明”各项任务，顺利达到特区一体化“一年明显见效”的阶段性目标，实现“十一五”的“满堂红”，取得“十二五”的“开门红”。

过去5年，是产业结构调整步伐加快、经济又好又快发展的5年。经济综合实力再上新台阶。“十一五”期间，地区生产总值从1174亿元增加到2616亿元，年均增长15.9%，5年“再造”了一个宝安，占全市比重从23.7%提高到27.4%；规模以上工业总产值5年跨越5个“千亿元”台阶，达到9032亿元，年均增长18.2%，占全市比重从41.8%提高到49.6%；2010年出口总额865亿美元，财政一般预算收入（不含光明新区）102亿元。经济质量和效益显著增强。2010年实现高新技术产品产值4986亿元，占规模以上工业总产值的比重从2005年的42.6%提高到55.2%；公开公告专利10910件，其中发明专利占41.2%。电子信息产业和装备制造业集聚效应不断增强，战略性新兴产业初具规模，金融、物流、文化创意等现代服务业发展迅速。企业整体素质大幅提升，境外世界500强投资企业从71家增加到103家；上市公司从6家增加到32家；国家级高新技术企业达到292家；“三来一补”企业不停产转型528家；民营经济和中小企业发展迅猛。每平方公里土地产出从1.65亿元增加到3.61亿元，万元GDP水耗、电耗年均分别下降5.9%和3.1%。

过去5年，是平安和谐宝安建设强力推进、群众得到更多实惠的5年。民生投入加大，每年区财政一般预算支出70%以上用于民生和公共服务领域，重点解决群众关心的就业、社保、教育、卫生、交通等问题，在全省率先建立社会救助体系，成为省推进教育现代化先进区，实现一社区一社康中心，计划生育服务不断完善，基本公共服务体系初步形成。区财政用35亿元承接社区社会管理，投入社区基础设施建设50亿元；规范和扶持并重，促进社区股份合作公司健康发展。群众安全感明显增强，认真落实稳定第一责任，狠抓综合治理，建立三级综治信访维稳工作平台，构建社会治安立体防控体系，强化流动人口和出租屋分类管理，社会矛盾纠纷和群体性事件总量持续下降，社会治安形势持续明显好转，公众安全感在全省133个县（市、区）中位列第十，安全生产形势整体平稳。

过去5年，是城市硬环境和软环境建设同步加快、城市面貌和公共文明显著提升的5年。区域规划体系不断完善，重点区域规划建设加快推进，宝安中心区彰显现代城市气息，各街道中心区域城市化水平明显提升。基础设施建设力度加大，“十一五”期间市区财政共投入700亿元，建成宝安大道、宝安体育场、深圳北站、地铁1、4、5号线等重大项目，一批道路交通、供水供电和防洪排涝等重点工程相继竣工；城市更新加快推进，城市功能明显改善。市容环境全面提升，超额完成市下达的目标任务，推行精细化管理，形成一批新的景观亮点。生态建设取得新进步，新建污水干管445公里，污水处理率从21%提高到71%，新建森林郊野公园、城市公园和社区公园128个，建成区绿化覆盖率达46.3%。素质工程扎实有效，成立全国首家职业能力开发局，累计培训889万人次。文体设施建设加快，初步形成较为完善的三级公共文体设施网络。群众性文体活动丰富多彩，文艺精品创作屡获大奖，形成打工文学、民工街舞、“草根之声”等一批文化品牌。文明创建深入推进，涌现出李传梅、承明、曾柳英、陈锦花等一批道德模范，义工服务、慈善帮扶蔚然成风。依法治区工作成绩显著，“五五”普法圆满完成，民主法治建设实现新发展。

过去5年，是体制改革稳步推进、重点领域改革取得突破的5年。区级党政机构改革顺利完成，政府职能进一步转变。深化行政审批制度改革，行政效能进一步提高。创新城市管理体制，综合执法管理体制改革取得新成效。因地制宜创新社区管理体制，基层经济社会发展呈现良好态势。创新投融资机制，拓展区投融资平台。国有企业、事业单位改革有序推进。贯彻落实市委市政府设立功能区的战略决策。为培育新的增长极，在推进宝安中心区等重点区域发展的同时，先后加大对光明、龙华等片区的投入。市调研酝酿设立新区时，我们充分反映了宝安人民的情感和意愿。市委市政府正式作出重大决定后，我们服从大局，积极配合，为全市拓展发展空间、加快一体化作出了重要贡献。

过去5年，是党的建设全面加强、社会风气和干部队伍作风明显转变的5年。思想理论武装取得实效，深入学习实践科学发展观、创先争优、解放思想学习讨论等活动成效明显，学习型党组织建设不断深入。基层党建创新成绩突出，创新基层党组织设置，成立42个驻社区党委，整合资源，促进和谐社区建设。党组织、党的工作和作用在“两新”组织中实现全覆盖，建立党组织与社会组织“双向”人才培养机制，党建创新带动了社会建设创新。党内激励关怀帮扶机制和三级党员服务中心网络不断完善。引进和培养大学生“村官”工作成效明显。党务工作者专职化试点顺利进行。党代会常任制试点深入开展，坚持党代会年会制度，党代表在闭会期间的作用进一步发挥。建立31个党代表工作室，构建了联系服务党员、群众的新平台，经验在全省推广。干部人事制度改革取得实效，创新干部选拔任用提名方式，将群众推荐提名、单位班子集体提名及区领导班子面试提名三次提名相结合，加大竞争性选拔干部力度。5年来新提拔的处级领导干部中，85.4%通过竞争性选拔产生，其中公推公选5批34人。选人用人透明度、公信度不断增强，成为全省干部人事制度改革试点，并被中组部确定为换届中运用成熟改革举措联系点。惩治和预防腐败体系建设扎实推进，反腐倡廉教育、制度、监督、改革、纠风、惩治等工作深入开展，源头预防迈出新步伐。成立7个纪检监察派驻组，对驻在单位实行常态化监督，基层纪检监察派驻机构统一管理试点取得成效。区委统筹协调作用充分发挥，人大依法监督、政府依法行政、政协民主监督不断加强；武装、统战、民族、宗教、外事、侨务、对台工作，以及工会、共青团、妇联、科协、商会、文联、残联等人民团体工作取得新成绩。

2011年，经济社会发展延续“十一五”时期的良好态势。经济综合实力稳步增长。全年有望实现“三个突破”、“两个增加”、“五个提高”。预计地区生产总值突破3000亿元，规模以上工业总产值突破10000亿元，出口总额（不含光明新区）突破900亿美元；地区生产总值、规模以上工业总产值占全市比重均增加1个百分点以上。规模以上工业增加值率同比提高2个百分点，战略性新兴产业产值占规模以上工业总产值的比重提高2个百分点，社会投资占投资总额的比重提高近6个百分点，高新技术产品出口占出口总额的比重提高3个百分点，工业产品内销比例提高近2个百分点。以“办赛事、办城市”推动特区一体化一年明显见效。坚持比平安、比稳定、比和谐、比服务，圆满完成大运会宝安赛区各项任务。着力培育“阳光、勤劳、感恩”的文明风尚，20万大运志愿者倾情奉献，广大市民大力支持“绿色出行”，展示了良好的家园意识和城市文明形象。民治一体化先行示范区、广深高速宝安段、大运场馆周边等重点区域面貌焕然一新，“5333”严管示范区整洁有序，社区环境普遍改善。市要求明年完成的11项一体化考核指标，我区今年可提前完成6项。社会大局和谐稳定。社会建设创新“织网工程”试点扎实推进，“十件民生实事”进展顺利，新开工建设保障性住房8642套，新增优质公办学位10680个，500米公交站点覆盖率达85%。“双到”扶贫工作成效明显，帮扶欠发达社区股份合作公司投入加大。信访维稳形势保持平稳，社会治安持续好转；安全生产“一岗双责”强力推进，1-11月事故总数和死亡人数同比分别下降19.9%、16.3%。

5年来，我区的工作得到各级领导的充分肯定和社会各界的认可，李长春、周永康、刘云山、李源潮、汪洋、张德江等领导，对我区加强道德建设、强化社会治安、创新基层党建和产业转型升级等工作，分别作出重要批示；王荣书记、许勤市长等市领导多次到宝安检查指导，对我们的工作予以肯定；《人民日报》、中央电视台《新闻联播》等对我区有关做法进行宣传报道。

这些成绩的取得，是市委市政府正确领导的结果；是历届班子特别是周林祥同志为班长的上一任班子带领全区人民团结开拓、艰苦创业的结果；是全区各级各部门和基层组织奋力拼搏、狠抓落实的结果；是驻区各单位尽职尽责、鼎力相助的结果；是社会各界人士和海内外朋友关心支持的结果。我代表区委向为宝安的发展作出贡献的广大干部群众，向所有关心和支持宝安建设发展的同志们、朋友们致以崇高的敬意和衷心的感谢！

回顾5年的工作，我们的经验和启示是：

必须始终坚持科学发展，推进产业转型升级。我们把调结构、促转型作为贯彻落实科学发展观的关键，及时出台调结构“1+6”、保增长“1+8”、淘汰低端企业等系列政策文件，同步推进“积极引进、大力培育、转型升级、有序转移、依法淘汰”的工作举措，抢抓机遇，化危为机，实现了保增长和调结构的“双丰收”。

必须始终坚持解放思想，以改革创新精神破解发展难题。我们转变观念、大胆探索，在经济发展方式转变、文化建设、社会建设、生态文明建设和党的建设等方面推出了一系列创新措施，全区上下求新求变、锐意进取的氛围日益浓厚，为各项工作再上新水平创造了良好条件。

必须始终坚持以人为本、执政为民，切实实现好、维护好、发展好人民群众的根本利益。我们坚持民生优先，每年的一号文件都以保障和改善民生为主题，坚持抓基层打基础，不断加大民生投入，每年做好“十件民生实事”，加强基础设施建设，着力提升公共服务水平，让人民群众共享改革发展成果。

必须始终坚持一手抓发展、一手抓治理，强力推进平安和谐建设。针对宝安复杂的区域环境、严重倒挂的人口结构、巨大的社会管理压力，我们把平安和谐建设作为重中之重来抓，探索了行政责任与社会责任、严打与防控、整治与教育、大排查与大调解、管理与服务相结合的具有宝安特色的平安建设模式，为群众安居乐业营造了良好环境。

必须始终坚持抓好干部队伍作风建设，以党风促政风带民风。我们持之以恒抓干部队伍作风建设和执行力建设，坚持正确的用人导向，建立职责清晰、奖惩分明的责任体系，强化责任意识、服务意识，干部作风持续好转，对社会风气起到示范带动作用，形成了风清气正、干事创业的良好氛围。

未来5年的发展目标与任务

改革开放30多年来，宝安迅速走上工业化、城市化、现代化的道路，为我们新一轮大发展打下坚实基础。当前，宝安正处在新的历史起点上，我们必须站在全局和战略高度，准确把握时代特征，将宝安的区位优势转化为区位责任，实现跨越式、差异化发展。

明确新坐标。全球经济格局深度调整，世界科技创新孕育新突破；珠三角地区深度融合，前海开发加速推进，深圳城市中心加快西移，宝安处于珠江口东岸发展轴脊梁的区位优势更为凸显。我们要跳出宝安看宝安，以新加坡、香港等先进城市为追赶目标，以开放的眼光、国际的视野谋划未来。

担负新使命。在深圳经济特区当好推动科学发展、促进社会和谐排头兵的新时期，作为孕育了特区和为特区改革发展作出特殊贡献的宝安，要自觉肩负起率先实现一体化、实施精细化管理、提高城市发展质量、种出“高产田”等光荣使命。

作出新贡献。建设新宝安，我们有较强的产业基础和一大批成长性较强的企业，有十分便利的交通条件，有一支作风务实、敢打硬仗、敢于胜利的干部队伍。我们有基础、有条件，也有责任、有义务更好地为全区老百姓谋福祉，为全市发展作新贡献。

我们也要清醒地认识到所面临的困难和挑战。宝安还存在发展质量和效益有待进一步提高、资源约束更加趋紧、社会建设相对滞后、城市二元结构依然突出、特区一体化任务仍然艰巨等问题。同时还面临许多新的挑战：世界经济危机呈现蔓延、深化和长期的特点，国内经济不确定性和下行压力大；我区外贸依存度高达330%，受国际经济影响大；企业经营成本上升，全国各地资源和人才竞争日趋激烈，一些城市后发优势明显，宝安面临的压力日益加大，等等。

逆水行舟，不进则退。在新的历史阶段，我们必须树立强烈的忧患意识和危机意识，抓住战略机遇，积极迎接挑战，认真研究解决存在的困难和问题，突破发展的瓶颈制约和机制障碍，走出一条科学发展的新路！

今后5年的总体思路是：牢牢抓住科学发展这一主题、加快转变经济发展方式这一主线，以社会主义核心价值观为引领，以深入推进特区一体化为抓手，加快创新发展、转型发展、低碳发展、和谐发展，着力推动经济建设、政治建设、文化建设、社会建设以及生态文明建设和党的建设全面协调发展，努力建设现代化国际化新宝安。

未来5年，我们的发展定位是：努力将宝安建设成为科学发展示范区、特区一体化先行区和深圳西部城市中心。通过5年的努力，经济发展方式转变取得显著进展，区域综合竞争力显著提升，民生福祉显著改善，科学发展的体制机制更加完善；地区生产总值（含新区）达到4800亿元左右，年均增长约12%，占全市比重达到三分之一左右，人均可支配收入（含新区）达46000元；力争把宝安建设成为产业发达、经济繁荣、活力迸发的黄金发展带，成为功能完善、管理有序、文明时尚的城市新中心，成为社会和谐、生态优美、人民幸福的宜居宜业地，为建设现代化国际化先进城区打下坚实的基础。

做好未来5年的工作，必须把握“三个坚持，三个当先”的总体原则：

坚持质量导向，“好”字当先。以深圳质量为新标杆，更加注重速度与质量、效益相统一，更加注重民生，更加注重环境，以质取胜，又好又快，好中求快，走上生产发展、生活富裕、生态良好的文明发展道路。

坚持创新导向，“敢”字当先。以敢为人先的精神和勇气，把改革创新作为增创科学发展新优势的法宝，不为定势所困，不为风险所惧，不为视野所限，敢于超越先进，大胆创新观念、创新制度、创新管理，在发展中促转变，在转变中谋发展。

坚持责任导向，“干”字当先。以对党和人民高度负责的精神，自觉做到责任第一、认真第一、结果第一，咬定青山不放松，想干、敢干、快干、会干，在新的起点上，重新焕发拓荒牛的激情，再次创业、再创辉煌。

为实现新目标，必须坚定不移地实施以下六大战略性举措:

（一）大力推进经济结构战略性调整，增创产业转型新优势

坚持把经济结构战略性调整作为加快转变经济发展方式的主攻方向，坚持差异化发展、错位发展，做大做强第二产业，培育提升第三产业，抢占现代产业制高点，提高产业国际化水平，打造战略性新兴产业高端基地、区域性服务中心和创新中心，建设产业强区。

加快建设现代产业体系。大力发展临空经济和总部经济，推进支柱产业高端化、新兴产业规模化、现代服务业集聚化、优势传统产业高级化，促进产业向“微笑曲线”两端价值链更高的环节延伸。着力提升支柱产业核心竞争力。保持电子信息、装备制造等骨干产业优势，突破集成电路、平面显示等关键部件瓶颈，壮大航空航天、数字装备、智能装备等产业研发制造实力。跨越发展战略性新兴产业。整合资源、超前布局，突破关键核心技术，促进互联网等新一代信息技术、节能环保、生物、新能源和新材料等新兴产业高起点发展。加快发展现代服务业。充分利用空港海港陆港优势，大力发展现代物流、创意设计、金融保险、商务会展、服务外包和专业服务等高端生产性服务业。推进优势传统产业高级化。利用信息技术、低碳技术改造提升服装、小家电、家具和印刷等产业，推动优势传统产业向设计型、品牌型、网络型、都市型方向发展。更加注重扶优汰劣。充分发挥产业政策和专项资金的引导扶持作用，深入推进重点企业“一企一策”服务和民营中小企业成长计划，扶持民营经济和中小企业做大做强，强力推进低端企业淘汰计划，提高企业整体素质。

加强载体建设和大项目带动。把重大项目作为提升工业化和城市现代化水平、促进产业转型升级的着力点，加快大项目引进、落地和建设步伐。加快建设新型园区。抓住城市更新的机遇，规划建设一批总部基地、战略性新兴产业园、生产性服务业集聚区等新型园区。加大择商引智力度。重点引进附加值高、带动性强、税收贡献大的先进制造业、战略性新兴产业和现代服务业项目，加强对央企、国企招商工作，鼓励跨国公司发展总部、研发和高端制造，以增量优化存量。保障大项目好项目投资落地。配合推动海港、空港区域的功能置换，大力推进旧工业区改造整合升级，推广以重大项目带动旧工业区成片开发的模式，探索区属投资主体收购储备土地和厂房资源，保障大项目好项目、上市企业、总部用地和产业研发用房。

促进消费、投资和出口协调拉动。实施扩大内需战略，增强经济发展的内生动力。改善消费环境。加快建设城市综合体、大型购物中心、商务楼宇和特色商业街区，重点发展连锁商业、品牌商业、社区商业、现代专业市场、网络消费等新型业态，培育消费需求。优化投资结构。保持政府投资的合理增长，以政府投资带动社会投资，拓展社会资本投资领域和渠道，推动投资向先进制造业、战略性新兴产业和现代服务业等倾斜。转变外贸发展方式。大力发展一般贸易、服务贸易和新型贸易，加快加工贸易转型升级，多元化开发国际市场，鼓励具有自主知识产权和自主品牌产品出口，鼓励有条件的企业“走出去”。拓展内销市场。帮助企业构建营销网络，积极推进宝安产品“西进北上”，打造区域品牌。

引导社区股份合作公司转型发展。以现代企业制度为导向，规范经营管理，完善企务、财务公开；实施分类扶持，支持股份合作公司依法、高效、集约开发利用可控土地资源，鼓励股份合作公司通过自改、参股、长租、合作等方式推进旧改，加快发展专业园区、专业市场等高级业态，以资本形态参与新一轮工业化和城市化，推动社区集体经济由“租赁型”向“投资型”、“管理型”转变。

（二）大力推进创新型城区建设，增创自主创新新优势

加快转变经济发展方式，必须深入实施自主创新主导战略和人才强区战略，不断完善区域创新体系，推动发展从要素驱动向创新驱动转变，加快建设创新型城区。

增强源头创新和核心技术创新能力。加大对原始创新的投入，推进创新资源向源头创新和核心技术创新倾斜。引进国内外著名科研院所和高端创新团队，引导跨国公司、国内大企业在我区设立研发机构，力争在国家工程实验室、工程技术中心建设上取得突破。促进产学研结合，大力推动企业、大学、科研机构合作组建技术创新战略联盟，探索建立政府投资、企业化运作、公益性的产业技术研究机构，重点开展支柱产业、战略性新兴产业的关键核心技术攻关，共同推进技术创新和科技成果转化应用。鼓励发明创造，支持PCT国际专利和发明专利申报，形成一批国际国内领先的技术标准，积极参与国家和省、市重大科技专项计划。鼓励企业加强原始创新、集成创新、引进消化吸收再创新，不断提升自主创新能力。

完善创新服务体系。加快推进科技信息服务平台、公共研发平台、公共检测平台、开放性研发基地、技术转移平台等创新服务平台建设。加快规划建设以“桃花源”为基础的宝安科技创新园，推进“一街道一创新园”的建设。实施“企业上市培育工程”，大力发展科技金融、创业投资和科技中介服务，加强知识产权保护。营造鼓励创业、宽容失败的社会氛围，使宝安成为创新创业、成就梦想的首选之地。

全面提高信息化水平。实施信息化带动战略，推动信息化和工业化、城市化的深度融合。加快经济社会各领域信息化，推动“三网融合”，确保基础信息网络和重要信息系统安全。大力推进电子政务网络建设，推行公共服务事项在线办理。重点建设数字教育、数字医疗、数字社区等工程，加快推进智能化、信息化、网络化的智慧城区建设。

建设人才强区。坚持党管人才原

则，以更加开放的态度、更加灵活的机制、更加优惠的政策、更加贴心的服务，大力培育引进我区发展需要的高层次科技人才、高素质管理人才、高技能实用人才、高水平创新团队，注重培养本土人才。切实帮助高端人才解决实际问题，着力改善科技创新条件，做强专业技术人才的交流合作平台，以人才高地打造创新高地、产业高地。

（三）大力推进特区一体化，增创城市发展质量新优势

紧紧抓住特区一体化的重大机遇，突出功能完善、突出区域协调、突出重点带动，以高水平的城市发展引领产业发展、集聚优质资源、改善人居环境，着力打造生态宜居城区。

优化空间布局。以国际先进城区为标杆，注重区域特色，针对分设新区的情况，进一步提升城市发展规划，推进国民经济和社会发展规划、城市总体规划、土地利用规划“三规统一”，充分发挥规划的先导作用。高起点规划建设以宝安中心区为龙头、大空港区域为腹地、松岗和石岩为两翼的黄金发展带，尽快形成引领城市发展新的增长极。优化城市发展单元，整体规划，分步实施，推进社区规划设计，提高规划的可实施性。

完善城市功能。“十二五”期间投入1500亿元，加快推进基础设施和公共服务设施建设，提升城市配套功能。建设一批重大交通基础设施，加快打通交通“瓶颈”，尽快形成一体化公共交通体系，500米公交站点覆盖率达到95%。继续推进水、电、油、气等重大项目建设，加快构建多元化的资源能源保障体系。

拓展发展空间。把城市更新与产业结构调整、社区股份公司转型升级、土地整备等结合起来，加快推动各街道综合改造示范区、城市主干道两侧、轨道站点周边、旧城旧村旧工业区和城中村等城市更新。健全土地整备机制，切实加强土地整备。严格土地管理，加大闲置土地处置力度，依法依规严厉查处违法用地和违法建筑，积极推进历史遗留问题处理。

提升城区品位。加强重点片区、重要节点的城市设计，规划建设一批精品建筑、精品街区、精品社区，打造更多人性化、生态化、艺术化的公共空间，提升城市内涵和文化品位。加快绿化、净化、美化、亮化工程和重点区域景观建设，深入开展重点企业、产业园区和城中村环境综合整治，全面提升市容环境。继续实施各街道“5333”严管示范区工程，力争5年实现全覆盖。坚持建管并重，加大城市管理投入，提升精细化管理水平。

改善生态环境。倡导低碳理念，建设资源节约型、环境友好型城区，争创国家生态区。大力推进节能减排，提高项目准入门槛，严格环境监督执法。加强环保水务基础设施建设管理，污水集中处理率达到83%；强力推进河流综合治理，改善主要河流水质。加大饮用水源保护力度，完善“三纵两横”生态轴线，构建“三横三环”绿道系统，建成区绿化覆盖率达到48%，在维护好、发展好凤凰山等公园的同时，着力打造羊台山森林公园等生态景观，让市民享受更多的绿色福利。

（四）大力推进社会建设和管理创新，增创社会和谐新优势

加快推进以改善民生为重点的社会建设、加强和创新社会管理，是推动科学发展、促进社会和谐的必然要求。要把社会建设摆在与经济建设同等重要的位置，推进基本公共服务均等化、优质化，打造社会管理创新试验区，建设民生幸福城区。

着力保障和改善民生。加大民生领域的投入，继续每年实施“十件民生实事”，推动基本公共服务由户籍人口向常住人口延伸，搞好基本民生，保障“底线民生”，关注热点民生。坚持教育优先发展，规划新建一批学校，优质发展中小学教育、学前教育，完善社区教育、职业教育和成人教育，积极推进教育国际化。强力推进卫生基础设施建设，加快区妇幼保健院中心区新院、新安医院、区儿童医院等建设，健全社区健康服务体系，改善就医环境，提高医疗服务水平。推进幸福家庭促进工程试点。积极开发就业岗位，加强就业援助和公共就业服务与管理，鼓励以创业带动就业。积极筹措房源，公平合理分配，加强住房保障。扩大基本社会保险覆盖面，进一步完善社会救助体系，推动社会福利向适度普惠型转变。

深入推进平安建设。从源头治理、动态协调和应急处置三个层面，建立健全社会管理机制。拓宽民意诉求表达渠道，充分发挥三级综治信访维稳工作平台作用，注重发挥社会组织、大众传媒的社会利益表达功能，高度重视网络民意，健全舆情社情快速反映机制，主动回应群众诉求。完善利益协调机制，推进社会稳定风险评估，健全“大调解”工作格局，发挥群众在依法化解基层矛盾中的积极作用，切实维护群众的合法权益。注重网络虚拟社会建设和管理，用好网络平台，发展积极向上的网络文化，探索虚拟社会和现实社会结合的综合防控措施。全面构建治安立体防控体系，加强治安辅助力量的整合、整顿和管理，推进基础防范设施建设，依法打击各种违法犯罪活动，探索建设“平安协会”，广泛发动社会力量，群防群治。保障城市公共安全，严格落实安全生产“一岗双责”，强化企业主体责任；加大食品药品动态监管和风险监控力度；健全应急管理体系，不断提升预警防控、处置应对能力；普及公共安全知识，提高公众安全意识和避险自救互救能力。

优化流动人口服务管理。实施产业、人口、城市空间三方联动调控，逐步将户籍人口和流动人口管理双轨制模式向实有人口管理模式转变，保障流动人口基本权益。继续落实外来务工人员积分制入户政策，将外来人口的基本公共服务纳入统一规划建设，完善外来务工人员集中的工业区、生活区配套设施，促进社会融合。继续加强出租屋管理，健全出租屋综管部门与公安机关等执法部门联动机制。深入实施外来务工人员素质提升工程，开展就业指导培训，推进集体协商和集体合同制度，完善劳资

恳谈机制和劳动争议调解工作机制，努力构建和谐劳动关系。

夯实基层基础。健全社区服务体系。加大投入，优化布局，完善社区基础服务设施，加快社区服务中心建设，创新投资、建设和运营模式，探索社区工作社会化、社区服务多元化，打造“10分钟生活圈”。整合社区资源。理顺社区党组织、工作站、居委会、股份合作公司和社区社会组织的关系，探索社区分类管理模式。加强社区管理信息化建设，实现信息联动、网格化管理。增强社区自治功能。发挥社区党组织的领导核心作用，健全社区自治制度，针对出租屋管理、社会治安、安全生产、城市管理等与居民切身利益息息相关的问题，完善“村规民约”，倡导邻里相亲、守望相助、和谐共融。加强社会组织建设。坚持分类培育发展、分类监督管理，拓宽社会组织参与公共服务和社会管理的渠道，促进社会组织健康发展。建立健全社会动员机制。扩大市民有序参与，激发社会活力，营造和谐社会共建共享的生动局面。

（五）大力推进社会主义文化建设，增创人文环境新优势

建设现代化国际化新宝安，尤其需要文化的提振、支撑和引领。要深入学习贯彻党的十七届六中全会精神，以高度的文化自觉和自信，着眼于提高市民素质和塑造高尚人格，深化文化体制改革，实施文化强区战略，增强区域文化软实力。

加强社会主义核心价值体系建设。弘扬民族精神、时代精神、特区精神和大运精神，积极倡导敢为人先、务实进取、开放包容、敬业奉献、团结互助、诚信守法的人文精神，为推动各项事业不断进步提供强大动力。践行社会主义荣辱观，广泛深入开展群众性精神文明创建活动，加强社会公德、职业道德、家庭美德、个人品德教育；以学习罗莹哲等先进典型为契机，加强宣传引导，充分发挥榜样的示范带动作用；推进社区义工服务站建设，建立健全志愿服务体系，发展壮大慈善事业；加强人文关怀和社会安抚，增强广大市民特别是外来务工人员的认同感和归属感，进一步培育“以阳光心态面对人生、以辛勤劳动创造生活、以感恩情怀融入社会”的文明风尚。推进学习型城区建设，深入实施素质工程，健全素质教育网络，不断提高市民思想道德和科学文化素质，促进人的全面发展。

构建公共文化服务体系。加大投入，推进文化基础设施建设，建成中心区图书馆、青少年宫、演艺中心等，加快建设“一街道一文化艺术中心一体育中心”；完善基层公共文化服务设施，创新管理方式，提高使用效率；大力发展公益性文化事业，完善公共文化服务网络，让群众广泛享有免费或优惠的基本公共文化服务，并努力向“优质化、便利化”发展。积极探索设立区宣传文化事业发展基金，加强文化人才队伍建设，为文化繁荣发展提供动力和支持。

着力发展特色文化。针对宝安人口和人文特点，推进打工文化建设，发展壮大打工文学、民工街舞、外来青工文体节、劳务工博物馆等打工文化品牌，为外来务工人员提供更多更好的文化服务；推进社区文化建设，拓展活动内容和形式，广泛开展群众性文化活动，丰富群众精神文化生活；注重地方历史文化的传承和保护，巩固提升醒狮、杂技、客家山歌、龙舟等传统文化品牌；注重文艺精品创作，推动精品创作与传统文化传承提升、大众文化培育、外来文化引进有机融合，以精品文化引领群众文化，以群众文化提升社会文明。

加快发展文化产业。发挥我区先进制造业和人文历史的优势，促进文化与科技、旅游、金融的融合，重点发展工业设计、高端印刷、高端工艺品和艺术原创与服务业等，提升文化产业核心竞争力。加快文化产业园区（基地）建设，实施文化产业“一街道一品牌一载体”工程，扶持一批文化企业做大做强，引导文化产业中介服务机构健康发展，进一步增强文化产业的支柱产业地位，力争“十二五”末文化产业增加值占GDP比重达到8%。

（六）进一步深化改革开放，增创体制机制新优势

解放思想、改革开放是破解难题、促进科学发展最有效的途径。要牢记特区使命，加强改革的系统设计，继续深化改革开放，向改革开放要发展空间、向改革开放要发展质量、向改革开放要建设现代化国际化城区的路径。

全面落实综合配套改革。加快行政管理体制改革。突出转变政府职能，加强公共服务职能；按照重心下移、权责一致的原则，科学划分区、街道事权，理顺垂直管理与辖区管理的关系，强化街道对社会管理事务的组织、协调、指挥职能；整合街道、社区行政管理资源；扎实推进行政审批制度改革，完善绩效考核评价机制，建设服务型效能型政府。深化经济社会领域改革。实施第四轮区、街道财政体制改革。深化投融资体制改革，引导社会资金更加积极地参与经济社会建设。推进事业单位分类改革，深化住房保障、教育、医疗卫生等体制改革，促进社会事业全面进步。

加强民主法治建设。支持和保障区人大依法履行职能，积极探索和创新人大监督的有效途径。支持区政协围绕团结和民主两大主题履行职能，完善民主监督机制，进一步提高参政议政实效。完善基层民主制度，保证群众依法实行民主选举、民主决策、民主管理、民主监督。扎实推进法治城区建设，坚持依法执政、依法行政、公正司法，维护公平正义；进一步规范市场秩序，优化企业发展的法治环境；全面落实“六五”普法规划，强化市民法治意识、规则意识，让一流法治成为宝安新时期更为显著的城市特质、成为宝安最具竞争力的创新创业环境、成为建设现代化国际化先进城区的坚强保障。

进一步扩大开放与合作。大力实施外溢型发展战略，加强区域合作，加快推进“双转移”，积极参与深汕特别合作区的建设，在更大范围内配

置资源，在更高层次参与国际国内合作与竞争，赢得更大发展空间。深化对外经贸合作，推动外向型经济向开放型经济转变。加强与珠三角地区在经贸、文化、信息等方面的交流合作，积极参与深莞惠一体化。推进宝安中心区与前海深港现代服务业合作区的无缝衔接、优势互补，加快发展新兴产业和现代服务业。加强与光明新区、龙华新区的合作，互相支持、共同发展，为全市发展作出更大贡献。积极做好对口帮扶工作，提高辐射服务能力。

不断提高党的建设科学化水平

立足新起点，建设新宝安，关键在党，关键在干部。全区各级党组织和广大党员干部要深入学习贯彻胡锦涛总书记在庆祝建党90周年大会上的重要讲话精神，围绕加强执政能力建设和先进性建设，切实强化党建“主业”意识，努力提升党建科学化水平，为建设现代化国际化新宝安提供坚强的政治和组织保证。

（一）着力加强领导班子和干部队伍建设，进一步提升领导和推动科学发展的能力

进一步发挥区委在班子建设中的表率作用。坚持把思想理论建设放在首位，坚持立党为公、执政为民，广泛凝聚群众的智慧和力量，自觉接受广大党员群众的监督。通过区委的以身作则、严格要求，努力把各级领导班子建设成为善于领导科学发展的坚强领导集体。加强干部能力培养。扎实推进学习型党组织建设，加强实践锻炼，重点提高各级干部推动转型发展、引领先进文化、创新社会管理、促进社会和谐等本领。各级领导干部要主动掌握网络时代的特点和规律，增强新形势下做好群众工作、引导网络舆情的能力。增强干部队伍活力。继续深化干部人事制度改革，坚持五湖四海、任人唯贤，坚持德才兼备、以德为先用人标准，把“想干、敢干、快干、会干”的优秀干部选拔上来。进一步完善干部任用提名办法，继续加大竞争性选拔干部的力度。建立健全体现科学发展观和正确政绩观要求的干部考核、评价、激励机制。突出抓好“一把手”建设，进一步加强后备干部队伍建设，大胆培养起用年轻干部，注重培养选拔妇女干部和党外干部，促进各类优秀人才脱颖而出。

（二）着力固本强基，进一步发挥基层党组织的战斗堡垒作用和党员的先锋模范作用

加强社会领域党的建设。顺应社会结构变化、社会组织多元的新形势，把党的组织建到经济社会发展最活跃的细胞上，把党的工作覆盖到各个领域，以党建带工建、团建、妇建，带社会建设。进一步完善党组织与社会组织“双向”人才培养机制。巩固发展党建社区化。推广驻社区党委模式，构建以驻社区党委为核心、以社区党组织为基础、资源共享、共驻共建的区域化党建新格局，提高基层党组织的凝聚和动员能力。探索基层党务工作者专职化管理。抓好社区党组织带头人队伍建设，开展社区干部轮训，鼓励大学毕业生到社区工作。进一步加强党员队伍建设。探索党员在居住地发挥作用机制，鼓励和引导党员带头参与志愿服务。深入推进三级党员服务中心建设，完善党内互帮互助机制，切实关心服务老干部、老党员、生活困难党员和流动党员。继续深化创先争优活动，建立长效机制，激励广大党员立足岗位争优秀、服务社会作贡献。

（三）着力发展党内民主，进一步激发各级党组织的生机与活力

完善党委领导工作机制。坚持党委总揽全局、协调各方，支持人大、政府、政协、司法机关和人民团体依照法律和各自章程独立负责、协调一致地开展工作，充分发挥工会、共青团、妇联等人民团体联系和服务群众的桥梁纽带作用。严格执行民主集中制，强化区委全委会对重大问题的决策职能，充分发挥区委委员作用；落实常委会向全委会、全委会向党代会负责、定期报告工作并接受监督制度；健全决策失误纠错机制和责任追究制度，提高决策的科学化、民主化水平。进一步推进党代会常任制试点工作。继续实行党代表询问、评议、质询等制度，不断扩大党代表工作室的覆盖面和影响力，健全保障机制，提高履职能力，探索党代表发挥作用的新途径。大力推进基层党组织领导班子公推直选，改进和规范选举程序，扩大选举差额比例。健全党员权利保障机制。尊重党员主体地位，推进党务公开，完善党组织内部情况通报和党员、党代表列席党内有关会议制度，充分发挥党员在党内事务中的参与、管理、监督作用。

（四）着力弘扬优良传统作风，进一步形成干事创业的良好氛围

牢固树立群众观念。广大党员干部要强化“权力就是责任、工作就是服务”的意识，面对群众的诉求，不能简单说“不”，必须主动服务，扑下身子、沉到基层，认真了解民意，充分发挥民智，紧紧依靠民力，努力实现民望。深入开展政风行风建设。坚持预防和纠正并重，深入开展政风行风评议活动，着力解决群众关心和反映强烈的突出问题。厉行勤俭节约。严肃财经纪律，严格控制一般性财政支出；切实减少会议、减少文件、减少评比表彰活动，努力降低行政成本，把资金和资源更多用在经济社会发展、用在改善民生上。强化作风建设的保障。狠抓执行力建设，健全作风监督长效机制，加大对不正之风的曝光、问责和整顿力度，以制度保证党员干部求实务实抓落实、正风正己尽责任。

（五）着力打造廉洁城区，进一步健全惩治和预防腐败体系

深入推进廉政文化建设，不断创新形式和内容，增强廉政宣传教育的针对性和实效性。健全谈心提醒、诫勉谈话等预防机制，对干部廉洁从政方面的问题早提醒、早制止、早纠正。坚持用制度管权管事管人，深化公共资源配置、工程建设、政府采购等重点领域和关键环节制度创新。强化权力监督制约，加强纪检监察派驻监督，建立健全廉政风险防控机制，规范权力运行。严肃查处违纪违法案

件，旗帜鲜明地惩治腐败。加强社会领域反腐倡廉建设，探索建立社会组织、中介机构、企事业单位防止腐败机制，深入治理商业贿赂，营造良好的社会环境。各级党组织要严格执行党风廉政建设责任制，切实肩负起抓班子、带队伍的政治责任。广大党员干部特别是领导干部必须保持敬畏之心，始终绷紧反腐倡廉这根弦，廉洁自律，永葆共产党人政治本色。

2012年是新一届区领导班子的开局之年，是特区一体化“两到三年有大的突破”的关键之年。全区上下要按照市委市政府的统一部署，弘扬大运精神，焕发工作激情，认真落实区委区政府近几年重点工作计划，把稳增长、调结构、保民生、促稳定更好结合起来，促进经济社会又好又快发展，以一流的业绩迎接党的十八大召开。

2012年经济发展主要目标是：地区生产总值增长12%，税收总额（可比口径）增长10%，财政一般预算收入（可比口径）增长12.5%，万元GDP水耗、能耗分别下降5%、4.61%。突出抓好五个方面工作：

在经济建设方面，积极应对国际国内经济形势变化，全力以赴保持经济平稳较快增长，推进产业结构优化升级。进一步完善产业政策，促进自主创新，在做大做优电子信息、装备制造等支柱产业的同时，加快战略性新兴产业和现代服务业发展。尽快落实新兴产业招商推介会签约项目，大力推进五大总部基地、十大新兴产业园规划建设。继续实施低端企业淘汰计划。

在城市建设方面，高标准推进宝安中心区规划建设，启动大空港区域第一期工程；丰富“5333”严管示范区内涵，将交通秩序优化整治等工作纳入严管示范区建设，全面提升市容环境；加快推进城市更新和土地整备，为经济社会发展提供空间保障。

在社会建设方面，固化提升大运期间的经验做法，群防群治、综合治理；鼓励和支持社区股份合作公司转型发展，全面落实帮扶欠发达社区股份合作公司的各项措施，切实保障原居民基本生活需求；突出抓好流动人口服务管理，开展大规模的外来务工人员素质培训，增强家园意识和归属感；通过办实事、办好事、办难事，让人民群众更好享受发展成果。

在文化建设方面，研究制定加强文化建设的政策文件，在人文精神建设、公共文化服务体系构建、文艺精品创作、品牌培育、人才管理、文化产业发展等方面拿出可操作性强、有力度的改革创新举措，着力打造文化强区。

在政府服务方面，全区各级各部门要迅速制定服务基层、服务企业、服务群众的工作计划，明确具体的服务项目、工作目标和措施、责任领导和人员、进度安排，公开向社会承诺，以实实在在的服务效果取信于民，让群众满意。

同志们，宝安是深港文化之根，不断创造着辉煌。在新的历史起点上，我们要在市委市政府的坚强领导下，深入贯彻落实科学发展观，朝着建设现代化国际化先进城区的宏伟目标，振奋精神，开拓进取，真抓实干，顽强拼搏，为创造宝安更加美好的明天而努力奋斗！

附：名词解释

1. 三级综治信访维稳工作平台、三级党员服务中心网络、三级公共文体设施网络：“三级”指区、街道、社区，其中综治信访维稳平台社区一级还包括部分大企业，党员服务中心网络社区一级还包括“两新”党员服务中心和教育系统党员服务中心。

2. 草根之声：即“草根之声—中国劳务工大舞台”综艺晚会，是由市委宣传部指导，区委区政府、深圳广电集团主办，区委宣传部、深圳卫视承办的以“荟萃草根之声，打造草根之星，成就草根之梦，服务草根阶层”为主题的大型文艺晚会，首届晚会于2011年6月22日在深圳广电集团演播大厅录制，6月29日通过深圳卫视向全国播出。

3. 党组织与社会组织“双向”人才培养机制：即鼓励有能力的优秀党员通过推荐、民主选举等方式，成为社会组织的领导者；将社会组织中的活跃分子和社会中有影响力的群众发展培养入党，吸收优秀的群众领袖加入党组织，为辖区经济社会发展作贡献。

4. “5333”严管示范区：又称“5333”工程，2011-2015年，全区各街道每年划定5条重点道路、3个重点区域、3个示范性公园、3个重点工业区作为市容环境严管区，以点带面，全面铺开，力争用5年时间全面改善全区市容环境，努力实现城市管理一体化。

5. 织网工程：是市委针对社会建设提出的工作理念，即以民生服务为重点，以街道、社区为平台，整合系统资源，完善社会服务体系、工作体系和防控体系，包括三张实体工作网和一张虚拟网：以社区为平台编织服务百姓的“民心网”，以街道、工作站为中心编织化解矛盾纠纷的“工作网”，以公检法司安为主力构建维护稳定的“防控网”，同时建设“社会建设综合信息平台”，构建联通市、区、街道、社区的四级网络平台。

6. “双到”：即“规划到户、责任到人”，是省委省政府针对我省区域发展不平衡、城乡和贫富差距拉大等问题，创造性提出的扶贫开发战略。

7. 安全生产“一岗双责”：“一岗”是指党政领导干部职务对应的岗位；“双责”是指领导干部既要履行岗位业务工作职责，又要履行安全生产工作职责，按照“属地管理”、“谁主管，谁负责”、“谁审批、谁负责”的原则抓好工作范围内的安全生产工作。2011年4月15日，市委五届第38次常委会决定把我区作为全市开展安全生产“一岗双责”工作的试点，10月“一岗双责”在全市全面铺开。

8. 临空经济：指大机场周边地区、依托巨大的物流和人流效应、大量集聚了临空型制造业及各类与航空运输相关的产业、同时带动其他关联产业共同发展的经济。

9. 微笑曲线：在产业链中，附加值更多体现在曲线两端，即设计和销售，处于中间环节的组装制造附加值最低。

10. 新型贸易：与传统贸易相对应，包括新型商品形态的贸易（如碳排放贸易）和新型贸易方式（如网络贸易）等。

11. PCT国际专利：即专利合作条约（Patent Cooperation Treaty），是专利领域最重要的国际条约之一，缔约国国民对某一技术按照规定程序和要求向缔约国中一个或多个国家递交专利保护申请文件，视为已在所有缔约国递交了专利申请。

12. 三网融合：指电信网、广播电视网和计算机通信网的相互渗透、互相兼容、并逐步整合成统一的信息通信网络。

13. 智慧城区：指充分利用物联网、传感网、RFID等新一代信息技术和网络，发展应用智能楼宇、智能家居、智能医院、数字教育、路网监控、城市智能管理、智能产业等新的生活、生产和社会管理模式，面向未来构建全新的城区形态。

14. 大空港：从“大都市区（Metropolis）”中衍生出全新的现代城市形态，初步规划大空港区范围包括宝安机场及沙井沿江地区，面积90平方公里，区位条件优越，海陆空铁交通齐备，土地开发建设潜力巨大，重点建设以航空运输为特征的物流枢纽中心、会展商贸服务中心、创新中心及中小企业总部基地，将成为支撑前海发展的重要基地和珠江东岸一体化发展的重要节点。

15. “三纵两横”生态轴线：指构建我区5条生态轴线并完善生态节点、网络，形成一个完整系统。“三纵”是：西乡码头—西部田园风光滨海滩涂池塘轴线、罗田林场—石岩水库水源地保护区—铁岗水库水源地保护区—石坑顶—朱凹山轴线、雷公峰—羊台山轴线；“两横”是：福永码头—凤凰山—石岩水库水源保护区—黄角岭轴线、铁岗林场—羊台山轴线。

16. “三横三环”绿道系统：是我区结合市绿道网规划建设将重点打造的绿道系统，“三横”是：区域绿道2号线宝安段—西部山水线、宝安大道—都市活力绿道、西部海岸—滨海风情绿道；“三环”是：西部工业组团绿道、西部高新组团绿道、航空城绿道。

17. 平安协会：是经民政部门依法审批，由企事业单位、个人和社会团体等自愿结成、协助政府开展平安建设的非营利性社会组织，业务上接受政法综治部门指导。

18. 劳资恳谈机制：是由政府主导，在遵循劳动法律法规的前提下，企业内部全员参与，通过采取友好平等、开诚布公的恳谈方式来解决劳资纠纷等问题的一种劳资协商机制。

19. 10分钟生活圈：是指居民离开家门步行不超过10分钟，就能享受医疗、健身、文化娱乐、购物等多方面优质服务。

20. 五大总部基地：指我区规划建设中的中心区总部集聚区、西乡上市公司总部及研发基地、石岩总部研发基地等。

21. 十大新兴产业园：指我区规划建设中的宝安科技创新园、深圳航空产业园、新安尖岗山创新产业园、西乡互联网产业园、西乡LED产业园、福永环立新水库自主创新示范园区、福永新能源装备创新基地、沙井新能源产业园、沙井西部新兴产业园、松岗燕川新材料产业园等。

党建工作创新

2011年，宝安区着力创新基层党建，党建科学化水平不断提高。领导班子和干部队伍建设进一步加强。扎实推进区级领导班子换届工作；圆满完成区级党政机构改革，办事效能显著提升；扎实推进干部人事制度改革，围绕干部德的考评、公开推荐选拔、干部轮岗交流、发挥全委会作用等出台6项政策措施，进一步加大竞争性选拔干部力度，年内公推公选2批17人；广泛开展“迎大运当先锋”、窗口单位和服务行业“为民服务、创先争优”等活动，干部队伍作风进一步提升；宝安区被中组部确定为全省唯一的换届工作中运用成熟改革举措联系点。基层党组织建设不断开创新局面。驻社区党委增加到42个，整合资源，促进和谐社区建设；圆满完成社区党组织换届工作，开展社区干部教育培训，社区干部整体素质得到提高；试行“两新”组织党员纳入社区党委一体化管理，建立党组织与社会组织双向人才培养机制，推进党务工作者专职化试点，以党建创新带动社会建设创新，相关做法在中央电视台《新闻联播》进行报道。党代会常任制试点工作深入推进。试行公推直选区党代表，党代表结构进一步优化；坚持党代会年会制度，组织党代表开展调研视察、监督评议、征求意见等活动，邀请部分党代表列席区委全委会、常委会涉及民生的重大议题或在公开选拔干部时担任面试评委，党代表在闭会期间的作用进一步发挥；党代表工作室增加至31个，实行量化考核，提升联系和服务群众的水平，全年开展接待走访活动3035次，收集党员群众意见建议3698条，办结2620条，试点工作得到中央政治局委员、中央组织部部长李源潮同志和中央政治局委员、广东省委书记汪洋同志等批示肯定。反腐倡廉建设进一步加强。以纠治收送“红包”为切入点，出台10项措施，狠抓干部队伍作风建设；严格开展政令检查和效能监察，有力推动各项工作顺利开展；制定完善廉政工作制度20项，举办反腐倡廉宣传教育100多场次，对21名领导干部实行任期经济责任审计，推动工程建设、政府采购、政府专项资金、行政执法等领域源头防腐工作；完善纪检监察派驻监督，进一步发挥派驻组作用，廉洁城区建设开局良好。

特区一体化

2011年，宝安区在迎大运、创文明的推动下，顺利完成特区一体化“一年明显见效”的阶段性目标，全市特区一体化三年实施计划要求2012年完成的11项考核指标，有7项已经提前完成。以交通一体化为突破口，基础设施建设全面加快。深圳北站建成，地铁1、4、5号线和广深港客运专线顺利开通；留仙三路连通留仙大道和3个耕作口改造工程提前完工；3个街道交通综合改善试点顺利推进，在全市率先开通小支线巴士3条，500米公交站点覆盖率达85%。年内，宝安区38个市级重大项目完成投资230亿元，超过计划8%，73个区级重大项目完成投资61亿元，超过计划5%，一批供水供电、防洪排涝、环境保护等基础设施建设扎实推进。重点区域建设成效明显。高水平规划建设宝安中心区，优化商务办公区规划设计，积极引进现代服务业总部经济项目，进一步完善区域综合配套功能；全力推进民治一体化先行示范区建设，加快基础设施和公共服务设施建设，实施环境提升工程；大空港地区规划建设加快推进；广深高速宝安段、大运比赛场馆周边等重点区域周边面貌焕然一新。城市环境显著改善。设立“绿色宝安基金”，募集资金近1亿元，共种植各类树木3.3万棵；推进市容环境提升行动，完成2452栋建筑的立面刷新行动，对深圳北站、大运场馆周边、宝安机场、广深高速宝安段等重点区域和重要节点进行绿化提升改造，对438个城中村和178家“六类百强”企业周边环境进行整治提升，84公里的区域绿道全线贯通；在42个社区开展“城管进社区”试点工作，在每个街道实施“5333”严管示范区工程（5条重点道路、3个重点区域、3个示范性公园、3个重点工业区），带动城市管理整体水平提高，宝安区连续四年获得市“鹏城环卫杯”。

“文化强区”战略

2011年，宝安区大力实施“文化强区”战略，坚持文化事业和文化产业同发展、群众文化和精品文化相结合、思想道德素质和科学文化素质共提高，努力满足群众日益增长的精神文化需要。城市公共文明显著提升。着力培育“阳光、勤劳、感恩”的文明风尚，深入实施素质工程，举办各类培训1万多场次、培训250万人次；广泛开展精神文明创建、志愿服务、关爱行动，发展壮大慈善事业，大运期间20万志愿者倾情奉献，广大市民大力支持“绿色出行”，展示了良好的家园意识和城市文明形象。文体事业蓬勃发展。加快建设“一街道一文化艺术中心一体育中心”，开展百场送戏下乡、千场电影进社区等文化活动4000多场次，组织街道以上体育活动120多场次；举办“草根之声——中国劳务工大舞台”，做大做强打工文学、民工街舞、青工文化节等品牌项目，公园文化、广场文化、社区文化、企业文化精彩纷呈，群众文体生活不断丰富。文艺精品创作成果丰硕。健全文艺精品产出机制，杂技《窗花——柔术造型》、话剧《突围1978》、舞蹈《咱们工人有力量》和《竹蜻蜓》等获得国际、国家多项大奖。文化产业加快发展。成功举办第四届中国（深圳）国际工业设计节等系列文化创意活动，F518时尚创意园等重点项目和产业园区建设稳步推进，第七届文博会总成交额达202亿元，全区实现文化产业增加值167.66亿元，比上年增长17.5%。

十件民生实事

【新增7000个公办优质学位】大力解决群众对优质学位的需求，力争新安中学新高中部、坪洲小学、坪洲中学、大浪实验学校、松岗实验学校、龙华弓村小学等6所新校建成并投入使用。加快落实列入“十二五”规划的学校项目。加大老校挖潜扩容力度，扩大优质学校的招生规模。9月份前全区新增公办学校优质学位7000个。

【进一步加强低收入家庭保障工作】一、完善低收入居民（低保户和低保边缘户）生活救助制度。低保做到“应保尽保”，实施分类施保和低保边缘救助。建立宝安区低收入户籍居民生活救助与物价上涨挂钩的联动机制，当月深圳居民消费价格总水平（CPI）同比上涨2%～3%、3%～5%、5%～8%时，对低保户和低保边缘户每人每月分别补助30元、50元、80元，当深圳市对低收入居民发放物价补贴时，采取就高不就低的原则，予以补差。二、加强住房保障。通过实物或货币补贴的方式，积极解决现有符合保障性住房条件的低收入家庭的住房问题，对低保无房户做到应保尽保、全面保障。提高廉租房货币配租补贴标准，与原特区内保持一致。年内新开工建设保障性住房4100套。

【建成、动工一批街道文化艺术中心】街道文化艺术中心项目内容主要包括图书馆、群艺馆、影剧院等，其建设对于完善基层文化设施、丰富群众文化生活有重要意义。年内建设目标为：一、完成龙华、石岩街道文化艺术中心装修并投入使用。二、争取福永、沙井、松岗、观澜街道文化艺术中心动工建设。三、加紧落实民治、大浪街道文化艺术中心项目用地。

【强力推进卫生基础设施建设】按照特区一体化的要求，大力推进医疗卫生设施的建设和改造，缓解群众“看病难”。年内主要目标包括：一、区慢性病防治院新院竣工并投入使用、区妇幼保健院新院项目基础动工。二、开工建设石岩人民医院扩建（一期），民治北站综合门诊部开业。三、建成西乡公共卫生服务大楼，动工建设沙井卫生监督所业务大楼。

【加大社区给水管网改造和居民社保补贴力度】一、继续推进社区给水管网改造。该工程总投资约6亿元，涉及10个街道内的供水管网系统。目前一期工程已完成80%，二期工程正在启动。年内确保一期任务全部完成，二期工程完成50%，让群众喝上优质水、放心水。二、对2010年人均集体有效分配5000元以下的“村改居”社区居民有梯度地予以社保补贴，补贴范围包括社会养老保险（含基本养老保险和地方补充养老保险）和社会医疗保险（含综合医疗保险、地方补充医疗保险）。其中，3000元以下的给予全额补贴，3001～5000元的给予50%补贴。

【加强安全生产基础工作】一、完善各街道所有主、次干道消防给水管和消火栓等设施。二、加强消防场站建设，规划建设2个消防站和1栋综合性执勤训练楼。三、每个街道至少建一个安全生产“教育屋”。四、总结推广沙井、松岗火灾隐患重点地区整治经验，按照省的标准，对全区其他街道的火灾隐患进行全面整治。

【开工建设宝安区市民素质教育学校】该项目位于新安街道20区，用地面积14582平方米，建筑面积34370平方米。建成后每年可容纳4万人次的教学和实训，2万人次的职业技能鉴定，成为深圳西部工种最全、质量最优的公益职业培训机构，将对加快提升宝安区劳动者素质和人口综合素质起着重要作用。年内完成各项前期工作，实现开工。

【大力推进交通一体化】一、优化关口交通，基本完成留仙三路连通留仙大道项目，推进5个关口和13个耕作口交通综合改善工程。二、构建轨道交通接驳系统，围绕深圳北站和地铁1、4、5号线站点，调整优化公交线路，实现轨道与常规公交和其他交通方式的有效衔接。三、建设跨区域公交快速走廊，分步设立公交专用通道，逐步建立“松岗—南头关”、“新安—深圳北站”、“龙华—梅林关”等3条公交快速线路。四、加快道路交通建设，重点完成辖区内松白路、布龙路改造，推进松福路、福洲路、107国道黄田兴围调头匝道桥、固戍二路、石岩北环路改造等项目，尽快打通一批瓶颈路、断头路。五、推进街道交通综合改善，在福永街道试点的基础上，选取3个街道继续实施区域交通综合改善项目。六、提高公交分担率，新增及调整公交线路50条，新增及更新运力300台，建设85个公交站台，500米公交站点覆盖率达85%以上。

【开展城区河流水环境治理】大力开展城区水环境治理，采取截污、补水和生态治理等综合措施，加快修复新圳河、西乡河等河流水环境。一、减少水体污染。沿河铺设排污管道全面截排污水，建设初雨水调蓄池减少上游水体污染，开展河道清淤减少底泥污染，探索开展生态治河，建立防潮水闸防止海水倒灌。二、实行中水回用与景观补水。建设固戍污水处理厂再生水厂及配套管网，将经深度处理的尾水引入河流中上游，以冲刷河道、加大径流，提高河流生态修复能力。三、加强管养和保洁。落实排水管网错接乱排纠治和日常管养工作，搞好水域清洁和两岸道路垃圾清扫，确保沿岸工业废水达标排放。年内完成西乡河综合整治三期工程100%施工任务、新圳河和西乡河清淤工程100%施工任务、新圳河和西乡河水环境整治工程30%施工任务，保持河堤、水域清洁，提高水环境质量。

【推广安装2万套以上视频门禁系统】大力推进基层平安建设，有效提高出租屋技防水平，通过区、街道和业主各出一点的方式，全面推广安装出租屋"视频门禁"系统，年内建成2万套以上。

深圳第26届世界大学生夏季运动会宝安赛区情况

深圳第26届世界大学生夏季运动会宝安赛区，紧紧围绕"办赛事、办城市，新大运、新深圳"的办赛理念，以场馆为基础，以竞赛为核心，以属地为保障，比平安、比稳定、比和谐、比服务，精心组织、周密部署、扎实推进，圆满地完成大运会各项筹办任务，为深圳市举办一届更精彩更成功更具影响力的大运会，实现不一样的精彩做出了应有贡献。

大运会期间，宝安赛区5个比赛场馆和1个训练场馆共承办足球、体操、艺术体操、水球、高尔夫球和排球等6个项目的比赛和训练。8月11日至23日，13天时间，赛区共举办各类赛事157场次，产生29块金牌，接待观众41.05万人次，平均上座率超过80%。共接待运动员及随队人员2725人次，接待国际大体联、国际体育联合会官员，各国代表团团长及国家、省、市、区各级领导1233人次。共有来自15个国家和地区的81家新闻媒体1772名记者对宝安赛区各项赛事进行了采访报道。赛时直接参与大运的工作人员每天超过1.1万人，其中，场馆运行团队682人，赛会志愿者2084人，安保人员3760人，注册合同商2284人，保洁清废，供电、设施保障等场馆保障人员2931人。

同时，宝安区政府按照市委市政府的统一部署，出台了"迎大运、创全国文明城市标兵200天行动纲要"，将环境提升作为生态工程、民生工程来抓，先后召开两次市容环境提升工作点评会，及时推广先进街道经验，督促后进街道赶超，高标准推进了我区市容环境提升工作，并取得了显著成效。建筑立面刷新方面，2010年完成6000栋1871万平方米建筑立面刷新，占全市同期的60%；2011年启动了20条道路2452栋建筑的立面刷新，刷新道路总里程76.3公里，刷新总面积467.5万平方米。动感绿都营造方面，投入9300万元，对深圳北站周边、地铁、广深铁路以及高速公路、快速干道两侧的第一重山体等裸露地进行了绿化恢复；投入6600万元，在大运体育场馆周边、各街道中心区种植香樟、盆架子等特色树种4828株；设立了"中国绿化基金会绿色宝安基金"，1700多家企业（单位）和3.8万人参与捐款，募集资金8858万元；并完成区域绿道5号线宝安段建设。窗口门户环境提升方面，重点开展广深高速宝安段沿线环境整治工作，完成广深高速虎背山隧道至长安段沿线234栋47.75万平方米立面整治工程、鹤洲片区47栋建筑9万平方米立面整饰工程，改造了机场出入口景观整治南出入口、北入口。严格城市管理方面，将全区道路清扫保洁单价从原来的3.24元/平方米·年提高至6.48元/平方米·年，在每个街道划定5条重点道路、3个重点区域、3个示范性公园、3个重点工业区作为市容环境严管区，在4个街道开展"城管进社区"试点工作，提高了城市管理综合水平。环境保护方面，投入1042.87万元，清除了大运场馆周边排水管网1.4万立方米淤积物；同时，完成了全区11条主要河道的清淤工作，完成了观澜河流域白花河库坑段、大浪河生态湖段河道的综合整治，西乡河综合整治工程三期（截污）工程。

大运期间，宝安交通安全顺畅，空气质量良好，市容整洁优美，城市秩序稳定，安全生产零事故，食品安全零投诉，赛区运行紧张有序、祥和安定，达到了赛区委员会的预期目标，得到了省、市领导，国内外来宾以及社会各界的高度好评和肯定。

为保障筹办工作科学规划、高效运行，赛区按照"有主有次、统筹协调、资源共享、节俭务实"的原则，充分利用现有的行政架构，在前期成立大运会宝安城市行动工作领导小组、宝安赛区委员会的基础上，2011年3月，组建了宝安赛区委员会运行指挥系统，推进各项工作有计划、有步骤的落实。系统分为指挥层和运行层，指挥层由区主要领导和深圳大学相关领导共15人组成，区委书记鲁毅和区长张备分别担任赛区总指挥和执行总指挥，统筹指导赛区运行各项工作；运行层由"1+3"工作部门和6个场馆团队组成，分别与市18个专项指挥部对接，其中，安全保卫部负责赛事安全保卫和应急工作；志愿者部负责城市志愿者和社会志愿者招募及U

站服务工作；外围保障部负责赛事餐饮、供电保障等9方面的保障工作；工作办公室负责综合协调、场馆指导和赛事统筹工作；6大场馆实行场馆主任负责制，分别组建了竞赛团队和运行团队。鲁毅、张备多次主持召开赛区委员会工作例会，协调研究解决有关问题；区几套班子领导经常到赛场工地进行现场指导、督查督战；赛事期间，区领导坚持坐镇一线、靠前指挥，确保各项工作落实到位。具有宝安特色的指挥运行体系实现了大运筹办与区委区政府工作的“全面融合”，统一领导，整合资源，集中力量，为大运赛事的成功举办发挥了重要作用。

筹办大运期间，赛区高度重视安全保卫、外围保障和志愿服务工作，始终突出“安全第一、服务大运”理念，通过健全组织机构和工作机制，构建科学高效、组织完备的安保维稳体系、赛区保障服务体系和志愿服务管理系统。一是安保维稳工作实现“平安大运”。公安分局落实赛区工作部署，不断完善赛时安保运行指挥体系，设立场馆安保指挥室，将场馆内部和周边959个视频探头接入监控系统，按期完成安保封闭围栏、安检大棚等临时设施的建设以及安全检查、验票验证、核生化检测等设备的安装调试，确保了赛时安保科技系统和硬件设施无故障运行；应急办统筹赛区应急演练工作，牵头组织各单位编制《深圳大运会宝安赛区突发事件总体应急预案》等预案1112个。各单位举行各类应急演练696场次，25万人参加。赛区通过对3765名民警、学警、武警和部队官兵进行培训，开展多警种、多部门联合演练，提高了安保队伍协调配合和突发事件处置能力。赛时阶段，安全保卫部针对中日男足预赛和中日女足决赛观众多、不稳定因素增加等情况，迅速抽调警力增援，合理布置中日球迷看台，加强重点区域防护，认真规划退场流线，确保了两场敏感赛事安全有序进行，得到省委常委、公安厅长梁伟发及市、区领导的高度评价；通过建立8个“大运安保严管圈”，推进“警灯”和“红袖章”工程，加强出租屋管理，大运期间，全区各类警情大幅下降，社会治安持续好转。赛时阶段，安保人员累计完成入场人员安检42万人次、物品5万件、车辆2198台次，赛区各场馆治安秩序良好，未发生刑事、治安案件，确保各项赛事顺利进行，中外贵宾和各类人员安全，实现了“平安大运”的目标；二是外围保障服务细致、优质、安全。制定《大运会宝安赛区委员会外围保障部1+9工作方案》和《宝安赛区外围保障工作联络图》。机关事物管理局成立了11个餐饮保障小组，共为赛区工作人员配送盒饭50万份、饮用水113万支；市场监管分局组建了182人的食品安全保障队伍，对23个监管保障点实施24小时驻点值守，确保了各场馆、官方酒店、学校和U站的223万份盒饭、33万个面包糕点、43万箱饮品的安全；经济促进局在餐饮企业派驻质量安全技术人员，每天对初级农产品进行抽检，合格率为99.8%，实现了赛区餐饮服务零断供、安全零事故；卫生局成立了16支医疗卫生保障队伍，累计接诊人员626人次，其中运动员38人次、外籍人士36人次、贵宾3人次、工作人员和观众549人次，提供救护车转运服务31人次，做到了医疗工作无差错、抢救无延误；供电局和环保水务局组建了761人的保供电团队和421人的供水保障队伍，在场馆及重点单位实行“双回路”供水供电，保障赛区供水供电安全稳定，没有发生重大故障；宝安交警大队和交通运输局认真落实交通保障工作，出动1736名警力提供交通引导、疏导服务，组建7个工作组为15家媒体酒店、福田枢纽场站、主媒体中心班车站和大运新城场站提供服务,共发车2.3万班次，运送国内外媒体记者2.8万人次。机关事物管理局按照“能借不租、能租不买”的节俭办大运原则，从街道和各部门借调12类1200件通用物资、以公开招标方式租赁52类1700件特殊物资，节省了资金。落实了3200名部队官兵和安保学警在5个驻点学校的餐饮、住宿、交通保障。接待了参加大运会开幕式的重庆和西藏代表团，参与完成文化部蔡武部长、国民党荣誉主席连战在宝安的接待工作。电信局投入各类保障人员394人，新建了所有涉大场馆的WIFI设备覆盖和27个大运U站的视频监控，开通光缆65条，确保赛时通信网络畅通。赛区优质的外围保障服务赢得了技术官员、参赛代表队和媒体记者的广泛赞誉；三是志愿服务切实展现宝安城市亮点。团区委牵头做好大运U站建设管理、志愿者招募、培训和服务行动，累计招募城市志愿者、社区治安志愿者及社会志愿者约20万人，建立了13个一类U站，16个二类U站和 140个社区U站，志愿者服务时长累计68万小时，遍及比赛场馆、商圈、重要路口、交通要道、主要景点、酒店、地铁及全区156个社区。通过开展大运志愿服务特色宣传活动，立足宝安实际，创新活动载体，有力地营造了独具宝安特色的大运志愿服务氛围，开展了U站手绘地图、媒体编辑看U站、“大运剧场进社区、进企业”、“缤纷夏日，欢乐总动员”志愿者联谊活动、“小手拉大手，争做红领巾志愿者”、大学生服务大运社会实践活动和U站典型人物、典型事迹宣传活动，多形式、多途径开展大运志愿服务活动。大运期间，志愿者们协助维护社会秩序，倡导文明行为，广泛传播大运文化理念，有效地营造了全民参与大运、服务大运、宣传大运、奉献大运的社会氛围。先后在全市率先成立了第一个社区U站、第一个由注册社会组织承接管理的U站、第一个大运志愿者关爱中心和第一个大运志愿者移动智能指挥管理系统，成为深圳大运志愿服务工作的创新亮点。

大运会采取场馆化运作机制。赛区6大场馆实行场馆主任负责制，场馆主任由赛区委员会副主任兼任，赛区委员会授权场馆主任调动各单位力量的权利，充分发挥场馆主任的核心作用。从2011年3月开始，各场馆分别组建了竞赛团队和运行团队，设立核心领导层和27个业务口，并综合运用行政和市场两种手段推进场馆人力资源开发和人才队伍建设，通过购买技术保障服务、从企事业单位抽调等多种形式选拔人才，7月上旬，6个场馆运行团队682人全部配置到位；场馆积极开展通用、专业、场馆、岗位等4类培训439次，受训人员2.5万人次；建立健全人员考核体系和激励机制；编制了《场馆团队运行手册》、《场馆团队应急预案》，建立了完善的内部运行制度，加强实地演练，熟悉工作流程；不断加强团队文化建设，通过开展团队拓展、观摩学习、文体活动等方式，振奋团队精神，提高团队凝聚力和战斗力，创建了符合筹办实际的人员选拔、培训、管理等工作模式，在短短的5个月时间里，将6支不熟悉体育赛事的团队逐步打造为政治坚定、素质优良、业务过硬、具有高度职业精神的专业队伍，顺利完成四次全市联调，举办省级女足邀请赛等5项大运测试赛。

大运会期间，赛区举办的157场比赛运行平稳有序、竞赛组织规范严密、团队服务周到细致，赢得了各方面的高度评价。宝安体育场作为女足比赛的主要场地，是赛区观众人数最多、敏感赛事最多的场馆，观众总人数达到32.5万人次，平均上座率超过74%，最高上座率达99.8%。巨大的观众数量给场馆安检、观众服务、餐饮供应等带来了压力，体育场充分发挥团队优势，通过疏导稳定观众情绪、增派安检人员、增设餐饮售卖点等方式，有效维护场馆秩序、科学营造场馆氛围，实现赛事安全顺畅有序运行。宝安体育馆是赛区金牌数量最多、颁奖仪式最多、计时计分最复杂、赛事直播最多的场馆，共产生竞技体操和艺术体操金牌22枚。众多的竞赛项目对竞赛组织的细致程度提出更高要求，体育馆根据赛程科学规划，圆满完成“数项连颁”和“混合颁奖”的复杂颁奖程序，获奖国家国旗准备无误，贵宾和运动员流线有序，升旗装置运转正常，体育展示和计时记分“零失误”，确保竞赛组织“万无一失”。宝安游泳馆承担男女水球全部赛事，是全市所有大运场馆中比赛任务最繁重的场馆。从8月11日开始比赛到8月23日结束，共举办75场赛事，平均每天都有4至8场比赛，场馆团队人员的工作强度非常大，但游泳馆全体工作人员充分发扬团结协作、无私奉献的精神，以严谨细致、精益求精的工作作风圆满完成了全部比赛任务。西乡体育中心是赛区唯一一个街道级大运场馆，通过升级改造，创造了草茎播种建植足球场40天成坪的最快纪录，实现从“街道级”到“国际级”的提升。场馆在正式比赛第一天就遇到了赛程调整，需推迟比赛的突发情况，场馆团队沉着应对，采取张贴竞赛调整公告、在电视台滚动播放赛事变更信息、安排车辆疏散观众等措施，稳定观众情绪，确保赛场秩序。观澜湖高尔夫球会作为企业运行场馆，虽然曾举办过高尔夫球世界杯等众多国际单项赛事，但仍是第一次参与承办大型国际综合性体育赛事的单项比赛。场馆团队克服麻痹大意、自满松懈思想，严格要求，精心筹备，不断提高综合管理水平，通过高效率、专业化运作，成功举办“历届大运会最好的高尔夫球比赛”。宝安实验学校体育馆是赛区唯一的训练场馆，团队人员主要由学校教师组成，在赛事筹备阶段，要在完成日常教学工作的同时，利用业余时间和节假日开展团队培训和演练。团队克服困难，用热情的微笑和贴心的服务完成了大运会排球训练任务。

宝安人以强烈的主人翁精神和热情友好的东道主风采，用实际行动支持大运，赛区3名同志作为宝安公务员、劳务工和青年代表参加了大运会城市火炬传递活动；“绿色出行”号召行动中，全市首位申请停驶的车主就是宝安人，全区累计停驶车辆5万辆。中国代表团在宝安赛区赢得了分量最重的女足金牌，获得女子水球金牌、2枚竞赛体操和3枚艺术体操金牌。

首届义工文化节

11月14日，“汇流成海·积善成德”——宝安区首届义工文化节在区青少年活动中心开幕。由团区委、区义工联举行的宝安区首届义工文化节旨在贯彻落实党的十七届六中全会精神，推进城市人文精神建设，固化大运会城市志愿服务成果，打造“志愿者之城”，推动宝安义工事业迈上新台阶。文化节开展“宝安义工讲坛”、“宝安义工文化家园”、宝安区“义工剧场进社区”义工文化宣传活动、“感动瞬间”摄影作品展、“义工巧手秀”五大主题活动。此外，团区委结合宝安义工发展和青少年服务的实际需要，挂牌成立了“宝安区‘义工+社工’双工联动促进中心”。聘请了中国社工协会社工师委员会副主任陈葵，中国社工协会社工师委员会总干事、中国青年政治学院陈涛教授，联合国志愿人员组织研究专家、广东青年职业学院谭建光教授，广州启智义工队队长李森为宝安义工联顾问，指导“义工+社工”双工联动工作。由宝安义工联顾问、专业社工、义工领袖牵头，在弘扬大运精神和义工精神，促进义工、社工双工联动，促进义工服务规范化发展、促进建立双工联动信息平台、促进义工服务项目化运作、促进宝安义工文化建设等方面进行积极探索。宝安区先后创建了第一个社区U站等5项全市第一，首创“大运U巾”、“大运雨伞”等宣传品，为全市义工工作发展探索了经验。此次宝安区首届义工文化节活动，对于推动深圳义工工作全面深入发展，打造“志愿者之城”具有重要意义。区义工联同期举办“感动瞬间”摄影作品展，面向全区广大义工朋友征集照片，通过“心路历程”、“真情奉献”、“与爱同行”、“难忘大运”4个主题，反映宝安义工16年风雨历程。本届文化节共持续2个月。

福永万福民工街舞团

福永万福民工街舞团，是一支由青年民工组成民间街舞艺术团体，源自2007年在万福广场自发的街舞活动，2008年初正式组团，2010年底申请注册为群众性文化艺术团体。该团现有25名队员，年龄从19至27岁不等，平均年龄22.68岁。学历以初中、中专为主，4名队员有大专学历，来深时间3至5年较多。他们来自广东、湖南、贵州等10个省、市的外来工，从事建筑、搬运、保安、餐厅服务、洗车、油漆等工作。

福永街道文体中心的领导和文艺老师极力支持街舞团把活动搞好，提供了专业的指导，鼓励队员们积极创作、参加比赛。在区群众文化馆编导和文体中心老师的组织编排下，街舞团成功创作了《快乐的建筑工》，街舞团的队伍也不断壮大。

2008年以来，福永街道多次组织街舞团参加各种展示和比赛，先后获得深圳市创意十二月舞蹈大赛金奖、深圳市“第四届”公园文化节金奖。2009年11月，参加CCTV第五届全国电视舞蹈比赛荣获金奖，在“中国达人秀”、“我要上春晚”等全国电视品牌节目竞选中均有上佳表现。2011年在中央电视台春节联欢晚会上表演《咱们工人有力量》节目，获得“郎酒红花郎”杯“我最喜爱的节目”评选特别类节目一等奖。

福永万福民工街舞团的成功体现了青年人勇于追求、甘于付出的卓越品质，展现了新时期深圳青年意气风发、积极进取的良好精神风貌，他们的事迹在青年群体乃至整个社会中引起热烈反响：央视2套“舞蹈世界”、10套“人与社会”进行了专题报道，凤凰卫视“鲁豫有约”作了专访，被文化部、劳动和社会保障部、中国文联等选调参演中国首届农民工艺术节——“金色的田野”闭幕式、“我们的节日——全国群星奖优秀节目2011年慰问外来务工者文艺晚会”和上海世博会城市广场文化周暨上海国际艺术节开幕式等大型演出，受到国家领导和观众的一致好评，为青年人树立了一个学习的榜样。

2011年2月24日，省委常委、市委书记王荣，市长许勤一行专程到福永看望街舞团的小伙子们并殷切寄语，希望他们“以阳光心态对待人生；以辛勤劳动创造生活；以感恩情怀融入社会”，为深圳群众艺术文化发展贡献力量。

绿色宝安基金

为深入推进宝安创建国家生态区工作，积极打造“城在山中、城在林中、城在绿中”的优美环境，2011年，广东省首家由政府主导在中国绿化基金会设立的专项基金——中国绿化基金会绿色宝安基金(简称绿色宝安基金) 在宝安启动。

绿色宝安基金的正式成立，对推动宝安区造林绿化和生态环境保护具有深远的意义。一是中国绿化基金会是经国务院批准设立的全国性公募基金会，在动员和号召社会力量参与造林绿化方面具有很高的社会影响力和权威性；二是通过这个平台，可以将宝安的造林绿化工作纳入到国家造林的整体战略；三是有利于实现资金募集工作制度化、科学化、长期化，最大限度地提高资金使用管理的透明度，为宝安造林绿化和生态建设募集更多资金；四是对捐赠数额较大的、参与次数较多的企业、组织和个人，中国绿化基金会将通过颁发荣誉牌匾和证书等方式进行表彰，增强捐赠企业、组织和个人的荣誉感；同时，企业通过捐赠还可以获得所得税抵扣等方面的政策优惠。

宝安在区城管局网页公布了捐款流程并开通捐款问题咨询热线，绿色宝安基金实行区各街道、绿色宝安基金管理委员会办公室和中国绿化基金会三级数据联动更新的台账登记系统，账目清晰、阳光运行。

截至2011年12月28日，共有1977家企业和近25000名个人参与基金捐赠，已募集资金9201万元；已完成各项绿化实施项目49个，尚在实施中的项目有10个，种植各类大小树木约33000棵，投入资金6015万元，结余资金2695万元。

在绿色宝安基金募捐中，沙井、福永、西乡和松岗四个街道募资均超过一千万元，新安、石岩、龙华等街道也分别募集了数百万元资金。目前，绝大部分由各街道募集的资金已经返拨给当地，均已投入到当地的城市绿化建设当中。

第七届文博会宝安参展情况

2011年，宝安区文产办圆满完成第七届文博会主会场参展工作，成功承办观澜版画基地、国瓷永丰源、F518时尚创意园、雁盟酒店文化产业园、观澜山水田园、127陈设艺术产业园、深圳22艺术区、宝安国际珠宝交易中心8个分会场和福永杂技团、深圳市西部国际珠宝城、宝安艺术城、观澜红木艺术产业园等4个专项活动点，观展、交易成果喜人。一是成交金额高，产业效益突出。本届文博会总成交量达到201.99亿元，比上届净增加21.89亿元，同比增长12.15%。二是签约项目多，发展后劲增强。本届文博会投资规模超亿元的项目有35个，成交额达179.24亿元，同比增长54.52%。其中签订合同项目6个，合同金额11.8亿元；签订意向项目29个，意向金额167.44亿元。三是观众范围广，社会影响大。本届文博会宝安展区各项活动的观众达60万人次，创历届新高。波兰驻广州总领事克日什托夫·谢宾，国家文化部副部长赵少华，中国文联副主席、中国美术家协会主席刘大为，广东省美协副主席、秘书长王永，深圳市人民政府副市长吴以环等国内外和省、市、区领导参加宝安区有关活动或参观各分会场，领导、媒体、业界等对宝安区各场点均给予了高度评价和充分肯定。四是展会质量高，档次不断提升。第七届文博会评估报告中显示，宝安区分会场的满意度总体得分排名全市第一。中国观澜版画原创产业基地分会场、F518时尚创意园分会场、国瓷永丰源分会场等多次获评优秀分会场。

第四届国际工业设计节宝安参展情况

2011年，作为深圳“创意十二月”活动的重头戏，第四届中国（深圳）国际工业设计节以“跨界体验设计”为主题，掀起设计头脑风暴。举办了国际设计大师团品牌创新之旅、全国工业设计产业创新联盟学术年会、设计专题工作坊等专题活动。引进深圳市工业设计中心落户宝安，助推企业品牌发展和技术创新。在第四届中国（深圳）国际工业设计节开幕式上，举行了“深圳市工业设计公共服务平台”落户宝安的揭牌仪式，该平台包括信息平台、研发平台等内容，主要服务于深圳市及宝安区有设计需求及相关业务的各类企业，从而推动工业设计和文化创意产业资源的交流与产业创新合作，促进生产型企业向文化型、创新型企业转变。强化文化产业平台作用，进一步提升“宝安设计”的影响力。充分利用中国（深圳）国际工业设计节这一国际化文化产业平台，提高办会水平，扩大本区域企业的影响，加大文化产业招商引资和产品推介力度，推动文化产业的交流与合作。在该次设计节上，许多宝安企业抓住机会，展示设计成果，成功签约项目，收获颇丰。深圳首家由本土民营企业出资建立的奥尼电子“红冠工业设计研究院”向参会的世界一流设计师推介了自己。加强国际交流与合作，积极对接北欧设计“智库”。以举办中国（深圳）国际工业设计节为契机，吸引包括宜家、沃尔沃、奥迪等在内的1000多家国内外顶尖品牌企业，通过开展高峰论坛、展览展示、精英大赛、企业对接会等专业领域的高端交流活动，广泛吸纳国际先进设计理念，助推深圳打造“设计之都”。本届设计节上，来自瑞典的20多位资深国际品牌设计师与宝安企业现场交流，为企业寻找转型升级的突破口。

“创意十二月”期间，除了第四届中国（深圳）国际工业设计节成功举办以外，还举办了观澜山水田园“创意十二月”系列活动、京华龙潭四皓——深圳创意十二月专展系列活动、艺术深圳——深圳22艺术区第四届当代艺术节、第四届深圳·宝安（国际）创意文化节、深圳市第三届陈设艺术高峰论坛及古瓷艺术收藏展、“创意汇聚，光华闪耀”珠宝文化创意广场、文化传承·探索艺术真谛、盛世红木·文化观澜、雕塑创作等系列活动，丰富了创意十二月的内涵，提升了文化创造力，使创意十二月充满沉甸甸的文化内涵。

第十三届“高交会”宝安参展情况

2011年11月16～21日，第十三届高交会在深圳会展中心举行。本届高交会以“促进国际创新合作，加快发展方式转变”为主题，设有“高新技术成果交易、高新技术专业产品展、论坛、super—SUPER专题活动、高新技术人才与智力交流会、不落幕的交易会”六大板块，集成果交易、产品展示、高层论坛、项目招商、合作交流于一体，通过“官产学研资介”的有机结合，为海内外客商提供寻求项目、技术、产品、市场、资金、人才的便捷通道。展区规划、主题设置上都紧扣国家战略和科技发展趋势，进一步提升展会的权威性与影响力；精心组织，由高交会各主办单位、各省市、高校，共同打造最具权威性及引领作用的高新技术成果展；积极探索、拓展与海外协会、商会、中介机构、旅行社及其他专业机构的合作渠道，组织更多的海外观众到会，并实行分级管理，对于海外专业观众及团体观众给予更有针对性的专业化服务。特点突出，产业转型和改善民生再度成为重头戏，并汇聚最新的物联网技术与产品。展区总面积超10万平方米，观众逾50万人次。

本届高交会宝安参展企业共177家，参展面积3800多平方米，成交重大高新技术项目19项。其中宝安政府组团参展企业20家，总面积299平方米；自行参展企业157家，参展面积约3500平方米。无论是企业参展数量还是参展面积数均为深圳市之首。宝安展团参展企业技术成果涉及面广、科技含量高，艾美特电器（深圳）有限公司的节能电风扇及首善养生机、深圳市泰玛风光能源科技有限公司的磁悬浮风力发电机具有国际领先水平。宝安展团成为海内外客商、新闻媒体追逐的焦点，其中泰玛风光能源科技有限公司的磁悬浮风力发电机在中央电视台新闻联播节目播出。宝安展团荣获组委会颁发的“优秀展示奖”。高交会期间举办科技创业服务中心综合服务大楼揭牌仪式暨宝安区首届自主创新产品艾美特专场新闻发布会等系列活动。

其他重要展会

【参展第七届中国新疆喀什·中亚南亚商品交易会】6月28日～7月2日，为期5天的第七届中国新疆喀什·中亚南亚商品交易会在喀什市举行。本次宝安区参展企业大多是生产规模大、产品质量好、市场信誉高、创新能力强的优势企业，参加本次喀交会的企业规模大，知名度高，大部分是有自主知识产权的品牌企业，获得过中国名牌、广东省名牌等称号的著名企业。另外，宝安企业参展产品类别丰富，主要挑选了适合中亚、南亚等国家和新疆喀什地区，有一定市场潜力和深圳特色的产品参展，如电子电器、日用消费品、珠宝首饰等几百种高新技术及优势传统产业产品，特色明显，凸显深圳品牌，可以满足广大客商的多种采购需求。本次喀交会，宝安区组织了一批有投资意向的投资企业同行，通过考察投资环境，与喀什市举办投资对接座谈会，寻求合作，投资兴业，参与喀什开发建设，加强深圳援建的造血功能。会前，通过宣传喀什投资环境，发放喀什投资项目册、召集企业参加喀什投资对接会、组织企业代表团赴喀什实地考察等形式，主动引导有投资实力和需求的深圳企业与喀什市深入洽谈与对接。在前期对接的基础上，喀交会期间，深、喀两市举行喀什特殊经济开发区入驻企业及系列投资项目签约活动。投资项目涉及园区开发、基础设施建设、农产品加工、环保净水、生物肥料、电子数码、地毯产品、林果加工、物流、无线电视、火力发电等领域。截至闭幕，宝安企业在本届展会上成交6.5亿元。通过喀交会平台，不少企业找到了合作伙伴和分销渠道，开始建设和扩展西北的生产销售网络。

【宝安区第三届户籍青年职业见习推介会】8月31日，宝安区第三届户籍青年职业见习推介会在宝安体育馆举行。80家国内外知名品牌基地企业共推出见习工种256个，提供岗位2106个。参加本届推介会的80家企业中，包含沃尔玛、麦当劳、中国电信、深圳证券交易所等大型国内外知名企业，涵盖电子信息、金融、制造、批发零售、餐饮、文化产业等众多行业，提供的岗位包括软件开发工程师、建筑设计师、市场策划、物流操作员、汽车维修工等。其中，专业技术技能性岗位占58%，生产设备操作岗位占10%，管理类及其他类岗位占32%。与往年不同，本次的见习推介会除了规模更大、参会企业和提供的岗位更多外，更汲取往年的经验，在岗位上做了相应调整。通过前两届的经验来看，金融、物流、物管等行业内的工种更受户籍青年和生源大中专毕业生青睐，因此，宝安区人力资源局本届推介会在挑选行业和工种时也有所侧重，这类岗位所占比例近40%。推介会共吸引户籍青年及生源大中专毕业生1806人进场，参会见习基地企业收到见习申请表813张，355人次初步达成见习意向。见习基地对申请者进行面试确认，再由委托代理机构、见习学员、见习基地三方签订《青年见习协议书》，见习学员即可正式参加见习。见习期间，政府将按照见习学员生活补贴、综合保险费每人每月800元、13元的标准，给予补贴。

【宝安区新兴产业招商推介会】11月28日，宝安区新兴产业招商推介会在深圳市五洲宾馆五洲厅举行。该招商推介会由宝安区人民政府、深圳市科工贸信委、深圳市投资推广署联合主办。区委书记鲁毅出席推介会并致辞。推介会由区长张备主持。区政协主席沈建英等区几套班子领导参加推介会。区委常委、副区长王立新作投资环境介绍。会议宣传推介了宝安中心区规划建设情况，长安标致雪铁龙汽车有限公司副总裁徐骏和海雅集团董事长涂辉龙分别介绍了在宝安的投资体会，他们纷纷表示对发展前景看好、对投资宝安充满信心。按照“优中选优、好中选好”的原则，本次招商推介会共引进83个项目，总投资额达502.6亿元，其中，内资项目58个，投资额约为452.6亿人民币；外资项目25个，投资额为7.8亿美元，折合人民币约50亿元。主要包括战略性新兴产业和总部经济、物流、商贸业等现代服务业行业领域。新一佳总部、优凯斯总部、宝安区上市公司总部及研发中心、福永北清产学园等28个大型项目达成合作意向并在会上签约，投资总额达261.3亿元。本次招商推介会客商云集、阵容强大，吸引了来自英国、法国、比利时等国家和地区的重要嘉宾。主要包括比利时布鲁塞尔促进署、英国伦敦发展促进署、中国法国工商会、香港贸发局深圳办事处、香港生产力促进局深圳办事处等境外机构代表；大型央企、世界500强、上市企业高层，知名投资商，金融机构代表以及富士施乐、恩斯迈、IBM、三星集团、万科、招商集团、华侨城集团等一批知名企业高层负责人，总计500多人出席。

总　述

区情概貌

【**历史沿革**】宝安区为原宝安县一部分。宝安县始设于东晋咸和六年（公元331年），明朝万历元年（1573年），朝廷取“革故鼎新，得宝而安”之义，曾改名为新安县，并设县治于南头。清道光二十年（1840年），鸦片战争爆发，道光二十二年（1842年），中英签订不平等条约《南京条约》，原属新安县的香港岛被英国占领，清咸丰十年（1860年），新安县的九龙半岛也因不平等条约《北京条约》而被迫割让给英国。清光绪二十四年（1898年），清政府与英国签订《展拓香港界址专条》，又将新界租借给英国，租期99年。至此，新安县原有3076平方公里土地中，有1055.61平方公里脱离其管辖，成为英国殖民地。“民国”三年（1914年），因新安县与河南省新安县同名，为免混淆，又复称宝安县，县治仍设在南头，新中国成立后续称宝安县。1953年，因宝安县深圳镇联结广九铁路，交通便利，人口聚居较多，工商业较兴旺，人民政府将宝安县治东迁至距南头10公里的深圳墟。1979年3月，宝安县改为深圳市，同年11月，深圳市改为地区一级的省辖市。1980年8月，在深圳市设置深圳经济特区。1981年3月，深圳市升格为副省级市。1982年12月国务院正式批准恢复宝安县建制，隶属深圳市，辖深圳经济特区之外部分。1992年11月11日经国务院批准撤销宝安县，分设宝安、龙岗两区，隶属深圳市管辖。1993年1月1日，新成立的宝安区正式挂牌办公。2006年4月29日，原龙华街道作为深圳市街道区划调整与管理体制创新的试点单位，新成立了大浪、龙华、民治街道办事处并正式挂牌办公。2006年9月，宝安区城市化转地移交工作全面完成，这标志着宝安区实现从农村向城市的跨越。2007年5月，市委市政府决定设立光明新区，将公明、光明2个街道划归光明新区管理，行政区划仍属于宝安，国民经济统计计入宝安区，人大、政协、检察、法院仍由宝安区统一负责，有关行政执法工作由宝安区委托。2010年7月1日，深圳经济特区范围扩大到深圳全市，宝安纳入到特区范围。2011年12月30日，深圳市龙华新区挂牌成立，包括观澜、大浪、龙华、民治4个街道，行政区划仍属宝安。

【**位置与面积**】宝安区位于北纬22°32′～22°51′，东经113°44′～114°07′；地处深圳市西北部、珠江口东岸；是穗深港经济发展轴黄金走廊的重要节点，是联系粤港的桥梁，辐射内地的通道；区委区政府驻宝安中心区（属新安街道辖区）。总面积725平方公里（含光明新区155平方公里，龙华新区176平方公里）；下辖新安、西乡、福永、沙井、松岗、石岩6个街道及光明新区2个街道、龙华新区4个街道，共有188个社区工作站，266个社区居委会。该区陆、海、空、铁立体交通网络和基础设施体系较为完备，区内有国际机场、深圳北站、大铲湾港等重大交通基础设施，有广深高速、机荷高速等6条高速公路，有地铁1、4、5号线和广深港客运专线，宝安国际机场与香港机场实现海陆联运，地铁6、10、11号线和沿江高速公路、厦深铁路、穗莞深城际线、深港机场联络线、深中跨江通道等在规划建设中。

【**气候**】宝安区地处北回归线以南，属亚热带海洋性气候，四季温和，雨量充足，日照时间长。2011年深圳市气候特点是“风雨偏少春雾浓，冬寒夏热干旱重”。2011年平均日照时数2054.4小时，太阳年辐射量5410焦耳/平方米，年平均温度22.6℃。宝安区全年累计降雨量为1269.76毫米，比上年同期减少22.3%，年内数次较大范围的暴雨过程，分别出现在5.22、6.11、6.17、6.29、7.27、9.29等时间，另外还有14次局地性暴雨。年内热带气旋和暴雨对深圳市造成的影响较轻。全年有5个热带气旋进入深圳市500公里范围内，其中热带风暴“海马”和强台风“纳沙”造成明显风雨影响。全年气候四季分明，1月出现近34年来罕见的持续低温天气，而8月出现罕见的炎热酷热天气。年雨量严重偏少，为1963年以来最低值，4～5月两次出现重度气象干旱。年内有6天较大范围大雾天气，局部地区出现强浓雾。全年霾日数为112天，较2010年下降3天。

【人口】2011年，宝安区常住人口454.84万人（含光明新区，下同），比上年末增加4.33万人，增长1.0%。其中，户籍人口52.22万人，增长7.3%。年末全区常住人口406.14万人（不含光明新区，下同），增长0.9%。其中，户籍人口46.57万人，增长7.7%。户籍人口出生率14.86‰，比上年下降1.02‰；死亡率1.63‰，增加0.07‰；人口自然增长率13.24‰，下降1.08‰。

【海岸与海洋资源】宝安区西南部为珠江口、伶仃洋，海岸线长达30.62公里，宝安区的深水港码头——大铲湾港区一期工程于2008年完工并投入运营，海岸线可建中小型码头的有10多处；宝安区海域、江域辽阔，海洋资源相当丰富，鱼、虾、蟹、贝类达100多种，其中沙井蚝是本区一大特产，享誉海内外。

【旅游资源】宝安区是依山面海、风光秀丽的海滨城区，具有丰富的旅游资源。羊台山险峻雄伟、层峦叠嶂，2004年获评“深圳八景”——羊台叠翠，每年重阳节宝安区都在此举办登山比赛；凤凰山奇拔俊秀，西眺伶仃洋，南瞰深圳湾，集自然优美山色、文物古迹、神话传说和宗教旅游于一体，是宗教、人文休闲度假之旅游景点；大、小铲岛有良好的自然生态环境，灌木丛生，林间有猴子出没嬉戏，四季有各种鸟类自由飞翔，是保护性、观赏性的旅游胜地；西部海上田园是深圳市西部海岸线的“沙田基塘”景观保护区和“三高”农业示范基地，集休闲度假、观光娱乐和生态生产示范功能为一体，具有浓郁的田园气息；西海堤堤外是珠江出海口，堤内是2万亩渔场，传统渔村与江南水乡相结合，风光旖旎。宝安历史人文旅游景点众多，包括深圳最早的革命遗址——中共宝安一大旧址；最大的古建筑——绮云书室；最大的宗祠——曾氏宗祠；唯一的古阁——文昌阁；唯一的石拱桥——永兴桥等。

【行政区划】宝安区下辖新安、西乡、福永、沙井、松岗、石岩6个街道及光明新区2个街道、龙华新区4个街道，共187个社区工作站，264个社区居委会。

新安街道于1994年11月在原新安镇的基础上设立。该街道位于宝安区南部；东与南山区西丽街道接壤，西临珠江口，南与南山区南头街道相连，北以新安路为界与西乡街道毗邻；是宝安区委、区政府所在地；辖区面积30平方公里；下辖龙井、宝民、灵芝园、洪浪、上川、新安湖、新乐、文汇、布心、海富、海乐、兴东、大浪、建安、海华、文雅、海旺、海裕、上合、翻身、安乐、甲岸22个社区工作站，22个社区居民委员会，实行“一站一居”管理体制；2011年末常住人口70万人，其中户籍人口16.4万人。

西乡街道于2004年7月在原西乡镇的基础上设立。该街道位于宝安区西南部；东与石岩街道和光明新区公明街道接壤，西濒珠江口，南以新安路为界与新安街道毗邻，北与福永街道相连；辖区面积106平方公里；下辖西乡、柳竹、龙珠、龙腾、福中福、桃源居、富华、利锦、九围、黄田、钟屋、鹤洲、后瑞、草围、三围、固戍、共乐、乐群、盐田、河东、河西、臣田、庄边、凤凰岗、铁岗、麻布、径贝、流塘、劳动、渔业、蚝业、黄麻布、南昌33个社区工作站，33个社区居民委员会，实行“一站一居”管理体制；2011年年末常住人口129.8万人，其中户籍人口8.1万人。

福永街道于2004年7月在原福永镇的基础上设立。该街道位于宝安区西部；东与光明新区公明街道接壤，西濒珠江口，南与西乡街道相连，北与沙井街道毗邻；辖区面积66平方公里（含机场面积6平方公里）；下辖兴围、福围、聚福、福永、新和、和平、桥头、塘尾、新田、凤凰、怀德、白石厦、稔田13个社区工作站，13个社区居民委员会，实行“一站一居”管理体制；2011年年末常住人口88.2万人，其中户籍人口1.88万人。

沙井街道于2004年7月在原沙井镇的基础上设立。该街道位于宝安区西北部；东接光明新区公明街道，西临珠江口，南邻福永街道，北连松岗街道，西北隔茅洲河与东莞市长安镇相望；辖区面积64.91平方公里；下辖后亭、步涌、共和、民主、蚝一、蚝二、蚝三、蚝四、沙一、沙二、沙三、沙四、衙边、辛养、东塘、沙头、和一、大王山、马安山、壆岗、万丰、新二、新桥、上星、上寮、黄埔、沙井、沙企28个社区工作站，后亭、步涌、共和、民主、蚝一、蚝二、蚝三、蚝四、沙一、沙二、沙三、沙四、衙边、辛养、东塘、沙头、和一、大王山、马安山、壆岗、万丰、新二、新桥、上星、上寮、黄埔、沙井、沙企、茭塘29个社区居民委员会，实行“一站一居”管理体制；2011年年末常住人口54万人，其中户籍人口3.4万人。

松岗街道于2004年7月在原松岗镇的基础上设立。该街道位于宝安区西北部；东与光明新区公明街道接壤，西与沙井街道和东莞市毗邻，南与沙井街道相连，北靠东莞市，是深圳的西北大门；辖区面积66.53平方公里；下辖东方、红星、潭头、楼岗、松岗、山门、洪桥头、沙埔、沙埔围、江边、郎下、碧头、罗田、燕川、塘下涌、溪头、松涛、花果山18个社区工作站，18个社区居民委员会，实行“一站一居”管理体制；2011年年末常住人口39万人，其中户籍人口2.35万人。

石岩街道于2004年7月在原石岩镇的基础上设立。该街道位于宝安区中部；东邻大浪街道，西连新安街道和西乡街道，南依南山区西丽街道，北接光明新区公明街道和光明街道；辖区面积65.9平方公里；下辖水田、石龙、官田、上屋、龙腾、浪心、罗租、塘头、应人石9个社区工作站，水田、三祝里、石龙仔、官田、黎光、塘坑、上下屋、田心、园美、上排、下排、径贝、石岩、浪心、石新、砖厂、宝源、罗租、龙眼山、应人石21个社区居民委员会，实行“一站多居”管理体制；2011年年末常住人口24.82万人，其中户籍人口1.68万人。

观澜街道于2004年7月在原观澜镇的基础上设立。该街道位于宝安区东北部；东与龙岗区平湖街道和坂田街道相连，西与光明新区公明街道和光明街道毗邻，南与大浪街道接壤，北靠东莞市；辖区面积89.8平方公里；下辖观城、福民、桂花、松元厦、新田、君子布、牛湖、库坑、樟坑径、黎光、章阁、大水坑、新澜、茜坑、大水田15个社区工作站，大和、马坜、横坑、岗头、大航、狮径、悦兴围、丹湖、四和、新城、茜坑、桂花、星花、大坪、福兴围、南大富、松元厦、老村、金龙湖、新田、君龙、君新、启明、石马径、广培、大水田、富坑、凹背、陂头吓、上坑、下湖、黎光、章阁、大兴、大三、桔塘、翠澜、桂澜、大布巷39个社区居民委员会，实行“一站多居”管理体制；2011年年末常住人口75万人，其中户籍人口2.6万人。

大浪街道于2006年4月从原龙华街道分出。该街道位于宝安区东部；东接观澜街道和龙华街道，西与石岩街道、南山区接壤，南临民治街道，北靠光明新区；辖区面积37.2平方公里；下辖大浪、浪口、同胜、龙胜、高峰等5个社区工作站，石凹、新围、上岭排、下岭排、黄麻埔、罗屋围、水围、浪口、上横朗、下横朗、赖屋山、潭罗、三合、上早、下早、鹊山、元芬、陶吓、赤岭头、龙胜20个社区居民委员会，实行“一站多居”管理体制；2011年年末常住人口40万人，其中户籍人口0.86万人。

龙华街道于2004年1月在原龙华镇的基础上设立。2006年4月29日，原龙华街道作为深圳市街道区划调整与管理体制创新的试点单位，分设为大浪、龙华、民治3个街道。新成立的龙华街道位于宝安区东南部；东与龙岗区坂田街道接壤，西接大浪街道，南邻民治街道，北与观澜街道相连；辖区面积24.8平方公里，下辖景龙、龙园、华联、三联、清湖、油松、松和7个社区工作站，景华、荔园、郭吓、老围、河背、牛地埔、墩背、玉翠、弓村、狮头岭、山咀头、清湖、上油松、下油松、水斗新围、水斗老围、共和、伍屋、瓦窑排、富康20个社区居民委员会，实行“一站多居”管理体制；2011年年末常住人口65.74万人，其中户籍人口5.56万人。

民治街道于2006年4月从原龙华街道分出。该街道位于宝安区东南部；东与龙岗区坂田街道接壤，西与南山区桃源街道相连，南与福田区梅林街道毗邻，北靠龙华街道和大浪街道；辖区面积30.69平方公里；下辖龙塘、民乐、民新、民治、上芬、、新牛、北站、大岭、民强9个社区工作站，上龙、东头、银华、丰润、锦绣、牛栏前、新塘、大岭、华城、华民、沙吓、恒穗、沙元埔、樟坑、横岭、白石龙、民富、民安、民丰、民泰21个社区居民委员会，实行“一站多居”管理体制；2011年年末常住人口27.79万人，其中户籍人口2.1万人。

2011年宝安区各街道社区工作站、社区居委会统计表（不含光明新区）

街　道	社区工作站	社区居委会
新　安	22	22
西　乡	33	33
福　永	13	13
沙　井	28	29
松　岗	18	18
石　岩	9	21
观　澜	15	39
大　浪	5	20
龙　华	7	20
民　治	9	21
合　计	159	236

国民经济和社会发展

【概况】2011年，宝安区紧紧抓住大运会、特区一体化等重大历史机遇，圆满完成大运会宝安赛区各项任务，经济总量和质量实现“双提升”，特区一体化“一年明显见效”的阶段性目标顺利完成，社会大局和谐稳定，经济社会发展延续“十一五”时期的良好态势，实现“十二五”时期的开门红。2011年，全区生产总值2887.83亿元（不含光明新区，下同），增长13.2%，高于全市3.2%。其中，第一产业增加值0.76亿元，下降22.1%，对GDP增长贡献率为-0.1%；第二产业增加值1803.86亿元，增长15.7%，对GDP增长贡献率为74.5%；第三产业增加值1083.21亿元，增长8.5%，对GDP增长贡献率为25.6%；三次产业比例为0.03：62.46：37.51；全年全区单位土地产出GDP5.07亿元/平方公里，比上年增加9587万元；税收（不含契税）地均集约度0.86亿元/平方公里，增加1428万元；万元GDP水耗、综合能耗分别下降11.5%和7.4%；物流和文化产业较快增长。全年物流业增加值271.69亿元，增长14.9%。文化产业增加值167.66亿元，增长17.5%；第三产业比重提高。全年居民消费价格比上年上升5.2%。其中，服务项目类价格上涨3.0%，消费品价格上涨6.2%。规模以上工业增加值2011.16亿元，比上年增长18.0%，完成年度预期目标的113%；社会消费品零售总额764.38亿元，比上年增长17.6%，完成年度预期目标的102%；全年完成固定资产投资784.28亿元，比上年增长13.6%，完成年度预期目标的101%；外贸出口总额992.43亿美元，比上年增长14.8%，完成年度预期目标的102%；税收总额（不含光明新区）467.88亿元，比上年增长17.5%，完成年度预期目标的108%；财政一般预算收入（不含光明新区）151.05亿元，比上年增47.4%，完成年度预期目标的112%；人均可支配收入33859.08元/人，比上年增长12.8%，完成年度预期目标的104%；城镇登记失业率1.53%；万元GDP水耗下降11.5%；万元GDP电耗下降7.4%；二氧化硫削减量完成市下达目标；化学需氧量削减量完成市下达目标；污水处理率79%。

【农业】2011年，全年农业增加值1.69亿元（含光明新区，下同），比上年下降10.5%。农业总产值451亿元，增长0.4%；农业增加值0.76亿元（不含光明新区，下同），下降22.1%，总产值1.23亿元，下降17.5%。其中，种植业下降15.7%；林业产值增长57.5%；牧业产值下降34.0%；渔业产值增长54.6%；农林牧渔服务业下降43.7%。

【工业和建筑业】2011年，全年工业增加值1722.41亿元（不含光明新区，下同），增长15.6%，占全区生产总值的比重为59.6%。规模以上工业企业2665个，实现总产值9110.91亿元，增长14.0%。其中，国有企业产值78.32亿元，增长17.5%；民营企业产值1303.93亿元，增长24.9%；港澳台及外商企业产值7340.22亿元，增长11.9%。分轻重工业看，轻工业和重工业产值分别为1962.09亿元和7148.82亿元，增长12.9%和14.4%。通信设备、计算机及其他电子设备制造业产值6142.43亿元，增长15.2%，占规模以上工业产值的比重为67.4%。规模以上工业销售产值8922.57亿元，增长14.7%。工业产品销售率为97.9%，比上年提升0.4个百分点。出口交货值5961.23亿元，增长11.8%；全年规模以上工业经济效益综合指数为150.88%，比上年提高0.66个百分点。总资产贡献率7.35%，下降0.57个百分点，资产负债率61.31%，下降2.76个百分点，资产保值增值率117.19%，下降10.81个百分点，成本费用利润率3.15%，下降0.47个百分点，全员劳动生产率103894元/人，增长14.5%，流动资产周转率2.14次，下降0.13个百分点，利润总额259.9亿元，下降4.6%；全年资质等级以上建筑企业83个（含光明新区，下同），比上年增长6.4%；实现建筑业增加值109.78亿元，增长17.0%，占全区生产总值的比重为3.4%；全年资质等级以上建筑企业78个（不含光明新区，下同），比上年增长6.8%；实现建筑业增加值81.45亿元，比上年增长17.4%，占全区生产总值的比重为2.8%。

【固定资产投资】2011年，宝安区固定资产投资持续增长。全年固定资产投资784.28亿元（含光明新区，下同），比上年增长13.6%，比全市高3.5个百分点，总量和增速分别列全市六个行政区第一位。全年完成固定资产投资611.01亿元（不含光明新区，下同），比上年增长11.3%。其中，基本建设投资379.61亿元，增长3.0%，占固定资产投资的62.1%，比上年下降5.0个百分点；更新改造投资52.04亿元，增长5.1%。分产业看，第二产业投资122.2亿元，下降14%；第三产业投资488.81亿元，增长20.1%。从社会投资和政府投资看，社会投资478.32亿元，占全区投资总额的78.3%；政府投资132.69亿元，占全区投资总额的21.7%。从投资方向看，工业完成投资122.20亿元，比上年下降14.0%；住宅完成投资238.54亿元，增长41.3%；公共设施完成投资233.04亿元，增长5.3%。全区73个重大建设项目累计完成投资60.53亿元，完成年度计划的105%。其中，政府投资项目38个，完成投资27.63亿元；社会投资项目35个，完成投资32.9亿元。项目分行业看，道路交通13个、宜居环境9个、社会民生19个、新兴产业4个、现代服务业10个、高新技术与先进制造业8个、城市更新10个。

【房地产业】2011年，宝安区房地产投资增长，商品房销售、销售面积和房价均呈不同幅度下降。全年房地产开发投资174.63亿元，比上年增长38.3%。施工房屋面积892.42万平方米，增长15.1%；竣工房屋面积60.59万平方米，下降45.4%；商品房销售量12595套，下降7.4%；商品房销售面积108.32万平方米，下降11.4%；商品房销售额205.07亿元，下降12.3%。

【国内贸易】2011年，宝安区市场销售快速增长。全年社会消费品零售总额703.23亿元（不含光明新区，下同），比上年增长16.9%。总计中，限额以上批发零售业零售额301.77亿元，增长28.7%；限额以下批发零售业和个体户零售额279.47亿元，增长9.8%；餐饮业零售额121.99亿元，增长8.5%。全区限额以上批发零售业商品销售额718.45亿元，增长36.5%，其中食品、饮料、烟酒类137.74亿元，增长29.4%；服装、鞋帽、针纺织类36.49亿元，增长30.1%；日用品类19.22亿元，增长30.3%；家用电器和音像器材类32.86亿元，增长35.9%。

【对外经济】2011年，宝安区对外经济呈增长格局。进出口总额1698.26亿美元（含光明新区，下同），比上年增长14.5%，其中出口总额992.43亿美元，增长14.8%，出口总额分别占深圳市、广东省、全国的40.4%、18.7%和5.2%。进口总额705.83亿美元，增长14.0%。实际使用外商直接投资金额13.5亿美元，增长7.9%。全年进出口总额1602.17亿美元（不含光明新区，下同），比上年增长12.5%。其中，进口总额659.03亿美元，增长10.6%；出口总额943.14亿美元，增长13.9%。贸易顺差284.11亿美元。全年新批外商投资项目726宗，比上年增长36.5%。实际使用外商直接投资金额10.28亿美

2011年宝安区进出口额及其增长速度对比表

（单位：亿美元）

指　标	绝对数	比上年（±%）
进出口总额	1602.17	12.5
出口额	943.14	13.9
其中：一般贸易	95.74	3.2
加工贸易	760.16	10.4
其中：国有企业	64.94	4.8
外商投资企业	745.07	12.1
其中：机电产品	823.41	12.2
高新技术产品	541.18	13.3
进口额	659.03	10.6
其中：一般贸易	60.92	-0.4
加工贸易	504.71	10.2
其中：国有企业	37.87	-1.3
外商投资企业	509.52	9.3
其中：机电产品	558.58	13.4
高新技术产品	362.31	15.5

2011年宝安区对主要国家和地区进出口总额及其增长速度

单位：亿美元

国家和地区	出口额	比上年（±%）	进口额	比上年（±%）
美　国	135.66	-2.4	20.22	41.3
欧　盟	90.34	-6.8	22.63	-3.7
香　港	553.81	30.0	2.46	0.3
日　本	34.78	20.9	79.01	11.8
东　盟	31.04	13.6	87.24	17.0
加拿大	7.26	1.3	2.80	5.3
台　湾	12.82	14.8	99.20	-6.8

元，增长8.2%。其中，第二产业外商直接投资7.72亿美元，占75.1%；第三产业外商直接投资2.56亿美元，占24.9%。在第三产业中，批发和零售业直接投资金额1.09亿美元，占42.7%。

【交通运输和邮电业】2011年，宝安区交通、邮政、电信平稳发展。全年完成货物周转量314.94亿吨公里，比上年增长16.9%；旅客周转量334.99亿人公里，增长14.9%。全年邮政业务总量27910.74万元，下降3.5%；全年邮政国内汇款210.38亿元，下降2.6%；年末邮政储蓄余额112.86亿元，增长15.2%。电信业务收入86272.63万元，下降3.7%；固定电话用户134.08万户，增长6.5%；互联网宽带用户68.74万户，增长13.4%。

【旅游业】2011年，全年接待游客885.05万人次，比上年增长13.0%。其中，接待国内游客811.34万人次，增长14.1%，入境游客73.72万人次，增长2.7%。过夜游客289.46万人次，增长6.3%；过夜游客中的国外游客39.71万人次，下降1.9%。全年旅游总收入44.43亿元，比上年增长11.7%。其中，国内旅游收入36.29亿元，增长13.8%；入境旅游收入8.14亿元，增长3.2%。全区星级酒店29家，与上年持平。其中，五星级3家，四星级9家，三星级16家，二星级1家。

【财税和金融】2011年，全年地方财政一般预算收入151.05亿元（不含光明新区，下同），比上年增长47.4%。地方财政一般预算支出198.94亿元，增长52.3%，其中，用于公共安全、教育、文化体育与传媒的支出分别增长10.5%、35.3%、74.0%。全年税收收入467.88亿元，比上年增长17.5%。年末国内金融机构人民币各项存款余额2849.26亿元，增长10.1%。其中城乡居民储蓄存款余额1475.12亿元，增长12.4%。人民币各项贷款余额1564.99亿元，增长14.7%。全区全年金融机构累计现金净投放189.02亿元。

【教育和科技】2011年，宝安区教育持续发展。年末全区学校总数490所，比上年增加31所。其中，职业技术学校2所，普通中学92所，小学85所，幼儿园311所。全年各类教育招生人数11.44万人，比上年增长21.8%；在校生39.73万人，增长7.3%；毕业生8.09万人，增长11.3%。年末各类学校教职工总数3.33万人，其中专任教师2.32万人；全年高新技术产品产值5659亿元（含光明新区，下同），比上年增长16.3%，占规模以上工业总产值的55.9%。其中，具有自主知识产权的产值2881亿元，增长18.6%，占高新技术产品产值的50.9%。高新技术产品增加值1137亿元，增长18.8%。全年专利公开公告12819件（不含光明新区，下同），比上年增长17.5%。其中发明专利4780件，增长6.5%；实用新型专利5069件，增长44.9%；外观设计专利

2970件，增长1.7%。专利授权量10561件，增长11.7%。全区累计认定高新技术企业683家，其中民营高新技术企业476家，占69.7%。全年科技计划立项1718项，比上年增长22.8%。

【文化、卫生和体育】2011年，宝安区文化事业欣欣向荣。年末全区有区级图书馆1个，街道级图书馆16个，社区图书馆135个，总藏书量431.9万册；区级群艺馆1个，街道级文化馆（站）11个，博物馆11个，影剧院13个。全年共开展各类文化活动4307场次，其中"送电影进社区"3300场，"送戏下乡"100余场。全年获省级以上文化艺术奖项64项，其中国家级26项，省级35项；年末全区共有卫生机构832家，比上年减少20家，其中医院28家，卫生监督所10家，门诊部、诊所504家，社区健康服务中心170家。年末各类卫生技术人员14167人，比上年增加1522人。其中执业（助理）医师5382人，注册护士5699人。卫生机构拥有病床6125张，比上年减少44张。全年总诊疗2780.96万人次，比上年增长7.3%，其中门诊诊疗2274.36万人次，增长10.3%。病床使用率84.8%，比上年提高1.5个百分点；全区各类体育设施2815个，比上年增长4.6%。其中，健身路径361条，增长10.7%；游泳馆（池）92个，增长1.1%；篮球场1151个，增长1.9%；足球场78个，增长2.6%。全年举办群众性体育活动147次，比上年增长8%；参加人数25万人次，增长19%。国民体质测试有效人数13145人，合格以上率87.2%。全年获得金牌87枚，下降22.3%，其中国家级23枚，下降54.0%；获得银牌36枚，下降46.3%，其中国家级18枚，增长20.0%。

【城市建设、环境保护、安全生产】2011年，宝安区城市建设、环保、安全生产工作取得新成绩。市政建设更加完善。年末全区公园达到207个，比上年增加8个，其中社区公园171个；垃圾转运站达到235个，增加46个；公共厕所达到408个；宝安区绿地总面积289.79平方公里，绿地率为50.53%。全年处理垃圾159.74万吨（含光明新区，下同），增长11.9%，其中采取卫生填埋处理的达116.43万吨，采取焚烧处理的达43.31万吨，全区城市生活垃圾无害化处理率100%；全年空气综合污染指数1.718（不含光明新区，下同），比上年上升4.5%。二氧化硫年平均值0.015毫克/立方米，上升15.4%；二氧化氮年平均值0.063毫克/立方米，上升6.8%；可吸入颗粒物年平均值0.068毫克/立方米，下降1.4%。全年区域环境噪声年平均值57.1分贝，上升0.7%；道路交通噪声69.0分贝，上升0.4%；全年共发生道路交通事故517宗，比上年下降28.9%。死亡189人，下降9.6%；受伤559人，下降36.5%；直接经济损失181.25万元，下降45.2%。发生火灾事故115宗，比上年增长40.2%。死亡1人，受伤4人，直接经济损失445.2万元。全年亿元生产总值生产安全事故死亡率0.07人，下降22.2%。

【人民生活和社会保障】2011年，宝安区在岗职工（不含私营和个体）31.07万人，比上年下降3.4%。全年在岗职工工资总额135.73亿元，比上年增长13.4%。在岗职工平均工资3607元/月，增长13.7%；根据100户（含户籍和非户籍）居民家庭抽样调查资料，全年城市居民人均可支配收入33859.08元，比上年增长12.8%，扣除物价因素，实际增长7.2%；居民人均消费性支出21229.83元，增长4.2%，扣除物价因素，实际下降1.0%。城市居民家庭恩格尔系数39.1%，比上年上升1.5个百分点；全年受理治安案件75887宗，上升22.2%；查处治安案件74552宗，上升22.0%；查处人数19073人，下降20.9%。全年刑事案件立案数55207宗，比上年下降26.3%；破案数9413宗，下降7.6%；全区年末各险种参保人数1190.63万人，比上年增长7.3%。其中参加基本养老保险414.24万人，增长21.4%；参加医疗保险人数372.79万人，增长0.3%（其中，基本医疗保险人数99.95万人，增长15.9%；劳务工医疗保险人数255.0万人，下降5.9%）；工伤保险人数363.68万人，下降0.7%；失业保险人数39.91万人，增长28.6%；全年共完成社会保险费征缴101.71亿元，比上年增长40.0%。其中，养老保险费81.99亿元；工伤保险费3.68亿元；基本医疗保险费8.66亿元；全年抚恤费679.8万元，比上年增长13.5%；安置费1460.2万元，下降3%。城镇居民家庭最低生活保障标准510元/人月，比上年提高60元。年末领取最低生活保障人数1273人，发放低保救济金565.23万元，增长6.8%。

【社会事业】2011年，宝安区进一步加大民生投入，区财政一般预算支出80%以上用于民生和公共服务领域，扎实推进社会建设和管理创新，全面完成"十件民生实事"年度任务。基本公共服务体系日臻完善。深入推进创业就业工程，帮助居民就业5225人、创业317人，城镇登记失业率为1.53%；新增优质公办学位10680个，民办学校上等级率85%，教育均衡优质水平进一步提高；加快区、街道医疗机构建设步伐，区人民医院成功创建"三级甲等"医院，医疗卫生、人口计生服务质量明显增强；在全市率先建立低收入居民生活救助与物价上涨挂钩联动机制，各类险种参保总人次超过1200万，新开工建设保障性住房8642套，社会保障体系更加健全。社会大局安定有序。着力构建社会治安立体防控体系，推进出租屋"两强管理"（公安机关"强制管理"和房屋租赁管理部门"强势管理"相结合），加快门禁视频系统建设，扎实开展社会建设创新"织网工程"试点工作，新安海裕社区被确定为全省社区建设试点；圆满完成大运安保任务，社会治安形势明显好转，刑事警情下降33.1%；充分发挥三级综治信访维稳平台作用，派出工作组进驻社区，信访维稳形势保持平稳，重大劳资纠纷数下降26.7%，保持北京奥运会以来进京非正常上访数为零，未发生影响重大的群体性事件；强力推进安全生产"一岗双责"，全年未发生重特大安全生产事故，事故总数和死亡人数分别下降20%、12.2%。社区建设取得实效。区财政投入社区经费12.1亿元，重点加快社区基础设施和公共服务设施建设，年内建成固本强基项目43个，社区给水管网改造一期全面竣工；在全市率先启动社区服务中心试点工作，新建社区服务中心13个；顺利完成社区居委会换届选举工作，直选率达99.6%；培育和规范社会组织发展，新增社会组织108家，不断扩宽社会组织参与公共服务和社会管理渠道；在每个街道选定一个以上社区开展转型发展试点，参照省“双到”扶贫模式，加大欠发达社区股份合作公司帮扶力度，继续推进同富裕工程，进一步缩小区域差距。

【综合治理】2011年，宝安区继续推进综合治理，社会治安平安稳定，统筹城市安保和赛事安保，实现平安大运和平安宝安建设双丰收。宝安区在全市率先启动“平安大运行动”，按照“比平安、比稳定、比和谐、比服务”的方针，统筹城市安保和赛事安保各项工作。按照国际标准，高质量完成场馆技防物防建设，组建6个场馆安保团队，确保场馆核心圈万无一失。在涉大运场所周边设立两级重点防护区，实行公安民警与边防武警联勤查控，构建严密的环深安保圈。以面保点落实社会面防控。大运赛事期间，宝安区未发生有影响的突发事件和群体性事件，刑事警情同比下降79%，“两抢”警情同比下降76%，入室盗窃警情同比下降81%。严打违法犯罪，整治突出问题，净化社会治安环境。创新“深挖犯罪”机制，大力整治治安重点地区，全面整治社会治安突出问题。强化队伍管理，夯实综治基础，构筑立体治安防控体系，持续开展群防群治队伍整顿整合工作。稳步推进出租屋视频门禁系统建设，纳入2011年“十件民生实事”，全年建成系统21144套，超额完成任务。2011年，宝安区全面开展一类电子监控管线及取电整体修复工作，完成全区158所中小学校门口重点区域电子监控技防项目建设和深圳火车北站电子监控技防项目建设。全面开展安全文明小区、“围合式”小区创建。全区创建安全文明小区36个、“围合式”小区25个，组织各街道、各社区对创建小区的硬件设施进行建设完善，并加大对创建小区环境卫生整治力度，积极组织相关部门开展专项治理，对小区内乱搭建、乱堆放、乱摆卖现象进行了整治，小区环境面貌得到明显改善。同时，对历年创建的安全文明小区、“围合式”小区进行了全面复查，对存在问题出现滑坡的小区进行整改。开拓工作思路，探索管理创新，提升社会管理水平。制定出台《关于加强社会建设的实施意见》，拟定《宝安区强力推进社会管理和公共服务创新　全面加强社会建设行动方案》，制定重点推进公共服务、社会保障等十大领域63项重点任务、169项具体措施，作为未来五年加强社会建设的行动纲领。开展“织网工程”试点，全面构建治安立体防控体系；创新社区社会管理工作，针对群众需求设立服务项目，为构建邻里互助、和谐社区起到积极作用。提出“社区零公里服务圈”概念，借助信息化手段，延伸政府网络，在每个社区内设置服务点，形成“一口受理、一网协同”的服务格局；创新出租屋“两强管理”，流动人口管理服务取得突破。2011年，宝安区以迎办大运为契机，进一步加强出租屋管理，创新出租屋“两强管理”模式，实行三级兼任，创新案件倒查、延伸调查等手段，对违法违规房屋出租人进行重罚、重查，初步形成政府、业主、社会“三赢”局面。

【党的建设】2011年，宝安区着力创新基层党建，党建科学化水平不断提高。领导班子和干部队伍建设进一步加强。扎实推进区级领导班子换届工作；圆满完成区级党政机构改革，办事效能显著提升；扎实推进干部人事制度改革，围绕干部德的考评、公开推荐选拔、干部轮岗交流、发挥全委会作用等出台6项政策措施，进一步加大竞争性选拔干部力度，年内公推公选2批17人；广泛开展“迎大运当先锋”、窗口单位和服务行业“为民服务、创先争优”等活动，干部队伍作风进一步提升；宝安区被中组部确定为全省唯一的换届工作中运用成熟改革举措联系点。基层党组织建设不断开创新局面。驻社区党委增加到42个，整合资源，促进和谐社区建设；圆满完成社区党组织换届工作，开展社区干部教育培训，社区干部整体素质得到提高；试行“两新”组织党员纳入社区党委一体化管理，建立党组织与社会组织双向人才培养机制，推进党务工作者专职化试点，以党建创新带动社会建设创新，相关做法在中央电视台《新闻联播》进行报道。党代会常任制试点工作深入推进。试行公推直选区党代表，党代表结构进一步优化；坚持党代会年会制度，组织党代表开展调研视察、监督评议、征求意见等活动，邀请部分党代表列席区委全委会、常委会涉及民生的重大议题或在公开选拔干部时担任面试评委，党代表在闭会期间的作用进一步发挥；党代表工作室增加至31个，实行量化考核，提升联系和服务群众的水平，全年开展接待走访活动3035次，收集党员群众意见建议3698条，办结2620条，试点工作得到中央政治局委员、中央组织部部长李源潮同志和中央政治局委员、广东省委书记汪洋同志等批示肯定。反腐倡廉建设进一步加强。以纠治收送“红包”为切入点，出台10项措施，狠抓干部队伍作风建设；严格开展政令检查和效能监察，有力推动各项工作顺利开展；制定完善廉政工作制度20项，举办反腐倡廉宣传教育100多场次，对21名领导干部实行任期经济责任审计，推动工程建设、政府采购、政府专项资金、行政执法等领域源头防腐工作；完善纪检监察派驻监督，进一步发挥派驻组作用，廉洁城区建设开局良好。（史志办）

中共深圳市宝安区委员会

2011年中共宝安区委书记、副书记、常委名单

书　记： 鲁　毅
副书记： 张　备　张洪华（11月止）
赵燕民（12月起）
常　委： 鲁　毅　张　备
张洪华（11月止）
李　桦（11月止）　赵燕民
刘惠玲（12月止）
吕　维（11月起）
刘建柱（1月止）
戴　斌（12月止）　曲晓顺
林梓明（1月起）　李立军
王立新（12月止）
蔡　颖（12月起）
李　勇（12月起）
黄盛华（12月起）
刘佳晨（11月起）

区委重要会议

【中共深圳市宝安区第四届代表大会第七次会议】 2011年1月20～21日，中共深圳市宝安区第四届代表大会第七次会议在区委区政府会堂召开。大会的主题是，深入学习贯彻省委十届八次全会、市委五届六次全会精神，总结宝安区2010年工作，部署2011年工作，研究制定关于“十二五”规划的建议和加强社会建设的实施意见，动员团结全区党员干部群众，加快特区一体化，建设和谐幸福宝安。会议听取和审议鲁毅代表区委全委会所作的题为《加快特区一体化　建设和谐幸福宝安》的区委工作报告，听取和讨论了张备代表区政府党组所作的关于贯彻落实区四届五次党代会精神的情况报告，听取并审议区纪委工作报告，听取区人大党组、政协党组关于贯彻落实区四届五次党代会精神的情况报告，讨论并通过《中共深圳市宝安区委关于制定宝安区国民经济和社会发展第十二个五年规划的建议》、《中共深圳市宝安区委　深圳市宝安区人民政府关于加强社会建设的实施意见》。大会批准鲁毅同志代表区委所作的工作报告，审议通过区纪委工作报告。大会同意，2011年工作的总体要求是：深入贯彻省委十届八次全会、市委五届六次全会精神，把握科学发展主题，抓住加快转变经济发展方式主线，围绕“加快特区一体化、建设和谐幸福宝安”，坚持一手抓建设、一手抓管理，全面推进经济建设、政治建设、文化建设、社会建设以及生态文明建设和党的建设，充分发挥党委总揽全局、协调各方的领导核心和共产党员先锋模范作用，以优异成绩迎接建党90周年，确保“十二五”发展开好局、起好步。经济发展预期目标是：地区生产总值增长13%左右。大会提出2011年宝安区工作的主要任务：一是坚持以人为本，扎扎实实为群众办实事办好事；二是抓住主要矛盾，集中力量打好转变经济发展方式这场“攻坚战”；三是善用倒逼机制，强力推动迎大运和特区一体化等重大任务的落实；四是大胆改革创新，努力破解制约科学发展的难题；五是强化政治优势，充分调动和发挥方方面面的积极性。大会强调，加强社会建设是宝安新时期的重大战略任务。要把社会建设摆在与经济建设同等重要的位置，保障和改善民生，大力提升基本公共服务水平，加快推进社会保障体系建设，加强社区治理和服务，构建和谐劳动关系，推进平安建设，发展壮大社会组织和社会服务业，全面提升公民素质，扎实推进社会建设“织网工程”，织造覆盖全社会的服务网、民心网，促进宝安区社会建设全面发展，把加强社会建设的任务贯彻落实到“十二五”发展的各方面和全过程。

【中共深圳市宝安区第五届代表大会第一次会议】 2011年12月12～14日，中国共产党深圳市宝安区第五届代表大会第一次会议在区委区政府会堂召开。大会的主要任务是：高举中国特色社会主义伟大旗帜，以邓小平理论和“三个代表”重要思想为指导，深入贯彻落实科学发展观，认真总结过去5年的工作，研究部署今后5年的任务，展望未来发展蓝图，动员团结全区广大党员和干部群众在新的历史起点上，进一步解放思想、改革创新，加快转型升级，深入推进特区一体化，增创科学发展新优势，努力建设现代化国际化新宝安。大会举手表决通过《中国共产党深圳市宝安区第五届代表大会第一次会议决议》，决议指出：会议听取和审议了鲁毅同志代表中国共产党深圳市宝安区第四届委员会向大会作题为《增创科学发展新优势，努力建设现代化国际化新宝安》的区委工作报告；会议审议通过了宝安区纪委工作报告。大会认为，区委工作报告总结“十一五”期间和2011年工作，全面客观、实事求是。大会总结的5年工作经验和启示，既是四届区委5年工作实践中探索出来的一些带规律性的认识，反映四届区委工作的思路和工作特色，又对今后的工作具有重要的启发作用。报告系统分析了宝安当前形势、客观地指出存在的困难和挑战，对形势分析深刻透彻，对存在的问题敢于正视，充分体现了解放思想，实事求是的精神。大会赞同报告提出的关于今后五年工作的指导思想和发展定位以及目标任务、总体原则、六大战略和2012年的工作思路。认为思路清晰、措施得力、切实可行、具有前瞻性、针对性、指导性。大会号召全区上下，要按照市委、市政府部署，弘扬大运精神，焕发工作热情、认真落实区委、区政府近几年重点工作计划，把稳增长、调结构、保民生、促稳定更好地结合起来，突出抓好经济建设、城市建设、社会建设、文化建设和政府服务等五方面工作，促进社会经济又好又快发展。大会选举出新一届区委委员、区委候补委员和区纪委委员。

区委区政府办公室工作（区直机关党的工作）

【概况】2011年是“十二五”规划和深圳特区一体化开局之年，也是大运之年、换届之年，大事多、喜事多、变化和困难更多。一年来，宝安区委区政府办干部职工在区委区政府的坚强领导下，团结奋进、开拓创新，圆满完成各项工作任务。年内，全办干部职工深入学习实践科学发展观，积极弘扬社会主义核心价值观，紧紧围绕区委区政府中心工作，发扬“想干、敢干、快干、会干”的作风，不断加强队伍建设，努力提高工作水平，多项工作取得优异成绩。

【政策研究】2011年，宝安区委区府办优质高效完成2011年区委区政府1号文件《关于加强社会建设的实施意见》、区委主要领导在社区干部培训班上的讲课、区委主要领导的调研课题等重大文稿的撰写任务。配合市委政研室开展“宝安区土地建筑历史遗留问题调研”，提出一系列有创新性、有针对性的对策建议，得到区领导的充分肯定；开展加快推进特区一体化、龙华分设对宝安区影响等专题研究，推动了全区重点工作的开展。选编宝安区各级各部门撰写的有价值的调研文章，共编辑出版《宝安调研》8期；总结全区调研成果，形成了《2010年调研报告选编》。

【综合文稿服务】2011年，宝安区委区府办工作服务科学决策的能力进一步增强，参谋助手作用得到有效发挥，文稿质量和水平不断提高。紧紧跟上区主要领导思路，早谋划、早介入，求主动、求实效。抓细抓实从撰写提纲到起草初稿再到修改完善的每一个工作环节。全年共撰写、审核各类文字材料约300万字，会议纪要200余篇，讲话稿、主持词500余篇，综合汇报材料100余篇，上报反馈材料400余篇，编印区四届七次党代会《文稿选编》、《参考资料汇编》等约200万字。

【信息服务】2011年，宝安区委区府办不断健全网络，完善权责，建立高效运转的信息工作机制；筛选民意，严格把关，充分发挥信息工作参谋助手作用；克服困难，开发资源，搭建信息宣传新平台。全年共编辑《宝安信息》周刊、增刊、专报58期，向省、市报送各类政务信息1129条，被采用730篇，其中被省委办公厅采用29篇，被省政府办公厅采用33篇，被市委办公厅采用668篇。上报的《深圳市宝安区落实汪洋书记专题调研重要指示和全省现场会精神继续深化党代会常任制试点工作》和《深圳宝安区启动“5年6000家”低端企业淘汰工程》均获得省委书记汪洋同志批示；上报的《宝安区和谐清拆12家大型临时建材市场为大运会营造整洁优美环境》和《宝安新兴产业招商推介会成功举办吸引投资高达502.6亿元》等重点信息分别获得王荣、许勤等市领导批示。

2011年1月24日，区直属机关举行迎春联欢会

【督查督办】2011年，宝安区委区府办实事求是，切实体现督促检查效果。一是紧紧围绕区委区政府中心工作，对区委常委会、区政府常务会、民生实事以及安全、生产、查违等各项工作进行有力督办。全年共办理各类督查件1123个，完成市、区人大建议、政协提案共202件。强有力地推动解决了福永等街道文化艺术中心项目等一批民生实事项目进展的问题；对市委市政府关于提升城市发展质量任务中涉及宝安区的重点工作，牵头组织各街道、各部门制定了在2～3年可以完成的亮点工作；及时到各街道、各部门开展调研座谈，形成弘扬大运精神常态机制的具体措施，并提出值得高度重视的一些问题和下一步工作建议；组织开发了宝安区督查管理系统，并于2011年12月28日正式启动；二是认真做好迎办大运的各项督导工作。以“想在先、做在先、全力大干200天”为工作理念，较好地推动了《行动纲要》所部署的88项工作任务的全面落实。及时组建迎大运综合督导组，建立区三级督导工作机构，牵头制定了《宝安区迎大运88项行动纲要》实施方案；组织区几套班子到街道、社区对“5333”市容环境进行现场点评；牵头制定《宝安区开展四大行动优化交通秩序工作方案》并定期现场考核；建立周报月考、月检季测、信息通报、行政问责等督办制度，编发简报50期；组织“两代表一委员”及市民群众开展视察活动。

【会务组织与公务活动安排】2011年，宝安区委区府办会务工作细致高效。及时研究协调区委区政府的重大工作安排，认真做好区领导参加各种政务活动的衔接工作，进一步规范区委常委会、区政府常务会议等重大会议办理流程，协调各方，确保会议的秩序和质量。圆满完成李长春、周永康、刘延东、汪洋、王荣等中央、省、市领导来区视察的接待工作和区四届七次党代会、五届一次党代会、新兴产业招商推介会、第26届世界大学生运动会（宝安赛区）等大型活动。特别是大运会举办期间，全面统筹，认真安排领导的各项活动，在举办时间内，安排接待厅（局）级以上领导200多人次，得到各级领导的一致好评和充分肯定。全年共组织、安排有正式文号的会议645个、公务活动651次，区委常委会议39次，区政府常务会议14次。

【文件文稿办理】2011年，宝安区委区府办办文工作严谨规范。认真学习市委、市政府办公厅办文模式，按照“认真、高效、协调、服务”的工作思路，优化办文制度，改进办文作风，努力做到优质高效办文。制定印发了《关于进一步明确公文处理有关问题的通知》（深宝府办〔2011〕10号）、《关于进一步规范区委区府办公文处理程序切实提高公文处理效率的若干措施》（宝办〔2011〕10号）、《公文报送须知》等文件，对公文报送提出明确要求，增强规范性和可操作性。全年共办理、制发各种文件5141件，其中以区委、区委办名义正式编号发文327件，以区府、区府办名义正式编号发文1069件，办理请示、报告、函类文件1613件，接收市党政机关电子公文2132件；文印室共打印各类文件约9000件，总计近千万字的文字材料，印刷近百万份材料。

【法制建设】2011年，宝安区委区府办法制工作不断深化。国务院法制办行政复议司方军副司长莅临宝安区委区府办调研并充分肯定了各项政府法制工作；“宝安政府在线”荣获2011年全国区县政府网站绩效排名第五名；区规范性文件查询管理系统正式上线；宝安区人民政府公报创刊号发行。区政府法律顾问累计参与重大行政行为审查93次。共清理区规范性文件314件，共办理各类行政复议案件59宗，共办理以区政府为被告（被申请人）的行政诉讼案2宗、行政复议案件1宗。“宝安政府在线”改版上线后，累计公开信息59219条。

【外事工作】2011年，宝安区委区府办外事管理工作不断加强。严格把好因公出国（境）人员资格初审关，积极协调办证、管证和涉外管理事宜，共办理因公赴港（澳）通行证123人次，受理电话咨询1300多次，接待上门咨询人员685人次；共处理外事接待、涉外活动、涉外函件5宗；在大运会举办前夕成功举办“英语沙龙”2期。

【机要保密】2011年，宝安区委区府办机要保密工作稳步推进。按照“确保绝对安全、确保绝对畅通”的总体要求，“无差错、无压误、无事故”完成全年电报办理任务。分批次为72家单位200多台涉密（内网）计算机安装远程监控程序；组织全区涉密人员参加保密业务培训；全年共收取上级来文11307份，共办理上级来文2382份，转发11377份，呈送区领导批阅文件18516份，转办区领导批示1636次。

【档案史志】2011年，宝安区档案和史志工作再创佳绩。档案局（馆）被评为广东省档案馆2011年度评估优秀单位，史志办被评为深圳市首轮区志编修工作先进集体和2011年深圳市史志工作先进集体。重点对区委区政府办公室2010年文件进行规范整理归档，形成档案5499卷（件），其中永久和30年保存的档案已全文扫描入库；共安排区委区政府重要会议、重大公务活动声像拍摄283场次，形成照片档案7016幅；从有关部门征集到一批连战等名人题词以及宝安非物质文化遗产档案；共接待查询利用2142人次；“宝安档案、史志”网站共新增目录数据4.7万条；全面完成《宝安区志》的总纂修改工作，顺利完成2011卷《宝安年鉴》、《2010年宝安大事记》以及《中共宝安地方史大事记（2001～2010）》的编撰出版工作。

【区直机关党的工作】2011年，区直机关党工委开拓创新，积极做好区直机关党务管理工作。一是组织全区开展机关作风大提升活动。指导区委区府办在内的全区6个单位参加全市“双百”竞赛，均被授予“优秀示范处室·党建工作示范点”牌匾，单位的主要负责人被授予“科学发展带头人·优秀示范处室带头人”奖杯。二是组织迎大运、机关志愿服务活动。大运期间，共发放“绿色出行，给力大运”专用车粘3000余份。全区机关干部志愿行动的总人数达到70153人次。三是开展创先争优活动。召开专题组织生活会、学习讨论会等，各党组织共撰写理论文章30余篇。四是建立党员教育管理长效机制。组织机关党组织和广大党员深入开展学习贯彻落实“党的十七届四中全会精神”、“市五次党代会精神”和“胡锦涛总书记在深圳经济特区建立30周年庆祝大会上的讲话精神”等。五是认真抓好党务工作。大运期间，在义工中成立临时党组织1个。年内，共调整和设置党总支（支部）185个，撤消11个，改选补选支委194名，办理组织关系接转692人次，收缴党费155万元。全年发展党员32名，讨论预备党员转正52人，慰问困难党员68人。六是开展庆祝中国共产党成立90周年庆祝活动。“七一”前夕，对40个先进基层党组织、230名优秀共产党员、30名优秀党务工作者进行表彰。组织党务干部到宝安“一大”旧址接受了一次革命传统教育。七是做好区第五届党代表代表选举工作。116名区直机关党代表经过充分酝酿和讨论，从80名代表候选人中选出63名区党代表。八是选举区五届人大代表。认真做好党群人大、政协选区17个选民小组共760多名选民的资料的登记、公示及资格审查，选民证的发放等工作，经选举选出3名区人大代表。九是推荐市第十届精神文明建设先进单位和个人。在区直机关推荐5个深圳市文明选进单位、2个文明示范窗口、3名精神文明建设先进工作者。（史志办）

附：2011年宝安区委区政府办公室领导成员名单

主　任： 戴　斌（12月止）
　　　　黄盛华（12月起）
副主任： 陈琼生　林更斌　江朗朗
　　　　黄　臻　曾无非　王立萍

信访工作

【概况】2011年，宝安区信访系统认真贯彻落实区委区政府决策部署，按照“努力实现案结、事了、人和”的要求，进一步畅通各类信访渠道，落实信访工作责任，着力化解积案、难案，全力做好十七届六中全会、大运会等敏感时期的信访工作，较好完成各项工作任务，确保宝安区信访形势的平稳可控。

【信访形势】2011年，宝安区信访形势持续好转，进京赴省越级上访案件稳中有降。宝安区未发生被上级通报的群众非正常进京上访案件（自北京奥运会以来连续3年未发生此类案件）；发生到省集体上访2批10人次（按人次计在全市各区中排第5），同比（4批22人次）批次下降50%，人次下降54.5%；到市到区上访案件平稳有序。发生群众到市集体上访105批1288人次（按人次计在全市各区中按人次排第3），同比（96批1310人次）批次上升9.4%，人次下降1.7%；发生群众到区委区政府上访1235批7857人次，同比（1161批5355人次）批次上升6.4%，人次上升46.7%；大运会等敏感期工作任务圆满完成。实现“五个不发生”和“四个确保”的工作目标，得到省市信访部门的充分肯定。

【信访渠道】2011年，宝安区信访渠道畅通有序，三级信访工作网络作用初显。信访大厅（区综治信访维稳中心）和街道、社区综治信访维稳中心联动机制日益成熟，发挥了协调、联合调处职能，初信初访问题处理率明显提高，群众越级访、重复访情况明显减少。来信、来电、网上信访等各类诉求渠道畅通。规范办理工作流程，做到“件件有着落、事事有回音”，有效引导群众通过便捷途径理性反映诉求，降低了群众信访成本。2011年，共办理群众来信693件，同比上升3%，办理来电30371件，同比上升11.75%；办理网上投诉1968件，同比上升21.8%。其中，区级党政班子成员共阅批群众来信538件，立案办理125件，加强督办、跟踪服务工作，推动解决了一大批疑难信访问题。大浪、福永街道公开电话办理告知率较高，西乡街道立案件办理工作较为规范。群众信访行为日益规范。大力宣传信访法律法规，加强对信访群众的疏导、教育，发放宣传材料576份，配合公安部门依法处置非正常上访行为人8人，引导群众依法理性表达诉求。新安、西乡、松岗、沙井街道信访应急处置及时妥善，较好地处理了罗伟雄父亲非正常死亡纠纷，黄田、河西、沙埔围股份公司上访案，倪锦松反映执法不规范上访问题等。

【推动“事要解决”】2011年，宝安区领导干部“四访”形成长效机制。制定《区委区政府领导到区信访大厅（区综治信访维稳中心）值班接访工作制度》和《区领导下街道工作制度》，区委区政府领导到区信访大厅值班和定期到包（挂）点街道指导、检查综治信访维稳工作成为常态。2011年区领导接访群众34批192人次，解决信访问题25宗。信访积案得到有效化解。通过领导包案，落实化解工作责任，年内，领导包案处理信访突出问题30宗，已妥善化解16宗。管好用好信访稳定备用金，综合采取行政、法律、救助等手段，妥善化解信访历史积案，如石岩街道妥善处理王太席反映执法纠纷上访案，民治街道处理丘伟萍购买宅基地纠纷、观澜街道处理新新城水会经营纠纷。重点抓好中央、省联席会议交办的信访积案的终结处理工作，加强协调化解，确保解决问题到位、解释教育到位、帮扶救助到位，在实体上与程序上务求办理工作无懈可击，最终中央与省联席会议交办的积案全部得到同意终结处理。

【源头预防多措并举】2011年，宝安区信访信息预警作用得到发挥。通过群众信访动态及时掌握政策的落实情况以及社会矛盾的苗头性动向，提出改进工作方法和完善政策的建议供领导决策，推动不同领域问题的整体解决。基层解决矛盾纠纷能力不断增强。以中心信息化系统建设为抓手，以街道综治信访维稳中心为平台，协调推动人民调解、行政调解、司法调解“三位一体”工作体系建设，使大量矛盾化解在属地和区内，2011年各街道综治信访维稳中心共受理各类矛盾纠纷27539宗，成功调解26193宗，调处率达95.11%。大浪、龙华、民治街道尤为突出，到市到区集体上访量排名相对靠后。首办责任制强势落实。健全完善“属地管理、分级负责”和“谁主管、谁负责”的信访工作机制，通过绩效考核、告知率等业务考核手段和指标，落实首办责任，推动信访问题解决在初始阶段。

【创新体制机制】2011年，宝安区大信访工作格局初步形成。强化信访大厅调解和疏导职能，引入社工、律师等各类专业人才，结合驻厅职能部门等行政力量，体现出高效的调解能力，大力推行联合接访，进一步整合资源，提高效率，形成信访部门综合协调、接访单位动态调整、工作流程规范完整、服务群众便捷高效的运行机制，信访大厅对群众来访案件的调处率达89%；信访信息自动化建设升级。完善信、访、网、电“四位一体”的电子信访系统，录入数据25680条，实现信息录入与信访业务工作同步，建立区、街道、社区的信访信息共享机制；信访代理制度继续推进。对解决权限不在区一级、情况比较复杂、解决时间长、涉及人数多的信访案，由信访局专人陪同向上级部门反映，专人跟进处理情况。年内，共代理反映6宗信访案件，如代理反映观澜长坑社区的整体旧改问题、深圳北站工程欠薪纠纷等问题，有效避免大规模上访事件的发生。（李　靖）

应急管理

【机构改革】2011年3月，宝安区应急指挥中心领导班子严格按照区委区政府关于党政机构改革的部署和要求，抓好各项工作落实，确保机构改革顺利进行，实现新老机构无缝链接。改革后，区应急指挥中心更名为区应急管理办公室，区民防委员会办公室职责划入区应急管理办公室，区应急管理办公室（简称区应急办）加挂民防委员会办公室牌子（简称区民防办）。区应急办（民防办）成为区政府工作部门。4月1日，区应急办（民防办）正式开始运作，各项工作平稳有序，运转正常。

【大运应急管理】2011年，宝安区应急办按照区委提出的“责任第一、认真第一、结果第一”的要求，统筹做好大运会宝安赛区应急管理工作，圆满完成大运应急管理任务。赛前，组建大运应急联合值班室，建立健全大运应急值守网络。组织排查整治各类风险隐患2031个，编制由1112份应急预案组成的大运会宝安赛区应急预案体系，完成大运应急演练696场（次），整合成建制应急救援队伍19支，开展各种形式的大运应急知识宣传活动1226场次，为确保大运会顺利举行做足做好应急准备工作。大运赛事期间，高标准落实应急值守，及时准确报送突发事件信息和涉大运重要信息，科学严谨、依法高效处置各类突发事件150宗，确保大运赛事顺利进行。宝安区大运应急管理经验研讨文章《总结平安大运成功经验，推动基层应急管理创新发展》在2011年第11期《中国应急管理》杂志刊出。

【应急值守】2011年，宝安区应急值守工作水平有较大提高，突发事件信息迟报、漏报同比下降85.7%。区应急办全面修订完善《宝安区委区政府总值班室值班工作规范》，坚持领导带头轮流24小时在岗值班；落实“突发事件首次接报跟踪负责制”，保证信息跟踪不“断线”；坚持“快、准、简”的标准报送突发事件信息，信息报送工作质量进一步提高。该办着力加强信息服务工作，坚持做到每日有值班情况报告、每周有值班情况综述、每月有分析报告、每季度召开综合分析评估会议，及时向区领导和相关单位提出工作建议。2011年，区总值班室共编印《每日值班情况》365期，《一周值班情况综述》52期，编印《宝安区突发事件情况月报告》12期，召开季度分析评估会议4次，共提出工作建议146条。针对较大事件或敏感性事件，编制专报区相关领导的《突发事件信息处理表》34份，得到区领导批示69次。该办加强对全区

2011年8月12日，区委书记鲁毅到大运应急联合值班室检查全区各部门、街道应急值守工作

2011年3月29日，区委区政府在深圳北站东广场举行宝安区迎大运处置深圳北站恐怖袭击事件应急演练

应急值守工作的检查督促，实行“日抽查”、“月通报”、“季考评”、“年终考核”制度，全区应急值守和突发事件信息报送工作质量不断提高。年内只发生1起迟报突发事件信息的情况，是近年来突发事件信息报送工作的最佳水平。

【**突发事件处置**】2011年，宝安区应急办统筹协调，妥善处置各类突发事件，为和谐幸福宝安建设提供良好安全环境。该办认真落实突发事件“周分析”和“月分析”制度，组织全区各单位排查消除突发事件隐患2000多宗；坚持抓早、抓小，增强工作预见性，把处置关口前移，全区较大以上突发事件同比下降40%；认真落实《宝安区突发事件现场处置工作规范（试行）》，实行“现场处置签到制度”和“处置电话录音制度”，提高现场处置效率；认真总结分析沙井三洋微马达厂劳资纠纷、松岗飞利浦灯饰公司劳资纠纷、西乡亿克斯劳资纠纷等12宗典型案例，加强处置经验总结交流，提高了全区突发事件处置能力。2011年，全区共妥善协调处置各类突发事件3198宗，其中，各街道自行协调处置2404宗，区应急办协调处置794宗突发事件（按级别分，重大1宗、较大11宗、一般782宗。按类别分，自然灾害4宗、事故灾难392宗、突发公共卫生事件7宗、社会安全事件391宗），收到较好的社会效果。

【**应急保障**】2011年，宝安区应急办组织对全区各级各类应急队伍建设情况进行调查，建立全区应急队伍数据库，截至年底，该数据库已录入8515人信息资料。区应急办还积极推进宝安区应急专家队伍组建工作，按照市应急办要求，由该办牵头组建了30人组成的区级专家队伍，在全区应急管理工作中发挥了重要的决策咨询和技术支持作用。区应急办还大力推进全区应急指挥信息平台建设。3月，该办严格按照程序完成区应急指挥信息平台建设公开招标工作，并积极推进平台施工建设，确保第一期工程在大运前完工，在大运应急管理工作中发挥了重要作用。

【**应急演练**】2011年，宝安区各街道和区直各单位紧紧围绕大运会这个中心任务，积极开展应急演练工作。据统计，1～12月，各街道和各相关单位开展应急演练2133场次，参演120多万人次，演练场次和参与人次均为历年来最高，有力促进了全区应急能力的提升。其中，区处置突发事件委员会主办的“宝安区迎大运处置深圳北站恐怖袭击事件应急演练”影响最为广泛。演练于3月29日在深圳北站成功举行，参演单位29个，参演人员1752人，参演车辆57台，演练圆满成功，取得良好的社会效果。

【**应急宣传**】2011年，宝安区应急知识宣传工作效果明显。区应急办组织指导全区各单位利用“5·12防灾减灾日”、“国际减灾日”等“主题日”开展各种形式的应急知识宣传活动1632场次，受众达220万人次。该办

2011年9月16日，区应急办在区应急指挥大厅组织召开宝安区开展地方政府灾害风险治理与预案优化试点项目工作会议

对单位网站进行升级完善，全年发布各项信息840条，信息总量同比增加169%；协助省“百人百场”应急知识宣讲团在宝安区举行应急知识宣讲；以“提高市民地震应急能力”为主题，在《宝安日报》刊登防震减灾宣传专页，编印10000册《市民民防应急手册》公开发放；将主办的原《应急情况反映》改版为《宝安应急管理》月刊，设置突发事件月度盘点、工作动态、案例分析、观察思考等主要栏目，为区领导决策提供参考，为全区各单位开展应急工作交流提供平台，受到全区各相关单位的欢迎。

【应急培训】2011年，宝安区应急培训工作积极推进。区应急办协调指导区处突委各成员单位开展应急培训2081场次，培训总人数达116万人次，其中培训各级公职人员（包括社区工作人员、各类应急队伍）260场次共3万多人次，为历年来最多。区应急办5月两次组织应急预案编修培训；12月举办宝安区突发事件信息员培训；8月、11月组织“宝安区地方政府风险治理与预案优化培训”，共培训应急管理工作骨干400多人次；派出领导和业务骨干到区委党校、处突委各成员单位讲课30多人次，有效提高了全区应急管理队伍的业务水平。应急培训纳入区素质工程培训内容，全年共举办劳务工应急培训5494场次，培训企业安全主任、物业管理人员2.2万人次。学校开设学生公共安全和法制教育课程，每学期至少安排10课时。中小学生实践教育基地设计建设中小学生安全教育“警示馆”，以模拟事故情景的教育方式让学生接受警示教育。

【中德项目】2011年，宝安区应急办按照省、市、区的有关要求，积极推进中德灾害风险管理合作项目在宝安区试点。中德灾害风险管理合作项目是中德双方为加强两国灾害风险管理方面的合作与交流，借鉴发达国家政府风险治理与预案建设经验，提高中国政府灾害风险管理水平，在灾害风险管理领域进行的合作项目。宝安区是广东省地方政府灾害风险治理与预案优化子项目的试点地区，8月启动试点工作。11月，区人民政府办公室下发《关于印发宝安区开展地方政府灾害风险治理与预案优化试点项目实施方案的通知》（深宝府办〔2011〕104号），成立试点工作领导小组，领导小组办公室设在区应急办，具体负责试点项目实施。在国家行政学院应急管理培训中心、德国国际合作机构和广东省应急办的直接指导下，区应急办按计划、分阶段、有步骤地全面推进试点任务落实。11月，区应急办与哈尔滨工业大学深圳研究生院合作，通过邀请专家积极参与，采用系统的理论和科学方法，提高数据信息分析、研究和处理能力，提升了试点工作的科学性和系统性，让基层实践工作上升到应急理论的高度。在充分吸收借鉴国内外风险分析、风险评估做法基础上，从风险管理流程角度出发，结合宝安区区情、风险承受能力、风险控制能力、相关法律法规以及历史经验数据、突发事件发生频率等综合因素，起草和制定《宝安区突发事件风险评估办法》和《宝安区突发事件风险评估操作指南》，有效推动中德项目的顺利开展。宝安区有关研究成果得到国家行政学院有关领导的高度评价。（陈剑峰）

附：2011年宝安区应急管理办公室（区人民防空委员会办公室）领导成员名单

主　任：孙玉卫(3月起,兼任区民防办主任)
副主任：侯海龙(3月起,兼任区民防办副主任)
谭耀同(3月起,兼任区民防办副主任)
黄　海(3月起,任区应急办(民防办)副主任)

组织工作

【区级班子换届工作】2011年，宝安区严肃换届纪律，确保换届风清气正。坚持教育在先，做到换届纪律人人知道。区领导带头学习换届纪律，召开区“正确对待进退留转　确保换届风清气正”专题组织生活会议；全区281个机关党支部召开严肃换届纪律专题组织生活会，集中学习换届纪律。认真抓好严肃换届纪律宣传，在“宝安党建”网站开设“严肃换届纪律”专栏，向全区公务员发放《换届纪律明白卡》；全区各单位广泛张贴严肃换届纪律宣传海报、“换届纪律三字歌”，实现严肃换届纪律进机关、进街道、进社区，提高广大党员和干部群众知晓度。组织开展换届纪律知晓度电话抽查，电话抽查覆盖全区所有在编干部。坚持警示在先，引导干部自觉筑牢纪律防线。运用反面典型加强警示教育，结合纪律教育学习月活动增强警示教育效果。通过开展“三纪”教育培训活动、专项检查活动、观看警示教育片活动等，切实增强党员干部纪律观念和宗旨意识，为换届工作提供有力的纪律保证。坚持预防在先，健全换届监督机制。畅通电话、网络、信访等举报渠道，及时收集干部监督信息，及早发现和解决苗头性、倾向性问题。努力做到提名推荐、考察、公示、选举等各个环节公开透明，最大限度地将换届选举置于组织、干部、群众的有效监督之下。协助市委组织部做好区级班子换届考察工作。根据市委、区委的部署和要求，提前筹划，精心组织，充分发挥职能作用，认真落实组织意图，主动协调各有关部门，推动区级领导班子换届各项工作。协助市委组织部考察组顺利组织换届考察动员会、全额定向民主推荐会议、二次推荐会议、民意调查会、与差额考察对象集体面谈，以及对现班子谈话考察、14名拟新提名人选进行差额考察等一系列换届考察工作流程。配合做好新一届区委、区纪委班子的换届选举工作，协助召开党员人大代表和党员政协委员会议，认真做好人事安排说明，协助做好区人大、政府、政协班子和法、检“两长”换届的有关工作，确保区级班子换届平稳顺利。扩大党内民主，选准选好代表、委员。严格按照市委组织部关于区五届党代会代表的结构比例要求和有关程序，在全区划分24个选举单位，选举产生出席区五届一次党代会的280名代表，代表结构更加优化，代表性更加广泛。首次公推直选区党代表，确定6个街道党工委下属的18个基层党组织和区建设局党委、区广电中心党委共20个党组织为公推直选试点单位。各公推直选试点单位在党员大会上，采用现场竞选演说、回答党员问题等灵活多样的候选人介绍方式，最终以无记名投票方式选举产生29名区党代表，占全区代表总数的10.36%，公推直选区党代表的差额比例达82.76%，进一步扩大党内民主，激发广大党员参与党内事务的主动性和积极性。按照换届文件规定，精心做好“两委”委员推荐、考察工作。新一届“两委”委员人选在年龄梯次、性别比例、文化程度等方面进一步优化，结构更加合理。

【加强领导班子和干部队伍建设】 2011年，宝安区圆满完成区级党政机构改革。全区党政工作部门由28个精简为25个，精简幅度为11%，减少处级领导职数13名、科级领导职数5名；减少事业单位3个。平稳有序做好人员调整和干部分流消化，严肃党政机构改革纪律，分批做好各单位主要领导、部门副职以及其他处级干部的调整，办理40名干部（1名局级干部、18名正处级干部、21名副处级以下干部）申请平级离岗离职到龄办退或提高一级职级提前办退手续；办理距离规定退休年龄不足3年的3名正处级领导职务干部、14名副处级领导职务干部改任同级非领导职务事宜，共调整处级干部66人（平级交流4人，改任非领导职务17人，重新任职45人）。通过改革，理顺了部门的职责关系，优化了组织结构和班子结构，提升行政效能，取得较好效果。继续推进干部人事制度改革。围绕干部德的考评、公开推荐选拔、干部交流轮岗、发挥全委会作用等方面，起草《公开推荐选拔处级领导职务干部实施办法》等6项制度。中组部调研组到深圳调研时听取宝安区干部人事制度改革试点工作汇报，充分肯定宝安区的有关做法。加大竞争性选拔干部力度，进一步完善公开推荐选拔的推荐、面试、考察、酝酿、票决工作程序。面向全区公开推荐选拔区委基层办主任等16个副处级领导干部职位任职人选，突出公平竞争、民主择优的用人导向，面试采用“大评委制”，评委的人数大幅增加，来源更加多元；在差额推荐、差额考察、差额酝酿的基础上，区委常委会对16个副处级领导干部职位进行面试，由考生进行个人述职和现场回答问题，最后由常委会差额票决确定任职人选。省委组织部在《广东组工通讯》2011年第9期刊发了题为《宝安区不断探索完善竞争性选拔方式》的信息，肯定宝安区公开推荐选拔处级干部的相关做法。做好干部考核、挂职、公务员选拔等日常干部管理工作。认真做好年度考核优秀公务员记三等功和嘉奖的工作，对连续三年年度考核被确定优秀等次的65名公务员，2010年度考核被确定为优秀等次的728名公务员，分别报请区委区政府给予记三等功和嘉奖，发挥考核的激励和导向作用。选派28名区副处级党政后备干部和优秀科级干部分成14个组进驻14个存在一些重大不稳定因素的社区股份合作公司；选派2名同志到援疆前线指挥部工作；推荐8名干部到大运会挂职锻炼；选派3名驻县工作组成员、45名驻村干部到河源市龙川县、东源县开展“双到”工作；做好少数民族地区干部到宝安区挂任区长助理工作；做好3名市纪委、市监察局机关干部到宝安区街道参加实践锻炼工作。组织开展从优秀工人农民中选拔公务员和职员，经过严格考察，最终产生5名建议录用人选报市委组织部。干部监督管理工作各项措施进一步落实。加强干部选拔任用工作的监督。开展选拔任用干部“一报告两评议”；加强干部选拔任用全过程的监督，对拟任处级干部进行任前公示8人，对区委基层办主任等16个公开推荐选拔职位拟任人选考察对象48人进行公示，共受理信访投诉11宗，对17名任职试用期满干部进行试用期满考核；对兼任区直部门正职的1名区领导报请市委组织部进行任期经济责任审计，委托区审计部门对16名领导干部进行任期经济责任审计。强化领导干部和领导集体的日常监督管理。认真贯彻实施《报告有关事项规定》、《移居管理规定》两项法规工作，组织宝安区副处级以上干部做好报告个人有关事项工作。严格贯彻落实《议事规则》，对区管单位贯彻落实《议事规则》情况进行检查，进一步提高领导班子决策的科学化、民主化、规范化水平。严格执行出国（境）政审和离深请假备案，规范出生日期、工

区委组织部组织召开宝安区2011年社区换届选举动员大会，部署有关工作

龄和学历（学位）审定。干部培训和人才工作力度进一步增强。以胜任力提升为本，进一步增强干部教育培训的规划性、针对性和实效性。开展“提升干部信息能力”培训，精心挑选教师授课，合理安排课程，推进干部知识结构和素质能力的提升。认真抓好领导干部调训、公务员初任培训、科级干部任职培训和自选培训，全年安排32人次领导干部参加上级有关调训学习，举办95人参加的科级干部任职培训班和166人参加的公务员初任培训班，打造干部培训“自选超市”品牌，全区5380人次参加自选培训。积极推动干部在线学习，大部分干部完成20个学分的学习。充分发挥博士联谊会作用，用好宝安区高端人才。今年发展15名博士为博士联谊会新会员，成立宝安区博士联谊会党支部，筹办桃花源科技经济讲座，引导博士为宝安产业结构调整和经济转型献计献策。干部信息和档案工作不断规范化科学化。稳步推进干部档案管理达标升级工作。干部档案规范化整理工作有序进行，已完成510卷新接收干部档案的整理工作。集中开展干部档案审核工作，对审核发现的11793份缺失材料进行追补，已追补缺失材料7104份，处级干部档案缺失材料追补完成近80%。加快组织工作信息化建设。全面落实组织部整网接入“大组工网”建设工作，在全市范围内率先完成区级组织部门整网接入“大组工网”建设任务，并安全接入党政内网，实现组工干部“全员使用”的目标。开发“干部人事信息移动查询系统”，累计维护人事信息数据40000多条，干部人事信息利用更高效、便捷。按时完成事业单位法人年检任务。进一步规范事业法人登记管理行为，全区337家应检事业单位全部通过年检，申报年检合格率达到100%，成为全市按期完成年检的两个区级单位之一。年内共完成事业单位设立登记7家，变更登记96家，注销登记6家，彻底解决历史遗留问题，法人证书补领2家。

区委组织部指导成立了17个驻社区党委，全区共成立42个驻社区党委。图为观澜街道驻库坑社区党委成立仪式

【基层党的建设】2011年，宝安区圆满完成社区党组织换届工作。155个社区党组织全部完成换届选举，共选出新一届支委796人，新一届支委平均年龄40.3岁，支委大专以上学历574人，比上届增加132人，占支委总数的74.6%。换届后，社区党组织班子成员的年龄和文化结构更趋合理，整体素质有了新的提高，班子的凝聚力、战斗力更强。组织1500余名新一届社区“两委”干部庄严承诺，增强社区“两委”干部履职践诺的责任感和服务居民群众的意识。加强社区干部教育培训提高履职能力，组织全区新当选的社区书记、主任以及股份合作公司董事长和工作站长参加区委书记鲁毅、区长张备同志亲自授课的社区干部“经济社会发展创新”专题培训班。举办社区党（总）支部组织委员共计156人培训班，通过系统培训，提高社区干部综合素质和业务能力。党建社区化工作不断开创新局面。推行党建社区化，以党建创新推动社会管理创新成效进一步突显，影响进一步扩大。指导新安、观澜、民治等街道新成立17个驻社区党委，截至11月底，全区共成立42个驻社区党委。5月，中组部在北京举办第二期全国街道、社区党组织书记加强社会管理集中轮训示范班，驻宝民社区党委书记马锡文同志作为全国7名先进基层党组织书记之一代表广东作经验介绍。6月25日，中央电视台《新闻联播》以“探索区域化党建新途径，整合资源，共管共赢”为题，对宝安区驻社区党委工作进行报道。积极推进党务工作者专职化。起草《中共深圳市宝安区委关于推进基层党务工作者专职化工作发展的意见》、《宝安区党务工作者专职化试点工作制度》等相关配套指导意见。组织开展了第二批基层党务工作者职业资格（初级）考试，共221人报名参加考试。通过建立完善党务工作资格认证、选聘管理、综合考核评价等制度体系，推进党务工作者专职化试点，强化党务干部抓党务的主业意识，打造专业化、高素质党务工作队伍。市委常委、组织部长戴北方同志对试点工作给予充分肯定并寄予厚望。推行“两新”组织党员和本地党员一体化管理。建立健全“两新”组织党建台账，做好“两新”组织党建工作考核，“两新”组织党建工作水平进一步提高。指导民治街道在社区党组织换届选举中选取2个社区进行试点，赋予“两新”组织党员选举权和被选举权，引导“两新”组织党员参与基层重大政治活动，增强他们对工作和居住地的认同感，培育“家园意识”，更好地参与全区经济社会建设。隆重开展纪念建党90周年系列活动。组工干部讲党史引导广大党员强党性创先锋。开展“组工干部讲党史”活动，组建“组工干部党史讲师团”，举办党史专题

讲座42场次，全区11000多名党员接受了党的历史轮训。6月22日人民网“中国共产党新闻”以《深圳市宝安区组工干部下基层讲党史引导广大党员强党性创先锋》为题刊登宝安的做法。评比表彰弘扬先进。认真做好全国、省、市、区“七一”表彰，一大批先进基层党组织和优秀个人获得中央、省、市、区的表彰。其中，驻宝民社区党委获评全国先进基层党组织，是深圳市两个被中央表彰的对象之一。古子熔获评全省优秀党务工作者；13个先进基层党组织、25名优秀共产党员、13名优秀党务工作者获得市委表彰；区委共表彰90个先进基层党组织、90名优秀共产党员和90名优秀党务工作者，营造出学先进赶先进的良好氛围。为党组织关系在宝安区的50年以上党龄共991名老党员，申评并发放广东省南粤先锋奖章。创作党建广播剧献礼党的生日。会同区广电中心组织创作了反映宝安区基层党建工作的广播剧《我在你的世界里》，开拓党建宣传新渠道。6月15日举行开播仪式，并在中国广播网、宝安广播电台播出，取得良好反响。该剧获2011年中国广播剧研究会专家奖金奖。市委常委、组织部长戴北方对此给予高度评价：以广播剧的形式反映和宣传基层党的建设是一项创新，要组织策划，认真推广。深入开展创先争优活动。强化宣传，选树典型，在宝安电视台和《宝安日报》开辟创先争优活动宣传专栏，每周2期对先进典型进行播报和刊发，在全区营造了浓厚的活动氛围。开展“迎大运当先锋”主题实践活动，为办好成功、精彩大运提供坚强的组织保障。全区各级党组织共开展主题实践活动150余次，近4万名党员参与大运、支持大运、保障大运、奉献大运，争当服务大运的标兵，争当文明市民的典范。在窗口单位和服务行业深入开展“为民服务创先争优”活动，窗口单位和服务行业为民服务水平进一步提高。开展创先争优理论研讨活动，组织撰写理论文章，总结理论成果，在中央级报刊发表文章5篇次，在省级、市级报刊分别发表文章2篇次。

【党代会常任制试点工作】2011年，宝安区实行党代表工作室量化考核。继续抓好、抓实党代表工作室建设，成立福永街道凤凰社区党代表工作室、观澜街道库坑社区党代表工作室，全区累计建成各类党代表工作室31个。开展党代表工作室量化考核，制定党代表工作室量化管理细则，细化管理内容，按工作流程将管理内容细化为接待走访情况、党员群众知悉程度等七大类25小项；优化评定过程，强化结果运用，将量化结果与党代表工作室的经费核拨、推荐参观、代表管理、教育培训等挂钩。通过考核，党代表工作室接待走访群众更加规范化，截至11月底，各级党代表共2371人次到党代表工作室开展接待走访活动2004次，9216名党员群众参加，收集到2135条意见建议，已办结1498条，办结率为70.2%。党代表带头开展志愿服务活动。市、区、驻社区等各级党代表以“迎大运、创文明、做表率”主题开展系列活动，通过社区行、企业行等方式，开展接待走访、调研视察、关怀激励、志愿服务等活动，宣传大运、传播文明、传递民意，党代表以实际行动服务大运、服务民生。区卫生局党代表工作室和新安街道海裕社区党代表工作室开展“党代表进社区 迎大运送健康”专题活动，为社区居民提供法律、医疗、教育咨询等便民服务；与区企业服务中心联合开展“企业行”活动，组织区党代表深入企业，倾听企业业主、管理者和员工的意见和建议，现场答疑解惑，出谋划策，受到了社区群众、企业员工的欢迎。丰富党代表发挥作用的方式和途径。发挥党代表在民主监督、参政议政等方面的作用，组织党代表开展调研视察、监督评议、征求意见等活动，如组织党代表对宝安区“迎大运、创全国文明城市标兵”200天行动工作的大运会赛事筹备、市容环境提升、大运安保及文明创建等工作的开展情况进行视察；组织区党代表开展对新安、福永等6个单位法治政府建设考评工作、参加“一报告两评议”工作、参加“党代表如何发挥作用”电视专题节目、市管领导班子满意度测评；组织区党代表列席2011年全区组工会议、参加2010年市管领导班子群众满意度评价会议等5次征求意见座谈会。推荐、组织17名区党代表列席区委全委会和常委会；推荐6名区党代表为2010年度环保实绩考核环保表现评审团成员、1名区党代表担任社区换届选举观察员。继续开展区委委员、候补委员专项调研。51位区委委员、候补委员围绕全区年度重点工作选定51项调研课题，内容涉及基层党建、经济发展、民生事业、社会管理等多个方面，为区委决策提供参考。

【老干部工作】2011年，宝安区充分落实老干部“两个待遇”。政治上关心，优化管理服务，组织老干部参加党代会、人代会、政协会等大型会议。生活上照顾，及时妥善落实老干部政治待遇和生活待遇，得到老干部肯定。全年办理30名局级干部、43名处级干部退休手续。上门探望慰问生病住院（家）的离退休干部131人，做好15名已故老干部后事处理工作。全区离退休干部队伍和谐稳定，区属老干部无一上访。积极推进宝安区利用社区资源做好离退休干部服务试点工作，得到市委组织部调研组好评；10月25日，宝安区组织部作为全省3个发言单位之一，在全省老干局局长培训班上作经验介绍。11月8日，宝安区委组织部老干科被评为“全省老干部工作先进集体”，是全市各区中唯一的受表彰对象，也是撤县建区以来第一次获此殊荣。关心下一代工作取得阶段性成绩。宝安区青少年“民族精神代代传”系列教育活动第一个“五年工程”已圆满完成，3月正式启动第二个五年工程。4月30日，顾秀莲对宝安区青少年“民族精神代代传”系列教育活动第一个五年工程作出批示：“五年来宝安区青少年‘民族精神代代传’系列教育活动，办得很好。整合资源，发挥各自组织优势，创新载体，搭建平台，唱‘社会大教育’的戏。贴近实际，贴近生活，贴近青少年，让他们在参与社会生活中，在实践中参与体验和思考，逐步形成好的思想品德和生活习惯，使青少年健康成长。”全社会共同关注和参与的青少年“社会大教育”格局日渐巩固；体验式夏令营等教育方式进一步得到推广，特区、老区青少年学生双向互动进一步深化工作成效。唱红歌、学英语丰富老干部活动。宝安老干部书画院、老干部戏园揭牌，成为老干部交流联谊的新阵地。在全市率先举办老干部红歌颂党合唱展演活动，组织近650名老干部唱响红歌，其中两个节目被市委组织部选送参加全市红歌颂党合唱活动演出。老干部合唱团到新安公园、宝安公园、灵芝公园、宝安区体育馆4个晨练场所进行宣传表演，带动群众一起齐唱红歌、乐唱红歌，累计参与群众近千人。老干部大学办学规模快速扩展，教学班已达26个，学员增加到829人次，全年共有250人结业。邀请外籍教师到老干部大学开设“大运加油我当先”英语口语公开课，鼓励老干部学英语、讲英语，为大运作贡献。

【组织部门和组工干部队伍建设】 2011年，宝安区抓好组工干部能力建设。继续深入开展“争创学习型组织，争做创新型干部”活动；举办第12、13期“组工讲坛”，以红军长征、粤语文化、石油战争等为题开展了专题讲座。坚持业务知识考试制度，定期组织考试。组织全体组工干部积极参与“迎大运、创文明、做表率”主题活动，倡导文明，培养干部健康向上兴趣爱好，坚持开展管乐队训练，在市、区、街道成功举办六次汇报演出；坚持开展足球、羽毛球、网球、气排球等训练，在区直机关运动会上取得优异成绩。信息、宣传工作力度不断加大。信息工作在全市组织系统、宝安区党委系统名列前茅。建立区委组织部信息员队伍，定期通报组织工作信息报送情况，举办组织工作信息员培训班。全年收集信息1169篇，整理后在“宝安党建”网站刊登，选编区委组织部《组工信息》29篇、创先争优简报21期，中央、省、市、区各级部门采用43篇次。其中，中组部《基层党建工作研究文稿》第3期、《组工通讯》第36期刊登宝安区区域化党建工作情况；中国关工委杂志《中国火炬》2011年第7期刊登区关工委署名文章《以青少年为本开拓新时期育人工程》；创先争优中央官网采用宝安区创先争优信息4篇；广东省委办公厅《每日汇报》第230期刊载《深圳市宝安区对党代表工作室实行量化考核》的工作信息；《广东党建》、《广东组工信息》、《广东组工通讯》等省级刊物采用5篇次，《市委市政府信息快报》、《深圳组工信息》等市级刊物采用15篇次，《宝安信息》、《宝安党建视窗》等采用14篇次。宣传工作有声有色。拍摄《党的光辉照我心》党建专题宣传片，协调《南方日报》、《深圳特区报》以“走进时代先锋”为主题开展系列党建成果宣传活动，累计发稿14篇；区五届一次党代会召开前，协调《深圳特区报》开展“宝安党建创新”系列报道，全面反映宝安区近年来党建工作所取得的成绩。 （冀小平）

附：2011年宝安区委组织部领导成员名单

部　长： 赵燕民（12月止）
　　　　李　勇（12月起）

副部长： 项　健　高荣望　蔡天心

宣　传

【党委中心组理论学习与理论宣传普及】 2011年，宝安区围绕鲁毅书记在区四届七次党代会上的报告，区第十二个五年规划和区委区政府1号文件精神，策划区委理论中心组集中学习活动18次，邀请中国人民大学杨凤城、任剑涛教授等专家学者举办专题报告会8场，编印季刊《理论参考》共4期。严格执行中心组理论学习通报制度、巡听制度，提高指导督促区直属机关党委中心组理论学习的工作能力，增强区直属机关党委中心组理论学习的积极性、主动性。上半年，区直属机关党委中心组全年共组织集中学习活动约430次，举办专家辅导讲座140多场。

【理论宣传普及】 2011年，宝安区组织学习贯彻胡锦涛总书记七一讲话、在广州深圳考察中重要讲话，以及省市区重大会议精神。深入打造“宝安讲坛”理论宣传品牌，邀请北京体育大学孙葆丽教授讲解“如何欣赏大运会”等数场高水平讲座，影响力进一步提升。充分利用“百课下基层”、市民文化大讲堂等理论宣讲平台，积极推进理论宣讲进社区、进学校、进工厂，通过举办宝安专场活动，招募参赛选手等方式积极调动基层参与各类理论普及活动的积极性。

【纪念建党90周年系列活动】 2011年，宝安区先后组织举办包括系列座谈会、专题学习活动、党史图片展、系列文艺创作、群众性纪念活动、劳务工文艺汇演、专题文艺晚会等10项主题活动。为基层群众、社区居民举办各类群众性文艺活动100多场，包括歌咏、征文、美术、书法、摄影、演讲、知识比赛等等，在群众中取得热烈反响，营造了隆重热烈、团结奋进的浓厚氛围。举办大型公益综艺晚会草根之声，以宝安区本土原创为基础，推出宝安的草根作品、草根明星、草根团队，为广大劳务工提供展现才艺的舞台，面向全国播出，引发各级媒体及社会各界广泛关注，力争打造具有全国影响的“中国劳务工大舞台”品牌栏目。

【“迎大运、创全国文明城市标兵”宣传】 2011年，宝安区围绕大运会，结合本区市容环境提升、志愿者服务、市民素质提升、地铁开通交通出行、大运场馆建设等方面，组织实施包括新闻宣传、社会环境宣传、主题活动宣传三大项15小项的宣传工作。开展送戏进社区230多场，公益讲座30多场，户外公益广告200多面次，电

2011年1月28日，“深圳宝安网”开通仪式举行

视公益广告播出26条52000多次。先后在省市媒体推出专题报道共20多版。《宝安日报》、宝安广电中心、深圳宝安网开辟专栏、专题，积极开展“弘扬大运精神”学习教育活动，精心起草工作方案，通过多种宣传教育活动途径，全方位、立体式开展大运精神及先进典型的宣传工作，形成强大的宣传合力。

【社会宣传工作】2011年，宝安区圆满完成十七届六中全会等中央、省、市、区重要会议的宣传造势工作，为会议精神的贯彻落实营造了良好的舆论氛围；加强重点新闻策划，组织省市区媒体推出系列报道，推进特区一体化、迎大运、产业结构转型升级、文博会、关爱劳务工等专项工作新闻策划有力，宣传成效显著；利用统筹整合宝安区公益广告资源，为各项中心工作的主体宣传提供有益支持。全年中央、省、市以及港澳主要媒体对本区的正面报道超过4000篇，《宝安日报》5000多篇，推出专版800多个，广电中心录制广播、电视报道4089篇，制作专题72期。制作并展示户外公益广告320多面次，电台、电视播出公益广告143条164990次。

【新闻发布】2011年，宝安区组织起草《宝安区政府新闻发布工作办法》并经区政府常务会审议通过。进一步修改完善《宝安较大及以上突发事件新闻处置应急工作实施细则》。高质量推出《宝安新闻舆论动态参考》12期；组建大运宝安赛区新闻官和场馆新闻发言人，协调指导、组织实施本赛区内大运会新闻宣传及新闻发布相关工作。加强培训指导，通过系列讲座和“送课下乡”的方式，邀请祝华新、董关鹏等资深的新闻发布工作者和专家讲课，各部门的新闻发布意识和新闻处置能力不断强化。区委宣传部增设舆情科，舆情工作机制不断完善，稳妥开展各项突发事敏感事件新闻处置工作。加强对社会热点、难点问题的舆论引导，回应社会关切，进一步维护了宝安区改革发展稳定大局。

【社会舆情】2011年，宝安区进一步强化《民生访谈》电视栏目品牌效应，结合社会热点推出节目39期。《宝安日报》“市民热线”栏目正式开通，围绕区委区政府中心工作及群众反映的民生热点问题，区领导和相关单位主要负责人先后参与热线接听16期（次）。打造“深圳宝安网论坛”，进一步拓宽沟通民意的渠道。区委宣传部增设舆情科，舆情收集、舆论引导形成机制。全年编印《社情民意》20期，编写《每日读报》，针对重要工作编撰《网络舆情周报》40多期。

【群众性文化活动】2011年，宝安区承办第七届深圳市外来青工文体节包括开、闭幕式在内的5项全市性文化活动，并组织参加全市各项赛事（文化类），共获奖项128个，其中金奖13个。开展区级文化活动8项，500余场，各街道、社区开展歌舞晚会、展览、讲座、公益电影放映等文化活动25项，264场，参与人数达10万人次。精心策划组织第十二届读书月活动，全区开展主题活动97项，其中重点活动13项，惠及广大社区居民和劳务工。

【文艺精品创作】2011年，宝安区加强文艺项目培育，组织创作一批文学、美术、戏剧、曲艺等重点作品，取得丰硕成果。街舞《咱们工人有力量》（原名《快乐建筑工》）亮相央视兔年春晚，并获得“我最喜爱的春节联欢晚会节目”特别类一等奖。纪录片《登上〈时代〉的中国女工》获得中国广播电视协会第五届“纪录·中国”全国纪录片评优一等奖和中国电视艺术家协会2010中国纪录片盛典年度十佳纪录短片。广播剧《爱在春天》荣获中国广播剧研究会专家奖金奖。原创歌曲《回家》获评全市音乐工程年度十首重点歌曲，标志宝安区音乐工程“劳务工系列歌曲”启动。《打工文学》周刊获评深圳关爱行动“市民最满意”活动项目。草根乐队“部落组合”获得第八届中国音乐金钟奖流行音乐大赛组合组第三名。福永杂技艺术团杂技《窗花——柔术造型》、《高空椅技》参加第十届古巴夏季杂技节比赛荣获最高奖金奖及最佳女演员奖。话剧《突围1978》在参加第二届全国戏剧文化奖优秀剧目调演中获“原创剧目大奖”等6个奖项；圆满完成第七届文博会主会场参展工作，成功承办观澜版画基地、F518时尚创意园、国瓷永丰源等8个分会场和4个专项活动点，总成交额201.99亿元。成功举办“创意十二月”系列活动，提升文化创造力。观澜版画艺术博物馆、版画展览中心、F518时尚创意园等重点项目和产业园区建设稳步推进。吴仪、刘延东等多位中央领导亲临版画基地视察并给予充分肯定。刊登在《光明日报》上的《观澜版画灿烂绽放》报道，得到中共中央政治局常委李长春的批示，称“这是突出特色的成功实践”。全区现有国家级和部委级文化产业示范基地各1家，市级文化产业园区（基地）8家，区级文化产业园区（基地）11家。市重点文化企业30家。

【城市公共文明指数测评迎检】2011年，宝安区开展全区公共文明指数测评，并多次组织专项检查和交叉检查，推动各街道、各窗口行业加大公共文明建设力度。加大宣传力度，编印发放《礼仪知识手册》、《宝安文明地图》等主题宣传品62万份，联合各部门开展文艺宣传活动144场，发布户外公益广告380多面。整合全区社区、企业、学校内刊宣传平台广泛开展宣传，深入营造氛围。开展“宝安市民大运文明公约”有奖征集活动，进一步提升市民文明意识。

【公民思想道德建设】2011年，宝安区组织文明市民、道德模范召开座谈会，深入学习贯彻王荣同志在《咱们工人有力量》表彰座谈会上的讲话精神。深入发掘各领域先进典型，树立李传梅等一批文明市民、道德模范，并推广学习。组织开展第八届关爱行动，牵头举办160多项形式多样范围广泛的主题活动，共有21个集体或个人获得全市表彰。举办第八届“百束鲜花谢爱心”暨微笑迎大运活动。积极开展关爱劳务工系列主题活动3000多场，参与人数近百万人次。启动第六届“七彩年华·未成年人道德教育活动季”活动，组织申报主题活动28项。广泛开展“我们的节日”主题活动，增强市民的家园意识。

【群众性精神文明创建】2011年，宝安区推荐福永街道怀德社区和民治街道新牛社区参与全国文明社区评选。在全区窗口行业广泛开展文明示范点创建活动，推出一批“文明示范窗口”和“文明服务标兵”。召开全区各类内办刊物宣传工作会议，探索建立精神文明建设新平台。

【基层宣传文化工作】2011年，宝安区全区宣传文化系统各单位分工协作、密切配合，形成合力。区文化局、文联精心组织纪念建党90周年系列活动，文艺精品创作取得优异成绩；区文产办、新华书店为推动宝安区文化事业和文化产业发展，做了大量卓有成效的工作；宝安日报社、区广电中心及驻区媒体紧紧围绕区委区政府中心工作，组织策划了一系列重点报道，为服务全区工作大局，促进各项工作落实营造良好的舆论氛围。各街道紧密结合实际，面向基层、深入群众，宣传文化工作成效显著。（李　炜）

附：2011年宝安区委宣传部领导成员名单

部　　长：李　桦（12月止）
　　　　　刘佳晨（12月起）
副 部 长：李全毅（兼区文明办主任）
　　　　　戴彩福　邓少玲
区文明办副主任：查桂芳

统战、侨务

【民主党派、无党派人士和党外知识分子工作】2011年，宝安区民主党派、无党派人士和党外知识分子工作再创佳绩。区委书记鲁毅先后两次亲自主持召开各党派和无党派人士座谈会，征求党外人士对全区工作、区党代会报告的意见建议。按区委的要求，区委统战部制定了实施市委《政治协商规程》工作方案，明确区委同各党派和无党派人士政治协商的议题、时间、内容、形式，推进多党合作和政治协商的规范化、程序化、制度化；2011年，宝安区以“重温历史，同心同行”为主题，开展纪念中国共产党成立90周年活动，树立和践行社会主义核心价值体系。协助各党派做好组织发展和成员的教育管理工作，完成九三学社宝安区基层委员会换届工作，筹备成立区知识界人士联谊会；按照“党委出题、党派调研、政府采纳、部门落实”的要求，组织各党派和无党派人士围绕经济社会民生热点难点问题，开展“产业发展、社区发展、教育、城市管理一体化”等9项专题调研，以“大特区”的视野来谋划宝安科学发展；认真做好区政协换届党外人士人事安排工作，努力建设一支素质优良、数量充足、结构合理的党外代表人士队伍。广泛推荐、注重安排经济社会发展需要的各类高级人才，熟悉民生、熟悉基层和群众工作、了解民意的一线工作者、社区工作人员和来深建设者，弘扬特区精神、大运精神的先进模范人物以及民间社会组织、新的社会阶层等人士。新一届区政协非中共委员148名，占委员总数240名的61.7%。

【侨务工作】2011年，宝安区开展全区散居贫困归侨侨眷调查，帮扶归侨困难户，推动侨界民生发展。变“上访”为“下访”、“上门访”，从源头上化解涉侨矛盾纠纷，妥善处理侨务信访、矛盾纠纷30多宗；年内，成功举办第八届世界东安恳亲大会、香港学子“青春飞扬大运行”夏令营等活动，接待来自40多个国家和地区的海外侨胞和港澳同胞共3批700多人，让海外嘉宾亲眼看见宝安“办赛事、办城市”取得的新成就；大力支持乡亲社团建设，广泛联系香港乡亲，发展壮大爱国爱港力量。西乡街道为香港宝安西乡同乡会落实了100平方米办公用房。福永街道成立香港宝安福永同乡会，拨款380万元支持该会购置会所，全区基本形成“一街道一同乡会”格局。

【民族宗教工作】2011年，宝安区依法管理民宗事务，加强对宗教团体、宗教教职人员、宗教活动场所、宗教活动的规范化管理，层层落实维稳、安全责任；依法治理民宗事务，协同有关部门加大打击非法宗教活动的力度，依法取缔、整治5处非法场所；依法引导民宗事务，开展“和谐寺观教堂”创建活动，基督教宝安教堂、观澜教堂被评为“广东和谐寺观教堂”。开展“民族团结进步”宣传教育活动，在松岗街道东方社区、大浪街道同胜社区等社区创建民族团结模范社区。

【对台工作】2011年，宝安区进一步加强宝台两地交流，区长张备等区领导率团赴台交流，与中国国民党副主席詹春柏等进行座谈，参访有关科技园区和企业总部，取得丰硕成果。全区共组织16批251人次赴台交流，圆满接待了中国国民党荣誉主席连战先生一行及台湾青少年、妇女、文艺、体育等交流团体共7批200多人次的来访。继续推进福永街道与台南学甲的对口交流，向学甲采购1.68万公斤文旦果，接待学甲客人参加文博会、观摩大运会。宝安区对台工作得到国家领导、省有关部门和市委市政府的肯定。年内，宝安区开展“帮扶台资企业促转型”活动及专题调研，促进台资企业的健康稳定发展。

2011年宝安区台商新春联谊会现场

【大运会服务保障工作】2011年，宝安区组织各界人士视察市容环境提升行动工程，进社区开展义诊、文艺表演、法律咨询等各种主题活动；发动50多家侨、台资企业2万人次开展义务清洁活动；发动各界人士捐款3068万元支持宝安城市绿化，营造团结和谐的社会氛围；建立“区、街道、社区”三级统侨部门联动工作机制，广泛动员各党派、各宗教、各团体发挥“参与者、推动者、监督者”的积极作用。深入60多家侨、台资企业宣讲安全生产。开展宗教场所安全大排查，举行4次安全演练，约2500人参加；举行6场涉台、民宗工作专题培训，大运会有关工作人员和志愿者共600多人参加。开展涉台、民宗领域矛盾纠纷排查，认真做好宗教活动场所涉外接待服务保障工作，确保大运会期间不发生涉台、民宗领域重大敏感事件。

【干部队伍建设】2011年，宝安区大力开展以“想干、敢干、快干”为主题的机关作风大提升等主题活动，强化“特别能战斗、特别能创新、特别讲奉献、特别会团结”的精神，使统战工作更具感召力、亲和力。年内，区委区政府以2号文下发《关于加强宝安区社区统战侨务工作的意见》，为开展社区统侨工作提供了强有力的组织领导保障。统侨工作在各社区全面铺开，落实“八有”（有机构、有牌子、有人员、有制度、有档案、有阵地、有经费、有活动），实现社区“全覆盖”。宝安区社区统侨工作得到中央统战部调研组的高度评价。在2011年11月召开的全国社区侨务工作会议上，宝安区作为全国唯一市县（区）级单位参加会议，并在会上作工作经验介绍。（叶剑明　左　敏）

附：2011年宝安区委统战部（侨办、侨联、民宗局、台办）领导成员名单

部　　长：黄英来
副 部 长：陈日明　梁锦棠
区侨办主任：陈日明（兼）
区侨联主席：梁锦棠（兼）
民宗局局长：胡建武
区台办主任：舒富桃

党　校

【干部培训】2011年，宝安区委党校转变干部培训工作思路，采取主体班次培训、自选培训、派出宣讲和联合办班等4种方式，优化层级培训、教学方式、教学内容和师资安排，不断提高干部培训规模和质量，发挥干部培训主渠道主阵地作用。2011年，党校根据全区工作需要，与区委组织部、区纪委、人力资源局等部门联合举办8期主体班培训，培训干部2200人次。8期主体班分别为：机关事业单位科级任职培训班1期、初任公务员培训班1期、“党纪政纪法纪”教育培训班4期、提升干部信息能力培训班1期、政府法制建设专题培训班1期。党校会同市委党校、深大等5家培训机构举办22个课程的干部自选培训班，参训学员约4470人次。“家庭教育”等课程参与学员人次创2005年宝安区开办自选培训以来单期学员数之最。党校积极派出教师到基层讲党课，为建党90周年营造舆论氛围，曾祥委等教师先后25次深入区直和街道社区10多个部门进行党史专题及迎大运文明礼仪专题辅导。党校稳步过渡，实现党校函授学历教育转型，开辟培训教学的新渠

2011年6月28日，宝安区委党校举办纪念建党90周年座谈会，校长赵燕民参加座谈

道。除主体班次培训外，还开展各类联合办班，以《宝安讲坛》等平台为依托，与区环保局、计生局和联办中心等联合开展岗位技能培训、主题讲座等多种形式的培训班，全年合计开办22班次，培训人数超3700人次。在各类培训中，党校优化培训管理，提高干部培训质量。优化层级培训。按照分级分类和全员培训的原则，抓住新任科级干部、国有集体企业管理者的不同需求特点，分别采取轮训授课和短期专题教学等不同班次进行教育培训。优化教学方式。把教育培训与实践锻炼结合起来，在培训中提高干部的素质和能力，在实践中锻炼和考验干部。如公务员初任培训班课程安排现场教学和军训活动，新任科级干部班组织学员走出校门到生产一线、工作一线参观考察，深入腾讯、研祥、华大基因等龙头企业进行调研。优化教学内容。坚持"党校姓党"原则，把政治理论培训放在首位，坚持进行党的基本路线、方针、政策的教育培训，并加强政策法规、业务知识、文化素养培训和技能训练。优化师资安排。除安排深大、华师大等高校专家学者讲授，还邀请区领导赵燕民同志等讲课。2011年，党校认真贯彻落实党风廉政建设责任制，抓好党员廉政宣传教育工作，取得明显成效，被区纪委、区检察院授予区廉政教育基地称号。

2011年12月28日，宝安区委党校挂牌成为区廉政教育基地，区委常委、区纪委书记林梓明，区委常委、组织部长、党校校长李勇，区人民检察院代检察长宋继江等参加

【理论研究】2011年，宝安区委党校立足宝安经济社会建设中的热点难点问题和区委、区政府的决策需求，围绕城市管理、环境提升等主题，扎实开展课题研究，确定《宝安区城市更新问题研究》、《特区一体化背景下宝安社区建设发展策略研究》、《借助资本市场，助推宝安产业升级》、《宝安区外来劳务工素质状况、薪酬制度与政策研究》、《宝安互联网产业发展研究》和《政治文明与中国政治体制改革》等6个调研课题，其中前2项被纳入市委党校主持的"深圳创新思想库"课题。年内，6个课题全部完成调研报告，通过省委党校有关专家评审；纳入市委党校"深圳创新思想库"的2个课题通过市委党校组织的论文答辩，顺利结题。曾祥委教授完成观澜街道引智入社区委托课题《章阁社区社会与文化建设规划》的研究。

【理论宣传】2011年，宝安区委党校加强理论研讨，营造学术氛围。6月底，以"讴歌党的光辉历程，全面推进特区一体化建设"为主题举办纪念建党90周年专题座谈会，区有关部门领导、专家学者和学校骨干教师在座谈会上作专题发言，为全区营造庆祝建党90周年舆论氛围。李新添副校长作为6区分校代表参加中央党校《学习时报》与深圳市委党校联合举办的纪念建党90周年座谈会，作题为"从农村到城市的历史性转变"的发言，与其他与会专家学者围绕党的建设和中国特色社会主义理论在深圳经济特区的实践和探索等问题进行交流探讨。2011年，党校拓展社科学术交流活动，由曾祥委教授牵头，组织7场党校教师和区内专家学者参加的前沿读书沙龙。其中，区内2名博士主讲"社区建设与社会资本"和"经济学边际分析"等专题，吸引区内外不少专家人才参与，构建前沿学习平台，营造理论学习氛围。党校积极宣传市区重要政策。骨干教师接受新闻媒体采访，宣传评论宝安区重大政策及热点问题，累计接受新闻媒体采访15次，宣传"迎大运，提升城市文明"主题，评论"醉驾入罪"等民生专题。

【决策咨询】2011年，宝安区委党校开展决策咨询，做好校刊出版及有关调研报告成果推介。全年完成4期校刊《学习与探求》的编辑出版和发行工作，教师论文集《探求之光》第3期和教师专著《民主社会主义的核心价值及其在北欧的实践》编印出版；课题报告《宝安区公务员心理健康情况调查》和《宝安区股份合作公司改革工作探析》分别获得全省党校（行政学校）系统优秀科研成果调研报告类二、三等奖；教师论文《第一次国共合作和三民主义论战》获得省委宣传部主办的广东省纪念辛亥革命100周年理论研讨会优秀论文；《宝安区小产权房商品化问题研究》、《八排瑶的盘古崇拜》等论文在省级以上刊物发表；《特区一体化背景下宝安社区建设发展策略研究》等课题报告受到区委区政府重视。

【学历教育】2011年，宝安电大强化管理，巩固学历教育办学规模。现有学历教育在校生总数2750人，其中电大1190人，奥鹏学习中心98人，华南理工大学网络学院宝安学习中心1000人。2011年，各类型学历教育合计毕业1279名学员。电大全年招生477名。实施严格的教务管理，全年完成电大407场7295人次、网络教育统考132场3815人次的考试。组织优质教学活动，严把教学关，上半年完成了27个班67门课的教学，下半年完成了26个班80门课的教学。严把毕业关，完成了415篇毕业论文和472篇社会调查报告的指导工作，严格进行毕业论文评审，毕业论文写作水平得到提升，基本全部顺利通过。

【队伍建设】2011年，党校推进人才强校战略，通过专题学习、参观考察、培训进修、挂职锻炼等形式，提高干部教师队伍整体素质。根据教育形势要求，强化教职工素质教育意识，组织胡锦涛总书记“七一”重要讲话精神、十七届六中全会精神、宝安区五届一次党代会精神等。组织教职员工赴中山、龙岗等地党校交流学习，3名同志到香港培训进修；参加市委党校举办的胡锦涛总书记“七一”讲话专题培训班、“知党史、强信念、明责任”知识竞赛和“先学先行”活动等。党校结合建党90周年主题，强化校园文化学习活动，举办庆祝建党90周年系列活动，由曾祥委教授作题为“地方性知识：中国共产党深圳历史”的专题讲座，通过远程教育网进行党课学习，购置新党史书籍发放给全体教职工，组织党员参观市民中心、博物馆以及东江纵队北撤纪念亭、东纵司令部旧址。举办电大首届师生运动会，组队参加中央电大乒乓球比赛等，营造全新校园文化。（马卓珊）

附：2011年中共宝安区委党校领导成员名单

党校校长、行政学校校长： 赵燕民（12月止）
李　勇（12月起）

党校常务副校长、行政学校副校长、电大校长： 李高扬（3月止）
张启光（3月起）

党校、行政学校、电大副校长： 李新添
刘上东

深圳市宝安区人民代表大会

2011年宝安区人大常委会组成人员名单

主　任： 周林祥（2月止）
鲁　毅（2月起）

副主任： 麦启锐（常务）
邓桂洪　陈桂其
姜锦笑（女）
梁敏华（女）

委　员： 刘文浩　苏喜金　梁贵喜
邹庆春　胡建修　庄景样
廖兰标　林卓光　余一平
徐建华　陈海涛　袁　浩
金如湘　曾少贵　赖福安

宝安区第四届人民代表大会第七次会议

2011年2月13～14日，深圳市宝安区第四届人民代表大会第七次会议在区委区政府会堂举行，164名区人大代表出席会议。大会由区委书记、大会主席团常务主席鲁毅主持，大会主席团常务主席、代区长张备代表宝安区人民政府向大会所作工作报告分为2010年工作回顾、“十一五”回首和“十二五”展望、2011年主要工作安排等三部分。会议表决通过《关于接受周林祥同志辞去深圳市宝安区人大常委会主任职务请求的决定（草案）》。鲁毅说，“十一五”时期，在市委市政府的坚强领导下，周林祥同志作为区委书记和区人大常委会主任，团结带领区几套班子，坚决贯彻中央和省、市一系列重要决策部署，坚持一手抓发展、一手抓治理，坚持保增长与调结构相结合，坚持以

2011年宝安区人大常委会机关机构设置表

机构名称	主要职责范围	主要负责人	办公电话
办公室	为区人大常委会行使宪法、法律赋予的职权提供服务。负责人大机关的内外工作协调、办文办会、综合调研和后勤保障，负责联系代表、接待人民群众来信来访	刘文浩	29998163
法律工作委员会	为区人大常委会依法开展专项监督工作提供服务，负责常委会对区法院、检察院和行政执法等业务部门的联系、沟通、协调工作，落实本工委业务范围的常委会监督工作事项	苏喜金	29998131
财政经济工作委员会	为区人大常委会依法开展专项监督工作提供服务，负责常委会对区计划、财政、经济、审计等业务部门的联系、沟通、协调工作，落实本工委业务范围的常委会监督工作事项	梁贵喜（6月止）	29998161
教科文卫侨工作委员会	为区人大常委会依法开展专项监督工作提供服务，负责常委会对区教育、科学、文化、卫生、侨务等部门的联系、沟通、协调工作，落实本工委业务范围的常委会监督工作事项	邹庆春	29998129

2011年3月10日，区人大常委会副主任姜锦笑率队调研代表重点建议落实情况

发展惠民生，针对实际采取了一系列有效政策措施，有效应对国际金融危机的严重冲击，实现了宝安经济社会发展的满堂红，为宝安的持续协调发展打下良好基础。大会还听取宝安区国民经济和社会发展第十二个五年规划纲要草案（书面），听取区委常委、副区长王立新所作的关于《宝安区国民经济和社会发展第十二个五年规划纲要（草案）》的编制说明；听取宝安区2010年国民经济和社会发展计划执行情况与2011年计划草案的报告（书面）、宝安区2010年预算执行情况和2011年预算草案的报告（书面）；通过《选举办法》；宣布大会主席团提名的区人大常委会主任、区政府区长候选人名单。大会补选鲁毅为区人大常委会主任，补选张备为区人民政府区长。会议批准通过宝安区“十二五”规划纲要，批准通过区政府工作报告等六个报告。区委书记、区人大常委会主任鲁毅表示，深感使命崇高、责任重大。将同区人大常委会组成人员一道，恪尽职守，忠实履行法定职责，尽心尽力把人大工作做好，决不辜负全体代表和全区人民的重托。今年是“十二五”开局之年，是深圳的“大运年”，也是全区努力实现特区一体化明显见效的一年。区人大及其常委会要在区委领导下，全面贯彻落实科学发展观，紧紧围绕全区工作大局，充分发挥人大职能作用，不断解放思想，忠实履行职责，为保障和促进宝安区经济社会全面协调可持续发展作出新的更大贡献。张备表示，将把各位代表的信任化为动力，在市委市政府和以鲁毅书记为班长的区委正确领导下，在历届区委区政府班子打下的坚实基础上，紧紧依靠区人大、政协的监督支持，紧紧依靠区政府班子的团结合作，紧紧依靠全区人民的智慧和力量，尽职尽责，勤政廉政，努力交上一份让全区人民满意的答卷。区领导鲁毅、张备、张洪华、赵燕民、麦启锐、邓桂洪、陈桂其、姜锦笑、梁敏华等出席会议。

监督工作

【计划和预算监督】2011年，宝安区人大常委会依法审查批准宝安区2010年财政总决算、2011年政府投资项目调整计划和2011年区本级财政综合预算调整方案，听取和审议2010年区本级财政预算执行情况和其他财政收支的审计工作报告、2010年度绩效审计工作报告、2011年上半年计划预算执行情况报告等，推动政府提高财政资金使用效率，压缩行政管理成本，集中财力保障民生领域，推动经济结构优化。

【专项工作监督】2011年，宝安区人大常委会为了解宝安区环境保护工作，特别是区政府对区人大常委会2007年以来关于环境保护的四项执法检查报告及其审议意见的落实情况，4～6月，常委会组织开展对区政府环境保护工作情况的调研，实地视察了老虎坑环境园建设及运行情况，对西乡河、新圳河、石岩河进行全流域实地调查，对九围河截污工程、聚豪高尔夫球会污水处理设施等进行实地视察。通过深入走访调查，调研组较为全面了解了区政府在环境保护工作方面取得的成绩和存在的问题以及社会各界对环境保护工作的意见和建议。区人大常委会在认真审议的基础上，综合各方意见，提出科学制定环境保护长远规划、加大投入、加强引导和监管、提高固体废物处理能力、提升环保执法和管理水平、加强环保宣传等六个方面的具体意见，有力支持和推动宝安区环保工作的持续、深入开展。

【学前教育专题调研】2011年，宝安区人大常委会组织专题调研组通过听取汇报、了解座谈、调查摸底、走访社区、视察幼儿园等形式对宝安区学前教育工作进行2个多月的深入调研走访，较全面地掌握宝安区学前教育发展的基本情况，调研报告用大量数据说明宝安区学前教育在机制体制、经费投入、规划布局、队伍建设、教育管理等方面存在的问题和困难，提出高度重视，把学前教育摆上更加重要的位置；统筹规划，合理布局，扩大公益性、普惠性幼儿园的覆盖面；理顺体制，完善机构；加大投入，确保学前教育经费在财政性教育经费中占合理比例；多措并举，加强幼教队伍建设；完善制度，加强管理；加强宣传，营造良好的社会氛围等7个方面的建议。

【跟踪监督】2011年，宝安区人大常委会跟踪监督区政府对区人大常委会关于《大气污染防治法》执法检查报告及其审议意见的研究处理情况。为推动有关工作的落实，常委会对执法检查报告和审议意见中提出的问题及

2011年3月14日，区人大常委会常务副主任麦启锐、副主任梁敏华视察民治街道特区一体化示范区创建工作

意见和建议进行逐条梳理，整理形成23项具体工作要点，明确落实的责任单位，通过召开监督工作通气会，与区政府及其职能部门进行沟通，明确落实责任。跟踪检查区政府中等教育、公共文体设施及公共卫生基础设施建设有关措施落实情况。针对跟踪检查过程中发现的区职业技术学校、区妇幼保健院新院建设招投标阶段遇到的问题，走访区教育局、工务局、建设局以及妇幼保健院等单位，要求各部门进一步加强沟通协调，共同推进各项建设工作顺利进行。跟踪区法院对区人大常委会关于行政审判工作审议意见的研究处理情况。听取区法院相关工作汇报，并2次组织部分区人大常委会组成人员、人大代表旁听区法院行政诉讼庭审，大力支持和推动区法院落实行政首长出庭应诉机制，行政首长出庭应诉、以行政审判带动行政执法人员法治教育等工作得到大力推进。跟踪区检察院对区人大常委会关于监督公安机关执法工作的审议意见的研究处理情况。通过开展跟踪监督，大力支持区检察院充分发挥法律监督职能，全面加强对公安机关执法活动的监督。常委会审议意见交办以来，区检察院全面加强对公安机关受案、立案、侦查取证、监所管理等执法环节的监督，取得明显的成效。

【加强信访监督】2011年，宝安区人大常委会坚持以维护人民群众的合法权益为核心，认真处理群众来信，热情接待群众来访，依法开展信访监督，取得较好成效。年内，共受理和办结来信来访416件次，重点督办58件。

代表工作

【区四届人大七次会议议案建议工作】2011年，为帮助代表收集资料和撰写议案建议，会议召开前，常委会组织代表进行集中视察和调研，深入了解人民群众关心的热点、难点问题。会议期间收到代表议案、建议116件。常委会在综合分析后，决定将关于加快推进宝安区各街道特区一体化建设进程的建议和关于加快解决光明户籍人员就业问题的建议，作为区四届人大七次会议重点建议，连同其余建议、批评和意见，通过专门召开议案建议交办会，分别交给宝安区政府和光明新区管委会办理，督促有关部门认真解决好代表建议提出的问题。

【加强代表联络站的规范管理】2011年，宝安区人大常委会制定接访计划，要求各联络站按照接访制度，制定年度接访计划，提前确定接访活动方式以及每一位代表的接访时间，保证接访制度所规定的量化标准、活动的计划性以及代表的参与率。完善代表接访工作月报制度，为督促各街道落实好接访制度以及接访计划，要求各街道以及各联络站按时将每月代表社区接访以及联络站接访情况、接访群众批次、人次，接访问题件数和已解决问题件数等进行统计上报。常委会收集统计后，按期进行公开。

【组织闭会期间代表活动】2011年，宝安区人大常委会组织区党代表、人大代表、政协委员对宝安区“迎大运、创全国文明城市标兵”200天行动工作的开展情况进行视察，并根据“两

2011年12月6日，沙井街道第14选区代表候选人见面会，这是全区首场代表见面会

代表一委员”对相关工作提出的意见和建议，综合整理，经党代办、人大办、政协办联合签发后，转交区政府跟踪办理。组织视察宝安区社区居委会换届选举情况。结合宝安区社区换届选举工作，组织部分区人大代表对部分社区居委会换届选举情况进行视察。

区人大代表换届选举工作

【换届选举】2011年，宝安区人大常委会首次按照修订后的选举法实行城乡按相同人口比例选举人大代表，涉及面广、法律性强、工作量大、时间紧、要求高，常委会从坚持和完善人民代表大会制度，巩固和加强党的执政地位，保障人民当家做主的高度出发，认真做好换届选举各项筹备工作。在筹备换届选举过程中，严格按照坚持党的领导、进一步发扬民主、严格依法办事三个原则开展工作，结合中央和省、市、区委部署，重点抓好优化代表结构、提高代表素质、严格执行法定工作时限三个方面工作，在全区上下的共同努力下，确保了换届选举各项工作的圆满完成。2011年12月16日投票选举日，全区158个选区依法选举产生代表288名。其中，中共党员217名，占代表总数的75.3%；民主党派和无党派人士15名，占代表总数的5.2%；妇女76名，占代表总数的26.4%；党政干部73名，占代表总数的25.3%；归侨侨眷6名，占代表总数的2.1%；少数民族代表3名，占代表总数的1%；非深户籍代表24名，占代表总数的8.3%，其中非深户籍一线工人5名，占代表总数的1.7%；连任代表76名，占代表总数的26.4%。

【人事任免】2011年，宝安区人大常委会共依法任免国家机关工作人员及人民陪审员97人次，其中本会工作人员8名，区政府组成人员15人次，区人民法院有关人员54人次，区人民检察院有关人员20人次，接受辞职7人次。

2011年12月23日，宝安区第五届人大代表培训班开班

自身建设

【思想建设】2011年，宝安区人大常委会加强思想政治教育，增强做好人大工作的责任感、使命感。加强理论学习和工作研讨，不断提高人大机关工作人员的理论素养和业务水平。加强党风廉政教育，在常委会及其机关形成了廉洁自律、干净干事的良好风气。坚持求真务实，走群众路线，领导班子成员经常深入基层了解民情民意，工作中敢于较真、敢于碰硬，坚持察实情、讲实话、办实事。

【队伍建设】2011年，宝安区人大常委会发扬“想干、敢干、快干、会干”精神，努力建设有激情、有活力、有作为的人大机关。坚持岗位练兵，创先争优，塑造了朝气蓬勃、奋发进取的良好形象。加强人文关怀，积极营造团结和谐、分工协作的工作氛围，增强了人大机关的凝聚力和战斗力。

【制度建设】2011年，宝安区人大常委会坚持民主集中，从重大问题的决定到具体工作的部署，都认真听取常委会委员的意见，经过讨论协商，实行“一人一票”，集体作出决策。按照《监督法》的精神，对常委会及其机关各项规章制度进行梳理，把工作实践中形成的、较为成熟的程序和方法，上升为制度规范，更好地指导实践。（杨　滨）

深圳市宝安区人民政府

2011年宝安区人民政府区长、副区长名单

区　长：张　备（2010年11月起任代理区长，2011年2月起任区长）

副区长：刘惠玲（12月止）
吕　维（11月起）王立新
李慧民　龙耀庭（6月止）
孙　波　蔡　颖　李　勇
谢晓东（12月起）
张　勇（12月起）

2011年宝安区政府机构设置

机构名称	主要职责	负责人	电　话	地　址
办公室	区政府综合办事机构，负责区政府日常工作	戴　斌（12月止） 黄盛华（12月起）	29996022	创业一路1号区委（府）办公楼

（续表）

机构名称	主要职责	负责人	电　话	地　址
发展和改革局	负责研究、提出国民经济和社会发展规划与发展政策，指导与协调经济体制改革工作	徐礼杰（3月止） 王立新（3月起）	29996388	同上
经济促进局	负责工业、商业、口岸、贸易、经济合作、能源电力、种植业、畜牧兽医业、渔业、海洋管理、信息化建设工作	贝济标	27848298	新安二路海关大厦
教育局	负责教育工作	郑映通	27880248	湖滨路1号
教育督导室	负责教育督导工作	王熙远	27781787	同上
科技创新局	负责科学技术发展创新、版权工作	刘继昌	29998696	创业一路1号区委（府）办公楼
民政局	负责民政事务工作	王挹之（3月止） 胡细银（3月起）	29996718	同上
司法局	负责司法行政工作	林锡宏（3月止） 曾庆章（3月起）	27876288	21区前进路
财政局	负责财政和国有资产监督工作	李献荣	27789941	湖滨路31号
人力资源局	负责人力资源综合管理、公共就业服务工作	陈长贵	27664889	新安三路65号
建设局	负责工程建设、建筑业和燃气业管理工作	龚建荣	29996188	新安二路
文体旅游局	负责文体旅游业及其市场规范、新闻出版和广播电视工作	吴少平	29998184	同上
卫生局	负责医疗卫生、食品监督管理工作	陈金喜	27759245	龙井路116号
人口和计划生育局	负责人口和计划生育工作	刘红瑛	29998198	创业一路1号区委（府）办公楼
审计局	负责审计工作	贺远东	29998928	同上
环境保护和水务局	负责环境保护和水行政工作	杨洪流	27759398	新安二路18区环保大楼
统计局	负责国民经济和社会统计工作	查红俐	29996328	创业一路1号区委（府）办公楼
城市管理局（城市管理行政执法局）	负责城市管理和行政综合执法工作及林业管理工作	朱桂明	29612333	新安二路86号
公安分局	负责维护社会治安，打击各类刑事犯罪活动和扰乱社会治安的违法活动，保护人民生命财产安全，管理户籍工作	曲晓顺	84467001	湖滨路3号
应急管理办公室	负责重特大突发公共事件综合协调和指挥工作及民防工作	孙玉卫	29990002	创业一路1号区委（府）办公楼
机关事务管理局	负责机关后勤保障工作	黄盛华	29998233	同上
安全生产监督管理局（安委办）	负责安全生产监督与管理工作	覃敬腾	27590002	新安二路82号
城中村（旧村）改造办公室	负责城中村（旧村）改造工作	龙耀庭（5月止） 陆福强（5月起）	29998788	创业一路1号区委（府）办公楼

（续表）

机构名称	主要职责	负责人	电　话	地　址
住宅局（公共物业管理局）	负责安居房建设与租售管理，物业行业管理工作	任庆文（5月止） 何奕飞（5月起）	27755222	新安二路53号
规划土地监察大队（规划土地监察局、查违办）	负责处理辖区规划土地违法案件及查违工作	黄再晓	29995833	新安二路86号
高新技术产业园区管理办公室	负责高新技术园区的规划、建设、管理等工作	孙　波	29999039	创业一路1号区委（府）办公楼
建筑工务局	负责对区政府投资工程项目的计划编制、设计、立项、技术审查及监督、管理工作	陈　健	29998938	宝民一路广场大厦3楼
中心区规划办	负责中心区规划建设管理工作	邹建华	29996988	创业一路1号区委（府）办公楼
文化产业发展办公室	负责文化产业发展工作	王明祥	29998598	同上
城市轨道交通工作领导小组办公室	统筹协调轨道交通规划、建设工作	詹　辉	29998636	同上
职业能力开发局(素质工程领导小组办公室)	负责统筹规划和协调职业能力培训工作	范燕塔	29991266	龙井路70号
投资联合办公服务中心	负责组织和协调各有关职能部门联合开展各项投资审批业务工作	郭小海	27660202	新安二路海关大厦
群星农贸市场服务中心	负责规划、建设和管理各种产业市场工作	简火根	27870966	海圳路宝富花园2楼
土地储备开发中心	负责国有土地维护管理工作	徐　亮	27820028	前进路293号
政府采购中心	负责政府采购货物、工程和服务项目工作	陈宜汉	29993098	湖滨路40号
宝安广播电视中心	负责视听文化产品的制作及统筹规划全区广播电视传输网络	冯方明	27789554	宝安二十二区兴华二路97号

2011年市政府派驻宝安区机构设置

机构名称	主要职责	负责人	电　话	地　址
市场监督管理局宝安分局	负责市场监督管理执法，维护市场秩序工作	陈欣奋	27836688	翻身路70号
市社会保险基金管理局宝安分局	负责社会保险工作	钟锦泉	27788733	新安二路社保大楼
市规划和国土资源委员会宝安管理局	负责规划和国土资源管理工作	罗志辉	27808896	前进路293号
市交通运输委员会宝安交通运输局	负责交通运输管理服务、交通公用设施管理和养护监管以及港航管理工作	巫作如	29660888	宝民一路37号
宝安区地方税务局	负责地方税收征管工作	林杰三	27881923	前进一路82号税务大厦
市地税局第四稽查局	负责辖区税收稽查工作	陈维忠	29951368	创业二路地税第四稽查局大楼
宝安区国家税务局	负责国家税收征管工作	李鸿杰	27755288	宝安九区国税大厦
市药品监督管理局宝安分局	负责药品、医疗器械、保健食品、化妆品的安全监督和行政执法工作	李　红	27756177	前进一路宝前巷46号经发大厦14楼

2011年宝安区法院、检察院、武装部机构设置

机构名称	主要职责	负责人	电　话	地　址
人民法院	负责受理刑事、民事、经济、行政等各类案件，依法审理并执行；调整经济、民事、行政法律关系	胡　鹰	29997668	建安一路3号
人民检察院	负责监督国家法律的执行，依法行使检察职权	叶　鹏	27881988	建安一路1号
人民武装部	负责民兵、兵役工作	李立军	27759016	湖滨路7号

2011年宝安区群众团体和社会团体机构设置

机构名称	主要职责	负责人	电　话	地　址
总工会	建立健全各级工会组织，协同有关部门做好职工安全生产和劳动保护工作，维护职工的合法权益	邓桂洪	29999336	创业一路1号区委（府）办公楼
团区委	负责全区青年工作，团结和教育青年参与“两个文明”建设，维护青少年合法权益	詹惠军	29996822	同上
总商会	协调政府与工商界的关系，反映工商界的意见和建议，维护工商界利益	凌杰儒（3月止） 杨齐兴（3月起）	29998328	同上
妇联	拟订区内各项妇女工作计划并组织实施，动员一切社会力量依法维护妇女的各项权益	邱慧萍	29998699	同上
文联	负责联系、协调各文化团体，维护文学艺术工作者和文艺团体合法权益，组织开展文学艺术培训、研究、评论和评奖等活动	戴有斌	29996511	同上
残联	负责政府、社会和残疾人之间的联系，维护残疾人合法权益，协调有关部门开展助残、扶残工作	黄平彪	27661393	留仙一路残联综合楼

2011年宝安区政府派出机构设置

机构名称	主要职责	负责人	电　话	地　址
新安街道办事处	行使区政府赋予的各项职权	欧瑞志	27789368	宝民一路202－8号
西乡街道办事处	同上	李　勇	27932025	宝民二路108号
福永街道办事处	同上	廖少权	27399228	福永大道303号
沙井街道办事处	同上	刘少雄	27212666	新沙路488号
松岗街道办事处	同上	吴汉明	27099288	松岗街道办公楼
石岩街道办事处	同上	王　敬	27760193	石岩街道办公楼
观澜街道办事处	同上	蔡　颖	28165288	观澜街道办公楼
大浪街道办事处	同上	何家鸿	28109388	大浪街道办公楼
龙华街道办事处	同上	黄启键	27708388	龙华街道办公楼
民治街道办事处	同上	刘　斌	81718666	民治街道办公楼

宏观经济管理

【年度计划执行】2011年是宝安区实施“十二五”规划的开局之年，全区以科学发展为主题，以转变经济发展方式为主线，以全面推进特区一体化建设为抓手，围绕建设“两区一中心”发展定位，抓住迎办大运会历史契机，实现经济平稳较快增长，人民生活水平不断提高，人居环境持续改善，社会事业全面进步，实现“十二五”规划“开门红”。实现地区生产总值3269.52亿元，同比增长14.5%，完成年度计划111%；规模以上工业总产值10123.62亿元，同比增长15.3%；规模以上工业增加值2011.16亿元，同比增长18.0%，完成年度计划113%；社会消费品零售总额764.38亿元，同比增长17.6%，完成年度计划102%；固定资产投资完成额784.28亿元，同比增长13.6%，完成年度计划101%；外贸出口总额992.43亿美元，同比增长14.8%，完成年度计划102%；税收总额（不含光明新区）467.88亿元，同比增长17.5%，完成年度计划108%；财政一般预算收入（不含光明新区）151.05亿元，同比增长47.4%，完成年度计划112%；人均可支配收入（不含光明新区）33859.08元/人，同比增长12.8%，完成年度计划104%；城镇登记失业率1.53%；万元GDP水耗（不含光明新区）下降11.5%；万元GDP电耗（不含光明新区）下降7.4%；二氧化硫削减量完成市下达目标；化学需氧量削减量完成市下达目标；污水处理率79%。

【完成“十二五”规划编制】2011年，宝安区高标准完成《深圳市宝安区国民经济和社会发展第十二个五年规划纲要》的编制，并经区四届七次人大会议审议通过印发实施；该规划明确了宝安未来五年发展的总体思路、战略目标和主要任务，为将宝安建设成为深圳科学发展的主力区、特区一体化的先行区和深圳西部城市中心做出全面部署。完成全区“十二五”的23项专项规划和10项区域规划与总体规划的衔接审查和报批工作。

政府投资项目管理

【固定资产投资】2011年，全区固定资产投资完成784.3亿元（含光明新区），完成全年投资计划的101.5%，同比增长13.6%。剔除光明新区，宝安区固定资产投资完成628.5亿元，完成全年投资计划的103.4%，同比增长11.3%。

【项目建设】2011年，宝安区发展和改革局以“加快特区一体化、建设和谐幸福宝安”为目标，以均衡区域协调发展为重点，以产业升级、重大基础设施建设、公共服务设施建设和生态环境设施建设为先导，重点安排一批医院、学校、文体设施、保障住房、河流整治等建设项目和大运项目。全年，区政府投资项目下达资金60亿元，完成年投资计划的100%；区重大建设项目完成投资60.53亿元，完成年度投资计划的105%；市级重大建设完成投资230.14亿元，完成年度投资计划的108.3%。

【项目管理】2011年，宝安区发展和改革局制定《宝安区政府投资项目前期工作管理试行办法》，建立政府投资项目前期工作季度进展情况报告制度、半年度分析通报制度、全年考核检查制度、前期工作协调会议制度、咨询服务中介机构黑名单制度等，为快速推进全区项目前期工作提供制度基础；建立项目评审的新模式。建立提前介入、跟踪管理的项目评审制度，将评审工作前置，使评审前期工作服务延伸到各项目单位，实现评审工作的被动管理转向主动服务转变，实现评审工作“提速、提效”。规范评审工作流程，完善项目评审中核心内容的审查，突出对投资科学性和安全性的重点审查，将投资目标和设计方案作为审查前提，确保了投资的安全。全年，完成评审项目442项，审定投资总额为219.31亿元，核增1.59亿元，核减20.62亿元，核增率0.67%，核减率8.65%，项目评审投资额比去年同期增长218.09%。

产业结构优化

【战略性新兴产业发展】2011年，宝安区发展和改革局编制完成《深圳市宝安区战略性新兴产业发展“十二五”规划》，确定“十二五”期间七大重点发展的战略性新兴产业，科学规划各项产业发展的空间布局，明确重点完成的三大工程。制定《深圳市宝安区战略性新兴产业领军企业认定办法》，并开展战略性新兴产业领军企业的认定工作。

【产业发展“载体”建设】2011年，宝安区发展和改革局跟踪协调西部滨海（福永北—沙井南）高新技术产业园区、观澜高科技产业园等“十大产业园区”建设；积极协调总部企业的用地需求，开展中心区总部经济区用地出让前置审查工作；推进中心区总部大厦、观澜大唐国际宝昌低碳上市企业总部基地、区上市公司总部及研发中心园区、石岩总部经济园区、观澜新型高科技园等五大总部经济园区建设，积极协调园区建设，完成《2011年区上市公司总部及研发中心园区建设工作方案》、《2011年石岩总部经济园区规划建设工作方案》、《2011年观澜大唐国际宝昌低碳上市企业总部基地规划建设方案》，每月编辑印发《宝安区五大总部经济园区规划建设快报》。

【以大项目带动产业大发展】2011年，宝安区发展和改革局强化重大产业项目的龙头带动作用，加大对与央企合作项目的跟踪管理力度，制定《2011年宝安区推进与央企合作工作方案》，每月定期与企业就项目的进展进行沟通、协调；中航工业、大唐国际、中粮集团和中钢集团等4家央企已签约，4家央企确定在宝安区投资建设的航空产业园、低碳生态城、中粮大悦城等3个项目的签约金额达470亿元。积极深入调研深圳市航空产业园、深圳市宝安区低碳生态示范城、中粮深圳大悦城、致君制药观澜基地、华润宝安综合商业中心、中国航天新材料产业园等在宝安区投资建设的央企项目，及时了解项目进展和存在问题，做好重大产业项目引进和建设过程中的协调和服务。

物价管理

【平价农副产品流动商店民生工程建设】2011年，宝安区发展和改革局积极贯彻落实市委市政府建设平价农副产品流动商店的要求，牵头开展全区平价农副产品售卖点的选点、划线标识等工作，并落实每个售卖点3万元的专项补贴，全区170个平价农副产品售卖点已陆续营业，售卖点周边的居民已切实享受到平价农副产品流动商店所带来的实惠。

【强化基础价格管理】2011年，宝安区发展和改革局严格控制民办教育收费上涨幅度。民办教育收费采取严控提价幅度的审批原则，全年共完成70家民办中小学收费标准制定工作，根据学校综合办学成本等主要指标情况，各学校提价幅度均在15%以内，绝大部分学校费用提升控制在10%左右。高质量完成2011年长途汽车票价审核备案工作，合计完成全区15个车站的3000余条长途线路票价备案，为2011年春运的有序开展奠定了基础。顺利完成2010年度行政事业性收费年审工作，审查收费单位共91个，涉及收费项目25个，审查全区行政事业性收费收入3.481亿元。认真开展价格鉴定评估工作，切实巩固司法领域的涉案财产价格鉴证的公平、公正，全年共受理评估案件5301宗，评估金额达1亿元。

体制改革

【改革创新工作】2011年，宝安区发展和改革局编制《宝安区2011年改革计划》，并经区委区政府审定下发执行。今年的改革计划突出上级改革任务在宝安的落实，突出在促进基层科学发展及社会和谐方面的先行先试，围绕继续深化经济体制、行政管理体制、社会领域管理体制改革和大力推进党建创新及基层民主法制建设等方面提出了10大项、39小项改革工作；开展全区改革创新工作的绩效评估。对全区14个区直部门、10个街道办事处进行改革与创新工作绩效评估，从管理制度的规范、工作方式方法的创新、审批流程的优化、服务手段的创新等维度进行量化考核，以督促各部门巩固改革成果，找出工作不足并持续改进。

【推进全区一体化建设】2011年，宝安区发展和改革局科学谋划加快推进特区一体化工作，完成《宝安区加快特区一体化进程调研报告》，为全区推进特区一体化工作提供决策参考。在项目的安排中，按照特区一体化发展要求，坚持全区各区域均衡发展的原则，重点安排建设一批有利于加强城市整体运行支撑的关键基础设施项目、有利于改善公共设施和公共服务水平的民生项目、有利于产业发展和产业升级改造的基础设施项目和有利于加强社会管理及安全防范的项目。一年来，全区城市功能不断完善，城市环境明显改善，公共服务水平提升显著，特区一体化建设已实现“一年明显见效”。三是统筹推进民治特区一体化示范区建设。统筹安排，克服人员紧张难题，在局内部抽调11名骨干力量组成“宝安区加快特区一体化先行示范区建设工作领导小组办公室”；每周安排专人到现场调研，跟踪、协调做好每周的建设工作，编写《宝安区特区一体化先行示范区建设周报》；对深圳北站周边地区亟须市协调解决的问题进行梳理、汇总和上报。（袁　铸）

附：2011年宝安区发展和改革局领导成员名单

局　长：徐礼杰（1月起，5月止）
　　　　王立新（6月起，12月止）
副局长：游植雄　陈炜诚　林　戈
　　　　贺龙德（7月起）

人力资源

【概况】2011年，宝安区人力资源局在全区率先完成机构改革任务，全区劳动关系总体和谐稳定，劳动信访件、重大劳资纠纷数分别同比下降0.9%、27%；劳动合同签订率98.7%、劳动争议仲裁案件调解结案率63.65%，分别创历年新高，就业形势保持稳定。公务员分类管理改革和事业单位人事制度改革深入推进，机构改革后全区行政

2011年9月14日，国家人力资源和社会保障部就业促进司副司长桂桢（左三）在市人力资源和社会保障局副巡视员蔡焕行（右四）的陪同下来宝安区调研高校毕业生就业工作情况

单位科级以下公务员定员定岗工作圆满完成，事业单位岗位设置方案基本完成。全区共引进技术技能人才、大学毕业生等各类人才8077人，申请中央财政转移支付培训补贴3300多万元，实施“百万员工素质提升行动”专项培训115.9万人次，均创历史新高。

【**公职人员管理**】2011年，宝安区人力资源局扎实做好公职人员队伍管理，全面完成机构改革后全区行政单位科级以下公务员的定员定岗等工作。深入开展公务员分类管理改革及执法类公务员队伍情况调研，促进了深圳市公务员分类管理改革有关修订政策的出台，较好解决了基层单位在改革中存在的问题和困难。积极做好公务员考聘工作，完成上年度聘任制公务员聘任手续141人，完成下半年公务员招考工作。稳步推进事业单位人事制度改革，全区317家事业单位全部按时、按质完成岗位设置方案、岗位说明书制定、人事业务系统上线等工作。创新事业单位职员招聘方式，组织教育、卫生系统赴外地重点院校开展异地定点招考职员6场次，招聘职员366人。全年通过公开招考和选聘方式共招聘职员1323人；组织相关单位选聘副高及以上专业技术骨干62人。

【**公职人员培训**】2011年，宝安区多形式开展干部培训，加强与深港产学研基地、深圳国际人才培训中心等优质社会培训机构的交流和合作，提高培训的组织服务水平和培训实效性。组织干部自选培训、“迎大运，学外语”、城市管理（香港）高级研修班等各类培训班34班次，培训公职人员1万多人次。组织科级领导干部竞争上岗笔试2次。

【**机关事业单位工资管理**】2011年，宝安区实现全区公职人员工资福利业务网络化管理。完成全区16648名公职人员年度考核正常晋升工资档次工作，工资变动调整21268人次。完善全区两万多名公职人员工资福利信息，依托区级公务员信息管理系统和事业单位人事业务系统实现工资福利业务网络化操作。

2011年11月25日，区人力资源局作为全市区级政府中唯一一家专门组团参展单位参加“深圳第15届高校毕业生就业创业双选会”

【**人力资源开发**】2011年，宝安区人才引进渠道进一步拓宽。携2600余个优质岗位参加深圳市第15届高校毕业生双选会，组织36家高新企业参加第十届中国国际人才交流大会，多次组织区内企业赴外地举办大型人才交流会，启动致力于中小企业产业升级紧缺人才合作培养的“金桥行动”，成功举办2011年宝安区企校合作人才培养交流大会。

劳动管理

【**居民创业就业**】2011年，宝安区人力资源局实施积极就业政策，有效促进居民就业创业。深入推进户籍居民创业就业工作，出台《关于做好宝安区现行促进“农转居”居民创业就业政策后续衔接工作的意见》，未来3年计划投入约7000万元用于推动“农转居”居民创业就业。成功举办“农转居”居民创业就业总结表彰大会、第四届创业项目推介会，创业孵化基地建设得到进一步加强，全区共促进居民创业317人。有针对性地开展困难人员就业帮扶工作，认真落实灵活就业政策，深入开展“就业援助月”活动，积极开展“送政策、送岗位、送技能、送温暖、送补贴”个性化帮扶活动，共认定就业困难人员4160人，帮扶就业4154人，就业帮扶成功率达99.9%。

【**生源大学毕业生就业**】进一步加大大学生创业就业帮扶力度，出台《宝安籍生源大学毕业生“展翅行动”实施细则》，积极开展“展翅行动”，成功举办“宝安区第三届户籍青年职业见习推介会”，建成市级青年职业见习基地48家，促进青年见习471人。全区应届户籍大学毕业生就业率达93%，大学生就业工作受到国家人力资源和社会保障部就业促进司有关领导的肯定。

【**军转安置及随军家属就业指导**】2011年，宝安区扎实做好军转干部安置和随军家属就业促进工作。妥善解决军转干部安置和随军家属就业促进问题，上年度37名军转干部已安置到位，31名随军家属的促进就业工作成效显著；今年安置65名军转干部方案及促进17名随军家属就业方案已分别报区委、区政府审定。

【**劳务工就业**】2011年，宝安区人力资源局全面开展外来劳务工公共就业服务。组织开展了“金钥匙行动”、创业考察、创业论坛等系列培训班193场次，培训居民15472人次。公益性职介服务深入人心，举办“春风行动”、“逢五逢十”现场招聘会等公益招聘活动846场次，提供就业岗位近205万个。就业登记常态化管理工作扎实推进，全区就业登记总人数达303万。进一步加大人才引进力度，严格落实大学生引进、企业员工招调、农民工积分入户等政策，全年共接收应届毕业生3926人，引进技术技能人才3445人，子女随迁1479人，办理外来务工人员积分入户706人。加强对各类人才的资助，资助博士后2名共20万元、获奖留学生创业企业8家共90万元。

【职业技能开发】2011年，宝安区人力资源局加大力度规范职业技能培训市场，全年共新设职业培训机构2家，办理变更业务2家，暂停办学7家，同意年审57家。年审通过率为85.1%。全面做好来深建设者职业技能培训补贴申报工作，全区173家企业、33万多人成功申请中央财政补贴资金3300多万元。组织开展职业技能工种鉴定9565人次，近4800人获得初级、中级或高级职业技能资格。联合开展“百万员工素质提升行动”培训班5494场次，培训劳务工115.9万人次。深入定点培训机构，引导大型优质企业积极申报资质，开展承接“双转移”就业和培训工作。

【劳动法制宣传】2011年，宝安区人力资源局坚持法制宣传与严格执法两手抓，开展“拒不支付劳动报酬入罪”、“严禁使用童工”等专题法制宣传5场次，进一步营造良好用工环境；组织召开企业劳动法制辅导员业务研讨会8期，帮助企业解决转型升级及生产经营过程中的用工问题；深入开展“彩虹计划”和“春暖行动”，全区劳动合同签订率达98.68%，其中集体合同覆盖企业15544家、覆盖员工101万人。

【劳动监察执法】2011年，宝安区坚持维稳为第一要务，及时调处重大劳资纠纷，坚决查处违法用工易发、劳资纠纷多发的低端企业，全年开展劳动用工专项大检查5次，累计检查用人单位31630家次，立案查处204宗，作出行政处罚116宗，处罚金额568.76万元。加强应急防范和现场处置，共妥善处理重大劳资纠纷114宗、欠薪逃匿案件46宗。

【劳动信访】2011年，宝安区人力资源局处理劳动信访件62098宗，向区里报送预警信息612条。加强劳资纠纷调处和劳动争议仲裁，局劳动争议联合调解室处理疑难劳资纠纷270宗，街道联调室调处基层劳资纠纷16708宗，区劳动人事争议仲裁机构受理劳动争议案件10963宗。全面推广厂房业主信息平台机制，对全区400人以上企业实现全覆盖。深入推广“1+3”劳资恳谈协商机制，对400人以上企业覆盖率达80%。

【劳动人事争议仲裁】2011年，宝安区积极探索建立企业劳动争议调解组织，在全区152家大型企业建立劳动争议调解委员会，把劳动争议调解延伸到企业。创新简易案件处理模式，对小额劳动争议仲裁案件实行简易程序处理。劳动争议调处工作不断创新，区人力资源局劳动争议“小联调”、街道各部门劳动争议“大联调”、劳动争议仲裁“四阶段调解”等诉前调解经验做法受到省有关部门高度肯定，区人力资源局作为全省人力资源系统唯一代表在全省诉前联调经验交流上作现场发言。全区劳动争议仲裁案件调解结案率再创新高，达63.65%。

2011年12月2日，“宝安区劳动仲裁综合技能大比武”在区群众艺术馆举行

机构改革机构变动情况

【内设机构】2011年，宝安区人力资源局内设办公室、人力资源配置科、就业促进科、法制科、职业能力建设科、信访科（劳务工信息处理办公室）、公务员管理科、职员与雇员管理科（专业技术人员管理科）、工资福利科、综合管理科（人事监督科）等10个科室，下设深圳市宝安区劳动人事争议仲裁院、深圳市宝安区劳动监察大队2个直属机构，下设深圳市宝安区人才服务中心、深圳市宝安区劳动就业服务中心2个下属事业单位。

【人员编制】2011年，宝安区人力资源局机关行政编制46名，其中局长1名，副局长4名；内设机构领导职数19名（10正9副）。配备雇员8名，其中专业技术雇员1名，辅助管理雇员3名，工勤雇员4名。深圳市宝安区劳动人事争议仲裁院行政管理类事业编制13名，其中院长1名，副院长1名，内设机构领导职数5名（3正2副），配备辅助管理雇员5名。深圳市宝安区劳动监察大队行政执法专项编制25名，其中大队长1名，副大队长3名，配备工勤雇员2名。

【机构变动情况】2001年，根据市编委《关于〈深圳市宝安区党政机构改革方案〉的批复》（深编〔2011〕

26号），原宝安区人事局、原宝安区劳动局合并为深圳市宝安区人力资源局。原宝安区劳动局直属机构深圳市宝安区劳动争议仲裁院（劳动争议仲裁委员会办公室）与原区人事局直属机构深圳市宝安区人事争议仲裁委员会办公室整合，成立深圳市宝安区劳动人事争议仲裁院。　（奚荣斌）

附：2011年宝安区人力资源局领导成员名单

局　长：陈长贵

副局长：许　进　陈佑明　刘典明　李先富

机关事务管理

【概况】2011年，宝安区机关事务管理局围绕区委区政府中心工作，拓展工作思路，创新工作机制，圆满完成大运会外围保障、大型公务活动和各项后勤保障服务工作，管理和服务水平迈上新台阶。年内，全局上下各司其职、各负其责、开拓创新、勤俭节约，扎实完成各项相关工作任务，取得新的突破。宝安区机关事务管理局内设办公室、财务科、事务科、车管科、保卫科、接待办、后勤中心七个科室。2011年，宝安区机关事务管理局编制98人，实有90人，其中在编公务员22人，机关雇员42人，后勤中心在编职工26人。

【综合协调】2011年，宝安区机关事务管理局积极履行综合协调职责，撰写各类材料200多份，完成大运会《宝安赛区外围保障工作全记录》等近50万字的文字图片材料，加班加点在短期内完成了560名大运会外围保障人员、120辆保障车辆的注册工作，圆满完成干部职工和聘用人员年度考核、各种合同、工资、社保及保险手续等工作。另外根据市人力资源局和社会保障局的要求，在时间紧、人手少、信息校核量大的情况下，加班加点更换人事与工资系统，受到区人力资源局通报表扬。

【财务管理】2011年，宝安区机关事务管理局确保财务监督到位。财务科充分发挥会计监督职能，根据国库支付改革要求，做好区直机关32个单位39套账的“往年结余”清缴工作，严格落实财务审核，规范报账程序，按时发放工资，及时申拨各类代扣缴款项，调整会计核算科目，组织各报账单位按时保质完成个人所得税申报和清缴工作，全年完成各类凭证21300份，完成报账业务近3万笔。另外，在时间紧、任务重的情况下，做好大运会期间相关经费的协调落实，抽调人员参与完成了部队和安保学警后勤保障工作。

区委常委、常务副区长、宝安赛区外围保障部部长刘惠玲（右二）在餐饮区检查指导工作

【事务管理】2011年，宝安区机关事务管理局抓好大运会相关物资保障、区委区政府大楼空气净化工程、地毯更换工程、物资仓库规范化管理、换届期间办公室调整、办公设备购置、后勤人员宿舍跟踪建设、搬迁等工作，另外建设大厦补漏工程、办公室节能改造工程正在跟踪落实中。年内，合计完成区委区政府大楼办公室局部装修项目、小型基建工程和专项维修220项，合理安排、调配办公室59间，办理电话安装190次，购置办公家具、设备等375件，调配450件，大运会期间从各街道借调包括132台电脑、55台打印机、16台复印机、6台扫描仪、92张办公桌、50个文件柜等在内的通用类物资12类1200件。

【规范安全管理】2011年，宝安区机关事务管理局引进高科技防控系统加强安全保卫，增设重点岗位监控探头，在大院3个主要进出大门设置最先进的“访客登记管理一体机”等，确保机关安全、有序、协调运作。6月19日，协调区公安分局成立驻区委区政府特保中队，安排特保大队128名队员接管大院安保工作，提升了安全保卫水平，全年共处理各类上访、求助141批次。

【公车管理】2011年，宝安区机关事务管理局严格按程序和标准，认真做好公务用车的购置、更新、维修、处置等日常管理工作，继续坚持实行台账登记和量化考核制度，狠抓驾驶员的思想教育和安全教育，保障区领导和机关公务活动用车3500辆次，做到安全行驶无事故。积极配合区纪委开展公车治理专项活动，完成有关调查材料、数据的上报工作。圆满完成大运会车辆借调工作，从10个街道及区机关事务管理局等区直机关单位借调车辆41台（包括2台大巴、11台中巴、28台商务车及小汽车），并做好借调司机的日常管理。

【物业管理】2011年，宝安区机关事务管理局进一步改善大院绿化环境，加强空调、扶手、电梯等的消毒和大院“除四害”消杀工作，完善大楼部分装修和设施，年内，制作办公楼智能卡473张，授权25000多人次，摆设花草157批次，实施消杀、清洁工程60次，进行了118次专项维修，物业管理完成各项来电来访服务3218项，物业维修2032次，清洁类1235次。

【餐饮服务】2011年，宝安区机关事务管理局切实抓好餐厅、客房管理和接待用餐保障，严格把好进货关、加工关，确保食物的卫生和安全，尽量满足来自不同地区、生活习惯不同、口味要求各异的就餐人员。年内，保障干部职工就餐419467人次。

【大运会宝安赛区外围保障】2011年，根据深圳第26届世界大学生夏季运动会宝安赛区委员会的部署，宝安赛区外围保障部由宝安区机关事务管理局牵头，组织协调29个相关部门负责宝安赛区的各项外围保障工作，包括交通、医疗、餐饮、贵宾接待、供水、供电、通信、食品安全、部队和安保学警后勤保障等。其中，外围保障部的组织协调、餐饮保障、贵宾接待由事务局直接负责。外围保障工作涉及面广、工作量大，任务异常艰巨。宝安区机关事务管理局建立明晰的责任体系，各部门步调一致形成合力，圆满完成各项外围保障工作。

【落实“一岗双责”工作】2011年，宝安区机关事务管理局按照区委区政府关于实行领导干部安全生产“一岗双责”要求，全力落实安全生产“一岗双责”的有关工作。一是制定《区机关事务管理局实行领导干部安全生产“一岗双责”工作的方案》、《安全生产“一岗双责”具体落实措施》，将安全生产职责分工具体到人到岗，明确任务、责任；二是按照“谁主管，谁负责”、“谁审批，谁负责”的原则，从贯彻落实科学发展观的高度出发，全面落实各项安全生产工作目标任务；三是贯彻落实，各科室、中心都认真抓好安全生产“一岗双责”，将安全生产工作落到实处，区委区政府大院全年无安全生产事故和刑事、治安案件发生。　（严宝铃）

附：2011年宝安区机关事务管理局领导成员名单

局　长：黄盛华

副局长：王伟邦　谢晴玲

政府采购

【概况】2011年，宝安区政府采购中心共完成采购项目4905项（含协议采购），同比增长9.9%，其中招标项目825项，同比增长28.3%；完成采购预算20.1亿元，同比增长64.7%；实际采购额17.9亿元，同比增长63.1%；节约资金2.2亿元，节资率11.1% 。

【大运会项目采购工作】2011年，“迎大运，创全国文明城市标兵大干200天行动”以来，宝安区大运项目数量猛增。为按时保质完成采购任务，宝安区政府采购中心工作人员提前介入，严格把关，确保大运项目采购优质低价高效。对所有大运项目，明确完成时限，要求标前负责人与开标负责人密切配合，做好衔接，同时要求各业务部门制订大运项目进度表，每周向中心汇报工作进度，并严格按进度表中的规定时限完成工作进度。提供多样化采购形式。针对大运会部分零星采购时间紧问题，中心提供了商场供货、协议采购、网上竞价等多种采购方式。用户单位可按规定直接通过网上商城系统、竞价系统等完成采购。通过该类方式采购的大运项目有20多项，大大缩短采购时间，提高采购效率。年内，中心常规采购项目数量大幅增长，所有大运项目均按时完成。在中心实施采购的大运项目，除部分为市委、市政府指定采取单一来源的项目外，92%的项目均按规定在网上发布招标公告，公开邀请供应商参与投标，确保采购项目的优质价低。中心大运项目采购工作取得一定成绩，受到好评。宝安区政府采购中心共完成大运项目92项，采购预算23445.55万，实际采购19667.67万元，节约资金3777.88万元，节资率为16.1%。

【改革试点工作】2011年，宝安区采购中心不断改进三项改革实施的各环节，稳步推进改革试点工作。中心通过公开招标，将国美、苏宁、史泰博等大型专业商场作为供货商场，并分别商定下浮比率及特色售后服务，将电脑、打印机等通用类办公设备纳入商场供货，并在原有的协议供货系统上搭建商场供货采购系统，初步建立商场供货模式。2011年，中心继续扩大商场供货的采购范围，将办公用品、日用百货等也纳入商场供货，并通过公开招标将天虹、新一佳、友谊书城等商场作为供货商场。同时，中心开发网上交易平台，即网上商城系统。该系统除具有其他购物网站的商品展示、查询等功能外，还具备采购计划审批、各商场间产品价格对比、国库集中支付、监督部门在线监管等功能。商场供货实施以来，在解决通用物品采购品种繁多，单次采购额小，采购次数频繁，价格变化较大等问题上起到较为显著的作用。年内，通过旧系统完成采购753单，采购预算740.4万元，节约资金27.8万元，节资率3.8%；通过网上商场系统共采购271单，实际采购金额24.9万元。网上竞价系统运行良好，成为实现充分竞争的重要手段，网上竞价系统建成以来，该中心不断完善细节工作，确保正常运行。从实施效果来看，在解决部分采购项目因竞争不充分而导致的采购价格较高问题上有着显著效果。年内，共通过该系统完成采购项目255个，采购预算5391.5万元，实际成交价4810.8万元，节资率达10.7%。跟标采购制度实施良好，在解决紧急项目效率的问题上效果显著，该方式是根据全市各采购中心的历史记录，以1年内最好的采购结果为依据，对紧急项目，直接发布采购公告，邀请所有符合条件的供应商在网上进行竞价，报价最低的供应商中标，5天内即可完成项目采购。提高采购效率，减少重复招标，节省人力物力方面效果显著。年内，完成跟标项目3单。该中心探索对部分项目实行评定分离，专家只负责审核是否符合相关资格和要求而不作评价，最后通过网上竞价系统竞价，以价格最低者为中标供应商。该制度打破了由专家确定中标候选人的模式，将中标决定权交给竞争平台完成。

【扩大采购范围】根据《2011年深圳市政府集中采购目录》要求，宝安区采购中心在深入调研的基础上，结合实际，不断扩大政府采购范围。公务车定点维修纳入政府采购，2011年，正式将公务车定点维修纳入政府采购范围。经过公开招标，将18家汽车维修企业确定为定点维修企业。各单位公务车辆可在这18家企业中任选一家企业，按已商定的优惠率进行维修。社区清扫保洁服务纳入政府采购，在各街道清扫保洁服务已纳入宝安区政府采购范围的基础上，该中心深入社区走访、调研，将社区清扫保洁服务纳入政府采购范围，通过公开招标方式确定服务供应商，进一步规范社区清扫保洁服务。日用百货、办公用品纳入政府采购，借助网上商城系统，中心将日用百货和办公用品纳入政府采购范围，并通过公开招标将天虹、新一佳、人人乐、友谊书城、亿康书城等共9家商场纳入商城供货，采购单位可在网上商城以网上购物的形式直接采购商品，商场可免费送货上门，满足采购单位零星采购方便快捷的需求。

【扶持本地企业】2011年，宝安区政府采购中心充分发挥政府采购政策导向功能，大力扶持本地企业发展。为宝安区企业提供政府采购应标培训，根据《宝安区2011年素质工程专项资金使用及职业能力培训办班计划》安排，专门设置3个培训班，分别对医疗设备企业、物业管理企业和商城供货企业，进行政府采购方面的知识培训，进一步提升其应标能力，鼓励其诚信经营，提高服务质量和产品质量，扩大企业和产品的影响。全力支持在宝安的协议采购产品供应商，生产商的一级或代理授权是在宝安注册的供应商，优先纳入协议采购供应商库，支持其发展。年内，共有64家本地高新企业生产的自主创新、节能环保产品纳入协议采购商品库。

【提升精细化、规范化水平】2011年，宝安区政府采购中心高度重视精细化管理，优化评分体系、制定需求方案模板、专家抽取管理、发挥特邀监管员作用等，细化操作程序，进一步规范各项工作。优化清扫保洁、物业管理类综合评分体系，从维护采购单位利益出发，对市政清扫保洁服务、物业管理项目的综合评分体系进行优化。优化后的评分表更注重对服务质量的保障，引导投标人将项目费用用于人员、设备的投入，体现对履约情况的重视。同时，明确相关奖惩措施，并通过100%量化评分标准，有效限制专家裁量权，防止专家评标不公、随意打分的情况发生。制订服务类项目需求方案模板，对服务类项目，中心按照不同类别，分别制订相应的需求方案模板，既方便了采购单位申报，又规范了需求方案格式。已制订清扫保洁、行政机关单位物业管理、学校物业管理、医院物业管理的需求方案模板。加强专家抽取和使用管理，总结以往在抽取、使用专家上的经验，结合实际，发布《关于进一步加强异地专家抽取及使用管理的通知》和《关于进一步明确专家评审费的通知》，进一步规范异地专家抽取及使用管理，防止专家相关信息泄露及与供应商接触，更详细具体地明确评审费用，有效地避免不必要的争议。充分发挥特邀监督员作用，特邀监督员制度建立以来，宝安区政府采购中心严格遵守，贯彻落实监督机制，在聘任第二届特邀监督员后，中心印发《关于进一步加强联系和沟通切实发挥特邀监督员作用的通知》，在定期报送情况、邀请监督、如何监督等方面进行更加细化的规定，切实发挥特邀监督员的监督指导作用。加强保证金管理，为进一步规范保证金收取和退还工作，将较为繁琐的手续尽量简单化，提高办事效率，为供应商节省时间和精力。制订保证金管理规定，使保证金管理工作更加科学规范。加强清扫保洁类项目后续监管，为解决服务类项目重承诺、轻履约以及监管不到位问题，经过调研讨论就如何加强对清扫保洁类供应商的履约监管，通过通知形式进一步明确采购单位监管职责、程序要求及奖惩措施等，为采购单位进行履约监管提供详细的指引。

【提升政府采购效率】2011年，宝安区政府采购中心通过制度创新、简化流程，提高采购效率，效果较为明

2011年6月16日，中纪委预防室一行到区采购中心考察调研

显。简化非公开招标审批流程，中心根据《关于印发宝安区政府集中采购项目非公开招标采购方式审批管理办法的通知》的规定，制定《关于进一步加强非公开招标采购方式审批管理的通知》，规定在标前无投诉质疑的情况下，300万元（不含）以下的项目转非公开招标，报中心主任审批；300万元（含）以上的项目，报中心主任办公（扩大）会议审批。如需申请转非公开招标，只需填报《宝安区政府采购中心非公开招标采购方式审批表》及采购人提供的申请材料，由中心按照规定审定即可，省略采购前向财政局请示的流程，大大缩短标前准备时间，受到采购单位好评。建立相关制度进一步提高采购效率，为进一步规范政府采购工作，提高采购效率，该中心根据实际工作流程，制定采购需求方案限时审核制度、采购项目限时完成制度、一次性告知采购单位修改意见制度、招标文件部长审核制度等，以通知形式明确各环节工作时限，并尽量简化流程，提高工作效率。对紧急项目采购提前介入，为应对部分项目采购时间紧的问题，该中心变被动服务为主动服务，提前介入，在采购单位未申报前，提前与采购单位沟通，帮助其正确申报，指导其制定需求方案，及早解决前期相关问题，确保项目按时完成。（陈国新）

附：2011年宝安区政府采购中心主任名单

主　任：陈宜汉

同富裕工程

【加大社保扶持力度】2011年，宝安区委区政府将解决欠发达地区原居民社保缴纳补贴问题列入2011年为民所办十件实事，有梯度地扶持年人均集体有效分配5000元以下的“村改居”社区居民参保，标准比原先提高2000元。凡人均集体有效分配3000元以下的，实行全额补贴；3001～5000元补贴50%。同时，将原先扶持的住院和地方补充医疗保险提升为有门诊保险的综合医疗保险。从而扩大对原居民的扶持范围，提高对原居民的扶持标准，增加对原居民的扶持项目。全区124个社区、16107名困难群众实现老有所养，病有所医。更多人分享改革开放的成果，进一步巩固了农村城市化成果，维护了社会稳定。

【扶持社区集体经济】2011年，宝安区在充分调查研究的基础上，经区政府和区人大会议通过，2011年区财政安排的同富裕工程资金规模为5000万元，主要用于扶持欠发达地区参加养老保险和医疗保险；帮助欠发达地区发展集体经济，扶持、鼓励欠发达社区股份公司参股经济效益好、收益长远稳定的股份银行或企业；改善欠发达地区的投资环境和群众的生活条件；解决欠发达地区的热点难点问题等。为解决全区发展不平衡问题，区同富办积极参与区财政局起草出台《区帮扶欠发达社区股份合作公司发展的试行办法》。《试行办法》对加快欠发达地区集体经济发展，缩小宝安区东西部差距将发挥积极作用。

西乡同富裕工业园

【推进资料归档】2011年，宝安区同富办首先抓好2010年项目的立项开工建设和第四期同富裕工程的完工工作。每月收集各街道项目建设进度，然后汇总制成表格，分析研究。发现问题，召集相关街道同富办商讨，及时督促整改，或联系相关部门共同解决，同时按照区政府的要求和相关规定，尽量简化程序，及时拨付资金，以加快欠发达地区道路交通、供水、排洪、排污设施建设，不断完善基础设施。全年共新开工项目8项，完工17项；第四期同富裕工程项完工84项，归档21项。为使完工项目尽早发挥效益，造福欠发达地区群众，区同富办协助街道同富办对二、三期未归档项目逐一分析，提出办理意见，列出缺失资料的项目，督促街道联系监理单位，想方设法寻找原始资料。277个项目已归档260项。对于确实无法找到人员、资料，无法归档的，由街道提出书面建议，负责对现有资料进行保管。对于手续完备、资料齐全的项目，则积极帮助相关街道联系审计部门加快审计，使竣工项目早日发挥效益。

【协助制定同富裕工程后续政策】2011年，宝安区同富办为更好落实市政府关于“同富裕资金政策再延续一年”的精神，顺应欠发达地区群众的要求，深入基层座谈、走访，全面了解情况，广泛听取意见，就如何协助市同富办草拟制定同富裕后续政策，邀请区相关部门进行研讨，将意见和建议向市同富办和区两办汇报，争取党委政府和有关部门的支持，继续实施同富裕工程。

【办好提案建议】2011年，在宝安区四届人大七次会议、区政协三届七次会议和区党代会期间，区人大代表、政协委员和党代表提出的涉及同富裕工作的建议、议案和提案共4件。虽然全为会办，区同富办联系主办单位，逐一上门了解情况，听取意见，多次参加主办单位的相关会议，介绍涉及答复内容的同富裕工作，并提出相关建议。所有会办意见的答复都在规定时间内完成。（甘德康）

附：2011年宝安区同富裕工程领导小组办公室领导成员名单

主　任：蔡　颖

副主任：郭瑞琼

政协深圳市宝安区委员会

2011年政协深圳市宝安区委员会主席、党组书记、副主席、常委名单

主席、党组书记：沈建英

副主席：曾汉良（2月止）　高书环（6月止）　黄英来　毛伍元　周格机　杨浩勃（2月起）

秘书长：李时中（6月止）

常　委：邓剑平　王熙远　卢暖培　刘小江　刘瑞永　庄陆坤　张清明　李　懿　肖　奋　陈日明　陈玉昌　卓照明　胡　俐　唐　瑛　翁锐桂　曹享云　黄尔春　黄盛华　黄瑜玲　赖汉宣　赖海宏　廖　欣　蔡天心　魏思环　魏新燕

政协宝安区三届七次会议

2011年2月12～13日，中国人民政治协商会议深圳市宝安区第三届委员会第七次会议将在区委区政府礼堂举行。178位区政协委员出席会议。会议审议通过区政协主席沈建英代表常务委员会所作的工作报告和区政协副主席高书环代表常务委员会所作的提案工作报告。会议认为：区政协三届七次会议是在中共宝安区委团结带领全区人民，立足"十二五"规划新起点，加快推进特区一体化，建设和谐幸福宝安的新形势下召开的一次重要会议。会议指出，2011年是中国共产党成立90周年、"十二五"规划开局之年、深圳的"大运年"，也是宝安在特区一体化形势下推进跨越式发展的起始年。做好今年各项工作，为"十二五"时期开好局、起好步，为建设和谐幸福宝安奠好基、探好路，意义重大、影响深远。会议提出：一是加强学习、增进共识，为实施"十二五"规划汇聚合力。二是围绕中心、服务大局，为加快推进特区一体化献计出力。既要用活"内力"，组织委员围绕推进法规政策、规划布局、基础设施、城市管理、环境保护、基本公共服务等一体化工作，认真开展调查研究；又要善借"外力"，主动邀请市政协牵头组织市各有关部门到宝安开展联合视察调研，推动落实相关工作。三是协调关系、增进团结，为建设和谐幸福宝安凝心聚力。四是认真总结、积极探索，为新一届区政协工作打好基础。会议补选杨浩勃为区政协三届委员会副主席。区领导鲁毅、张备、张洪华、沈建英、赵燕民、刘惠玲、戴斌、高书环、黄英来、毛伍元、周格机、杨浩勃出席会议。

综　述

【协商议政新进展】2011年，宝安区政协常委会认真贯彻省政协工作会议及省委、市委《政治协商规程（试行）》的精神，紧紧围绕事关宝安区经济社会发展全局性、战略性和前瞻性的问题协商议政，为促进宝安区跨越式发展献计献策。全局性工作协商取得显著成效。区政协三届七次会议期间，区政协把科学制定"十二五"规划作为协商议政的重要内容，组织全体委员对《政府工作报告》、《宝安区国民经济和社会发展第十二个五年总体规划》等重要报告开展协商，形成《关于区政协三届七次会议期间委员意见建议情况的报告》专报区委区政府，从优化产业结构、办好民生实事、推进特区一体化建设等方面提出35条建议，得到政府的高度重视，有效进入决策参考。重点工作协商效果突出。在三届二十次常委扩大会议上，政协常委、经济界和工商界委员对宝安产业转型升级问题进行专题协商，从发展战略性新兴产业、推进支柱产业高端化等方面，提出40条协商意见。区长和主管经济工作的副区长、有关职能部门领导到场听取意见，回应委员的建议。协商会形成了《宝安区政协"关于加快产业转型升级，加快转变经济发展方式的建议

2011年宝安区政协机关机构设置

机构名称	主要职责范围	负责人	电　话	地　址
办公室	区政协的综合办事机构，负责处理机关日常工作	黄　展	29998108	区委区政府办公楼
经济委员会	负责组织政协委员就经济、科技方面的问题开展各种活动，联系和团结经济、科技领域的各界人士	刘瑞永（4月止）	29998266	同上
提案委员会	负责组织区政协提案工作	李　懿	29998138	同上
社会联谊委员会	负责与党政机关、各民主党派和人民团体的联谊工作	黄瑜玲（5月止）	29998113	同上

2011年6月20日，宝安区政协召开推动产业转型升级专题协商议政会

案》报送区政府。专题协商作用充分显现。组织专委会委员对宝安实现特区一体化工作视察，了解深圳北站片区的交通设施、医院、学校、公园等建设情况，推动民治片区一体化示范区加快建设；组织委员视察诺普信、格林美等高新技术企业，委员对发展宝安区战略性新兴产业提出建议；组织委员视察版画基地、永丰源陶瓷等文化基地，委员对扶持文化产业发展提出建议。

【**民主监督力度增强**】2011年，宝安区政协常委会以区委区政府重大决策和重要部署的贯彻落实为重点，采取生动灵活的方式履行民主监督职能，推动有关工作的开展，民主监督富有成效。寓民主监督于重点工作和重点项目部署实施全过程。为促进宝安区重点工作和重大项目的建设，区政协认真组织委员对重点工作和重点项目的推进和完成进行跟踪视察，推动其得到扎实落实。一是对“特区一体化先行区”建设工作视察监督。区政协领导率委员前往民治街道，听取“民治一体化示范区建设办公室”汇报进度，视察推进产业结构调整、环境综合整治、基础设施和公共配套设施建设、城市管理等工作，委员提出要高标准规划、高标准建设，为其他街道作出示范等建议。二是对“迎大运、创全国文明标兵大干200天”工作视察监督。区政协召开三届十九次常委会议，采取实地考察和座谈结合的方式，组织政协常委视察区体育场、西乡体育中心、西乡街心公园及体育场馆周边环境整治、道路景观提升工程等。委员向城管部门提出重点区域环境要出亮点，搞好建设同时要加强管理，追求速度同时要兼顾质量等建议。组织委员视察宝安区交通设施建设工作，委员提出完善交通信号摄录系统，确保大运会交通有序的建议。三是对惠民工程建设工作视察监督。市政协张效民副主席率市、区政协60多名委员，对宝安区医疗设施建设情况开展联合视察，视察沙井、松岗、福永、石岩等医院，提出要将宝安、龙岗作为医疗卫生优先发展地区给予扶持，加大投入，在老关外地区建立现代医疗服务体系；组织委员视察宝安区民办教育工作，委员就推动公办民办教育均衡化、优质化发展，以及教育向一体化、国际化方向发展等问题提出建议；组织委员视察海华社区公园改造、平峦山公园及铁仔山公园建设情况，提出公园建设要个性突出、特色鲜明、功能完善的建议。充分发挥政协提案的民主监督作用。区委区政府高度重视提案工作，党委和政府主要领导亲自领办重点提案，提案办理成效显著，积极发挥了民主监督作用。2011年收到提案50件，立案45件。截至10月，提案答复率100%，反馈满意率100%，落实率56%。一是重点提案民主监督作用显著。鲁毅书记领办“加快推进宝安区基础设施和公共服务的特区一体化，提升城市环境市民文明素质的提案”，主持召开会议听取多个部门对该提案的办理汇报，今年一体化工作初见成效。张备区长领办“设法解决农转居居民基本养老保险和医疗保险断供难题的提案”，鲁毅书记和张备区长专门召开会议研究扶持股份公司办法，区委区政府2011年6月下发《宝安区帮扶欠发达社区股份合作公司发展试行办法》，提案建议得到落实。李慧民副区长领办“完善购买民办学校优质学

2011年2月25日，区政协主席沈建英，副主席黄英来、毛伍元、高书环、杨浩勃等视察大浪民生工程

位工作并提高民办学校教师待遇的提案”，2011年共购买民办学校优质学位7066个，领办“扩建松岗人民医院的提案”，2011年松岗医院扩建项目已办理用地选址意见、用地预审以及环评。各职能部门认真办理提案，区政协开展委员督办活动，提案得到较好的办理落实。二是跟踪落实往年提案的监督意见。对往年提案“回头看”。区政协办与区委区政府督查室联合下发《开展三届政协提案办理“回头看”活动的通知》，确定9件提案跟踪督办并取得良好效果。如，宝安职校新校区已完成第一批项目招标，预计2012年9月部分投入使用；妇幼保健院新院建设完成投资1300万元，年底正式开工；老虎坑发电厂二期工程主体工程完成；固戍二路前期工作已经完成等。加强社情民意信息工作的民主监督作用。在创新社情民意工作中，面向社会公开征集线索，拓宽收集社情民意信息渠道，充分反映社会各方面的诉求。发挥媒体作用，组织委员到宝安日报接听群众热线电话征集民情；积极发挥街道政协联络办的作用，组织委员下社区征集社情民意；各民主党派、人民团体和各界委员充分发挥贴近基层、联系广泛的作用，踊跃提交社情民意信息。社情民意信息反映的不少问题引起有关领导和部门的高度关注，推动不少问题的解决。年内，区政协收到社情民意信息稿件67篇，其中29篇报送市政协和区委有关领导及职能部门。“民治保障性住房缺乏公共配套设施居民盼完善”呈报副市长吕锐锋，“建议取消劳务工医疗保险需绑定社康中心使用的规定”呈报副市长唐杰，推动有关工作开展。一批信息得到区领导高度重视。洪华副书记对“社区视频监控设备急需维修”信息批示，区综治办对全区4.7万个治安摄像头全面调查，加强维护管理工作；副区长孙波对“对沙井街道新沙立交桥改造的建议”批示要求宝安交通运输局跟进等。有序推进委员的特约监督作用。召开区政协委员特约监督员工作会议，加强对担当各部门特约监督员的指导。担任特邀监察员、人民监督员、交通监察员、

2011年5月25日，区政协副主席周格机、杨浩勃等视察高新技术企业

司法监督员、政府采购特约监督员等有关部门特约监督员的政协委员，以高度政治热情和责任感，深入实际，明察暗访，主动了解各部门履职情况，积极参加行风评议活动，及时反映群众的意见和要求，督促有关部门转变作风，改进工作，较好地发挥了民主监督作用。

【参政议政】2011年，宝安区政协常委会发挥委员智库作用，紧扣宝安发展形势，围绕宝安产业发展、社会建设和社会管理的重点问题精选课题，组织各界别委员开展参政议政调研取得成效。专题调研成果丰硕。“推进宝安人才洼地建设的几点建议”课题围绕用新理念超前制定人才发展规划，建设一支富有创造力、竞争力的现代化产业人才队伍等五个方面提出22条建议，部分建议成为了政协全会的政治协商意见。“推动产业转型升级”、“发展养老事业”和“发展文化事业”调研已形成参政议政成果报送区委区政府作为工作参考。调研形式有所创新。与致公党深圳市委会、民治街道三方共建“特区一体化调研基地”，借助致公党专家的学者智慧，发挥政协委员的智库作用，以及利用基层第一手材料，形成高质量的成果供全市一体化工作参考。“提升深圳北站枢纽地区的城市功能”、“民治街道菜篮子用地调整的建议”、“加强二线拓展区国有土地管理的对策建议”三个课题已经完成，将作为参政议政意见呈送市、区有关部门参考。知情议政活动广泛开展。多次组织委员听取各职能部门工作汇报，增进政协委员对政情的了解；区政协领导率委员视察位于大浪的市服装产业聚集基地的建设情况，委员提出要在完善规划、吸引企业进驻、人才落户等方面实现突破，积极推进基地尽快投产等建议，区政府主管领导和有关部门对委员的建议一一回应；组织委员视察了位于石岩的艾美特公司和位于观澜的银星公司，听取区经促局通报推进加工贸易转型和传统产业升级工作；组织委员赴松岗街道视察住友电工和金环宇公司，调研松岗街道产业升级情况；组织委员视察市泰玛风光能源公司和艾博科建筑设备设计公司，听取区科创局通报宝安区科技产业发展情况。在这些视察活动中，委员就发展高新科技产业、推动产业升级调整和增强区域创新能力提出一批建议。界别小组活动更加活跃。经济组委员围绕推进宝安区“十二五”规划落实问题开展调研，就规划的宣传解读、分解任务、执行监督、考核机制等，形成提案推动该项工作。港澳组委员开展丰富的联谊交流活动，并围绕农转居居民社保问题调研，形成提案推动部分居民社保断供问题的解决。组织界别委员到区福利中心、石岩任达爱心护理院

视察，听取区民政局通报养老事业发展情况，委员提出加快养老机构的社会化、市场化，加强民办养老机构的管理和指导等建议。街道委员小组活动丰富多彩。加强对政协联络办工作的指导。街道的委员小组开展听取街道党工委工作通报、视察街道重点项目、下社区征集民情民意、与社群居民开展说事评理等丰富多彩的活动。

【团结联谊工作】2011年，宝安区政协常委会充分尊重和支持各民主党派、人民团体和各界委员履行职能，营造团结民主、平等协商的宽松氛围。在区政协的专题调研、专题协商、视察监督等各项履行职能活动中，安排各民主党派、人民团体和各界委员参与履职，调动和发挥他们的专业优势，引导他们积极参政议政，建言献策。组织各界开展联谊交流活动，增进友谊。举办区政协2011年新春茶话会、迎中秋庆国庆茶话会，区委区政府和区政协领导与各民主党派、人民团体、各界人士欢聚一堂，友好交流，共谋发展，共促和谐。加强宝港两地交流，区政协领导率队前往香港，与港澳政协委员座谈交流，参加福永同乡会成立典礼，拜会香港社团总会、松岗文氏宗亲会、长洲同乡会、石岩同乡会的港籍宝安乡亲。凝心聚力支持办大运，区政协领导分赴街道倡议政协委员支持造林绿化，委员及委员企业捐款1300多万元。区政协组织机关干部到新安海华社区开展“迎大运、做义工”志愿行动。加强与各地政协联系，积极推介宝安。与广东开平市、大连市西江区、平顶山市新华区、云南寻甸县、宁波北仑区等地政协开展交流活动。

【履职水平提升】2011年，宝安区政协常委会注重加强队伍建设，不断提升政协履行职能的水平。一是加强学习，提升委员履职水平；二是加强对街道政协联络工作的指导；三是加强机关服务工作，政协队伍履职能力得到提升。　　（王梦郁）

纪检　监察

2011年中共深圳市宝安区纪委、区监察局领导成员名单

书　　记：刘建柱（1月止）
　　　　　林梓明（1月起）
副 书 记：谢炳文（12月止）
　　　　　王　敬（12月止）
　　　　　贺远东（12月起）
　　　　　王　新（12月起）
监察局局长：王　敬（12月止）
副 局 长：刘　伟
区纪委常委：林梓明（1月起）
　　　　　谢炳文（12月止）
　　　　　王　敬（12月止）
　　　　　贺远东（12月起）
　　　　　王　新（12月起）
　　　　　刘　伟　田向伟　余光林
　　　　　徐　颖（12月起）

宝安区纪委四届六次全体（扩大）会议

2011年1月30日，中共深圳市宝安区第四届纪律检查委员会第六次全体（扩大）会议在区委区政府会堂召开。区几套班子成员及各部门负责人共600多人参加会议。区委书记鲁毅作大会讲话，区委常委、区纪委书记林梓明主持会议并代表区纪委常委会作工作报告。这次全会的任务是深入学习贯彻胡锦涛总书记在十七届中央纪委第六次全会上的重要讲话精神，中央纪委第六次全会、省纪委十届五次全会、市纪委五届二次全会和区四届七次党代会精神，总结宝安区2010年党风廉政建设和反腐败工作，研究部署2011年任务。区委书记鲁毅对2010年全区反腐倡廉建设给予充分肯定，他强调，要把转变作风、提升为民服务的效率和质量作为“廉洁城区”建设的主攻方向，把加强监督、落实各项惠民利民政策措施作为“廉洁城区”建设的重要着力点，把严明纪律、切实维护群众利益作为“廉洁城区”建设的出发点和落脚点。区委常委、区纪委书记林梓明在工作报告中指出，要切实履行纪检监察职能，为全区中心工作提供坚强保证；坚持作风建设常抓不懈，坚决维护群众切身利益；坚持教育与监督并重，进一步规范权力运行；强化制度创新和执行，切实发挥制度的治本作用；严肃查办违纪违法案件，惩治消极腐

2011年宝安区纪委（监察局）机构设置

机构名称	主要职责范围	主要负责人	电　话	地　址
办公室	区纪委的综合办事机构，负责处理纪委综合性日常工作	王　新	29998968	区委（府）办公楼
案件检查室	负责受理对违反党规、党纪的党员、干部和监察对象的初查、立案调查工作	徐　勇	29998066	同上
案件审理室	负责审理党员、党组织和监察对象违反党纪、政纪案件	李伟如	29998089	同上
党风廉政室	负责监督检查、综合分析党风和廉政建设情况	余光林	29996866	同上
宣传教育室	负责开展经常性党风党纪教育活动	廖远滨	29998019	同上

（续表）

机构名称	主要职责范围	主要负责人	电　话	地　址
政令检查室（纠风办）	负责落实上级纪检监察机关部署的执法监督、政令检查和效能监察工作，纠正不正之风	田向伟	29998075	同上
绩效评估室（电子监察室）	负责行政绩效评估和公共服务白皮书制度落实工作；利用电子监察系统开展电子监察工作	唐秋艺	29998637	同上
信访室	负责受理对党员、党组织和监察对象的检举、控告和申诉；反映信访情况等	徐　颖	29998086	同上
派驻第一纪检监察组	负责对区属政府投资工程建设、政府采购、专项资金等领域的纪检监察工作	范培川	29998080	同上
派驻第二纪检监察组	负责公、检、法、司机关及区直行政执法工作领域的纪检监察工作	杨知义	29998777	同上
派驻第三纪检监察组	负责全区教育、卫生系统的纪检监察工作	李慧丽	29998794	同上
派驻第四纪检监察组	负责新安、西乡、福永3个街道的纪检监察工作	夏　风	27582382	西乡街道城管办公楼
派驻第五纪检监察组	负责沙井、松岗2个街道的纪检监察工作	张楚健	27210520	沙井街道办公楼
派驻第六纪检监察组	负责石岩、观澜2个街道的纪检监察工作	毛健强	28025622	观澜街道办公楼
派驻第七纪检监察组	负责大浪、龙华、民治3个街道的纪检监察工作	蔡英权	81718629	民治街道办公楼

败现象；进一步加强社区党风廉政建设，维护基层和谐稳定；全面加强社会诚信建设，夯实廉洁城区基础；以派驻机构改革为主线，构建纪检监察工作新格局，构建纪检监察工作新格局。全会审议并通过林梓明所作的工作报告和区纪委四届六次全会决议。

反腐保廉

【廉洁城区建设】2011年，宝安区举办廉洁城区建设“一把手”专访、专题研讨等活动20多次，制作播放公益广告300多条，发放宣传资料5万多份。出台《关于纠治收送“红包”建立长效机制的意见》，建立教育预警、财务监管、公开举报、监督考核、典型曝光等10项制度，开展文明拜年等系列活动，全区党员干部拒收“红包”852人（次），主动上交“红包”15.6万元。开展3期干部作风暗访实拍，发现并纠正突出问题21个，曝光典型案例16宗。开展公务用车和“小金库”专项治理，纠正处理违规用车31台。对30个单位进行政风行风民主评议，整改突出问题45个，建立完善规章制度8个。加强政风行风定点监测，发现并纠正不正之风12起。举办“市民热线”32期，受理群众咨询921件，解决投诉问题576件。建立完善股份合作公司统一记账等一批制度，完成对186家公司的经营审计，建成社区廉政信息平台并发布信息2.3万条，备案社区干部出国（境）3484人（次），组织644名社区干部开展预防职务犯罪专题培训。宝安区被市纪委推荐作为中央纪委基层党风廉政建设联系点。

2011年1月30日，区纪委四届六次全体（扩大）会议召开

【政令效能检查】2011年，宝安区围绕迎办大运会、创建文明城市、查处违法建筑、整治火灾隐患等30多项重点工作，大力开展日常检查和专项督查，督促整改工作落实不力等突出问题75个，约谈党员干部500人（次），实施行政过错责任追究15人。切实加强绩效管理，对列入区政府绩效考核的各项工作建立跟踪反馈机制，对区24个试点单位绩效状况实施电子评估，引导和推动街道和区直单位开展内部绩效考核，全区绩效状况进一步好转。推动建成网上行政审批服务大厅，对212项17.9万笔审批业务实施电子监察，行政审批提前办结率达98.5%。严格落实公共服务白皮书制度，区政府38项白皮书任务圆满完成，10个街道和23个部门的460项白皮书任务完成453项。

2011年1月30日，区委常委、区纪委书记林梓明向区纪委四届六次全会作工作报告

【**惩防体系建设**】2011年，宝安区举办5期“三纪”教育培训班，分别对处级干部和行政执法、基层站所等领域党员干部进行岗位廉政教育。开展纪律教育学习月和廉洁文化周活动，创建3个廉政警示教育基地和3个廉政文化建设示范点，组织党政一把手上党课73场。加大宣传报道力度，在各级媒体发布新闻稿件3100多篇。建立完善全区性党风廉政建设工作制度20项，协助相关单位制定和完善反腐倡廉工作制度110多项。在工程建设领域建立完善“问责制”、“台账制”、“清单制”等资金监管制度和项目信息公开制度，在政府采购领域推行“网上竞价”、“商场提货”、“跟标采购”三项改革，在专项资金监管领域推行分类审批管理、使用绩效考核等制度。全面排查行政执法机关移送涉嫌犯罪案件工作情况，推行执法案件网上办理机制。完善纪检监察派驻监督，7个派驻组围绕重点工作开展监督检查280多次，处理信访举报132宗，查处违纪违法案件19宗，纠正不正之风31起，推动驻在单位建立完善规章制度44个。全面推进党务公开，全区2384个基层党组织全部按要求公开有关事项。积极开展询问质询工作，党内民主监督不断强化。深入贯彻《廉政准则》和《关于加强党政正职监督的暂行规定》，严格执行述职述廉、经济责任审计制度。

【**信访办案工作**】2011年，宝安区畅通信访举报渠道，受理信访举报493件，均按规定时间及时办理，对实名举报优先处理、及时答复。对12名党员领导干部进行信访监督，为有关单位提供党员干部廉政信息5100多人（次）。建立健全一批信访维稳工作制度，妥善处理了一批集体访、疑难信访问题。成立区委反腐败协调小组，建立腐败案件快速查处机制，加强办案工作的安全、文明管理和办案人才培养，编制《办案适用手册》，办案工作水平明显提升。坚决查办带有苗头性和倾向性的典型案件，立案查处41宗41人，移送司法机关5宗5人。加大违纪违法款项追缴力度，为国家和集体挽回直接经济损失1200多万元。创新案件审理前置模式，在提高案件质量的同时确保案件得到及时处理；加强对处分决定执行情况的检查，对25名受处分人员进行回访教育。

队伍自身建设

【**提升监督水平**】2011年，宝安区加大教育培训力度，开展2次大规模的业务培训，组织干部参加上级专题教育、拓展培训和跟班学习140多人（次）。大兴调查研究之风，完成调研课题76个，信息量化考核连续2年名列全省第一，全区纪检监察干部预见问题、分析问题和解决问题的能力整体增强。

【**改进工作作风**】2011年，宝安区对各部门、各岗位履行职责和内部管理情况进行全面梳理，排查廉政风险点和工作薄弱环节86个，制定防范举措100多条，编发《自查备忘录》，警醒干部切实履职、廉洁自律。修订完善工作制度、业务流程和管理规章59项，大力推行无纸化网络办公，规范化水平明显提升。（张　曙　余进龙）

2011年7月15日，市纪委副书记、监察局局长杨洪，市纪委副书记孙大卫等来宝安检查指导工作

工　会

【广泛开展劳动竞赛活动】2011年，宝安区总工会以“当好主力军，建功十二五，和谐促发展”为主题，大力开展技术攻关、技术发明、技术创新与合理化建议活动，尊重和鼓励职工首创精神，群众性经济技术创新活动成为推动宝安区经济发展的稳定因素。积极开展“工人先锋号”创建活动，高新奇科技股份有限公司维修班组荣获“全国工人先锋号”，先端精密金属制品（深圳）有限公司冲压组、天惠有机硅（深圳）有限公司泳镜完成部完成一课、三箭和众鼎电子（深圳）有限公司塑胶课荣获“深圳市工人先锋号”。

【积极开展职工素质教育培训】2011年，宝安区总工会筹集400万元对企业开展职工培训进行补贴，得到企业和职工的普遍欢迎。积极参与“百万员工素质提升行动”，区总工会依托工会培训中心，各街道总工会依托职工学习教育中心，企业工会依托职工素质培训示范基地，广泛开展“圆梦计划”、“大运讲堂”、“岗位成才”等各类培训活动，培训职工100多万人次。

【切实发挥劳模示范引领作用】2011年，宝安区总工会积极向上级推荐劳动模范人选，全区有11人获得省、市“五一劳动奖章”，劳模队伍进一步壮大；“五一”期间，利用新闻媒体广泛宣传劳动模范的先进事迹，扩大了劳模的社会影响力，进一步营造“尊重劳动、尊重创造”的良好氛围，充分发挥劳动模范在转变经济发展方式中的示范引领作用。

【广泛开展职工学习教育活动】2011年，宝安区总工会在全市工会系统率先启动“迎大运百万职工学礼仪”系列活动，举办“如何让中华礼仪给大运添彩”礼仪培训班12期，培训工会干部、企业职工代表2500人。各街道总工会、工委会创新形式、拓展内容，举办学礼仪、讲外语等培训班84期，推动培训向社区、企业和家庭延伸。以“迎大运”为主题召开劳模座谈会和劳务工代表座谈会，号召全区各级劳模争当建设和谐幸福宝安的模范，讲文明、树新风的模范和支持大运、参与大运、服务大运、奉献大运的模范，正确引导广大职工以主人翁意识参与和服务深圳大运会，积极展现宝安职工风采。

【积极服务“平安大运”工作】2011年，宝安区总工会按照全区“平安大运”工作部署，制定大运期间维稳综治专项方案，定期排查和研判企业生产经营和职工队伍稳定情况，每月填报《大运突发事件风险隐患排查情况登记表》、《劳动关系情况报表》。大运期间认真处理职工来信、来电、来访，把可能引发职工群体性事件的劳动争议妥善处理在萌芽状态。在西乡、新安街道开展两场万人以上的员工法律咨询活动，发放法律宣传小册子10万份，为深圳大运会宝安赛区的平安稳定作出积极贡献。

【大力推进工资集体协商工作】2011年，宝安区总工会建立集体协商工作季报制度，开展3次集体协商工作深度调研，走访66个社区工联会，对300余名基层工会干部进行业务指导。组织参加集体协商指导员培训班27期，培训工会干部1290人次。截至12月10日，全区共签订（续签）集体合同、工资协商协议书、区域性集体合同共3747份；重点企业开展工资集体协商136家，世界500强在宝安投资办厂的企业工资集体协商建制32家，有效维护和发展了职工劳动经济权益。

【努力维护职工队伍与社会和谐稳定】2011年，宝安区总工会在劳务工较集中的工业区、广场开展法律宣传咨询活动11场，发放宣传资料2万多份，引导职工依法维权、理性维权。主动参与职工群体性劳资纠纷调处工作，协助党政妥善处置飞利浦灯饰有限公司、乐昌制品厂等劳动争议群体性事件。以高度政治敏锐性做好工会防范抵御工作，按照“引导、利用、改造”的原则，与宝安区部分民间维权组织进行正面接触，切实把握工会防范抵御工作的主动性。大力推动企业民主管理，全区企事业单位职工代表大会建制率达90%，企务公开率达94%，促进了企业与职工合作共赢。

【积极推广“四个第一人”工作制度】2011年，宝安区总工会在市总工会指导下，认真总结富士康工会“四个第一人”（即：“第一知情人、第一报告人、第一协调人、第一帮扶人”）工作机制试点经验，印发《宝安区工会“四个第一人”工作制度》和《宝安区总工会落实“四个第一人”工作制度的工作方案》，面向全区规模以上企业推广“四个第一人”工作制度，为基层工会切实当好“四个第一人”提供了制度保障。继续做好富士康集团员工关爱工作，联合相关街道总工会、富士康工联会，每月开展一次主题活动，近20万员工踊跃参与。

【主动维护职工安全健康权益】2011年，宝安区总工会在狠抓工会组建的同时，督促、指导企业工会劳动争议调解组织和劳动保护监督检查组织的同步成立与作用发挥，积极参与职工安全事故调查处理，切实维护职工合法权益。全年共参与安全生产事故调查评审会17次，审理安全生产事故32宗。以“安康杯”竞赛活动为载体，组织85家企业、1538个班组，120068名员工参加“安康杯”竞赛活动，有效提高了企业和职工的安全生产意识和防范能力。

【扎实开展职工走访慰问活动】2011年，宝安区总工会组织干部职工在春节、五一、中秋等节日期间，深入企业一线看望慰问劳务工，发放慰问品20余万元。同时，积极开展“送温暖”等扶危帮困活动，对281名困难职工进行走访慰问，发放救助金42.15万元。“工伤探视”救助工伤重病劳务工15人，发放救助金5万元，“金秋助学”向41名符合条件的学生发放助学金14.3万元。

【积极参与社会建设和管理】2011年，宝安区总工会按照市委工会工作会议精神和市总工会“六大行动”部署，在全区启动“筑基行动”、“平安行动”等；结合宝安区实际，制定未来5年分步推进的工会“五项工程”（即组建工程、和谐工程、素质工程、幸福工程、创新工程），以新思路和新举措，进一步明确了宝安区工会参与社会建设与管理创新的切入点和总体目标。

【全力推进工会组建工作】2011年，宝安区总工会按照“广普查、深组建、全覆盖”工作要求，对宝安区纳入全国非公企业法人数据库的企业进行调查摸底，同时对未纳入数据库的企业进行细致排查，真正做到家底清、情况明。通过在工业园区开展“集中建会”、组建“行业工会”等方式，实现组建率和入会率的新突破。截至11月30日，已建工会组织29397家（其中独立建会6170家，工联会覆盖23227家），工会组建率达99.04%，发展会员1519579人，职工入会率达83.36%。今年市总工会下达宝安区单独组建任务1086家，实际组建1338家，超额完成252家。

【大力加强工会规范化建设】2011年，按照“九有一上墙”的标准，以“组建一家，规范一家，发挥作用一家”为目标，宝安区各级工会积极开展“职工之家”创建和会员评议“职工之家”活动，工会规范化建设出实招、见实效。全区6643家企业通过“合格职工之家”验收，验收合格率达81.46%。推典树优成绩优异，观澜街道总工会被评为“全国模范职工之家”，天惠有机硅（深圳）有限公司工会委员会、区广电中心工委会荣获“广东省先进职工之家”称号，区慢性病防治院结核病防治科工会小组荣获“广东省模范职工小家”称号。

【着力开展“筑基行动”试点工作】2011年，宝安区总工会选取沙井街道沙四社区为市总工会“筑基行动”试点单位。累计投入150万元专项经费，大力推进“两个机制建设、两个创建活动、两项重点工作、两个中心建设”，建立工会信息化管理平台，面向社会聘用3名专职工作人员，在工会组建、集体协商、职工关爱、素质培训等方面进行大胆探索。沙四社区工会组建率达100%，职工入会率达86.4%，集体协商建制率达61.1%。

【干部队伍建设】2011年，宝安区总工会组织工会骨干赴中国劳动关系学院进行为期5天的脱产培训，进一步开阔视野、增强能力。全年开展工会干部上岗、工会财务、集体协商等培训班13期，培训工会干部1180人次。以科级干部竞争上岗为契机，区总机关选拔一批年富力强、经验丰富的工会干部，营造风清气正、干事创业的浓厚氛围。年内，宝安区总工会被深圳市总工会评为“2009～2010年度深圳市工会财务工作先进集体”、“2010年度深圳市工会组建工作先进集体”；宝安区工会女职工委员会被深圳市总工会评为“2010年度深圳市工会女职工工作先进集体”；曾志欢被中华全国总工会评为“全国优秀工会工作者”。（陆婷婷）

附：2011年宝安区总工会领导成员名单

主　席：邓桂洪

副主席：曾志欢　张金龙

叶慧明（8月起）

共青团

【概况】2011年，团区委认真学习区四届七次党代会和区五届一次党代会精神，贯彻落实《宝安区“迎大运、创全国文明城市标兵”200天行动纲要》，大力弘扬“想干、敢干、快干、会干”精神，以“大运服务年”为主题，紧密围绕“一个中心”（即大运志愿服务工作），深化实施“两项工程”（即青少年阳光成长工程、共青团固本强基工程），扎实推进“三项行动”（即青少年城市文明素质提升行动、青年创业就业行动和青少年关爱行动），带领全区广大团员青年为成功举办大运会和加快特区一体化、建设和谐幸福宝安贡献青春力量。全区共建立169个志愿服务U站，

2011年8月15日，区委书记鲁毅、区长张备与志愿者合影

招募66139名大运志愿者，累计发动近20万名志愿者参与大运志愿服务。先后在全市率先成立第一个社区U站、第一个由注册社会组织承接管理的U站、第一个大运志愿者关爱中心和第一个大运志愿者移动智能指挥管理系统，首创“大运U巾”、“地图手帕”、“大运雨伞”、“志愿者冰巾”等宣传品，为深圳大运志愿服务工作增添了亮点。团区委获深圳大运会宝安赛区突出贡献集体、深圳市文明单位、广东基层团建最具执行力奖等荣誉；区义工联被评为深圳大运会宝安赛区优秀集体。全年新建60个非公企业团组织，10个新社会团组织，目前登记在册16.9万团员。

“大运志愿服务”工作

【建立大运志愿领导机制，强力推进大运志愿服务各项工作】2011年，区委区政府高度重视大运志愿服务工作，在每周赛区委员会例会上，区委鲁毅书记、张备区长多次听取汇报，为做好大运志愿服务工作提供有力保障。时任区委常委、组织部长赵燕民同志担任志愿者部部长，亲自指挥、部署志愿者部工作。志愿者部通过义工整体转化、发展团体义工和个人自荐报名等形式，累计发动近20万人参与大运志愿服务，其中城市志愿者66139人，社区治安志愿者12.9万人。8月11～23日赛时期间，宝安区5个比赛场馆和1个训练场馆共出动赛事志愿者13933人（次），为确保场馆志愿服务的正常运行提供了坚实保障。

【抓好上岗督导，保障赛时大运志愿服务平稳运行】2011年，宝安团区委认真做好U站建设和运行管理工作，全区共建立169个U站，并通过大运志愿服务移动智能指挥管理系统，对各U站进行信息化管理；深化开展志愿者培训工作，举办U站正、副站长培训班和全区讲师志愿者与礼仪培训师实训活动，强化对志愿者队伍的培训；抓好赛时督导，成立志愿者督导队，督促解决有关问题，确保赛时期间大运志愿服务正常运行。在城市志愿者中组建临时党团组织，其中临时党组织84个，团组织105个，党员899人，团员2681人，使U站成为党团员志愿者发挥先锋模范作用和宣传大运知识的重要窗口。

【丰富活动内容，多形式、多途径开展大运志愿服务活动】2011年，宝安团区委开展文明劝导、环境净化志愿服务行动，宣传大运知识，累计参与活动152295人（次），服务时数3364450小时。举办大运志愿服务各类特色活动，先后开展U站手绘地图、媒体编辑看U站、“大运剧场进社区、进企业”、“绿色出行”活动、志愿者联谊活动和大学生服务大运社会实践活动，多形式开展大运志愿服务。新安街道制作UU特色小扇子和具有U站特色的纪念徽章；西乡街道注重挖掘志愿者典型，塑造了一批典型人物；福永街道制作了独具本街道特色的纪念印章，给志愿者盖印留念；沙井街道开展“UU竞猜我最棒”、“大运UU

2011年11月2日，“弘扬大运精神　倡导青春美德”宝安区第十一届18岁成人宣誓仪式举行

留影”等活动；松岗街道成立各类特色义工队；石岩街道开展“1+8微笑+U”社区U站联动系列活动；观澜街道开通“观澜高尔夫U站”微博；大浪街道开展羊台山青工艺术团、小草义工队与社区U站结对活动；龙华街道开展“红色U站”服务日活动；民治街道开展“小手拉大手，童心绘大运”等活动，广泛动员市民、团员青年和义工等服务大运。

【营造“人人都是东道主、个个争当志愿者”的社会氛围】2011年，宝安团区委设计制作“大运U巾”、“地图手帕”、“大运雨伞”、“志愿者冰巾”、“志愿者红腰包”等宣传品和“志愿者徽章”纪念品，宣传大运青春、灵动的时代特点。广泛开展大运志愿服务宣传报道，各级媒体报道宝安区大运志愿服务及典型人物事迹超过400次，先后树立宝安体育场U站、海裕社区U站等典型U站，涌现出虞朝霞、蔡俊等典型人物。

【弘扬大运精神，做好大运志愿服务成果转化工作】2011年，宝安团区委召开“U美绽放，再谱新篇”深圳大运会宝安赛区志愿服务群星会，回顾总结大运会宝安赛区志愿者工作的筹办历程和成功经验，表彰了一批先进集体和先进个人。认真筹划好大运志愿服务成果转化工作，撰写《宝安区大运会志愿服务实践探索与成果转化报告》，得到区委区政府的高度重视，利用保留的11个岗亭式U站，开展常态化志愿服务。开展弘扬大运精神专题学习讨论活动，把大运精神转化为推进各项工作的强大动力。

青少年阳光成长工程

【十七届六中全会和区五届一次党代会精神等学习活动】2011年，宝安团区委召开宝安区各界青年座谈会，传达学习中共十七届六中全会和区五届一次党代会精神。举办机关青年座谈会，传达学习市委书记王荣致深圳报业集团社长黄扬略的一封信，引导机关青年应做道德建设践行者、维护者和引领者。召开团区委常委（扩大）会议、专题会议传达学习区四届七次党代会精神和区“两会”精神。举办团区委安全生产“一岗双责”工作动员大会，全面部署安全生产工作。

【青少年思想政治教育活动】2011年，宝安团区委举办纪念建党90周年和辛亥革命100周年主题教育活动，进一步坚定青少年“永远跟党走”的信念。开展“感恩宝安、祝福大运”宝安区庆“六一”系列活动，区委书记鲁毅，时任区委常委、组织部长赵燕民等同志与广大青少年儿童共同庆祝“六一”，寄望孩子们阳光健康，快乐成长。举办第十一届18岁成人宣誓仪式、第九届“相约金秋”机关青年文明素质拓展联谊活动，加强青少年理想信念和思想道德教育。

2011年11月14日，“汇流成海·积善成德”宝安区首届义工文化节暨“义工+社工”联动中心挂牌仪式举行

团建创新工作

【固本强基项目建设和少先队建设工作】2011年，宝安团区委积极推进共青团固本强基工程，加大对基层团建创新项目资金扶持力度，团区委从部门经费中拨出35万元支持基层开展非公企业团建工作和固本强基项目建设。全年新建60个非公企业团组织，10个新社会团组织，目前登记在册16.9万团员。积极做好青年文明号创建管理工作，举办宝安区青年文明号培训班，提升了青年文明号服务水准，新创省级青年文明号2家，区级青年文明号15家。举办宝安区共青团宣传工作培训班，提升基层团组织信息工作水平。举办2011年宝安区少先队辅导员培训班，推进了全区少先队工作。

【创先争优和机关作风提升活动】2011年，宝安团区委举办廉政教育学习月活动，开展学习型党组织创建活动、党支部党务公开活动和拒受“红包”，倡导文明拜年活动，切实转变机关干部作风。落实团区委机关挂点联系街道制度，开展“两进三同”活动（走进基层、走进青年，同学习、同生活、同劳动），加强对基层团建工作的指导和帮扶。

青年创业就业行动

【创业就业实践活动】2011年，宝安团区委举办第五届“青春暖流，激情创业”爱心花市，累计为600多名创业青年提供了实践平台。开展第九届

"走进社会大课堂"大学生社会实践活动，本届活动将以服务大运为主，所有实践岗位均与大运会有关，共300多名户籍大学生参加。举办第三届户籍青年职业见习推介会，吸引户籍青年及生源大中专毕业生1806人进场，初步达成见习意向的有355人。举办宝安区第四届户籍居民创业项目推介会，达成创业意向2362人次。

【就业指导和创业交流活动】2011年，宝安团区委举办青年职业生涯规划指导培训班，引导广大青年树立正确的就业观念，帮助广大青年提高就业能力。区青企协举办五期创业沙龙，组织青年企业家、创业青年齐聚一堂，分享创业经验。

青少年关爱行动

【"青春暖流，共享和谐"关爱活动】2011年，宝安团区委举办"送温暖"慰问困难义工、"平安返乡"赠送车票和"帮困助弱"慰问等活动，为有需要的青工、义工和困难学生提供及时、有效的援助。举办"青春暖流，共创未来"青工提素拓展训练营，进一步提高青工对企业的归属感和认同感。

【劳务工子女帮扶活动】2011年，宝安团区委举办"爱·成长"星儿庆生会，组织机关干部、义工利用周末时间与星儿们（自闭症儿童）爱心结对，帮扶困难青少年。发挥青少年社工站作用，开展劳务工子女心理保健、"欢乐课堂"、"家庭成长"亲子教育等活动，加强对劳务工子女的心理关怀。区青少年活动中心全年共举办大型公益活动30场（次），参加活动的青少年达4万人（次），教育培训达2万人（次）。

青少年素质提升行动

【首届义工文化节】2011年，义工文化节包括"宝安义工讲坛"、"宝安义工文化家园"、"义工剧场进社区"、"义工巧手秀"、"感动瞬间"五大主题活动。一是举办首届"宝安义工讲坛"活动，聘请区义工联顾问，建立宝安区"义工+社工"双工联动促进中心。二是成立"宝安义工文化家园"，区义工联艺术团参加世界华人文化艺术联合会第二十一届"金夕年华"系列"草原杯"节目《酒香情深》荣获金奖。三是开展"义工剧场进社区"义工文化宣传活动，全年共举办45场活动，累计服务3.5万人（次），服务时数达1.65万小时。四是举办"义工巧手秀"活动。五是开展"感动瞬间"摄影作品展活动，展现宝安义工的感动瞬间，为建设"志愿者之区"营造了良好的社会氛围。

【"阳光、辛劳、感恩"主题系列活动】2011年，宝安团区委通过举办报告会、座谈会等，传达学习王荣书记讲话精神、区党代会精神。举办"我与宝安共成长"宝安区各界青年学习王荣书记讲话精神座谈会、福永民工街舞团"舞动人生"报告会、学习罗莹哲同志先进事迹座谈会等，聘请福永民工街舞团担任大运会志愿服务"宣传大使"，推荐其参加"广东青年五四奖章"评选并获奖，引导青少年"以阳光心态对待人生，以辛勤劳动创造生活，以感恩情怀融入社会"。（周　斌）

附：2011年共青团宝安区委领导成员名单

书　记：詹惠军

副书记：贺泉龙

妇　联

引领妇女文明迎大运服务大局

【启动仪式】2011年，宝安区妇联举办"百万家庭学礼仪"启动仪式暨"迎大运，庆三八，百万家庭学礼仪、讲外语"系列活动。新组建的12支志愿者队伍近千人现场表演基本文明礼仪和英语口语。发放"迎大运、创全国文明城市标兵，百万家庭学礼仪"倡议书2万份，社区妇女学校英语口语培训教材和"文明礼仪小册子"2万余本，"日常英语100句"小册子3万本，配套DVD光盘5000张。带动社区妇女、家庭形成人人知礼仪、能讲简单外语的良好社会氛围。

【主体项目】2011年，宝安区妇联依托"三八"、母亲节、"六一"等，组织全区妇女儿童开展文明迎大运活动80余场；组织宝安区文明家庭评选活动，在全区开展10场PK赛，评出100户宝安文明家庭；在全区460家省、

2011年3月3日，"宝安区各界妇女联谊会"举行，区委常委、组织部长赵燕民出席活动

市、区三级巾帼文明岗内开展“微笑在窗口”行动、文明示范点建设和优质规范服务活动，并把“迎大运，学外语，创巾帼文明岗”活动情况纳入创建考核工作指标，发挥巾帼文明岗的示范作用；开展“净化网络”宣传活动10场，发放宣传资料5000余份，接收咨询3000人次，倡导文明办网、文明上网。

【**常规活动**】2011年，宝安区妇联利用社区妇女学校和外来女工学校开课前10分钟播放礼仪知识短片，开展礼仪培训196场，惠及妇女4万人次。在社区“妇女之家”、“社区妈妈健身队妇女小组”活动前10分钟，开展母亲文明礼仪教育。此外，在“宝安女性”网和《馨和》（妇女工作季刊）上，开设“迎大运、学外语”专栏，引导妇女懂礼守礼，积极参与文明迎大运行动。

立足家庭关爱母亲
构建和谐文化

【**母亲典型**】2011年，宝安区第五届母亲文化节关注母亲发展，塑造母亲文化，创新思路，以区（1）、街道（10）、社区（X）三级联动的方式，通过全区各级妇女组织及宝安妇联官方微博（全国第一个基层妇女组织官方微博）、《宝安日报》，在全区母亲中开展“寻找幸福母亲”这一主打活动，15名“幸福母亲”从全区逾百万母亲中脱颖而出，涵盖女性精英、社区家庭主妇、外来女工、退休女干部等各个层面，引导全区百万母亲形成正确的社会观、自我观、角色观、家庭观、养育观。

【**提素行动**】2011年，母亲素质提升“金虹行动”通过重点推进“五个一”活动项目，提升母亲思想道德素质、科学文化素质、文明礼仪素质、科学育人素质、家庭关系调处素质和身心健康素质。目前共成立“妇女之家”156个、左邻右舍互助社48家、巾帼健身队妇女小组84个、爱心妈妈服务队92支；开设“母亲支持热线”

2011年10月8日，“社区妈妈服务队”授旗仪式暨观澜版画鉴赏活动在观澜版画基地举行。市妇联主席蔡立，区长张备，区委常委、组织部长赵燕民，副区长蔡颖出席仪式

27376660，接听家庭教育、情感类咨询300余宗；发放活动宣传单张、张贴海报1万余份；编写母亲素质提升学习培训手册、母亲提素读本——《升华》、《金虹行动》信息简报等宣传资料。在西乡、观澜两个试点街道49个社区开展母亲素质提升我先行签名、母亲素质提升讲堂等各类活动4000多场，约10万多人次的母亲参与到活动中来。

【**服务家庭**】2011年，宝安区妇联组织50场母亲文化节配套活动，依托5个家庭教育公共服务平台（宝安“阳光家庭综合服务中心”、家庭教育工作室、婚姻情感工作室和“亲子成长园”专栏43期、国家级课题《青春期孩子的家庭教育指导研究》），融入家庭教育名家大讲堂、爱与亲密关系沟通工作坊、11期心情大讲堂、民族精神代代传——“激情大运　微笑宝安”亲子UU课堂家庭治疗等内容，辐射160个社区，普及百万家庭，培育健康、文明、向上的家庭文化，夯实社会文化的主导和核心力量。

关注民生服务
女工源头维权

【**女工提素**】2011年，外来女工流动学校作为“宝安十件民生实事”项目之一，围绕新生代女工的精神权益问题，依托区妇女教育讲师团，实施项目化运作管理、订单式分层培训、互动式教学等举措，构建多层次、广覆盖的公益培训体系，形成社会认可、群众欢迎、影响广泛的妇女培训品牌。2011年结合区委区政府中心工作，编写“迎大运，万名外来女工学英语”、“迎大运，万名外来女工学礼仪”等配套教材，组织讲师团老师免费进厂送课218场，培训人数达3.4万人次。年内，宝安区有4名外来女工当选“深圳市十大优秀外来女员工”；3所学校获评“深圳市十大优秀外来女工流动学校”，其中3名外来女工当选“十大优秀外来女工成才代表”。

【**情感疏导**】2011年，宝安区以“婚姻情感工作室”为平台，以“情感热线”专版（43期）为载体，依托“知心姐姐”（157个）、“女工互助小组”（50个）和关爱“女工QQ群”，举办劳务工“爱情运动会”20场，关爱女工系列活动之“阳光姐妹手牵手，心晴行动大放送”心灵拓展7场，寓教于乐，为女工提供心理疏导和情感宣泄渠道。

编织普法维权
织网服务妇女儿童

【**项目运作**】2011年，宝安区先后成

2011年5月12日，举办“健康迎大运，文明促和谐”社区巾帼健身队妇女小组成立仪式，全国人大常委华侨委员会副主任黄丽满出席活动

立“阳光妈妈”服务项目、“阳光心灵工作室”和“阳光家庭综合服务中心”，以购买服务的方式，培育社工组织，引进“个案辅导、小组活动、专业工作坊”等社会工作手段，针对社区居民开展一对一及一对多服务。目前提供个案咨询和辅导1000余宗，举办“魅力伊空间”、“幸福一家亲”、“阳光成长乐园”等各类活动近200场，惠及妇女儿童2万余人次。

【维权关爱】2011年，宝安区妇联做好普法宣传教育，突出出嫁女股权分配及住房困难、家庭暴力、女劳务工婚恋家庭等方面的调研，把握新时期妇女维权的热点难点，促使广大妇女学法、懂法、守法、用法，依法维护自身合法权益。出台《深圳市宝安区妇女发展规划（2011～2020年）》（征求意见稿）和《深圳市宝安区儿童发展规划（2011～2020年）》（征求意见稿）。与区人民检察院建立“维权联动机制”，深化妇女儿童维权网络。年内，各级妇女开展普法宣传活动170场，派发宣传品约24万份，接受咨询人数近8万人次；组织接待来信来访1255宗。慰问贫困妇女儿童780人次，共发放慰问金及慰问品累计60万元。　（丁　艳）

附：2011年宝安区妇联领导成员名单

主　席：邱慧萍

副主席：冯颖霞

总商会（工商联、两新组织工委）

【概况】2011年宝安区总商会（工商联、两新组织工委）在各街道商会、基层党组织及广大会员、党员的共同努力下，坚持以邓小平理论和“三个代表”重要思想为指导，围绕区委区政府中心工作，全面贯彻科学发展观，充分发挥商会桥梁纽带和助手作用，拓宽服务渠道，在社会经济生活中发挥重要作用，促进宝安区非公有制经济健康发展。

【引导非公有制经济人士积极参政议政】2011年宝安区总商会积极引导、培养和推荐一大批商会代表在人大、政协中任职，发挥商会代表的参政议政作用。协助区政协做好换届工作，推荐提名45名非公有制经济人士为区政协委员人选，提高非公有制经济代表人士政治地位，提高工商联（商会）的社会影响力。与此同时，积极引导广大非公有制经济人士参与调查研究，听取广大非公有制经济人士的意见和建议，广大非公有制经济代表人士通过参加重大经济活动，建言献策，为宝安区经济社会的发展，构建和谐社会作出突出贡献。

【抓好基层商会组织建设】2011年，宝安区总商会注重抓好10个街道商会自身建设，以基层商会换届为契机，积极引导、推荐有经济实力、有影响力、有参政议政能力，热心商会工作的企业家作为会长人选，并坚持召开区、街道商会会长（秘书长）工作联席会议，促进区、街道两级商会之间的纵向和横向交流与互动，使商会各项工作规范化、制度化，各街道商会的凝聚力和影响力不断增强，达到有机构、有场地、有队伍、有经费、有作为“五有”要求，不断壮大商会会员队伍。

【搭建服务平台，提高服务水平】2011年，宝安区总商会积极搭建服务平台，为会员企业提供各类服务。一是搭建政企沟通平台。依托劳动部门与商会联席制度、公安与企业直接联系制度，南头海关与企业直接联系制度，采取联席会议、信息快捷通道、调研、培训等专项活动等方式，促进企业守法经营，建立和谐劳资关系，维护企业和员工的合法权益。二是搭建信息交流平台。不断完善企业信息数据库，整合信息资源，采集企业信息，帮助企业搭建经贸平台，为会员企业提供快捷、广泛、有效的信息。同时，各级商会利用商会网站、会刊和简报，及时公布商务动态信息，为会员提供产品供求信息交流平台，满足企业的信息需求。三是搭建重点企业互保金融资平台。为发挥财政资金对企业融资的引导和促进作用，实现政府、企业、银行三方的信用资源系统整合，促进解决企业融资难问题。依托重点企业互保金管理机制，积极搭建银企合作平台，探索一条适合中小企业融资的有效渠道，缓解企业融资难问题。重点企业互保金管理机制在区总商会、区财政局、区贸工局的密切合作下，在各牵头合作银行和有关重点企业的积极参与下，运作顺

2011年7月22日，区领导到福永商会调研

利，17家企业加入“重点企业池”，10家重点企业获得互保金贷款。四是搭建特色服务平台。积极引导企业开拓国内市场，帮助企业寻找商机。为发挥宝安区企业的优势，通过组织企业参加各类产品推介会、展览会，宣传企业产品，同时各街道商会采取鼓励企业走出去的发展方式，积极组织企业外出考察，寻觅商机并与各地工商组织建立良好的互动关系，帮助企业寻求合作伙伴，力争在扩大内需市场赢得商机。

【引导会员投身社会公益事业】2011年，宝安区总商会积极引导广大非公有制经济人士积极投身社会公益事业，据不完全统计，各级商会及会员为社会公益事业累计捐款近5千万元，体现会员强烈的社会责任感。6月，商会会员参加“广东扶贫济困日”捐款735.6万元，捐助宝安绿色基金4001.6万元；8月，区总商会和各街道商会再次捐助200万元援建河南兰考县图书馆。

【两新组织党建工作】2011年，宝安区总商会继续深入开展创先争优活动。按照中央、省、市和区委关于在基层党组织和党员中广泛开展创建先进基层党组织、争当优秀共产党员活动的部署要求，工委主要围绕建党90周年开展活动，根据各党支部的实际情况和党员的岗位特点，因地制宜开展各种各样的活动，把创先争优不断推向深入；创新主题，丰富载体，全面反映活动信息，重视宣传报道工作，大力推广基层党组织创造的好做法、好经验，让先进组织、优秀个人的典型事迹得到发扬光大；通过周密部署，精心设计，使创先争优活动在直属党支部扎实开展，取得较好的效果；加强基层组织建设，提高党建工作水平。在基层组织建设方面，抓好党支部建设，增强支部工作活力是中心环节。工委高度重视党支部的建设工作，工委领导班子成员经常到党支部调研走访，不断加强对支部工作的计划指导，注意调动和发挥支部的主观能动作用。各党支部按照工委的工作要求，充分发挥主观能动性和创造性，在加强支部全面建设上投入很大精力，支部抓党建工作的能力、管理教育党员的能力以及围绕中心工作加强思想政治工作的能力不断提高，有力地促进支部各项工作的开展。进一步加强“两新”组织党员的学习教育工作，按照建设学习型党支部的要求，健全和规范党员学习制度，制订学习计划，鼓励党员干部依托学习网开展网上学习，同时充分利用现代远程教育、QQ等平台，扎实开展党员教育活动，做到时效性强、重点突出、内容丰富。5月，举办为期2天的新党员培训班；6月，组织民营企业家参加市委两新组织工委举办的入党培训班；8月，举办宝安区“十二五”规划解读的大型讲座；9月，举办党务工作者培训班。对直属党支部进行全面调查摸底，建立两新组织党建工作基础台账，及时动态掌握党支部、党员信息及组织生活开展情况。引导“两新”组织广大党员群众参与和服务大运。广泛动员广大党员群众自觉参与大运、服务大运的责任感和积极性。不断深化党员岗位行动、志愿行动，积极参与“迎大运、创全国文明城市标兵”行动，在维护交通秩序、市容环境卫生、企业和谐稳定等方面发挥作用，带头做岗位形象的展示者、文明办公的示范者、环境整洁的维护者、文明出行的领路者和社会公益的志愿者。开展纪念建党90周年相关活动。在建党90周年之际，工委组织开展一系列活动，召开党支部书记座谈会，学习胡锦涛总书记在庆祝中国共产党成立90周年大会上的重要讲话精神；组织直属党支部470多名党员及商会100多位会员企业观看《建党伟业》，广大党员干部受到深刻教育。各党支部也组织丰富多彩的活动，进一步增强党组织和工厂党员在广大人民群众中的凝聚力和感召力。走访慰问困难党员。春节和“七一”前夕，工委开展“进党员家，知党员情，解党员难，暖党员心”、“听民声、送温暖”等活动，走访慰问困难党员，把关心党员生活和工作寓于服务之中，使困难党员时刻感觉到党组织的温暖。统筹兼顾，充分发挥党组织在企业中的积极作用。工委按照“融入企业发展源流、主导企业文化建设、优化人力资源配置、加强内外关系协调”的工作思路，不断拓宽企业党组织作用发挥的途径，开展与企业生产经营的有机统一，进一步增强企业党组织的凝聚力和战斗力。着眼于增强企业发展活力，引导党组织大力实施党员人才工程。一是把党员培养为优秀人才。结合党组织和企业对人才的共同需求，将党员培养教育纳入企业人才总体培训框架，同步规划，同步

2011年10月28日，宝安区两新组织工委召开党代会工作会议

实施，逐步把企业党员培养成敢于争先的强手，应用科技的能手。二是把党员骨干培养成管理人才。从畅通推荐渠道、构建推荐平台入手，要求企业党组织及时将党员人才向企业决策层推荐。三是发挥党员先锋模范作用。通过积极推行“党员示范岗”、“党员责任区”、“提合理化建议”等载体，将党组织活动的方式、规模、内容与企业生产经营紧密结合，号召党员学技术、练绝活，引导他们立足本职岗位、创造一流业绩，更好地发挥党组织的团结凝聚带动作用。着眼于培育企业价值体系，引导党组织积极推进企业文化建设。一是培育企业精神。要求企业党组织结合实际，为企业提炼塑造具有时代特征、企业特色、健康向上、为企业各个层面认同的价值体系。二是加强文化载体建设。通过开展形式多样、寓教于乐的文体活动，营造团结进取、充满活力的企业文化氛围。着眼于优化企业发展环境，引导党组织努力加强内外关系协调。在协调内部关系上，企业党组织通过开展员工谈心活动、开展维权帮困服务、建立矛盾协调机制等，帮助企业和员工解决生产生活工作中遇到的一些实际困难和问题，为推进企业发展营造和谐环境。在优化企业外部环境上，党组织积极引导企业参与公益事业、开展节约型企业创建等活动，引导企业正确处理好企业与企业、企业与自然环境、企业与社会的关系，使企业在社会公众中树立良好的形象。（姚云菁）

附：2011年宝安区总商会（工商联、区委两新组织工委）领导成员名单

会长（主席、书记）：凌杰儒（4月止）
会长人选：杨齐兴（4月起）
副会长（副主席）：郭瑞琼
副会长(副主席、副书记)：于剑锋

文联

【**概况**】2011年，宝安区文学艺术界联合会（简称“宝安区文联”）属人民团体，参照公务员管理，公务员编制4人，雇员1人。宝安区文联实行团体会员制，截至年底，有11个区级团体会员：宝安区作家协会、宝安区书法家协会、宝安区美术家协会、宝安区音乐家协会、宝安区舞蹈家协会、宝安区戏剧家曲艺家协会、宝安区动漫艺术家协会、宝安区民间文艺家协会、宝安区电影电视家协会、宝安区杂技家协会、宝安区国际标准舞协会。

【**把握文艺导向**】2011年，宝安区文联以科学发展观统领文艺事业发展全局，全面贯彻落实党的十七大及十七届六中全会重要精神，努力实现文艺工作的一体化，推进社会主义文化大发展大繁荣。1月24日，宝安区文联组织召开宝安文艺界新春恳谈会，区委书记鲁毅同志作题为《文艺界要为提升城市公共文明多作贡献》的重要讲话，充分肯定近年来宝安区文艺工作的成绩，深入分析特区一体化的新形势下宝安文艺发展面临的挑战和机遇，并对文化工作、文艺工作提出殷切期望，要求提高文艺队伍和文艺人才的质量，要服务好精神文明建设，要服务好特区一体化，同时实现文学艺术自身的一体化、实现文艺工作的“深圳质量”，同时，就解决文艺界的实际困难和问题给予明确意见并为文艺界今后的工作指明方向。会后，区文联系统专题组织学习鲁毅书记的重要讲话，要求将鲁毅书记的讲话精神传达给全区的文艺工作者，号召文艺界积极行动起来，抓住机遇，迎接挑战，努力实现文艺工作的一体化，为提升城市公共文明多作贡献。2月23日，广东省委常委市委书记王荣同志、市长许勤同志率市领导到福永街道参加万福民工街舞团《咱们工人有力量》节目央视春晚成功演出表彰座谈会，慰问看望和表彰万福民工街舞团的演员，赞扬其为“公共文化建设的典范”，在充分肯定万福街舞团和宝安文艺事业后，寄望街舞团队员和广大青年要“以阳光心态面对人生，以辛勤劳动创造生活，以感恩情怀融入社会”。2月28日，宝安区文艺界组织召开文联主席团（扩大）会议，区委常委、宣传部长李桦同志出席会议并讲话，文联主席团成员、各区级协会主要领导参加会议。4月，由宝安区文联编辑的《“阳光生活，感恩社会”获奖作品集》、《“阳光生活，感恩社会”报告文学集》两本书出版；其中，由区委宣传部和区文联委托本区作家戴斌、郭建勋创作的，以福永街舞团成长历程为主题的长篇纪实报告文学《所有梦想都开花》引起较广泛关注，并被《人民文学》杂志采用，收录在2011年7月“建党90周年专号”上刊登。10月24日，区文联

召开主席团扩大会议，学习贯彻十七届六中全会精神，研究贯彻六中全会精神的措施，形成《宝安区文艺界学习贯彻党的十七届六中全会精神的措施》和《关于认真学习贯彻党的十七届六中全会精神的通知》。文艺界听取洪华副书记、李桦常委就文艺界学习贯彻六中全会的重要讲话精神，决心抓好贯彻落实工作，努力推进文化强区建设。11月11日，中共中央政治局常委李长春在中共中央政治局委员、广东省委书记汪洋，广东省委副书记、代省长朱小丹，广东省委常委、深圳市委书记王荣，深圳市市长许勤，宝安区委书记鲁毅，区长张备等陪同下，到宝安区福永文化艺术中心考察，观看福永民工街舞团、杂技团、醒狮团的精彩表演，听取宝安区公共文化设施建设及文化改革发展、"打工文学"等情况汇报并讲话，宝安的文艺工作者表示要按照长春同志的要求，深入基层，贴近群众，积极开展创作，为推进社会主义文化大发展大繁荣作出努力。

【文艺精品建设】2011年，宝安区一大批文学艺术作品在国家、省、市发表和夺奖，经初步统计，宝安区文艺作品共获得国家级奖项10余个，省级奖项20余个，国际大奖2个，得到区委区政府领导的表扬和鼓励。2011年5月24日第92期《深圳市信息快报》刊登题为《宝安区文联五举措打造文艺精品结硕果》的文章，推广宝安区文联打造文艺精品的经验，受到全市文联系统的关注。同时，由市文联推荐，《广东文艺界》2011年第二期刊登《深圳市宝安区文联五举措打造文艺精品》，宝安文联的精品创作经验在全省文联系统得到推广。宝安的文学创作稳步发展，作品数量和质量不断提高，作家队伍和作家群体进一步发展，文学影响力日益扩大。根据不完全统计，年内，宝安作家在全国各地各类纯文学报刊上共发表诗歌、小说、散文、文学批评作品1000多件；有40多名作家在中国作协、中国文联和各省（直辖市）作协、文联主管主办的纯文学报刊上发表诗歌、小说、散文、文学评论200多篇（首）；吴君、卫鸦、樊子、唐诗、陈再见等人的作品被各类选刊选载，唐成茂、张煌新、毕亮、徐东、樊子等人的作品，先后被各类年度文学选本选用；王熙远、吴君、孙向学、戴斌、萧相风等数名作家由出版社组织选题、出版个人专著；廖令鹏、唐小林、王国华等的6篇文学批评文章登上国家级报刊；陈再见、程鹏、庄昌平、萧相风等新人在全国文坛已崭露头角。4月，由宝安区文联主席戴有斌任主编，李汉源、王熙远任副主编，主持编写的《回眸：宝安打工文学三十年》一书出版。4月29日，第八届深圳关爱行动表彰晚会，《打工文学》周刊获评"市民最满意"活动项目。11月28日，《深圳当代短小说八大家》系列图书正式发布，在这"八大家"中，有3位是宝安的作者，充分体现宝安的文学创作实力。年内，《打工文学》周刊出刊168期；宝安音乐原创工作进入新阶段，借助刘青音乐工作室、李汉颖音乐工作室，推出一批优秀原创歌曲。3月7日，由巫定定、李汉颖作曲，戴有斌、萨瓦作词，旭日阳刚演唱的原创歌曲《回家》创作完成，标志宝安区音乐工程"劳务工系列歌曲"启动。该作品在"百度新歌榜"名列第二，广东省新歌排行连续十周第一。由李汉颖作曲、陈道斌作词，林晓薇演唱的歌颂祖国的主旋律原创歌曲《我家在中华》于今年上半年录制完成，并在"草根之声"晚会上演唱。由巫定定作曲、熊红作词、西单女孩演唱的原创歌曲《有一种爱总在身边》录制完成，并在"草根之声"晚会上演唱。由苏曼作曲、马维东作词的原创歌曲《青春阳光路》荣获深圳市第七届外来青工歌手大赛通俗组金奖、深圳市外来青工才艺大赛金银、宝安区外来青工文艺会演金奖，定为"草根之声"晚会的结尾曲。6月22日的"草根之声"晚会上，18个节目，其中宝安区原创的音乐作品有9个，分别是《草根之声》、《今夜风儿轻轻吹》、《妈妈》、《回家》、《有一种爱总在身旁》、《山的美城的美》、《阿芝》、《我家在中华》、《青春阳光路》。9月10日，2011中国流行音乐金钟奖颁奖晚会在宝安体育馆举行，此次比赛共吸引全国20万名音乐爱好者报名参赛，各赛区及港澳台各赛区的110名优秀选手参加总决赛，由区文联选送，区音乐工程指导来自大浪街道的"部落组合"获"2011年中国音乐金钟奖流行音乐大赛"组合组第三名，同时获最佳音乐表现奖，宝安草根音乐震撼了国家级专业歌坛，宝安区亦被评为"中国流行音乐特别贡献奖"，"部落组合"被省确定为"省2012年军民春晚"节目表演者；宝安舞蹈创作成绩

2011年1月24日，宝安区文艺界新春恳谈会召开

2011年6月22日，“草根之声——中国劳务工大舞台”大型公益综艺晚会在深圳广电集团演播厅录制演出

斐然。福永万福民工街舞团表演的舞蹈《咱们工人有力量》正式登上中央电视台兔年春节联欢晚会舞台，受到广大观众的热烈欢迎，并在中央电视台春节元宵晚会上获得“我最喜爱的春节联欢晚会节目”特别类节目一等奖。8月30日，群舞《竹蜻蜓》获得第九届全国舞蹈比赛群舞表演三等奖，这是广东省唯一一个群舞获奖作品。11月23日，舞蹈《传人》勇夺广东省第五届舞蹈花会最高奖金奖，同时被广东省确定为“省2012军民春晚”节目；杂技又夺国际大奖。受文化部委派，福永杂技团参加第十届CIRCUBA国际夏季杂技大赛，《窗花——柔术造型》荣获最高奖金奖，《高空椅技》夺得最佳女演员奖；纪录片创作获得重大突破。纪录片《登上时代的中国女工》继被评为中国年度十佳纪录片之后，又在全国纪录片评优活动中摘得一等奖；书法创作居于深圳首位。“第十届全国书法篆刻作品展”评奖工作揭晓，深圳入展作者共16名，其中宝安区作者占11名，占深圳市入展作者总数的近70%，同时，宝安青年书法家彭双龙的行草书法作品荣获优秀奖，宝安青年书法家刘剑波获优秀提名奖，获奖入展人数超越历届水平。

【文艺活动情况】2011年，宝安区文联切实发挥职能优势，围绕区委区政府中心重点工作，组织各协会配合建党90周年、春运、迎大运、廉政建设、关爱劳务工、拥军、安监、读书月等开展一系列内容丰富、形式多样的活动，推进各项工作的开展，活跃群众的精神文化生活。年内，文联组织文艺工作者交流、采风、联谊10余场（次），组织文艺沙龙10余场（次），开展美术书法摄影展20余场（次），举办慰问演出和其他文艺活动30余场（次），艺术家参与和支持的文艺活动600余场（次）。4月2日，“阳光·勤劳·感恩”——“拥抱春天”诗文朗诵会暨《“阳光生活，感恩社会”获奖作品集》、《“阳光生活，感恩社会”报告文学集》首发式在龙华街道富士康科技集团举办。6月22日晚上，由宝安区委区政府和深圳广电集团共同主办的首届“草根之声——中国劳务工大舞台”大型公益综艺晚会，在深圳广电集团演播厅录制演出。6月29日，晚会由深圳卫视向全国播出，中央、省、市和境外主流媒体均作重点报道。12月19日，“草根之声——宝安来深建设者书法美术摄影展”在宝安画院开幕。同时举办义写春联、“宝城十二品”、元宵灯谜活动、群艺杯摄影展、戏曲进社区、诗歌会等一系列品牌活动，成功组织“中国近代当代美术大师、名家作品展”及宋玉明、邹明、潘喜良、史文集、戴剑波等名家画展，为宝安人民提供优秀的精神食粮，推进文艺工作的一体化建设，受到群众的好评。

【文艺队伍建设】2011年，宝安区文联及下属协会采取“请进来”、“走出去”相结合的方式，通过讲座、座谈、沙龙、采风、比赛等方式，开展形式多样的专业培训。以李汉颖音乐工作室为主要平台，针对宝安区音乐骨干，开展一系列的专业培训，提升宝安区音乐骨干的音乐创作和表演水平。同时，采取送文艺骨干到国内专业院校科班培养的方式对文艺人才进行培养，区青年作曲家张艺婕去中央

2011年4月2日，“拥抱春天”诗文朗诵会在富士康科技集团举办

音乐学院脱产学习半年，动漫艺术家协会副会长郭喜忠去清华大学美术学院脱产学习5个月。后张艺婕又成功考入中国音乐学院博士生班，区文联又协调区人事局、区文化局，为张艺婕深造开辟绿色通道。9月25日，区国际标准舞协会邀请我国摩登舞优秀老师李兆林、李小媛和拉丁舞老师尹卫东、龙卫敏，举办国际标准舞竞技艺术和集体创编舞的构思讲座。经过培训，宝安区文艺人才整体素质得到提高，创作水平得到较大提升，为宝安区进一步打造文艺精品和文艺品牌，储存人才力量。9月29日，区戏剧家曲艺家协会召开第四次会员代表大会，按协会章程和法定程序，通过新修订的章程，并以无记名方式选出第四届理事会理事25名，黄永珍任新一届会长，王立海、刘红、刘柏常、朱韶军、许运权、何云、罗惠芬、夏宏斌担任副会长，李钟鸿为名誉会长。

（张丽婷）

附：2011年宝安区文学艺术界联合会领导成员名单

主　　席：戴有斌
专职副主席：李汉源
秘　书　长：易　贞

残　联

【**概况**】2011年，宝安残疾人事业以康复工作为重点，抓住机遇，开拓进取，抓好残疾人最关心、最直接、最现实的康复、教育、就业、维权、社会保障等工作，不断提高为残疾人服务的能力和水平，进一步促进残疾人事业发展，完成区残疾人事业“十二五”规划的完美开篇。区委、区政府将残疾人事业纳入经济社会发展规划，两个残疾人综合服务设施项目“宝安区残疾人综合服务中心”和“宝安区残疾人康复公园”的建设通过审批，列入区政府发展规划并着手开始筹建；残疾人“社会保障体系和服务体系”初步形成，残疾人工作队伍逐步健全壮大，残疾人康复服务工作突飞猛进，全区已建成区、街道、社区、家庭四级康复服务网络体系170个机构，得到中央、省、市残联的充分肯定和社会各界的广泛认可。2011年，宝安区先后获得“广东省社区康园网络建设示范区”、“全国残疾人工作先进单位”荣誉称号，成为深圳市唯一获此殊荣的区。

【**荣获全国先进单位**】从2011年6月9日第四次全国残疾人事业工作会议上和《关于表彰全国残疾人工作先进单位和先进个人的决定》（残工委〔2011〕5号）获悉，宝安区因“全面贯彻落实科学发展观，坚持以人为本，积极采取有力措施发展残疾人事业，推进残疾人社会保障体系和服务体系建设，残疾人康复、教育、就业、扶贫解困、维权、文化体育等各项工作全面开展，残疾人状况明显改善”，“锐意进取、扎实工作、为残疾人事业发展作出突出贡献”，荣获全国残疾人工作先进单位，这是本次表彰会中深圳市获得的唯一一个全国先进单位殊荣，也是宝安区委区政府新班子组建以来获得的全国荣誉。

【**组织建设**】2011年，宝安区进一步加强残联基层组织建设。通过定期召开学习会议，学习市委、区委有关精神、政治理论、法律、法规和上级残联的指示精神，不断学习业务知识，2011年区残联党支部被评为“区直机关党工委先进基层党组织”。2011年全年举办各种培训班5期。在8月29～31日的宝安区系统综合业务培训班上，各街道残联专干、职康中心负责人、康复师、社工、专职委员，以及区残联机关工作人员近150余人参加培训，被外界评为全市残联系统规模最大的培训班。全年共参加志愿活动20余次，并深入基层，开展大运宣传。编辑出版《深圳市宝安区残联系统队伍建设和工作理念学习读本》，得到各级领导和社会各界的广泛认可和赞誉。同时，作为社会福利事业文献研究成果，被收藏在深圳市图书馆文献库。

【**残疾人康复工作**】2011年，宝安区积极开展西乡、观澜两个街道的辅具服务试点工作。截至试点工作结束，全区已筛查上报108人，评估适配79人，完成辅具配送48人。年内，共收到各类辅具需求申请表386份，配送辅具达258件套。上门为232名家庭困难的精神病人提供免费服药服务，服药人次约1500人次。对严重精神病患者免费送院治疗，2011年宝安区有住院精神病人49人，送往区中途宿舍康复23人。从5月11日起，与区慢病院共同开展为期9天的户籍低收入精神病患者免费体检活动，共计体检人数达251人。全年共有95名残疾人提出申请居家助残服务项目，经评估50人获得该项目申请。全年共办理白内障患者补助256例，按每人补助500元的标准，共补助12.8万元。资助残疾儿童义务康复，每人不超过1万元/年，共有45名残疾儿童提出申请，经评估后共有37名符合申请条件，并与11个机构签订康复训练的协议。协助260名残疾儿童申请市残联的福彩金资助项目——残疾儿童（少年）康复救助服务，其中230名儿童通过评估获得救助。2011年成功为69名“爱心手机信息卡”老用户使用进行续费，为51名新开卡的用户发放手机信息卡51张。对享受优惠套餐的残疾人发放手机75台。实施创建宜居社区工程，不断完善各街道职康中心原来设在星光老人之家内的64个社区残疾人服务站，全年配送301件康复器材，共44万余元。为区285名残疾人提供康复咨询服务，完成康复咨询员上岗工作任务。积极参加市辅具创意设计竞赛活动，全区共有24个项目参加市竞赛并获得三等奖等7项荣誉，荣获“最佳组织奖”荣誉称号。12月3日在市残联举办的全市残疾人康复专业知识竞赛活动中，荣获康复知识竞赛一等奖。

【**残疾人教育工作**】2011年，宝安区残联开展对全区0～14岁残疾儿童教育情况调查。加强对社区及特殊儿童家庭的指导通过购买测听设备，感统训练和蒙式教学等设备，安排康复师进行照顾和康复训练，以集体教学和个别训练相结合的方式促进特殊儿童各方面的康复。为随班就读学生提供支援服务。组织区特殊教育工作者和部分社工为19名户籍的随班就读学生提供支援服务，包括心理、学习能力、文化知识等方面的辅导，每名学生可以免费得到6000元的服务。加大康复教育研究力度。5月13日，举办特殊儿童“康复教育开放日”活动暨康复教育研讨会。同时还通过进行特殊教育教学常规课例评比活动、原创课例征集活动、教育教学反思征文评比活动、优秀教学设计评选活动等，促进区残疾人特殊教育发展。制订干预中心发展计划，并且在下半年第二学期将中心各班级重新定位并做生源调整。将自闭症的儿童分到“夏荷班”；发育迟缓、唐氏综合征的儿童分到“秋菊班”；使中心的办学规模和办学水平上一个台阶，得到各级领导的充分肯定和赞誉，收到良好的社会效益。

【残疾人就业工作】2011年，宝安区开发《宝安区残疾人就业信息跟踪管理数据库》软件，数据库收集1603名就业年龄段残疾人信息，并实现残疾人就业信息区、街道、社区三级共享。年内，全区共组织残疾人528人次参与各项职业培训。与宝安区劳动局联合举办第六届“就业助残”专场招聘会，参加的企业均超过30家，参会残疾人超过150人。对超比例安排残疾人就业的单位进行奖励，全年共对30家用人企业发放26.4万元奖励资金。全区已就业的1168名残疾人中，1138人以分散按比例就业的形式实现就业，其中本年新增残疾人就业113人。对暂时无法实现正常就业的残疾人，安排街道职康中心进行庇护劳动，并发放20元/天的工疗补助。

【扶残助残】2011年，宝安区残联共受理申请办理残疾人证416人，变更51人。为157名瘫痪在床，生活不能自理、行动不便的重度残疾人进行上门录入信息资料。为2656名残疾人落实各种困难救济补助，其中重残定补2255名，低保定补273名，大学生就读补助25名，临时困难救济补助113名，补助总金额318万余元。年内，共为22名残疾人申请学习驾驶汽车补贴，为52名残疾人申请机动轮椅车燃油补贴，办理深圳通残疾人乘车卡共219人次，新办理社保补贴15人，为50人补助共17.6万余元。同时认真做好残疾人来信来访及临时救济工作，今年共接待29人次来访，55次来电，并对来信来访进行详细解释和耐心解答。春节期间，区、街道、社区三级党政部门和残联组织共拨出近200万元资金，对全区登记在册的3000多名残疾人进行逐户慰问。中秋期间，同样对全区残疾人进行普遍慰问。并深入全区140户残疾人特困家庭进行为期半个月的重点慰问。

2011年3月23日，福永残疾人服务中心正式启用。副区长孙波主持启用仪式，省残联副理事长孙俊明，市残联理事长祖玉琴，副巡视员李先锋，区残联理事长黄平彪，街道党工委书记、办事处主任廖少权等出席仪式

【“广东省社区康园网络建设（深圳·宝安）现场会”】1月，广东省省长黄华华在省第十一届人民代表大会第四次会议上代表省人民政府向全省人民庄严承诺2011年为人民群众办好十件实事，其中重要一项是“扎实做好社会保险和社会救助工作，建立社区残疾人康园工疗站145个”。4月8日，广东省社区康园网络建设（深圳·宝安）现场会暨2011年全省残疾人康复工作会议在宝安区召开，会议总结宝安区职康中心建设的经验和做法，向全省推广“宝安工作模式”，“贯彻落实省政府十件民生实事，全力推进社区康园工疗站建设”。会上，广东省残联理事长宋卓平授予宝安区“广东省社区康园网络建设示范区”奖牌，宝安区区长张备接牌。广东省残联理事长宋卓平、副理事长孙俊明，广东省人民政府办公厅督办处领导王锋、深圳市残联理事长祖玉琴，宝安区人民政府区长张备、副区长孙波，全省各地级以上市残联分管副理事长，全省县、区级残联理事长以及部分乡镇、街道残联负责人等共计约300人参加会议。会议总结宝安区职康中心建设的经验和做法，向全省推广“宝安工作模式”，“贯彻落实省政府十件民生实事，全力推进社区康园工疗站建设”。会后，宝安职康中心建设的经验和做法受到广泛关注，中残联网站，《中国日报》，新浪网，凤凰网，《南方日报》，《深圳特区报》，《宝安日报》，省、市残联网站等媒体纷纷对现场会盛况和宝安职康中心经验做法进行报道，其中《南方日报》、《宝安日报》刊出三个专版进行报道。至12月下旬，已有来自吉林市丰满区残联、东莞、惠州、中山市残联系统、顺德区残联系

2011年4月8日，广东省社区康园网络建设（深圳·宝安）现场会暨2011年全省残疾人康复工作会议在宝安区召开

统等10余批省内外残联同仁近300人次组团前来参观交流。

【第二十一次“全国助残日”系列活动】5月15日是第21次“全国助残日”，主题是“改善残疾人民生，保障残疾人权益”。5月10日，宝安区残联在宝安前进天虹广场举行第21次“全国助残日”系列活动的启动仪式。现场开展残疾人康复、就业、维权等方面的宣传咨询活动，发放宣传资料1000余份。并由区残联统一购买大米83吨、食用油16.6吨，由区、街道残联领导亲自送到全区3000多名领证的残疾人手中。各街道也拿出相应的资金慰问残疾人，让残疾人得到真正的实惠。“助残日”期间，联合区卫生局为全区1177名持第二代残疾人证的户籍残疾人进行免费健康体检服务。面向全区残疾人朋友，开展以“大家都来话幸福”为主题的征文比赛活动，共收到全区残疾人朋友的各类体裁稿件34篇，经过评审委员会的评审，评出一、二、三等奖和优秀奖共10篇获奖文章并对朱弦弦等获奖个人进行表彰奖励。深入街道职康中心和残疾人工作的社区，察看康复器材使用情况，走访看望社区残协专职委员，送上所需业务用书及康复器材。并指导街道残联开展《中华人民共和国残疾人保障法》颁布20周年座谈活动，使残疾人朋友在系列活动中，享受精神文化盛宴，实现精神物质双丰收。各街道残联也根据实际情况，在“全国助残日”期间为残疾人组织形式多样的活动，努力形成人人理解、尊重、关心、帮助残疾人的良好社会风尚，让“助残日”天天在，天天有。

【宝安区第三届残疾人展能节系列活动】2011年，宝安区举办宝安区第三届残疾人展能节，展能节由职康技能比赛、才艺作品和手工产品展两个活动组成，经街道初赛和评比，挑选50名选手参加职康技能3个小项的比赛，选送250多件残疾人才艺作品和手工产品参加展览。同时在深圳市残疾人文化节中，宝安区积极组织残疾人参与才艺作品展示，并获多个奖项，其中3件作品被中残联收藏，被市残联评为优秀组织奖。在全省残疾人才艺展示活动中，4名残疾人作品代表深圳市参展。其中黄明琛作为深圳市唯一一名代表被省残联安排到才艺展现场进行木雕现场演示。在“与大运同行”职康运动会中，在全区范围内开展预赛并选出有实力的选手参与市级比赛，经过选手们的努力拼搏，获得10个小项中4个第一、2个第二、3个第三的好成绩，所获奖项居全市各区之首。

【残疾人事业宣传】2011年，《荷秋藤》杂志作为残联宣传工作的主要平台，全年共计发行10期，共面向全区和兄弟单位、上级残联及全区残疾人发行30000多本。2011年1月1日，经过改版，升级后的宝安区残联网站正式开通，网站栏目内容丰富，由专人负责管理，内容充实。同时通过制作宣传栏、标语、横幅、向市民发放宣传小册子等多种形式进行宣传，通过《宝安日报》、《深圳特区报》、宝安电视

2011年12月3日是“国际残疾人日”，深圳市残联在市残疾人综合服务中心大楼13楼举行全市残疾人康复专业知识竞赛活动

台等新闻媒体营造社会扶残助残氛围，在社会掀起关心、关注残疾人事业的热潮。据统计，年内，在各新闻媒体、网站刊发稿件、图片500多幅。其中，中残联网站、中国残疾人网、中国广播网、省市残联网站、《党建视窗》、《宝安信息》多次刊发转载宝安区反映残疾人活动的稿件。（魏　晶）

附：2011年宝安区残联领导成员名单

理 事 长：黄平彪

副理事长：陈洁珍

慈善会

【概况】2011年是深圳市成功举办“大学生运动会”，经济社会全面发展的一年，也是宝安区慈善事业稳步发展的一年。区慈善会坚持科学发展，从实际出发，扎实工作，大力发展慈善事业。全年共募集慈善资金3300万多元（含云南、日本地震和“广东扶贫济困日”捐款）。共救助困难群众731人次，发放救助金500万多元，其中劳务工258人次，发放救助金171.7万多元。为保障困难群众基本生活，构建和谐宝安发挥应有的作用。

【慈善募捐】2011年，宝安区慈善会积极组织和发动慈善募捐活动，支援灾区和贫困地区改善困难群众生产生活。一是积极为云南和日本地震灾区募捐。5月，我国云南和日本发生特大地震发生后，区慈善会及时在《宝安日报》刊登募捐账号，在全区开展募捐活动。1个月内，募得善款17多万元，其中为云南地震灾区捐款10万多元，为日本地震灾区捐款7万多元。二是开展“广东扶贫济困日”募捐活动。自2011年起，市慈善日与省“广东扶贫济困日”统一定为6月30日，慈善月由每年11月调整为7月。根据市委市政府和区委区政府关于开展2011年“广东扶贫济困日”募捐活动的统一部署，6月30日，宝安区开展“广东扶贫济困日暨深圳慈善日和深圳社会慈善捐赠活动月”募捐活动。活动共募集善款2900多万元，位居全市第一。三是做好定向募捐。接收19个机构、公司或个人定向捐款538.1万多元，资助项目7个。

【慈善救助】2011年，宝安区慈善会加大救助力度，降低救助门槛，拓展新的慈善救助项目，惠及更多的困难群众。一是降低救助门槛。根据4月1日提高的最低工资标准，将申请救助门槛从月收入2200元以下调整至2640元以下，扩大救助覆盖面。二是积极实施慈善救助。全年共资助困难群众731人次，资助金额500万多元。其中资助户籍困难居民295人次，发放资助金260万多元；资助身患重病劳务工153人次，发放资助金102万多元；资助遭遇自然灾害和重大事故群众64人次，发放资助金53万多元；资助驻地困难官兵30人次，发放资助金15万多元。开展春节慰问活动，慰问困难群众183人，发放资助金54.9万多元。特殊个案6人次，金额17万多元。三是实施新的救助项目。出台《关于捐赠宝安区人民医院肾功能衰竭医疗设备的决定》，捐赠人民医院购置相关设备290万元。设备的捐赠为帮助肾功能衰竭患者家庭减轻负担，提高诊治疗效。

【慈善宣传】2011年，宝安区慈善会加大慈善宣传力度，群众慈善意识进一步增强。一是召开区慈善会第一届理事会第四次会议。4月20日，宝安区慈善会第一届理事会第四次会议召开，市民政局副局长侯伊莎、市慈善会驻会副会长范建华、宝安区政府区长张备、区委常委戴斌、副区长蔡颖参加会议。市区领导充分肯定区慈善会成立以来的工作成绩。区长张备表示，区委区政府将一如既往高度重视支持宝安区的慈善事业。二是制作反映区慈善会救助工作的专题片《三最篇》。专题片客观地展现宝安区慈善救助对象主要是生活最困难，遭遇最不幸，群众最同情的困难群体，同时号召全区社会各界热心人士捐款。专题片每天在区电视台一套和二套节目播出。区广电中心大力支持，给予免费播出。三是做好日常宣传工作。印制2010年《宝安慈善》画册；在《宝安日报》上刊登2010年宝安区慈善会慈善金收支情况审计报告和2010年救助人员名单；投放8台公交车广告；在《宝安企业》和《宝安日报》开辟专栏，长期报道宝安区慈善先进人物故事。慈善宣传进一步深入社区、企业、学校。

【打造“阳光慈善”、“透明慈善”】2011年，宝安区慈善会严格执行慈善工作制度，不断提高社会公信力。一是坚持集体审批制度，完善初审和复审环节。二是坚持审计制度。2011年1月初，区审计局对区慈善会

2011年4月20日，宝安区慈善会第一届理事会第四次会议召开

2010年全年慈善资金收支进行专项审计。审计结果表明，慈善资金能按照《深圳市宝安区慈善会救助办法》的规定用途进行拨付和发放，做到专款专用。审计结果和救助名单将在《宝安日报》和区慈善会网站上公布，接收社会的监督。三是适时针对性地召开区慈善救助工作会议，明确救助过程中应注意的事项。5月27日，区慈善救助工作培训班召开。会上讨论救助过程中遇到的新问题，明确救助原则和程序，对规范救助起到积极作用。

在第二届鹏城慈善表彰大会上再次被评为“慈善组织奖”，是全市唯一连续2届获得此殊荣的区级慈善会。被市开展“广东扶贫济困日”活动协调小组评为“扶贫济困优秀组织奖”，被区委区政府评为2008～2009年度“精神文明建设先进集体”。2011年，被广东省卫生厅、广东省红十字会评为广东省2009～2010年度“无偿献血促进奖”；被深圳市卫人委、深圳市红十字会评为“深圳市无偿献血先进集体称号”。　（刘曦光）

附：2011年宝安区慈善会领导成员名单

会　长： 何植洪

副会长： 张文枢（常务）　王挹之　叶伟雄　苏洪根　李时中　欧阳泉　洪游奕　黄尔春　凌杰儒　颜继攀　胡细银　杨齐兴

秘书长： 刘年娣

监事长： 梁妙兰

监　事： 左联翠　梁志斌

法 制

政 法

【维护社会稳定】2011年，宝安区委政法委员会（维稳办、综治办）继续做好维护社会稳定工作。一是创新方法，健全机制，牢牢掌握工作主动权。宝安区把重大事项社会稳定风险评估工作作为一项基础性、关键性机制列入日程。大运前对全区拟出台重大事项进行全面梳理，年内顺利完成最低工资标准调整、深圳北站周边征地拆迁项目、中心区建材市场清拆工作等重大事项的风险评估工作。大运会期间，研究出台《关于加强重大矛盾纠纷化解处置联动机制建设的意见》，并制订具体实施方案，成立区委书记和区长双组长的重大矛盾纠纷化解组，下设12个由区分管领导牵头、业务部门和属地街道组成的专项化解小组，联动化解处置影响辖区社会稳定的12类重大矛盾纠纷，取得良好成效。深化建设群体性事件应急处置机制，制定出台《宝安区处置群体性事件和大规模暴力犯罪事件应急预案》，成立“健全应急处置机制”工作专班，全面梳理了近几年来重大不稳定事件的处置案例，着力完善维稳应急机制建设。二是适应形势，突破难点，着力解决基层重大不稳定问题。选派工作组进驻部分社区股份公司。针对社区“两委”班子换届过程中个别社区显露出的问题，宝安区迅速开展有针对性的调研排查，梳理出14个存在重大不稳定隐患的社区股份合作公司。6月23日，宝安区选派42名领导干部组成14个工作组，进驻14家存在重大不稳定问题的股份公司。工作组进驻后，迅速落实有针对性的维稳工作，确保了大运期间社区股份合作公司的平安稳定。进一步做好劳资纠纷预防化解工作。针对劳资纠纷多发态势，宝安区成立了由常务副区长、分管副区长牵头的领导小组，从完善劳资纠纷处置工作流程及企业经营预警机制、细化劳资隐患排查、加强欠薪应急专项资金管理、构建和谐劳动关系等方面，推出有针对性的应对措施。全年劳动信访件、劳动争议仲裁案件、重大劳资纠纷数同比分别下降1.7%、1.3%、27%，劳动合同签订率98.7%、劳动争议仲裁案件调解率63%，分别创历年新高。全面推进医患纠纷三方联调。针对医患纠纷日益增多、医患冲突愈演愈烈的问题，宝安区制订出台《关于在街道综治信访维稳中心推行医患纠纷三方联调工作机制的实施意见》，将行之有效的医患纠纷三级联调机制延伸到街道综治信访维稳中心，建立起一套融人民调解、法律援助、司法鉴定、仲裁、诉讼、法律制裁为一体的解决机制。全年通过联调机制调处医患纠纷案件79宗，占医患纠纷结案总数的61.2%，切实做到案结事了。三是关注民意，保障民生，切实维护人民群体的合法权益。区、街道及部门领导轮流参加区广电中心“民生访谈”节目40多期、

新安司法所人民调解移动车。经过人民调解员调解，两当事人在“移动调解室”内握手言和

2011年7月18日，中共中央政治局常委、中央政法委书记周永康视察深圳宝安新安街道海裕社区，充分肯定宝安区社区服务创新工作。中共中央政治局委员、广东省书记汪洋，广东省委常委、深圳市委书记王荣等省、市领导陪同考察

《宝安日报》“市民热线”节目30多期，解决了群众提出来的2000多个问题。“两代表一委员”到社区“工作室”接访群众形成制度化、规范化、常态化，区长专线、区长信箱、12345便民电话、直通车等社情民意反映机制更加便捷高效，在“听民声、传民意、解民忧”方面发挥了积极作用。此外，宝安区委区政府还确定每周二为无会日，所有区领导到包挂点街道检查、督促和指导信访维稳工作，开展下访、约访、回访、走访、座谈等多种接访活动，及时了解群众心声，解决群众实际需求。大力解决特困当事人民生问题。建立信访维稳备用金和涉法涉诉救助金，对因利益受损导致生活陷入困境，通过正常渠道无法获得救助的当事人，予以合理救助，化解矛盾和积怨，进而实现罢访息诉。法律援助工作继续降低门槛、简化程序、扩大范围、改进服务，全年办理法律援助案件8165宗，同比上升6.1%；其中劳务工案件6656件，为劳务工挽回经济损失3650万元。积极引导群众依法维护自身权益。全年全区共开展各类主题普法活动778多场，派发宣传资料105.89万份，解答群众咨询13982人次，受教育人数达79.35万余人次，在412家企业“法制教育培训基地”开展法制培训127期，人民群众法律意识明显增强，依法维护自身权益的理念进一步深入人心。四是强化措施，狠抓落实，扎实做好矛盾纠纷预防、排查、调处工作。区包案领导主持召开协调会40多次，研究了黄田股份公司问题、沙井汉玉公司经济纠纷、深圳北站烂尾楼清拆等65宗重大矛盾纠纷，有效推进了问题的解决。建立维稳形势月分析制度，每月召集各街道、有关职能部门进行形势研判分析，准确把握维稳形势，及时做出部署。在构建“大调解”机制、三级综治信访维稳中心的基础上，推出政法委牵头、法院主导的诉前联调工作机制，整合劳动、卫生、司法等部门资源，在法院设立诉前联调工作室，使得一大批矛盾纠纷在诉前便得到化解。全年区、街道、社区三级综治信访维稳中心受理各类矛盾纠纷33375宗，化解32766宗，化解率为98.2%。深入稳妥做好稳控管控和应急处置工作。大运期间全区共排查造册水电油气等重点防范目标214个，均实行重点防范目标、各企事业“门前三包”制和专人实名24小时守护制，全面落实安全防范措施。同时，宝安区不断完善应急处置预案，开展“宝安区迎大运处置深圳北站恐怖袭击事件”应急演练，提高协同处置能力。

【平安大运行动】2011年，宝安区委政法委员会（维稳办、综治办）统筹城市安保和赛事安保，实现平安大运和平安宝安建设双丰收。宝安区在全市率先启动“平安大运行动”，按照“比平安、比稳定、比和谐、比服务”的方针，统筹城市安保和赛事安保各项工作。按照国际标准，高质量完成场馆技防物防建设，组建6个场馆安保团队，反复开展演习、演练，民警、武警、学警和志愿者等力量无缝对接，确保场馆核心圈万无一失。筑牢大运安保防线。在涉大运场所周边设立两级重点防护区，形成八大“安保严管圈”，在与东莞交界的14条道路、5个重要节点建立了6个公安检查站和13个治安卡点，实行公安民警与边防武警联勤查控，构建了严密的环深安保圈。以面保点落实社会面防控。全区划分为区、街道、社区、基础网格四级，实行编码管理，排查设置控人、控地、巡逻、调解、宣传等五类岗位，组织各类力量共29.6万人开展平安志愿服务行动，通过短信平台统一调度，实行“四必巡、四必守”（交通路口、主要公交/地铁站台、人行天桥和涵洞、重点保卫单位必守；旅游景点、商业旺区、公园广场、主干道必巡）和等级响应，配发了846个邻里守望值勤台、3300辆巡逻自行车和10万套“红马甲、红帽子、红袖章、红雨伞”等装备，“宝安红人”成为了一道亮丽的风景。大运赛事期间，宝安区没有发生有影响的突发事件和群体性事件，刑事警情同比下降79%，“两抢”警情同比下降76%，入室盗窃警情同比下降81%。

【社会治安综合治理】2011年，宝安区严厉打击违法犯罪活动，构建严密治安防控体系，开展治安综合治理，实现全区稳定形势和治安形势进一步好转。创新“深挖犯罪”机制，开展“清网”行动，严打“黄赌毒”，严打各类多发型、涉众型经济犯罪，有力维护了市场经济秩序；全面整治社会治安突出问题。开展学校及周边安全隐患综合整治，和校车安全隐患大排查大整治行动；严厉打击非法传销活动；强化网吧巡查工作，严格督促落实上网实名登记制度；坚持打击非法营运，查处交通违章行为；强化队伍管理，夯实综治基础，构筑立体治安防控体系。全面开展安全文明小区、“围合式”小区创建。全区创建安全文明小区36个、“围合式”小区25个，组织各街道、各社区对创建小区的硬件设施进行建设完善，并加大对创建小区环境卫生整治力度，积极组织相关部门开展专项治理，对小区内乱搭建、乱堆放、乱摆卖现象进行整治，小区环境面貌得到明显改善。同时，对历年创建的安全文明小区、“围合式”小区进行全面复查，对存在问题出现滑坡的小区进行整改。

2011年11月4日，公安分局“清网行动”参展民警归建欢迎仪式暨庆功宴会举行

【禁毒工作】2011年，宝安区强化禁毒执法，打击毒品犯罪，坚持管教并重，推进禁吸戒毒，广辟宣传阵地，禁毒工作不断进步，全年无社会面吸毒人员聚集公共场所吸毒案件、无社会面吸毒人员导致重特大恶性案件、无社会面吸毒人员危害涉大场所安全案件。加强禁毒宣传培训，全年开展禁毒预防宣传教育活动96场，对全区禁毒专干、治安主任及出租屋管理员进行轮训，收到良好效果。同时，大力开展收戒工作，强制隔离戒毒1100名，社区戒毒340名；积极推进美沙酮药物维持治疗工作，全区美沙酮治疗入组人数持续增加，达到342人，在治人数151人，治疗维持率达80%。在帮教转化方面，积极推进禁毒社工进社区工作，全区已有专业社工18名，帮教转化吸毒人员54人，其中参加就业培训或成功推荐就业22人，服务对象中7人转化为禁毒志愿者。

【出租屋整治】2011年，宝安区创新出租屋“两强管理”，流动人口管理服务取得突破。宝安区有住宅出租屋282万间/套，占全市总量的40%，出租屋内居住人员529万。2011年，宝安区以迎办大运为契机，进一步加强出租屋管理，创新出租屋“两强管理”模式，将公安机关的“强制管理”和出租屋综管部门的“强势管理”相结合。认真研究政策法规，区委区政府发布严管公告、出台“1+4”等指导性文件，做到师出有名、行之有据。公安机关和出租屋综管部门实行三级兼任，创新案件倒查、延伸调查等手段，对违法违规房屋出租人进行重罚、重查。依法对鑫海房地产经纪公司处以89万元罚款、对白石龙某出租屋业处以54.2万元罚款，成为深圳历史上对单位、对个人租赁处罚之最。全年查封不合格出租屋3.3万间（套），办结房屋租赁执法大要案同比增加10倍，罚款金额同比增加5.6倍。大力推行出租屋人防、物防、技防、消防“四位一体”建设，发动业主新增消防器材3万套、带动视频监控系统建设2万多套，整改治安安全隐患16.1万处，出租屋综合环境得到了明显改善，群众正面反响热烈，初步形成政府、业主、社会“三赢”局面。

【执法监督】2011年，宝安区开拓工作思路，探索管理创新，提升社会管理水平；探索社会建设和社会管理新思路。与中央编译局合作，组织开展社会管理和公共服务创新课题研究。对宝安区社会建设的现状、问题进行分析和研究，提出了有针对性的对策建议。制定出台《关于加强社会建设的实施意见》，拟定《宝安区强力推进社会管理和公共服务创新　全面加强社会建设行动方案》，制定了重点推进公共服务、社会保障等十大领域63项重点任务、169项具体措施，作为未来五年加强社会建设的行动纲领。开展“织网工程”试点。宝安区西乡街道探索建立“覆盖到边沿、管理到末端、责任到个人、联动到网格”的“四到”网络型社会管理模式；福永街道按照“一长四员”模式优化人员配置，探索基层力量整合；松岗街道以“七张网”建设为抓手，全面构建治安立体防控体系；民治街道围绕深圳北站社会管理工作，建设特区一体化示范区。观澜街道章阁社区被市确定为探索解决城市混合社区城乡“二元”问题的试点。创新社区社会管理工作。宝安区在新安街道海裕社区和大浪街道大浪社区建成社区服务中心，针对群众需求设立服务项目，为构建邻里互助、和谐社区起到积极作用。提出“社区零公里服务圈”概念，借助信息化手段，延伸政府网络，在每个社区内设置服务点，形成“一口受理、一网协同”的服务格局，已开展试点建设工作。

【治安基层基础建设】2011年，宝安区持续开展群防群治队伍整顿整合工作。2月，宝安区组织开展为期2个月的保（治）安员教育整顿活动，对包括治安联防队员在内的各类保（治）安员进行全面摸底备案，清退了一批不合格保（治）安员，分批对保（治）安员进行培训教育。11月起，宝安区再次组织开展为期100天的群防群治队伍教育整顿活动，对全区1万余名社区治安联防队员、近5000人的治安巡防队员、6000多人的出租屋综管员、930多人的校园护卫队员、970多人的特保队员、1200多人的交通协管员等2.6万多人的治安辅助力量进行全面教育整顿，并将全区16家保安公司的2.5万多名保安员，以及3000余家工厂企业自行招用的4万余名保安员纳入教育整顿范围；稳步推进出租屋视频门禁系统建设。2011年，宝安区计划建设视频门禁系统2万套，区委区政府将视频门禁建设纳入2011年“十件民生实事”，拨出视频门禁系统建设专项资金，成立区视频门禁领导小组并设专项办公室。区制订方案将视频门禁建设任务分解至各街道、各派出所，严格倒排工期，按照倒排节点定期召开系统建设工作通报会，进度滞后的街道、派出所作表态发言，激励先进鞭策后进，确保系统建设进度。全年建成系统21144套，超额完成任务；完善电子监控系统。2011年，宝安区全面开展一类电子监控管线及取电整体修复工作，其中福永街道已全面完成整体修复，修复后的监控点图像接通率一直保持较高水平，一类监控点的使用率大大提高。狠抓大运安保视频图像保障工作。在大运场馆周边新建一类监控探头93个，修复监控探头162个；在公安检查站、治安卡点建设电子监控探头。创新视频监控建设模式，加大视频监控规划建设力度，完善视频监控网。完成全区158所中小学校门口重点区域电子监控技防项目建设和深圳火车北站电子监控技防项目建设。

【队伍建设】2011年，宝安区政法各部门将“发扬传统、坚定信念、执法为民”主题教育实践活动作为队伍建设的主线，通过“平安大运行动”锤炼队伍，求真务实、创新发展，不断提高政法队伍的整体素质和战斗力，为推进政法各项工作顺利开展提供了坚强的思想保证、组织保证和精神动力。一是坚持思想主导，时刻保持队伍政治本色。统筹谋划，树立政法战线一盘棋思想，把思想政治学习作为贯彻上级部署、强化理论素养的重要载体，坚持集中学习和个人自学相结合，领导带头学和政法干警自觉学相结合，专题讲座和日常讨论相结合，实现以学习加强认识、以学习统一思想的目的。二是加强教育训练，服务大运实战。区政法各部门将大运安保培训作为全年培训工作的重中之重。区公安分局制定了详细的大运安保培训计划，针对专业岗位、安保学警设置相应的培训课程，组织民警参加市局大运安保系列专题培训讲座17场8000余人次，安排防爆、安检、制证、指挥室等专业岗位民警培训468人，开展学警专业岗位培训及模拟演练，为大运安保工作作出突出贡献。三是强化监督管理，全面推进公正廉洁执法。为积极响应市委关于建设廉洁城市的号召，继续组织推进区政法机关公正廉洁执法实施方案，重点加强执法规范化建设，健全完善执法监督机制。深入开展反腐倡廉工作，贯彻《廉政准则》，进一步深化干部队伍的作风建设，切实加强党员队伍的职业道德教育和纪律作风教育。　（赫永生）

附：2011年宝安区委政法委员会（维稳办、综治办）领导成员名单

区委常委、政法委书记、区公安分局局长：	曲晓顺（12月止）
区委副书记、政法委书记：	赵燕民（12月起）
区委政法委副书记、维稳办主任：	张建国
区委政法委副书记：	薛祝和　龚报优
区综治办主任：	窦文耀
区综治办副主任：	张永明（4月止） 张其芳（7月起）
区委维稳办副主任：	林　平（5月止）
区防范办副主任：	张湘丽

审　判

【概况】2011年，宝安法院共受理各类案件46152件（含旧存），同比下降10.47%；结案44597件，同比下降9.9%；未结1555件，同比下降24.18%；结案率96.63%，收结案数继续位居全市法院首位，审执案件呈现出良好局面，结案率、调解率和结案均衡度在较好基础上继续保持优势，收案则出现多年来少有的下降情况。在全市基层法院“奋力实现排头兵”工作达标竞赛活动中，连续3年被评为优胜单位，荣立全省法院“争当全国法院排头兵工作集体一等功”。在全市基层法院年终综合量化考核中名列第一，实现“四连冠”，被评为第四届全市“优秀法院”和“2011年度全市先进法院”。

【刑事审判】2011年，宝安法院根据宝安区情和“平安大运”目标，注重使刑事审判符合社会治安的实际状况，依法严惩黑恶势力犯罪，成功审结石岩街道马有明等13人、观澜陈友虎等36人等6宗犯罪人员众多、社会影响大、案情复杂的涉黑犯罪案件；依法严惩社会危害性大、社会关注度高的犯罪，营造良好的社会环境，共审结危险驾驶犯罪案件112件；审结贪污、贿赂、渎职等职务犯罪案件34件，判处被告人32人，保障廉洁城区建设；审结侵犯知识产权犯罪案件81件，改善科技创新环境。严格落实宽严相济刑事政策，对具有法定从轻、减轻和免除刑事处罚情节的被告人，依法从宽处理，尽可能减少社会对抗，增加社会和谐因素，加强刑事和解，刑事和解率达40%以上。依法扩大非监禁刑的适用，非监禁刑适用率达到29.3%，超过省高院确定的该项排头兵指标9个百分点。更加注重对未成年罪犯的教育、感化、挽救工作，扩大未成年犯非监禁刑适用，未成年犯非监禁刑适用率达67.31%。年内，共受理刑事案件6559件9434人，结案6374

2011年10月14日，省人大常委会副主任、省人大代表第一视察组组长陈小川一行在宝安视察诉前联调工作

件9130人，结案率97.18%。

【民商事审判】2011年，宝安法院以有效化解民商事纠纷，维护经济社会发展为目标，充分发挥民商事审判保障民生功能，妥善审理住房、医疗、消费、人身损害等涉民生案件；发挥民商事审判维护市场经济秩序功能，审结合同、票据、股权、信用卡及强制清算案件等商事纠纷案件8416件，消除影响经济发展的不利因素；加大知识产权司法保护力度，年内共审结知识产权案件1403件（含刑事），妥善审结德国德恩及索恩两合股份有限公司就其“DEHN”注册商标被仿冒提起的侵权诉讼案，审结四川绵竹剑南春酒厂有限公司就其“剑南春”注册商标被伪造提起的侵权赔偿诉讼，审结广东原创动力文化传播有限公司就其“喜羊羊”、“美羊羊”、“灰太狼”等美术作品中卡通形象的著作权提起的侵权之诉等；做好重特大敏感案件的调处工作，成功调解宝安区检察院诉深圳市深燃石油气有限公司环境污染责任纠纷一案，该案为深圳市首宗环境公益诉讼案件，推动辖区公益诉讼活动的进展。年内，共受理民商事案件26109件，结案25421件，结案率97.36%，其中调解结案17605件，调撤率69.05%。

【行政审判】2011年，宝安法院继续探索行政案件协调处理模式，在兼顾被诉行政行为合法性审查和原告自愿原则基础上，加强行政案件协调和解；对违法、有瑕疵的具体行政行为，督促行政机关及时改正；对协调和解成功的案件，监督和解履行情况，促进依法行政。建立与政府及其职能部门的联席会制度，加强与行政机关的沟通协调，推进行政纠纷的实质性化解，强化司法与行政的良性互动，促进“官民”和谐。中标全省重点调研课题《关于〈国有土地上房屋征收与补偿条例〉实施情况的调研》，积极推进调研工作，充分发挥调研工作对审执工作的指导促进作用。年内，受理行政诉讼案件115件，结案111件，结案率96.52%；其中协调和解42件，协调和解率37.84%。

【执行工作】2011年，宝安法院以破解“执行难”为突破口，全面推动“快速执行”工作，对所有执行案件依据具体案件执行疑难程度在快执组、普执组和复执组之间顺次层层“过滤”执行，全面提升执行工作效率。有效开展反规避行动，打击拒执行为，通过机场布控、边控和限制出入境等措施成功查获拒不履行义务的被执行人。积极开展执行款清理活动，进一步规范执行款的管理，共清付执行款91669101.93元。建立执行指挥中心，制定相关制度，明确相关人员的岗位责任及执行指挥中心的运作流程，确保中心运转顺畅。年内，受理执行案件13170件，共执结12499件，结案率达94.91%。

【审判管理】2011年，宝安法院进一步完善管理，靠制度管人管案管物，修订、编纂各项规章制度96项。以规范化、信息化促管理，全面形成由案件流程管理系统、案件归档报结系统、案件质量评查系统、信访管理系统以及季度考核、年终考核指标体系、干警执法档案系统等组成的规范化管理平台。加强案件质量管理，建立完善常态化案件质量评查机制。加强审判效率管理，定期公开发布审限预警信息及超审限通报。进一步加强立案、信访窗口建设，在全院遴选专职信访员，加强接处访力量；以网络服务、诉导服务、司法宣传和增设出具生效裁判文书证明为重点，拓展窗口服务功能。

【参与社会管理创新】2011年，宝安法院深入推进能动司法，积极参与社会建设和管理创新。一是积极服务“平安大运”。围绕保障“平安大运”目标，通过加大对黑恶势力犯罪、严重暴力犯罪、多发性侵财犯罪和黄赌毒犯罪打击力度，优化社会治安环境，切实增强群众安全感觉；建立平安大运重大信访事件台账，积极发现、跟踪并化解有重大信访或潜在重大信访事件。二是积极推进建立具有宝安特色诉前联调制度。将原有审前调解整体并入诉前联调，并进行进一步的整合、改造和升级，与区司法局、劳动局、卫生局、交警大队等12家职能单位和行业协会建立联席会议制度，形成具有宝安特色的诉前联调工作机制。2011年10月，全省诉前联调交流会在深圳召开，宝安法院作为交流会的参观点，省委常委、政法委书记、省公安厅厅长梁伟发，省高院院长郑鄂，深圳市委副书记、政法委书记王穗明等领导和代表到宝安法院现场参观考察宝安区诉前联调工作。三是能动司法，全力化解矛盾纠纷。大力协助党委政府解决群体性、突发性劳动争议等事件；在街道综治信访维稳中心设立法庭工作日或法庭工作点，推进司法与基层综治工作的衔接；健全完善“全面、全程、全员”调解工作体系，尽可能地把握一切有利于调解结案的机会；继续深化劳动争议、交通事故和医患纠纷联合调解机制。四是积极开展司法建议工作。总结审判执行工作中得共性、规律性问题，积极向有关部门提出司法建议，督促弥补漏洞，规范经营、管理。年内，宝安法院共向区卫生局、区司法局法律援助处、区劳动管理办公室、区文体旅游局等单位发出司法建议书10份。

【司法改革】2011年，宝安法院大力推进司法改革，推动法院各项工作科学发展。一是建立“快调”、“快审”和“快执”的快速处理机制，切实提高审判执行工作效率。针对案件数量庞大，审判力量严重不足的实际，对民商事案件在立案后、移送庭审前进行快速调解“全过滤”；对小额民商事案件试行速裁，对简单民商事案件和刑事简易程序案件，确定专人负责，快速审理；设立速执组，由专职执行员对所有新收执行案件“过滤”执行，通过推进案件的繁简分流来全面提高审执效率。二是继续探索少年审判工作规律，深化少年审判改革。完善少年犯庭前社会调查报告制度，深入破解异地缓刑少年犯监管无门的难题；建立少年犯帮教档案制度，通过社工和义工“双工联动”推动帮教工作专业化和社会化；进一步发挥宝安法院青少年法制教育基地的作用，做好全省未成年犯罪非监禁刑适用和前科封存试点工作；与有关企业、部门联合设立改造基地，提供免费职业能力培训，帮助少年犯提高自立能力。年内共受理少年刑事犯罪案件1155件，审结1129件，共建立缓刑帮教档案230份，缓刑帮教结案157份。三是健全完善公正裁判形成机制。加强审判质量管理，完善科学评价案件质量指标体系，建立常态质量评查、重点案件评查和专项指标评查相结合的质量评查机制。实施“标准化办案”工程，开“标准庭”，办“标准案”，努力解决同案不同判问题。强化信息化管理，通过网络视频、在线监控检查庭审质量，对案件各个环节进行全程跟踪和动态管理。推行量刑规范化改革，确立定性分析与定量分析相结合的精细化量刑方法，提高适用刑罚的公信力。

【司法公开】2011年，宝安法院大力推进阳光司法，积极健全司法公开制度，制定《宝法院关于加强司法公开活动的工作方案》及其任务分解方案、考核实施办法，明确职责，并严格跟进落实。探索司法决策公开新方式，建立人大代表、政协委员、司法监督员列席审判委员会讨论案件制度，延伸司法公开环节。在全省率先开通新浪微博和腾讯微博，在全省基层法院中率先开展庭审网络直播，自觉接受外部监督，以监督促公开。开展邀请人大代表、政协委员参与“百庭观摩”、“百案释法答疑”和“百场征求意见”即“三百”活动，增强司法活动透明度。举行法院开放日活动，定期参与电台、电视台和报社法制节目，不断丰富司法公开的形式，派出多名业务骨干到宝安日报社参与“现场接听·市民热线”活动，接听咨询热线，现场解答群众法律疑难。启动法院网站的改造升级，强化公开力度，提升服务水平。扩大裁判文书上网范围，增强司法公开力度。

【队伍建设和廉政建设】2011年，宝安法院继续深入开展社会主义法治理念教育、“人民法官为人民”主题实践等活动，切实提高干警政治意识、大局意识、群众意识和服务意识，6月，获评“全国法院党建工作先进集体”。制定司法行为礼仪指导标准，明确文明用语和工作忌语，及时纠正不良行为。开展调解工作经验交流和调解技能专项培训，切实提高干警纠纷化解能力和群众工作能力。大力加强业务培训，积极开展岗位练兵、办案能手评选活动，激励法官加强实践学习，提高法官法律适用能力和司法水平。努力维护司法廉洁，深入开展廉政教育，增强拒腐防变意识；严格落实《关于在审判工作中防止法院内部工作人员干扰办案的若干规定》的要求，对配偶子女从事律师职业的审判执行岗位法官实行任职回避，实行非职务行为过问案件登记查处制度；继续深入贯彻实施廉政监督员制度，

2011年10月11日，广东省委常委、政法委书记、公安厅厅长梁伟发在宝安人民法院调研诉前联调工作

强化对审执工作关键环节和重点部门的日常监督；完善举报线索核查机制，通过涉诉信访、举报、媒体监督等多种渠道发现违法违纪行为，加大查处力度。（吕 静）

附：2011年宝安区人民法院领导成员名单

党组书记、院长：胡 鹰（11月止）
党组书记、代院长：闻长智（11月起）
副院长：潘新辉（6月止）
孙肇平 符 波
詹旭伟
任 强（7月起）
机关党委书记：陈 勇
政治处主任：任 强（7月止）
钟泽光（7月起）

检 察

【刑事检察】2011年，宝安区检察院围绕服务保障"平安大运"，继续加强与公安、法院和市场行政执法部门的协作配合。全年共受理提请批准逮捕6508件9204人，同比上升18.46%和10.03%；批准逮捕5993件8338人，不批准逮捕481件821人。受理移送审查起诉6685件9542人，同比分别增长26.73%和19.05%；提起公诉6100件8722人，不起诉125件171人。突出打击多发性侵财犯罪、严重暴力犯罪和黑恶势力犯罪。积极参与"打击侵犯知识产权和制售假冒伪劣商品"等市场专项整治行动，成功起诉陈友虎等36人黑社会性质组织案、全市首宗拒不支付劳动报酬案，以及涉案金额上亿元的倪木松非法兑现支票案和余志强、陈加古信用卡套现案，有力维护了辖区良好的社会治安环境和市场经济秩序。认真贯彻宽严相济刑事司法政策，对于主观恶性不大的未成年人犯罪、过失犯罪和初犯、偶犯等轻微刑事犯罪依法从宽，共对此类案件75宗99人依法作出不起诉处理，并先后对3名未成年犯罪嫌疑人落实暂缓起诉和不起诉帮教制度，努力实现办案社会效果和法律效果的有机统一。

【职务犯罪查办和预防】2011年，宝安区检察院密切关注与大运工作相关的政府投资、工程建设领域，以及教育管理、药品监管、社会保险、查违执法等民生领域的腐败问题。共立案侦查贪污贿赂案件22宗26人，其中大案19宗24人；立案侦查渎职侵权案件10宗10人。大力推行"侦防一体化"机制，结合查办职务犯罪，派员前往开展廉政教育，发出检察建议，帮助其建章立制，填补制度漏洞。积极促进全区廉洁文化建设，共举办预防宣讲和警示教育23场次，受教育2565人次，先后与市检察院联合举办"绿色、廉洁、成长"廉洁教育进校园活动，与区住宅局联合开展保障性安居工程廉洁高效共建活动，设立大型电子廉政公益广告显示屏，促进廉洁意识深入人心。

【诉讼监督】2011年，宝安区检察院针对人民群众关注的执法不严、司法不公等突出问题，不断加大监督力度，改进监督方式，提升监督实效，维护司法公正。强化立案和侦查活动监督，共受理立案监督线索101件，成功促使公安机关立案16件，监督撤案58件；追捕犯罪嫌疑人32人，与去年同比上升45.45%，参与设计并在全市率先运行呈捕案件质量分析系统，创造性开展十大优秀侦查案例季度评选活动，为公安机关进一步改进侦查工作提供有力引导。强化审判监督，全面开展量刑建议和量刑庭审辩论工作，共发出量刑建议1767份，获法院采纳930份，采纳率达73.06%；依法对量刑畸轻畸重的刑事审判案件提起抗诉12宗；对当事人不服人民法院生效判决的申诉案件提请抗诉3件，并成功息诉60件，在严格监督的同时有力维护法院正确裁判的司法权威。强化刑罚执行监督，严格落实羁押期限预警机制，认真开展社区矫正以及械具和禁闭使用情况等专项检察活动，确保监管活动正常、规范开展；认真执行在押人员回访制度，共与在押人员谈话教育245次，受理在押人员投诉421件，为在押人员追回个人财物10万余元，切实维护在押人员的合法权益。

【社会建设】2011年，宝安区检察院高度重视检察环节的综治信访维稳工作，积极开展检察长接访、巡回接访、联合接访、领导包案、检调对接等活动，共受理来信来访236件（次），妥善处理了持续一批信访积案。认真落实执法办案社会风险评估预警机制，共对226宗案件进行风险评估，对其中76宗采取预警措施，切实从源头上预防和化解矛盾。主动向案后延伸检察职能，对大运安全防护期内发现的非法买卖管制刀具等治

2011年11月21日，宝安区检察院副检察长卢子祥出庭公诉黑社会案件

2011年6月29日，宝安区检察院督促起诉的全省首例无名氏维权民事公益诉讼案成功获判

安隐患问题，及时发出检察建议促其整改，有力服务社会管理创新。大胆探索公益诉讼机制，通过督促起诉和直接起诉等方式，成功办理全省首宗无名氏被害人交通事故民事赔偿案和全市首宗环境污染公益诉讼案，切实维护了辖区群众的切身利益。

【机制建设】2011年，宝安区检察院推进阳光检务工程，认真落实人大交办事项，主动向区人大常委会专题汇报监督公安执法活动和民事行政检察工作开展情况，承办市人大代表宝安团专场联络活动，向区人大代表赠送《联络专刊》等自编刊物，不断强化接受人大监督的自觉性。进一步完善人民监督员、特约检察员、执法监督员工作机制，设置人民监督员联系热线电话，组织人民监督员参加视察公诉工作、参与暂缓起诉案件讨论和审查听证等活动11次，不断提高检察执法工作的透明度。主动开辟检务公开渠道，进一步加强微博等信息化工具的沟通平台作用，先后开展微博网友专场“检察开放日”、公诉案件庭审网络直播等活动，不断增强检群在线互动。“宝检微博”在最高人民检察院正义网“全国地方政法机关微博问政推荐榜”排名前十。完善案件管理机制。充分发挥案件管理系统的业务枢纽功能，通过完善案件流转、数据录入和赃物管理等工作，进一步加强对各项检察业务的流程和实体监控。共办理督察督办案件23件，向本院办案部门发出超期预警等流程监督通知12份，备案审查本院取保候审案件319件，切实把好案件程序关。针对侦查机关移送案件程序错误、内容缺失等问题，发出不予受理通知书61份；对检察院案件严格审查，确保无一例因程序性问题被退回，切实把好案件出入关。检察委员办公室组织召开检委会43次，审核议题215件，审查意见采纳率达86%，切实把好案件质量关。

【队伍建设】2011年，宝安区检察院深入开展“发扬传统、坚定信念、执法为民”主题教育实践活动，认真落实“维护人民群众合法权益、解决反映强烈突出问题”和贯彻执行《廉政准则》、《廉洁从检若干规定》专项检查工作，通过组织集中学习上级文件，开辟在线学习专栏、举办专题讲座、开展专题调研和集中考试等方式，引导广大检察人员进一步树立理想信念，端正执法作风，强化职业操守。认真开展涉检信访案件评查，严格落实明察暗访和检务督察工作月报制度，共对看守所提审、公诉出庭、警车入库、值班出勤、窗口服务等工作进行督察119次，发出督察通报9份、督察建议25条，有力强化检察机关内部监督制约机制，整肃检风检纪。加强专业素质建设。坚持人才兴检战略，大力开展业务技能培训和学历教育，高度重视优秀人才的培养、引进和选拔工作，面向全国开展优秀公诉人遴选活动，不断优化队伍知识结构。按照分级分类原则认真开展正规化岗位培训，精心组织各部门岗位练兵和业务竞赛活动，开展各类培训35期901人次。进一步加强与知名高校的办学合作，共有4人取得在职硕士

2011年9月2日，宝安区检察院举行青年检察人员主题辩论赛

2011年6月23日，宝安区检察院在光明新区举办举报宣传周活动

研究生学历，队伍的知识结构和专业水平不断提高。加强检察文化建设。积极开展健康向上、形式多样、内涵丰富的文化活动，不断提升检察队伍的凝聚力和向心力。举办“辩理·析法·论道”主题辩论赛，组织侦监论坛、反贪办案沙龙等内部交流活动，引导检察人员在思辨中进一步增强职业认同感、集体归属感和工作责任感。开展检察官读书月和主题征文活动，培养尊重知识、重视积累的学习氛围。组建各类文体兴趣小组，配置室内运动器材，组队参与各类集体体育比赛，努力营造团结协作、奋勇争先、充满活力的机关环境。（林庆春）

附：2011年宝安区检察院领导成员名单

检察长人选、党组书记： 宋继江（12月起）
检察长、党组书记： 叶　鹏（11月止）
副检察长、党组副书记： 巫春华（4月止）
副检察长、党组成员： 欧光清　卢子祥　黄冠明　胡厚雄（7月起）
政治处主任、党组成员： 胡厚雄（7月止）
机关党委书记、党组成员： 熊　峰

公　安

【概况】 2011年，宝安公安分局以“平安大运”为中心任务，从影响宝安区社会治安的源头性、根本性、基础性问题入手，因地制宜，不断深化社会管理创新，稳步推进社会治安立体防控体系建设，在出租屋和流动人口管理、维稳处突、打击整治、巡逻防控和队伍管理等方面锐意创新、破题实干，圆满完成大运安保等一系列重大工作，全区政治大局稳定，社会治安进一步好转。一是围绕中心主动作为，大运安保圆满完成。高标准完成场馆安保工作，确保宝安赛区6个场馆157场比赛的绝对安全。高质量完成火炬传递、开闭幕式等重大赛事活动的安保任务，顺利完成场馆外围人流疏导、远端集结点和客户群路线安全保卫工作。成功完成各类警卫任务12批，确保警卫目标安全。严格落实“以面保点”战略部署，通过建立两级重点防护区、八大安保严管圈，在全区社会面构筑起严密的防控网络。大运特别防护期间（8月5日至25日），全区刑事警情、八类暴力警情、“两抢”警情、入室盗窃警情同比分别下降64.7%、52.5%、76%、78.4%，全区社会政治、治安大局始终保持稳定。二是维稳工作扎实有效，社会政治大局稳定。基础信息采集的渠道不断拓宽，搜集各类情报信息1377条，被省厅采用的信息数量名列全市第一。以“千人百犬”为中坚的应急专业队伍建设取得新突破，维稳处突能力进一步增强，妥善处置三洋微马达公司员工罢工、中超联赛深圳球迷聚集等群体性事件122起，实现严重影响社会秩序的群体性事件“零发生”的目标，确保重大节假日及重大活动期间的社会面治安稳定。三是严打犯罪成绩突出，打击效能稳步提升。大刑侦格局建设取得实质进展，完成9个技术分室和4个辖区中队建设。全力以赴打赢“清网行动”攻坚战，累计抓获、劝投本地上网逃犯1335人，逃犯数量下降75.5%，追逃数量居全省县（区）公安局第一。多警种协同作战能力增强，在刑事发案数下降26.3%的情况下，打击效能实现“五个提升”：全年破刑事案件9413宗，破案率17%，同比提升3.4%；命案破案率达99.1%，同比提升1.8%；逮捕7291人，同比提升14.7%；刑事拘留9996人，同比提升2.7%；行政拘留17683人，同比提升1.3%。四是防控体系初步建成，社会治安持续好转。创新推出“两强”管理机制，全面提高出租屋人防、物防、技防、消防水平。大力推进群防群治工作，落实警灯工程，开展保治安队伍整顿，治安辅助力量实战能力不断增强。技防工程建设取得新进展，有力推进视频监控应用和视频门禁系统建设。深入开展重点区域整治，有效清除一批治安乱点。全区社会治安形势持续向好，警情防控实现“五个下降”：刑事警情下降33.1%、八类严重暴力警情下降31.6%、“两抢”警情下降37.5%、入室盗窃警情下降43.6%、诈骗警情下降25.1%。五是队伍管理科学规范，警队士气显著提高。创新成立收押大队，成立民新派出所，培育践行警队核心价值观，创新培树先进典型模式，提升绩效考核工作效能，推进警队文化建设，落实从优待警举措，队伍中涌现出一大批忠诚奉献、爱岗敬业的先进典型，队伍综合能力和综合素质大幅提升。刑警大队被评为全国追逃工作成绩突出单位，法制科被评为全国公安机关推动执法质量考评工作成绩突出集体，黄鹤检查站受到国家大运安保总指挥部通令嘉奖，出入境管理

2011年4月14日，公安部党委副书记、副部长、国家大运安保协调小组组长李东生莅临牛湖检查站视察指导工作

科被评为全省公安机关执法示范单位、全省文明单位，镇南派出所被评为全省优秀公安基层单位，分局共有20个集体立功、23个集体嘉奖，有355名民警立功、1505名民警嘉奖。

【圆满完成大运安保工作任务】2011年，宝安区公安分局努力夯实大运安保基础。组建安保团队，为大运场馆、食品仓库、官方酒店等配备安保人员3703人。对全局民警进行大运安保知识普训和考核，组织各安保岗位民警、学警参加专业培训和演练。完成6857人、92辆车的注册及证件发放。完成安保封闭围栏、安检大棚等安保设施以及安检设备、验票证设备、核生化检测设备的安装调试，增加高清监控探头93个；精心组织，确保各项赛事绝对安全。累计安检入场人员19.8万人次、车辆3705辆次，查扣禁限带物品1.5万件，没有发生任何因漏检而产生的安全事故。对所有场馆、住地及车辆进行地毯式搜爆、安检和核生化检测，实行50米固定岗和流动巡逻岗位相结合，确保场馆安全；把握主动，全面降低各类潜在风险。对大运场馆涉及的大酒店开展三轮风险评估，整改化解各类风险隐患203处；对全区1.6万名涉大重点人员开展核查管控；排查不稳定因素苗头209起，全部妥善处置。大运期间，全区未发生重大群体性事件及群死群伤恶性事故。

【进一步增强维稳处突能力】2011年，宝安区公安分局加强情报信息收集研判。通过强化基础信息采集、开展矛盾纠纷排查，不断拓宽情报信息来源渠道。加强三级情报队伍建设，认真分析、分类评估，及时掌握预警性信息，确保做到“早发现、早报告、早控制、早解决”；加强专业维稳力量建设。深入推进“千人百犬”应急处突专业队伍建设，新组建石岩、西乡2个特保中队，实现维稳处突专业队伍十个街道的全覆盖。完善23套维稳处突预案，加强学习培训，组织深圳北站反恐演练、机场突发事件处置演练等大型演练8次；重视群体性事件处置。成功处置湖北襄樊学院千名学生实习被骗事件、石岩医院医患纠纷事件等群体性事件122起，全年未发生因公安机关处置不力导致矛盾升级、规模扩大的群体性事件，未发生造成重大影响的公共危机事件，未发生群死群伤恶性治安事件，维护辖区和谐稳定；加强信访案件调处化解。年内，受理信访案件211宗，全部依法、及时、妥善办理。

【精确打击各类违法犯罪活动】2011年，宝安区公安分局整合资源构建“大刑侦”格局。新组建4个辖区刑警中队和9个技术分室，成立“刑事技术应用研判拓展办公室”，增强对多发性犯罪的主动打击能力，实现刑事技术和情报信息的双向导侦，提升打击效能；严打涉黑、涉恶、多发性犯罪。先后打掉黑社会性质团伙3个，公安部认定的恶势力团伙8个。加大对拉人上车抢劫和盗抢汽车案件的打击力度，全年两类案件分别下降58.3%和8%。3月9日成功侦破“10·19”特大盗销汽车团伙案，抓获6名嫌疑人，缴获赃车4辆、制式手枪2支。11月25日，打掉沙井王某明涉黑犯罪组织，刑拘40名涉黑成员。全力开展“清网”行动。先后组织27个追逃组，赴全国19个省、市开展集中追逃，共抓获、劝投逃犯1335人，其中故意杀人逃犯16人、深圳户籍逃犯72名（占总数85.7%），抓获公安部A级、B级通缉犯各1名，抓获公安部督办逃犯2名，抓获逃犯总数居全省县（区）公安局第一。严打“黄赌毒”违法犯罪。年内，查破“黄赌毒”案件4933宗，抓获涉案人员10863人。打掉“黄赌毒”团伙54个348人。查获吸毒人员3360人，缴获毒品海洛因4815克、K粉21760克、冰毒15890克、其他毒品13778克。严打各类经济犯罪。组织开展“亮剑”、“天网2011”等一系列专项打击行动，年内，破获各类经济犯罪案件703宗。

【全面构建治安立体防控体系】2011年，宝安区公安分局创新推出“两强”管理机制。查封违法违规出租屋58732间（套），处罚出租屋业主（经营者）3344人，其中刑拘56人、行政拘留77人、罚款3211人310万元；综管部门代征房屋租赁税费4.26亿元，比去年上升37.4%；新增办理居住证数126.9万张，占全市的46%，同比增长23.35%；通过整改新增楼管员5438人、安装门禁16454个、简易消防设施34779个，出租屋案件同比下降11.7%，出租屋安全防范水平显著提高。全面推进群防群治工作。组织12

万群防群治力量参与治安巡逻防控，制作800个邻里守望移动执勤台，发放红袖章12万余个。全年群防群治力量抓获或协助抓获犯罪嫌疑人17736名，为公安机关提供治安隐患线索16542条；有251名保安员获得入户指标奖励，有228人被授予“见义勇为”荣誉称号。实施精细化社会面防控。以“扁平化指挥”为基本模式，加强警用GPS车辆管理使用，由指挥中心对所有刑事警情及重大治安警情使用TETRA对讲系统直接呼叫，增强快速反应能力。继续组织机关、机动训练大队、特保大队开展夜间和节假日巡逻，根据警情研判结果，灵活安排巡逻区域，为每台警车配备移动警务终端，下达具体任务，有效提升路面见警率和管事率。强化基础信息采集应用。实现旅业、上网、休闲娱乐、劳务市场、废旧金属收购站、溜冰场等治安重点场所100%安装信息采集系统，累计采集各类信息3129万条。加强三级联动工作，全年接收预警情报信息40324条，发现各类重点人员25489人。大力开展技防工程建设。完成158所中小学校周边重点区域电子监控技防项目建设。不断深化视频研判应用，利用视频监控协助破获刑事案件939宗，打掉犯罪团伙174个，抓获犯罪嫌疑人1681人。积极推进作为区政府2011年十件民生实事之一的2万套视频门禁系统建设，实际完成设备安装21075套，超额完成任务。落实环深安保圈建设。根据大运安保工作需要，在与东莞交界的道路和重要节点建设6个检查站、11个治安卡点，年内，累计检查车辆43万台、人员137万名，查获枪支5支、子弹40发、毒品3471.5克、管制刀具1136把，抓获各类违法犯罪嫌疑人2000余名，其中网上逃犯37名。

【净化治安环境】2011年，宝安区公安分局规范治安重点场所管理。全区101家溜冰场全部安装信息采集设备和监控设备，87家场所安装安检门；在全区153家歌舞娱乐场所周边推广安装高清摄像机，增强重点区域视频监控覆盖能力。强化危爆物品管理。检查民爆工地、剧毒化学品企业700余次，排查各类隐患120余处，查处涉危爆物品刑事案件7宗，处罚涉案企业27家。开展缉刀专项行动，查处非法携带管制刀具案件997宗，收缴管制刀具12060把。加强上网场所管理。强化网吧巡查工作，严格督促落实实名登记制度。检查正规网吧576家、责令整改34家、停业11家；检查网络出租屋2687家，暂停营业228家；取缔“黑网吧”223家。开展消防隐患排查。先后开展“清剿火患”战役等多项整治行动，检查各类单位27750家，发现隐患52117处，当场整改50155处，责令“三停”211家，临时查封401家，行政罚款992宗1107万元，有效整治一批火灾隐患。

【队伍建设】2011年，宝安区公安分局培育践行警队核心价值观。开展“训练日”培训1630人次，开展火线入党、战时立功、元旦升旗、红色教育等仪式活动，激发民警干事创业热情。紧贴实战开展教育训练。先后举办轮值轮训班10期、专项工作培训40余场次，民警综合素质、业务能力明显提升。优化警力配置推进机构改革。接收消防专职民警230人、区外交流民警96人，警力得到有效补充。同时，整合警力资源，创新成立收押大队，成功押送各类违法犯罪嫌疑人15615人，节省大量人力、物力。该做法获得公安部肯定，市委常委、公安局长李铭作出批示：“这种做法很有创新和实战性，请认真总结”。全面落实从优待警各项举措。常年开展关爱活动。看望慰问伤病民警及家属194人，申请市警察基金会援助基金157人，申请抚恤金85人，解决民警家属就业67人。举办首届警察家庭游园会，促进民警家庭关系和谐。全年办理民警维权案件20起，处理涉嫌侵权嫌疑人28名。提升法律素养和执法质量。规范执法办案流程，全力推进“执法质量全程考”；加强执法培训，全面提高分局民警学法用法能力。连续3年被省厅、市局评为执法质量考评优秀单位后，2011年，分局执法质量考评工作被市局评为优秀、被省厅初评为优秀。按照各时期重点工作，以出租屋“两强”管理、“迎大运、保平安”、“清网行动”等为主题，就群众关心的热点和警队先进典型开展系列报道，在各类媒体发稿1333篇次；及时妥善处置涉警舆情530宗，宣传和维护公安机关良好形象。组织开展110宣传日、119消防宣传日、有奖举报宣传日、警察开放日等大型宣传活动十余次，加强警民互动，普及法律法规

2011年8月17日，市委书记王荣和区委书记鲁毅到宝安区游泳馆安保指挥中心看望和慰问安保团队工作人员

2011年8月17日，市委常委、市公安局局长李铭一行检查宝安各赛场的安保情况

和安全防范常识。（杨金凤）

附：2011年深圳市宝安公安分局领导成员名单

局长、党委书记：曲晓顺
政委、党委副书记：郭向阳
第一副局长、党委副书记：金 铎
副局长：胡 迪 杨 帆 史卫东
督察长、纪委书记：李培生
政治处主任：王夫基

司法行政

【**概况**】2011年，宝安区司法局深入贯彻落实科学发展观，紧紧抓住大运会、特区一体化等重大历史机遇，有效应对复杂多变的工作形势，扎实履行司法行政工作职能，突出抓好三项重点工作（“社会矛盾化解、社会管理创新、公正廉洁执法”），顺利启动“六五”普法工作，圆满完成年度公共服务白皮书各项目标，大运安保工作成绩显著，社会管理创新取得新突破，普法依法治理、人民调解、律师管理、“12348”法律服务热线、法律援助、公证工作均取得新进展，党的建设和队伍建设全面加强，公共服务水平和行政执行力实现双提升。司法行政工作服务宝安区经济社会科学发展、保障民生权益取得明显成效，为全区实现“十二五”良好开局提供坚实法治保障。2011年，宝安区获首批“全国法治县（市区）创建活动先进单位”荣誉称号、获评“2006～2010年全国法制宣传教育先进区”；宝安区司法局获评全省司法行政系统“五五”普法工作先进集体、全省司法行政系统大运安保工作“集体二等功”、2006～2010深圳市“五五”普法先进集体、深圳市第26届世界大学生夏季运动会宝安赛区优秀集体。

【**大运安保**】2011年，宝安区司法局围绕实现平安大运核心任务，精心组织，科学统筹推进赛事安保工作，率先启动司法行政系统“迎大运、保平安、创文明”系列专项行动，全区司法行政干警和法律服务工作者真抓实干，圆满完成全区司法行政系统大运安保工作任务，实现平安大运和社会管理创新工作“双丰收”。一是筑牢社会稳定“第一道防线”。全力抓好社会矛盾纠纷化解和法律援助服务，扎实推进社会矛盾化解体系“五张网络”建设，分别是“排查预警网”、“基础调解网”、“联动协作网”、“便民服务网”和“机动应急网”，全方位做好矛盾纠纷防控工作。创新设立人民调解志愿岗186个，组建一支795人的人民调解志愿队，大运期间成功化解12561宗矛盾纠纷。拓宽利益诉求渠道，及时将5385宗纠纷引入法律援助轨道，消除不稳定隐患，促进社会和谐。二是加大重点领域矛盾纠纷化解工作。深入推进人民调解进“三业”、进交警、进医院、进派出所、进劳动仲裁部门、进法庭等矛盾多发领域，深入贯彻《人民调解法》，建立健全医患纠纷联调联处机制、道路交通事故损害赔偿纠纷联调机制、涉法涉诉问题化解机制，重点领域矛盾纠纷联调工作取得实效。三是全力抓好社矫对象和刑释解教人员的教育管控工作，利用GPS定位手机实施24小时全方位监控，大运期间全区100多名重点对象无一脱管、漏管、重新违法犯罪。四是高标准、高质量、高效率做好法律服务工作，营造高效法治氛围。全力抓好大运法律服务和法制宣传，围绕“迎大运、保稳定、创文明”主题开展大运会系列法制宣传教育活动328场，全区受教育人数达38万余人次。组建宝安区“迎大运公益性律师服务团”，律师接待群众咨询11805人次，化解纠纷896宗，为大运会提供全方位法律支持。对“12348”法律服务热线进行扩容升级，大运期间受理来电来访咨询17671人次，在全区营造讲文明、树新风、全民迎大运的高效氛围。

【**普法、依法治区工作**】2011年，宝安区司法局以“八个一”系列法制宣传教育活动为龙头，扎实落实《宝安区“平安·和谐·法治宝安”系列法制宣传教育活动方案》，开播《法治访谈》广电栏目，完善《宝安日报》《说法周刊》专栏，推出电影普法、邮政视频普法、普法短信等新形式，制作《来深建设者法律知识宣传》并在全区巡回播放。建立“法律超市”8个，建成新安街道“法制宣传一条街”，积极建设福永街道“法治文化宣传公园”，夯实全区普法阵地。制定、贯彻宝安区《关于在全区公民中开展法制宣传教育的第六个五年规划》，召开依法治区工作会议，顺利启动“六五”普法工作。年内，全区共开展普法宣传教育活动778场，举办法制文艺演出10场，发放宣传资料近105.89万册，印发《宝安法治动态》6期，制作、下发法制宣传视频光盘460套、中学生普及法律知识卡6000套，发送法制宣传短信360万条，在电影开场前播放法制格言1000余场次，在全区241个邮政网点播放劳务工法制宣传动漫4期，举办法制讲座393场培训123912人次，开展法律咨询活动236场，接受法律咨询16982人，受教育人数达379.35万人次。

【矛盾纠纷化解】2011年，宝安区司法局以大运会为契机，宣传、贯彻《人民调解法》，拓展、完善以人民调解为基础的“大调解”组织网。扎实推进社会矛盾化解体系的网络建设，深入推进人民调解进“三业”、进交警、进医院、进车站、进派出所、进劳动仲裁部门、进法庭等矛盾多发领域，建立健全医患纠纷联调联处机制、道路交通事故损害赔偿纠纷联调机制、涉法涉诉问题化解机制，重点领域矛盾纠纷联调工作取得实效。创新人民调解员队伍建设，吸收人民调解社工，设置人民调解志愿岗，基层调解力量进一步壮大。年内，宝安区已建立各级各类人民调解组织1500个，打造一支由3335人组成的高素质专、兼职调解队伍；区人民调解组织共受理矛盾纠纷19733宗，成功调解19179宗，调成率达97.2%。全区“大调解”工作取得新进展：各街道“移动调解车”全部落实到位并投入使用，充分发挥机动灵活的优势，有效维护社会和谐；人民调解进“三业”的覆盖率由75%增至84%，“大调解”工作机制日益巩固、完善、畅顺，社会矛盾纠纷化解体系更加健全，人民调解工作更加扎实有效，大量矛盾纠纷得以快速妥善调处，众多社会不安定隐患得以及时排除化解，为维护社会稳定筑牢了“第一道防线”。

【社会管理创新】2011年，宝安区司法局以相关法律法规为准则，以创新管理与服务方法为动力，依法贯彻社区矫正和安置帮教工作，实行“自查自纠、巡查督办、通报整改、约谈追责”的督导制度，层层落实“多包一”、“人盯人”的监控制度，采取“人跟人、级级跟进”的帮教措施，新安装完成并投入使用GPS定位系统，对严管对象实施24小时全方位监控。做到“六清楚”（家庭情况清楚、犯罪性质清楚、生活状况清楚、就业情况清楚、思想状态清楚、行为去向清楚）、“六到位”（衔接管理到位、跟踪联系到位、帮教措施到位、抚助安置到位、政策宣传到位、监督管控到位）、“两减少”（最大限度地减少脱管和漏管、减少重新违法和犯罪）。截至年底，全区共有社区矫正对象59人、安置帮教对象98人，建档率100%，帮教率95%，全年未发生脱管、漏管等重大安全责任事故。律师法律服务向社会管理的重要领域不断延伸。同时，宝安区司法局继续推进律师法律服务工作向社会管理的重点领域不断延伸，首创在宝安看守所设立“宝安区司法局义务法律咨询服务工作室”，每天安排2名律师值班，为有需求的群众提供义务法律咨询。2011年，宝安区律师参与“宝安区司法局义务法律咨询服务工作室”值班共378人次，接待来访群众1791人次，有效满足看守所这一社会管理重要领域群众的法律服务需求，在管理上起到“疏堵结合”的作用，从根本上打击违法执业现象，法律服务市场管理的科学化水平进一步提高，有效拓展全区律师参与“法律进社区”的工作领域。

【律师管理与法律服务】2011年，宝安区司法局按照“管理与服务相统一”的原则，高效优质完成市司法局委托的行政许可事项，做好律师和律师事务所的日常监督管理工作，顺利完成律师事务所、律师年检考核。进一步加强律师思想政治教育和业务技能培训，特别是协助政府做好群众工作的能力的培训，全区律师的整体素质和律师的规范化建设水平、服务社会公益的能力和水平都得到极大提高。完善全区“法律进社区”工作制度，深入推进律师参与“法律进社区”工作。年内，宝安区律师共参与“法律进社区”、区综治信访维稳中心、宝安区司法局义务法律咨询服务工作室及“12348”法律服务热线值班1.1万人次，提供法律咨询5.7万人次，参与矛盾排查574次，为基层维稳综治工作建议93件，调处涉法纠纷61宗，协助基层化解纠纷1513宗，成功调处百余起重大疑难纠纷。与此同时，加强沟通协调，有效拓宽全区律师参政议政平台，全区律师中1人担任市人大

2011年5月16日，区司法局组建迎大运公益性律师服务团，图为服务团成立大会

2011年6月16～17日，宝安区矫正安帮迎大运安保工作会议暨实务培训班举办

代表、2人担任区人大代表、1人担任区党代表、5人担任区政协委员，宝安区律师业取得较大发展，2011年新增律师事务所10家、新增律师71人，增幅分别达到24%、13%，全区共有律师事务所52家，执业律师599人。

【“12348”法律服务】2011年，宝安区司法局加强大运会期间法律服务保障，完成对“12348”法律服务热线系统的扩容升级改造，同时完善各项制度，加强值班监督和管理工作，“12348”法律服务质量和水平有了很大提升。年内，共受理群众来电来访咨询38871人次，较上年增长16%；其中，来电38236人次，来访635人次。法律的指引功能得到充分发挥，进一步引导群众依法诉求，维护社会和谐稳定。

【法律援助】2011年，宝安区法律援助处进一步加大法律援助工作力度，开通“绿色通道”，对劳务工法援案件快审快批，实行应援尽援。10月，推动法援进劳动仲裁，在区劳动仲裁院设立法援劳务工服务窗口，引导劳务工正确维权。11月，为进一步贯彻落实区法院、司法局、卫生局联合下发的《关于医患纠纷联调工作的实施意见（试行）》，妥善解决辖区内医患纠纷，召开2011年宝安区医患纠纷联调工作会议暨医学专家座谈会，完善医患纠纷三方联调机制，促进医患纠纷快速化解。与此同时，加强对案件办理和窗口服务的监督和把关，实现对案件质量的“同步控制、同步跟踪、同步监督”，宝安区法援办案质量和服务水平有很大提升。全区法律援助案件稳步增长，年内，共受理各类法援案件8783宗，较上年增加12%；接待来访、来电法律咨询26749人次；协助党委政府妥善处理理光越岭美、三洋微马达、乐昌制品厂大型劳资纠纷等11宗重大突发、群体性事件；受理医患纠纷案件44宗，受到广泛好评，在促进公平正义、维护社会稳定方面发挥积极作用。

【公证法律服务】2011年，宝安公证处继续发挥公证法律服务预防纠纷、减少诉讼，维护民事、经济活动秩序的职能作用，主动为政府的重点工程建设提供全程的公证法律服务。完善沙井、龙华街道办证点建设，扩大公证服务面，拓展公证业务领域，服务质量和服务水平明显提升。年内，宝安公证处共办理各类公证案件18950宗。

【党的建设和干部队伍建设】为加强党对司法行政和法律服务行业的领导，宝安区司法局于2008年4月创新加强“两新”组织党建工作，率先成立宝安区司法行政和法律服务行业党总支，将律师、公证、法援等法律服务机构纳入党的日常管理。2011年5月，宝安区司法局顺利完成对司法行政和法律服务行业党总支的换届工作，党的组织建设不断加强，全区司法行政和法律服务行业共有党支部12个，其中，律师事务所党支部8个，实现党组织在全区律师队伍的全覆盖。充分发挥党组织的战斗堡垒作用，积极培养、发展新党员，党员人数由原来的89人增至127人；律师党员人数大幅增加，由原来的38名增至62名，党员队伍不断壮大。坚持用中国特色社会主义理论体系武装头脑，进一步完善重大事项的议事规则，建立科学决策、民主决策的机制，落实

2011年9月27日，宝安区人民调解员培训班在新安影剧院举办

宝安区2011年“平安大运行动”法制宣传暨《法治访谈》栏目开播协调会

理论学习制度，扎实开展先进性教育、创先争优、执行力建设等活动，始终将思想政治建设放在首要位置，自觉提升党风政风。一年来，领导班子的政治理论、法律政策水平和业务工作能力进一步提高，贯彻党的路线方针政策、推动司法行政工作科学发展的能力和水平进一步提高，班子各成员自觉坚持讲大局、讲原则、讲团结，忠实履职，协调配合，真抓实干，始终保持团结和谐、务实进取的局面。进一步深化干部队伍的作风建设，加强党风廉政建设，深入开展反腐倡廉工作，贯彻《廉政准则52条》，组织开展“结对帮扶”、“纪律教育学习月”、“发扬传统、坚定信念、执法为民”主题教育实践活动等，切实加强党员队伍的社会主义法治理念教育、职业道德教育、纪律作风教育。各党支部在“组织开展创先争优活动和兑现公开承诺”、“推动‘十二五’开局、建设质量深圳和服务大运”、“开展对口帮扶‘双到’联合创先争优和扶贫济困”、“联系服务群众办实事好事”等方面的群众满意度都达到80%以上。全区司法行政系统党员队伍的思想政治素质、科学文化素质、业务素质进一步提高，作风建设水平显著提升。6月，宝安区司法行政和法律服务行业党总支获评“先进基层党组织”。

【经验启示】2011年，宝安区司法局坚持“四个必须”：一是必须坚持围绕中心、服务大局。始终将服务党委政府的中心工作贯穿于司法行政工作的全过程，立足职责，找准定位，选好切入点和结合点，抓住大运会、特区一体化等重大历史机遇，扎实履行司法行政职能，维护社会稳定、促进经济发展、保障民生权益等方面均取得新成绩。二是必须坚持科学发展，大胆创新。始终以科学发展观为指导，以改革创新精神破解发展难题，进一步解放思想，与时俱进、转变观念、大胆探索，在开展法制宣传教育、化解矛盾纠纷、加强社会管理和服务等方面推出一系列先进经验和创新举措，为推动司法行政和法律服务工作再上新台阶、实现司法行政的改革创新发展创造条件。三是必须坚持以人为本，司法为民。始终以群众需求为工作的出发点，不断拓展、完善法律服务网络，落实各项便民利民措施，着力提升律师、“12348”、法律援助、公证等法律服务的保障和改善民生的能力和水平，最大限度满足人民群众日常法律服务需求，切实保障人民群众的合法权益，维护公平正义，促进社会的和谐稳定。四是必须坚持抓好干部队伍作风建设，以党风促政风带民风。始终抓好干部队伍作风建设和执行力建设，坚持正确的用人导向，建立职责清晰、奖惩分明的责任体系，强化责任意识、服务意识，干部队伍作风持续好转，形成风清气正、干事创业的良好氛围。　（张元圆）

附：2011年宝安区司法局领导成员名单

局长、区依法治区办（普法办）主任：曾庆章

副　局　长：梁伟棠

马晓燕

区依法治区办（普法办）专职副主任：辛　一

2011年12月3日，宝安区2011年“12·4”全国法制宣传日暨法治广东教育宣传周活动在都之都广场率先启动，图为省、区相关领导在活动启动仪式现场作动员讲话

军 事

2011年宝安区武装领导机构领导成员名单

中共宝安区委人民武装委员会

主　　任：鲁　毅

副 主 任：张洪华（11月止）
赵燕民（12月起）
李立军
刘晓春（3月止）
孙志刚（3月起）

宝安区国防动员委员会

第一主任：鲁　毅

主　　任：张　备

副 主 任：张洪华（11月止）
赵燕民（12月起）
刘惠玲（12月止）
蔡　颖（12月起）
李立军
刘晓春（3月止）
孙志刚（3月起）

中共宝安区人民武装部委员会

第一书记：鲁　毅

书　　记：刘晓春（3月止）
孙志刚（3月起）

副 书 记：李立军

宝安区人民武装部

部　　长：李立军

政治委员：刘晓春（3月止）
孙志刚（3月起）

副 部 长：曾志勇

人民武装

【概况】2011年，宝安区人武部在深圳警备区首长机关和宝安区委区政府的双重领导下，紧密结合形势任务和单位建设实际，大力加强思想政治建设，有力保证了各项工作任务的落实。大运期间，宝安区人武部派出民兵应急分队配合各级查扣假冒军车17台，协助检查过往行人2100人次，抓获43名犯罪嫌疑人，收缴刀具87件，圆满完成大运安保任务。宝安区人武部被警备区评为“大运安保先进单位”，被区委区政府评为“大运安保优秀集体”。大运安保任务完成后，人武部及时对民兵参加大运安保的成功经验进行梳理总结，撰写《深圳市宝安区人武部发扬特区精神破解民兵建设难题》的经验，受到总政领导的充分认可。总政首长指示：“在参加重大活动安保、维护社会稳定、开展平安创建活动中如何发挥民兵队伍作用，是需要深入思想研究的问题。深圳宝安区的经验很有启示。”

【党委班子和干部队伍建设】2011年，宝安区人武部始终把加强党委班子的建设作为抓好全面建设的关键，把提高干部队伍的综合素质作为抓好全面建设的重点，使人武部的全面建设得到又好又快的发展。在理论学习上，讲求实效。党委中心组带机关理论学习，坚持落实集中学习、个人自学、学习考勤、体会交流等制度。

2011年8月24日，广东省委常委、省军区司令刘联华视察宝安区人武部

2011年4月8日，市委书记王荣视察沙井民兵应急分队

部领导带头撰写理论学习文章，多次在《解放军报》、《战士报》、《广东武装》上发表作品和文章。2011年下半年，着重学习胡锦涛“七一”讲话、十七届六中全会精神，并注重把理论学习与当前工作结合起来，有效推动了年度工作落实。在勤政廉政上班子成员作模范。坚持规范程序，落实监督机制，强化制约，廉洁从政。在干部队伍建设上注重历练培养。坚持把提高素质作为头等大事紧抓不放，不断提高干部学历。现役干部8人中，学历全部在本科以上，2人已获得研究生学历，1人已报考EMBA硕士研究生，4人已报考硕士研究生。大运安保期间，协调事项多，筹备会议多，检查指导任务重，坚持不断给干部交任务，压担子，通过大项活动锻炼，干部的组织协调能力、帮扶指导能力都得到明显加强。

【思想政教育】2011年，宝安区人武部认真开展“坚定理想信念、忠实履行使命”主题教育、“加强党性修养、锤炼思想作风”教育整顿和“强党性纯洁官德人品、严党纪纯正党风军风”与反腐倡廉专题教育。教育中，始终坚持紧贴使命任务，紧紧围绕大运安保这项年度中心任务，着眼“形象、效率、和谐、学习”四个工程建设搞教育，坚持向实际行动要成效。大运期间，各应急分队组织民兵当义工，协助交警维护交通秩序，大力宣传大运精神，深入社区维护治安。通过教育，广大官兵始终以高昂的热情、良好的形象、过硬的作风、严明的纪律践行“三个定位”的要求：定位于“为国争光，为军队立功”；定位于检验我们快速动员和完成非战争条件下多样化军事任务的能力；定位于有为有位，确保大运会安保任务的完成。坚持把培育当代革命军人核心价值观教育作为思想政治建设的重要基础工程；坚持在理论灌输中增进理解认同，打牢官兵的思想理论根基；坚持在结合渗透中促进实践养成，增强学习培育的实效。通过教育，进一步筑牢官兵的军魂意识，激发了敬业精神。在民兵队伍中涌现出区新时期的好党员好民兵谭斌。10月27日，新安街道应急分队民兵谭斌在执勤过程中，为维护人民群众利益，不顾个人安危，勇斗歹徒，身负重伤，被《国防报》、《战士报》、《深圳特区报》、《深圳晚报》、深圳电视台等多家媒体报道，警备区作出向谭斌同志学习的决定，谭斌热爱人民的事迹受到社会广泛赞誉。

【创建培育和创先争优活动】2011年，宝安区人武部坚持党委带头搞创建，领导干部带头学、带头讲、带头写、带头听、带头搞调研，突出党委领导班子在活动中“龙头”地位。4月，宝安区人武部党委第一书记鲁毅、区国动委主任张备带头深入基层，到沙井应急分队检查调研；大运期间，人武部机关始终坚持奋战在工作一线，为基层树立榜样。同时组织基层搞创建，把创建培育和创先争优与大运安保、岗位练兵、“三个就地”模式推广等活动结合起来，着眼解决突出问题，创在平时，争在平时，确保活动取得实实在在的成效。通过创建培育和创先争优活动，基层比学赶超的氛围深厚，全面建设明显加强，涌现了一批先进典型。沙井街道武装部全面建设过硬，被推荐为全国民兵工作先进单位表彰对象。沙井民兵应急分队工作突出，被推荐为深圳文明单位表彰对象。新安街道应急分队队员谭斌被树为警备区学习典型。

【扶贫帮困活动】2011年，宝安区人武部贯彻落实省军区、警备区扶贫开发“规划到户，责任到人”工作部署，10月始，与五户困难户结成帮扶对子，并与石岩街道官田社区党支部建立共建关系。共慰问5户贫困户2次，赠送慰问金1万元，共协调街道慰问3次。赠送慰问金1.2万元，缓解了五户困难家庭的生活压力。为确保困难家庭能尽快脱贫，积极安排困难家庭成年人就业。同时，积极对官田社区党支部进行帮建。坚持每周二到基层了解跟踪，并形成制度，经常到官田社会区进行走访，了解社区党支部建设情况，并邀请官田社区党支部成员参加“军事日”，及时把部队的好思想、好传统、好作风带入官田社区，引导他们解放思想，更新观念，发挥战斗堡垒和示范带头作用。

【大运安保工作】2011年大运会安保工作标准高、要求严、任务重，宝安区人武部担负了7个站点的军车检查任务，5个比赛场馆和1个训练场馆的安保任务和12个街道的社会面防控任务。在军队联指和省军区任务部队指挥所的领导下，全体干部、职工、民兵预备役人员肩负起“为国争光，为军队立功”的光荣使命，各项大运安保工作到位迅速，指挥运转有序高效，各类情况处置及时正确，确保大运赛事运行平稳顺利。党委高度重视，始终保持中心工作地位不动摇。坚持大事大抓，将大运安保工作作为年度的中心工作狠抓落实。一是迅速统一思想。部党委先后采取召开干部职工大会、专武干部大会、大运安保力量誓师大等形式，进行广泛深入动员，确保人员思想上的高度统一。二是迅速研究制定和完善各类方案。先后5次召集军事、政工、后勤三条线上的干部，制定民兵大运安保总案和13个方案。部领导都坚持对每个方案亲自把关审定，确保方案的可操作性。三是迅速建立健全组织。及时成立大运安保指挥组，健全了26个临时党团组织，建立市属处突队、区属备勤分队和社会面防控力量等17支队伍共1041人，并对所属人员进行政治考核，确保执勤人员政治纯洁可靠。注重主动协调，始终保持上下高效联动。为确保各级指示得到有效贯彻，确保各项工作高效开展。一是注重加强与上级机关的沟通协调。各类指挥机构组织后，省军区刘联华司令员、蔡多文政委，深圳警备区钟志坚司令员、政治部杨年秋主任先后对宝安辖区的7个军事检查站点，8支大运安保民兵分队进行检查、慰问。同时，各业务线也加强与上级对口指挥机关的沟通，确保各项工作及时有效落实。二是加强与地方政府的协调。上级军事机关明确任务后，多次派出军事工作组、政治工作组的同志到地方民政、公安、信访等部门协调，商定执勤民兵执勤路线、安全防范的重点区域，辖区执勤友邻部队生活保障事宜。通过努力，及时建立情报信息共享的联络机制，协调500万元经费解决了7个军车检查站点官兵的执勤学习、食宿等方面的问题。扎实履职尽责，始终保持工作高标准。为确保“平安大运”的总体目标和“两保、四个坚决防止”要求的实现，狠抓各级各类人员责任心的落实，确保大运安保各项工作高标准。一是坚持战备值班高标准。在反复学习上级下发的关于大在运安保工作值班规定后，坚持每日交班点评前日值班情况。自8月1日开始，所有现役干部全部全时保持在位，统一食宿，确保及时上传下达和指挥。二是坚持作风形象高标准，狠抓执勤形象和群众纪律教育。各执勤分队整体上保持了良好的作风和形象，灵活组织执勤备勤，始终保持工作高效益。宝安辖区点多面广，为确保有限兵力充力发挥工作效益，坚持三个相结合。一是坚持一线指挥与现场指挥相结合。针对宝安区担负的任务，将指挥力量分成两组。一组成员在作战值班室，通过电话指挥，及时研判情况和下达情况处置指令，另一组成员由军事副主官带军事科1名参谋分别带两支应急分队负责宝安中心区和观澜两个防范重点。其他各街道重要执勤点由专武干部带队指挥。从而充分发挥了各级的指挥效能，确保一有情况能妥善处置。二是坚持定点检查与机动巡逻分队、各街道辖区巡逻分队、固定目标执勤分队共25支102组，每天15小时执勤。机动巡逻分队主要对重要目标、交通要道及枢纽巡逻执勤。在各街道场馆周边、地铁口车站等场所选定5～7个固定执勤点，主要由各街道民兵担负执勤。三是坚持情况预想预演与实际临机处置相结合。大运开幕前，精心拟制各类情况处置预案，并反复进行研究演练。工作中，根据情况变化及时作出调整。8月12日，宝安区委区政府要求迅速组建维稳分队，宝安区人武部迅速修订预案，组建了一支30人组成的维稳分队，协助公安、信访等部门做好稳控工作。

【安全稳定工作】2011年，宝安区人武部认真贯彻军委12号文件、军区“韶关会议”和两级军区安全稳定电视电话会议精神，紧紧围绕“迎大运、抓安全、保稳定”这一主题，坚持依法从严治军，狠抓安全管理，部队保持了高度安全稳定。围绕大项活动抓安全，2011年各项工作主要围绕大运安保工作展开。为确保平安大运目标实现，狠抓自身的安全管理。一是对执勤队伍进行严格把关。会同公安部门，成立政审联合小组，按照政审程序，对执勤的1041名执勤人员进行严格的政治考核，确保大运安保人员纯洁可靠。二是对执勤装备进行全面检修。大运安保任务重，人员出动多，车辆动用频繁，辖区社民情复杂，安全隐患大，世界大学生运动会召开前，对所有执勤装备进行全面检修，对执勤器材进行补充，先后维修

宝安区民兵进行擒拿格斗术训练

运输车辆128台次，组织各类器材装备抢修862件套，确保大运安保工作的顺利开展。三是狠抓训练和执勤安全。周密制订训练计划，认真组织针对性训练演练。每次动员、课目演练，都提出安全要求，每次到各街道检查训练情况，都把安全纳入检查内容，及时指出，并要求立马整改。先后组织13次拉动点验、3个课目汇报示范。严密组织民兵上岗执勤，狠抓民兵执勤形象，周密组织执勤队伍撤离，从大运安保的准备到大运安保任务完成，都始终保持高度安全稳定。落实制度抓安全。根据工作任务重，工作节奏快的实际，狠抓各项安全制度的落实。一是认真组织安全教育。利用每日交班时机，对干部职工反复提出安全要求；专门安排时间，组织干部职工学习《条令条例》、《安全工作条例》、《预防犯罪工作条例》等规章制度，强化干部职工的法规意识和观念。二是认真组织安全形势分析。部党委一班人对抓安全工作高度重视，坚持安全工作常抓常议。每月，部党委都认真召开一次安全形势分析会，全面查找安全隐患，分析原因，制定对策。大运前，召集所有专武干部专门召开安全形势分析会，对大运安保中的安全工作进行专门部署，并制定“八个严格”下发各基层单位执行。三是认真组织安全检查。为及时消除安全隐患，坚持每周五下午对营院进行一次整治，并由部领导带队，对营院、所有库房、办公室进行检查，及时组织讲评，及时发现和消除安全隐患。盯住细节抓安全。细节决定成败，细节影响大局，抓安全工作必须要求防微杜渐。坚持从细节入手，狠抓安全隐患治理。对国防教育训练基地的老化线路进行更换，对基地宿舍楼加装防护网。加强水域安全管理，对基地鱼塘周边防护栏进行加固，增设警示牌。对基地进出道路设立减速带。7月下旬，对办公楼进行整治，对所有库房进行全面清理，通过抓细节，有效防止安全问题的发生。突出重点抓安全。一是突出人员管理。正规上下班秩序，严格落实请销假，加强对8小时以外人员的管控，确保人员不违规不违纪，不失管不失控。二是突出装备安全。定期对国防教育训练基地高炮进行维护保养，确保装备始终保持良好技术性能。对高炮库旁的山体进行加固，对部分陈旧的枕木、帆布进行更换。三是突出保密安全。严格落实军区《严密防范网络泄密“十条禁令”》，在微机室设立专门打字复印室，规范管理，明确打字复印室责任，杜绝私自复印文件，打印文件等违规行为。对所有办公计算机进行检查，给没有及时安装“计算机及其涉密载体安全保密管理系统”的电脑补安装、给线路所有移动存储介质等重新进行登记造册和编号分发，密码传真机由值班干部24小时不间断看管，每次收发传真登记在值班记录本、保密登记本登记。有效地消除安全隐患。四是车辆安全。严格按照车辆使用管理规定使用车辆，责任到人，由后勤科长负责，每周组织司机学习行车安全常识。3月下旬，集中组织司机队伍开展“严纪律、树形象、保安全”教育整顿。4月下旬，再次组织司机队伍认真学习有关规章制度和交通法规，深入开展“五查五纠”专项整治。大运安保期间因工作需要动车频繁，无一起车辆安全问题。

【征兵工作】2011年，宝安区征兵任务数为200人，宝安区人武部认真落实《关于加强征兵工作的意见》要求，提出“不少一人、不退一个、不出一错，争创连续30年征兵全优单位”的目标。在总部、广州军区、省军区召开征兵工作电视电话会议后，组织全体干部职工、区征兵办全体工作人员、街道全体专武干部传达学习会议精神；成立征兵工作领导小组和征兵办公室，认真研究制定征兵工作实施方案；10月19日，召开全区征兵工作部署会，张备区长亲自作指示；为调动广大应征青年入伍参军的积极性，协调报社、电视台进行广泛宣传。在《宝安日报》刊发《给应征青年的一封信》，在电视上滚动播放征兵政策，在社区和公共场所共张贴508张征兵挂图，确保征兵工作广而告之。组织应征青年报名大会。印制《征兵政策50问》，设立咨询热线，为应征青年和家长解疑答难。每天出动12台宣传车辆，进行流动宣传广播。通过深入宣传发动，青年报名积极性明显提高，共有1220名青年报名，上站811名，其中上站大学生183名，上站数高于往年。顺利完成年度征兵任务。（柯超华）

人民防空

【民防工作】2011年，机构改革后，宝安区应急办（民防办）认真履行民防工作职能，积极推进民防工作落实。该办对民防报建行政许可事项办理流程进行调整优化，全年依法高效办理人防工程报建项目93项，人防工程结建面积19.1万平方米，依法收缴人防易地建设费1339.7万元；办理人防地下室工程竣工备案12项，人防地下室竣工面积45190.2平方米；协助市应急办（民防办）对地铁一号线、五号线宝安15个站点开展人防工程竣工验收，保证了地铁工程验收进度；组织开展“9·7”防空警报器试鸣活动，取得良好的宣传效果。

武装警察

【概况】2011年，武警宝安中队按照支队党委工作总体思路，以《军队基层建设纲要》为依据，突出“武警部队推进现代化建设工作会议”现场观摩试点筹备工作和深圳世界大运会安全保卫任务两场硬仗，注重抓好经常性基础性工作落实，发扬听党指挥，服务人民，英勇善战的优良传统，努力践行当代革命军人核心价值观，全年部队安全无事故，全面建设有新的进步。8月，在担负大运安保任务中成绩突出，荣立集体二等功1次；9月，在担负武警部队现代化建设试点任务中完成任务出色，荣立集体二等功1次。中队被总队评为年度落实《纲要》“先进中队”，被支队评为“执勤工作先进单位”。全年中队3人入党，5人荣立个人三等功，20人次记支队嘉奖。

【党支部建设】2011年，武警宝安中队班子调整之后，及时健全组织，坚持用党的创新理论武装支部“一班人”头脑，发挥党支部“一线战斗堡垒”作用，带领官兵圆满完成上级赋予的各项任务。按照“十六字”方针原则讨论决定重大问题，着眼“强化地位作用、强化组织功能、强化书记素质”，支部“一班人”带头“公开承诺”、定期汇报思想，营造公平公正、团结共事、勤奋敬业、拼搏进取和勇于创新“五种风气”，增强班子的凝聚力和战斗力。

【思想政治建设】2011年，武警宝安中队认真研究地域环境影响，学习借鉴特区改革发展先进理念，紧贴任务和官兵思想实际，围绕坚定理想信念、忠实履行使命，持续深入开展“培育当代革命军人核心价值观，争做党和人民的忠诚卫士”主题教育，教育环节扎实，配合活动多样，教育效果明显。中队认真学习胡主席“七一”讲话和十七届六中全会精神，坚持用党的先进理论武装官兵头脑，以现代化建设试点任务为契机，不断加强营区政治环境现代化建设，文化长廊区、英模塑像区和休闲娱乐区建设富有特色，拴心留人、益智育人、催人奋进的氛围良好，经常性思想工作、文化工作、心理工作成效明显。

【党员队伍建设】2011年，武警宝安中队按照党员发展要求，严格按程序、比例发展党员，确保党员纯洁性和先进性。每月根据实际制订党组织生活计划，7项组织生活制度落实严格；每月评选优秀共产党员，合理安排党日活动，坚持每月进行党课教育，党员模范先锋岗活动扎实有效。结合大运安保和现代化建试点任务开展“创先争优”活动，在重大任务面前广大党员冲锋在前，每名党员在自己的岗位上努力工作，为中队圆满完成大运安保和现代化建设试点观摩任务，发挥重要的作用。

【群众组织建设】2011年，武警宝安中队按照“组织健全、制度落实、活动经常、作用明显”的建设目标，加强对团支部和武警委员会两个群众组织的领导，配强骨干、明确职责，每季度对两个群众组织进行1至2次业务培训，不断提高业务工作水平。依靠组织开展工作，做到每周活动有组织、每月工作有讲评、每季骨干有培训、年度工作有总结。全年团支部开展各项活动30余次，活跃中队官兵文化生活；武警委员会充分发挥政治、军事、经济三大民主组作用，为中队建设出谋划策，年内，累计官兵建言献策120多条，为中队全面建设发展贡献力量。

2011年8月29～30日，中共广东省委常委、省政法委书记、公安厅厅长、省武警总队第一政委梁伟发对武警宝安中队“武警部队推进现代化建设工作会议”情况进行检查指导，武警广东总队总队长何宏成陪同检查

【执勤工作】2011年，武警宝安中队固定看守目标全年安全无事故，完成临时押解勤务60批次，其中短途押解32批次，长途押解28批次，押解犯人2334人，出动兵力263人次。8月，根据支队统一部署，中队抽组36名官兵，担负深圳大运会洲际宾馆要人住地警卫及开幕式现场安全保卫机动备勤等任务。任务中，官兵有效制止投掷传递违禁物品、散发传单20余起，协助安保团队维持安检口、出入口现场秩序处置方法灵活，得到各级领导肯定。在大运会安保任务中，中队荣立集体二等功1次，2名官兵荣立个人三等功，15名官兵受到嘉奖。

【训练工作】2011年，武警宝安中队以《军事训练与考核大纲》为依据，紧紧围绕上级的指示精神，严格按照《年度军事训练计划》，狠抓军事训练人员、时间、内容和质量“四落实”，不断提高部队训练质量。坚持党支部议训，加强对军事训练的组织和领导，成立军事训练工作领导小组，确保年度军事训练组织有力。突出抓好干部骨干训练，通过定期召开训练分析会，干部、骨干集中进行学习讨论，组织干部、骨干进行示教示范训练，干部骨干的综合素质和组织指挥管理能力得到提高。针对中队训练场地少，现代化建设任务重的实际，积极开展“五小”练兵活动，利用小场地，小教员开展练兵活动，确保训练任务圆满完成。

【后勤保障工作】2011年，武警宝安中队按照“保障有力”建设的总要

2011年12月16日，武警宝安中队官兵扎实开展思想政治教育工作

求，突出抓好后勤队伍建设、经费管理、固定资产管理、农副业生产、卫生防病工作。坚持把后勤队伍的教育训练作为中队建设的重要工作来抓，强化后勤人员服务意识和敬业精神；坚持大项经费开支集体研究，严格报批程序，注重发挥武警委员会的监督作用，每月检查讲评，增强经费使用效益；严格落实计价管理和落实责任制要求，发挥维修小组作用，强化官兵对基本设施使用和维护保养的意识，保证设施完好率；邀请地方技术人员到中队指导育苗种菜，培养官兵自己动手的习惯和意识，积累种植经验，农副业生产收益明显；注重做好饮食卫生工作，严把食物采购关，及时开展卫生防病教育，宣传相关防病措施，把预防工作作为卫生防病和安全稳定工作的重点。

【“双拥”工作】2011年，武警宝安中队认真贯彻落实上级有关双拥工作的指示精神，践行全心全意为人民服务的宗旨，组织官兵积极参与支持驻地“三个文明”建设，深入开展拥政爱民活动，进一巩固和发展了和谐融洽的警政警民关系。中队与目标单位宝安看守所广泛开展以“共建、共管、共保安全”为主要内容的三共活动，定期组织召开联席会议，共同研究排查目标安全隐患，适时开展篮球、足球友谊赛等文化活动。中队团支部多次组织中队官兵利用周末、节假日，到周边街道进行义务植树，到九围村、簕竹角村等街道打扫卫生，共建文明、整洁的街道环境，赢得群众赞赏。

【现代化建设】9月，武警总部在广东召开“武警部队推进现代化建设工作会议”，中队作为观摩现场之一，主要演示基于信息系统的固定勤务组织与实施，试点任务取得圆满成功。先后多个单位到中队参观现代化建设成果，得到各级领导充分肯定。

（彭东澎）

附：2011年武警深圳市支队宝安中队干部名单

中　队　长：武世杰（上尉）

政治指导员：赖荣伟（中尉）（4月止）

宁健明（上尉）（4月起）

排　　　长：皮　政（少尉）

孙家明（中尉）

边防管理

【概况】2011年，武警深圳边防指挥部和驻深边防部队以《军队基层建设纲要》为依据，以大运安保为契机，全面落实上级部署要求，深化爱民固边战略，着力安全保稳定，着力基层夯基础，着力规范上台阶，着力创新求突破，部队全面建设保持良好发展态势。圆满完成反偷渡，反走私，严打整治斗争，抢险救灾，特区检查，维护边境一、二线稳定以及春运执勤，春节期间仙湖弘法寺安保工作，大运安保，“平安鹏城11”和“平安鹏城12”行动，市际卡口军警联勤任务和处置集体上访突发事件等重大活动期间的边防保卫任务。

【“二线”管理】2011年，深圳经济特区检查站紧紧结合爱民固边战略，加强现场监督管理，进一步规范特区检查验证程序，简化人员、车辆通关手续，确保关口畅通。以“二线管理文明畅通，适应特区经济发展、网上追逃卓有成效”为工作目标，进一步深化二线勤务改革，推进执勤规范化建设，加大查控力度，严格现场管理，进一步完善设施和简化验证手续，方便群众进出特区，狠抓文明执勤、依法执勤工作，自觉维护执勤人员的良好形象。年内，深圳经济特区检查站在特区“二线”关口共查验共检查通关人员1351466人次、检查物品1148746件；检查通关车辆26270辆，完成警卫任务86次；查获网上追逃人员158名；毒品案114宗、缴获毒品8718.5克、涉毒人员638名；查获涉枪案件57宗，缴获各类高仿枪支10.6096万支、子弹3071发；查获各类走私、违规物品案件114宗，涉案总金额约3267万元；查获国家级野生保护动物案3宗；抓获越南籍无合法证件入境人员28名；非法买卖国家机关工作人员证件嫌疑人1名；冒用他人身份证嫌疑人1名；假冒国家公务人员招摇撞骗嫌疑人1名；妨害执法嫌疑人1名；本地高危及重点人员384名；解救被非法拘禁群众1名；缴获被盗抢车辆1辆；非法出版影像制品46张；假冒、套用车牌10套，查扣冒用武装部队牌照车辆4辆、无牌无证摩托车1辆，现场执勤执法工作得到上级领导的高度肯定，大运安保工作取得圆满的胜利。此外，驻宝安区各分站还主动参与“粤安11”、

“平安大运”等专项行动，带领官兵圆满完成分站及牛湖、碧厦两个执勤点军警联勤任务，树立良好形象。赢得公安部副部长李东生，省厅厅长梁伟发、副厅长张永强的表扬肯定。

【**维护社会治安**】2011年，深圳边防指挥部根据上级的指示精神，协调各驻深边防部队主动作为，积极协助当地政府、公安机关，打击犯罪、维护稳定，牢固树立立警为公，执法为民的思想，充分发挥对各执勤执法、热情服务的宗旨和职能作用，赢得群众满意，确保社会平安。全年，驻深边防部队官兵在深圳边防指挥部的协调指挥下，共派出1000余名官兵，出动警力2万余人次参加地方临时勤务。全员投入驻地大型活动安保任务。一是驻深边防部队连续25年担负深圳火车站“春运”安全保卫任务，期间，派出300名官兵进驻罗湖火车站和火车西站，安全疏导、输送旅客约341万人次，帮助旅客提拉行李、指引道路、照看小孩、解答疑难等便民利民活动968件次，协助化解旅客纠纷9起，抓获违法犯罪人员2人，拒贿3000多元，成功平息多次旅客骚动事件，确保火车站的正常安全运行秩序；连续25年来按驻地党委政府的工作部署，维护深圳市迎春花市和福田区迎春花市秩序，期间，派出153名官兵，参与历时7天的深圳市和福田区迎春花市执勤，受到市领导的高度称赞。二是驻深边防部队春节期间共派出600名官兵与公安机关联勤联动，圆满完成2011年春节期间市民游览仙湖植物园及弘法寺活动安全保卫工作，期间，驻深部队官兵先后做好事500宗，紧急警戒任务20次，排除拥挤险情45次，疏导群众近35万人次，得到深圳市委常委公安局长李铭、副局长施志刚，罗湖区委、政府领导和广大群众的高度肯定。年内，驻深边防部队协调组织1053官兵参加春运、花市、弘法寺执勤，得到深圳市委市政府高度肯定。全力确保深圳大运平安。一是驻深圳宝安区边防部队共派出150名警力完成大运火炬传递（深圳站）安保任务。二是驻深圳宝安区边防部队派出200名警力进驻市公安局“环深市际卡口公安检查站”参加联勤工作，协助、配合深圳公安机关开展人员、车辆、物品和辖区社会治安的协查联控工作，期间，驻深边防部队先后查获违法违章车辆1701辆，收缴管制刀具1949件、电棍119条、钢管、铁棍881根、仿真枪17把、假武警车牌7副，查获各类违法犯罪嫌疑人1712人，其中网逃43人、涉毒人员266名、“三非”越南人73名，全力构筑环深外围安保防线。三是驻深边防医院全程参与并圆满完成大运会开闭幕式、四个中心场馆比赛及总队参战部队的医疗保障任务，受到总队、大运指挥部、市卫人委等各级领导好评。多次协助地方公安机关维护社会秩序。驻深边防部队全力协助公安机关深入开展社会治安集中整治、治枪治暴、打黑除恶、打拐打假等专项行动。组织深边防七支队、深圳边防支队和深圳经济特区特检站3个单位共600名官兵奔赴深圳宝安、龙岗、光明、坪山4个治安重点区23个执勤点，采取徒步巡逻和车辆巡逻、设卡检查等三种方式参与“鹏城11”、“鹏城12”军警联勤治安巡逻，执勤期间，共派出勤务8965人次，盘查机动车辆6208台次，人员10173人次，协助抓获犯罪嫌疑人116名，网上在逃人员2名；查获管制刀具53把，仿真枪10支，伸缩警棍、电击棍、假身份证、喷雾器、钢管等违禁物品108件、高仿手机32部；缴获毒品48.6克；查扣假冒军车1台，涉嫌犯罪机动车辆23辆，查扣老虎机20台，查获无证营业黑网吧5个，小歌厅3个，违法经营旅馆6个；制止打架斗殴9起，摧毁盗窃团伙1个，直接为群众追回人民币96000元，帮助困难群众421宗次，有效地震慑违法犯罪行为，较好地维护社会秩序。得到深圳市委、政府和人民群众的高度评价。深圳市长许勤、市委常委公安局长李铭、人大副主任罗莉、副市长吴以环等领导在春节前的慰问走访中对驻深边防部队参与军警联勤工作给以高度评价。

严格执法

【**双拥共建**】2011年，驻深边防部队从加强组织领导、营造氛围、打造亮点等方面入手，扎实推进爱民固边战略。一是爱民固边战略成效明显。2011年，驻深边防宝安区部队以“开门评警”大走访活动为契机，深入大走访，主动“走出去”，争取理解和关注，按照“海上重要目标在哪就保障到哪、海域治安难点在哪就巡航到哪”的原则，进一步建立管理服务和加强群众工作的新机制，逐步完善对辖区内开发建设项目的监管办法和措施，主动跟进宝安机场扩建工程、广深沿江高速、宝安中心区、大铲湾等

警民联防应急棍训练

施工建设项目，对海上作业船舶、人员全面登记备案，划分专用航道，为市政建设提供必要的保障。全年驻宝安区边防部队共走访驻地地方党政、企事业单位以及港口码头和养殖点200个，走访、审验和检查辖区海域各类船舶1600艘次，走访驻地群众及贫困户120户、35040人次，征集意见建议1392条，送证上门80余次，辖区巡查900余次，与辖区治保组织开展联防50余次，四防宣传单1600余张，为群众解决实际困难162个，向有关部门反映问题26个，成功救助海上遇险人员15人次，为辖区共建单位开展军训8次共计300余人次；组成关爱小组深入辖区福利院、救助站为困难儿童、贫困家庭、孤寡老人送去节日温暖；邀请驻地市民家庭、学生到营区体验警营生活，弘扬警队文化，增进警民关系；组织官兵到辖区元平特殊学校为学生们开展军事训练，关心关爱残疾学生；组建军人义工服务队服务驻地群众；开展绿色义工活动，成立义务护林队、景区服务队积极维护景区治安秩序，成立水源巡逻队，三十年如一日保护香港生命之水；积极参与地方政府开展的“净、畅、宁”工作；组织营团职干部与揭阳、汕尾边防辖区60名孤儿结对帮扶；深入玉龙、梅园、泥岗等社区组织义诊活动，为周边群众送医上门，为深圳驻地适龄儿童开展免费麻疹疫苗接种服务，每逢元旦、春节、“五一”、“七一”、“八一”、“十一”派出医疗队进社区开展为民义诊及健康宣传讲座；为旅客提供便捷服务，做好事、解难事10000余件，扶危济困2300多人次；解答有关边境法规知识630多人（次）；组织开展共建和学雷锋活动4890余人次、参加义务植树3000余株、协助地方党委政府和公安机关化解各类矛盾纠纷105起、避免10起群体性事件发生；积极参与抢险救灾，及时为群众排忧解难，救助海上遇险渔船民30人，为群众挽回直接经济损失48万元。得到深圳市双拥办高度评价。二是争取地方党委政府的重视和支持。2011年，驻深边防部队紧紧依靠地方党委政府，热情服务人民群众，保一方平安，促一方发展，利用走访和春节、“八一”期间地方党委政府及公安机关来部队慰问等时机，主动向包括深圳市委和各级领导汇报我驻深边防部队开展爱民固边战略情况，争取重视和支持。三是双拥共建结硕果。2011年，在拥政爱民活动中，驻深边防部队涌现出一批先进单位和个人典型：深圳经济特区检查站布吉分站，地处深圳市龙岗区、罗湖区交汇处的205国道，每日人流量20余万人次，车流量5万余辆次，分别占进入原特区人、车流量的14.7%和11.1%。针对周边环境复杂，人车流量较大等特点，该分站主动研判形势，立足执勤现场主阵地，抢占缉毒工作先机，不断提升情报导侦能力，把握“三个重点”（重点时段、重点人员、重点车辆），密织缉毒天网，仅2010年就破获各类毒品案件72宗，占特检站查获案件总数的57.1%，缴获各类毒品5508克，抓获违法犯罪嫌疑人112名，严厉打击毒品犯罪的嚣张气焰，为维护深圳社会治安稳定作出重要贡献。6月，该站被国家禁毒委评为2010年度“全国禁毒堵源截流工作先进集体”，成为广东省公安机关唯一获此殊荣的单

送知识上渔船

位。深圳经济特区检查站司令部侦查队队长陈玲弟带领侦查队依法查处毒品案件114宗，缴获各类毒品约8718.5克；独立侦破有较大影响力的毒品案件2宗，依法逮捕犯罪嫌疑人2名，案件批捕率、起诉定罪率均为100%；审查移交处理涉嫌走私案件114宗，总案值约3200万元；查获违禁枪支案57宗，缴获仿真枪106096支，子弹3071发，严厉地打击涉毒涉枪及走私违法犯罪活动，有力地维护了深圳繁荣稳定的大局，受到地方党委政府的充分肯定和高度赞誉。12月，该同志被公安部边防管理局评为公安边防部队“执法标兵”。

【督察工作】2011年，指挥部督察队积极发挥职能作用，继续加大对特区一、二线执勤部队的督察力度，共派出督察人员183组1015人次，检查深圳片基层单位546个。其中派出27人次参加部局、总队对粤东、粤西片部队专项督察。发现查纠各类问题64件，提出合理化建议29条，消除安全隐患43处；年内，受理核查群众举报投诉17宗，涉及基层部队5个。其中15宗已调查处理完毕并息访，2宗正在调查核实中；查获假冒边防车辆2台，打掉制假窝点1个，抓获犯罪嫌疑人3人；与警备和地方交通部门开展军车联合治整行动24次，查获非法营运车辆21台。检查往来深圳地区边防号牌车辆76辆次，当面纠正不安全驾驶7人次。较好地完成各项工作任务。　（杨　倩）

附：2011年武警广东省边防总队深圳指挥部领导成员名单

指　挥　长：郭　伟（大校）（12月止）
政　　　委：章　俊（大校）（12月起）
办公室主任：李　晖（上校）（3月止）
办公室副主任：刘晓红（中校）（3月止）
盖金民（中校）
詹　敏（中校）（12月起）

2011年广东省边防总队驻深圳市宝安区部队

单位名称	主要职责范围	驻宝安区部队		负责人
武警边防总队深圳市边防支队	担负海上缉私、反外逃、粤港管理线执勤耕作口检查工作	宝安大队	宝安大队大队部	钟春生（大队长、中校） 胡飞鹏（政委、中校）
			西乡站	钟家钊（站长、少校） 尹　勇（教导员、少校）
			沙井站	刘木尚（站长、少校） 高玉博（教导员、少校）
			福永站	韦志强（站长、少校） 蒋大军（教导员、少校）
武警边防总队深圳经济特区检查站	担负进入特区的人员、车辆证件查验工作	南头检查站		吴艺腾（站长、少校） 钟伟业（政委、少校）
		同乐检查站		曹　福（站长、中校） 杨锦照（政委、中校）
		梅林检查站		侯新明（站长、中校） 张和元（政委、中校）
		白芒检查站		李　扬（站长、中校） 卢　田（政委、少校）
		新城检查站		林坤松（站长、中校） 陈建群（政委、中校）
		福龙检查站		张　荣（站长、少校） 赵珠福（政委、少校）

综 述

2011年面对错综复杂的国内外经济环境，全区以科学发展为主题，以加快转变经济发展方式为主线，努力促转型、稳增长、提质量，完成全年经济发展主要目标，实现“十二五”规划的良好开局之年。2011年全区工业经济运行的基本特点：宝安区工业经济着力在发展中推动转型，在调整中优化结构，工业经济整体呈现运行平稳良好态势，各项主要经济指标保持稳步增长，为全区经济发展作出积极的贡献。经济总量迈上新台阶，实现稳步增长。2011年，宝安区规模以上工业（以下简称“工业”）总产值首次突破10000亿元大关（含光明新区），达10123.62亿元，占全市工业总产值49.6%，同比增长15.3%，实现工业总产值9110.91亿元（不含光明新区），月平均工业总产值达707.81亿元，同比增长14%，工业经济发展迈上新的台阶；全区完成规模以上工业增加值2011.16亿元（含光明新区），占全市工业增加值的38.5%，同比增长18%，比全市高出5.4个百分点，位居深圳市八区之首，实现工业增加值1766.82亿元（不含光明新区），同比增长16.1%，工业生产保持高位运行。

重点企业发展态势良好，贡献作用有所提升。2011年，面对从紧的货币政策与低迷的市场环境，一批规模大、实力较强的重点企业，积极探索结构调整与转型升级出路，表现出较强的抗风险能力，为全区工业平稳增长做出积极的贡献。871家大中型企业全年完成工业总产值7729.53亿元，同比增长15.3%，比全区工业总产值增长速度快1.3个百分点，其中71家大型企业完成工业总产值5276.41亿元，对全区工业经济增长贡献率达50%，全区产值超10亿的企业达87家，比去年增加10家，产值超100亿元的企业由去年5家增加到今年8家，其中富泰华工业（深圳）有限公司迈进2000亿元产值企业行列。

各类企业多头并举，外资企业贡献较大。宝安区工业企业各种经济类型同步发展，占工业总产值比重较大的港澳台、外商企业实现工业总产值7340.22亿元，同比增长11.9%，占规模以上工业总产值80.6%，对全区工业贡献率达73.3%，拉动全区工业总产值增长8.1个百分点，此外，内资企业也取得不俗的成绩，国有企业和民营企业分别实现工业总产值78.32亿元和1303.93亿元，尽管份额不大，但增长分别达到17.5%和24.9%，比全区工业增长平均水平分别高出3.5和10.9个百分点。

经济效益高开低走，增长幅度逐月收窄。一季度，全区工业企业主营业务收入增幅达38.4%，利润总额增幅达51.1%，均创出今年新高，但进入二季度特别是下半年后，工业经济运行的环境趋于紧缩，企业景气度有所下行，主要指标增长势头下滑明显，全年工业企业完成主营业务收入8505.82亿元，同比增长8.7%，增幅较年初回落29.7个百分点，利润总额259.9亿元，同比下降4.6%，比年初回落55.7个百分点。

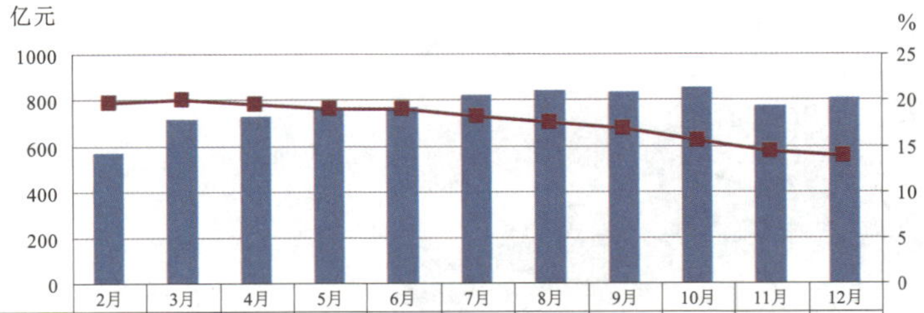

	2月	3月	4月	5月	6月	7月	8月	9月	10月	11月	12月
工业总产值（亿元）	573.13	717.34	733.46	767.29	770.7	821.18	840.51	835.15	852.31	773.9	808.75
工业总产值增长速度（%）	19.8	20	19.6	19.1	19	18.2	17.6	17	15.6	14.5	14

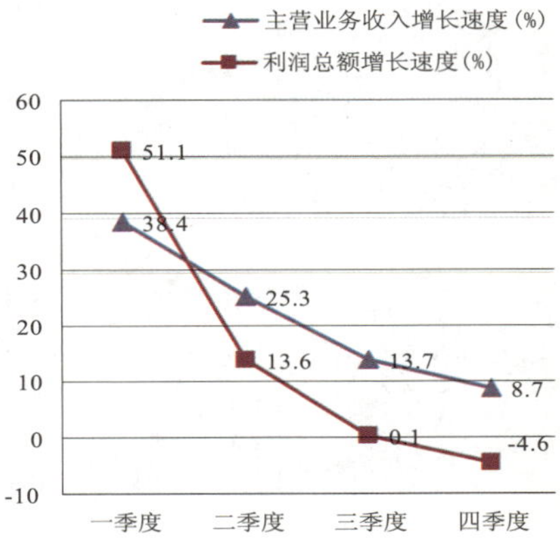

烟草业

【概况】深圳市宝安区烟草专卖局（公司）隶属于深圳市烟草专卖局（公司），单位注册时间为1994年6月，实行“两块牌子、一套班子”。区烟草专卖局共有134名员工，内设机构一室六科（办公室、安全科、财务科、业务科、专卖管理科、法规科、内管科），下设稽查队和客户服务部，承担着宝安卷烟市场专卖管理及网络建设、卷烟销售的职责，集卷烟经营与管理于一体。年内，宝安区共销售卷烟92174箱，实际税利2.46亿元。区局共出动执法人员10000多人次，查获假烟案件360起，捣毁制假窝点2个和仓储窝点15个，缴获假烟1709件，查获大型制假烟机2台，查获假烟运输车辆5台，破获5个制售假网络（其中国标案件2个，市标案件3个），配合公安、司法机关抓获犯罪嫌疑人20人，判处犯罪嫌疑人19人，严厉打击各类涉烟违法犯罪分子的嚣张气焰，有力地稳定了宝安区卷烟市场的正常秩序。此外，区烟草专卖局（公司）与盐田区局（公司）建立“卷烟打假协作机制”。

【市场监管】2011年，宝安区烟草专卖局积极开展迎大运专项整治行动。1～4月，区烟草专卖局加大对学校周边及大运场馆附近的便利店、食杂店等地的检查，着重查处经营者是否在显著位置设置不向未成年人售烟的标志，是否向未成年人售烟，以及查处无烟草专卖许可证和销售假劣卷烟等涉烟违法行为。在检查的同时大力开展烟草专卖相关法律法规宣传活动，通过派发宣传单和警示牌，提高卷烟零售户的诚信守法经营意识，确保零售户在显著位置设置不向未成年人售烟的警示牌。对于警示牌摆放不显眼的零售户，给予教育和督促立即整改；对于警示牌损毁的，立即给予补发。营造出净化卷烟市场的良好氛围，以实际行动保障大运会期间的卷烟市场。此外，区烟草专卖局加强对重点地段、重点市场、重点方向的监控，牢牢把握工作主动权。联合公安、市场监督管理分局等部门多次开展联合执法行动，并建立与区经侦大队、区交通运输局、区交警大队的联合工作制度，加强对辖区主要交通要道的控制，有效地扼制住“假、私、非”卷烟的进出口通道。加强对货运站场的监控力度，分析物流货站经营情况和历史记录，并对托运部实施分类管理，建立监管档案，在物流企业和地段建立情报信息网络，采取以货查车、以车查人、以人查网等办法，从个案向网络案延伸。区烟草专卖局充分利用现有的打假情报网络和情报信息人员，寻求“打假破网”方面的突破，在市局专卖处的大力支持下，经过全体专卖人员的共同努力，此项工作取得重大突破。查处“12·28”、西乡非法运输网络案及“3·4”民治制假网络案，两起国际网络案件的告破，有力打击违法烟贩售假的气焰，维护辖区卷烟市场稳定。区烟草专卖局积极参与地方政府组织的“3·15消费者权益日”等服务、宣传活动，巩固专项整治工作的成果。并通过电视台、报纸等各种新闻媒体宣传《烟草专卖法》、《消费者权益保护法》等法律法规和打假成果。通过强大的宣传攻势，极大震慑一批制假售假分子，有效遏制假冒卷烟在宝安区市场的蔓延。

2011年12月27日，宝安区卷烟打假社区化工作会召开

【证照管理】2011年，宝安区烟草专卖局（公司）本着高度负责的态度和高效便民的原则，严格按照《行政许可法》、《烟草专卖零售许可证管理办法》等法律法规，开展行政许可工作，通过调查、检查、巡查等方式，对已受理的许可证申请实施实地跟踪管理，对屡次违规及情节严重的卷烟零售户取消经营资格，同时对依法取消经营资格、注销的烟草专卖许可证，通过公告栏进行公告。2011年，区烟草专卖局专卖持证零售户数为12316户。11月，区烟草专卖局（公司）成为深圳市烟草行业内管工作法试点单位，成立内管工作法工作领导小组，整合内管相关规章制度。

【卷烟销售】2011年，宝安区烟草专卖局（公司）围绕培育“532”和“461”知名品牌，结合双文明考核要求，制定《宝安公司年度品牌培育发展规划》。开创“星光大道”业务宣传栏，每月定期更新。宣传栏对外向零售客户介绍公司业务工作动态，对内表彰每月优秀片区小组和优秀客户经理，取得良好的效果。全面启动新客户分类管理办法。4月，正式启动新客户分类管理办法，由营销系统根据客户的卷烟销量、结构、品牌培育能力等信息进行自动打分归类，建立统一的零售客户服务体系。

2011年3月4日，宝安区烟草专卖局联合盐田区烟草专卖局成功捣毁一制售假烟网络

【**服务零售终端**】2011年5月，宝安区烟草专卖局正式启用“135”工作法，成立“135”工作法推广工作小组，全面梳理客户服务业务流程和工作规范。在全市范围内率先推行“终端陈列标准”，针对不同终端类型和货架样式，研究设计并实行分层次统一的陈列标准，同时开展面向全区零售终端的陈列竞赛和“诚信宣言”活动，引导零售客户自发承诺诚信经营，实现零售终端自我约束，从而保障卷烟消费者的合法权益。

【**企业文化**】2011年，宝安区烟草专卖局（公司）认真开展纪念中国共产党成立90周年党史知识竞赛、党风廉政法规制度知识竞赛活动，成立“红歌”合唱队，参与深圳烟草行业纪念建党90周年歌咏活动。区烟草专卖局（公司）篮球队参加新安街道“青工文体节”篮球比赛，获得冠军；舞蹈队参加深圳市烟草行业2011年文艺汇演和深圳市第七届外来青工文体节才艺大赛，分别获得二等奖。8月底特美思俱乐部活动场所新址落成；相继举办第三届职工运动会和书画摄影作品展；出版《宝烟理念》、《宝墨香韵》、《心灵窗口》、《宝烟足迹》系列丛书，制作企业文化宣传光碟。

【**社会公益活动**】2011年，宝安区烟草专卖局（公司）到圳美社区看望慰问6户特困单亲家庭，并捐赠米、面、油等一批生活必需品；员工自发组织开展救助地贫儿的帮贫助困献爱心募捐活动，共筹集爱心款项5000元。6月，区烟草专卖局党支部积极开展“扶贫济困，献爱心”募捐活动，全体党员、入党积极分子及员工积极响应，共筹集募捐款项4660元。2011年，区烟草专卖局（公司）被评为2010~2011年度行业“先进党支部”、2011年市直机关工委系统“先进基层党组织”等荣誉称号。区烟草专卖局专卖科科长柯永欣被评为2010~2011年深圳市烟草专卖局（公司）优秀共产党员称号、2010~2011年深圳市委优秀共产党员称号、宝安区“五五普法”先进个人荣誉称号。（陈　兰）

附：2011年宝安区烟草专卖局（公司）领导成员名单

局　长（经　理）：罗求安
副局长（副经理）：杨明雄
韩方远（8月止）
杨　慧（9月起）

盐　业

【**概况**】2011年，宝安盐务分局、盐业分公司突出“食盐安全，放心消费”主题，维护食盐市场秩序稳定，取得经济效益和社会效益双丰收。宝安盐务分局、盐业公司担负着宝安区和光明新区食盐市场监督管理和食盐供应工作。年内，两区盐业经济保持持续增长，实现销售盐产品总量26580.2吨，比计划指标增长18%，两区碘盐覆盖率为96%，居民户抽检合格率为97%，合格碘盐食用率为96%。其中小包装食盐16340.8吨，工业用盐4112吨，食品加工用盐3215吨，品种盐2912.4吨，确保两区食用盐的安全食用和保障供应。

【**盐政执法管理**】2011年，宝安盐务分局加大盐政执法管理力度，确保食盐市场稳定有序。分局领导与科室负责人之间、科室负责人与队员之间层层签订责任书、执法人员承诺书，并实行定人定片包干制度，进一步夯实宝安区食盐市场基础，盐政执法水平也得到进一步提高，对盐业市场的清理整顿常抓不懈。年内，分局联合区相关部门办案6宗，共查处盐业违法案件170宗，没收各类假冒劣质盐产品62.2吨，现场销毁假冒劣质盐产品10.5吨，罚款上缴财政190850元，捣毁地下加工假冒盐窝点5宗，查扣非法运载假冒盐车辆6台次。分局以紧紧围绕“维护专营、净化市场、保障安全”为中心，强化市场监管，确保食盐安全。强化规范促管理，开拓创新求突破，竭力维护和稳定全区盐业市场经营秩序，确保食盐安全，巩固碘缺乏危害防治效果。有效组织宣传，提高安全意识。突出“坚持食用碘盐，享受健康生活”年度宣传主题，认真组织开展“3·15”和“5·15”宣传活动，有效净化宝安区食盐市场。

【**食盐安全供应**】2011年，宝安盐务分局全力打造履行社会职责，坚持做好放心消费工作。把食盐供应工作放在首位，做到质量在先，保障供应，同时不断改善服务，提高营销工作水平，确保食盐放心消费。狠抓产品质量，高度重视食品安全。加强食盐进出库百分之百检测，建立渠道畅通、反应快捷、运作高效的食盐消费诉求处理机制。强化食盐流通现代化建设，实行持续对集体工厂食堂配送工作，同时优化边远区域直配直送，扩大送货覆盖面，增强服务终端市场能力。2011年，全年销售食用盐及工业用盐共26580.2吨，确保两区食盐覆盖率达标和碘盐合格率安全。

【积极处理“三一六”食盐抢购风波】2011年3月初，受日本地震和海啸的影响，沿海部分地区出现群众抢购食盐现象，随即波及深圳市境内。16日晚6时，分局局长谢汉香收到抢购食盐苗头的信息后，第一时间赶赴到盐业公司院内，与此同时盐业公司院内也陆陆续续出现购盐的商户，直到22时，公司院内院外公路两边都挤满前来抢购食盐的商户和车辆，事态有扩大的趋势，为确保全区食盐供应不脱销，社会秩序稳定，立即平息抢购食盐风波，分局采取以下措施：一是及时向区政府分管领导汇报食盐抢购事件进展情况，迅速启动食盐安全应急预案，成立销售、秩序维护宣传、市场监管3个小组；二是对上门购盐的商户实行凭发放号排队限量供应食盐；三是积极向市级公司汇报，及时调运成品盐，缓解库存压力，稳定市场；四是在保证市场供应的同时，加强食盐安全监管，密切关注市场动态，严格执行国家食盐价格政策。17日，分局召开专项工作会议，会议确定要加大市场供应和配送，加强宣传引导，维护市场秩序的具体措施。在盐业公司设立临时指挥部，指挥协调购销工作；协调新安街道应急指挥中心联系交警、辖区工作站等解决盐业公司附近路段堵塞、秩序混乱问题；协调物流企业支持食盐配送；指导盐业公司优先供应大型商场超市等重点零售企业，确保终端供应畅顺。即日，分局电话通知已建档入册的大商场超市和食盐经销企业，通告宝安区食盐储备充裕，协调引导他们与区级盐业公司对接，落实订货和配送，指导各超市积极劝导市民理性购盐，采取隔日提货、送货上门、张贴安民提示等方式，舒缓短期食盐紧张情况。为防止假冒盐趁机倾销，分局迅速组织两队盐政执法人员全面开展市场检查，打击销售假冒伪劣、囤积居奇、哄抬物价等违法行为。由于反应快速，组织严密，保障及时，监管有力，得到人民群众和媒体的充分肯定，成功平息一场食盐抢购事件。

【确保大运安全】8月，为确保在宝安区大运会期间食盐安全和市场稳定，分局组织多次宣传活动，在大运会场馆周边及“涉大”场所集中的重点街道开展一系列的食盐知识宣传活动。对区域食盐经营企业、副食品加工企业逐家进行检查。向接待酒店有关负责人讲解食盐进货渠道、如何辨别真假盐知识以及建立台账，提高自觉把好食盐进货渠道关的意识。对外设立公布食盐举报投诉电话，方便市民群众举报投诉。结合3·15消费者权益日、5·15消除碘缺乏病宣传日和食品安全周等活动，通过现场咨询、印制宣传单张等多种形式的广泛宣传，提高市民购买合格碘盐的意识，自觉抵制和举报不法分子的制假售假行为，形成全社会共同监督食盐安全的健康氛围。大运前期，分局开展多次专项整治大运食盐流通市场行动。按照区委、区政府、区食安办及深圳市盐务局的要求，分局编制《大运会食盐供应安全保障及专项整治工作方案》，并严格执行。联合市盐务局、区级分局及分局两组执法队分片区、分重点，每月开展一至两次专项整治行动，严厉查处违法违规行为，对各类食盐安全隐患开展集中整治。大运会前半年时间内，针对大运场馆、旅游景点、商贸繁华地带、交通枢纽等重点地区，组织开展宾馆酒店、大型商场、零售店档、农贸市场、餐饮场所、娱乐场所以及涉大餐饮服务供应商、食品定点供应企业的食盐安全专项整治。

【食盐储备保障】2011年，为应对重大自然灾害、公共卫生事件或者其他突发市场异常波动，保证食盐的及时有效供应，宝安盐务分局与区贸易工业局签订《宝安区食盐储备合同》，通过与区经济促进局密切联系和积极协调，经过各部门充分的酝酿和调研，确定宝安区食盐储备仓库选址在南山区西丽物流仓，距宝安区交通枢纽便利，且紧靠深圳生产碘盐基地，对盐产品的出入极为方便，储备容量在100吨，能够极大地缓解两区食盐紧急供应。在区经济促进局的指导和帮

2011年5月15日，宝安区盐务分局举办“消除碘缺乏病宣传日”活动

助下，为宝安区食盐储备物资打下坚实基础。

【党内建设管理】2011年，宝安盐务分局内部以党员干部为表率，进一步规范盐政执法行为，提升盐业执法队伍的整体素质和能力，分局坚持走“学习、实践、交流”三结合的方式。加大党员干部和执法人员的培训力度，重点是加强法律知识、执法业务等实践操作的能力，提高盐政人员的执法办案水平。加强绩效考核管理，建立和完善盐业行政管理绩效奖惩机制，把行政管理考核与经济责任考核紧密结合起来，促进提高队伍办事效能。分局（分公司）为激励和调动党员干部的服务态度、工作责任和查案、办案的积极性，转变作风，强化责任，创新工作方式，分局充分的发挥和调动内部党员的工作积极性和主动性，提高员工的整体素质。分局严格执行盐业违法案件党员干部办理问责制度、错案追究制度。　（李永旺）

附：2011年深圳市盐务局宝安分局领导成员名单

局长（经理）：谢汉香

书　　记：李良适

重点企业选介

富士康集团

1988年成立，位于宝安区龙华油松第十工业区，由世界500强企业台湾鸿海精密工业股份有限公司投资，总投资额41.87亿美元，在宝安区共设立企业30家（其中规模以上工业企业16家），分布在宝安区的龙华、西乡、福永、沙井、松岗、观澜街道。主要研发生产精密电气连接器、精密线缆及组配、电脑系统组装、无线通讯关键零组件及组装、光通讯组件、消费性电子、液晶显示设备、半导体设备、合金材料等产品。龙华富士康科技工业园占地1.8平方公里，建筑面积240万平方米，员工人数达20万人。于2002年获深圳市高新技术企业认证。

深圳市宝安外经发展有限公司

1993年成立，总部设在宝安区六区宝前巷46号经发大厦，公司注册资本为人民币2740万元，总资产4.26亿元，系国有独资企业，是宝安区政府委托代理区内“三来一补”企业业务的商务单位，现有员工240人，年利润过亿元，是一家资质优良的“外贸进出口先进单位”，历年公司进出口额在全国百强企业中名列前茅。经营范围：承办宝安区境内对外引进项目的洽谈、咨询、结汇业务、进出口和代理进出口业务、自理报关业务、兴办实业、国内商业和物资供销业。

富士施乐高科技（深圳）有限公司

1995年成立，位于宝安区观澜大和路长青工业区，占地面积21.6万平方米。是由日本“富士施乐株式会社”投资的外资企业，投资总额5900万美元，注册资金3800万美元〔富士施乐株式会社占90%，富士施乐（中国）有限公司占10%〕。经营范围：开发、设计、生产激光打印机、热墨喷射式打印机、光学电子复印机、数字式复印机、数字式复合机（集打印、传真、扫描、复印功能为一体）、暗盒及相关零部件，销售自产产品并提供相应的售后服务。小型激光打印机和暗盒70%外销，其余产品全部外销。2000年被深圳市科技局认定为“深圳市高新技术企业”。

深圳市深国际华南物流有限公司

2000年成立，位于梅观高速公路梅林起点站东侧，距我国最大的陆路口岸皇岗口岸6公里，距盐田港25公里，距蛇口港20公里，具有得天独厚的地理位置优势。为深圳国际控股有限公司的全资子公司，主要负责深圳市政府规划的六大物流园之一龙华物流园区的主体项目——华南国际物流中心的开发、建设和经营。该项目占地面积为62万平方米，总投资16亿元人民币，已连续多年被列为深圳市重大建设项目。公司主要为国内外物流企业提供进口保税仓、出口监管仓、国内普通仓等仓储业务，国际集装箱业务，跨境转关接驳业务，跨境快速通关业务、报关报检业务等。

恩斯迈电子（深圳）有限公司

2000年成立，位于宝安区石岩塘头路塘头社区，是由英属维尔京群岛恩斯迈国际有限公司投资的外资企业，总投资额9180万美元，注册资本5180万美元。主要经营生产电脑主板、显卡、附加卡、系统组装及光电产品。厂房面积20万平方米，员工约1万人。除获得ISO9001国际品质认证、ISO14000国际环境管理系统认证以外，并先后获得深圳市外商投资先进技术企业奖及深圳市宝安区区长品质奖等殊荣。

伟创力电子设备（深圳）有限公司

1994年成立，位于宝安区福永街道同富裕工业区，占地面积5万平方米。是由世界500强企业新加坡伟创力集团公司投资的外资企业，总投资额9023万美元，注册资本3803万美元。公司以加工生产电路板为主，产品涉及数字电视机顶盒、程控电话交换机和通讯产品等。先后获ISO9002、ISO14000和UL&Demko资格认证、TL9000移动电话制造认证。连续多年获全国外商投资双优企业、出口先进技术企业荣誉，是海关客户协调员企业、宝安区纳税大户和出口百强企业。

兴英科技（深圳）有限公司

2002年成立，位于宝安区沙井镇南环路1号，属台湾上市公司——精英电脑股份有限公司在宝安区的线路板及主机板生产基地，注册资金9900万美金，员工约9000余人。本公司为电脑主机板的专业制造厂商（中国前三大主机板生产基地），主要产品为线路板、电脑主机板、电脑适配卡等产品。产品100%外销于欧、美、亚、非各国。以国际品保模式ISO9001为质量标准，并已通过ISO14001环境管理体系认证。

深圳市天鹰速递有限公司

2004年成立，注册资本为1000万，总部位于深圳宝安机场，主要经营公路运输、仓储、国内、国际航空运输、香港进出口、台湾专线及三方物流运输。天鹰人秉承“不断创新、锐意进取”的精神，经过多年的努力，公司已发展成以广东省往返福建省、江浙沪，华北、西南、香港进出口、台湾专线和第三方物流服务为主的物流供应商。公司拥有优厚的运力资源，专业优进的物流信息管理系统，主营的五大特快专线车辆均为当前行业中最为领先的沃尔沃、斯堪尼亚车型，全部使用先进的定位管理系统。现公司总部在深圳宝安后瑞工业区拥有1万多平方米的办公操作场地，员工170人，在广东、福建、香港等地设有直属分公司分拨中心、网点46个，形成全覆盖的现代化物流储运网络，能有效地为客户提供高效、快捷、全方位的现代物流服务。公司在业界享有良好的声誉，曾多次受到深圳市交通局货运分局的表彰。

住友电工电子制品（深圳）有限公司

1994年成立，位于宝安区松岗街道。投资总额6270万美元，是日本住友集团海外最大的FPC专业制造工厂，位列全世界企业500强之一。经营范围：生产电源线、软线路板、电子软排线、电子电线。销售公司自产产品，货物及技术进出口（不含分销），属于海关A类企业。1998年通过ISO9000质量认证，2005年通过ISO14000环境认证。现有员工1万多人。作为深圳宝安区首家由来料加工厂合并为独资的企业，住友电工2011年成功转型后，产品从普通线路板电线升级为高科技新型电子元器件，产业链条从一般加工向研发、设计拓展，销售范围扩大到诺基亚、夏普、索尼爱立信等高技术公司。出口总额比上年同期出口总额增长近4倍。

德昌电机（深圳）有限公司

1982年成立，位于宝安区沙井街道新二工业区。总部位于香港，是一家大型跨国集团公司，在微型电机、电机及驱动产品子系统、人机界面、基础设施控制系统的技术方面处于行业领先地位。服务于许多行业，包括汽车产品、商用设备、楼宇自动化、家用设备、医疗设备、电动工具、光学器械以及工业自动化。德昌电机也是全球最大的驱动子系统及驱动部件供应商之一，其产品专注于汽车及工商应用领域。具有超过10亿台电机及驱动子系统的年产能，产品远销世界30多个国家和地区。1995年，获ISO9002认证。

国土资源管理

【概况】2011年是宝安在特区一体化形势下推进跨越式发展的关键之年，市规划和国土资源委员会宝安管理局始终坚持以履行职责和服务辖区为中心，以建设宝安"两区一中心"为目标，以提升城市发展质量为抓手，强力推进规划土地管理，各项工作均取得良好成效。4月，荣获"全国国土资源管理系统推进依法行政先进单位"称号。

【部门设置】2011年，宝安管理局公务员编制116名（其中，局领导职数为一正三副），工勤编制6名。宝安管理局内设办公室、监察效能科、法制与执法监察科、规划设计科、市政交通科、土地整备科、土地利用科、地政地籍科、地质环境科、建筑设计科、城市更新科、房地产业科、基层服务科13个科室，代管区土地房产事务中心、市土地储备中心宝安分中心。2011年，宝安管理局完成机构职能优化调整，拟定业务流程151项，优化办文办事程序，全年受理各类来文7442份，按时办结率100%。

【规划编制与实施】2011年，宝安管理局积极开展法定图则编制，已批和在编的65片法定图则已基本覆盖全区可建设用地，其中：16片已签发，21片经图则委审批通过，28片在编。启动《大空港地区综合规划》编制，完成《西部沿海地区空间发展策略研究》、《大浪服装基地城市发展单元规划》等重点区域规划。完善市政一张图，编制《西部工业组团与东莞道路交通衔接规划》、《宝安区再生水系统管网详细规划》、《各街道消防规划》等。宝安管理局细化《深圳北站周边地区规划实施方案》，制订北站周边地区2011～2012年度项目实施计划，27个项目在大运会前顺利完工。制定《民治片区一体化先行示范区建设工作方案》，进一步明确片区建设项目的开发时序。年内，共核发《建设项目选址意见书》53份、用地方案图171份、《建设用地规划许可证》94份、《建设工程规划许可证》137份。

【城市设计】2011年，宝安管理局深化完善中心区滨海片区、碧海片区城市设计，为宝安中心区的高水平建设提供规划依据。深化三维仿真系统，完成约300栋单体建筑精细建模。

【土地利用】2011年，宝安共出让土地49宗，面积120.4公顷。长安标致、燕川污水处理厂、石岩医院扩建工程等一批重大项目和市政基础设施、公共服务设施顺利落地。其中，出让保障性住房用地11宗，面积40.87公顷，新增筹建保障性住房20000套，新开工30000套，完成市、区下达的任务。

【土地管理与整备】2011年，宝安管理局探索土地整合利用模式，启动地铁4号线上塘轨道公交接驳总站上盖保障房试点。配合完成生态线优化调整，涉及地块230宗，面积1260.78公顷，同时以黄麻布社区为试点，开展整村位于生态线内的社区经济转型发展研究。制定《宝安区土地整备工作方案》，提出五年整备31个地块37平方公里土地的计划，目前已经完成约5.3平方公里的任务。进一步理顺征地拆迁程序，签订征地拆迁补偿协议书40份，补偿土地面积约180万平方米，拆迁永久性建筑物约30万平方米，深圳北站，龙华污水处理厂，地铁1、4、5号线等项目顺利开工建设。

【闲置地】2011年，宝安管理局加强用地批后监管力度。全年共处置闲置地49宗，约145.6万平方米。核发"两规"处理决定书约1900份，地价和罚款收入约1.76亿元。积极配合开展土地例行督察迎检和整改工作，代区政府拟定《宝安区土地例行督察整改工作方案》和《宝安区土地例行督察整改工作报告》。

【土地台账】2011年，宝安管理局继续以原行政村为单位，建立完成80个原农村土地台账，做到"图、表、实地一致"。

【城市更新】2011年，宝安管理局制定《功能改变类城市更新项目审批工作流程》，进一步规范审批程序。编制《宝安区城市更新专项规划》，明确宝安区未来五年城市更新总体规模、重点区域、更新时序、更新项目库、更新策略等。完成民治民乐旧村等7个项目的土地使用权出让手续，其中沙井新沙旧城改造项目、沙井商业中心项目（二期）、宝城22区（一期）已开工建设。完成沙浦工业区片区、龙华清湖新业、西乡流塘工业区等20个改造项目的专项规划审查，以及62个更新单元计划项目的审查。

【房地产市场】2011年，宝安管理局认真落实房地产市场调控措施，制定切合宝安实际的房价控制方案，引导房地产开发企业合理定价。开展存量商品房用地调查，督促已批未建用地开发建设，保障市场供应。对35个在售商品房项目、128个售前项目、部分涉嫌违法违规的经纪机构等进行监督检查和相应的处理。全年共批准预售商品房项目25个，批准预售商品房面积约156万平方米，同比上升4.4%。成交各类商品房11804套，同比上升2.6%，成交面积约95.7万平方米，同比下降4.3%。新建商品住宅成交10937套，成交面积约90.3万平方米，同比下降2.5%；成交均价为17804元/平方米，同比下降10.7%。

【资源环境】2011年，宝安管理局加大矿产资源管理力度，制定《宝安区“迎大运”采石取土场扬尘和噪声污染控制工作方案》，开展全区采石取土场的摸底调查，确保大运期间辖区道路、施工现场及周边区域干净整洁。强化采石场管理，积极推动已关停的采石场整治复绿，跟踪监管梅林孤山、芙蓉尾山及宝达石场等场平整治和复绿工程。组织对辖区持证开采矿泉水的企业进行年检，督促企业加强动态监测和定期检测，做好矿泉水水源保护。出台《宝安区地质灾害责任认定暂行办法》，起草《宝安区地质灾害治理工程管理暂行办法》，发动全区150余个社区工作站参与防治，形成自上而下的防治体系，使各项地质灾害防治工作得以有效落实。全年完成52个地质灾害治理工程，确定231个汛期预防点，其中63个重点防控点，组织地质灾害应急评价28次。

【基层服务】2011年，宝安管理局加大对辖区欠发达地区扶持力度，开展由12个党支部、3个工作站对口联系15个社区的“支部挂点社区”活动，切实帮助基层解决实际困难。全年下社区实地走访100余次，收集涉及规划、国土、房产等诉求136项，并全部进行反馈、答疑，基层走访活动受到社区、企业的广泛好评。

【信访维稳】2011年，宝安管理局制定《重大矛盾纠纷化解处置联动工作实施方案》等，建立信访维稳形势月度分析研判制度，完善信访周报和季度例会制度，健全矛盾纠纷排除化解体系，强化日常信访管理工作。全年共接待群众来访131批296人次。对市规划国土委系统涉及宝安的重点信访案件结案率达60%，化解历史积案22宗。（曾　伟）

附：2011年深圳市规划和国土资源委员会宝安管理局领导成员名单

局长、党总支书记：罗志辉
副　局　长：郭清栗（3月止）
姚早兴（3月起）
周　辉　郑镜荣

处理历史遗留违法私房及生产经营性违法建筑

【“两规”处理工作】2011年，宝安区历史遗留违法私房及生产经营性违法建筑处理工作和农村城市化历史遗留违法建筑信息普查工作取得较好成绩，“两规”处理超额完成区政府下达的收益任务，信息普查在圆满完成各项工作任务后顺利结束。共核发“两规”处理决定书1903份，完成“两规”处理收益任务1.73亿元。至此，全区累计核发“两规”处理决定书51340份（历史遗留违法私房46105份，历史遗留生产经营性违法建筑5235份），地价及罚款收入17.4亿元（地价10.9亿元，罚款6.5亿元）。主要工作措施有：分解落实并超额完成2011年“两规”处理收益任务。2011年，宝安区政府下达1.5亿元“两规”处理收益任务，区处理办将2011年的收益任务分配下达到各街道，并将任务的完成情况继续列入街道党政领导班子工作实绩考核；组织召开区例会和区处理办工作例会，解决工作中遇到的重要问题；“两规”处理档案整理归档工作稳步推进。“两规”处理档案整理归档工作是2011年重要工作之一。截至年底，档案整理公司已经接收、整理和扫描“两规”档案14万份，并对2006年以前保存在宝安管理局的9500份“两规”处理档案进行复印并完成整理、入库工作；加快工作进度，确保办文质量。区处理办专门下发通知，要求各街道处理办采取积极有效措施，确保全面完成“两规”处理收益任务，并把好办文质量关，对进入工作流程的处理件，严格按照工作程序进行审批，加强权属公示，对公示期间群众的意见要给予高度的重视和落实；要求各街道处理办在街道处理领导小组的领导下，协调各相关部门，加强对部门审查项目的管理，严格审查在建时间，防止1999年3月5日以后的建设项目进入“两规”处理程序；检查2010年“两规”处理收入返还工作。“两规”处理收入返还社区是区处理办每年的例行工作。3月，区处理办、区监察局、区财政局联合对各街道“两规”处理收入返还社区工作进行检查，大部分街道办已按时、按比例划拨各社区应得分成资金，少数街道经催促后也按额划拨分成款；积极推动理顺“两规”处理工作的管理关系。根据市、区政府的工作部署和市、区编办的文件精神，区处理办已经着手进行相关工作，对口交接工作正在进行之中。

【信息普查工作】宝安区农村城市化历史遗留违法建筑信息普查工作2010年在全面完成各项任务并以全市第一名的成绩通过市查违办的检查验收后顺利结束。2011年，区普查办着重解决普查遗留问题，一是对申报并录入电脑系统的少量空地报市查违办进行删除；二是对少数建筑物申报后现状发生改变的情况进行核查；三是妥善安置工作人员，在普查工作结束、区和街道普查办撤销后，参加普查的工作人员转入“两规”处理，为今后的农村城市化历史遗留违法建筑处理工作保留一批宝贵的人力资源。（蔡立恭）

附：2011年宝安区处理历史遗留违法私房及生产经营性违法建筑领导小组办公室领导成员名单

主　　任：罗志辉

常务副主任：陈昌成

副 主 任：陈才苏　夏　雷　覃敬腾　毛伍元　张　宏　丁国定　梁锦棠　吴志峰

2011年宝安区农村城市化历史遗留违法建筑信息普查工作办公室领导成员名单

主　　任：罗志辉

常务副主任：陈昌成

副 主 任：陈才苏　陈志华　梁锦棠　郑广翔　毛伍元　张　宏　丁国定　吴志峰

城市规划

【概况】深圳市宝安规划设计院（下称“宝规院”）是具有城市规划编制甲级、市政行业（道路工程）专业甲级、市政行业（给水工程、排水工程、桥隧工程）专业乙级、建筑行业（建筑工程）乙级、风景园林工程设计专项乙级等设计资质的综合设计院，是宝安区政府直属的事业单位。目前员工百余人，专业技术人员80多人。年内，宝规院承担43个设计项目，完成35项，实现年度生产目标。

【项目设计】2011年，宝安规划设计院制定城市规划设计20余项：《宝安区德政路—浪花路交通详细规划》、《宝安区龙华街道工业路（龙观路—清富路）道路交通规划》、《石岩片区交通环境提升与综合改善规划》、《宝安区新安27区城市更新专项规划》、《深圳市宝安区南头关口片区旧城改造专项规划》、《兴围社区发展规划》、《宝安区工业遗产保护调查》、《深圳双港总部经济带前期策划研究、深圳双港总部经济带远景发展蓝图展望》、《宝安区福永北—沙井南高新技术产业园区产业发展规划》、《大浪街道高峰社区天诚更新单元规划》、《沙井万丰白足山、丽晶豪庭抢建项目规划整治研究》、《上市公司总部及研发中心园区（新安第一工业区）城市更新单元规划编制》、《宝安区战略性新兴产业园区空间布局规划研究》、《尖岗山新兴产业园规划研究》、《宝安25区二期城市更新单元规划》、《深圳机场开发区西区现状市政管线支撑能力分析专题报告》、《A904-0270宗地周边交通、市政配套设施规划研究》、《A924-0164宗地周边交通、市政配套设施规划研究》、《A933-0731宗地周边交通、市政配套设施规划研究》、《A934-0579宗地周边交通、市政配套设施规划研究》、《观澜北部片区供水保障规划方案》、《宝安区近期供水管网互联互通规划》、《宝安区旧村内涝状况调研》；市政工程设计10余项：《宝安区观澜街道社区给水管网改造工程（二期）》、《观澜街道库坑社区给水管网改造工程》、《观澜老茜坑水厂外围局部排水工程》、《誉名别苑A012-0085和A012-0091宗地市政路口开通设计》、《创业路（松白路—东方大道）改造工程》、《宝安区市政及社区供水现状调查》、《宝安区观澜街道社区给水管网改造工程（三期）》、《宝安区城市和社区绿道建设工程（西片区）设计》、《宝安中心区a27路（兴业路至江湾大道段）设计》、《公明、光明社区市政道路消火栓改造完善工程设计》、《观澜街道办给水加压泵站新增加的13号路给水管工程》；建筑与环境工程设计5项：《宝安中心区新建临时围墙及已建围墙美化工程》、《中心城龙平西路景观提升工程设计》、《保障性住房房屋设备小维修设计项目》、《深圳市宝安中心区01-05-10地块临时绿化工程》、《深圳市港逸豪庭及裕安花园保障住房整修工程设计》。

【制度建设】2011年，宝安规划设计院在新的薪酬体系的带动下，陆续出台一系列新的规章制度，起草《职位说明书》、《绩效管理制度》、《员工手册》等企业规范，通过进一步完善各项管理制度的建设，逐步提高管理的执行力和约束力，不断强化制度管理和企业文化的建立，使宝规院的管理更加合理规范，全面提高员工的工作态度和工作能力，促进各项工作的有序开展。

【技术质量】宝规院管理团队始终把产品质量摆放在第一位，在设计中坚定不移地贯彻质量管理体系，坚持发挥技术骨干在产品质量控制中的重要作用，把设计工作的重心放在提高设计产品质量和技术服务水平上。2011年，通过召开项目质量剖析会、全院质量工作会，不断查找总结质量管理工作中存在的问题与不足，提升设计产品质量和水平。组织参加学术交流会，开展实地考察交流，开阔技术人员视野，提升技术素质。（朱锦娜）

附：2011年深圳市宝安规划设计院领导成员名单

单位法人：张智光

土地储备开发

【概况】2011年，中心围绕区委区政府发展战略，根据年初工作计划，在全体工作人员的努力下，积极开展土地开发及整备工作，狠抓工程项目和危险边坡治理等前期工作，大力推进新开及续建项目工程进度，截至12月底，完成各项工程费用约2.96亿元，且全部在建工地未发生安全生产事故，取得土地开发建设及土地整备工作新的成绩；内部管理方面，开展岗位设置、素质培训和形势与任务教育等一系列内部管理工作，开展中心成立十周年工作总结活动，总结经验，坚定了工作再上新台阶的信心。

【**土地整备**】2011年，宝安区土地整备工作主要包括：开展西部沿江新城土地整备前期工作；完成土地整备工程（一期）的可行性研究报告编制及方案设计；对石岩上屋等地块土地整备完成现场测量、谈判等前期工作，并已按区政府统一布置将前期工作成果移交相关街道办实施；特事特办，积极完善相关市政配套设施，助力大企业落户宝安，开展以下服务企业的土地整备工作：长安汽车（观澜）生产基地配套工程。包括生产基地场平工程、围墙及护坡工程、保障性住房场平等三个项目。长安标致汽车（观澜）合资项目被列为市重大项目，在时间紧、任务重的情况下仅用1个月的时间完成各项前期工作。场平工程和保障性住房场平项目已按照要求已基本完成，护坡及围墙工程、保障性住房场平工程均已完成施工招标工作，施工单位已进场施工；福永福园二路以西发展备用地平整工程。为支持企业可持续发展，已完成中集集团的福永生产基地的场地平整工作；助力大运会，积极配合相关部门开展相关工作。在大运会召开前夕，积极配合区城管办、新安街道办等单位，完成尖岗山隔音屏临时工棚拆除、实验学校周边广场绿化、中心区场馆周边环境整治与提升等应急工作。

【**市政工程**】2011年，宝安区新开工和续建工程项目约20余项，新开工程11项。具体情况如下：新开工项目方面，海天路下沉改造工程，长安标致汽车（观澜）生产基地场平和护坡及围墙工程，观澜长安汽车保障性住房场平工程，文卫路、文教路等市政工程，宝安中学新高中部周边，湖滨西路、新安西路、裕安西路路面交通及绿化工程等前期工作顺利完成，目前各项目进展顺利。同时，完成尖岗山居住区市政配套等一批项目前期设计工作。在建市政工程方面。海堤工程，完成竣工验收，正在办理规划、环保验收及工程结算工作；中心区市政道路，包括新安六路、国丰路、湖滨西路、新安西路等市政道路和几条路的绿化和交通工程。完成新安西路道路工程，罗田路、甲岸西路、裕安西路道路绿化。完成兴华路西段、裕安西路、甲岸西路等市政道路的移交；碧海片区市政工程，包括续建的碧湾路、西乡碧海17、19号路，完成西乡碧海19号路道路工程；完成广深高速路口处尖岗山隔音屏及观澜横坑水库片区3条路的验收等工作。民生工程方面。为配合作为2011年区民生事件实事之一的区慢性病院年底投入使用，中心突破常规施工秩序，在年底前完成文卫路给水、电力分项工程，确保该院正常通水通电。工程进度协调工作方面。积极协调相关工程所在的街道办等部门，及时解决影响工程正常进行的征地拆迁等方面的问题，包括文卫路、文教路、长安汽车（观澜）生产基地用地的护坡、围墙工程及安居房场平工程等重点工程。

【**地质灾害治理**】2011年，宝安区中心危险边坡治理前期工作达82个。为积极推进该工作进度，开拓性地制定《地质灾害治理工程前期工作指引》，规范地质灾害治理前期工作程序，提高工作效率。

【**内部管理**】2011年，宝安区土地储备开发中心在完成对外联络对内协调、人事管理、文秘、宣传、财务计划落实及审计、工程结算、素质教育等日常工作的基础上，开展以下工作：按照区人事部门的要求，开展岗位设置工作。拟定各岗位的岗位任务书、任职条件及各类各级岗位聘任工作等系列文件及上报工作；完成办公室的搬迁、调整和完善工作；开展中心成立10年工作总结，增强队伍的凝聚力和工作再上新台阶的信心；适时开展宣传信息工作，在《宝安日报》刊发反映中心工作及成效稿件5次，宣传信息工作有所突破；积极应对新闻媒体，解决群众信访投诉，有效化解了社会矛盾。及时协调宣传部门，较好地处理国丰路施工对新安中学围墙变形的影响而引起的媒体关注；及时妥当地解决新安六路、碧海17号路等多条在建项目周边群众的信访、投诉问题。（张　群）

附：2011年宝安区土地储备开发中心领导名单

主　任：徐　亮

市政工程建设

【**概况**】2011年，宝安区建筑工务局扎实工作，确保宝安体育场、宝安中心区高级中学等一批大运、民生项目如期交付使用或按期开工建设，为成功举办大运会，为宝安区民生建设做出应有的贡献。截至年底，该局年内负责的政府投资工程项目中，按期完工或如期交付使用的10项，正在快速推进的6项；完成工程结算的7项，完成工程审计的8项；完成前期工作的8项，前期工作正抓紧进行的5项；年内，完成施工招标和政府采购招标10项，标底价10亿元，定标价8.8亿元，降低工程造价1.2亿元，平均降幅为12%；签订各类工程合同34份，合同价8.96亿元。全年累计完成工程投资8亿元。

【**政府工程建设**】2011年，宝安区10项工程如期交付使用。宝安体育场如期完工交付使用，并成功举办13场大运会足球比赛，中国女足在此获得冠军，被誉为中国足球的福地，现已成为深圳西部又一亮丽的城市风景线。宝安中心区高级中学、坪洲初级中学、坪洲片区小学、宝安中学新高中部设二期工程、宝安区青少年业余体校的建成交付使用，兑现政府承诺，是一项惠及广大市民，造福子孙后代的民生工程；宝安区救助站工程竣工投入使用，使受助人员享受到政府更加温暖的关爱；宝安区慢性病防治院（新院）工程交付使用，将极大地促进宝安区医疗卫生事业的发展；新湖路市政工程完工交付使用，打通周边交通瓶颈；宝安中心区图书馆基坑支护及桩基础工程按期完工，为主体工程如期完工争取时间。6项在建工程正在快速推进。松福路市政工程2011年累计完成投资3.51亿元，连续3年超额完成年度投资计划；宝安区预防医学（卫生监督所）综合大楼工程正在进行软基处理工程施工；宝安中心区图书馆主体工程于11月11日举办工程开工仪式，目前正在进行地下室工程施工；宝安职业技术学校新校区工程已完成场地平整施工，正准备进行桩基工程施工；宝安区市民素质教育学校工程已于2011年12月20日举办开工仪式，正在办理工程报建手续和准备搭设施工临时设施；区妇幼保健院（新院）大楼工程于12月31日举办开工仪式，正在办理工程报建手续。5项前期项目正在抓紧推进。全年13个前期项目（以标段计）中，已移交建设8项，其余5个前期项目正抓紧推进：宝安中心区青少年宫正在进行图纸审查、预算编制以及监理招标的准备工作；宝安区灵芝公共民防工程正由项目单位申报概算调整；观澜版画艺术博物馆工程大部分前期工作均已完成，正在整理相关资料，准备将工程移交龙华新区组织实施；兴华幼儿园校舍安全工程已完成施工招标；塘边路工程正在开展项目立项工作；宝安规划展厅项目虽未移交，但该局也已提前介入。

【**深化工程管理**】2011年，宝安区建筑工务局继续深化工程管理。项目前期工作方面：提前介入项目单位的前期工作，为项目单位提出合理化建议。每个项目均派出技术人员在方案设计、初步设计和施工图设计各阶段，增加项目概算编制的介入深度，为项目单位提出合理化意见和建议，协助项目单位提高项目前期工作质量，减少设计错漏，为施工招标和施工阶段快速推进打基础。同步作业，交叉并行，前期工作进一步提速。强制审查和设计咨询同步、预算编制与复核同步、预算编制与招标文件的编制同步，交叉并行开展前期工作，前期工作进一步提速。深化施工图和工程预算二次评审，前期工作质量进一步提高。对施工图进行专家评审，落实专业工程的深化设计，将设计的错、漏等问题尽量在前期阶段解决，从源头上把好设计质量关，尽量减少设计变更对施工的影响；工程预算进行二次评审，减少错计、漏计的情况，提高工程预算和工程量清单的准确性，尽量减少施工过程中的合同纠纷。工程建设合同的严密性和可操作性进一步提高。针对不同的项目特点，有针对性地对监理、施工合同范本进行及时修改和调整，尤其是施工合同中有关变更价款、材料调差、违约责任、安全文明等条款，增加材料设备从厂商、订货到进场等方面控制条款，增加设备材料技术要求和选用品牌的管理力度，部分重大项目还在合同文件中设置工程质量奖罚条款。施工现场管理方面：按照“工程质量要从过得去向过得硬转变”的高标准、严要求，认真履行建设单位质量管理责任，调动设计、施工、监理单位的主动性和积极性，获得的各类工程奖项显著增加。宝安体育场钢结构工程和索膜结构工程均获广东钢结构工程金奖“粤钢奖”；宝安体育场工程获“广东省科技推广示范工程”称号，并通过“深圳市优质工程奖”初评；宝源路（铜鼓路—固戍开发区）市政工程获“2011年度深圳市优质工程奖”。

【**企业脱钩划转**】2011年，宝安区建筑工务局所属企业的部分员工为企业脱钩划转累计上访95次，经过各方的不懈努力，12月2日，国全公司和全发公司的产权无偿划归区投资管理公司，该局企业脱钩划转工作基本完成。（杨兰友　许流飞）

附：2011年宝安区建筑工务局领导成员名单

局　　长：陈　健
副 局 长：岑伟芳　郭　军
总工程师：冯　强

公共物业管理

住房保障工作

【**保障性住房任务落实**】2011年，宝安区住宅局在保障性安居工程建设中认真落实市保障性安居工程建设指挥部的工作部署，积极创造条件，加快保障房建设进度。在区发改、财政、建设、规土等职能部门及各街道的共同努力下，借鉴市住房建设局在龙华扩展区保障性住房项目的做法，通过代建总承包的方式推动政府直接投资建设的西乡2个地块项目、石岩2个地块项目、观澜2个地块项目和民治1个地块项目共7个保障性住房项目6581套住房在9月29日前全面动工。同时通过政府物业改造、旧改配建等形式开工建设住房2061套，2011年合计新开工建设住房8642套。此外，该局还通过社会合作等多种方式，加大房源筹措的力度，新增筹集保障性住房23个项目共13785套。不但超额完成市政府下达的工作任务，同时也不折不扣地履行2011年区十大民生实事中关于保障性安居工程建设方面“新开工建设保障性住房4100套”的承诺，市保障性安居工程建设指挥部对宝安区的工作给予充分肯定。

【**加快保障房建设进度**】2011年，宝安区住宅局加强部门协调，积极推进现有9个政府投资保障房项目和7个旧改配建项目的建设进度。坪洲新村二期建设住房1026套，坪洲新村二期一、二组团地下室主体结构全部完成；8号楼、9号楼完成17层楼板混凝土浇筑，14号楼完成16层楼板混凝土浇筑，10号楼完成8层楼板混凝土浇筑，其余塔楼施工至3层楼板以上。坪洲新村三期建设住房933套，目前已完成基础工程施工；项目投资概算通过审批；主体工程预算编制完成，主体工程施工招标准备工作基本完成。2011年新开工的7个保障性住房项

2011年6月25日，宝安区西乡、石岩等地块的保障性安居工程项目按计划开工

目也办理用地规划许可证、建设工程规划许可证、施工许可证和土地使用权出让合同书等“三证一书”，正在进行基坑支护和土方工程施工。2011年的7个旧改配建项目，包括观澜田背旧村改造项目、民治牛栏前旧村改造项目、新安上合旧村改造项目、宝城26区一期项目、西乡劳动旧村改造项目、沙井新沙旧城改造项目、民治民乐村改造项目均进展顺利。其中宝城26区一期项目已施工至主体部分；西乡劳动旧村改造项目已完成内部装修，正在进行外墙工程、绿化环境工程，今年内可移交分配使用。

【历史遗留征收违法统建楼试点工作】 2011年，宝安区住宅局开展依法处理和征收历史遗留违法统建楼试点工作，在松岗中闽花园处理征收统建楼564套，总投资2.87亿元，在区各个部门的支持配合下，征收工作已基本完成。

【保障性住房建设廉洁高效共建活动】 2011年，宝安区住宅局扎实推进住房保障领域的廉政建设，加强与区纪委监察部门的联系，主动接受指导和监督。9月5日，该局与区检察院启动保障性安居工程廉洁高效共建活动。通过安居工程廉洁高效共建活动，探索从源头上治理腐败的方式方法，强化对保障性安居工程建设领域从业人员的教育、监督和管理，区检察院、区住宅局与参与保障性安居工程建设的相关单位签订三方廉政责任书，提高各方的廉洁意识和责任意识。宝安区的做法得到市政府副秘书长、市保障性安居工程建设领导小组的肯定，要求各区借鉴参考。

【廉租住房货币配租】 2011年，宝安区委区政府十分关心困难家庭的住房问题，应保尽保，并把“提高廉租住房货币配租补贴标准，与原特区内保持一致”作为2011年宝安区“十大民生实事”的一项内容，将廉租住房货币配租的标准从每人每月189元提高到310元，从而使全区189户家庭共492人直接受惠。按照新标准，全年发放廉租住房货币补贴173万元。

物业行业管理工作

【物业管理进社区】 2011年，宝安区住宅局加强社区物业管理各项补助资金审核发放，严格监督补助资金的使用，确保补助资金及时划拨到位，年内，共审核各项财政补助资金申请2.23亿元（包括整治补助0.87亿元，管理费补助1.36亿元）。聘请专业顾问公司，对实施物业管理的“村改居”小区逐一进行检查辅导，采取派专人到街道办驻点的方式，重点加强示范小区和后进小区的顾问指导，提高社区物业管理的规范化、专业化程度。对管理不规范、整治不到位、小区环境差、考核不达标的社区，采取暂缓划拨补助经费等手段，督促物业公司将公配设施整治和管理服务工作落到实处。

【物业行业管理工作】 2011年，宝安区住宅局初审物业管理企业资质申请61家（含社区自建企业21家）；指导成立业主委员会12个，完成业委会换届18个；组织“区优”考评，共评出

2011年9月5日，宝安区保障性安居工程廉洁高效共建活动动员大会召开，区住宅局、区检察院与参与宝安区保障房建设的相关单位负责人签订廉政责任书

区优项目11个，推荐的4个项目获评市优（其中“村改居”项目1个）；对两家管理不善的物业管理企业及时报请市主管部门依法依规作出处理。

【政府物业资产管理】2011年，宝安区住宅局完成区直机关事业单位政府物业6处共17526平方米的产权移交，9处共20673.15平方米的实物移交，完成12个商住小区38处共23946平方米的小区公配设施实物移交。解决7家区直机关单位办公用房问题。新签租赁合同207份，合同面积51427平方米，实现政府物业收入6011万元，上缴财政5336万元，完成全年任务的158.2%，确保国有资产保值增值。

【物业维修基金追缴和使用监管】2011年，宝安区住宅及追缴物业专项维修资金867万元，全区物业专项维修资金账总额达4.45亿元，超额完成市主管部门下达的700万元年度追缴工作任务。在充分尊重客观事实、尊重历史的基础上，将追缴项目分为已完成规定动作、追缴进行中、确无法追缴到位、其他四种类型进行梳理汇总，并分别采取针对性措施，确保追缴工作到位。积极开展“两金合一”工作，目前有5家物业公司完成日常维修资金交存工作，有58个物业项目完成物业区域注册登记工作。

安全生产和信访维稳工作

【落实安全生产“一岗双责”】2011年，宝安区住宅局在安全生产工作中加强组织领导，层层落实“一岗双责”，定人、定岗、定职、定责，制订和实施各项应急预案，确保辖区建筑工地、政府物业、公产房、公共租赁住房和物业管理行业未发生一宗安全责任事故。组织对经营性政府物业进行全面清查，建立安全生产管理档案，根据物业安全生产状况实行红、黄、绿三级分级管理。

【小区信访维稳工作】2011年，宝安区住宅局协调相关职能部门和各街道办调处物业管理、维修基金管理、住房保障、政府物业管理等方面的矛盾纠纷165宗，调处率100%，全年未发生1宗赴京、赴省的信访案件。较好解决大运期间金泓凯旋城、幸福海岸等小区信访维稳问题，确保大运期间的和谐稳定。（孙善文）

附：2011年宝安区住宅局（公共物业管理局）领导成员名单

局　长：任庆文（4月止）

何奕飞（4月起）

副局长：庄礼衍　骆石平

房地产交易与管理

2011年，宝安管理局认真落实房地产市场调控措施，制定切合宝安实际的房价控制方案，引导房地产开发企业合理定价。开展存量商品房用地调查，督促已批未建用地开发建设，保障市场供应。对35个在售商品房项目、128个售前项目、部分涉嫌违法违规的经纪机构等进行监督检查和相应的处理。全年共批准预售商品房项目25个，批准预售商品房面积约156万平方米，同比上升4.4%。成交各类商品房11804套，同比上升2.6%，成交面积约95.7万平方米，同比下降4.3%。新建商品住宅成交10937套，成交面积约90.3万平方米，同比下降2.5%；成交均价为17804元/平方米，同比下跌10.7%。

城市管理

【市容环境提升行动】2011年，宝安区城管局先后在各街道及宝安中心区、广深高速宝安段、深圳北站周边等重要节点和片区，启动20条道路2452栋建筑的立面刷新行动，刷新道路总里程76.3公里，刷新总面积467.5万平方米。

【重大工程建设】2011年，宝安区城管局完成中心区周边建筑灯光景观工程、宝安体育馆周边道路环境提升工程、游泳馆西北侧绿地环境提升工程、新湖路（罗田路至创业一路段）环境提升工程、宝安机场及深圳北站周边环境提升工程，广深高速公路鹤洲出口立交转盘绿化升级改造工程、中心区都市绿环（一期）、大运花卉布置工程、新安广场、灵芝公园、新安公园等84个新建和提升改造公园工程和全区增种大树及黄土裸露整治等动感绿都营造工程全面完成。

【城市日常管理】2011年，宝安区城管局完成各街道接管社区清扫保洁工作，增加保洁人员和环卫设施，提高清扫频次，将宝安区道路清扫保洁单价从原来的3.24元/平方米·年提高至6.48元/平方米·年，并将在3年内实现清扫保洁投入与原特区内接轨。全区清扫保洁作业人员路面见员率有较大提高。在全区所有垃圾运输车辆上统一安装GPS定位装置并纳入数字化城管平台实时监控，促进垃圾运输车辆规范有序运行。宝安区连续4年捧得市“鹏城环卫杯”，并被市环提办评为“市容环境提升行动先进单位”。结合宝安区的气候特点和植物的多样性，按照生态、有特色的原则，在绿化档次、优化植物搭配方面加强研究，形成一批园林景观亮点，绿化覆盖率达到46.27%，人均公共绿地面积达到12.18平方米/人。投入8751.28万元在大运体育场馆周边、各街道中心区等重点区域和路段种植香樟、盆架子等特色树种8839棵。建成区域绿道84.1公里。积极开展全民绿化活动，组织2760人参与义务植树绿化活动，共植树15850棵，绿化面积16.76万平方米；2011年，宝安区充分利用公园改造提升的时机，在公园的文化品位、主题特色方面做文章，通过完善设施、强化管理、挖掘内涵等措施，打造一批兼具休闲观光娱乐教育等功能的特色公园，成功举办第六届公园文化节；2011年，宝安区在垃圾处理方面通过对进入老虎坑环境园的垃圾进行监控和规范填埋作业，确保园区运行安全，顺利完成全区垃圾消纳处理。同时，制定并实施新的监管考核办法，对园区内主要运营单位加强监督；建立并完善园区环境监测体系，监管工作朝日常化、科学化、规范化方向迈出实质性的重要一步。全年共处理垃圾159.73万吨，实现100%无害化处理，生活垃圾资源化利用率达到27.10%。宝城大型垃圾转运站和老虎坑垃圾卫生填埋场二期工程——西区工程建设进展顺利。年内，宝安区建立路灯智能化控制系统，在宝安大道机场隧道、兴华一路、创业西路、铁岗路、宝华路、湖滨东路以及中心区新建路段启动LED路灯光源应用工作，全区路灯亮灯率平均达到98.6%，设施完好率达到98.2%；2011年，宝安区爱卫工作把握“四害”防控这一主线，继续巩固和推进卫生村创建工作，10个街道顺利通过省级国家卫生城市（镇）明检和国家卫生城市复查，成功创建7个广东省卫生村、2个深圳市卫生村，超额完成年内任务。对宝安区大运场馆及签约酒店周边2公里范围开展病媒消杀和安装“四防”设施，“四害”密度明显下降；全方位加强渣土管理工作，强化对各类渣土受纳场所的管理，对巡查中发现的无主渣土做到发现一起、清理一起。

【“5333”严管区创建】2011年3月1日，宝安区政府正式下发《宝安区关于设定“严管区”、建设“示范区”、争创“标兵区”市容环境整治行动实施方案》，要求每个街道划定5条重点道路、3个重点区域、3个示范性公园、3个重点工业区作为市容环境严管区。同时要求各街道严格标准、强化监管，结合城市家具清洗、立面刷新和城中村整治、广告设置、消除黄土裸露、社区垃圾管理等专项工作开展“5333”工作。先后两次召开“5333”区域市容环境整治工作点评会，对整治工作进行点评和部署。区城管局也多次召集街道城管（执法）部门负责人召开环卫清扫保洁、城管执法、城管进社区、“门前三包”等专题会议部署推进“5333”严管区工作，印发《宝安区城管局（执法局）市容环境秩序专项整治行动方案》，对以各街道“5333”严管辖区为重点的全区未经法定部门批准设置、侵占城市空间、影响市容景观及存在安全隐患的各类招牌广告、伸缩蓬、书报亭、早餐车等进行全面整治。为提高执法成效，还将数字化城市管理信息采集范围覆盖到整个“5333”区域，同时降低立案标准、提高结案标准、创新评价模型，有力地促进整治行动的开展。区城管局还通过明察暗访、定期通报、媒体曝光等方式，对“5333”区域存在的市容环境问题进行检查、督办，及时协调解决各街道工作中存在的困难和问题，为“5333”创建行动的开展营造良好的外部环境。在“5333”区域内，共清理乱摆卖4.6万多宗、乱张贴及乱涂写7742宗，查处占道经营1.8万多宗，拆除乱搭建1.4万多平方米，劝导流浪人员253人。通过创建活动的开展，不仅改善各街道创建区域的市容水平，更重要的是使全社会能够共同参与城市管理、共同分享发展成果，为更好地改善城市环境奠定基础。

【“城管进社区”试点】2011年，宝安区城管局在新安、福永、沙井、民治4个街道选择条件成熟的社区开展“城管进社区”试点工作，大力组建社区城管社工队伍和义工队伍，引导社区和群众实行城市管理自治，充分发挥社区自我管理、自我服务功能，有效解决城管工作向社区延伸的途径，赋予社区更多的管理职能。区政府对试点工作非常重视，举行“城管进社区”工作动员会，制定《“城管进社区”试点工作实施方案》和《宝安区社区城管工作指南（试行）》，使试点工作有章可循。先后组织相关人员到各试点单位进行20余次调研，组织5期330余人参加的专题培训班，邀请有关专家就宝安区创新社区城市管理模式的实践与探索进行专题研究，完成《宝安区“城管进社区”试点工作调研报告》。12月24日，宝安区“城管进社区”课题成果评审会召开，邀请国务院研究室社会发展司邓文奎司长、国家行政学院公共管理教研部副主任刘熙瑞教授等专家学者对试点成果和报告进行评审，得到与会专家的一致好评。目前全区42个试点社区在短时间内相继成立城管工作室，随着“城管进社区”工作的稳步推进，社区干部居民参与城市管理的热情得到激发，家园意识进一步增强，社区环境明显改善。试点社区签订“门前三包”管理公约亦取得积极进展，全区共签订56474份，已实行“门前三包”管理的路段市容违法行为大幅下降；试点街道执法队通过联合社区各种力量与社区居民“零距离”接触，及时掌握社情民意，制止各类违法行为于萌芽状态，大大降低执法难度，提高执法效能，也减少发生暴力抗法的几率，树立城管队伍的新形象，初步建立起和谐高效的城市管理机制。

【数字化城管】2011年，宝安区继续推进数字化城管工作。一是推行评价常态化，共出版12期《宝安数字城管》，出版46期《数字城管综合周评价情况通报》，有效推动各成员单位对案件处置工作的重视。二是加强协调督办，确保案件处置工作总体成绩。通过每月一次的案件处置工作例会和专人对疑难案件进行现场勘查及督办协调等措施，减少案件的错派率和回退率。三是继续加强对信息采集队伍管理，加大对各信息采集队伍工作情况的检查、考核和点评。四是进一步完善和优化数字化城管信息系统功能。根据“5333”严管区创建和“城管进社区”工作要求对系统功能及范围进行优化和拓展，使城市管理工作的信息化、科技化水平得到提高。年内，全区总案件量为513149宗（包括采集员上报、公众举报、社区上报、网站举报等），结案394435宗，总体结案率76.87%。

【城管综合执法】2011年，宝安区城管综合执法工作取得新进展。一是积极推进宝安区公路和高速公路沿线户外广告专项整治行动。联合公安、交警、供电等部门共拆除大型违法户外广告93块，拆除支架墙体广告72438平方米，未发生一起安全事故和群体性事件。二是开展广深高速宝安段沿线市容乱象整治行动。采取定点蹲守和机动巡查相结合的方式，对广深高速宝安段沿线市容环境执法成效进行检查，对广深高速沿线乱象严防严控，坚决整治。三是严抓大运期间市容管理。大运期间全天候对各大运场馆、接待酒店、市容管控道路和大运官员及运动员必经之路进行不间断布控，全力保障大运会顺利举行。四是在全区范围内开展整治城市“六乱”、救助流浪乞讨人员和整治沿街违章设置伸缩篷、报刊亭、早餐车专项行动，充分利用“执法通”系统和数字化城市管理平台在案件受理、流转、反馈方面的优势，强化案件办理效率。年内，全区共清理乱摆卖250316宗、乱张贴27917张，查处违法设置户外广告行为28560宗、违章搭建7811处，拆除各类招牌广告2256块2.1万平方米，劝导流浪乞讨人员894人，基本实现中心区、各街道主要道路无流浪乞讨及兜售物品人员。

【城管体验日】2011年10月26日，宝安区城管局结合“环卫工人节”，成功举办首届宝安区“城管体验日”，邀请市民体验环境卫生、垃圾处理、城管执法、数字化城管和现场接访活动，有效提升市民对城市管理工作的知晓率和满意度，约300名市民参与体验活动。（张小菊）

附：2011年宝安区城管局（执法局）领导成员名单

局长、党委书记：朱桂明
党委副书记：胡雨青
副　局　长：郭文企（3月起）
陈才苏　张雄汉　何小群

建筑业

【概况】2011年，宝安区建设局扎实开展建设管理工作，圆满完成上级下达的各项工作任务，涌现出以罗莹哲同志为代表的先模人物，按照宝安区机构改革工作部署，该局直属机构深圳市宝安区人民防空委员会办公室的职能及在编人员于4月15日划转区应急管理办公室。年内，共办理施工许可347项，建筑面积417万平方米，造价84.51亿元；完成招标工程812项，中标价73.53亿元，平均下浮率12%，节约政府投资9.53亿元；审核工程预、结算2888项，审核金额137.44亿元，核减1.17亿元；受理工程项目监督登记447项，总建筑面积357.82万平方米；验收监督514项，总建筑面积288.08万平方米。根据区编委《深圳市宝安区建设局主要职责内设机构和人员编制规定》（宝机编〔2011〕22号），2011年，宝安区建设局不再保留直属机构深圳市宝安区人民防空委员会办公室，宝安区民防办的职责及在编人员划转区应急管理办公室。

【重点项目服务】2011年，宝安区建设局进一步加强大运工程、市容环境提升工程、区十大民生工程及市区、重大建设项目的监督管理，在工程招投标、造价审核、施工许可办理等方面实行特事特办、急事速办、随到随办，并全力以赴做好跟踪服务工作。年内，共审核大运工程、市容环境提升工程造价162项，完成大运工程、市容环境提升工程招投标424项，为41个民生工程及市区、重大建设项目办理提前介入手续，切实保障重点工程建设的顺利推进，为大运成功举办以及全区的经济转型发展作出积极贡献。

【工程造价管理】2011年，宝安区建设局按照造价管理有关法规和政策，以概算总额及造价指标作为标底审查的高压线，认真执行单价、总价、计价标准和费率标准，规范造价审查方法。对于审查中发现的问题均以短信形式及时通知委托单位，并上报区监察局。同时，推行电脑化审核，减少审核中的人为因素，严把造价编制质量关，严格控制政府工程造价，确保标底的真实性、准确性、科学性，以及审核过程的公正、公平与透明，共审核工程预、结算2888项。

【工程招标投标管理】2011年，宝安区建设局进一步规范工程招投标行为，试行评定分离，落实招标人定标责任，规范招标人行为。加强评标专家管理，降低自由裁量权，减少评标过程中的人为因素干扰。严厉打击围标串标违法行为，确保工程招投标公平、公正、择优。组织开展勘察设计服务类建设工程交易信息系统和网上投标开标“阳光交易”管理平台的研发和试运行，推行网上投标报名、电子辅助评标，切实提高工程招投标工作效率，共完成招标工程812项。

【工地发施工许可证】2011年，宝安区建设局为把好工程开工安全关，继续深化工地现场发放施工许可制度，要求建设相关单位确保施工现场安全生产机构完备、施工安全资料齐备、主要管理人员和施工安全措施到位。年内，工地现场发放施工许可证347个。对现场不符合条件的项目，不予发放施工许可证，待整改且具备施工安全条件后，再发放施工许可证。对未取得施工许可擅自进场施工的项目，根据有关法律、法规给予处罚。

【新型建筑材料推广与应用】2011年，宝安区建设局大力推广散装水泥、预拌混凝土和预拌砂浆应用工作。辖区内登记（备案）预拌混凝土和预拌砂浆企业50家，其中预拌混凝土和湿拌砂浆企业47家，干混砂浆企业3家。报建工程100%使用预拌混凝土，杜绝现场违规搅拌混凝土的违法行为，确保工程质量。年内，使用散装水泥220万吨，使用预拌混凝土633万立方米，使用预拌砂浆（含干混合湿拌）27万吨，完成年度工作目标105%。其中，宝安登记备案的正强混凝土有限公司生产和研发的C120超高性能预拌混凝土，在深圳新地标京基100大厦使用时创下泵送417米高的全国新纪录。同时，该局继续加强在建工程使用新型墙体材料管理工作，全年核验在建工程项目83项（单体建筑284栋），建筑面积258万平方米，使用新型墙体材料比例达98%以上，基本改变“红砖”在建筑市场上的主导地位。

【建筑节能监管与实施】2011年，宝安区建设局根据《民用建筑节能条例》、《广东省建筑节能条例》和《深圳经济特区建筑节能条例》等有关法规和规定，加强建设工程建筑节能监管工作，做好民用建筑施工图节能设计文件审查备案（抽查）和办理民用建筑建筑节能专项验收工作，建筑节能强制性标准执行率达95%。年内，共办理民用建筑施工图节能设计文件审查备案81项，建筑面积145万平方米；民用建筑施工图节能设计文件抽查41项，建筑面积62万平方米；办理民用建筑建筑节能专项验收77项，建筑面积145万平方米，节能相当于2.02万吨标准煤。

【推广绿色建筑】2011年，宝安区建设局大力开展绿色建筑工作，在符合条件的政府投资新建项目和社会投资项目中推行绿色建筑。年内，宝安区海虹工业厂区项目科研楼与写字楼等项目获得深圳市绿色建筑设计阶段认证项目；宝安图书馆等4项工程按绿色建筑标准报建施工，建筑面积17.6万平方米。其中，宝安图书馆获得国家绿色建筑二星级认证，并申请国际认可的美国LEED认证。

【可再生能源应用】2011年，宝安区建设局根据《深圳市开展可再生能源建筑应用城市示范实施太阳能屋顶计划工作方案》，积极开展可再生能源建筑应用城市示范实施太阳能屋顶计划工作。年内，申报既有民用建筑安装太阳能热水系统项目175项，建筑面积156.5万平方米，实际完成既有民用建筑安装太阳能热水系统62%；新建民用建筑符合安装条件安装太阳能热水系统项目29项，建筑面积39.96万平方米，集热面积2万平方米。

【工程项目质量监管】2011年，宝安区建设局继续完善工程质量管理体系，提高科学管理水平，加大工程质量监管力度，严格控制原材料和工程实体质量。年内，共受理工程项目监督登记447项，总建筑面积357.82万平方米；验收监督514项，总建筑面积288.08万平方米。检查在建结构工程项目51个，发放执法文书53份，红黄牌警示6次。加强工程材料质量监督抽检工作，完成材料现场抽检3446组，合格率99.3%。

【商品住宅逐套验收】2011年，宝安区建设局全面落实商品住宅逐套验收制度。年内，验收监督商品住宅项目12个5471套，并按单位工程住宅总套数的3%且不少于5套的比例进行随机抽检，有效地监控商品住宅工程质量。

【工地安全隐患排查】2011年，宝安区建设局落实安全生产“一岗双责”工作，积极开展建筑工地安全隐患排查。年内，共组织开展建设工程施工安全大检查4次，专项检查9次，发放《责令整改通知书》等各类执法文书425份，黄色警示55家单位168人，红色警示9家单位20人，确保建筑领域安全生产形势平稳，全区建筑领域未发生较大以上安全生产事故。

【重大危险源的监管与防范】2011年，宝安区强化安全执法检查，要求施工单位进一步实行重大危险源周报、月报及重大危险源登记管理制度，落实监管责任，制定相应的应急预案，加大深基坑、高边坡工程质量和变形监测的监督管理频率。年内，该局动态监管高支模、地下暗挖、隧道工程、塔式起重机、外用施工电梯、物料提升机等重大危险源260余项（台）。

【建筑工地视频监控】2011年，宝安区积极推进建筑工地视频监控安装工作。要求新建和在建工程，包括主体未封顶的房屋建筑工程，施工进度不足50%或离竣工时间超过6个月的市政基础设施工程、轨道交通工程，质量安全监督机构确定需要实施重点监控的建设工程，必须安装视频监控系统。年内，宝安区符合安装视频监控系统的589个报建项目均已与电信企业签订安装协议，其中412个项目完成安装工作。视频监控系统安装完成后，将工地文明施工纳入监控体系，实现施工现场远程动态监督管理。

【工地达标考核】2011年，宝安区制定《2011年“迎大运、创全国文明城市标兵”200天行动提升建筑工地安全文明施工水平工作方案》，并通过采取分片管理、责任包干的网格化管理模式，全力推进建筑工地文明施工提升行动，切实提升宝安区建筑工地文明施工水平。大运会前全区482个区报建工地顺利通过安全文明施工达标整治验收。同时，继续开展施工现场“安全达标”工作和创建“文明工地”活动，年内，共对296项工程（单体889栋）进行“安全达标”考核，优良及合格工程284项，达标率为96%，创建区级文明工地10个。

【旧工业区厂房检测鉴定】2011年，宝安区按照《宝安区旧工业厂房检测鉴定及整改治理工作方案》的工作部署，继续推动旧工业区厂房检测鉴定工作的开展。组织专家对各街道提交的检测鉴定报告进行评审，并组织专家、技术人员研究旧厂房检测鉴定及整改治理的技术指引问题，制订《宝安区旧工业区厂房整改治理实施办法（征求意见稿）》。年内，在全区2759栋旧工业区厂房检测鉴定中，完成总任务量的92.8%。其中检测鉴定2175栋，拆除92栋，纳入旧改172栋，“两规”备案109栋，停止使用并清空12栋。同时对各街道提交的2155栋建筑的鉴定报告进行评审，下达处理意见书和立即清空通知书各1份。

【燃气安全监管】2011年，宝安区积极落实大运期间燃气安保防范措施，强化企业安全管理责任，要求燃气企业强化所属供应站（点）的管理，督促燃气企业消除事故隐患。年内，该局加大燃气安全监管，对各供应站（点）和大型工商业燃气用户开展地毯式排查，共检查燃气用户53.7万户，检查供应站（点）550个，发出

《燃气管理现场检查意见书》70份；组织专人对辖区4个气库和大运场馆、学校及周边的燃气管道设施、阀井、调峰站、瓶装燃气储配站、供应站（点）、瓶装用户进行全面排查，确保全区供气安全稳定。同时，加快推进燃气基础设施建设，新增市政燃气管道61公里，全区天然气管网覆盖率42%，同比增长8%。支持正规燃气企业发展瓶装燃气销售终端站（点），年内，全区供应站保有量95个，服务点277个。

【应急管理机制建设】2011年，宝安区结合大运安保工作实际，做好应急预案的修订工作。对《宝安区建设局紧急重大事项应急处理预案》、《深圳市宝安区工程抢险应急预案》、《深圳市宝安区燃气安全事故应急救援预案》、《大运期间宝安区处置建设领域群体性突发事件应急预案》等4个应急预案重新进行修订。年内，建立8家（包括5家工程抢险队伍，3家工程抢险物资储备队伍）共计330人的高效应急抢险队伍。同时，要求辖区燃气企业将事故应急预案的制定和演练纳入企业安全管理工作。宝安管道燃气公司按要求专门成立工程抢险部，年抢险维修4600多宗，避免危害公共安全的火灾、爆燃等灾难事故的发生。

【开展应急演练活动】2011年，宝安区为确保大运期间及时、有效地应对工程应急抢险救援任务，积极开展工程抢险应急演练。5月24日，区建设局在西乡街道一工地现场组织开展迎大运工程抢险应急演练。在组织演练中，100余名抢险救援人员、20余台机具（包括挖掘机、切割机、千斤顶及救援车辆等）参加演练。演练全面检验应急救援的快速反应能力。同时，加强燃气抢险应急演练，6月18～29日，先后督促深岩福永供应站、深燃铁岗气库等6家燃气企业开展燃气泄漏事故的应急抢险演练；督促宝安管道气公司对恒丰海悦酒店的供气保障进行应急演练。

【安全生产培训与宣传】2011年，宝安区建设局积极宣传贯彻落实党和国家的安全生产方针、政策及法律法规，继续开展工地“平安卡”培训和安全使用燃气宣传。年内，共发放“平安卡”13082张，免费向街道城建科及各建设、施工、监理单位发放法规汇编、重大危险源警示牌、宣传挂图11300册（张）。同时，在邮政LED、宝安电视台、区政府广场大屏幕、《宝安日报》等媒介大力宣传安全用气知识，提醒广大市民安全使用燃气和防止一氧化碳中毒。在区租赁办的大力支持下，全面开展安全使用燃气入户宣传，共派发各类宣传品280.65万份。

【建筑行业维稳工作】2011年，宝安区建设局积极开展建筑领域矛盾纠纷排查化解工作，认真做好工程质量投诉处理工作，继续推行劳务工工资保障金制度，加大工程项目用工监管力度，严厉打击违法非法用工行为，对报建的施工项目进行全方位、地毯式排查，并安排专人跟踪调解，妥善处理劳资纠纷事件。年内，共办理农民工工资保函402份，涉及金额1.38亿元，办理退农民工工资保函224份，涉及金额5301万元；调处劳资纠纷事件122起，涉及工人2137名，涉及金额3239.29万元，调解率达100%；受理工程质量投诉31项，处理率100%。同时，该局大力推行劳务分包制度，积极扶持现有施工企业建立劳务分包企业，探索从机制上解决非法分包、转包、挂靠、劳资纠纷等问题，共有42个工程项目办理劳务分包。是年，该局建筑业监管科荣获宝安区信访工作先进单位称号。

【工程档案管理】2011年，宝安区建设局进一步完善工程档案管理制度，明确查询主体、查询条件和具体工作程序，为查询工作提供便利。年内，办理工程竣工档案审核验收340项，归档入库383项3682卷，其中文字2773卷，图纸909卷，竣工图光盘273份。档案利用783项783卷，档案查询344人次。期间，档案查询、复印、检索全部免费。

【电子政务建设】2011年，宝安区建设局根据区政府《加快电子政务建设构建阳光政府工作方案》的要求，加强工程交易（系统）的技术改造和宝安建设信息网的建设。通过完善中标企业项目经理锁定系统，增加CA认证登录模块，实现绿色招投标，更新交易及评标系统，进一步规范有形建筑市场秩序。同时，开展宝安建设信息网的版面改版工作，使网页信息公开更加全面、信息查询更加快捷有效、网站互动交流功能得到强化。年底，网上申报业务已试运行。

【法治政府建设】2011年，宝安区建设局高度重视依法行政工作，法治政府建设取得重要进展。年内，按照《宝安区建设局业务例会制度》要求，共召开39次业务例会，解决工程招投标、质量安全等工作疑难问题及行政处罚案件233个，提高业务办理效率和行政审批的科学性。年内，共作出行政处罚决定44项，处罚金额人民币1941.28万元；上传不良行为记录至市住建局网站363条、至广东省建设厅建筑工程安全生产动态管理信息系统123条；续聘广东宝城律师事务所为常年法律顾问，出具法律意见书11份，通过电话、会议提供咨询服务40余次。同时，该局完成2011年行政执法主体公告工作及行政执法委托协议书续签工作，以及行政执法证换证及新证申领工作。

【向罗莹哲同志学习活动】罗莹哲同志是宝安区建设局下属事业单位区质检站的员工，是宝安区创先争优活动中涌现出先进典型，宝安区委区政府专门印发《关于开展向罗莹哲同志学习活动的决定》。2011年，宝安区建设局通过集中学习、召开座谈会、举行先进事迹报告会等形式，组织全体工作人员学习罗莹哲同志的先进事迹，引导和激励广大党员和干部群众以先进典型为榜样，把开展向罗莹哲同志学习活动融入创先争优和社会主义核心价值体系建设活动中。通过开展向罗莹哲同志学习活动，该局干部职工进一步弘扬“特别能吃苦、特别能奉献、特别能战斗”的深圳精神，有力促进建设管理的各项工作。

【党风廉政建设】2011年，宝安区建设局全面加强党风廉政建设，贯彻落实党风廉政建设责任制，加大反腐倡廉工作力度，制定《2011年党风廉政建设和反腐败工作责任制分工明细表》，从18个方面突出风险防范点，营造反腐倡廉工作的整体氛围。年初，组织各单位签订党风廉政责任状333份，其中单位签订20份，个人签订313份。同时，加大廉政宣传教育力度，通过“一把手”上廉政课，观看警示影片，参加党风廉政征文活动，构筑党员干部拒腐“防火墙”。并开展内部审计检查，重点审查年度财务收支概况、工资、补贴及奖金发放情况。年内，该局建设工程交易服务中心荣获宝安区先进基层党组织称号。（何永桃）

附：2011年宝安区建设局领导成员名单

局长（党委书记）：龚建荣

党委副书记：黄小青

副局长：马赓力　张　宏　林　青

城中村（旧村）改造

【概况】2011年，宝安区城改办以“加快特区一体化建设”为目标，有计划、有步骤地进行规划编制、项目推动等工作。年内，在宝安区城改办的大力推动下，宝安区共有西乡庄边旧村（一期）、宝城26区（一期）、沙井新沙旧村、宝城22区（一期）、沙井商业中心（二期）、民治民乐村等6个拆除重建类项目的动工建设，总占地面积为44.29万平方米。此外，被列为重大建设项目的龙华弓村、西乡劳动村、沙井商业中心（一期）等3个改造项目已建成封顶。

【计划编制】2011年，宝安区城改办继续积极开展城市更新单元规划制订计划常态申报工作。年内，在宝安区城改办的有力推动下，宝安区共有67个项目经区政府同意后已报市规土委审批，而且在全深圳市批准的57个城市更新单元规划制订计划项目中，宝安区共有28个项目，占全市的49.1%。

【规划编制】2011年，宝安区城改办进一步加大工作力度，积极推动已列入市城市更新单元规划制订计划项目的规划编制及报审工作。年内，宝安区西乡流塘工业区地块等5个项目的专项规划已通过市建环委审批，宝安区城改办并且积极开展观澜竹村等15个项目的专家技术咨询工作，完成西乡骏业片区等20个项目经济评估工作。

【拆除重建类项目】2011年，宝安区城改办着力对更新改造项目在推动过程中遇到影响大和难度大的重点问题上加大工作协调力度。一是解决26区（一期）、22区（一期）等项目的历史遗留问题，并取得重大进展；二是确认龙华民乐旧村、宝城22区（一期）改造项目22-01地块等5个项目为改造实施主体；三是推动西乡庄边旧村（一期）、沙井商业中心（二期）等6个改造项目的动工建设。

【综合整治（二类）项目】2011年，在以往综合整治工作的基础上，宝安区城改办继续组织工作人员深入各街道进行指导协调，进一步明确综合整治工作的指导思想、目标任务、责任分工、工作步骤、时间安排和工作要求，大大提高社区综合整治积极性，有效地维护综合整治成果。年内，已基本完成新安甲岸村等37个已完工项目的核查验收工作及开展西乡南昌二队等37个项目的初步设计及工程概算及施工图设计等前期工作。

【保障性住房建设工作】2011年，宝安区城改办为尽快解决中低收入群众住房困难的问题，认真贯彻深圳市政府关于保障性住房建设的决策部署。年内，宝安区城改办共推动民治牛栏前、上合旧村等7个保障性住房项目的动工建设，保障性住房建设总面积为88646平方米。

【安全生产】2011年，宝安区城改办按照《宝安区关于实行党政领导干部安全生产“一岗双责”及做好试点工作的意见》工作部署，扎实有效地开展城市更新项目的安全整治工作。一是成立安全生产“一岗双责”工作领导小组，并制定《宝安区城改办关于

2011年7月11日，宝安区城改办调研劳动村旧改项目

实行党政领导干部安全生产“一岗双责”的工作方案》，明确工作目标、工作步骤和工作要求；二是编制《城市更新安全手册》并针对城市更新改造当中安全事故的易发与多发点进行归纳总结，并下发给有关单位；三是积极开展安全隐患排查工作；四是积极配合主管部门监督指导城市更新过程中的各责任主体落实安全生产责任工作。

【开展城市更新专家讲座】2011年，为全面提高全区城市更新相关工作人员知识能力与业务能力，宝安区城改办于11月9日，邀请深圳市知名城市更新专家，为全区城市更新工作相关工作人员、各股份合作公司董事长、各城市更新项目单位项目经理，开展一次以“城市更新政策解读和项目操作规程”和“产业空间双提升，加快实现宝安特区内外一体化建设”为主题的专家讲座，并一起观看《城市更新重塑家园》专题片。通过上述活动，使参会人员对宝安区的城市更新工作有更加全面的认识。

【及时快速处理各类纠纷】2011年，宝安区城改办采取多种措施，努力营造和谐的改造环境。城市更新工作涉及千家万户，在拆迁谈判过程中，极易出现违法拆迁、上访等突发性事件。为此，年内，宝安区城改办妥善处理信访件7宗，较好地解决项目在更新改造过程中发生的投诉问题，维护社会稳定。

【营造和谐的更新环境】2011年，宝安区城改办积极开展教育学习，营造和谐环境。一是积极开展2011年纪律教育学习月、“结合实际学标准、立足岗位当先锋”等主题活动；二是推动素质工程建设，积极参加区组织、人事部门组织的人事信息系统应用管理培训；三是进一步完善单位网站的建设，为宣传、政务公开工作提供一个坚实的平台；四是积极参区委区政府举办的广东扶贫济困日等捐款活动；五是积极参加区直属机关工会运动会和区政府组织的万人长跑活动，丰富职工文化生活。（陈映冰）

附：2011年宝安区城中村（旧村）改造办公室领导成员名单

主　　任：陆福强

常务副主任：房品新

副　主　任：吴柏江

环保与水务

【概况】2011年，宝安区环保水务局围绕加快转变经济发展方式和环保水务特区一体化建设“两个大局”，打赢生态区创建、大运环境水务保障和环保实绩考核“三场硬仗”、抓好机构整合、治污保洁、污染减排、一岗双责“四项重点”，推进大环保工作格局全面形成。全年空气质量保持稳定；主要饮用水源水质良好，水质达标率为100%；河流污染有所改善。

【污染减排】2011年，宝安区环保水务局大力推进工程减排、结构减排和监督管理减排，全面完成市下达年度污染减排任务。全年固戍、龙华、沙井、观澜等4座污水处理厂处理污水1.71亿吨，化学需氧量削减量达3.94万吨，氨氮削减量达0.54万吨，分别完成年度任务的110.49%和115.51%。新建的福永、燕川污水处理厂于9月底通过验收，10～12月化学需氧量新增削减量达1804吨，氨氮新增削减量达289吨，分别完成区年度新增削减量任务的121%和162%；全年关停废水工业企业达7家，削减COD8.266吨，氨氮0.4吨，分别完成年度结构减排任务的275.5%和133.3%。对21家污染排放企业进行污染治理，淘汰、改造高污染锅炉达344家。

【国家生态区创建】2011年，宝安区环保水务局完成生态区创建工作中“建成5个空气质量自动监测站”的工作目标。大运会前完成福永、龙华、沙井、松岗、观澜5个环境空气自动监测子站建设并投入运行。

【治污保洁】2011年，宝安区治污保洁工程任务共61项，其中市下达21项，区自定40项。重点任务包括观澜污水处理厂配套干网二期工程、龙华污水处理厂配套干网二期工程、老虎坑垃圾填埋场二期工程、制定观澜河流域规模化养殖场退出计划共4项。宝安区环保水务局制订并印发《2011年宝安区治污保洁工程任务分解方案》，在推进过程中共开展现场督查8次，协调检查20余次，召开协调会、评审会及调研会16次，编制工作简报4期，发出督办、协调函件15份。21项市治污保洁任务中，有3项因客观条件变化于9月份调整目标进度，并于年底全面完成。区自定40项任务中有22项已完成，其余18项因资金缺口等客观因素的制约影响工期，有所滞后。

【环保监督管理】2011年，宝安区环保水务局先后组织开展沙井松岗街道重金属排放环保专项整治行动、酸洗磷化企业专项整治行动、福永沙井松岗街道电镀线路板企业检查行动、西乡街道南昌涌周边区域环境执法大检查专项行动等大型专项整治统一行动，累计检查企业1089家次，查处违法企业84家次，对存在问题的企业下发整改通知书。落实安全生产“一岗双责”，提高环境安全应急人员整体素质。2011年，修编制定环境水务突发事件应急预案，开展对全区在管工业污染源企业应急预案的制定及应急能力建设情况执法检查，发现23家企业存在问题并督促全部落实整改完毕。配合市人居环境委完成本年度重污染企业优化升级工作动员，采取约谈、限期治理、报罚的方式，促进企业污染防治设施优化升级。会同区财政局完成《宝安区2011年度排污费使用项目申报指南》的修订工作，共受理新申报排污费专项资金项目8宗，拨付排污费资助金额为548万元。引导46家企业签订清洁生产整改合同，积极推进清洁生产工作。办理环境工程改造备案49家（其中废气29家，废水20家），环保公司备案管理65家。组织开展环境安全从业人员业务培训，

2011年4月27日，区长张备（中）率队调研区环境保护和水务工作，现场视察宝安区“迎大运”新圳河、西乡河水质提升应急工程建设情况。副区长蔡颖（右）参加调研

先后举办危险废物规范化管理培训、“迎大运、保稳定”信访业务培训、环保执法培训、企业环境安全管理及环境污染事件处置培训，开展“深圳市宝安区环境保护和水务局2011年环境应急演练”。通过以上手段，进一步提高企业的环境管理水平和环境安全事故防范应对能力。

【河道整治】2011年，宝安区环保水务局继续抓好河道整治工作，重点开展城区新圳河、西乡河治理。新圳河、西乡河清淤工程于3月开工，5月完工。新圳河、西乡河水环境整治工程于5月完成施工招标，7月20日开工。至年底，该工程Ⅰ标段完成基坑开挖，进入桩基检测及沙垫层施工；Ⅱ标段完成铺设污水管道3.5公里，进入基础处理。工程完成投资10880万元，完成工程总量的32%。

【“三防建设”】2011年，宝安区全年累计降雨量1158.6毫米，比上年同期减少约30%，主要降雨出现在“5·22”、“6·11”、“6·17”、“6·29”、“7·27”等时间，主要台风有“海马”、“洛坦”、“纳沙”等。由于工作准备充分，措施落实得当，全区未出现风雨灾害。一是全面开展隐患排查工作。2011年，宝安区环保水务局对大运场馆所在的新安、西乡、观澜街道进行重点检查，完成108宗大运突发事件潜在隐患排查整改，共查出重大“三防”安全隐患15处，发出整改通知书35份。二是保障“三防”物资充足到位。及时做好抢险救灾物资清点更换、维护保养、购置补充、合理储存、科学调配工作，做到有备无患，新增6台大型发电机组及56艘冲锋舟、橡皮艇等，新增物资价值逾千万元。三是组建落实应急抢险队伍。对全区300多名水库管理员、泵站管理员、橡皮艇驾驶员、“三防”信息员、防汛抢险员全部进行业务培训和实操演练，增强“三防”工作人员应对突发台风、暴雨灾害的应急反应能力，提高工作效率。四是加强汛后安全检查。重点检查各街道防汛责任落实、“三防”安全隐患、物资储备、水务设施养护等情况，对检查出的问题督促有关部门及时处理。

【水源保护】2011年，宝安区环保水务局继续加强全区饮用水源保护工作。一是加强巡查监督，严肃查处环境违法行为。全年共巡查水源保护区538次，检查环境基础设施339场次，下发整改通知书5宗。二是组织开展饮用水源保护专项执法行动。2月21～25日，开展观澜河流域环保执法大检查，共查在管企业246家，采集水样96个，组织3次夜间突击检查（检查企业34家），下发限期整改通知书5份，制作调查询问笔录7份。3～6月，开展饮用水源保护“雨季行动”专项执法检查，共出动执法人员5704人次，执法车辆1902台次，检查工业企业1345家，其中汽车维修门店53家，发现违法工业企业34家，制作调查笔录23宗，下发限期整改28份，上报处罚建议3宗。清理垃圾440吨。共清理违法养猪户18户，清理生猪约1090头，清理面积约5300平方米。8月4日～9月15日，开展铁岗—石岩水库水源保护区污染隐患排查工作，共检查工业企业500家，下发整改5家，上报行政处罚10宗。11月14～18日，开展环境基础设施专项调研行动，通过口头警告和下发整改通知书等形式，提高基础设施的运行效率和处理效率。全区饮用水源水质达标率连续两年稳定在100%。

【供水安全保障】2011年，宝安区环保水务局顺利完成“保障全区供水正常，不出现大面积停水”的工作目标。一是协助市水务局做好水资源分配和供水调度工作，保障全区原水按计划供应；二是制订供水应急预案，落实各项安保措施，在大运前开展9次供水应急演练，切实保证全区大运期间和全年全区供水安全；三是加强日常安全生产管理，严格落实“一岗双责”制度，协调督促各供水企业做好日常的供水管网维护以及抢修工作，全区全年未发生供水安全事故。

【供水管网改造】2011年，宝安区环保水务局加快推进供水管网改造，顺利完成“年内确保一期工程全部完成，二期工程完成50%”的工作目标。一期工程总投资1.66亿元，包括66个子项目，涉及48个社区，改造管网长度约413公里，6月全部完工并投入使用，全部实行抄表到户，居民用水得到很好保障。二期工程总投资17152.57万元，共46个子项目，改造管网长度约355.4公里，12月底完成施工任务的60%。

2011年4月28日，宝安区召开2011年“三防”工作会议，部署当年“三防”工作，表彰上年“三防”工作先进集体

【节水工作】2011年，宝安区进一步推进节水型城区建设。一是加大宣传力度，继续开展爱水节水宣传活动。组织开展以“水在天地间”为主题的“第五届爱水节水宣传月”活动，在全区营造良好的爱水节水氛围。二是加大节水器具推广工作，统一采购一批“免冲水小便器”，用于公园和环卫公厕改造安装。制作10000个节约用水标识牌，张贴在全区酒店、宾馆等加强节水宣传。三是继续开展创建节水型居民小区专项行动。评选出12个“节水型居民小区”进行奖励，并向市节水办申报市级节水社区评比。四是继续推进工业企业节水工作，组织完成全区重点工业企业用水重复利用率普查工作，逐步推进企业水平衡测试工作。五是开展中水回用示范工程建设。组织实施日处理污水量为200吨的区政府大院中水回用工程建设。该项目对推广城市再生水利用技术，提高宝安区再生水利用具有很好的社会示范意义。六是实施社区给水管网改造工程，降低供水管网漏耗率。2011年全区供水管网漏耗率达11.5%，低于节水型城市考核标准12%的要求。七是加强计划用水管理。认真做好单位用户计划用水审批工作，组织召开单位用户计划用水工作座谈会，了解单位用户在用水过程中遇到的问题、需求以及对意见建议，引导单位用户认识计划用水的重要性和必要性，做好用水节水管理工作。八是严格洗车场用水节水验收审批，共新办或年审节水牌证共107宗，组织100多家洗车单位开展全区洗车行业用水节水业务培训。九是持续开展私采地下水井取缔专项行动。全年共取缔私自开采地下水井373口，遏制无序和泛滥的开采地下水行为，有效地保护地下水资源。十是加强建设项目用水节水管理。落实节水“三同时”工作制度，制定《宝安区建设项目用水节水审查备案以及计划用水管理制度》（深宝环水〔2011〕261号），进一步规范宝安区建设项目的用水管理行为。

【行政审批】2011年，宝安区环保水务局以服务企业和提速提效为重点，积极推进环保审批及环评工作。一是结合“迎大运、创文明”行动，开展“微笑在窗口”活动，切实为企业和群众做好服务。进一步完善窗口服务规范和服务流程，统一工作人员着装，组织参加“迎大运”英语日常用语培训，开展学微笑、学礼仪活动，强化“我迅捷、你方便”、“我热情、你温馨”服务理念；缩减审批时限，报告表项目从法定的30天缩短为15个工作日，登记表项目从法定的15天缩减为7个工作日。2011年，共审批建设项目12269宗，大部分项目的实际审批时间为6个工作日左右。为方便群众办事，区环保水务局将10类对环境影响小、污染单一、生态破坏轻微的审批权限下放街道管理所。2011年各街道管理所共审批建设项目6692宗，占全局审批项目数的54.5%。为推进循环经济，抓好污染源头控制，宝安区环保水务局以喷漆、打磨等具备回用条件的建设项目为试点，引导企业建设环保设施回用废水，受到企业的好评。做好重点项目及迎大运配套项目审批工作，指派专人跟进，深入调查，开通绿色通道，加快审批进度；严格新建工商业锅炉、窑炉审批，配合做好工业锅炉改造。二是加强考核和稽查制度。建立审批员责任制，每月通过查阅建设项目审批系统审查各街道环保所的建设项目环境影响批复，及时汇总解决审批中存在的问题，提高各管理所的环评审批水平。同时，严格按照《环评法》及《建设项目环境保护管理条例》的要求，整顿环评市场，提高环评质量，更好的服务企业。

【水事管理】2011年，宝安区环保水务局继续加大水事违法行为查处力度，严厉打击水事违法行为。年内，共发现和处理涉水违法案件870宗，其中河道违建案97宗、水资源案345宗、水土保持案47宗、排水案188宗；验收洗车场用水节水设施113间；检查相关单位二次供水清洗消毒情况80家；开展大型专项执法行动9次；发出责令改正违法行为通知书份177份；累计出动水政监察人员人6330次。立案查处水事违法案件22起，罚款金额为99.5万元。

【排水设施管理养护】2011年，宝安区纳入市场化运营招标范围的市政排水管网共3116.85公里，经公开招标，由深圳市深水水务咨询有限公司、深圳市大通水务有限公司中标负责运营，全区共划分为4个片区的排水管网于12月1日全部正式移交运营单位管理养护。

【环境监测】2011年，宝安区环保水务局扎实做好各类环境监测工作，年内，共取得各类环境监测数据109192个，比上年（94502个）增加15.5%。每月对区管国控重点污染源和污染减排工程项目进行监督性监测，每季度对区管国控、省控污染源废水在线监测点进行数据有效性比对监测，编写《宝安区污染源监测月报》、《宝安区污水处理厂监测分析报告》、《宝安区饮用水源水质监测月报》、《宝安区河流水质监测月报》以及《铁岗水库、石岩水库水质情况报告》，让区领导和相关部门及时了解变化情况。编写宝安区季度环境质量分析报告、年度环境状况公报和宝安区2010年度环境质量报告书，并定期公布。对阶段性环境质量变化进行分析。认真分析污染源、饮用水源、河流的监测结果，发现异常数据及时通报环境管理部门，为环境监管提供技术依据。

【**水土保持管理**】2011年，宝安区环保水务局组织政府相关部门及项目建设单位代表人员学习贯彻新《水土保持法》，召开迎大运水土保持工作会议，提出汛期水土保持工作要求。同时，以迎大运、创全国文明城市标兵为契机，按照市水务局《“迎大运、创全国文明城市标兵”200天水土保持行动实施方案》要求，制定《宝安区开发建设项目水土保持检查方案》，并开展水土流失安全隐患排查工作，对大运场馆及周边敏感区域、地铁施工沿线、主要道路沿线、河道和水库周边等各类建设项目进行重点检查，做到发现一处、整改一处。全年共出动1484人次，对331宗开发建设项目实施监测，排查在建项目250宗，对存在较大水土流失隐患的沙井公园、西乡保障性住房等9个项目下达整改通知，对深圳市天然气高压输配系统工程、石岩施工企业生产基地等项目全面督促完成整改。

【**水利普查工作**】2011年，宝安区第一次全国水利普查正式启动。宝安区环保水务局牵头成立水利普查领导小组，完成人员抽调、设备购置等工作。通过召开相关会议、制定工作制度、明确职责分工、确定普查技术支撑单位、参加普查培训、普查宣传工作等措施，有序推进水利普查工作的顺利开展。年底，宝安区水利普查清查成果已通过区级专家组、市级专家组验收，水土保持专项普查成果已通过区级专家组验收。全区共有2242个普查对象，完成水利工程、经济用水、河湖治理保护、灌区及地下水专项的普查表静态数据采集及录入工作，填表录入率为95%，空间数据标绘率为93%，台账表填报率为96%。

2011年9月1日，市人居委主任刘忠朴率队调研长流陂水库

【**宣传教育**】2011年，宝安区环保水务局以“六·五”环境日活动为重点，加大环保宣传力度。在《宝安日报》刊登《熄灯一小时享美妙夜色》的倡议书以及在宝安广电中心投放时长30秒的宣传广告，广泛发动宝安区各企事业单位、学校、社区、家庭积极参与3月26日“地球熄灯一小时活动”，全区共30家单位参加，新闻媒体对活动进行全程跟踪报道，发表相关报道5篇，专版2版。配合国家环保总部和三精药业开展“送三精蓝瓶回家”大型环保公益活动。号召大家将使用后的三精蓝瓶产品（三精牌葡萄糖酸锌口服液、三精牌葡萄糖酸钙口服溶液、双黄连口服液）包装完整保留，回收后再利用。联合西乡街道办开展纪念2011年“六·五”世界环境日暨“同创绿色大运，共建宜居家园”主题宣传活动，组织开展“享受绿道，感受幸福”绿道万人行活动。在《宝安日报》《打工文学》中开设“环保水务文学专号”，联合宝安日报社、宝安区作家协会、宝安区摄影协会组织宝安本土作家、诗人和摄影家深入各生态点采风，体验国家生态区创建工作，以小说、诗歌、报告文学散文、随笔、摄影等文学艺术形式，生动形象地反映宝安区强力推进国家生态区建设，发展民生水利的历程和成就，呼唤更多的市民参与到国家生态区创建之中，从而享受生态文明带来的和谐与幸福。专号共收录20位诗人、作家、摄影家的48篇文章、49幅图片。编印“迎大运”和“生态区创建”四套共6000份海报和《创建国家生态区市民手册》10000册，通过各街道各管理所派发到社区，以图文并茂的形式宣传大气、水、噪声以及固废污染的基础概念、防治知识。发布“迎大运”和生态区创建立柱广告14面和候车亭广告100面，营造比较浓厚的生态区创建氛围。

【**信访工作**】2011年，宝安区环保水务局共立案环境信访件3593宗，所有信访案件全部立案处理，处理率、回复率、回访率、结案率均为100%，群众满意率达85%以上。共安排局领导接（下）访日活动12次，有效解决新安创业一村港合溜冰场噪音及6、7、8栋楼下餐厅油烟扰民等12宗重大信访案件。继续创新工作机制，对重要的疑难案件开展专人专案调处、逐一解决，有效解决大浪允泰橡胶制品厂废气扰民、福永环宇昌电池厂废气扰民等48宗重要环境投诉信访件。（兰　德）

附：2011年宝安区环保水务局领导成员名单

局　长：杨洪流（3月起）
副局长：高书环（3月起，6月止）
游高强（3月起，5月止）
麦依权（3月起）
周展明（3月起）
吴新锋（3月起）
李　莉（3月起）
黄文青（8月起）

供　电

【概况】深圳宝安供电局是深圳供电局有限公司分支机构，下设宝城、沙井、福永、龙华、观澜、松岗、石岩7个供电所，目前有宝城、西乡、新沙、沙井、圩镇、福民、民治、龙华、石岩、福永、松岗共11个营业网点。担负着宝安区10个街道的电力供应和保障任务，供电客户约65万户，供电面积560.59平方公里。宝安辖区10千伏线路总长9848.81千米，变电站66座，主变容量2479.8万千伏安，配电变压器总数29622台，总装变容量1376万千伏安。2011年，宝安辖区内实现供电量290.22亿千瓦时，同比增长4.84%，最高负荷达548万千瓦，同比增长9.33%，供电量约占全深圳的42%。宝安用户平均停电时间为3.07小时/户，同比下降38.4%，供电可靠性大幅提高。近年来，宝安供电局抓住电网深刻变革的有利时机，通过改变企业管理理念，加大电网建设力度，不断提升服务水平，主动承担社会责任，全力做好电力供应，实现电网业务的快速发展，先后被评为广东电网公司“十一五”电网规划建设先进集体、深圳电网建设年度基建投产容量突破1000万千伏安先进单位、深圳大运会保供电先进集体。

【电网规划】2011年，为适应宝安区新的城市发展定位、特区一体化和新功能区建设的需要，宝安供电局坚持规划为先，着力抓好电网规划。完成宝安电网“十二五”规划修编工作。“十二五”期间，宝安辖区新建变电站32座（含扩建3座），计划投产主变容量合计643.2万千伏安，计划建设110千伏及以上线路约378.3千米。

【电网建设】2011年，宝安供电局加快电网建设进度，优化宝安电网网络结构。一是加快推进输变电工程项目，缓解片区供电压力。年内，建设5座变电站，投产2座变电站，分别为220千伏贤兴站（新安）、110千伏清联站（龙华），投产变电容量66.9万千伏安，建成110千伏及以上线路91.3千米。二是关注配网建设这一直接关系到生产和生活的关键领域。2011年宝安区实现配网投资达9.98亿元，下达计划实施的配网基建、检修、业扩配套工程共864项，预计投产10千伏线路673千米，电缆分支箱549台，低压线路462.4千米，配电变压器156台，投产容量11.19万千伏安。三是全力支持市重点工程项目和特区一体化建设。增加特区一体化先行示范区变电站布点，加大电力设施改造力度，美化市容环境。积极为地铁、机场、火车站等企业的输变电工程开展质量监督服务。

【产业园电力配套建设】2011年，宝安供电局着力抓好十大产业园区及重大项目供电配套工作。一是增加产业园供电配套设施投资。投资约1550万元从110千伏云帆变电站新出二回10千伏线路，解决长安标致产业园首期调试和生产用电。投资约1100万元，从三个变电站建设三回线路，满足海雅百货调试及开业用电。历时3年，安排7个项目，合计投资1424万元，满足艾美特小家电基地供电需求，2011年相关项目已全部完成。二是调配负荷增加产业园供电能力。从万丰变电站新出两回10千伏线路解决德普电子城一期4500千伏安的用电需求。

【保供电任务】2011年，深圳第26届大运会是深圳电网历史上保电时间最长、规模最大、规格最高、难度最大、责任最重的一项国际性综合体育

带电作业工作现场

赛事。大运会期间，宝安供电局以高度的政治责任感和严谨细致的工作确保电网安全，全面兑现“大运会保供电万无一失”的承诺。一是投入专项资金进行17项涉大项目的改造，开展61条涉大线路的巡视和消缺，对辖区6个场馆、22个重要用户和135个涉大用户的供配电设施进行检查和开展特试特检，发现缺陷222项并全部及时处理，有效地改善宝安供电网络，增强涉大用户的安全可靠供电能力，实现大运期间宝安电网“零故障、零断电”。二是开展专项行动，强化应急演练。滚动修编大运会保供电专项工作方案，对配网设备进行风险评估和分析，将安全隐患消灭在萌芽状态。完成并上报区政府大运比赛场馆应急预案和演练方案，共开展4次应急演练。三是加强组织领导，做好赛时值守。大运期间，组建761人的保障团队，并成立宝安局二级指挥部、6个场馆工作组和7个供电所的三级指挥部，从电网运行、用户保障、应急抢修及后勤保障四个方面执行赛时工作方案，圆满完成大运会保供电任务。此外，宝安供电局2011年共实施保供电66次，出动670人次参加保供电工作，圆满完成春运期间重要用户、节假日重要场所、中考和高考考场、全国注册会计师考点、市重点工程项目投产仪式等保供电任务。

【安全生产管理】2011年，宝安供电局认真贯彻宝安区委区政府的工作部署，高度重视安全生产运行工作，扎实推进安全管理。始终坚持“安全第一、预防为主，综合治理”的方针，强化管理，落实安全责任，实现年初三个“确保”、四个“杜绝”、一个“严控”的年度总体目标。在配网运行方面，严格执行两票三制，建立健全巡视制度，突出“管理上重视规范，生产上重视执行”的理念，积极开展状态检测，严防电气误操作事故发生，严打电力设施盗窃破坏。在安风体系方面，着力把制度、流程、标准落到班组、班员的实际工作中，着力发现问题和持续改进，形成安全风险管理的长效机制。在安全检查方面，重点对施工现场进行督察，全年共检查作业现场3502次，均属于在控状态。完成三防自查和预案演习，加强安全工器具的管理和专项检查工作。在安全教育培训方面，举办各类安全生产技术培训14期，系统进行“两票”的培训和考核，深入学习省公司系统事故快报和“十个规定动作”，提升员工自身安全意识。

【保护电力设施】2011年，宝安区电力设施遭受盗窃破坏情况时有发生，对辖区的正常供电带来很大影响。宝安区全年累计发生盗窃破坏电力设施和窃电案件1684起，涉案金额较大。宝安供电局联合区政府相关部门，加大电力设施的保护力度。一是积极配合深圳地方电力立法和修订工作，保障群众合法权益，确保企业依法经营；二是联合区公安分局建立警电联防工作机制，在辖区内联合开展“铁帚”行动，检查废品站90家，网吧19家，公安机关依法查获违法违规物品，抓捕涉案人员；三是联合街道办、社区工作站开展群防群治的试点工作，有效打击破坏电力设施和窃电行为。

【供电服务】2011年，宝安供电局积极开展为民服务创先争优活动。一是真情开展“六走进”。年内，在79个城中村组织57次进社区服务；走访154家企业；开展55次“绿色电力、安全电力”校园系列宣传活动；对16家医院的应急预案和自备应急电源进行检查；走进困难家庭16户，为他们送温暖，提供电力服务；召开大客户座谈会25场，增进与客户的沟通联系。深圳供电局局长林火华、宝安供电局领导班子成员亲自带队在宝安辖区开展“六走进”活动。二是全面落实“五到位”。广泛开展“手拉手为民服务 结对子创先争优”活动，发挥党团组织的作用。全面优化业务流程，快捷服务“一站妥”，业务流程高效到位。制定有效措施，落实快速复电机制。不断提升窗口服务满意度，在2011年第一季度宝安区公共文明指数第三方测评的窗口行业服务满意度测评中，宝安供电局营业厅窗口以总得分85.42分的成绩在20个窗口行业中排名第一。

【有序供电】2011年以来，南方区域电力供需形势严峻，宝安作为深圳“工业大区”，工业用电占全社会用电的77%，供电负荷最大缺口达100

宝安游泳馆大运保电现场——值班人员巡视供电设备

为迎接大运，宝安供电局各营业厅设立大运英语服务专柜

万千瓦，创出历史新高。宝安供电局根据政府“调结构、促转型”的思路，积极采取有效措施，以4.84%的电力增长，支撑了宝安区GDP 13.2%的增长。一是加强电网建设，不断优化电网运行方式，充分挖掘现有潜力多供电。年内，编制配网月度停电预计划561项，实施转供电293项，综合停电12项，多供电量7332万千瓦时，供电可靠率提高0.0389个百分点。二是科学制订方案，加强电力需求侧管理。在保障居民用电的基础上，为市重点项目、直通车企业提供绿色通道服务，切实保证重要用户的用电需求，均衡安排错峰计划。三是主动加强与政府和客户的沟通。注重供电形势通报，争取各方支持，密切联系客户，优化客服渠道，做好有序用电服务。

【绿色行动】2011年，为深入开展“绿色行动”，宝安供电局积极开展节能服务，建立常态化节能服务机制。一是开展“万家灯火，南网情深”之“微节电　大改变”活动。组织参观节能展示厅、电动汽车充电站，走进工、商企业开展节能宣传和诊断。二是努力促进科学用电和节能减排。绿色电子账单使用户数超过19万，使用率超过28%，每年节约纸张110多万张。此外，还为202家大型工、商业客户开展能效审核。三是大力支持新能源应用。年内，完成建设机场充电站、居民小区充电桩261个，充电服务更加方便、快捷。四是推动资源节约型社会建设。积极开展节能宣传周活动。全年共派发宣传资料1.1万份，发出节能《温馨提示》5479次，组织节能宣传活动11场次。　（廖耀隆）

附：2011年广东电网深圳宝安供电局领导成员名单

局　长：李朝晖（9月止）
　　　　谢　宏（9月起）
副局长：潘　捷（9月止）
　　　　罗陆宁（9月止）
　　　　吕志宁（9月起）
　　　　何仁强（9月起）
　　　　钟伟雄（9月起）

供　气

【概况】截至2011年年底，深圳燃气宝安管道气分公司拥有管道燃气客户20万户（不含工商、公福客户），供气管网达740多公里，供气场站21座，其中气化站1座；客户范围已遍及全区各个街道，肩负着宝安区燃气供应的主渠道任务。宝安管道气分公司在册员工362人，其中大专以上学历104人，高级专业技术职称6人，中级职称11人。公司不断引进高科技技术，加强新进优秀员工的职业培训，优化人才资源配置，提升管理水平，开展创先争优活动，积极调动员工的创造性和主动性。全力推行“首问负责制”的服务理念，规范和完善安全及优质服务程序化、制度化管理的各项业务流程和制度，构建安全和服务管理的信息网络平台，具备强大的安全供气保障能力。

【管网建设】2011年，深圳燃气集团加快深圳市天然气高压输配系统工程（西气东输二线深圳配套工程）及募投项目——深圳市天然气利用工程建设，与中石油签订西气东输二线天然气采购协议，为宝安管道气分公司未来快速发展提供充足的气源保证。2011年，宝安管道气分公司围绕从城市燃气运营商向清洁能源运营商转型的战略主题，按照“大管网、大客户、大信息、大发展”的要求，在深圳市政府大力实施节能减排政策的推动下，在深圳市工商用户尤其是电厂等大工业用户对天然气需求持续旺盛的形势下，结合深圳市经济特区一体化的不断推进，进一步提升发展低碳经济能源的战略，大力扩展管道主客户，加大管网建设，以气换油，天然气供应能力将大幅度提高。宝安管道气分公司推行业务精细化管理模式，配合深圳燃气集团“主业跨越、两翼支撑、三大保障”的发展战略，加快科学发展步伐，积极配合、推进西气东输二线深圳配套工程项目建设，不断完善公司治理，全面推进风险管理，推动服务创新，进一步加强安全生产，使公司各项经营管理工作再上新台阶，迎接绿色大运，以成就绿色品质生活为使命，以成为一流的城市清洁能源运营商为愿景，创造城市燃气发展的“深圳质量”。

【客户拓展】2011年，深圳燃气集团宝安管道气分公司加快开发工商业大客户市场，争取逐步形成新的经济增长点。西气东输二线气源的到来为天然气市场提供充足的气源保障，同时，气价降低也在使用成本上有效提升天然气与其他能源的竞争力。由于近年国家对节能减排的重视及诸多利好政策的出台，尤其是2011年大运会的到来，为天然气市场的发展提供强大支持，使宝安区天然气市场的拓展取得突破性进展。

【安全供气】2011年，深圳燃气集团宝安管道气分公司通过持续创新技术设备水平，最大限度地提高硬件系统的安全可靠性；通过采用先进科学的管理手段，不断改进安全管理方式，提升安全标准，细化工作流程，努力提高员工的安全意识和综合素质，全力保障输送和使用的燃气安全可靠。深圳燃气在企业管理和生产经营活动中始终坚持“安全最优先”的原则，把安全供气和供气安全放在首要的位置，确保每一个用户的用气安全，确保社会的安定和谐。

【优质服务】2011年，深圳燃气宝安分公司以客户满意度为落脚点，从客户感知出发，努力提升服务质量。通过第三方测评显示，2009～2011年，公司客户满意度节节攀升，从81.41分上升到2011年第四季度的83.90分，公司树立优质服务品牌形象，得到广大宝安区人民的认可。（罗小草）

附：2011年深圳市燃气集团股份有限公司宝安管道气分公司领导成员名单

总 经 理：张劲风

副总经理：任　军　刘建辉

农林渔业

综　述

【概况】2011年，宝安区农业实现总产值12286万元（现价），同比下降17.5%。种植业产值为7310万元，同比下降15.2%，主要是蔬菜种植、花卉栽培，2011年蔬菜年产量为14199吨，花卉销售产值2638万元。畜牧业产值为3044万元，同比下降34.1%，主要是养猪业、养鸽业、养鸡业，2011年生猪年出栏量30299头，鸽年上市量43.6万只，鸡年上市量45万只。渔业产值为1699万元，同比增长54.6%，2011年全区水产品总产量1384吨。

【基本农田改造】2011年，宝安区制定《宝安区基本农田建设和改造实施工作方案》，编制基本农田改造详规，全力推动1718亩基本农田改造，目前已完成1715亩征转地和清场面积，完成率达99.8%；全面铺开任务中已完成征转地8630亩和清场面积7264亩，完成率分别为97.1%和81.7%。凤凰玉律片区已经动工，浪心南片区完成招投标，即将开工建设。先后两次对全区国有农业用地进行拉网式检查，共检查生产型农业用地21677.25亩，生态型农业用地10351.80亩，检查地块307个，规范农地生产管理。

【农业科技】2011年，宝安区继续加大农业科技推广与培训力度，普及农业实用技术，提高农业科技攻关水平和农业从业人员素质。年内，举办2期有害生物防控培训班，共培训150余人，派发学习资料1200余份；在各街道举办10期农药安全使用技术培训活动，邀请农业专家给广大菜农果农讲授农药安全使用技术，发放各类宣传资料6000多份；举办1期农资打假工作培训班，共计36人参加，派发学习资料450余份；在松岗罗田社区举行“放心农资下乡进基地”活动，120余人参加，共发放宣传资料1500份；开展“蔬菜优良品种推广和荔枝优质丰产技术培训班”，共计培训10期，培训520余人次，发放优质种子、种苗600余包/株，派发学习资料700余份；举办3期“新型农民培训班”，共培训200余人；举办10期“蔬菜优良品种推广和荔枝优质丰产技术培训班”，共计培训800余人次；举办4期“绿色证书工程培训班”，共计培训200人。

农产品质量安全监管

【农业投入品监管】2011年，宝安区加大农业投入品监督管理力度。年内，共开展联合农资打假检查执法行动26次，共出动执法人员242人次，查获假冒农药112瓶（包）、过期农药535瓶（包）、散装种子142包，未发

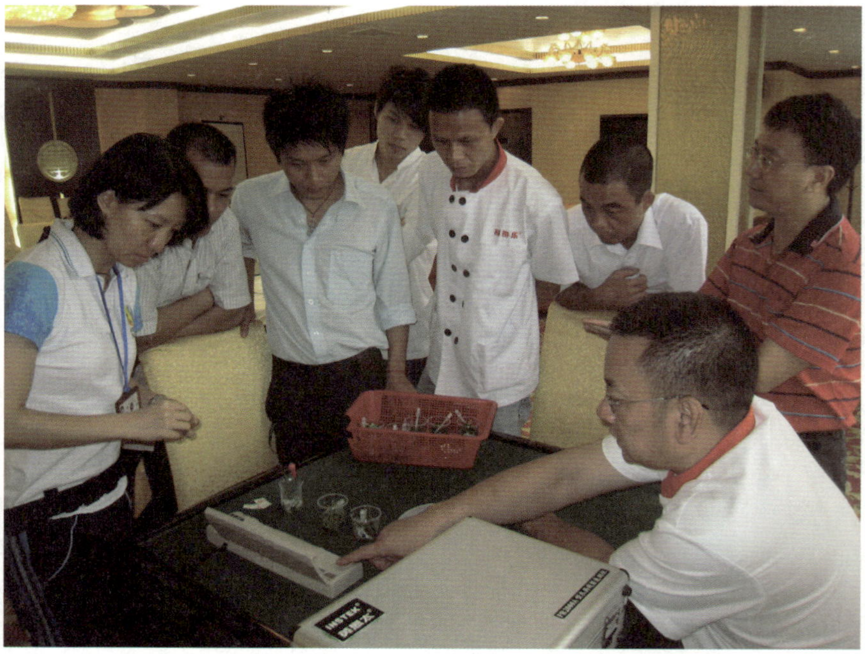

大运农产品驻点监测，对蔬菜、水产品等初级农产品进行全面的安全监督检测，保障大运农产品质量安全

2011年5月19日，宝安区开展农产品质量安全宣传活动

现国家严令禁止生产销售的高毒高残留农药，所有农药经营门市店都很好地执行台账制度，检查情况良好。对全区10个街道23家农药店随机进行7期农药抽检，并及时将抽查结果在宝安农业信息网予以分期公告并印制宣传彩页发放到各农资市场、农药店及农地。

【农产品质量安全监督检验】2011年全年全区检测蔬菜150209份，水产品（甲醛）19570份、水产品（孔雀石绿）298个，合格率分别为99.5%和99.7%；开展水产品新项目呋喃唑酮、氯霉素及喹诺酮类检测工作，各项目检测30个样品，合格率100%。对494家（次）超市商场、123（次）个生产基地、275家（次）农贸批发市场和19家（次）农产品公司进行抽样监测。全年共组织开展12次夜间批发市场监督执法行动，不定期监督检查西乡农贸批发市场、沙井中心批发市场、沙井上寮批发市场等5个主要市场。同时开展5次异地农产品生产（养殖）基地监督抽检。开展形式多样的宣传、培训，2011年，对生产基地、市场和超市商场质量安全管理人员511人次进行农产品质量安全检测技术和相关法律法规培训；举办12场有奖问答式农产品质量安全等宣传培训活动，650名菜农、农地责任人参加培训，发放宣传材料700余份，奖品2000份；开展农产品质量安全广场现场宣传活动，宣传相关法律法规知识及农产品安全消费常识，解答当下市民最关注的农产品质量安全问题，派发宣传资料5000多份；开展迎大运，保安全农产品质量安全宣传周活动，以派发宣传资料、挂宣传横幅的形式对全区各生产基地、市场、超市进行农产品质量安全宣传，派发宣传资料21600份。开展大运外围保障工作，对供应大运餐饮蔬菜等初级农产品进行驻点监测，确保供应大运餐饮农产品“零事故、零断供、零投诉”。大运期间，共抽检4402个蔬菜和424个水产品，合格率分别为99.5%和98.6%，依法销毁不合格蔬菜5800斤。

动植物防疫检疫

【动物防疫】2011年，宝安区重点做好重大动物疫病强制免疫工作。针对高致病性禽流感、高致病性猪蓝耳病、牲畜口蹄疫等重大动物疫病，实现畜禽免疫注射率达100%。全年共开展禽流感免疫注射禽只63.9万只；开展高致病性猪蓝耳病免疫注射生猪4.5万头、口蹄疫免疫注射3.1万头、猪瘟免疫注射4.5万头；犬类狂犬病免疫注射2.4万只。

【动物检疫】2011年，宝安区严格按照检疫操作规程，加大畜禽产地检疫和屠宰检疫，做到有报必检。全年共开展产地检疫生猪3.3万头，禽12.88万只；屠宰检疫生猪183.046万头，牛3176头，羊3372头；家禽批发市场检疫家禽1284.44万只。共检出病死猪467头，病猪肉84154公斤，病禽9.17万只，全部作无害化处理。

【植物检疫】2011年，宝安区严格执行植物检疫制度，加强场地检疫。一是加强红火蚁等有害生物疫情防控工作。年内，红火蚁防控出动人员16194人次，投入药剂9320公斤，投放饵剂面积124118亩次，防控蚁巢总数910493个次。二是积极开展植物产地检疫。2011年共收到植物产地检疫申请书125份，共发放产地检疫合格证书120份，共检疫花卉苗圃场125家，检疫花卉苗木面积2494.9亩，检疫花卉苗木1207632株（盆）。三是做好“宝安区农业植物有害生疫情普查及其防控体系的研究”科研项目研究工作。调查石岩、观澜等街道的花卉苗木场和蔬菜基地，共计调查花卉苗木场1036亩，蔬菜基地650亩，采回线虫样品37个，昆虫样品49个，细菌、病毒样品23个。有针对性地开展香蕉穿孔线虫的普查工作，共计出动普查人员24人次，普查花场30家，普查作物涉及孔雀竹芋、红掌等花卉作物10余种，普查面积400余亩，抽取样品120个。

造林绿化与林政管理

【造林绿化】2011年，宝安区全年完成造林面积552亩，至年底，共完成林相改造抚育工作2745.9亩。

【绿色宝安基金】2011年，宝安区城管局开拓全民绿化新模式，与中国绿化基金会合作打造“绿色宝安基金”

平台，一是可以将资金募集工作制度化、长期化，为宝安造林绿化和生态建设募集更多资金；二是通过基金运作，可以最大限度提高资金使用管理的透明度，消除公众的误解，避免将绿化资金的捐赠过程演变为政府摊派；三是可以更广泛地发动驻区企业、单位和社会公众关心、支持和参与宝安的造林绿化和生态建设，履行社会责任，回馈社会，造福社会；四是通过政策引导，对捐赠数额较大的、参与次数较多的企业和组织，可以在税收等方面给予政策优惠，提高社会各界参与生态宝安建设的积极性。“绿色宝安基金”于4月1日正式启动，年内，募集资金近1亿元，共有1977家企业和近2.5万名个人参与基金捐赠；实施绿化项目59个，种植各类树木约3.3万棵，为宝安区城市造林、园林绿化等生态建设事业作出重要贡献。

【林政管理】2011年，宝安区在林业管理上一手抓林地使用审批，一手抓森林资源保护，严格林业用地行政审批，完成薇甘菊防治任务23750亩，全年完成造林绿化300.9亩，完成中幼林抚育4500亩。

【森林防火】2011年，宝安区组建森林消防大队并开展各类培训14期816人次，制定森林防火网格化管理图，做到“山有人管、林有人护、责有人担”，全年没有发生较大的森林火灾事故。强化林业执法工作，2011年以来，共受理各类林业案件100起，立案查处24宗，罚款人民币50.37万元。开展宝安区林地保护利用规划编制，顺利通过省林业生态区创建检查验收工作。

海洋与渔业管理

【海域使用管理】2011年，宝安区加强海洋开发利用和保护工作，对辖区内海域使用情况进行严格监管。年内，出动执法人员615人次，快艇85艘次、车辆59辆次对辖区海域使用、海洋环境、海岛保护等进行巡查，进行夜间伏击行动10次，辖区海域巡查覆盖率达100%。全年查获海监案件3宗。其中，移交市渔政支队办理案件1宗，办结非法倾废案件2宗，罚款共12万元。

【渔业安全生产监管】2011年，宝安区继续加强渔业安全生产监管。年内，共计组织封港查船检查30次，检查676艘，督促24艘渔船整改安全隐患。加强辖区陆域、海域巡查力度，检查全区各类渔业生产场所121个，派发宣传单179张，发送渔业安全生产短信588条。开展渔政执法行动，打击非法渔业行为。全年办结渔政案件9宗，罚款9500元。

【渔业资源保护】2011年，宝安区在岸线监管方面，加强巡查和走访，并在重点地段放置水泥墩12个，竖立警示牌6个。在海岛管护方面，为清理小铲岛周边海域非法搭建的养蚝设施，组织专项清拆行动，清拆蚝排3个，查扣船舶6艘，清理整治蚝排养殖区面积220平方米。（范　敏）

道路建设与管理

综 述

宝安交通运输局为深圳市交通运输委员会的派出机构，主要负责道路路面、桥梁、护栏、标志标线等设施养护，负责公路客运、公交、货运行业管理；在市交通运输委委托的权限内实施交通运输行政许可和交通执法；结合辖区实际提出交通组织、管理、改善规划建议，开展社区交通服务工作。年内，宝安区建成区次干道以上路网密度为2.85公里/平方公里，管养里程2906公里，桥梁768座；道路养护企业5家，养护工区5个。公交线路279条，公交车辆4141辆；途经公交线路346条，公交车辆7244辆，占全市公交车总量41.36%，500米公交覆盖率为85%；公路客运企业8家，注册客运车辆682辆。

规划建设

【宝安区交通运输“十二五”规划】2011年，宝安交通运输局配合市交通运输委编制“宝安交通运输‘十二五’建设项目库”。7月8日，市交通运输委在宝安区政府召开《宝安区交通运输“十二五”规划》专家评审会，并根据专家评审意见修订规划报市政府审批。根据规划，宝安将实施“三大战略”，制定“十大计划”：一是大区域交通战略，计划包括：大枢纽计划，推进机场扩建、大铲湾二期等基础设施建设；大通道计划，形成“三横九纵”的高快速网络；大物流计划，打造西部国际物流通道网。二是公交都市营建战略，计划包括：轨道网络计划，初步建立城市轨道网络体系；公交网络计划，形成功能清晰、服务类型多样、一体化衔接的地面公交网络；慢行交通计划，完善城市绿道，新建公共自行车接驳设施，解决公交出行的“最后一公里”问题。三是多元交通塑城战略，计划包括：道路网络支撑计划，构建“四横八纵”的城市干道网络，实施客货分离的交通组织方案；交通支撑与土地利用耦合计划，引入建设项目及城市更新交通承载力评估，调控用地功能与开发强度；复合交通节点建设计划，采用地面、地下以及二层平台等立体交通方式，协调各类交通之间的联系与接驳，构建轨道网、道路网、地面公交网、慢行交通网等“多网合一”的复合网络交通体系；智能交通计划，建设交通监测系统、信息发布系统及公交智能调度系统等应用平台。预计今后5年，宝安交通运输投资约650亿元，其中新开工350亿元，续建190亿元，前期110亿元，涵盖道路、公交、慢行、停车、管理、行业等多个方面。其中2011至2012年约300亿元，2013至2015年约350亿元。届时，宝安区海陆空多元化、立体化的综合交通格局逐渐形成；国际领先的现代物流基地初具规模；高快

宝安体育场馆周边道路设施全面刷新

速路网和城市干道路网基本建成，客货交通基本分离，干道高峰小时平均车速由20公里/小时提高到40公里/小时；以人为本、绿色低碳的公交都市初步建成。轨道交通总里程达到108公里，500米公交站点覆盖率由82%提高到基本全覆盖，往返公交设施的步行时间控制在8分钟以内。

【宝安区基层街道交通综合改善规划】2011年，宝安交通运输局按照福永街道的示范标准，完成10个街道的交通综合改善规划编制工作。其中福永街道交通综合改善工程已开工，107国道福永大道路口、龙翔路、西环路改造等3个子项目已完工，桥头路、和沙路改造等2个项目完成施工图设计，正在开展预算编制工作，待投资到位后即可开工建设。

【专项交通综合改善（规划）方案】2011年，宝安交通运输局为缓解局部交通拥堵、消除交通安全隐患，委托专业机构根据实际需要，制定综合治理方案，快速动作，快速见效。如海雅地块周边交通综合整治工程概算已通过宝安区发改局审查并报区常务会待批，海关大厦—宝安中学周边交通综合整治工程已完成方案设计。

【建设项目前期工作】2011年，宝安交通运输局根据委优化交通基础设施建设养护工作模式、服务基层、提速提效的工作部署，按照“各定其位、职能错开、重心下移、分级管理、权责一致”的原则和“三统三分”的工作思路，宝安交通运输局重点推进一批建设项目的前期工作。其中，地铁1号线（宝安段）交通改善工程，地铁5号线（宝安段）交通改善工程第二标段（隆昌路），石岩北环路改造工程，富士康龙华、观澜园区周边交通综治工程，湖滨西路与宝安大道连接工程，西乡后瑞大运临时停车场改造工程，固戍二路（107国道—宝源路）市政工程等8个项目已完成招标工作并移交相关部门实施；桂香路市政工程项目正在开展招标工作，龙观路—新区大道连接线工程、107国道宝安段兴围、黄田掉头匝道桥工程、蚝乡路（锦程路—广深高速）市政工程、107国道与松白路立交高架桥新建声屏障工程等4个项目正在准备招标工作，锦绣路沙福河桥工程、道路交通安全隐患综合整治工程、石岩裕华路改建工程等其他项目前期工作按计划有序开展。

【道路建设改造项目】2011年，宝安交通运输局加快关口交通一体化建设，留仙三路连通留仙大道工程和安乐、荔山、留仙洞等3个耕作口改造工程提前完工；以福永街道为试点，推进街道交通综合改善工程，完成龙翔路、西环路改造、机场周边交通综治、107国道与福永大道交叉口改造工程、福永街道兴围社区道路改造工程、福永街道新田社区道路改造工程、西乡钟屋一村道路改造工程、西乡街道鹤洲社区洲石连接线路面改造工程，地铁1号线（宝安段）交通改善工程新湖路甲岸兴华段和裕安路口段、龙井二路配套设施整治、新安二路新圳东路交通配套整治工程、观澜大道人民医院路段交通整治工程、西乡后瑞停车场、107国道垃圾转运站工程。

2011年7月26日，留仙三路建成通车

【留仙三路连通留仙大道工程】2011年重点工程。留仙大道位于深圳市南山区，留仙三路位于宝安区中心组团，受原二线关的分割，两条道路现状没有连通。该工程是地铁5号线（宝安段）沿线交通改善工程的其中一个子项工程，起点位于现状留仙三路（城市主干道），终点接现状留仙大道（城市主干道），与洪浪北二路（城市次干道）相交，为城市主干道，双向6车道，路线长542米。主要功能是为原特区内外南山区与宝安区的交通连接，为宝安区中心片区至深圳北站开辟通道，分流南头关及107国道的交通压力，打通原特区内外断头路，同时为地铁5号线的建设及运营创造良好的交通接驳环境，是实行特区一体化以来最具有标志性意义的一条道路。工程于2010年12月7日开工，2011年7月26日建成通车，比计划工期提前2个半月。

【交通工程在建项目】2011年，宝安区交通工程在建项目为：地铁1号线（宝安段）沿线交通改善工程（新湖路改造工程）累计完成投资3396万元，占总投资31%；富士康（龙华园区）周边交通综合整治工程于9月16日开工，累计完成投资243万，占总投资12%。

道路养护

【大运交通环境提升】2011年，宝安交通运输局围绕大运场馆酒店、口岸枢纽和区“5333工程”共54条道路，维修路面63000平方米，人行道45000平方米，粉刷各类桥梁81座212350平方米、公交停靠站3000座，完善标线27万平方米，规范中英文标识751处，设置公交专用道89公里，在无设施公交站点建设简易站牌架1032个。

【道路日常养护】2011年，宝安交通运输局全年维修水泥路面136717平方米，沥青路面15161平方米，人行道69769平方米，路缘石17504米，灌缝70000米，桥梁栏杆883米，标线800平方米，人行天桥雨棚320平方米，雨水井505座及其他道路设施等。修复护栏17438米，防爬网4402米，防护柱3614根，标志牌585块，沙桶157个，限高架1个，指示器2个；实施287项完善项目，完善标志牌1125套，防护桩5002根，护栏23061米，标线207881平方米，防爬网3515米，防撞沙筒1664个，黄闪灯125套。实施养护工程大中修项目48项，完工32项，在建14项，取消2项。完成辖区450座桥梁定期检查工作，封闭两座危险桥梁（E级桥），组织完成沙福河桥维修加固，开展“三危项目”、“边坡专项检查”、“汛期专项检查”等养护安全检查工作。实施宝民一路盖板涵抢险维修加固、祝龙田路交通抢险等7项道桥设施损毁抢险工作。

【交通综治】2011年，宝安交通运输局完成福永街道西环路、龙翔路改造工程；完成新安街道荔山、留仙洞、安乐3个耕作口改造工程；完成宝安机场交通综合改善工程，107国道与福永大道交叉口改造工程，西乡街道钟屋一村道路改造工程，观澜街道观澜大道人民医院路段交通整治工程。

【标志标线国际化】2011年，宝安交通运输局实施标志标线国际标准化，施划标线231819平方米，更换标牌版面122.9平方米，翻新反光柱换膜3306根，刷新护栏10500米，更换柔性桩1186条，规范大运场馆周边、辖区主要道路中英文设置。

公共交通

【大运媒体交通保障】根据深圳市交通运输委员会有关要求，3月1日，宝安交通运输局成立大运会注册媒体车辆调度分中心，负责第26届大运会注册媒体的抵离、比赛采访、场馆穿梭、专项活动、开闭幕式等6类交通保障工作任务。大运会注册媒体车辆调度分中心下设3个工作小组（综合组、调度组、保障组）和5个车队（机场抵离车队、主新闻中心车队、福田枢纽车队、酒店车队、香蜜湖车队），涉及13家媒体酒店、2个交通集散点、6个交通场站及远端安检点、1个抵离口岸等22个主要大运媒体交通服务点。有工作人员1266人（其中管理人员96名，驾驶员601名，调度人员125人，志愿者444名）。大运会期间，以福田交通枢纽、主新闻中心两个媒体集散点为重点，另组建7个大运赛事期间交通服务支援团队，即福田枢纽站支援团队、机场交通服务支援团队、主新闻中心外围支援团队、香蜜湖外围支援团队、大运交通保障协调服务团队、大运后勤保障团队、应急司机团队，会同媒体车辆调度分中心工作人员在福田枢纽站、主新闻中心、香蜜湖、深圳机场等核心区域和13家官方接待酒店为媒体记者提供交通服务。精准安全运送。针对媒体车辆服务涉及大运场馆、官方酒店、主新闻中心等60多个服务点及往返的94条班线，分中心充分发挥骨干作用，主动与市大运媒体部、安保部、志愿者部、交警局等12个相关部门对接，及时根据赛程变动、安保升级等突发事件灵活调整班线及随车安保人员、志愿者，确保媒体车辆“定点、定时、定线”精准运作。在赛前，积极组织、参与交通保障及各项应急演练，及时根据车辆调度及各个环节存在的疏漏和不足，多次修改开闭幕式运行方案、媒体车辆运行方案、应急预案等方案，使车辆安检、人员安保、抵离接送、运行等各个环节的工作无缝衔接、环环相扣，实现运输精准、安全、有序、高效的目标。为媒体记者贴心服务。根据媒体记者的出行需求及工作特点，为每位注册媒体记者精心制作交通锦囊，里面装有大运会场馆、酒店及深圳旅游景点地图、班车时刻表、“深圳通”和媒体酒店双语介绍卡片；从相关单位抽调或邀请8名英语水平较好的工作人员提供引导服务；制作印有大运标志的雨伞随时供媒体记者领用，并在每台车辆配置保健盒；为方便识别注册媒体记者，专门设计交通标贴发给每位媒体记者。

2011年6月20日，深圳首条小支线巴士B835在福永街道试运营

2011年3月31日，宝安区举行大运车辆投放仪式，首批337台公交车正式上路，补充近20条跨区线路，缓解市民在不同场馆之间的乘车需要

开、闭幕式结束后，大大方便媒体记者在密集人流中与专用运输车辆的衔接；为方便媒体记者查询运输线路、场馆、酒店等信息，会同市交通运输委智能中心设置双语媒体班线实时信息查询系统。另外，制作个性化的标识指引牌、在福田枢纽设置的媒体记者休息区等，均在媒体记者有序运输中发挥重要作用。注册媒体车辆调度分中心为媒体记者提供的各种贴心服务，得到市领导和相关新闻媒体的关注。高效完成应急任务。为应对大运期间可能发生的各类突发事件，媒体车辆调度分中心根据需要有针对性地制订应急预案，准备调度应急车辆496辆，其中大客车462辆、小客车24辆、小货车10辆。在开、闭幕式期间，媒体记者集中在开、闭幕式场馆，为防止出现运输延误，对所有运力合理安排、科学调度，保证所有媒体记者安全、准点进场、离场。同时，根据市交通保障指挥部的安排在开幕式、闭幕式安全及时运送市委老干部各500人次。在闭幕式后，为方便媒体记者，媒体分中心灵活调整工作模式，设立5个工作组直接从酒店送媒体记者离深。另外，在大运赛事期间，组建30人的核心调度团队，并从局属相关单位抽调48人，三班倒强化应急值班，及时、高效处置各类应急事件39起。做好后勤保障。因服务群体较为分散，媒体分中心的人员管理和后勤保障难度较大。为解决工作人员的后顾之忧，媒体分中心结合实际设置6个集中就餐保障点为740名驾驶员、100名安保人员、270名志愿者提供服务，受到中宣部、新华社等上级部门和新闻媒体的高度赞扬。注册媒体车辆调度分中心共服务中外媒体记者5200名，其中平面媒体1900名、UBS（主转播商）1600名、非持权转播商和UNS（新华社）1600名、其他注册媒体100名。媒体记者交通服务涉及比赛场馆、训练场馆、酒店、交通口岸等60多个服务网点，涉及班线94条、车辆496台。8月1～26日，共发班次27134车次，运送媒体记者35445人次，总里程达725696公里，涌现好人好事20余人次，圆满完成“零投诉、零事故、零遗漏”的目标。

【城市公交】2011年，宝安交通运输局全面提升运输服务水平。以宝安大运场馆及周边公交保障为重点，新增25条、调整51条公交线路，新增运力941辆，更新运力543辆，新建成公交停靠站140个。赛事期间发送公交车72万班次，运送市民2024万人次，公交营运秩序良好，实现“零差错、零事故、零投诉”的目标。年内，全区公交线路共339条（其中干线212条，支线81条，快线19条，高峰线16条，高快巴士11条），公交运营车辆7150辆，运营里程达6100公里，公交万人拥有率达10辆/万人，公交分担率达43%，500米公交覆盖率由2010年的82%提升到84.6%。针对老城区、城中村和偏远区域常规公交网络覆盖偏低的问题，按照“市民需求到哪里，公交车就开到哪里；市民需要怎么走，公交车就怎么跑”的思路，对公交运行模式进行新的探索，引入“小支线巴士”，率先在福永开通3条试点线路，投放运力16辆。

【道路客运】2011年，宝安交通运输协调运输企业准备100辆公交应急运力、60辆长途应急运力和100人的应急分队，落实各项春运保障措施，狠抓春运安全和服务，确保全区春运总体形势稳定，未发生严重的交通安全责任事故、旅客滞留事件、治安刑事案件及其他影响恶劣的突发事件，实现“安全、顺畅、优质、和谐、有序”的春运工作总体目标。1月19日～2月27日（春运40天），区内各汽车站共发送运送旅客173.32万人次，同比增长11.84%；“五一”期间，宝安区各汽车客运站共发送长途班车23718班次，运送旅客33.7万人次；中秋节期间，共发送长途班车14720班次，运送旅客16万人次；“十一”黄金周期间，共发送长途班车38695班次，运送旅客50.32万人次。节假日旅客运输工作安全、有序。

【公交站亭建设管理】宝安区公交候车亭和出租车停靠站工程，是宝安区政府2009年立项建设的重要民生项目，其中公交候车亭765座，出租车停靠站250座，分3批建设。工程从2009年开工建设，期间经历大部制改革的调整和变动，在建设中遇到如绿化迁移、旧原有候车亭产权问题难以厘清、道路升级改建拆迁、站台邻近业主阻挠建设等各种困难。年内，建成公交候车亭357座，为计划的47%，建成出租车停靠站99座，为计划的

39.6%。年内，宝安交通运输局完成大运场馆周边、107国道、宝安大道等重点路段和重点区域公交停靠站的PC面板更新更换工作，全面清理公交站牌架上的商业广告，全面清洗保洁公交停靠站、清除公交停靠站污渍及牛皮癣，不断完善辖区公交线路信息的更新工作。共清洗公交站台12000多座（次），撤除违规商业广告1300多幅，更新维护线路信息2800多张，维修（维护）公交站亭900多座，张贴公益广告1300多幅，更新更换公交站台PC面板1100多块。年内，建立站点数据库，采集核准公交站点信息3605个，完成无设施站台建设1032座。对大运场馆周边、宝安大道等重点路段公交站台进行无障碍改造，设置无障碍坡道及指示盲道，全年完成辖区主干道无障碍公交站点改造100个。

【“一站两线”服务】2011年，宝安交通运输局积极落实“一站两线”服务。一站即深圳北站。深圳北站是集铁路、轨道、常规公交、出租车等交通方式为一体的多功能大型交通运输枢纽场站，宝安交通运输局参与规划新增公交线路18条，其中快线2条、干线10条、支线5条，利用留仙三路、梅龙路、新区大道、梅观高速、南坪快速等主干道，开通北往观澜、坂田，南抵南山月亮湾、罗湖文锦渡，东至坪山新区，西达宝安新安、西乡等地的直达公交线路。“两线”即轨道线、公交线。一是常规公交支线与轨道交通线有机换乘。对各街道大型企业、住宅群、商业、社会热点、难点区域等客流集中点区域与就近地铁口接驳，为市民提供不同的出行方式（如公交直达、支线—轨道—支线），解决高峰期市民出行难问题。二是常规公交干、快、线与轨道交通无缝接班。对于观澜、松岗、沙井、石岩、西乡（洲石片区）等地铁暂未覆盖的区域，采取干线、快线接驳的手段，快速将出行乘客运送到机场东、清湖、龙腾、固戍等交通枢纽区域。年内，宝安区共有24个地铁口设公交候车亭31个，出租车上落点48个，接驳公交线路109条，运力2391台。

安技管理

【大运行业安保】2011年，宝安交通运输局全面检查交通运输行业落实大运安保工作情况，共检查交通运输企业（含公交、车站、汽车维修、公路养护、建设企业）1386家次，排查整治各类安保隐患232处。重点抓好对西部公汽、全区14家客运汽车站等安全防范重点目标场所监管，督促企业加大投入完善安保设备，做好旅客行李安检、车辆安全检查、出站登记等关键节点安保工作。

大运会期间，宝安交通运输局为中外媒体记者提供高效、精准服务

【安全生产监管】2011年，宝安交通运输局加大安全生产监管力度。一是抓安全培训。组织局属各单位、辖区各主要交通运输企业安全管理人员，进行为期2天的“平安大运”安全维稳脱产培训；组织辖区各交通运输企业进行从业人员培训13000人次，其中公交、客运、二类以上机动车维修等重点行业从业人员培训率达100%。二是宣传教育。通过手机短信平台，发送3500多条安全生产温馨提示，对疏忽大意、违章驾驶、违规操作等行为作出及时劝诫和纠正，要求全行业从业人员遵章守法、安全作业，营造良好的安全生产氛围。三是建立机制。组织2010年度机动车维修企业质量信誉考核，对考核不合格的企业，责令按要求限期整改，引导企业规范经营、安全管理。

【隐患整治】2011年，宝安交通运输局共检查行业经营单位或场所（含公交、车站、汽车维修、公路养护、建设企业、道路安全设施）3439家次（处），排查整治各类安全隐患480处（含公交车辆隐患152处）。共投资1295万元，完成标线49672平方米、警示标志牌194块、防爬网1102米、防护桩619根，防撞桶156个，护栏11640米，警示灯20套。设置危桥禁行设施2处，设置危险边坡、危桥警示标志19个，组织维修加固桥梁16座、危险边坡整治5处。

【行业监督】2011年，宝安交通运输局落实公交客运企业的安全生产制度，对车辆、公司的安全生产制度、车辆安全技术状况、车队安全生产管理等方面进行检查。共开展专项行动2次，出动工作人员955人次，检查车辆2126台次，发现隐患177处，整改177处，整改率100%。2011年，全区交通运输行业总体保持平稳，交通事故死亡率同比下降67.6%，各项指标均在控制范围内，安全生产形势明显好转。大运会召开期间（8月12～23日），全行业未发生任何生产安全事故。

行政执法

2011年，宝安交通运输局根据深圳市行政体制改革要求，成立深圳市交通行政执法支队宝安大队，设立机动一中队、机动二中队、新安中队、西乡中队、福永中队、沙井中队、松岗中队、石岩中队、龙华中队、大浪中队、民治中队、观澜中队、机场中队、北站中队共14个执法单位。按照“属地管理”原则，将执法职责下沉到各执法中队，确定执法负责人和执法人员，明确职责和任务。

【运政执法】2011年，宝安交通运输局针对宝安客运中心、福永汽车站、龙华汽车站、观澜富士康、沙井中心汽车站等重点区域及周边非法营运较为猖獗的地段，宝安交通行政执法大队联合公安、交警、民兵应急分队等部门开展交通秩序优化行动、“雷霆四号”统一大行动、迎大运深莞惠联合行动、“闪电”行动、打击假冒出租车专项行动，对非法营运蓝牌车、“黑大巴”、假的士、异地的士进行整治。全年查处各类运政违章案件4039宗，其中查扣非法营运车辆670辆（含异地出租车59辆、假冒出租车25辆、小汽车394辆、中巴20辆、大巴96辆、普通货车53辆、危险品货车23辆），查处违章客车1236辆、违章货车1050辆、违章出租车91辆，各类摩托车、人力三轮车733辆，无证无照机动车维修门店181家，其他违章78宗。取缔非法客运站1个。其中福永片区查获各类非法营运车辆128辆，刑事拘留5人，其他人员正进行网上追逃，基本端掉盘踞在福永片区的非法营运“河南帮”团伙。2011年，宝安区联合整治非法营运综合考核总分位列全市第二，查扣非法营运“黑车”数量位列全市第四，福永街道打击非法营运团伙工作获市联合整治办通报表扬。

【路政管理】2011年，宝安交通运输局共办理各类路政许可126宗。其中开设路口10宗，埋设管线类91宗，占用挖掘类（含大中修和道路抢修）21宗，设立非道路标志牌4宗。受理各类路产赔偿285宗。年内，共查处各类路政违章案件3591宗，其中清理违章横幅、标语及彩旗2684条，拆除非道路标志719块，查处擅自损坏道路设施7宗，擅自占用挖掘道路30宗，擅自埋设管线42宗，违法开设路口19宗，污染道路46宗，实施道路安全监管39宗，其他路政违章5宗。　（曾振海）

查处非法营运

附：2011年深圳市交通运输委员会宝安交通运输局领导成员名单

局　长：巫作如

副局长：黄亦响（5月止）

王　玮　张东辉

城市轨道交通建设

【概况】2011年是深圳市轨道交通建设二期工程的收官之年，宝安区轨道交通建设任务包括轨道1、4号线续建工程，5、11号线工程，广深港客运专线，厦深铁路，深圳北枢纽工程及穗莞深城际线工程，涉及征收地拆迁、管线迁改、交通疏解及用地落实等内容，共计29项任务。2月22日，宝安区召开轨道交通建设工作动员大会，部署2011年工作任务，张备区长与区各责任单位签署《宝安区2011年轨道交通建设责任书》。在区委区政府周密部署、大力统筹、强力推进下，区各相关部门和街道狠抓落实，宝安区全面完成2011年的各项工作任务，为轨道交通二期线路正式通车运营作出重大贡献。

【统筹协调轨道工程建设衍生问题】2011年，宝安区妥善处理好轨道工程建设中产生的房屋下沉开裂、噪音扰民、交通不便等衍生问题，确保全区的轨道工程建设与沿线社区生活的双重稳定。宝安区全年共召开协调会议56次，协调处理工程建设衍生问题及信访事件33宗，涉及包括华丰广场、碧海花园小区、中粮集团公司等受影响商铺、居住区及企业，其中可能引起群体性上访等社会维稳事件15宗，处置率为100%。

【宝安迈入地铁时代】6月15日，深圳市政府在地铁1号线机场东站西侧公交接驳站举行地铁1号线（罗宝线）续建段开通仪式及地铁建设者试乘地铁活

2011年6月15日，地铁1号线机场东站西侧公交接驳站举行地铁1号线（罗宝线）续建段开通仪式及地铁建设者试乘地铁活动，市委常委、常务副市长吕锐锋，区委书记鲁毅，区长张备等参加活动

动。地铁1号线（罗宝线）续建段的开通运营标志着深圳市轨道交通二期工程竣工进入倒计时阶段，宝安迎来第一条地铁线路。6月下旬，地铁4号线（龙华线）和5号线陆续正式开通投入运营。12月，广深港客运专线正式开通。宝安正式迈入地铁时代，全区线路共长约70.7公里，共有地铁站25处，直接覆盖沿线社区48个，为广大市民出行提供更大的便利。

【轨道三期工程正式启动】12月29日，深圳市委市政府在拟建轨道11号线松岗车辆段旁召开深圳市轨道交通二期工程总结表彰暨三期前期工程开工大会，宣布轨道交通三期工程正式动工，工程建设将于2012年全面铺开。在轨道交通三期工程中，宝安区（不含龙华、大浪、民治辖区）将建设6、11号线和穗莞深城际线，线路全长61.5公里，设站19座，涵盖宝安的6个街道，总投资约300多个亿，共需拆迁房屋约120万平方米，收地约140万平方米。　（杨　程）

附：2011年宝安区城市轨道交通工作领导小组办公室领导成员名单

主　任：詹　辉

副主任：庄永拥

邮　政

【概况】2011年，深圳市邮政局宝安分局内设综合办公室、市场经营部、人事部、财务部和工会5个职能部室，下设金融业务中心、函件中心（大客户中心）、报刊投递中心3个专业中心及12个支局、4个二级支局；12个储蓄所、30个二级储蓄所、2个ATM轧账中心、2个函件营销中心以及311间代办所。现有15个普邮投递部、140条普邮投递邮路、255条特快投递邮路；有ATM1183台。全局共有从业人员1266人，业务范围包括储蓄、汇兑、特快、函件、集邮、包裹、报刊发行、投递等各种邮政业务。

【邮务类业务】2011年，宝安区邮政分局加大力度建设营销队伍，使营销服务保障功能进一步完善；将骨干营销员配置到支局任客服部经理，加强支局的营销力量；同时完善考核制度。明确奖罚机制，通过设立奖项以及客户经理的分类、评定等制度，激励营销员的积极性。区邮政分局积极开发适应企事业单位需要的产品，大力推进各项业务发展。在2011年以大运为主题，开发各式产品，满足广大深圳市民及企业的个性化产品需求；把握“读书月”契机，积极开展全民阅读项目，为广大市民提供优惠图书；近年来，区邮政分局积极响应深圳市政府号召，提供小额账户支付服务，依靠网点资源优势，全年共售卡6.65万张，充值129万笔，提供良好便民服务。

【代理金融业务】2011年，宝安区邮政分局进一步加强自身能力建设，改善营业厅的服务环境，完成对27个网点的整治，投放175台自助终端，建成34个高标准的自助银行，为服务宝安区广大外来务工人员提供良好的环境。区邮政分局采取“走出去”的服务方式，积极进社区、工厂开展业务知识推广活动，为广大人民群众提供金融业务讲座，全年共举办70场各式推介会，在业务得到推广的同时，也丰富了服务内容。

【效能管理】2011年，宝安区邮政分局健全考核体系，加大激励力度，通过上调计件工资单价、增加投递岗位考核奖、增设鼓劲奖、推行劳务工住房公积金制度等薪酬政策，进一步完善激励体系；完善营销体系，加强能力建设。首先，通过内部优化、合理调配，充实、扩大营销队伍。截至年底，全局专兼职营销人员达152人，营销力量进一步增强。提升员工综合素质。全年共组织员工培训66期，6170人次参加。员工的素质进一步提升，服务水平进一步得到提高。成本管理、精细化管理工作取得显著成效。财务管理进一步细化，成本经营取得很好效果。按照市局要求推行网点损益核算，对业务的效益进行分析，为支局业务发展提供指导，网点损益核算与网点预算、绩效考核等工作紧密结合，引导和促进基层经营关注效益。加强对各项财务指标的监控。低值易耗品占收入比重控制在0.7%左右，业务材料占收入比重为2.14%，业务招待费仅占收入的0.09%，各项指标均名列前茅。抓好邮政安全工作，保证生产安全；进一步强化员工安全教育，提高安全防范意识。年内，共举

2011年宝安邮政分局网点分布一览表

序号	局所名称（全称）	网点地址	联系人
1	新安支局	宝安区六区新安二路49号	文庆林
2	裕安支局	宝安区13区宝通大厦一楼	钟　斌
3	西乡支局	宝安区西乡街道龙珠路10-11号	钟华星
4	福永支局	宝安区福永街道福永大道287号	赖伟红
5	沙井支局	宝安沙井街道新和大道第工业区121号	杨玉梅
6	松岗支局	宝安区松岗街道东方大道1号	姚若云
7	公明支局	宝安区公明长春南路1号	谢培兵
8	光明支局	光明街道光明大街西九区34号	刘深造
9	石岩支局	宝安区石岩街道石岩宝石东路377号	张伯良
10	龙华支局	宝安区龙华街道公园路8号	钟文生
11	观澜支局	宝安区观澜观城社区中心花园11栋1楼	罗新宇
12	固戍支局	宝安区固戍村路口牌坊旁边	蔡少坚
13	机场支局	宝安机场航站三路6号	梁玉林
14	田寮支局	光明新区田寮社区田湾路82号	轩　林
15	新桥支局	宝安区沙井镇107国道82号	张少君
16	民治支局	宝安区龙华镇民治街道民旺路88号	巫碧光
17	裕安储蓄所	宝安区14区宝通大厦一楼	陈月泳
18	西乡储蓄所	宝安区西乡街道龙珠路10-11号	邹文杏
19	福永储蓄所	宝安区福永街道福永大道287号	冯　荔
20	沙井储蓄所	宝安沙井镇新沙路571号	罗元桃
21	松岗储蓄所	宝安区松岗街道东方大道1号	刘遵旭
22	公明储蓄所	宝安区公明长春南路1号	王国林
23	石岩储蓄所	宝安区石岩街道石岩宝石东路377号	翟锦荣
24	龙华储蓄所	宝安区龙华街道公园路8号	郑宜娥
25	观澜储蓄所	宝安区观澜新澜大街102号	罗红浩
26	固戍储蓄所	宝安区固戍村路口牌坊旁边	曾海涛
27	田寮储蓄所	光明新区田寮社区田湾路82号	厉宏伟
28	民治储蓄所	宝安区龙华镇民治街道民旺路88号	温木楼
29	创业路储蓄所	宝安区新安71区统建房1栋103号	廖清波
30	机场储蓄所	宝安机场航站三路6号	林燕施
31	前进储蓄所	宝安区西乡前进二路臣田村3-1B号	温旭凤
32	银田储蓄所	宝安区西乡银田工业区A7栋8、9、10号	马少芳
33	恒丰储蓄所	宝安区西乡鹤洲恒丰工业城D1栋一层6—7号	李雪波
34	九围储蓄所	宝安区西乡街道洲石公路九围段乌石脚综合楼1楼A号	陈莉萍
35	凤塘储蓄所	宝安区永福永大道华丰科技园2号一楼	曲经纬
36	凤凰储蓄所	宝安区永福永凤凰社区第三工业区A栋11—12号	龚秋兰

（续表）

序号	局所名称（全称）	网点地址	联系人
37	福兴储蓄所	宝安区福永重庆路高科林工业区1栋3号	潘晓钧
38	新桥储蓄所	宝安区沙井镇107国道82号	王　秀
39	新和储蓄所	宝安区沙井街道新和大道第工业区121号	谢　冰
40	锦绣路储蓄所	宝安区沙井街道金荣诚大厦一楼3—4号	仇丽芬
41	田园储蓄所	宝安区沙井街道西环路建艺装饰大厦首层	麦志芬
42	溪头储蓄所	宝安区松岗镇溪头花园商铺5—6号	潘一峰
43	燕川储蓄所	宝安区松岗燕罗大道燕峰综合楼首层西侧	文毅东
44	江边储蓄所	宝安区松岗街道江边工业区c栋一楼	胡伟伟
45	塘下涌储蓄所	宝安区松岗街道塘下涌广田路64号一二楼	温炜怡
46	观澜富士康储蓄所	宝安区观澜街道大水坑观澜富士康科技园区商业街	范国鑫
47	合水口储蓄所	宝安区公明街道合水口下朗工业区伟林丰盛街B115—119	曾吐莲
48	新围储蓄所	宝安区公明街道将石社区新围工业区第一幢一楼A20	邹伟彬
49	塘头储蓄所	宝安区石岩塘头大道宏发工业园一楼商铺	邱创如
50	水田储蓄所	宝安区石岩水田社区宝石东路85号一楼	黄旭钦
51	大浪储蓄所	宝安区大浪街道华旺路华富工业园综合楼7—12号铺	黎建伟
52	龙华富士康储蓄所	宝安区龙华富士康园区	邓辉军
53	清湖储蓄所	宝安区龙华清北路商住综合楼A2	谢秀红
54	樟坑径储蓄所	宝安区观澜樟坑径下围工业区金雄达综合楼一层19—26	谢建光
55	中心园储蓄所	宝安区观澜观城社区中心花园11栋1楼	赖超钦
56	玉律储蓄所	宝安区公明街道玉律社区玉泉东路8号二层B区	黄红燕
57	长圳储蓄所	宝安区公明街道长圳社区长圳工业区K栋一楼	梁杰生
58	光明储蓄所	光明街道光明大街西九区34号	何拥政

办5期交通法规知识讲座；完成84场应急演练，有效提升应对突发事件的处理能力；组织8期储汇人员警示教育，提高金融从业人员的资金风险防范意识。加强资金安全防范。以“分局稽查—所长—网点稽查”三级稽查体系为核心，严抓内控，提高风险防范能力。与网点负责人签订《邮政金融案件防控责任书》，保证责任层层落实到人，确保资金安全。实现“平安大运”的目标。积极落实大运邮政安全保障方案，组织实施大运应急预案演练，并邀请市局监保部领导对分局安全责任人进行大运安保工作培训，确保大运期间邮政服务安全。

【文明治企】2011年，宝安区邮政分局将思想建设放在重要位置，开展各种形式的学习、教育活动。以创先争优活动为主线，以《广东邮政2011年形势任务和“十二五”规划教育问答》读本为教材，开展形势任务教育活动，提高员工思想意识。开展“推进学习型党组织”、“纪念建党90周年”等活动，通过这些活动使广大员工统一思想，增强对企业的发展信心，营造积极向上的企业氛围。开展党风廉政宣传和纪律教育月活动。根据区纪委要求开展区邮政分局2011年党风廉政宣传教育和纪律学习月活动，落实党风廉政建设责任制，建立中层以上干部廉政档案。按照省公司、市局的要求，分局进行合规经营的自查，并配合市局完成省公司的检查，对发现的问题进行整改，进一步规范经营工作。

【营造和谐企业氛围】2011年，宝安区邮政分局着力改善员工生活环境，投入56万元修缮员工宿舍；在投递部配备冰箱、微波炉等生活设施为员工生活谋便利；探访慰问生育、伤病员工共计65人次，发放慰问金4.6万元。同时，大力推进员工文化建设。职工之家的落成，为员工开展活动提供平台。通过组织筹办男子篮球赛、游泳比赛、羽毛球赛等各式健康的文体活动，增强凝聚力。2011年，宝安区邮政分局成功申报创建全国“模范职工之家”。　（张启亭）

附：2011年深圳市邮政局宝安分局领导成员名单

局　长、党委书记：刘应富

副局长、工会主席：杨绪珍

副局长：陈备略

电 信

【概况】中国电信股份有限公司深圳宝安区分公司是中国电信在深圳市宝安区设立的分支机构，主要职能是对外代表中国电信管理其在宝安区的业务，并与宝安区政府、各街道办事处以及相关单位联系与合作等；对内负责中国电信所赋予的在宝安区范围内的通信建设、电信业务经营和客户服务等工作。宝安电信下设4个部室，分别是综合部、销售部、客户维护部、政企客户中心；下辖14个生产中心，包括龙华、观澜、西乡、福永、民治、松岗、石岩、沙井、新安、固戍、裕安、新桥、机场等13个营销服务中心及宝安区管线维护中心；2011年，共设有21个实体营业网点，1213个社会合作网点，17508个IP公话超市；共有客户服务经理228人，营业员380人，管线维护人员138人，装维工程人员901人；服务政企客户55660家，家庭客户92万家。2011年，中国电信深圳宝安区分公司获得省市公司绩效先进单位等荣誉称号。

【全业务收入持续增长】2011年，中国电信深圳宝安区分公司继续保持收入稳步增长。全年实现全业务收入24.91亿元，同比增长10%，增收2.26亿元；固话用户达到134万户、ADSL用户达到68.7万户、移动用户达到80万户；政企实现全业务收入10.45亿元，同比增长10.18%；固话用户达到38.6万户，ADSL用户达到8.3万户，后付费移动用户达到16万户，均在深圳市公司排名第一。

【加强区域信息化网络建设】2011年，中国电信深圳宝安区分公司全年资本性投资约4.1亿元，其中光缆投资1.43亿元，管线投资1.22亿元，FTTX设备投资1.04亿元，传统接入网投资0.24亿元，装修投资0.06亿元，无线投资0.11亿元。年内，新建接入点25个，FTTB+DSL节点180个，挂墙式FTTB+LAN节点约7000个，新增宽带接入端口30个，窄带接入端口8万个，覆盖约110个城中村，约100万用户。

【全业务发展措施】2011年，中国电信深圳宝安区分公司聚焦五大重点工作：一是聚焦城中村、主流楼盘两大宽带市场空间，认清上量路径，持续精耕细作；二是以光纤和融合为抓手，结合高清互视等差异化应用，激发用户高带宽需求，加深客户融合业务粘性；三是进一步发挥融合优势，通过自主融合、固移融合，比一比算一算，有效降低用户印象价格，后付费入网量大幅提升；四是大力拓展预付费三直网点，调整网点类型结构，加大网点铺货力度，三直网点已占到预付费放号总量的一半，有效拉动了预付费业务发展；五是坚持3G智能统领，转变销售方式，加快2G升3G，实现了3G用户规模发展。

【全业务服务标准】2011年，中国电信深圳宝安区分公司坚持以“服务前置”为抓手，良性循环推动客服工作规范有序开展；持续聚焦服务热、难点问题阶段性改进，踏踏实实做好区域“服务短板提升”，协同奋进实现区域服务“创优争先”年度目标。客户服务核心触点感知测评达标且保持较高水平。

【切实履行企业社会责任】2011年，宝安电信建设了“宝安区大运会志愿者指挥系统”，协助宝安区团委负责管理38个U站以及广大义工。基于信息化实现大运志愿者工作的调度，提升工作效率，提升管理效能，创建信息大运、高效大运的良好局面。5月，大运项目组联合中国电信宝安分公司为宝安区领导进行大运志愿者移动指挥调度系统演示汇报，得到区领导高度肯定。该事件政治意义重大，区域影响力巨大，得到新浪、搜狐、腾讯等各大网络媒体的报道，树立了良好的品牌形象。

【党工团有效促进企业全业务运营】2011年，宝安电信党委组织开展创先争优活动，持续推进“党员先锋行动”，在挖掘城中村市场、3G规模上量等行动中充分发挥基层党组织的先锋堡垒作用和党员的模范带头作用，有效促进各级管理人员和广大党员在政策上和能力上更加适应企业转型和全业务运营的要求。同时，党委关注大运会，带动党团志愿服务活动，提升了企业认知度。工会在重大节日和业务冲刺时段开展对一线员工的关怀慰问活动；开展“全民健身日”活动，提高员工的身体素质和文化素

2011年5月24日，中国电信宝安分公司荣获全国工人先锋号授牌仪式举行

质。积极开展“啄木鸟”合理化建议专项劳动竞赛和“员工健康管理提升”等丰富多彩的系列活动使企业充满活力，有效助力企业生产经营。宝安分公司荣获“集团公司先进基层党组织”、“全国工人先锋号”等多项荣誉。（唐述林）

附：2011年深圳市电信宝安分公司领导成员名单

总经理、党委书记：段亚林

副　总　经　理：李坤玉　张洪宗　陆海明　杨　波

电信新面貌——裕安营业厅开业

金　融

银　行

【中国工商银行深圳宝安支行】中国工商银行深圳宝安支行成立于1984年2月。随着宝安区经济快速发展及特区一体化进程稳步推进，总分行将宝安区作为战略重点区域，分行更是高度重视宝安区的业务发展，加大资源投入，全力以赴配合特区一体化发展，不断加强营业网点及自助银行的建设投入。至2011年末，中国工商银行宝安支行从业人员共171名，二级支行5家，离行自助银行共7家，自助柜员机40多台，服务渠道全面覆盖宝安区重点商业和居住区域。截至2011年年底，工行宝安支行存款总量达101亿元，贷款总量达到126亿元，有力支持宝安区经济发展。

工行宝安支行坚持“以客户为中心、服务创造价值”的经营宗旨，通过提供快捷优质的金融服务回馈客户回馈社会。2011年，工行宝安支行进一步以“流程改革年”为契机，以流程改进为抓手，扎扎实实推进以“享工行服务，品大运精彩”为主题的大运金融服务方案，为大运会提供安全、便利、高效的金融服务。

2011年，工行宝安支行发动全行员工踊跃捐资绿化，累计为“绿色宝安基金”捐款10余万元。工行宝安支行将继续开展环保扶贫、普及金融知识等多种慈善公益活动。

工行宝安支行秉承“诚信、人本、稳健、创新、卓越”的经营理念，以客户为中心、以市场为导向，积极提供优质的金融服务，并不断创新金融品种和手段去开拓市场服务客户。工行宝安支行为客户提供本外币理财、结构性存款、上市一路通、并购贷款、项目贷款、旧城改造贷款、供应链融资、付汇理财通、联汇通、行业融资方案、现金管理等一系列金融产品和服务，满足客户全方位的金融需求。近2年来，工行宝安支行加大金融创新力度，推出深圳企业通、租约贷、海关加工贸易银行保证金台账、爱购牡丹芯片卡深圳通版等一系列契合宝安区企业和居民实际金融需求的创新金融产品。　（卢漫湘）

【中国农业银行深圳宝安支行】2011年年末，农行宝安支行人民币各项存款余额280亿元，剔除社保存款后114亿元，比年初增长11亿元，增幅11%。人民币储蓄存款余额83亿元，净增9.4亿元，增幅13%。人民币各项贷款余额113亿元，比年初净增9亿元。其中个人贷款余额68.7亿元，比年初增长6.6亿元，总投放达19.6亿元。全年实现中间业务收入13283万元，全年共实现拨备前利润29569万元，同比增幅17%。实现净利润21514万元，同比增长3156万元，增幅17%。年末不良贷款余额2635万元，法人不良余额50万元，较年初下降294万元，资产不良率为0.23%，较年初下降0.05%。　（张　钰）

【中国建设银行深圳宝安支行】2011年，建行对在宝安区域内的网点和机构重新进行整合，成立宝安中心支行，管辖宝安区内全部18个建行网点，包括宝安支行营业部、创业支行、新安支行、安乐支行、前进支行、宝城支行、机场支行、沙井支行、松岗支行、楼岗支行、福永支行、龙华支行、民治支行、水榭春天支行、观澜支行、石岩支行、公明支行、光明新区支行，其中楼岗支行、水榭春天支行为年内新设网点，从业人员合计477人。至2011年年底，存款余额折合人民币301.02亿元，贷款余额折合人民币264.82亿元。有自助银行95个，ATM设备178台。　（梁仲之）

【中国银行宝安支行】至2011年年末，中国银行宝安支行各项一般性存款余额折合人民币为121.13亿，较上年增长6.16亿；各项贷款余额94.91亿元，较年初增长22.3亿元。其中人民币公司存款（含表内理财口径）增量达4.9亿元，人民币储蓄存款，较年初增长3.16亿元。全年实现经营收入51260万元，同比增长10508万元，增幅25.78%。2011年宝安支行设7个营业网点：新安支行、新城支行、西乡支行、前进支行、桃源居支行、建安路支行、流塘支行；5个部室：办公室、个人金融部、公司金融部、会计部、营业部。在职职工258人，中层以上领导干部39人。2011年新增建安路支行及流塘支行。　（尚　卫）

【宝安农村商业银行】深圳农村商业

银行成立于2005年12月，是经中国银监会批准，在原深圳市农村信用合作社联合社及辖属18家信用社取消法人资格、新设合并的基础上，征邀原社员、本地优质民营企业和社区企业，共同发起设立的股份制农村商业银行。

2011年，深圳农村商业银行宝安区辖内各支行严格执行有关政策规定和监管要求，坚持董事会、高级管理层确定的社区零售银行的市场定位，扎实推进各项经营工作，全力支持宝安区经济发展。至2011年年末，深圳农村商业银行在宝安区共有一级支行9家（含公明、龙华支行），二级支行86家，从业人员共766名，提供存款、贷款、办理国内外结算、代缴各种费用、代发工资、代理保险、同城跨行转账、异地汇款等综合性金融服务。至2011年年末，深圳农村商业银行在宝安区辖内各支行人民币存款共计497.90亿元，较2010年年末增加51.50亿元，增长11.54%；人民币贷款共计269.73亿元，较2010年末增加36.82亿元，增长15.81%；实现中间业务收入1.31亿元，较2010年末增加0.18亿元，增长15.93%。有自助银行282个，自动柜员机（ATM）、自助存取款机合计721台，累计发行信通卡545万张。

2011年，宝安区各支行在总行统一组织部署下，相继开展“中小企财智季”、基金知识讲座、“爱上回单易、开通有惊喜”、“网银12·9行庆”等系列营销活动。根据“与你更近一步”阶段性品牌主张，结合市场需求与客户特点，宝安区各支行积极营销推广信通创业贷、信通创富贷、中小企通发贷、信通物业贷、信通社区贷、智能通知存款，及月稳赢、季稳赢理财等零售产品，竭诚为不同客户提供多样化的金融解决方案、方便快捷的结算服务及个性化理财与增值服务。包括宝安区各支行在内，在全行的积极参与和辛勤努力下，深圳农村商业银行信息化建设稳步推进，新一代网银成功上线，并荣获“2011中国电子银行年会”颁发的“区域性商业银行网上银行最佳业务创新奖”。新一代综合业务系统更是先后荣获2011年度《亚洲银行家》评选的“中国最佳核心银行系统实施奖”、中国银监会“最佳金融IT产品创新奖”和2011年度深圳金融创新奖一等奖。

2011年，宝安区各支行推进合规文化建设年活动与服务标准化建设。通过合规知识竞赛，提升员工队伍的合规意识、团队意识、竞争意识。通过提高业务技能、增强服务意识、优化服务环境、配合服务督导等系列举措，进一步提升服务水平与竞争力。时值深圳第26届世界大学生夏季运动会之际，宝安区各支行根据全行统一工作部署，组织内控与安全巡检，落实值班制度与舆情监测，制订应急预案，积极开展窗口服务礼仪与双语培训，张贴大运标语标识，开设“大运绿色通道”，提高涉外金融服务便利度，全力确保大运期间营业网点、自助设备的安全稳定运行，为大运会提供优质、高效、便捷的金融服务。　（张家禄）

【**民生银行宝安支行**】中国民生银行于1996年1月12日在北京正式成立，是中国首家主要由非公有制企业入股的全国性股份制商业银行。民生银行成立以来锐意改革、积极进取，业务不断地拓展，规模不断地扩大，效益逐年递增，保持快速健康的发展势头，为推动中国银行业的改革创新作出积极贡献。2000年12月19日，中国民生银行A股股票（600016）在上海证券交易所挂牌上市。2009年11月26日，中国民生银行在香港交易所挂牌上市。民生银行确定“做民营企业的银行、小微企业的银行、高端客户的银行”的市场定位，推出全面的金融服务，包括个人储蓄业务、对公业务、外汇业务、按揭贷款、商贷通贷款、理财、基金、保险、私人银行、三方存管业务、贵金属延期交易、乐收银等。中国民生银行深圳分行服务于宝安经济建设，自1999年以来，在宝安先后成立宝安支行、宝城支行、龙华支行和沙井支行等4家分支机构，致力于为宝安中小企业、个体工商户等提供快速的融资服务。其中，商贷通作为民生银行针对民营企业主、中小企业主推出的拳头产品，解决中小企业融资难、结算难问题，为中小企业、小微企业提供一揽子综合性金融服务，得到银监局、深圳市商会、宝安区总商会、企业协会及各大媒体的赞同与支持。　（黄显柱）

保　险

【**中国人民保险公司宝安支公司**】1984年11月成立，1985年5月正式对外营业，办公地点设在宝安县建安路工商银行营业厅，公司内设办公室、综合业务股、人身业务股，1988年撤销内设股室。业务经营范围有：机动车辆保险、财产保险、各类责任保险、进出口货物运输保险、产品质量保险、农业保险、人身意外及其他人寿保险等险种。1986年，设立龙岗办事处，管辖龙岗、横岗、坪地、大鹏、葵涌、坪山、坑梓业务。同年，沙井、松岗、横岗三镇设立保险代理站。1987年，观澜、龙华、公明、福永、坪地、坪山、葵涌、大鹏、石岩、龙岗等镇相继成立保险站代理站。1988年设立布吉办事处，1989年设立横岗、松岗办事处，1991年设新安、龙华办事处。1993年松岗、布吉、龙岗办事处升格为支公司。

1994年，分公司属下相对独立经营人身险业务的专业公司开始实行财务独立核算，自负盈亏，宝安支公司寿险业务统一划归寿险公司经营，宝安支公司不再经营寿险业务。1995年，宝安支公司设立机场、福永、石岩办事处。

1996年，中国人民保险公司更名为中保财产保险有限公司，各分支机构相应更名，中国人民保险公司深圳分公司宝安支公司更名为“中保财产保险有限公司深圳市分公司宝安支公司”。

1997年，增设上合办事处。

1999年，中保财产保险有限公司更名为中国人民保险公司，中保财产保险有限公司深圳市分公司宝安支公司更名为“中国人民保险公司深圳分公司宝安支公司”。

2000年，撤销龙华办事处，成立“中国人民保险公司深圳市分公司龙华支公司”。

2003年，中国人民保险公司更名为中国人保控股公司，宝安支公司相应更名为中国人民财产保险股份有限公司深圳市分公司宝安支公司（简称：人保财险深圳市分公司宝安支公司）。

公司开设的险种主要有企业财产保险，机动车辆保险，货物运输保险，建筑、安装工程保险，家庭财产保险及各类责任保险。

人保财险宝安支公司从1984年的年保费收入100万增加到2011年的年保费收入1.96亿多元，赔款金额从1984年的20多万增加到2011年的1.1亿元，2011年营业税及附加合计10190万元。20多年来，人保财险宝安支公司为社会各界提供了1000余亿元保额的保险保障，累计赔款高近6亿余元，为社会及时化解风险、促进宝安区的社会和谐与繁荣稳定作出了重大贡献。（杨 滨）

【平安保险宝安支公司】中国平安保险公司成立于1988年3月，同年9月6日成立平安保险第一家分公司——宝安分公司，从事涉外财产险、运输险、责任险业务。1992年6月，平安保险宝安分公司更名为中国平安保险公司深圳分公司宝安支公司，可办理法定保险和国有企业、三资企业保险业务，以及各种外币保险和国际再保险业务。1993年获批取得经营机动车辆保险经营许可。2003年更名为中国平安财产保险股份有限公司深圳市宝安支公司。行业归口管理为中国保险监督管理局深圳市保险监督管理局。1988年设立布吉办事处，1989年设立沙井办事处，1999年成立松岗、沙井、石岩、西乡办事处，1996年设立龙华、公明、福永办事处。截至2003年，共有西乡、福永、沙井、公明、石岩、龙华、松岗、梅林8个办事处。公司开办的保险险种有：企业财产损失保险、家庭财产损失保险、团体短期意外险、建筑工程保险、安装工程保险、货物运输保险、机动车辆保险、船舶保险、能源保险、一般责任保险、保证保险、信用保险及中国保险监督委员会批准的其他财产保险业务。2011年平安人寿深圳分公司宝安支公司经营情况：保费收入207332万元，赔付支出19033万元，营业税金及附加11610万元；2011年平安财产保险深圳分公司宝安支公司经营情况：保费收入9990.91万元，赔付支出4210.69万元，营业税金及附加543.94万元。

（王 宇 任旭明）

【太平洋财产保险深圳分公司宝安支公司】1994年4月27日，经中国人民银行深圳分行批准，成立中国太平洋保险公司深圳分公司宝安支公司，地址在龙井二路嘉宝大厦2楼。1996年8月，成立龙华和松岗营销服务部，同年9月成立沙井营销服务部，1999年7月成立石岩营销服务部。2000年底，中国太平洋保险公司实行产寿险分业经营，更名为中国太平洋财产保险股份有限公司深圳市宝安支公司，2006年9月成立福永、公明和观澜营销服务部。截至2011年年底共有上述7个营销服务部。公司经营的保险险种有：机动车辆保险，财产保险，各类责任保险，建筑、安装工程险，家庭财产保险，进出口货物运输保险，人身意外保险等。2011年太平洋保险公司深圳分公司宝安支公司经营情况：保费收入19704万元，赔付支出12287万元，营业税金及附加1203万元。（综合部）

证 券

【概况】截至2011年年底，各家证券商在宝安设营业部或建立营业网点的有：国泰君安、招商证券、安信证券、国信证券、中信建投等。

【国泰君安】国泰君安证券股份有限公司是国内规模最大、经营范围最宽、机构分布最广、服务客户最众的证券公司之一，公司由国泰证券有限公司和君安证券有限责任公司于1999年合并新设，总部位于上海市。目前拥有金融证券服务全业务牌照，具有经纪业务、证券承销、资产管理、自营业务、直投业务、衍生产品投资、期货介绍、财务顾问、境外业务、基金管理、研究投资咨询等业务资格，旗下设国泰君安金融控股有限公司（注册地香港）、国泰君安期货有限公司、国泰君安证券资产管理有限公司、国泰君安创新投资有限公司、国联安基金管理有限公司5家子公司，在

国泰君安业务大厅

全国29个省、自治区、直辖市设有26家分公司、193个营业部。

国泰君安证券股份有限公司深圳龙华梅龙中路证券营业部，成立于2010年4月1日，地址位于深圳市龙华梅龙中路锦绣江南四期1099号，截至2011年底，营业部拥有从业人员73人，2011年实现股票基金交易量累计55.53亿元，手续费累计329.35万元，市场份额0.0065%。

国泰君安证券股份有限公司深圳深圳松岗营业部，成立于1993年7月，为股份制企业。2011年营业部有从业人员61人，2011年实现股票基金交易量累计213.27亿元，手续费累计2508.41万元，市场份额0.0250%。2011年营业部有从业人员61人。

营业部坚持“诚信、亲和、专业、创新”的公司理念和“共创业绩、共享成果、共同发展”的发展观，努力实现对股东最具投资价值、对客户最具服务价值、对员工最具职业价值、对市场最具社会价值的发展目标；肩负诚信发展和创造价值的责任。坚持合规经营，赚取阳光利润，坚持对股东投资负责的原则，实现税收和利润一直位居行业前列；肩负服务客户和保护客户的责任。坚持以客户为中心，以服务树品牌，形成以“君弘财富俱乐部”为标志的多元化多层次服务体系，开展投资者教育活动，切实保障投资者合法权益；肩负员工和企业共同发展的责任。（刘　琼　李杰荣）

【招商证券】招商证券股份有限公司宝安建安路证券营业部1991年开业，营业部面积2300多平方米，分设散、中、大户室和机构室，环境优雅舒适，设施先进齐备。配备先进的中央广播系统和可视电视电话会议系统。营业部业务范围齐全，包括深、沪A、B股及基金业务，融资融券、股指期货、商品期货、国债现券与国债回购、企业债券业务，同时可代办深、沪A、B股东代码卡。银证转账业务快捷方便，开通多家银行的银证自动转账功能。从2000年起，连续多年获得深圳市“优秀证券营业部”荣誉称号，并多次被公司评为先进营业部。2011年有从业人员131人，2011年实现股票基金交易量累计938.71亿元，手续费累计8296万元，市场份额0.107%。（杨蓉晖）

【国海证券】国海证券股份有限公司深圳宝安裕安路证券营业部，其前身为国海证券有限责任公司深圳宝安裕安路证券营业部，成立于2009年8月18日，为股份制企业。营业地址位于宝安区新城大道西南侧裕安路东南侧尚都花园，地处交通便利的宝安中心区。营业部设备先进，交易系统稳定、安全、快捷、功能强大。2011年有从业人员22人。2011年累计实现股票基金交易额102亿元，佣金收入累计606.39万元，市场份额0.12‰。（李予忠）

商贸

【概况】2011年，宝安区经济促进局以加快转变经济发展方式为主线，坚持大项目带动、替代优先、载体优先和环境优先战略，强力推进产业转型升级，全力抓好为企业服务、招商引资、拓展市场、融资扶持、优化消费环境、信息化建设、农产品质量安全监管等重点工作。全年实现地区生产总值2887.83亿元（不含光明新区，下同），同比增长13.2%；规模以上工业总产值达到9110.91亿元，增长14%；固定资产投资总额611.01亿元，增长11.3%；社会消费品零售总额703.23亿元，增长16.9%；出口总额943.14亿美元，增长13.9%；实际利用外资10.3亿美元，增长8.2%；合同利用外资14.75亿美元，增长22.3%；供电量291亿千瓦时，增长5.4%。

【现代商贸业建设】2011年，宝安区优化商业网点布局和业态，城市综合体已成为宝安区商业投资的热点。海雅购物中心建设已经封顶，预计2012年开业，华润MALL正在确定选址，中粮大悦城列入市城市更新改造项目，正在制定拆迁补偿方案。西乡互联网产业园一期建成并招商，德普沙井电子城二期开业运营，沙井塱岗中亚电子博览中心一期即将招商，民治展滔电子商务产业园一期完成招商，二期封顶正在内部装修。麦德龙首次进驻宝安区，吉之岛中心区店即将开业，全区5000平方米以上大型商业网点达到120个。举行第四届宝安购物节和福永家私节，其中购物节实现销售额45.2亿。落实家电以旧换新补贴，全年审核23.4万台，补贴金额7048万元。

【招商引资】2011年，宝安区加强投资环境推介，特别加大对央企、世界500强、跨国公司的引资力度。积极落实宝安区与中粮集团、中航集团、大唐国际集团等投资项目的合作意向。组织外资企业参加省、市与世界500强企业合作交流会，在省、市民企招商大会上，签约联美公司总部、红星美凯龙、三一重工、绿微康生物工程等大型民营企业项目。赴以色列、瑞士开展招商推介活动，促成豪恩电子、惠科电子、德昌电机等企业签约。新批和增资超千万美元外资项目49宗，新增艾普生精工、长安标致等6家世界500强投资企业。高端产业推介会引进的73个项目中，35个项目开业或投产，17个项目正在抓紧建设。长安标致汽车奠基动工。举行新兴产业招商推介会，共引进新兴产业及现代服务业项目83个，总投资额达502.6亿元，新一佳总部、优凯斯总部等28个大型项目达成合作意向并在会上签约。

【产业结构调整】2011年，宝安区深入产业结构调整。强化对战略性新兴产业的政策引导。突出加快发展战略性新兴产业、现代服务业的政策导向，编制完成工业、现代服务业、农业、循环经济、电网建设和信息化发展等6个“十二五”专项规划纲要。对民营经济、技术改造、外贸发展、节能降耗、商贸发展等五个产业发展专项资金进行绩效评估和修订。推进各

2011年11月28日，宝安区高端产业招商推介会在深圳五洲宾馆举行

2011年6月3日，宝安区举行购物节启动仪式

街道布局建设1～2个新兴产业园，尖岗山创新产业园、西乡LED产业园、西乡互联网产业园、福永立新湖新兴产业创新示范区、民治电子商务产业园等10个战略性新兴产业园完成初步规划。淘汰转移低端劣势企业成效显著。制定《宝安区淘汰低端产业 促进产业结构优化升级工作方案》，围绕五年内淘汰6000家、年内淘汰1200家低端企业的目标，落实责任，采取依法关停、有序转移、成片淘汰等措施，强力推进企业淘汰工作。松岗东方片区工业区、沙浦旧工业区、沙井坣岗社区、龙华第三工业区等成片淘汰试点工作积极推进。组织企业参加深汕特别合作区首届招商会等，有序引导471家企业整体转移到东莞、河源、惠州、湛江等地。稳健、高新奇、粤深钢集团等一批优势企业有序转移低端生产环节，腾出空间发展研发机构和企业总部，实现园区升级。全年共查处、取缔无证无照非法经营9172家，淘汰低端劣势企业1374家（关闭903家，转移企业471家，产值500万元以上企业207家），涉及工业总产值48.9亿元、用工人数15.9万人、厂房面积202.7万平方米。加工贸易和传统产业转型升级加快推动。大力支持加工贸易企业向产业链高端环节延伸，伟创力、德昌电机、百丽皮鞋等企业产品结构、投资结构趋于优化。富士康、住友、松下等跨国公司今年的投资项目明显向软件、半导体、光电器件、新型元件等高端产业倾斜，全年电子器件出口增长219%。对来料加工企业实行“倒计时管理”，重点推进360家大型来料加工企业不停产转型，举行“三来一补”企业转型升级业务说明会，加强对“三来一补”企业的业务指导。321家“三来一补”企业实现不停产转型，全区“三来一补”企业数下降到目前的1014家。认定深圳市聚飞光电股份有限公司等14家企业技术中心，新增联建科技和硅谷动力清湖产业园等2个特色工业园，全区市级特色工业园达到8家。

【**为企业服务**】2011年，宝安区落实市政府送服务下基层活动，组织开展区领导下企业调研和挂点重点企业活动，走访调研115家投资额千万美元以上项目，对企业遇到的困难及问题进行归类和任务分解，逐一制定解决措施。累计完成273家大型企业周边环境整治，启动第四批31家企业周边环境整治工作。编制发布宝安电子信息制造业外贸景气指数，完成《全球制造业转移规律及宝安对策研究》、《富士康集团转型升级示范意义研究》等课题调研。落实产业发展资金，全年为1600多家企业落实民营经济、外贸出口、商贸旅游、技术改造等专项资金约1.1亿元。帮助企业开拓国内外市场，组织近900家企业参加32个境内外展会，重点承办服装展宝安专场、东北亚博览会。取得中国贸促会授权，开展直接办理国际商事证明业务，为企业“走出去”提供便捷服务。提高窗口审批效率，全年新批外资投资项目656项、新批加工贸易合同4587宗、签发一般原产地证书5.2万份。加快电网建设步伐，建成5座变电站，全区变电站达67座，主变总容量2214.6万千伏安，完成24公里电缆沟建设，基本解决电力“卡脖子”问题。把企业上市作为做大做强民营企业的抓手，切实解决上市企业土地产权、人才用工、政府补贴、税收及补贴、用电、周边配套等方面的问题。加强对拟上市企业的辅导，组织200家具备上市条件的中小企业开展上市业务专题培训；对90家拟上市企业开展调研，全面摸清企业的生产经营、自主创新、市外投资等情况，加快落实企业在改制、辅导及上市不同阶段的扶持政策。佳士科技、欣旺达、雷柏科技、洲明科技、联建光电等5家中小企业上市，募集资金约45亿元，上市企业总数达32家，拟上市企业增加到90家；担保机构共为291家次企业提供信用担保，担保金额达21亿元。举办“企业发债融资业务专题推介会”和企业融资洽谈会，组织280多家企业、30家金融机构参会，为金融机构和企业搭建交流合作平台。

【**信息化建设**】2011年，宝安区支持企业开展信息化建设，对23家企业信息化项目给予资金资助687万元，提升企业管理效率和水平。全年共立项安排政府投资信息化项目36个，投资额3886万元。加强电子政务建设，2011年获得全国“区县级政府网站”绩效评比第5名。启动开通“督查工作管理信息系统”，实现区领导交办事项、民生实事、会议议定事项等8类事项的网上全程督办。构建覆盖“区—街道—社区”三级统一的维稳信息平台，截至12月底，共登记矛盾纠纷3.2万宗，化解3.1万宗，化解率97.4%。开展“数字化医院”试点，区妇幼保健院平均每个病人就医时间减少1～1.5小时。开展2个社区的“零公里服务圈”试点。配合电信公司在全区开展“光网城区”建设，实现109个社区的光纤入户，92万户居民受惠。

【机构改革】 2011年，宝安区经济促进局由原区贸易工业局（不含旅游局）、原区信息化办公室、原区农林渔业局（海洋局）种植业、畜牧兽医业、渔业及海洋管理的职责整合组建而成。内设13个科室（包括办公室、经济运行科、能源电力科、产业规划科、中小企业科、外资管理科、投资推广科、贸易市场科、加工贸易与进出口管理科、信息化推进科、农业科、畜牧兽医科、海洋与渔业科），下设3个直属机构（包括广东省渔政总队宝安大队、深圳市宝安区动物卫生监督所、中国国际贸易促进委员会宝安支会），6个事业单位（包括深圳市宝安区信息中心、深圳市宝安区加工贸易合同管理办公室、深圳市宝安区加工贸易企业核验所、深圳市宝安区贸易监测研究中心、深圳市宝安区无公害农产品监督检验站、深圳市宝安区农业科学技术推广中心），共计22个部门。 （范　敏）

附：2011年宝安区经济促进局领导成员名单

局　长： 贝济标

副局长： 万国顺　彭　涤　曾新晓　王会明

财　政

【概况】2011年，宝安区累计完成税收总收入472.98亿元，同比增长18.71%，完成年初预计的108.84%。其中国税收入281.68亿元，同比增长17.51%；地税收入191.3亿元，同比增长22.79%。综合财政预算收入累计完成230.16亿元，完成年初预算的117.46%，同比增长14.87%。其中地方财政一般预算收入151.05亿元（税收分成收入139.29亿元、非税收入11.75亿元），同比增长47.40%，完成年初预算135.76亿元的111.26%；加上转移性收入57.8亿元，累计完成一般预算总收入208.85亿元，同比增长46.91%；国土资金收入18.63亿元；统筹资金收入1亿元。统贷基建收入8亿元。综合财政预算支出累计完成230.16亿元，完成年初预算的117.46%，同比增长14.87%。其中一般预算支出198.94亿元，同比增长52.28%，完成年初预算164.31亿元的121.08%；国土资金支出20.18亿元，统筹资金支出1.44亿元。统贷基建支出9.47亿元。

【民生支出】2011年，宝安区年终结算累计公共服务和民生事业发展支出165.82亿元，占一般预算支出的89.7%，其中教育、医疗卫生等九大类民生支出和公共安全支出129.66亿元，占一般预算支出的70.1%。财政支出重点保障教育、医疗卫生、公共交通、社会保障和就业、文化体育、环境保护等民生领域支出，其中：教育支出28.11亿元，同比增长35.25%，区级教育投入占公共财政支出比重达14.4%，比上年提高1.4个百分点。全区新增6所学校，增加学位10680个；社会保障和就业支出8.45亿元，增长48.28%。向10738人发放灵活就业人员社保补贴1.14亿元。帮助4820名失业人员实现再就业，城镇登记失业率控制在1.62%；医疗卫生支出12.27亿元，增长73.54%。其中安排医疗卫生补助经费3.06亿元，新增床位4689张；节能环保支出14.32亿元，增长1166%。新增排污管网73千米，社区供水管网改造完成355.4千米，整治河流13条；科学技术支出3.27亿元，增长226.13%；文化体育和传媒支出6.56亿元，增长74%。全区文化体育设施不断完善，文艺精品创作硕果累累，各类群众文化活动深受市民欢迎；城乡社区事务支出31.7亿元，增长74%。2011年起，全区道路清扫保洁预算指导单价分3年过渡逐步提高至全市平均水平，2011年区财政共拨付街道清扫保洁经费补助1.44亿元；公共安全支出19.64亿元，增长10.43%。投入3360万元加强校园安保服务。

【基建投入】2011年，宝安区本级安排基本建设支出60亿元。宝安财政按照基建工程建设进度及时拨付基建资金，2011年累计支出完成24.02亿元，加上以前年度安排的基建支出，共拨付基建支出69.42亿元，确保各项政府投资项目顺利进行，加快宝安区特区

2011年7月28日，2011年宝安区企业融资洽谈会召开

一体化建设。

【**促进产业结构优化**】2011年，宝安区财政社区投入经费12.25亿元，重点投向社区基础设施和公共服务其中社区社会管理费用7.5亿元、社区物业管理费和公配设施建设补助经费1.1亿元、固本强基工程8000万元、同富裕项目工程5000万元、股份合作公司专项资金及帮扶投资资金2.35亿元。围绕转变股份合作公司发展方式等区中心工作，宝安区财政局对专项资金扶持措施进行调整，多角度、多措施促进股份合作公司转型；筛选出条件较为成熟、符合规划的6家转型试点公司报区政府审定；起草《关于调整扶持股份合作公司发展专项资金扶持措施的通知》，进一步减低补贴门槛，扩大补贴范围，更好地发挥专项资金的扶持引导作用；修改完善《关于进一步加强股份合作公司监管的意见》；起草2011年宝安区股份合作公司换届选举工作指导意见。同时，为切实帮扶宝安区欠发达社区股份合作公司发展，宝安区财政局草拟并提请区委区政府出台《宝安区帮扶欠发达社区股份合作公司发展试行办法》，帮助欠发达社区股份合作公司发展，力争至2014年底，实现零分配公司基本“脱零”，其他需帮扶公司人均集体有效分配增长30%以上，基本改变落后面貌。

【**积极推动经济发展方式转变**】2011年，宝安区安排科技与产业发展专项资金8.29亿元，实际支出4.14亿元，积极推动文化产业、科技研发、民营经济、自主创新、循环经济和支柱产业的发展，促进宝安区产业结构进一步调整优化，加快转变经济发展方式。其中：实际支付传统产业技术改造与自主创新专项资金0.5亿元，支付民营与中小企业发展专项资金1.06亿元，支付科技研发资金1.72亿元，支付文化产业发展资金0.21亿元；审核拨付家电以旧换新补贴资金0.7亿元。同时，宝安区财政局进一步修订《宝安区科技与产业发展资金管理办法（送审稿）》并提交区政府审定。

【**为特区一体化提供财力保障**】2011年，宝安区财政局按照“大事大气大保障，小事小气加小心”的要求，宝安区财政局进一步强化支出管理，科学合理调度资金，盘活历年沉淀资金，充分发挥资金使用效益，重点保障特区一体化建设等重点工作顺利推进。同时，积极争取市财政资金向宝安区倾斜，加大对宝安区在社会管理和公共服务领域的转移支付力度。继续坚持厉行节约，强化预算约束刚性，减少不必要的开支和计划外用款，降低政府行政成本，集中财力办大事。2011年，财政综合预算安排特区一体化建设资金为76.5亿元（不含部门预算安排的项目经费），重点加大基建和公共服务领域投入，大力推进特区一体化和公共服务均等化。今年起宝安区将分三年逐步提高道路清扫保洁标准，今年全区所需经费总投入约为4.81亿元，比上年实际投入增加2.23亿元。同时，安排社会管理经费5000万元，为民治街道特区一体化先行示范区建设提供资金保障。

2011年7月28日，市国资委领导到区财政局调研指导工作

【**开展第四轮区街道财政体制改革调研**】2011年，宝安区财政局积极配合第四轮市区财政体制改革有关工作，做好新旧体制衔接，确保体制平稳过渡，并密切关注新一轮体制的预算执行情况。同时，按照公共财政的要求，着力推动基层公共财政发展，开展第四轮区街道财政体制改革调研，为实现特区一体化目标奠定基层基础，确保街道级财力重点用于加快城市管理一体化和基本公共服务均等化建设。

【**加大对欠发达社区居民社保补贴力度**】该项工作是2011年宝安区十项民生实事之一。通过公司申报、街道初审、中介机构审计、区财政局复审等环节，确定104家股份合作公司纳入社保缴费补贴范围，需补贴社保人数为13683人，共需社保补贴资金1.13亿元。经区政府审定通过后，区财政局于12月将社保缴费补贴资金拨付至各街道。

【**切实做好大运资金保障工作**】2011年，宝安区财政局进一步提高工作效率，全力做好大运会资金保障和服务工作。一是成立大运会专项经费审核小组，对大运专项经费严格审核把关；二是起草《宝安区大运会专项经费审核拨付暂行办法》，规定经费申拨程序和办理时限，确保大运专项经费安全、快捷、及时拨付；三是优化政府采购审批流程，进一步缩短资金审核拨付时间。同时，坚持廉洁办大运的原则，对大运专项经费的使用情况严格监管，确保专款专用。

【大力推进“小金库”专项治理】2011年，宝安区财政局为构建和完善防治“小金库”长效工作机制，进一步加强宝安区反腐倡廉建设工作，区财政局继续牵头开展“小金库”专项治理工作。对全区党政机关、事业单位、社会团体和国有企业926户单位开展全面复查、督导抽查、整改落实、机制建设和总结验收等工作，建立和完善宝安区防治“小金库”长效机制，维护宝安区良好财经秩序。

【加强财政资金监督检查】2011年，宝安区财政局共对全区43个单位46个项目的资金使用情况进行检查，并针对检查中发现的问题和薄弱环节，要求相关单位和经办人员严格履行政府采购相关规定，完善财政项目支出审核手续，认真整改，杜绝类似问题的再次发生，进一步加强对单位的财务监督管理，提高财政资金的使用效益。

【严格控制政府行政成本】2011年，宝安区继续实行预算编制“零基预算”，严格控制财政一般性支出，从严从紧编制部门预算，节约财政资金，保障全区各项重点支出需要。

【积极推进财政预算公开工作】2010年，宝安区财政局在全市率先在网上公布部门预算，获得社会舆论的肯定。为进一步做好宝安区部门预算公开工作，建立健全公开机制，扩大公开范围，2011年印发《关于进一步做好宝安区部门预算公开工作的通知》，要求全区各街道及区直行政事业单位在政府门户网站（或通过宝安政府在线）公开本部门2011年部门预算信息。

【规范会计市场秩序】2011年，宝安区财政局进一步加强会计管理和培训工作，规范会计市场秩序。一是把好会计从业人员入门关，2011年共组织会计从业资格、专业技术资格、电算化等会计类考试报名及考试人员共25111人次；二是加强培训，提高会计从业人员素质，会同区卫生局、区投资管理公司、10个街道财政办联合举办12期会计人员业务培训，参加培训共1180人；三是组织做好区会计学会工作，成功举办第三期“会计实践大家谈”征文活动，同时组织会员参选“2010年度财政与会计优秀论文（专著）”活动，充分发挥会计学会学术研究平台作用。

【成立宝安建设投资有限公司】10月，为创新城市建设机制，宝安建设投资有限公司正式挂牌成立，公司注册资金25亿元，其中市拨给10亿元种子基金，资产15亿元。受宝安区委区政府委托，公司将严格按照国家法律法规和现代企业制度的要求对授权范围内的国有资产，进行规范运作、科学经营，充分利用土地开发、城建配套设施建设等资源，以多种方式引资合作，大力提升优势资源的开发、经营和利用价值，变资源为资产，不断扩大净资产规模，提高资产效益，实现国有资产的保值增值，提高投融资能力，为加快宝安区城市基础建设提供资金保障。（李　琼）

附：2011年宝安区财政局（国资委）领导成员名单

局长（国资委主任）：李献荣

副局长(国资委副主任)：刘柏稻　饶诚进　李纪文　王映芬

税　务

国家税务

【税收收入】2011年，宝安区国税局累计组织税收收入281.68亿元，同比增长12.68%，增收31.69亿元。在总收入当中，现税收入179亿元，同比增长26.77%，增收37.80亿元，完成市局任务数的104.65%；免抵调库收入102.68亿元，同比下降5.61%，减少6.10亿元；审核出口退税156.20亿元，同比增长67.63%，增退63.02亿元。分税种看，增值税现税收入119.01亿元，同比增长23.82%，增收22.9亿元；企业所得税收入36亿元，同比增长48.31%，增收11.73亿元；消费税收入23.69亿元，同比增长14.19%，增收2.94亿元；此外，代征城建税0.3亿元。

【税源分析】2011年，宝安区国税局继续完善区局、分局、科室三级联动工作模式，健全科学制订计划、过程跟踪管理、及时反馈应对三位一体工作机制。充分发挥《税收月报》、《税源分析报告》等载体作用，加强数据挖掘应用，紧密结合经济形势、税收政策和企业经营等重要因素，从产业行业、税源分布、税负弹性等不同维度对税收收入进行宏观和微观分析预测；着重加强重点税源企业监管，建立专门业务QQ群，召开税企收入形势座谈会，不断提高实时监控水平；严格落实收入分析管理办法，区局成立税收分析工作小组，逐月对分局进行考评，并通过发布分析通报、进行业务培训等举措，全面提高分析预测科学性和准确度，从而牢牢掌握组织收入的主动权。

【税收征管】2011年，宝安区国税局通过树立风险管理理念，落实信息管税，加强行业性分类管理，实现管户管事相结合，优化人力资源配置，提高税源管控能力。一是探索专业化分类管理。将税源按照“规模+行业+特定业务”的原则进行分类，试点业务科室职能优化改革，积极探索税源专业化管理的科学路径。区局成立大企业管理岗，分局加强重点税源、“免抵退”企业以及中小企业的管理，采取制定行业管理办法、推行专业市场委托代开发票、加强非居民企业监管等系列措施，有效提高税源专业化管理水平。二是深化税收执法考核监督。将征管质量考核从分局延伸至科室、覆盖全部征管岗位，下发考核差错和预警信息，推动整体指标稳步提升。开展执法检查，发挥疑点信息库载体作用，推动执法规范化。配合好市局督察内审组工作，严格整改其发现的问题和疑点，促进依法行政。三

2011年4月1日，市国税局副局长陈捷为宝安区国税局福永分局成立涉税审批中心揭牌

是开展行业性纳税评估。注重区、分局两级联动，成立评估委员会和评估小组，做到管评分离；加强涉税信息的收集、分析和应用，结合行业特色，提高评估效果。例如，在光电子制造业、塑胶行业共选取26户企业，经评估调减亏损额2291.5万元，追缴增值税、所得税584.5万余元。四是加强所得税汇算清缴。通过开展事先约谈、纳税评估等系列举措，促使2010年度所得税汇算率达99.59%，亏损面仅为22.32%，同比下降55%，实现全市管户最多、亏损面最低的好成绩。在去年第四季度所得税预缴中，促使预亏企业减少19234户，调增应纳税所得额74.89亿元，弥补以前年度亏损后实际缴税1.59亿元。五是开展专项治理活动。开展欠税清理，追缴1129笔共92.7万元；清理零申报企业1540户，补缴税款20万元；整顿电动自行车行业未办税务登记等违法行为，巡查业户303户，查补增值税132.4万元；完成291户纳税人超期未核销外出经营证明的清理工作。六是优化“免抵退税”管理。全面掌握免抵调库进度，推出“免抵退”网络预审、双向预约申报等措施，解决纳税人多次往返现象；面对出口退税快速增长的情况，以“两防一堵”为主线，充分利用“出口退税预警评估系统”，积极防范管理风险。七是严格落实税收优惠政策。优化流转税审批程序，依法加快进度，全年办理增值税即征即退413户次，共退税6568.3万元；结合增值税起征点调高，惠及2.7万余户个体纳税人，减轻税负741万余元；落实所得税优惠政策，促进自主创新等国家重点扶持和鼓励产业项目的发展。

【税收执法】2011年，宝安区国税局严格查处大案要案，积极清理欠税，全年检查问题企业350户，查补税款、罚款、滞纳金共7745.12万元。着力打击发票违法犯罪。针对上海黄金票等专案进行重点检查，查获非法发票591份，查补税款1012.4万元。认真组织税收专项检查和自查。开展出口企业退（免）税专项核查，针对31户需查企业已实地核查18户；除市局要求外，自行选取2户企业开展自查，共查补税款19.06万元；组织开展“9·17”专案检查。优化稽查案源管理。面临人员少、积案多的困难，大力清理积案，基本完成市局所下达任务；规范举报案源管理，不断提高选案准确率。大力夯实稽查基础。积极创建全市国税稽查系统内控机制建设示范点，开展“再动员、再学习、再排查”活动，完善内部监督机制。修订重大税务案件审理实施办法，提高案件审理效率。加强与外部门协作，同区地税、市地税第四稽查局建立联合办案和信息互换机制；获取公安、法院等部门的有力支持，全年移送稽查案件4户。

【纳税服务】2011年，宝安区国税局在优化传统服务模式基础上，大力发展税收电子服务，不断提升服务质效和纳税人满意度。一是创新发展税收电子服务。创立推广“国税Q助站”，发挥QQ群宣传辅导、交流沟通等功能，实现纳税人“互助”，税企“互学”，减少税务机关咨询压力。当前已设“Q助站”18个，共有4500余户纳税人加入，纳税人互答问题占比92%。在福永分局试点成立自助办税服务区，试点自助办税服务终端并研发自助代开发票设备，推动纳税人自助办税，缓解排队拥挤现象。加强子网页建设，增设办税服务厅实时动态，上传可视化视频“网上税校”；推广网上抄报税、代开发票预审等远程服务。开展网上评选“服务之星”，邀请辖区纳税人登陆区分局子网页，评选优秀窗口人员，全年投票总数已达2.3万票，25人获得金质奖章。二是优化业务流程提效能。实行审批前置，在福永分局试点成立“一站式”审批中心，受理90%以上审批业务，释放人力资源加强后台专业化管理。整合窗口业务，实现“大一窗式”综合办税服务；探索“免填单”服务，减轻窗口工作量。落实大厅领导值班制、延时服务制、纳税人意见快速反馈制等服务制度。安装电子监控设备，开展“纳税服务礼仪培训”活动，规范服务行为。三是加大税法宣传力度。注重换位思考，举办“假如我是一名办税人员”为主题的演讲征文比赛、开展“我为税收献一言”活动；加强税企互动，评选第四届“百名优秀财务经理和办税员”、携手商会和台商协会共谈纳税服务、开展税收“进企业、进商场、进学校、进社区”活动、举行“企业上市，税法与你同行”讲座；继续办好“办税讲堂”，结合工作重点和政策变化，促进“免抵退税”业务、新办企业培训等常态化。

【队伍建设】2011年，宝安区国税局通过深化思想政治工作、加强分级分类教育培训、强化税务文化建设等措施，不断提高干部队伍依法行政和廉洁从政的能力和意识。一是加强领导班子建设。注重理论学习，坚持民主集中制，严格落实党组议事和局长办公会制度，密切干群关系，切实为基层群众办实事、解难题。二是加强基层党建工作。落实创先争优第二阶段六项工作，抓好总结通报，保障活动成效；完成区局党委和基层党支部换届选举工作，推进基层党建规范化、制度化。三是狠抓政风行风建设。组织民主评议政风行风活动，通过收集意见建议、完善制度等措施，有效改进工作作风；开展“文明出行”和“绿色出行”等“迎大运”志愿活动，塑造良好社会形象。四是激发队伍干事活力。按照干部选拔任用条例，通过缺位选拔等方式，提拔1名科长、8副主任科员，有效调动队伍工作积极性。开展分级分类培训，注重专业化人才培养，认真组织好所得税、法制知识等全员培训，取得较好成绩，共有3个科室被市局评为“学习型科室”，5人被评为“学习型个人”，8人被评为“所得税征管能手”。五是增强税务文化软实力。充分整合党团工青妇组织资源，结合干部职工实际需求，开展丰富多样的文体活动和人文关怀活动，营造良好的干事创业氛围，例如在市局“迎大运”体育运动会中获得奖牌总数第一名的好成绩等。

【**廉政建设**】2011年，宝安区国税局严格落实党风廉政建设责任制，坚持“惩防并举、注重预防”，积极构建大预防、大监督的工作格局。一是强化廉政宣传教育。认真组织干部职工学习《廉政准则》及配套文件，通过开展对照检查、撰写自查报告等措施，提高队伍执行《廉政准则》的自觉性和责任感；分层次组织干部职工686人参与廉政谈话，进一步提高防范风险意识；组织105名副科以上干部参观“全国检察机关惩治和预防渎职侵权犯罪巡展”，引导其树立正确的权力观和事业观。二是强化内控机制建设。加强业务与技术、廉政与制度的融合，进一步理顺和规范业务流程；针对查找出的风险点，探索制定操作性强、实效性高的防范措施，确保权力规范运行。三是强化“两权”监督和“一岗两责”。认真开展税收执法监察，重点对“未按时审批一般纳税人认定”等970个疑点进行自查复查，规范执法程序；全面落实“一岗两责”，召开科级干部交流研讨会，进一步明确监督管理责任。此外，加强监察干部、特邀监察员的业务培训，充分发挥其监督作用；扎实做好信访工作，确保“件件有落实，事事有回音”。

【**内部管理**】2011年，宝安区国税局围绕激发活力、创新管理工作思路，进一步提升内部行政管理效能和服务保障能力。一是规范政务事务管理。不断提高办文办会水平。严格自查自纠，认真完成庆典、研讨会、论坛等六项专项治理工作。抓好信息宣传队伍素质建设，信息采用数量和质量继续位居市局前列；有三篇重点课题荣获市局“第一届优秀税收科研成果评选”三等奖，完成2011年重点课题上报工作。严格执行保密规定，加强档案管理，扎实做好信访工作，提高机关运转效率。二是强化依法科学理财。加强预决算管理，严格预算编制和预算执行，确保资金安全规范使用。开展公务用车专项治理，加强编制内公车管理，杜绝违规使用公车的现象。厉行节约，不断降低车辆运行费。做好津贴补贴规范工作，推行公务卡，完成公积金计算和购买工作，严格落实政府采购。三是增强后勤服务能力。加强基建管理，落实解决个别分局的办公楼、宿舍楼等改造工作。推行节能减排，努力降低行政成本。强化固定资产管理。继续做好安全管理、信息网络运维等后勤保障工作。（徐少鹏）

附：2011年宝安区国税局领导成员名单

局　　长：李鸿杰

副 局 长：董全安　李向林　陈梅清　马　敏

纪检组长：胡善云

总经济师：徐　磊

地方税务

【**组织收入**】2011年，宝安区地方税务局组织税收收入186.20亿元，同比增长25.66%，圆满完成年度税收计划。每平方公里土地产出税收0.32亿元，比去年的0.26亿元提高25.7%，增加600万元。税收收入主要特点：一是税收总体增速较快，税收面积密度明显提升；二是主体税种增势分化，所得税增长贡献占主导；三是行业税收增长呈现新特点，产业结构优化成果得以体现；四是纳税大户不断增加，税收贡献明显增大。至2011年年底，宝安辖区有正常纳税户176509户，其中外资企业（含港澳台企业）8332户、国

2011年4月6日，宝安区国税局观澜分局税收宣传月活动启动

有集体企业3320户、私营及个人独资企业105517户、个体户等58001户，当年税收收入分别为64.04亿元、19.69亿元、96.51亿元、5.95亿元。

【创新体制机制】2011年，宝安区地方税务局以“抓收入、上台阶”为目标，提升服务经济发展能力，开拓创新，探索构建税源专业化管理、税收宣传与服务以及队伍建设等可持续发展机制。一是构建具有宝安特色的专业化税源管理模式，按照“产业+规模”理念，结合宝安产业税源结构特点，6月，进一步优化税源管理职能，新设立以物流业为主的专业税源管理科，构建针对制造业、房地产业、物流业等重点行业、具有宝安特色的专业化税源管理机构，进一步提高专业化管理和服务水平；二是完善并推广税务所以“管事”为主的专业化税源管理模式，在福永、龙华税务所试点基础上，继续在沙井、松岗等4个税务所推广建立以“业务流程”为导向、以“管事”为主的专业化税源管理新模式，构建完整的“税收作业链”联动机制，充分发挥专业化税收管理效能；三是研究开发“i税收”税务移动局，是全国首个在苹果ios移动平台上开发的税收应用软件，拓宽税收宣传新渠道，成为我国首个在移动智能平台上应用的税务信息查询系统，体现信息管税、科学办税、科技治税的新内涵；四是研究精简涉税资源优化办税流程，明确涉税事项附送资料精简工作制度，本着“必要性和充分性的要求”，兼顾执法风险，对附送资料在合理、科学的范围内进行精简和优化，共精简13类涉税事项53份报送资料；五是创设“税政沙龙”税政法规研讨平台，应用“布谷鸟”即时通讯软件平台，创新税政法规研讨机制常态化，营造“人人学习税政法规，人人钻研税政法规，人人熟悉税政法规”的氛围，提升干部职工的税政法规业务能力和水平。

【税收征管】2011年，宝安区地方税务局配合宝安区“倒逼”战略，加强对当年要求淘汰或转型的1200多户低端企业进行严征厉管，促进产业结构调整；结合税收征管中遇到的难点热点问题，开发和应用清理欠税管理平台、自动短信催缴、数据质量卫士、存量房转让计税等10余项小软件，建立和应用新征管质量考核体系，开发“征管质量考核平台”，提高信息管税水平和征管质量；健全纳税评估专业化管理机制，充分利用信息化系统，选定行业开展“范围式”纳税评估，全年完成纳税评估338户；以“统筹组织、骨干带动、全员参与”的做法，全力推进升级改造系统顺利、平稳上线运行，提升税收征管工作质效；分析比对宝安、龙岗两区产业税收情况，编写《宝安、龙岗两区税源情况分析报告》等，为加强税收征管与地方“调节构、促转型”、产业布局、招商引资等提出参考建议。

2011年5月19日，宝安区地方税务局“i税收”移动税务局正式上线，众多纳税人参加体验活动

【税收执法】2011年，宝安区地方税务局扎实开展涉税事项审批、案件审理、对外支付涉税跟踪复核等工作，确保程序合法，行为规范；制订《完善货运自开票审批事项及后续管理办法》，理清审批权责关系，提高审批效率；与第四稽查局、光明新区局组织召开管查联动会议，明确管查联动工作方向和机制。

【纳税服务】2011年，宝安区地方税务局推行“局长联系重点企业制度”，为挂点联系的55户重点税源企业提供量身定制的“直通车”服务，落实税收政策；深入23户科技创业园区、自主创新企业等进行产业、行业调研分析，鼓励企业自主创新；全面推行“全职能窗口”，在10个税务所实现“一窗通办”的办税服务厅一体化服务新模式；优化无违法违规证明开具流程，取消由税务所受理和控管科所加具意见的环节，对拟上市公司纳税人只需提供相关部门要求出具纳税证明的函件即可办理，减轻纳税人负担。

【税收宣传】2011年，宝安区地方税务局创新宣传手段，运用小短信、小板报、小册子和小短片等“小载体”，增强税法宣传的针对性、实效性；全年发送17次“税收宣传小短信”共10余万条，在各社区和校园制作出版21个“小版报税法宣传栏”，制作发放千余张《产业税收优惠政策》“小存储卡”，联合电视台制作5期《地税新风》电视栏目；积极参与“迎大运”宣传，通过印制发票使用

2011年7月26日，宝安区地税局召开大运场馆周边纳税户发票使用宣讲会，宣传发票规范使用

规范需知、“温馨提示”等宣传单，对体育场馆和接待场所周边企业进行税法宣传，规范发票使用行为，做好迎大运的准备工作；强化该局咨询中心职能，为纳税人提供更规范统一、快捷优质的热线服务，全年受理电话达22407宗；举办20多场各类专题宣讲会；梳理、汇编成1.2万册《产业税收优惠政策汇编》和《最新税收热点汇编》派发给企业，落实税收优惠政策，全年办理税收优惠减免税额8.26亿元。

【对口扶贫】2011年，宝安区地方税务局按照全省“双到”对口帮扶工作规划及市局“双到”工作部署，开展“双到”扶贫活动，全年组织党员干部3次赴徐闻县新寮镇港六村开展扶贫工作，共捐助帮扶资金12万余元。

【队伍建设】2011年，宝安区地方税务局坚持“人本带队”理念，开展“局领导到税务所当值班领导”活动，深入基层为群众办实事、出实招，以实际行动促进作风提升；开展文明活动与机关作风大检查，定期通报税收工作评议情况，促进各窗口文明作风建设；开展“迎大运、创全国文明城市标兵”200天行动、窗口行业微笑服务提升行动，组织“文明出行”活动176人次；开展“我是党员我承诺”活动，要求各党支部、部分党员作出承诺43项，定期进行点评；组织举办15个基层党支部223名党员群众参加的“永远跟您走”红歌会，隆重纪念建党90周年。完善廉政建设机制，制定《2011年党风廉政建设责任制分工明细表》，明确分工，责任到人；召开该局2011年党风廉政建设工作会议，领导干部讲授党风廉政课；加强“两权”监督制约，制定《经济责任审计方案》，对交流离岗的所长实行离任审计。开展教育培训，全年组织干部职工开展多层次、多类型培训班141期5367人次。完善月度考核激励机制，优化注重实绩、奖优罚劣、治懒治庸的激励办法；修订会议管理办法，规范会议组织与规则，提高会议效能；加强科所经费预算管理，提高科所工作效率与预算执行度。该局被市局评为先进集体，新安税务所深圳市“三八”红旗集体；林杰三当选为宝安区委委员，黄宇江荣获深圳市五一劳动奖章。　　（洪　霄）

附：2011年宝安区地方税务局领导成员名单

局　长：林杰三（8月起）
　　　　林伟明（6月止）
副局长：叶晓阳　熊先军（10月起）
　　　　廖开满　谢少华（8月止）

税务稽查

【概况】2011年，深圳市地方税务局第四稽查局共办理各类税务案件114宗，立案稽查87宗，全年查补税款、滞纳金、罚款合计1.2亿元，入库7227万元。

【稽查制度建设】2011年，深圳市地税第四稽查局对稽查相关业务规范进行全面梳理，找出稽查过程中容易疏忽的环节，针对性地制定相关制度和规范：一是通过制定《税务稽查案件证据规范管理办法》，对证据的种类、收集原则和方法、证据的审查等进行明确，使稽查人员在搜集证据时有较为统一的口径和明确的依据；二是针对长期以来稽查案件主协查人员没有明确分工，权责不清晰的状况，通过制定《税务案件稽查规范管理办法》加以规范；三是建立稽查案件通报制度，将稽查人员负责的在查案件数量、查结户数、查补金额、执行入库数等数据以《案件办理情况通报表》的形式定期在全局公布，并将通报结果与月度考核奖励办法紧密结合，有效促使稽查各环节人员树立赶超、争先意识，大大提高稽查质效。

【税收宣传与纳税服务】2011年，深圳市地税第四稽查局紧扣“管查联动”主题，联合辖区征管部门举办税收宣传月启动仪式，邀请辖区拟上市企业座谈，曝光一批典型的涉税违法案例，并加强在税务检查、案件执行及信访举报工作中的税收宣传工作；开展“稽查回访”活动，听取纳税人对税务稽查工作的意见和建议，监督税务稽查人员的执法行为；制作《税务稽查建议书》，协助纳税人完善财务核算，规范涉税行为。

【重大举措】2011年，深圳市地税第四稽查局确立全年稽查总户数不少于80户、稽查查补金额不低于1亿元的工作目标，最终超额完成预期目标。重点结合“调结构、促转型”经济发展战略，选择性地对长期亏损和长期微利却又“长亏不倒”的“两型”企业特别是高能耗、高污染、低产出的低端产业实施重点打击，年内，自选16户“两型”企业进行立案稽查，查补税款1700多万元，促使企业加快进行升级换代和产业转型；对资本交易、广告业、房地产业、房地产中介机构、高收入者个人所得税等项目开展专项检查，查补税款1819万元；根据总局的部署，完成2户重点税源企业的自查，查补税款4002.27万元。

【队伍建设】2011年，深圳市地税第四稽查局认真抓好党风廉政建设工作，进一步落实3PS稽查监察流程，将廉政监督覆盖到选案、稽查、审理、执行各环节：选派监察人员参加选案委员会议和重大案件审理委员会议并全程录音、记录；通过电话或实地对被查、被执行企业进行稽查和执行回访等，确保稽查各环节的廉政、公开、透明；全年共派出800人次参加市局组织的各类高校培训班和市局稽查局组织开展的各类稽查业务专题培训班，提高稽查水平。依托“四稽讲堂”，先后开展发票鉴别、案件执行、稽查调账、电子查账、公务礼仪等培训。组织开展好干部自选培训和干部在线学习。先后开展发票鉴别、案件执行、稽查调账、电子查账、公务礼仪等培训；确立“以人为本，以文带队”的理念，充分动员各类资源，依托地税文化、群团组织、“双到”扶贫三个平台，坚持开展好“五个一”文化建设工程，开展“迎大运”文明出行公务员志愿者行动；开展“幸福母亲”、优秀女税务干部评选及畅走“绿道”等活动；开展各类健康文体活动；开展关爱行动，与梅州市梅江区城北镇中心小学的5名贫困学生建立10年帮扶计划；积极创优争先，该局办公室成功创建市级“巾帼文明岗”。在争取税务稽查工作“上台阶”的同时，力促队伍建设“上台阶”。（吴丹丹）

附：2011年深圳市地方税务局第四稽查局领导成员名单

局　　长：陈维忠

副 局 长：蔡志文　王俊武

副调研员：胡培基

市场监督管理

【概况】2011年，深圳市市场监管局宝安分局认真落实区委区政府和市局的工作部署，紧紧围绕打造“深圳质量”的主题，以服务经济发展为主线，积极探索和实践市场监管事业的科学发展，以“四个提升”为抓手，牢固树立安全生产理念不动摇，切实提高监管服务水平，进一步增强服务经济社会发展能力，按照“责任第一、认真第一、结果第一”的要求，全力推进和谐幸福宝安建设，为实现“平安大运”的工作目标作出贡献。

【全力确保大运平安】2011年，深圳市市场监管局宝安分局秉承“办赛事、办城市”的理念，紧紧围绕赛事保障、城市面监管两条主线，周密部署，扎实推进，全力确保大运平安。大运期间组建182人的食品安全保障人员队伍，分赴全区23个监管保障点，实行三班倒和24小时工作制，累计保障供餐217万余份、各类面包和糕点31万余个、饮品42万余箱，成功实现食品安全“零事故”、“零断供”、“零投诉”的工作目标。实行特种设备集中应急值守，落实“两查”、“两报”制度，妥善处置特种设备突发事故，大运期间应急值守人员“早晚两检”330余次，巡查560余次，确保10个“涉大”场所电梯安全载客80余万人次。

【企业注册登记和管理工作】2011年，深圳市市场监管局宝安分局继续做好“大企业直通车”和“绿色通道”工作，积极推进窗口改革，出台“即来即办”、执照速递、邮政代办加盖年检戳记等多项便民服务措施，定期发布《市场主体注册情况分析报告》，拓展“网上注册”业务。2011年，宝安区新设立各类企业26494家，同比增长31.5%，占全市登记总量的34.9%；新设立个体工商户37920家，同比增长52.3%，约占全市登记总量四成；共办理内外资企业年检76733家。截至2011年12月31日，宝安区共有各类市场主体314888家，注册资本合计

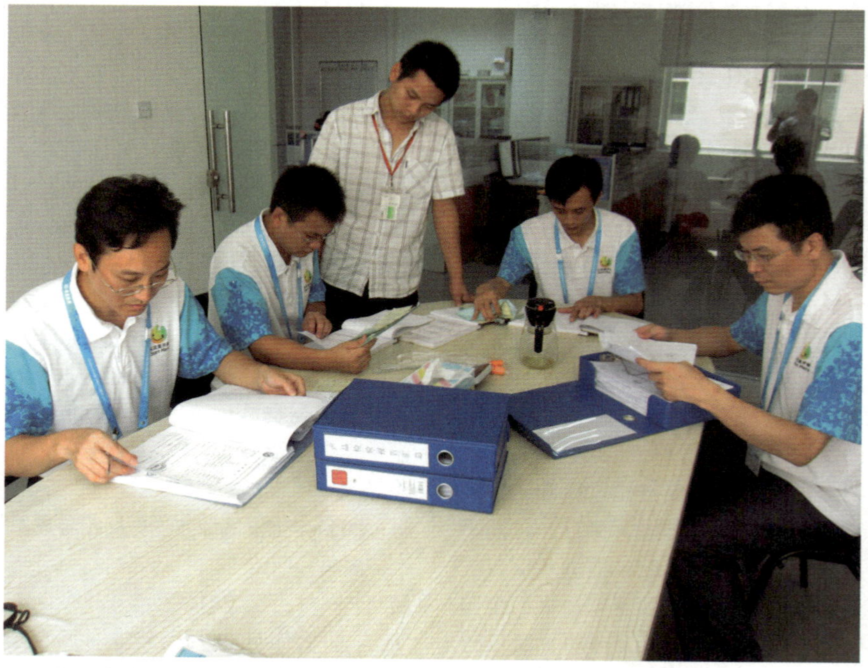

大运会期间，市市场监管局宝安分局食品安保人员驻点监管大运盒饭供应企业，查看进货台账、进货单据及索票索证情况

2427.7亿元人民币，其中企业116654家，占全市的27.8%，个体工商户192379家，占全市的40.1%；三来一补5855家，占全市的40.8%。

【质量强区战略】2011年，深圳市市场监管局宝安分局积极推进质量强区工作，提请区政府建立质量强区联席会议制度，印发《宝安区关于推进质量强区建设工作方案》，召开质量强区工作动员会。召开“品牌创建暨第五届宝安区质量奖表彰大会”，共有15家企业获得共计250万元的政府奖励；修订完善《宝安区质量奖评定管理办法》，变两年一评为一年一评，减少奖励名额，增加奖励金额。着手开展“区长公共服务质量奖”准备工作，相关规范性文件制订工作基本完成，并提请区政府审定印发；进一步加大品牌战略实施力度，落实奖励资金，推荐13家企业申报广东省名牌产品称号。2011年，宝安区新增省名牌3个，38家企业获得广东省名牌。

【标准化战略】2011年，深圳市市场监管局宝安分局以标准化专项经费资助为抓手，大力实施标准化战略。2010年宝安区实施标准化战略专项经费资助工作已全部落实到位，共有41家企业获得总计517万元的标准化专项经费资助；大力推进2011年宝安区实施标准化战略专项经费资助工作，目前有55家企业的185个项目通过专家评审，拟资助资金将达671.75万元。目前，宝安区企业共参与制修订国际、国家及行业标准148项，有4家国际、国家TC/SC/WG落户宝安区。大力开展“标准化战略进工业区”等知识培训和宣贯活动，发动8家企业申请创建“标准化良好行为企业”；完成采标认可申请61个；办理企业产品标准备案275个，执行标准登记111个，对63家企业完成标准实施监督。

【知识产权战略】2011年，深圳市市场监管局宝安分局积极开展以“知识产权助推深圳质量”为主题的“4·26世界知识产权日”系列活动，免费派发各类宣传资料2720份，悬挂宣传横幅68条。2011年，全区有24家企业申请认定省著名商标，13家企业申请续展，经过现场考察等程序，有15家企业符合认定条件，已上报广东省工商局等待最终认定。2011年，宝安区新增中国驰名商标2个，广东省著名商标14个。目前，全区共有12家企业获得中国驰名商标，62家企业获得广东省著名商标。从今年开始启动国家商标战略实施示范城市创建工作，计划通过三年的努力，在全区初步建立起科学高效的商标管理工作机制和公共服务平台，明显提升企业注册、运用、保护和管理商标的综合能力，提高商标的社会认知度。

【食品安全准入和监管工作】2011年，深圳市市场监管局宝安分局全年受理各类食品准入业务13629家，发证10884份。深入开展食品添加剂、河粉、地沟油、学校、工地食堂等各类食品安全专项整治行动，检查食品生产经营单位38832家，捣毁食品制假售假窝点125个，查处食品违法案件503宗，罚没114.4万元；全面开展餐饮服务单位量化评级和信息公示工作，评出A级单位55家、B级单位784家、C级单位19172家，全区量化评级覆盖率已达100%；推行许可审查人员持证上岗制度和食品安全管理员制度，许可审查人员和A级餐饮服务单位食品安全管理员持证上岗率均达到100%，培训食品安全管理员9075人；进一步加强食品安全宣传培训，举办各类食品安全知识培训班123次，受训人数8525人，发放《食品添加剂使用指南》等各类宣传资料42.26万份；建立健全预防与控制食品安全事故应急处置体系和工作机制，首度实现机构改革后全年全区食品安全“零事故”。

【特种设备安全监察工作】2011年，深圳市市场监管局宝安分局制定《深圳市宝安区特种设备重特大事故应急预案》等相关文件，妥善处理特种设备应急事故20余宗；扎实开展未注册登记起重机械等专项整治“回头查”行动，检查特种设备使用单位3029家，排查特种设备隐患419宗，下发《特种设备安全监察指令书》121份，拆除、暂扣各类非法设备103台。认真做好特种设备过期未检等专项整治工作，在《深圳特区报》和《宝安日报》刊登公告，向全区1200多家特种设备过期未检使用单位邮递《限期整改告知书》；进一步强化企业主体责任，向特种设备生产、使用单位负责人寄发《特设知识明信片》1.7万张，开展“五进”活动35次，“一对一”宣传789家次，在大运核心场馆电梯内张贴《电梯使用温馨提示》300余份。

【“清无”疏导工作】2011年，深圳市市场监管局宝安分局充分运用法律赋予的职责，加大对低端产业的监督检查力度，综合利用查处无照经营等手段对低端不良企业进行制裁。共查处、取缔无证无照非法经营9093家，暂扣物品10.13万件，立案2381宗，罚没541.76万元，经过努力，宝安区顺利通过市“清无”工作绩效评估检查。在加大清理力度的同时注重疏导，大力贯彻落实市政府印发的促进经济发展“28条意见”，采用电视、报纸、短信等方式广泛宣传新政策，疏导发照32228家。

【稽查执法和“双打”工作】2011年，深圳市市场监管局宝安分局深入开展“双打”工作，检查行政相对人1090家，立案查处各类违法案件66宗，移送公安机关处理2宗，罚没金额124.57万元。紧紧依托区打假办，狠下工夫规范整顿市场经济秩序，在全区范围内牵头开展各类打击侵犯知识产权和制售假冒伪劣商品专项行动700余次，查处制假售假窝点861个，查办制假售假及知识产权类案件5370宗，查获各类假冒伪劣商品138万件，罚没金额345万余元，销毁涉案物品货值3000余万元，有关部门批捕133人。

【民生价格监督检查】2011年，深圳市市场监管局宝安分局加强大运场馆

2011年5月18日，国家质检总局执法督查司司长严冯敏（前左）到宝安检查“双打”工作

内、官方指定经营单位及周边经营场所的明码标价检查，统一场馆内外标价签格式，规范后的“涉大”单位明码标价率达100%，标价合格率达99.8%。开展节日市场、教育收费、房地产楼盘明码标价、成品油价格等专项检查11次，成功应对食盐抢购风潮引起的盐价异常，检查经营单位1331家，派发价格行为告诫规范资料7942份；办理明码标价监制303件。立案查处价格违法案件10宗，罚没6.3万元，处理各类价格投诉374宗，及时疏导和化解价费矛盾。

【质量监督和认证监管工作】2011年，深圳市市场监管局宝安分局继续围绕安全、民生、环保加大产品质量监督力度，共抽查产品650批次，合格494批次，平均抽样合格率为76%，完成后处理372宗，立案查处严重质量不合格案件45宗，召开产品质量监督抽查企业约谈会12次。认真开展认证监管工作，检查强制性产品认证企业213家，监督检查管理体系和食品农产品认证证书57张，对62家企业申请生产许可证进行前置现场审查。

【打击传销和监管直销企业工作】2011年，深圳市市场监管局宝安分局以区打传办为依托，开展声势浩大的“斩首”行动，共组织打传专项行动10次，捣毁传销窝点96个，清查遣散传销人员758人，有关部门拘留逮捕传销头目20人。通过“网络追逃”抓捕在逃传销头目2人；在全区157个社区中全面完成创建“无传销社区”活动，构建有效的防控体系。对安利、三生等直销企业的培训情况进行检查。

【公平竞争和市场规范管理工作】2011年，深圳市市场监管局宝安分局共处理低价倾销、非法搭售、侵犯商业秘密、商业贿赂等反不正当竞争投诉12宗，立案查处4宗。对全区54家豆制品经营单位进行升级改造，拨付补贴资金149.3万元；全区农改超工作实现完美收官。大运期间定期对机场、高速公路和比赛场馆周边户外广告进行巡查，督促广告业主按要求全部更换成大运公益广告；办理户外广告登记（变更）48件，查处各类违规广告300余块；深入开展诚信市场创建工作，已有2家通过省、市验收，建立商品交易市场监管档案。

【消费者权益保护工作】2011年，深圳市市场监管局宝安分局共处理消费者投诉12433宗；举办“诚信宝安，喜迎大运3·15国际消费者权益日”系列宣传咨询活动；按照“巩固、规范、提高、延伸”的原则，对329家正常运作的消费者权益服务站进行分类管理，完善二、三类服务站的工作机制。

【计量管理】2011年，深圳市市场监管局宝安分局围绕大运开展出租车计价器、加油站强检计量器等民生计量专项检查行动17次，检查各类计量器具1854台，与全区11家出租车营运公司和88家加油站签订《诚信计量承诺书》；组织开展“5·20世界计量日”系列活动；对222家单位的强制检定计量器具进行计量监督检查；查办计量违法案件28宗。（童　星）

附：2011年深圳市市场监管局宝安分局领导成员名单

局　　长：陈欣奋
机关党委书记：詹俊亮
副　局　长：黄耀忠　陈俊生　陈碧华

【集贸市场管理】2011年，宝安区区属市场商品交易总量31.35万吨，交易额25.14亿元，钢材市场成交量为4659吨，成交额4549万元，市场店档平均出租率为89%。中心各下属市场管理部均超额完成年初制定的经济指标任务。宝安区群星农贸市场服务中心以大运为主题，采取多项市场服务措施，提升市场环境，提高市场管理精细化水平，有效确保大运期间市场平稳过渡。中心下属各管理部严格执行上级的要求，全方位抓好工作，确保大运期间市场的环境优良。一是加大市场管理力度，改善环境，保持卫生整洁；二是广泛宣传大运，悬挂张贴宣传资料，营造氛围；三是严抓严管，开展文明诚意经营，助力为大运会服务；四是优质为民服务，在市场范围内开展便民事项，送凉茶、送环保袋，参加义工活动，同时为市场商户提供统一办执照年审、咨询办理社保、拓展销售渠道等；五是发挥基层支部作用，亮身份，立足岗位创先争优，干部职工充分体现“大运精神”，做到“想干、敢干、快干、会干”，取得良好成绩。中心领导指出在市场服务工作上要做到“五个更加注重”：一是注重市场服务质量，树立全员服务理念；二是注重提升服务能力，开展新型的服务模式，提供为商户群众的便捷良好解决问题的能力；三是注重市场工作的改革，在服务制度上创新；四是注重完善市场信息，实现管理效果；五是注重加强干部员工队伍建设，保持高昂的工作状态。9月，龙华旧市场改造升级工程竣工验收，投入使用后取得较好的经济效益和社会效益。12月，最后一个动工改造观澜市场改造已完成主体及装饰工程，经过初步验收并投入使用。历经6年，宝安区属市场改造升级工作于2011年明确画上句号，先后共计13个区属农贸市场完成改造升级，投入资金总额为8916.53万元。另外，中心还投入约60万元维修改造市场消防设施和硬件，完成福永白石厦市场和沙井明珠市场较大的消防系统的维修及其他区属市场的排污管道和用电设施等进行维修和完善。此外，从2010年开始动工的龙华市场二楼中央空调安装工程也已完工验收并投入使用。2011年，宝安区群星农贸市场服务中心以宝群字〔2011〕14号文件《关于一岗双责制度实施方案》部署安全生产工作，加大市场的安全生产培训和宣传力度，组织基层管理人员和商户代表共200多人进行消防知识培训，现场演练消防器材的使用方法，努力做到“一畅两会”（消防通道畅通，会使用消防器材，会掌握逃生技能）。在市场辖区挂出安全生产宣传横幅46幅，张贴宣传标语220余份，营造良好的安全生产氛围。4月起，中心制定“一岗双责”制度实施方案和领导干部分工明细表，更加细化和明确安全工作，中心安监组每月向区安委会报送区属市场安全工作总结及简报，共计20余份，每月还联合消防检测单位，对各市场消防设施进行严格检测，及时检修和维护市场的消防设施，使消防系统维持正常的工作状态。从实施“一岗双责”以来，各管理部行动迅速，进一步落实安全生产

2011年8月20日，市市场监管局宝安分局开展大运机场打假专项行动

层级责任，狠抓落实，毫不松懈，千方百计保平安，市场安全工作保持良好势头，使安全生产从“过得去”向“过得硬”转变。中心还聘请安全生产高级顾问，落实有效的安全管理工作。各市场将聘请顾问工作责任制度化、实行加强顾问参与市场安全工作方案制定、安全工作监管、重大隐患排查整治以及安全生产法规、监管、应急、实际操作等工作，并为市场人员办班授课，促进区属市场安全面貌不断改善；2011年，在市场食品安全工作上继续加大工作力度，形成全覆盖式的监测系统，制订详细的食品安全行动方案，严格实行“准入制”管理，坚决做到100%亮证经营，100%索票证，100%建立档位档案和商品台账，全面保证食品安全可追溯。认真做好市场食品安全检测、畜产品“瘦肉精”检测、大宗水产品违禁药检测、豆制品抽检、市场持照率抽检等工作，各市场按要求每日检测16个以上的蔬菜样本，并将数据进行公示和通过农业信息网上传，年内，各市场共抽检样品标本5万多个，合格率达99%以上。各管理部还加大食品安全宣传力度，建立健全信息收集、应急机制，督查督办及追究责任机制，做好索票索证和建台账等工作，对市场食品安全工作进行全面的监督、检查、跟踪，登记备案，为问题商品追查工作提供有效的途径，把好食品“准入关”，为广大市民吃到放心食品提供保障。（王　川）

附：2011年宝安区群星农贸市场服务中心领导成员名单

主　任：简火根

副主任：叶运强

国有企业管理

【概况】2011年，宝安区投资管理公司按照“安全第一、和谐稳定、改革创新、科学发展”的十六字方针，开拓创新，提升效益，强化管理，和谐稳定，完成国有资产保值增值、带头履行社会责任两项基本任务。经济效益方面，至2011年底，区投资管理公司及所属15家企业总资产62.41亿元，比年初增长19.45%；净资产43.09亿元，增长5.48%；资产负债率30.95%，与年初相比上升9.14个百分点。全年共实现利润总额2.62亿元，增长21.62%，其中下达年度利润计划的11家企业完

成1.14亿元，达到年度计划的112%。公司本部适时减持持有的上市宝安集团公司流通股票630万股，成交均价每股24.27元，获得收益1.46亿元。自有物业的出租率和租金回收率不断提高，取得物业出租收入2432万元，比去年同期增长23.08%。外经公司想方设法挖掘潜力创收，弥补“三来一补”企业转型减少的收入，全年实现利润7183万元。粮食公司提高资金使用效率，年节约利息支出369万元，实现总利润1387万元。资兴源公司经过艰苦谈判，收回原方隆公司博罗土地投资补偿款280万元，妥善解决长达17年的遗留问题。宝路华公司及时调整春运方案，各客运站春运期间票款营收均突破千万元，全年实现利润742万元。宝牧公司努力抓好物业出租工作，宿舍出租率达98.32%，厂房出租率为100%，完成年度利润计划的170%。层层高公司开拓培训业务，被深圳市建设局确定为定点培训机构，年增加收入120万元。社会效益方面，所属企业守法纳税，全年上缴国家税费1亿元。热心公益，企业及员工为宝安绿色基金和“广东扶贫济困日”等慈善捐款184.8万元。宝路华公司全年公路客运运送旅客668万人次，安全行驶里程298百万公里，旅客满意度达98%；粮食公司全年采购原粮8.72万吨，保质保量完成区政府下达的粮食储备任务；嘉康公司实现年度生猪屠宰163万头，获得“广东省肉类协会生猪屠宰30强”称号；寰通公司全年供应无公害蔬菜2.8万吨，该司管理的5000亩蔬菜基地上市的蔬菜检验合格率达到100%；宝安水务公司全年供水5.15亿立方米，水质综合合格率达99.8%；西部公汽公司结合轨道二期开通，新开通线路14条，调整18条，做到地铁沿线公交无缝接驳。区内500米站点公交覆盖率提高至85%。

【企业开拓创新工作】2011年，宝安区投资管理公司出台企业开拓创新奖励暂行办法和本部突出贡献奖励办法，引导企业加快可持续发展。各企业配合宝安区经济结构调整，积极盘活土地资源，开拓市场，创新品牌，取得明显成效。本部投资发展部申报的“取得中小企业总部大厦项目用地”获得突出贡献奖特等奖。土地开发项目建设取得成绩。完成安捷公司72区公交场站、外经公司观澜创新工业园第三期、宝路华公司新城车站和宝安客运黄田站、再生资源公司沙井分拣场等项目施工，开拓企业新的经济增长点。此外，固戍钢材物流交易展示配送中心、67区公交场站、再生资源福永分拣场建设也正在有序推进。企业创品牌工作有力推进。海上田园公司完成明月楼和园区设备设施的更新改造，品牌知名度进一步提高。宝路华公司对松岗、观澜和石岩车站进行升级改造，观澜车站顺利从四级升为三级场站，市场份额稳中有升。寰通公司沙井蚝示、嘉康公明腊肠等企业自有品牌美誉度进一步提升，嘉康惠宝商标成功注册。

2011年4月27日，安捷公司安顺达车辆维护中心奠基

【民生项目建设】2011年，嘉康肉类综合加工厂项目完成项目土建工程。粮食储备库一期工程累计完成总投资额6910万元，已进入室外配套工程施工和设备安装调试。二期工程已完成方案设计和项目概算。西部粮库选址工作也已完成。宝安水务集团配合区职能部门加大社区供水管网改造力度，已完成总投资1.67亿元的社区供水管网一期改造工程，二、三期工程逐步推进。大运供水公交得到保障。西部公汽公司投放新车799辆，新开线路19条，确保大运公交保障方案的落实。宝安水务公司投入专项资金896.4万元，组织应急抢修和应急供水，确保大运场馆和区内供水正常。同时，区投资管理公司加强与区有关部门的沟通与协调，做好大运安保和外围保障工作。制定安保工作方案，组织企业开展隐患排查和整治工作，督促企业完善应急预案编制，并进行43次应急演练。投融资平台功能进一步发挥。按区委区政府部署，区投资管理公司积极探讨银行融资、委托代建、发行债券等多种融资方式。至2011年底，取得多家银行授信额度28亿元。为区政府融资10亿元，已借给区财政局10亿元，获得建设银行政府委托代建项目融资额度15亿元。粮食公司为区土地储备中心续保5亿元。此外，顺利完成宝安桂银村镇银行的参股工作。

【企业管理】2011年，宝安区投资管理公司围绕市、区“十二五”规划，深入调研，初步拟订2012～2016发展战略规划。各企业也纷纷开展中长期发展规划制订工作，其中宝路华公司、粮食公司等企业规划已呈交董事会批准实施。管理体制创新试点工作顺利进行。成立嘉康惠宝肉业有限公

2011年3月29日，宝安区属企业工作会议召开，区领导为产权代表考核优秀企业颁奖

司，根据现代企业制度搭建起该公司的组织架构和管理架构，在区属企业率先实行董事会领导下的总经理负责制，并公开招聘企业领导人员和专业人才。其中，生产副总经理、生产部长、技术部长等在全国范围内公开招聘。脱钩企业经营管理工作成效显著。制订公司章程、财务管理制度和印章管理制度等，转变经营理念，实现脱钩企业扭亏为盈或大幅度减亏，5家正常经营的企业共实现利润256万元，较脱钩前年度增长345.4%。对全达市政公司进行改制，妥善解决国全混凝土和全发实业等2家企业的脱钩划转遗留问题。重大项目审计工作不断强化。加强对嘉康肉类综合加工厂等5大重点建设项目财务收支的检查及督导工作，出具检查报告17份，提出审计意见55条。对安捷公司等4家企业的重大工程项目合同管理及履约方面情况进行合规性检查，形成专项报告。

【安全维稳工作】2011年，宝安区投资管理公司抓好安全生产、信访维稳和应急管理工作，区属企业总体形势平稳。安全生产责任全面落实。积极推进企业领导人员安全生产“一岗双责”工作，安全生产责任事故下降50%。出台安全生产管理责任追究办法，坚持教育和惩戒相结合，行政处分和经济处分相结合，责任追究力度与事故等级、发生事故及过错的累计宗数相结合，不断强化企业领导人员安全生产责任意识。信访维稳隐患得到妥善处理。全面排查企业信访隐患和矛盾纠纷，全年共排查出隐患43宗，化解27宗。落实法人代表第一责任人和分管领导首办责任制，有效推动宝路华集团公交改革补偿等突出信访案件从政策、法律等层面得到解决。

【企业党建】2011年，宝安区投资管理公司进一步理顺企业党组织管理关系，党建工作切实加强。隆重纪念建党90周年，组织所属企业举办大型文艺汇演，在党委系统内开展评优评先活动。做好区投资管理公司党委系统党代表、区人大代表和区政协委员的选举和推荐工作。党委中心组理论学习扩大到基层。全年集中学习18次，召开专题报告会2场，学习扩大到所属企业领导班子成员，累计参加学习1050多人次。企业党组织理论学习情况良好，学习型党组织创建活动不断深入。企业党组织管理关系得到理顺。指导西部公汽公司成立党委，顺利接受层层高等4家脱钩企业党支部，并做好脱钩企业党支部更名和整合工作。完成5个街道自来水公司党支部和党员整体划转宝安水务集团党总支管理。纪检查办案件力度加大。全年共受理查办纪检案件9宗，目前已结案8宗，结案率88.9%。　（江卓芬）

附：2011年宝安区投资管理有限公司领导成员名单

董事局主席、党委书记：康　承
监事会主席、党委副书记、
纪委书记、工会主席：段满生
副　总　裁：吴成智　林　俊

审　计

【概况】2011年，宝安区审计局完成审计项目287个，核减工程造价1352万元；查出管理不规范资金140.24亿元，发出审计通报1份；下达审计决定书1份，提出合理化建议491条；宝安区内审部门完成审计项目916个，提出合理化建议1047条。3月，区审计局被评为2005～2008年度广东省审计系统先进集体；12月，该局组织实施的宝安区200家社区股份合作公司2009年度经营发展情况绩效专项审计调查项目，被审计署评为2010年度全国地方表彰项目。6月，该局被宝安区直机关党工委评为“先进基层党组织”。

【本级预算执行和其他财政收支审计】2011年，宝安区在开展本级预算执行情况审计中，主要检查区财政部门预算执行情况、区建设局等4个单位的部门预算执行情况、沙井和石岩2个街道财政预算执行情况、再就业资金等6项资金使用情况以及2010年区重大建设项目资金使用和管理情况等。重点审计预算执行的整体效果、预算编制的科学性、资金支出结构、预算追加和结余情况、预算外资金管理是否合法合规、专项资金是否专项专用等。审计结果表明，区本级预算执行和其他财政收支总体情况良好，预算约束和财务管理水平进一步提高，但审计查出管理不规范资金32.28亿元，同时发现存在预算编制刚性不足、多类资金未纳入国库集中支付动态监控管理、部分单位违反集中支付制度、近三年专项资金总体使用率不足40%等问题。审计查出问题引起区委、区人大、区政府的高度重视，区财政及相关部门对审计发现的问题、提出的意见和建议也十分重视，做到边审计边整改，或制定整改措施，取得较好效果。

【民生项目审计】2011年，宝安区审计局结合区委区政府年度中心工作和重点任务，围绕人民群众关心的教育、医疗、环境、节能减排等热点难点问题，以绩效审计调查和专项审计为主要方式，加大对涉及民生的资金、部门、项目的审计力度，提高资金管理、使用效益和确保各项惠民政策落实到位。组织实施宝安区186家社区股份合作公司经营发展情况绩效审计调查。专门成立审计调查工作领导小组，整合区、街道审计资源，深入开展审计调查，查出超比例分红、资金链严重紧张、违规对外担保、物业管理不规范等问题，共查出管理不规范资金44.97亿元。开展年度民生实事项目和重大建设项目跟踪审计监督。结合区年度民生实事，对其中的新安中学新高中部等6所学校建设以及西乡河综合整治三期工程项目实施全过程跟踪审计监督，对审计过程中发现的问题及时向施工建设单位提出意见建议，采取召开现场会等形式解决和处理问题，收到较好成效。如，在对松岗实验学校的审计中发现，由于工程立项时未周全考虑配套工程而影响进度，为确保学校能按期正常开学，审计组提出尽快与区发改局联系增加立项内容，尽早解决配套工程资金问题的建议，建设单位采纳审计建议，经区发改局同意新增配套资金406万元。按照市人大常委会确定观澜污水处理厂配套污水干管（二期）工程项目为跟踪监督对象的要求，区审计局成立跟踪监督小组，组织落实跟踪审计实施方案，安排专人负责，及时出具跟踪监督报告。跟踪监督发现工程存在临时征用菜地导致工期延误、偷排污水淤泥造成管道严重淤塞、项目资金缺口1.6亿元等问题，经多方沟通协调，审计建议均被采纳，被延误的工程提前顺利竣工，管道清淤工作迅速完成，区财政局紧急拨付1000万元工程款解决工人欠薪上访问题，暂缓资金缺口紧张局面。开展涉及民生民计的专项审计或调查。按照上级审计机关和区委区政府的工作部署，围绕推进保障和改善民生，开展宝安区人民医院2009～2010年度收费项目专项审计、宝安区扶贫捐赠和舟曲救灾资金物资收支情况专项审计、宝安客运中心2002～2008年建设及经营情况专项审计、宝安区中小学校舍安全工程2011年阶段性审计、宝安区解决中小学代课教师和中小学教师待遇“两相当”问题专项经费审计调查、宝安区2011年度“安全生产、消防综合整治”专项资金审计调查和宝安区普通高中债务调查等，审计金额55.92亿元，发现未严格实行政府采购、内控制度不完善、往来款管理不当、未按规定办理固定资产报废手续等管理不规范问题12个，审计未发现违反国家财经法规的问题。审计提出加强政府采购管理、强化药品监管、完善内部管理机制等意见建议，促进相关部门严格规范财务管理、完善内控机制。

2011年1月21日，宝安区2011年审计工作会议召开

【领导干部经济责任审计】2011年，宝安区审计局结合区级“大部制改革”和“换届年”相关工作部署，开展对李高扬等20位领导干部任期经济责任审计，切实加强“一把手”审计监督，并加强与纪检、组织、人事、检察等部门的协调配合，形成系统监督合力，推进问责机制。审计期间专门成立2011年经济责任审计工作领导小组，召开经济责任审计工作动员会和进点会，整合区局业务科室、内审部门和社会中介机构的人员力量，并组织审计人员集中培训，强化审计质量和严明审计纪律，确保宝安区“大部制”改革和换届工作的顺利推进。审计共查出管理不规范资金4.62亿元，有10个单位没有发现违纪违规问题。针对个别单位存在公款私存行为，区审计局依法依规作出审计罚款处罚决定。20个单位经审计公示，未发现领导干部本人存在违反廉政规定的情况。所有项目除出具审计报告外，均向区政府另行提交审计结果报告。

【工程竣工决算审计】2011年，宝安区审计局结合“办赛事、办城市”工作，加大政府投资项目审计力度，保质保量开展一批涉及交通整治、市容环境提升、治污环保、城中村消防治理等重要工程竣工决算审计，全年共完成项目253个，送审金额20.27亿元，在区造价站审核的基础上审计决算核减工程造价1352万元。每个工程审计项目完成后，综合分析审计发现问题，提出改进建议，分别出具审计报告，并将审计结果及时公告，及时跟踪督促相关建设单位做好整改和责任追究工作。

【大运会项目审计】2011年，宝安区审计局结合市、区关于“廉洁办大运”工作任务、加快推进办赛事、办城市工程项目建设等工作部署，将大运项目审计作为2011年审计工作尤其政府投资项目审计的重点。开设绿色通道，优先安排大运项目，并督促协审单位抽调审计骨干力量加班加点，审计小组及时对协审结果进行核对，确保在规定的时间内完成项目审计。主动深入现场，确保项目质量，通过深入宝安区体育场、宝安区游泳馆施工现场了解工程建设情况，与建设方、施工方、监理方主动进行现场沟通，及时解决在建设过程中碰到的工程重大设计变更和施工变动等问题，并提出审计意见和建议。加强督促督办，提高审计效率，按照市审计局投资专业局的要求，督促大运项目相关建设单位每月按时向区审计局报送“办赛事、办城市”项目的基本情况报表，报告大运会项目的基本情况，包括项目的进展情况、资金来源、建设期间、决（结）算等方面情况，确保大运项目按时保质完成。此外，各业务科室凡涉及大运资金的项目，均提前介入，及时做好审前准备。区审计局还制订《深圳市宝安区审计局关于第26届世界大学生夏季运动会宝安赛区资金和物资审计工作方案》，成立宝安区审计局大运会宝安赛区资金和物资审计工作领导小组，并分设3个工作组，根据市审计局的统一安排和区委区政府的工作部署，全力开展大运会宝安赛区资金和物资审计。审计范围主要包括场馆等与大运会宝安赛区直接相关的建设项目、大运会宝安赛区筹办营运经费以及赞助物资的使用管理情况。

2011年1月23日，宝安区社区股份合作公司经营及管理情况绩效审计调查项目获评审计署表彰项目，副市长陈应春为宝安区审计局颁奖

【审计整改】2011年，宝安区审计局完善审计结果运用制度，加大力度督促上年度审计发现问题的整改，加强审计成果转化工作，强化审计结果公示和通报制，坚决树立审计监督权威，切实提高审计公信力和审计监督成效。2010年度绩效审计发现问题整改工作引起区政府、区人大高度重视。区政府四届一二九常务会议对《宝安区2010年度绩效审计工作报告》（以下简称《报告》）进行审议，明确要求要坚决树立审计监督权威，对屡查不改、造成严重后果的，要严厉追究单位一把手和分管负责人的责任，工程建设、监理单位有责任的要列入“黑名单”，取消其参与宝安区建设项目招投标资格。区四届人大常委会第三十八次会议听取和审议《报告》，充分肯定绩效审计项目的成效，肯定审计部门在审计整改工作中监督和助推作用，高度关注审计查出问题的“问责”，所有被审计单位“一把手”出席会议，接受区人大的质询，就审计查出的重大问题及整改情况作说明和表态。8月16日，宝安区委常委、常务副区长刘惠玲主持召开宝安区2010年绩效审计整改工作会议，18个被审计单位及相关部门的负责人出席会议。会议听取区审计局关于2010年绩效审计工作的报告。刘副区长指出，审计的目的不仅是揭露问题，更重要的是要纠正错误、完善制度、改进工作，并要求：加强领导，高度重视；加大力度，扎实整改；加强督促，全力落实；区审计部门要将促进整改作为审计监督的一项重要工作抓紧抓好，对各相关部门的整改落实情况实行跟踪督促，及时汇报，及时处理，切实负起督促被审计单位整改的责任。区审计局根据区政府常务会议、区人大常委会议、区绩效审计整改工作会议等会议精神制定整改责任分工表，要求各有关单位结合部门实际认真整改，并将整改报告提交区政府审定，整改结果得到区人大、区政府的肯定。松岗审计办针对部分社区股份合作公司出现的忽略审计问题整改工作的现象，以街道“两委”换届经济责任审计问题整改为切入点，采取审计人员和社区工作人员“一对一”、“面对面”的整改模式，共落实整改问题18个，实际整改率达100%；纠正资金34.6万元，清理白条抵库、工程项目管理不规范、往来款长期挂账等历史遗留问题5个。

【内部审计】2011年，宝安区内审部门共完成项目916个，其中政府投资项目审计304个，核减工程造价1585万元；完成街道财政预算执行审计10个，财务收支审计32个，经济责任审计427个，效益审计110个，专项审计

19个，其他审计项目13个，提出合理化建议1047条。社区换届经济责任审计工作顺利开展。2011年是宝安区街道社区党支委、居委会换届选举年，共对全区各街道社区换届的395名支部书记和居委会主任进行任期经济责任审计，审计涉及的审计金额共2377185万元，查出违纪违规金额2326万元，发现财务管理、固定资产管理、货币资金管理、工程建设管理、专项资金使用和管理等方面的问题785个，提出审计建议537条，出具审计报告399份，审计结果全部在社区公告栏以张贴公告形式进行公示。各相关单位整改进展良好，会计核算、财务管理等方面存在的问题得到明显改善。政府投资项目审计工作得到强化，其中石岩审计办完成审计项目200个，送审金额1.42亿元，核减工程造价1337万元，其中工程预算审计项目75个，结算审计项目125个；大浪审计办完成项目57个，核减工程造价99.12万元；民治审计办完成项目21个，核减工程造价33.77万元；龙华审计办完成项目10个，核减工程造价98万元；松岗审计办完成项目9个，核减工程造价16.8万元。

【机构调整】5月3日，根据宝安区“大部制”机构改确定的区审计局新的“三定”方案（《深圳市宝安区审计局主要职责内设机构和人员编制规定》）（深机编〔2011〕26号），区审计局基建审计科更名为政府投资审计科。（施凌涛）

附：2011年宝安区审计局领导成员名单

局　长：贺远东

副局长：翁保荣　宋　超

统　计

【概况】2011年，宝安区统计局认真贯彻落实国家、省、市统计局关于加强和改进统计工作的各项要求，扎实推进统计“四大工程”建设，以巩固数据质量、提高统计服务能力和公信力为宗旨，以推进统计队伍建设、法制建设和信息化建设为保障，顺利完成15个专业的统计定期报表任务，17项常规性调查和14项临时性调查工作任务，撰写分析材料100多篇，编印统计产品16类，并做好宝安区第六次全国人口普查各项后续工作，为宝安经济社会的发展提供统计保障。2011年期间，统计局获得“第二次全国R&D资源清查国家级先进集体”、“广东省第六次全国人口普查省级先进集体”荣誉称号以及2011年度深圳市住户调查工作业务考核一等奖。

【统计调查工作】2011年，宝安区统计局完成15个专业，近1万家统计对象全年的统计定期报表工作，以及3400多家“三上”企业在“双轨制”运行期间的定报年转工作。抓好经济发展目标细化与跟踪，将目标分解到各个专业、各个月度，及时掌握进度。按时保质完成城市住户抽样调查（100户）、物价调查、CPI调查（778种商品）等17项常规性调查，完成采购经理调查、农副产品平价商店价格调查、ICP调查等14项临时性调查；协助做好公众安全感和公安工作群众满意度调查、公众对环境的满意度调查、全国水利普查等工作。在收集上报数据的同时，对取得的样本数据进行研究分析，提供调查信息参考。

【统计“四大工程”建设工作】2011年，国家统计局在全国统计系统实施统计“四大工程”建设，为强化统计“四大工程”建设宣传，宝安区统计局制定建设工作方案和宣传工作方案，下发《企业一套表工作手册》4000余份、《统计法律事务告知书》7000余份；多次深入企业指导工作，当好指导员和协调员；做好基本单位名录库的日常维护，审核完成“三上”企业和房地产开发经营企业名录，区、街道开展专业培训30多场。试报期间，完成3200多家“三上”企业（占全市的35%）统计数据的“双轨制”上报工作，实现上报率、直验率和CA证书安装率三个100%，为2012年统计“四大工程”的正式实施打下基础。

【统计基础】2011年，宝安区统计局以统计数据质量为中心，采取多项措施，确保统计调查成果真实反映宝安区情区况。建章立制，贯彻执行《数据质量控制办法》等业务制度，推动数据质量监管监督制度化；严格审核，区级、街道数据实行四级和三级审核上报制度；注重评估，定期召开各专业统计分析会和经济形势分析会，对统计数据进行比对评估；及时更新，发挥区、街道、社区和部门的力量，及时将符合条件的转型、新迁入、新开工等企业和项目纳入统计；重点突出，实行区、街道重点企业包点服务，及时跟踪掌握重点企业、项目情况，对重大亏损、产值异常的，主动摸清变动原因；狠抓核查，按10%的比例对全区定报企业开展统计数据质量抽查，聘请注册会计师进驻数据可疑的企业进行现场核查。

【经济社会运行监测】2011年，宝安区统计局结合宝安实际，开展很多具有实用价值的统计监测调研。积极做好经济运行监测和社会民生统计，加强对重点、热点和趋势性问题的跟踪和分析。全年共撰写月度简析、季度和半年分析100多篇，撰写“短、平、快”统计信息14篇，开展《宝安区总部经济发展现状分析》等6个重点课题，落实各项综合评价指标体系统计监测工作，完成《2010年民生统计监测报告》、《宝安区妇女统计监测报告》和《宝安区儿童统计监测报告》。

【统计产品和统计服务】2011年，宝安区统计局完成《2010年宝安国民经济和社会发展统计公报》、《宝安统计年鉴》（2010年）、《宝安统计分析汇编》（2010年）、《宝安常用统计手册》（2010年）和《宝安统计手册》（2010年）5种年度文字刊物的出版工作，编印《宝安统计月报》11期、《宝安统计》4期、《宝安统计分析》23期、《宝安统计信息快报》14期、《统计经济咨询》31期，为区委区政府和社会各界提供丰富的统计产品。为社会各界提供咨询服务超过660

次，为政府部门加工整理数据200余次；积极配合新闻工作者、媒体的采访和相关咨询；优化升级统计信息网站，及时公布最新数据信息；积极参与政府工作报告等重要课题和文件的撰写工作；协助政府部门审核扶持专项资金、总部经济有关企业的资料。

【**大型普查工作**】2011年，宝安区按照国家统一部署，完成第六次全国人口普查表行职业专项编码及验收，普查数据汇总录入、编审及上报，普查资料包装、运送和管理工作培训，《户主姓名底册》录入和小区建筑物数字化等普查后续工作。发布《宝安区第六次全国人口普查主要数据公报》。

【**统计文化建设**】2011年，宝安区统计系统积极推动统计诚信文化培育，弘扬“真实可信、科学严谨、创新进取、服务奉献”的统计核心价值观，进一步树立科学统计、公共统计和依法统计的理念；加强企业一套表软件操作培训，熟悉在统一平台上审核、处理数据的工作流程，编写简洁方便的操作手册；开展企业年报会，培训企业统计人员8000多名。举办统计法律法规、统计分析研判、统计直报系统实操和计算机操作等培训，培训540人次；组织好统计从业资格考试及认定工作，全区报名参加考试人数达1398人，居全市各区之首。

【**统计法制建设**】2011年，宝安区统计局组织全区统计系统60名统计执法工作人员开展法制培训，有效提高统计系统执法人员的专业素质；采取多项措施激励依法配合统计，制定并实施《统计执法工作实施方案》；深入开展企业统计法律事务告知和统计约谈制，对全区多家“三上”企业发放《统计法律事务告知书》，对20家企业实施约谈，进一步增强企业依法统计意识，提高企业配合度；加大统计违法案件查处力度，开展统计调查环节专项整治行动和“三上”企业主要数据核查工作，按3%的比例对近100家企业开展统计执法检查，处罚企业3家。

【**统计信息化建设**】2011年，宝安区建立人口普查数据查询汇总系统，汇总测定宝安区常住人口数据及人普公报所需数据；在“企业一套表”和现有直报系统的“双轨制”运行期间，定期更新维护好单位名录数据库，对“企业一套表”系统提供技术支持，及时做好问题反馈、信息维护和进度发布工作，确保网络环境运行顺畅；完成“统计数据管理平台”建设，实现统计数据的集中存储、统一管理、联合分析及挖掘，促进统计数据采集、传输、汇总、加工、上报环节的科学化和规范化，提升统计数据生产能力，提高统计数据管理效能；宝安统计信息网运行正常，至2011年年底，共发布信息3035条，其中2011年共发布信息422条，全文电子化率达100%。　（蚁晓臻）

附：2011年宝安区统计局领导成员名单

局　长：查红俐

副局长：周方舟　曾国辉

安全生产监督

【**概况**】2011年，宝安区安监局以保障“平安大运”为重点，强力推进安全生产“一岗双责”试点工作，积极推进工业企业分类分级和标准化创建等基础工作，以“全员执法”为抓手，深化各类安全生产专项整治，狠抓安全隐患排查治理，严厉查处安全生产违法违规行为，强力推进安全生产“教育屋”建设，强化安全生产宣传和教育培训力度，切实提升安全生产监管水平，有效维护全区安全生产形势的持续稳定好转，全年未发生重特大安全生产事故及较大安全生产事故。

【**安监系统队伍建设**】2011年，宝安区为提升全区安监系统工作人员的安全生产理论知识水平和业务能力，按照“内强素质，外树形象”的要求，安监系统每周利用半天时间开展业务大练兵，年内，共开展18期，累计培训3600余人次。动员全区安监系统的干部职工积极报考国家注册安全工程师考试，全区安监系统已有48人取得全国注册安全工程师资格。加大对巡查员的培训教育力度，组织全区130余名新进巡查员开展任前培训，邀请资深安全技术专家针对日常巡查工作涉及的机械设备、消防安全等检查要点进行系统讲解，组织各街道300余名巡查员进行工业企业安全管理分类分级评定标准、电气安全检查及危险化学品安全隐患排查等方面的业务培训。组织党员结合工作实际开展学习党史活动，定期召开党员大会、民主生活会、党小组会，切实促进作风建设。结合创先争优活动，抓好廉政建设，通过组织学习《廉政准则》、集中上党课、观看警示教育片等活动，提高干部思想素质，增强拒腐防变意识。以“依法监察、文明执法”为主题，全面推进基层安监办政风行风民主评议工作。通过开展问卷调查、召开座谈会、设立意见箱，深入社区企业明察暗访，开展安监办主任“体验日”活动等多种有力举措，进一步强化为民服务意识，规范执法程序，有效杜绝不规范执法、随意执法和“吃、拿、卡、要”等行为。

【**安全生产“一岗双责”**】4月15日，市委常委会会议决定将宝安区作为全市党政领导干部安全生产“一岗双责”试点区。按照区委区政府的总体部署，宝安区安监局迅速行动，成立由区委书记、区长任双组长的领导小组，召开18次专题会议进行研究部署。区儿套班子成员每周二下基层开展安全生产“一岗双责”专项检查。同时，各街道明确由街道副书记或排名第一的副主任担任安全生产直接责任人。印发《宝安区关于实行党政领导干部安全生产“一岗双责”及做好试点工作的意见》、《宝安区党政工作部门及有关单位安全生产工作职责规定》、《宝安区社区工作站安全生产“一岗双责”暂行办法》等文件，明确区委区政府、各街道办事处、区直各部门、各社区工作站四个层级党政领导干部和相关责任人的安全生产

2011年7月14日，宝安区"迎大运、保平安"、安全生产"一岗双责"暨第三季度防范重特大安全事故工作会议召开

工作职责及其监督检查和责任追究制度，进一步厘清"条条、块块"之间和部门之间的安全管理职责。开展安全生产"织网"工程，共划分大小网格656个，修订《宝安区处级干部安全生产"一岗双责"包挂点方案》，把全区463个处级干部安排到155个社区工作站挂点，组织全区处级干部两次到挂点社区检查督导安全生产，共检查企业3890家次，进一步强化网格管理，督促监管责任的落实。定期编印《全区事故形势分析》，通报典型事故情况，查找事故原因，部署事故防范措施，全力以赴降压安全事故。制定《宝安区党政领导干部安全生产"一岗双责"责任制考核》，对安全生产"一岗双责"考核优秀的区安全生产主要监督管理部门领导班子和街道领导班子，分别给予10万元、20万元奖励。对2010年安全生产考核优秀的单位给予奖励共计164万元；把安全生产纳入干部任免和政绩考核主要内容，区组织人事部门先后6次就干部任免征求安监局（安委办）意见；实行安全事故"三级责任倒查"，共处理16名工作失职人员。在全区创建10个示范社区、30个示范工业园区，以点带面，全面推广沙井街道壆岗社区"企业分类分级档案、三小场所、出租屋整治"、龙华街道华联社区物业出租"六不准"、石岩街道"五个明确"网格化管理等先进经验。将安全生产宣传教育培训对象由安监系统扩大到所有担负安全生产监管职责的全区党政领导干部，印发2000本《"一岗双责"资料汇编》，编印13期《"一岗双责"工作简报》，开展专题讲座近200场。

【落实企业主体责任】2011年，宝安区安监局进一步加大对企业的管理和服务力度，推动落实企业安全生产主体责任。制定分类分级标准，将工业企业按照其固有危险性和风险控制能力分为ABC三类和abc三级，完成全区四大类行业2044家企业分类分级排查评定工作，评定出A类企业384家，B类企业753家，C类企业907家，a级企业75家，b级企业449家，c级企业1520家。在此基础上创建205家安全管理标杆企业，完成100家企业安全生产标准化建设。积极探索"围合式"、"捆绑式"等多种托管模式，把从业人员100人以下，未按规定配备专职或兼职的安全生产管理人员，安全生产条件差的，在分类分级排查评定工作中评为c级的企业列为托管对象，共完成1025家企业安全生产托管，并聘请安全技术专家组成专家组进行考核验收，有效解决中小企业安全生产工作"无人管、不会管、管不好"的问题。起草《宝安区关于建立安全生产信用体系实施办法》，实施"黑名单"式管理制度，每月定期在《宝安日报》上公布违规企业名单，并通报给区相关部门，共有346家企业被纳入"黑名单"。完善安全生产专家库，制定出台《宝安区安全生产专家库管理办法》，在隐患排查治理、事故调查处理等工作中发挥积极作用，截至2011年年底，在库专家186人。开发安全生产网格化信息系统，以"一企业一管理档案，一场所一管理卡片"为核心，搭建安全生产"一岗双责"工作新平台，现已完成安全生产网格化信息系统第一期建设，并正式投入使用。每个街道配备20套平板电脑等移动巡查执法设备，实现企业数据库、网格责任人和隐患排查、处理信息的一体化。

【大运专项检查整治】2011年，宝安区成立"平安大运"危险化学品专项检查领导小组，对危险化学品生产、经营和剧毒化学品使用单位，大运场馆周边危险化学品从业单位，特别对场馆周边两公里范围内的加油站，实现严密的区、街道、企业三级监管。全区共排查危险化学品相关企业380家次，发现隐患226条，全部依法责令企业立即整改或限期完成整改，及时消除安全隐患。成立6个涉大运场馆周边执法检查工作小组，重点检查涉大运场馆周边2公里范围人员密集、受限空间作业等多发易发群死群伤事故的工矿商贸企业，共排查2199家企业，发现安全隐患557条，查封（扣押）设备、设施48台，查处场所7处，立案21宗，经济处罚16.87万元。

【安全隐患排查整治】2011年，宝安区安监局组织开展春节和元宵节期间烟花爆竹专项检查工作，共检查各类场所450余家，查扣烟花爆竹约10吨。

配合市科工贸信委开展危化生产企业A、B、C三级评定工作，对全区14家A级企业每年组织督查不少于一次，对32家B级企业每半年督查不少于一次，对4家C级企业每季度督查不少于一次，共检查企业188家，下发现场检查记录及责令改正通知书188份，发现并整改安全隐患562条。每季度对已取证企业至少巡查一次，共检查危化企业256家次，发现并整改安全隐患176条。开展危化许可证换证审查、空气化工产品“现场供气”备案审查和第三类非药品类易制毒化学品备案工作，对符合要求的10家经营企业发放第三类非药品类易制毒化学品备案证明。在2010年度开展安全生产大检查和“打非治违”专项行动的基础上，继续开展危险化学品相关行业的安全生产“打非治违”专项行动再检查工作，共检查危化相关行业125家（主要是危化品使用企业），查封3家，处罚6家，查处非法违法生产、经营危化品行为15宗，暂扣危化品20吨。制定《宝安区电镀企业危险化学品专项整治工作方案》，对全区电镀企业进行专项整治，并聘请专家对各企业进行专业培训和隐患排查治理工作，共检查电镀企业278家，消除安全隐患650条。开展事故多发企业专项整治，共执法检查249家企业，下发各类执法文书232份，检查设备、设施1702台，立案25宗，经济处罚29.7万元。组织全区2010年工伤事故多发的10家企业、2010年发生生产安全死亡事故的25家事故单位的主要负责人和安全主任共计250人召开15场“宝安区2010年度工伤事故多发企业警示教育会”，群发警示短信6万多条，督促企业重视安全生产工作。2011年，市政府将宝安区龙华街道和其他街道的一个社区进行重点挂牌整治火灾隐患，对全区10个街道全面开展火灾隐患整治工作，并下拨3.1亿元的专项整治经费。全区各街道共检查单位16.14万家次，发现隐患19.78万处，整改隐患18.59万处，处罚671宗，金额468.76万元，全区每个街道的重点挂牌整治火灾隐患社区已经全部通过市区验收组的验收。对前期已排查出的处于旧工业区内的68家纺织服装制造业企业进行全面的安全隐患排查与整治，发现隐患234条，已全部整改完毕。

【安全生产执法监察】2011年，宝安区安监局加大安全生产专项执法监察力度，全面开展日常巡查与监察执法工作，全区14个安全生产专项执法小组（包括各街道安全生产执法中队），重点查处工矿企业安全投入不足、机械设备安全防护不完善、员工教育培训不到位、无证上岗等违法违纪行为。8月份开始安监系统各单位联动推行全员执法工作机制，在区安监系统内推行“全员执法”工作机制，156名持证执法人员深入一线，局领导率挂点科室，每周执法不少于1次；科室挂点街道，每周执法不少于1天；街道安监办月人均执法检查企业不少于5家次，确保每月全区执法检查企业不少于700家，对安全管理状况较差的c级企业实现执法检查年度的100%覆盖。严格实行“四个一律”和“顶格处罚”，严厉打击非法生产经营建设和安全生产违法违规行为，加大企业违法成本，督促企业遵章守纪。2011年，全区安监系统执法检查企业14038家，发现安全隐患40221宗，已整改35679处，执法立案1084宗（含简易程序执法），执法宗数是2010年同期的2.8倍多，处罚金额是2010年同期的1.8倍，达1160万元。各街道共计清理无牌无证单位85家，关闭低端企业358家，转移低端企业267家，总计710家。

【重大隐患挂牌督办】2011年，宝安区安监局完成200家区挂牌督办重大安全隐患单位和街道挂牌督办2000家较大安全隐患单位整治销号工作，重点督办沙井街道步涌社区煤气供应点隐患、新安街道25区商业区消防隐患等重大安全隐患的整治工作。

【日常协调督查督办】2011年，宝安区安全生产隐患信息处理中心4小时受理市民举报安全隐患或安全事故，全年共受理各类咨询、求助、安全隐患举报等共1718宗，受理有效举报和其他部门转办的各类安全隐患328宗，移办328宗，移办率100%；已整治完毕173宗，正在整治中的20宗，不属实135宗。

【安全生产宣传教育】2011年，宝安区进一步创新安全宣传教育，大力营造安全文化氛围。牵头推进“每个街道至少建一个安全生产教育屋”工作，全面建设宝安区安全生产教育培训主阵地。其中，西乡、龙华、大浪等街道安全生产“教育屋”已接待

2011年8月12日，区委书记鲁毅率队到新安街道调研安全生产工作

2011年7月20日，西乡街道“安全生产警示教育中心”启动仪式举行

企业员工和市民约6万人次。每半月1期在《宝安日报》设安全生产宣传专栏；每周播1集《安全宝安》专题片，共播出52集；在宝安电视台播放安全生产公益片360余次；每季度印制3500份/套宣传海报，派发到全区160个社区以及大型工业区宣传栏张贴；组织专业演出团体深入社区、大型工业区举行60场安全生产专题文艺演出；认真开展“安全生产月”系列宣传活动，积极开展“安全咨询日”、社区居民面对面安全教育等14项活动，派发20万多份宣传资料；在高危行业强制推行“平安卡”培训和持证上岗制度，培训从业人员1.6万人次；开展企业负责人及安全管理人员培训工作，完成17000名企业负责人和新上岗安全管理人员的培训工作；加大企业员工“面对面”教育力度，全年培训企业员工约48万人次。实行事故现场警示会和短信通报制，凡发生重伤、死亡事故的企业，必须召集本街道的同类企业召开事故警示教育现场会，通报事故情况，分析事故原因，查找薄弱环节，以血的教训督促企业重视安全生产工作。年内，共召开29场事故现场会，共计3900多名企业负责人、安全管理人员参加，发送警示短信30万余条。

【安全生产应急管理】2011年，宝安区安全生产应急管理能力进一步提升，应急救援水平得到切实提高。成立应急管理专家组，充实应急预案评审专家库，完成对全区197家危化企业的应急预案评审和备案工作目标；组织开展应急演练，共开展25场安全生产应急演练；积极参与迎大运系列应急管理行动，派员全程参与区应急办组织的“宝安区迎大运处置深圳市北站恐怖袭击事件应急演练”，根据区应急办“一单位一预案”的工作要求，编制、修订“迎大运”安全生产事故和危险化学品安全事故应急救援预案；组织开展两期广东省核化应急救援队宝安分队专业训练，加强应对核化事故救援能力。（王　莉）

附：2011年宝安区安监局领导成员名单

局　长：覃敬腾

副局长：钟晓鸣　王立松

药品监督管理

【“一体两翼”药品安全社会管理新模式】2011年，深圳市药品监督管理局宝安分局探索在现代都市中创建“药品安全示范区”的有效模式，从辖区监管工作实际出发，总结经验、大胆创新，提出构建“一体两翼”药品安全社会管理新模式的具体思路，“一体”，即药监局是《药品管理法》等的执法主体，是代表国家、政府承担“三品一械”行政监管的责任主体；“两翼”，即行业协会等社会组织和街道、社区基层政权组织，前者“自律”，后者“自治”。“一体两翼”创建模式的主要特点，一是“自下而上创建、自上而下督促”；二是“先示范、后全面”，“先骨干、后普遍”。“一体两翼”创建模式使药品安全监管工作由原来药监部门“一家独唱”，变成齐抓共管、全民参与“大家唱”的新局面，随着创建工作的不断深入，根据社区及民众提供的准确线索和有效举报，药监部门可将有限的监管人力物力，集中运用到对涉药违法行为的“精准”打击上，大大提高监管工作的效率。

【“药品安全示范社区”创建工作】2011年，市药品监督管理局宝安分局在宝安区、光明新区共12个街道办事处开展“药品安全示范社区”创建工作。在创建工作开展过程中，政府高度重视，高调周密部署；药监充分主导，有力督导推进；街道社区自治，部门齐抓共管；行业组织自律，企业积极参与。截至11月30日，宝安区、光明新区15个创建试点社区全部通过创建考评验收，全部获得“药品安全示范社区”称号。创建“亮点”盘点：公明社区居委会成立药品行业联谊会，创建深圳市第一个药品零售行业自律组织；新安街道动员下属22个社区全面启动“药品安全示范社区”创建工作，选定宝民、海裕、新安湖3个社区为首批创建示范点，并分别给予5万元创建启动经费；新安街道宝民社区各涉药单位联合成立“医疗药品经营协会”，率先成为深圳市第一个在民政部门注册登记的社区药品行业协会；新安街道海裕社区选取老党员、老干部、老军人、老教师、老模范组成“五老巡查队”，有效延伸了药品监管触角。12月26日下午，广东省药品流通监管工作暨药品安全示范县（区）创建活动现场会在深圳召开，宝安药监分局在会上介绍药品监督社会管理新模式及“一体两翼”、

"药品安全示范社区"的创建经验。省食品药品监督管理局陈德伟副局长率全省各市、县（区）药监部门有关领导一行70余人到宝安区新安街道宝民、海裕两社区现场观摩学习"药品安全示范社区"建设工作。

【大运药品安全保障工作】大运期间，市药品监督管理局宝安分局切实保障辖区药品市场安全稳定，实现大运期间药品安全零事故的既定目标，圆满完成大运药品安全保障任务。对比赛场馆医疗服务点进行100%检查，重点检查大运专用药品的合法性和储存养护是否符合要求。在大运会比赛场馆、指定接待酒店、火车站、机场、旅游景点等关键场所及周边1000米范围列出11个重点区域，对其中348家重点单位100%建立台账，将分局执法人员姓名标注在店内监督岗，实行"实名"监督；与辖区19家药品批发、零售连锁企业签订大运药品安全保障责任书。制定《药械保化安全事故应急预案》和《宝安区比赛场馆突发药械安全事件应急处置预案》，执行24小时应急值班制度，强化大运药品安全突发事件应急处置能力。

【行政许可工作】2011年，市药品监督管理局宝安分局共办理行政许可业务1534件，所有业务的提前办结率达100%。围绕打造流程最简、效率最高、廉洁公开的行政审批环境这一具体要求，该局立足辖区行政许可工作实际，以标准作业程序SOP理念为指导，运用项目时间管理模式，积极推行行政许可标准化管理，先后制定《行政许可工作程序（试行）》、《新开办零售药店行政许可申请材料审查要点》、《药品零售企业行政审批评定标准指引》等一系列规章制度，明确权责、细化标准、统一尺度、严格监督，力促行政许可工作提质提效，实现辖区零售药店增长速度"保零增降"的结构调整优化目标。

【药品安全日常监督检查、抽样及违法行为查处工作】2011年，市药品监督管理局宝安分局共出动执法人员10500余人次，受理投诉、举报等各类案源894件，立案查处各类违法案件494件，移送公安查处3件，吊销药品经营许可证28件，取缔无证药店184家，罚没总额102余万元，没收非法药品1717件，货值达350余万元。其中，检查中主动发现案源数264件，占分局办结案件总数的53%，到账罚没款总计102.5154万元，比2010年同期增长117.2%，全面实现年初确定的案件来源为主动立案的占总立案数的50%以上和案件罚没款较2010年翻一番的自定目标。年内，共检查药品批发企业60家次、药品零售企业1817家次（含GSP跟踪检查1148家次）、医疗器械经营企业104家次、保健食品经营企业248家次、化妆品经营企业124家次、医疗卫生机构260家次，并对620家药店开展GSP认证。年内，共开展各类监督抽样1730批（药品：863批；医疗器械：58批；保健食品：394批；化妆品：415批），其中包括日常监督抽样717批、评价性抽样389批、快筛483批、案件抽样117批及广告、不良反应抽样24批，圆满完成各项抽样任务。

【药品安全宣传工作】2011年，市药品监督管理局宝安分局共开展药品安全进社区、进校园宣传活动4次，与《深圳特区报》、《深圳晚报》、《宝安日报》等报刊合办药品监管专栏13期，印发《宝安区药品市场动态》简报12期近4万册，在辖区90余个社区设立药品安全宣传专版，在分局网站上刊登新闻信息稿110余篇，在《深圳特区报》、《宝安日报》等市、区主流媒体上刊登新闻稿件70余篇，加大药品安全宣传力度，普及用药安全专业知识，辖区群众安全用药意识进一步提高。（吴　敏　吴镇江）

【食品安全】2011年，宝安区食品安全综合协调成效明显。顺利完成大运会食品安全保障工作目标，及时印发后大运会时期食品安全工作方案，实现各项工作从"赛时"状态向"平常"状态的无缝衔接。开展多种形式的食品安全系列宣传活动，营造人人参与食品安全的良好社会环境。（王　栋）

附：2011年深圳市药品监督管理局宝安分局领导成员名单

局　长：李　红

副局长：郑凤良　张非梦

投资服务

【概述】2011年，宝安区投资联合办公服务中心（企业服务中心、企业投诉中心）围绕"加强和改进政府服务，促进企业转型升级"这条主线，弘扬"全心全意为人民服务"的政府服务精神，在对外业务履职方面充分发挥中心服务职能，不断促进辖区企业发展壮大；在内部管理服务方面开拓创新，勇于实践，圆满完成各项目标任务。年内，行政服务大厅共受理业务365566件，同比增长95.06%，按期办结率达100%，提前办结率达67.48%，其中23.55%业务即来即办。申请人满意度从上年度的92.8%提升至97.2%，群众有效投诉为零。企业服务中心受理企业诉求4250件，包含咨询即办3732件、呈签9件、转办区直属单位及辖区街道办567件。企业诉求处理率和回复率达100%，按时办结率达99.9%，企业满意度达90%。

【联合办公工作】2011年，宝安区投资联合办公服务中心联合区监察局再次对10个街道行政服务大厅的运转情况进行检查和指导，推动解决街道行政服务大厅管理机构、管理人员、管理经费等问题，给街道行政服务大厅的正常运转提供有力保障。目前，街道大厅主要进驻市场监管、卫生、环保、计生、房屋租赁、城建、劳动保障等部门，办理个体工商户以及个人的审批事项，集中办理率达58%，方便企业和群众就近办事。在全市行政服务大厅中率先导入现场精细化管理系统，对窗口物品摆放、设备管理等进行精细化、规范化管理，大厅办公环境显著改善，办公效率明显提高；

制定大厅管理标准化流程，使管理内容清晰、固定、可操作；研究开发实体大厅管理系统，通过实现大厅管理的电子化，提升科学管理水平和管理效率；修订和完善《联合办公实施办法》等一系列规章制度，并实现电子化，刚性执行保证制度的贯彻落实。2011年，中心对宝安区审批服务事项以及网上受理情况进行全面的调研与梳理，并联合区监察局、各审批职能部门共同打造“宝安区网上审批服务大厅”，向全区企业提供经济促进、教育、民政、财政、人力资源、文体旅游、计生、环保和水务、城管、公安、租赁等11个审批职能部门，共171项审批事项的在线办理。同时，在区、街道行政服务大厅开设“网上受理协办窗口”，免费为群众提供网上办事指导服务，实现区级大厅与街道大厅、实体大厅与网上大厅相辅相成的多元化行政审批服务形式；2011年，服务大厅充分发挥第一线窗口作用，广泛了解收集、反映解决企业和群众关心的行政审批热点难点问题，全年累计收集企业意见建议千余条，均通过各种渠道反映。其中对“印章备案档案电子化水平亟待提高”、“市政务信息资源共享监督系统数据提取亟待提速”、“清无疏导期间人流量激增企业意见大”及“宝安区政务服务平台现状及发展建议”等信息的反映引起各级部门重视，区领导作出重要批示。

【企业服务工作】2011年，宝安区企业诉求工作取得“一个强化、两个到位”的显著成效。一是重点企业走访解困工作得到强化。每月，中心安排两名专职人员对区领导挂点的重点企业进行逐一走访，年内，共走访41家重点企业，收集企业诉求60余件并及时协调解决。二是多元服务体系保障沟通到位。以大运为动力，政府搭建各种沟通平台，主动想办法、出主意、办成事，多元建设提升服务内涵及质量，健全服务企业体系。三是诉求处理体系保障服务到位。企业诉求管理暂行办法实施3年以来，经过各单位的协助与努力成效显著，年内，全区各单位共受理企业诉求40358件，按时办结率达99.9%，企业满意度达90%；2011年，中心从细节着手，进一步落实知名企业家的礼宾待遇。以区委区政府的名义，向全区500多家重点企业的董事长和总经理赠送《宝安日报》和新春贺卡，让企业家深切感受到政府关怀与诚意；帮助有需要的企业家直接与区领导面谈。年内，成功安排苏宁电器、华电集团、佳能3家企业负责人和知名经济专家约见区领导，区领导认真听取企业家需要协调的各种难题，并现场将企业的诉求进行责任分解和全程跟踪，企业家对该举措表示满意和感谢；为支持企业加快转型升级，中心加强面向企业的信息传递服务。一是以《宝安企业》刊物、网站等为媒介，及时发布有关投资、土地、人才、等政策信息，引导企业加快转型升级；二是通过CRM群发短信、邮件、传真的功能，及时向企业传递“深圳市2011年第二批新能源产业专项申报”、“战略新兴产业发展‘1+5’系列知识讲座”等信息，促使企业及时把握转型发展机遇；三是通过网站和热线电话，及时收集和处理企业在转型升级中遇到问题和困难，促使企业更好更快地发展。中心注重发挥企业发展特邀观察员的作用，积极通过他们向企业传递政府政信息，收集企业一线心声；2011年，中心以“住房公积金”、“生物医药产业发展”、“中介机构助推企业发展”等为主题，组织观察员和专家召开座谈会，重点研究近期企业存在的热点、难点和发展等问题，特邀观察员提出的《深圳市住房公积金政策存在问题及完善建议》、《关于建立宝安区“中介机构（NGO）创业基地”的建议》引起区领导的高度重视并作出重要批示。

2011年4月27日，省依法行政检查组到宝安区联办中心检查依法行政工作

【队伍建设】2011年，宝安区联办中心结合工作实际，开展成立以来最大规模的业务技能培训，通过培训，全体人员综合素质得到全面提升。培训工作实行个人成绩与个人年终考核挂钩机制。通过对个人参加相关业务技能培训后的分数进行比例折算，测评个人年度“能”项的考核得分。此举不仅进一步完善中心素质工程工作机制，也使得中心年度考核方式更客观公正；2011年，中心党支部扎实推进基层党建工作，通过组织观看电教片、一把手上党课、座谈讨论等形式，认真组织开展政治理论学习；以建党90周年为契机，开展建党90周年座谈会等活动，保持共产党员先进性；开展党员示范岗等创先争优活动，积极发挥党员干部在窗口工作中的积极作用。“七一”前夕，中心

2011年1月20日，宝安区联办中心获“省一级档案综合管理单位”荣誉称号

基层党组织被评为“先进基层党组织”，党员郑员利被评为宝安区“优秀共产党员”。2011年，宝安区投资联合办公服务中心工会、团支部以增强团队凝聚力为目标，充分发挥工会、团支部的桥梁纽带作用，积极开展丰富多彩的文体活动，融洽团体氛围。组织团员青年参加“迎大运、创全国文明城市标兵”系列活动，为大运会的顺利开展贡献微薄之力；开展“帮困助弱献爱心”、“绿色宝安基金”募捐活动，展现中心干部职工的博爱之心；开展“送温暖”和节日慰问活动，充分体现工会的人文关怀；平均每月组织开展一次文体活动，丰富大家的业余文化生活。（陈潇寅）

附：2011年宝安区投资联合办公服务中心（企业服务中心、企业投诉中心）领导成员名单

主　任：郭小海

副主任：梁　志　芦　江

检验检疫

【概况】2011年宝安出入境检验检疫局全面推进“以质取胜、创先争优”活动，以质量安全为核心，着力抓好辖区产品质量和食品安全等高风险货物的监管工作，大力提升检验检疫服务外贸出口和地方经济社会发展的水平。全年共检验检疫出入境货物360756批，较上年增长3.75%；货值449.5亿美元，较上年增长17.26%。其中检验检疫出境货物333246批，较上年增长6.69%，货值409.1亿美元，较上年增长21.79%；检验检疫入境货物27510批，较上年下降22.22%，货值40.41亿美元，较上年下降14.79%。共签发通关单42万份，较上年下降1.33%。共签发原产地证书101968份，较上年减少25.9%，其中签发普惠制产地证书42789份，较上年下降30.5%；签发一般原产地证书43594份，较上年下降24.2%，帮助宝安区出口企业利用普惠制签证获得减免关税约1349万美元。签发区域性证书11085份，帮助宝安区出口企业利用区域性签证获得减免关税约924万美元。

【动植物及其产品的检验检疫】2011年，宝安出入境检验检疫局以质量安全为核心，继续加大动植物及其产品的检验检疫力度。重点开展供港年花检疫、饲料安全监控、动植物源性食品安全监控、竹木草制品企业换证考核、木家具企业分类评定以及卡板厂热处理设施改造等工作。全年共检验检疫植物及植物产品10015批，与上年持平；货值2.65052亿美元，较上年增长38.6%：其中检验检疫出口竹木草制品33435批，较上年增加17.5%，货值15.2亿美元，较上年增加57.3%；出口供港种苗花卉4073车次，较上年减少2.02%，货值52.44万美元，较上年减少2.02%；出口中药材267批，较上年减少5.65%，货值6838万美元，较上年增长28.7%；处理木质包装3222库，较上年减少11.02%，共219.9万件，较上年增加6.08%，出具合格凭证41184份，较上年减少2.15%。全年共检验检疫出口水产品170批，较上年增加18.9%，货值2566万美元，较上年增加9.1%；出口供港饲料85批，较上年减少9.6%，货值45.8万美元，较上年减少4.5%；进口板材及原木578批，较上年减少35.1%，货值1691万美元，较上年减少14.3%；进口小动物皮163批次，较上年减少19.3%，货值817.4万美元，较上年减少37.7%；进口羽绒羽毛59批次，较上年增加28.3%，货值265.1万美元，较上年减少3.5%；进口水产品55批次，较上年下降3.5%，货值284.4万美元，较上年增加33.3%。

【食品与化妆品的检验检疫】2011年，宝安出入境检验检疫局以质量安全为核心，制定监控计划，做好食品与化妆品检验监管工作。重点开展日本进口食品放射性物质监管，出口食品、化妆品邻苯二甲酸酯类物质的专项检验检疫，新增化妆品法检编码的检验监管工作。全年共检验检疫出口食品化妆品12855批，较上年下降6.26%，货值18.77260亿美元，较上年增长8.44%；检验入境食品原料228批，较上年下降22.71%，货值806.30万美元，较上年下降29.68%。

【工业产品的检验检疫】2011年，宝安出入境检验检疫局继续加强工业产品的检验检疫。通过对重点敏感商品开展专项抽测分析活动，提升各类产品质量水平。轻纺产品方面，重点针对服装、自行车、电池、仿真饰品等产品开展质量提升活动。全年共召开自行车、电池、仿真饰品技术讲座、座谈会4场；专人跟进不合格情况，帮助企业整改，2011年宝安辖区轻纺产品不合格率为2.94%，较上年下降

76.3%；辖区内4家三类轻纺企业升为二类。机电产品方面，继续加强出口手机产品监管力度，全面登记手机生产企业信息，开展产能核查，建立电子档案，细化一般贸易方式出口手机报检信息，明确重点监管企业名单并加强核查，对安全项目不合格的企业加强后续检验监管。开展出口电线电缆专项整治活动，自2011年3月至9月对辖区电线电缆类生产企业分步骤进行摸底、排查、抽样检验等检验监管工作。加大对重点敏感进口设备的检管力度，在进口设备中连续检出电梯、激光钻孔机等10批设备质量安全项目不合格；对两批安全项目检验不合格且无法落实技术整改的设备监督销毁；对近年进口的12批特种设备进行跟踪检验，未发现安全事故。化矿产品方面，加强对塑胶餐厨具等重点敏感商品的检验监管并开展原辅料专项调查，积极开展辖区出口危险化学品开检试点工作，完成试点企业抽采样、危险公示标签和安全数据单样本的初审等工作。全年共检验检疫出口服装、自行车、电池、鞋等轻纺产品45730批，较上年减少0.22%，货值21.04亿美元，较上年增长2.38%；出口机电产品19.1万批，较上年增长15.1%，货值357.98亿美元，较上年增长11.3%；进口机电产品1.4万批，较上年减少30.0%，货值31.2亿美元，较上年减少20.2%，其中进口旧挖掘机2071批，较上年减少45.66%，货值9715万美元，较上年减少41.92%。出口日用陶瓷898批，较上年增加5.4%，货值2839.05万美元，较上年增长22.37%；出口塑胶制品共9330批次，较上年下降32.5%，货物总值1.35亿美元，较上年下降24.6%。

2011年4月7日，宝安出入境检验检疫局工作人员在辖区某厂进行手机质量监管

【新增法检商品的检验监管】2011年，宝安出入境检验检疫局及时召开企业政策宣贯会，对2011年1月1日正式开检的新增出口法检商品进行普法宣传。同时对宝安辖区涉及新增法检产品的400余家企业进行分类评定，帮助企业顺利完成新增出口法检商品的检验检疫。

【目录外产品的监督抽查工作】2011年，宝安出入境检验检疫局根据国家质检总局关于目录外进出口商品抽查检验通知要求，与辖区经贸主管部门联合，对抽查目录中的生产企业开展抽查工作。其中，机电类抽查17家企业共39款产品；化矿类抽查40款产品；轻纺类抽查29家企业，74批样品。对非法检商品起到一定的监管作用。

【质量月活动】2011年，宝安出入境检验检疫局开展质量月活动。先后召开4场业务宣贯会，举办宝安局机电实验室开放日活动、现场解读ECFA优惠政策等多项特色活动，惠及企业400余家，发放宣传资料1000余份，营造重视质量的良好氛围。

【打击侵犯知识产权和制售假冒伪劣商品专项行动】2011年，宝安出入境检验检疫局派发宣传资料4000多份，召开宣贯会4场，入基层街道开展宣讲12次，检查生产企业1557家，抽查重点产品共63730批次，开展打击侵犯知识产权和制售假冒伪劣商品专项行动。查处辖区内某外资食品生产企业使用过期原料组织生产并出口的典型案件。查获4家企业买卖、使用假冒检验检疫证单。发现5家未通过ISO9001认证的企业在产品包装上冒用ISO9001认证标识，2家企业滥用CE认证标识等。初步建立辖区内贴牌代工生产企业和自有品牌企业数据库，为进一步打击各类侵权行为提供依据，切实有效地保护知识产权。

【应对日本核泄漏事件】3月，日本核泄漏事件发生后，宝安出入境检验检疫局做好原产自日本的进口食品、进口机电设备等商品的放射性检测，共完成3批次检测任务。并联合蛇口检验检疫局开展应对核泄漏突发事件演习，保障口岸与辖区生化、核事件的安全。

【大运期间保障工作】2011年，宝安出入境检验检疫局制定大运保障工作方案，成立大运食品仓后勤保障小组，安排专人负责宝安区观澜街道清湖冷库组大运进口食品安全工作与大运会场馆进口设备的跟踪服务，确保食品安全与设备安全可靠；组织青年同志积极参加志愿者活动64人次。

【与光明新区办事处的业务交接】2011年，宝安出入境检验检疫局在光明新区办事处正式开检前，做好相关移交和“传、帮、带”工作，3月15日宝安局将光明新区业务平稳移交给光明新区办事处。

【检验检疫标准化工作】2011年，宝安出入境检验检疫局成功申报检验检疫行业标准《进口旧机电产品检验技术要求—电镀、电解或电泳设备及装置》制标项目1项；牵头组织大型企业收集LED显示屏检测要求方面的有关数据，为LED显示屏正式建立行业标准或国家强制性标准提供参考意见，通过制标手段增强企业市场竞争力与话语权。

【机电产品周期性检验模式的推广】2011年，宝安出入境检验检疫局选择大型优质企业作周期性检验模式试点，推广周期性检验监管模式。至2011年底已有235家企业申请进行周期性检验。通过推广周期检验模式，

一、二类企业出口产品现场检验率和抽批送检率平均减少40%，企业送样成本大大减少，大大加快通关速度。

宝安出入境检验检疫局工作人员指导报检员操作自助通关单打印系统

【自助通关单打印系统的推广应用】 2011年，宝安出入境检验检疫局推广应用自助通关单打印系统。至2011年底，已有70余家企业成功申请自助打单权限，每天打单数量超过700份，约占该局日出通关单数量的三分之一。自助通关单打印系统的应用为企业提供便利，缩短企业排队的时间，提高通关效率。

【无纸化通关新试点】 2011年12月1日，宝安出入境检验检疫局将辖区涉及电子、电器、玩具、轻纺等行业的6家产品竞争力强、诚信度高的企业，作为深圳关检合作无纸化通关的第二批试点企业成员，正式实施“通关单电子放行”。在此模式下，企业报检流程将大为精简，无需提交通关单及缴纳相应费用，实现快捷放行，缩短货物通关交付周期，同时降低企业报关、报检业务成本。

【技术帮扶企业】 2011年，宝安出入境检验检疫局重点以技术帮扶企业。全年共举办各类产品技术培训讲座24场。并利用机电实验室等便利条件，帮助企业分析产品问题症结，宣传相关技术标准。至年底，宝安辖区LED照明类产品实验室检出率下降近20%左右，出口手机不合格率同比降3.5%，出口电池不合格率同比降10%，自行车型式试验不合格率同比降14%，产品质量提升成效显著。

【窗口建设】 2011年，宝安出入境检验检疫局开展窗口标准化和服务规范化建设，调整窗口服务流程。检务科与产地证科被评为“全国检验检疫系统窗口标准化”A类示范窗口。

【帮扶出境货物木质包装标识加施企业】 2011年，深圳市政府发布《关于划定禁止燃用高污染燃料区域的通告》，要求自7月1日起，全市禁止燃用高污染燃料，各类燃木柴锅炉将予以拆除或改造，改用天然气、液化石油气、电或其他清洁能源。宝安出入境检验检疫局开展相关法规和技术标准研究，深入木包装热处理企业现场调研，前往龙岗、惠州等地参观学习，制定既符合环保要求，又安全高效，同时节约成本、方便操作的两套技术方案，确定试点企业反复试验。采用将传统“库外供热”改为库内直接加热再喷水生成热蒸气的湿热处理方案，减少热能传递过程损失，成功将以前最少热处理7小时压缩为5小时。至10月31日宝安辖区已有9家企业完成设备改造。

【创先争优活动】 2011年，宝安出入境检验检疫局开展“为民服务，创先争优”活动。局党组和全体党员围绕服务企业、服务群众，结合工作任务、服务项目、服务内容、服务标准等对外承诺，并在报检大厅张贴公开承诺书。局领导班子成员深入科室和辖区企业开展领导点评活动，建立点评台账，用现场一线点评、会议集中点评等方式拓展点评范围，落实整改机制，将点评内容纳入创先争优专用记录本。全局围绕“关注民生、以质取胜、创先争优”主旨，开展“结对共建、携手同行”主题活动，通过会议和座谈的形式了解干部职工对活动的看法，明晰结对的思路，通过各科室每月报送活动进度表和活动中好的经验、做法，督促结对活动的有效展开，最终形成优势互补、互惠互利的基层党建工作新格局。该局共结成党员和群众对子62个，在编人员和非编人员对子42个，业务骨干和新进人员对子12个，办成好事、实事206件。

【廉政教育】 2011年，宝安出入境检验检疫局持续开展各种教育活动抓思想政治教育。5月至9月，开展遵纪守法预防职务犯罪专题教育活动，完成学法活动、出版专题板报、参加庭审现场旁听等9个计划动作。8、9月间，集中开展纪律教育月活动，在完成深圳局“十个一”规定动作的基础上，结合当前学国学的热潮，成功举办“学国学、品人生”专题党课；邀请心理专家举办“做一个幸福的工作者”心理讲座。此外，还通过其他各种形式的专题讲座、警示教育、座谈会等，加强对干部职工的思想政治教育。

【落实廉政监督制度】 2011年，宝安出入境检验检疫局狠抓各项廉政监督制度的执行落实。继续落实对外购物品和车辆维修“集中采购、统一招标”，礼品礼金上交登记，特殊情况下接受工作对象公务宴请活动审批登记，局长接访制度；完善下厂意见反馈制度，建立廉政、行风建设电话咨询制度，参照名片样式，设计印制“宝安检验检疫局行风建设监督卡”等；利用好电子监察系统，做好来访来函、举报件、投诉件等的登记记录及调查处理等。

【廉政文化建设】2011年，宝安出入境检验检疫局自行编制500本《涉及检验检疫渎职犯罪罪名、立案标准及处罚》学习手册；开展“创先进、争优秀、扬清风、促廉洁”主题板报活动；购置一批廉政书籍；举办“我身边的国检人”演讲赛和学习支树平局长讲话暨十佳检验检疫员事迹报告会，宣传身边先进典型。

【精神文明建设】2011年，宝安出入境检验检疫局精神文明建设工作取得成效。局党总支荣获深圳市直机关工委先进基层党总支荣誉称号，团总支荣获深圳局五四红旗团总支荣誉称号，党总书记被评为深圳市直机关工委优秀党务工作者，4名干部职工被评为深圳局优秀共产党员、深圳市直机关工委优秀共产党员，1名同志被评为深圳局第三届“十佳检验检疫员”。在深圳局组织的各类比赛中，该局取得良好成绩，在深圳局乒乓球比赛中获团体冠军，在深圳局各类征文比赛中均有人获奖。（赵金妙）

附：2011年宝安出入境检验检疫局领导成员名单

党组书记、局　长：元达礼
党组成员、副局长：卢　俭　保利平　董全治
党组成员、纪检组长：周宗强　叶有湘（3月起）

科　技

【**概况**】2011年，宝安区实现高新技术产品产值5659亿元，比上年增长16.3%，占规模以上工业总产值比重达到55.9%；其中具有自主知识产权的高新技术产品产值2881亿元，比上年增长18.6%，占整个高新技术产品产值的50.9%；公开公告专利12819件，同比增长17.5%，其中发明4780件，同比增长6.5%。

【**科技政策服务**】2011年，宝安区科技局编制《宝安区科学技术发展“十二五”规划》，为未来五年科技创新发展明确发展战略和思路。根据宝安区《关于构建现代产业体系加快转变经济发展方式的实施意见》“1+6”政策文件的制定任务分工，起草《加快提升自主创新能力的若干措施》，重点扶优扶强扶持战略性新兴产业技术创新。修订《宝安区科学技术奖励办法》，突出对原始创新活动和科技人才的鼓励，保留区长奖、专利奖，取消科技创新奖、国际科技合作奖，新增技术发明奖、科技进步奖、标准奖。围绕战略性新兴产业技术攻关和产业转型升级，开展《宝安区LED产业发展研究报告》、《宝安区物联网发展情况调研报告》、《宝安区太阳能产业发展研究报告》等一系列重大课题调研。加强科技创新政策宣传解读，深入街道、企业召开宣讲会，组织500多家企业参加，并发送政策解读短信2497条，让广大企业了解宝安区产业扶持的重点和方向，自觉调整生产结构，加强自主研发，形成全区共谋创新发展的合力。

【**科技项目扶持**】2011年，宝安区科技局帮助企业申报国家、省市科技项目280多项，其中国家级项目63项，省级项目17项。发动企业申报区级项目2111个，立项资助项目1718个，安排科研资金1.6亿元，其中5700万元用于扶持战略性新兴产业技术创新。政府科研资金较好地发挥引导和杠杆作用，引导全区企业投入89.9亿元开展技术研发。重点扶持关键领域和战略性新兴产业技术创新，立项扶持313个关键领域技术创新项目，其中战略性新兴产业技术攻关项目227个。培育自主知识产权，立项资助888件发明专利和184件计算机软件著作权，其中PCT等国外发明专利106件。新认定知识产权优势企业9家。鼓励企业加大科技研发力度，协助企业申请国家级高新技术企业认定，新增国家级高新技术企业111家，总数达292家。

【**高端创新团队引进**】2011年，宝安区科技局引进“科技外脑”，根据区领导的指示遴选12位与宝安区高新技

2011年9月16日，宝安区科技馆举办科普讲座进学校活动，流塘小学300多名学生参加“校园气象安全讲座”

术产业和战略性新兴产业密切相关的高端科技专家、学者和企业家担任区政府科技顾问，为宝安区重大科技政策措施的制定提供咨询、论证，并通过科技顾问引进创新思想、创新团队和高端科技项目，提升宝安区自主创新能力和水平。11月22日举行宝安区政府科技顾问聘书颁发仪式。加强与知名科研院所、跨国公司研发机构合作，大力引进高等院校和科研院所的高端创新团队，促进源头创新能力提升，先后与清华大学深圳研究生院、武汉大学深圳研究院洽谈合作，并于11月18日在深圳市会展中心举行科技创新合作协议的签约仪式。

【科技创新服务平台建设】2011年，宝安区科技创业服务中心综合服务大楼首层规划建设为综合服务大厅，引进创业咨询、技术转移、知识产权等中介服务机构及各类行业协会组织，并设立科技图书馆宝安桃花源科技服务站，为全区科技企业创新创业提供专业、便捷、实用的一站式服务。充分发挥区科技信息服务平台作用，配备客服人员，为企业提供科技创新信息服务，截至2011年12月底，平台有注册会员（科技企业）2283个，平台访问量已达到25.1万次，科技文献总检索量16.5万次。同时建立健全区土地厂房信息数据库，采集并发布348家工业园的有效信息，通过网络平台等多种途径尝试开展将土地厂房信息与科技企业需求对接。公共检测平台在为企业提供优质服务的基础上，为区内企业累计发放检测费用补贴536100元，降低企业自主创新成本。

【科技创业服务】2011年，宝安区科技局充分发挥区科技创业服务中心的综合服务功能，不断提升为企业创新服务的水平。桃花源科技创新园孵化创新能力进一步增强，2011年园区引进战略性新兴产业领域的企业16家，在孵企业189家，毕业企业9家；孵化企业实现总产值39亿元，申请各类专利261项，主导或参与制定国家或行业标准74项。牵线搭桥，帮助解决融资难题。与中国银行、招商局、宝安集团等金融、风投机构合作搭建融资平台，组织开展10多场投融资洽谈会。组织中国银行与创新型企业融资对接会，促成中国银行向宝安区10家自主创新型企业贷款2亿元。及时与正在外迁的科技企业沟通联系，成功将LED照明龙头企业洲明科技公司、嵌入式软件龙头企业美赛达公司等企业的总部和研发中心留在宝安。借助区博士联谊会、区科技企业协会人才资源优势，组织科技企业家开展联谊座谈活动。根据科技企业需要，全年累计举办或组织企业参加“科技政策解读”、“新兴产业专题论坛”等各类讲座培训共26场次。

2011年11月25日，第27届全国青少年科技创新大赛宝安区选拔赛开幕

【深化产学研合作】2011年，宝安区科技局引导54家企业在高新技术产业特别是战略性新兴产业领域开展产学研科技合作，对深圳市杰普特电子技术有限公司等18家企业与高校院所合作开展的产学研科技合作项目给予立项资助。新建华力兴等2家开放性研究开发基地；对已认定的航盛电子研发基地给予创新能力提升资助；对京泉华电子等3家研发基地进行督导验收，并安排后续资助资金；对获得深圳市工程技术研究开发中心的洲明科技给予配套资助。

【科技创新园建设】2011年，宝安区科技局配合市规土委宝安管理局、西乡街道做好桃花源三期征地工作。同时积极推动铁岗片区产业转型升级，整体承租铁岗社区一个占地面积5000平方米的旧厂房，将其改造升级为桃花源科技创新园第四分园。指导协助街道推进创新园规划建设，在松岗街道依托粤深钢投资公司建成建筑面积10.4万平方米的桃花源科技创新园松岗分园；在西乡街道依托广兴源公司建立互联网产业创新园；在民治街道依托展滔科技公司建立电子商务创新园。

【企业参展服务】2011年，宝安区科技局组织科技企业参加第九届大连中国国际软件和信息服务交易会、深圳国际光电照明展等各类展会等国内外科技展会。第十三届高交会宝安区参展企业177家，参展面积3800多平方米，成交重大高新技术项目19项。宝安展团参展企业技术成果涉及面广、科技含量高，艾美特电器（深圳）有限公司的节能电风扇及首善养生机、深圳市泰玛风光能源科技有限公司的磁悬浮风力发电机具有国际领先水平。宝安展团成为海内外客商、新闻媒体追逐的焦点，其中泰玛风光能源科技有限公司的磁悬浮风力发电机在中央电视台新闻联播节目播出。宝安展团荣获组委会颁发的“优秀展示奖”。高交会期间举办科技创业服务中心综合服务大楼揭牌仪式暨宝安区首届自主创新产品艾美特专场新闻发布会等系列活动。

【项目监督和跟踪服务】2011年，宝安区科技局开展绩效评价，全面完成“十一五”期间科研资金使用绩效评价报告，提高科研资金的使用效益。加强立项项目的跟踪服务，开展评估调查，对获得2010年科技计划立项的500家单位进行绩效评估。完善科技评审专家库建设，补充各类专家15名，会计机构1家。实施验收结题177项，其中社会公益课题147项、产业类项目（无息借款）18项、创新平台验收12项，发放结题证书147份，回收科技借款6020.6万元。

【科普示范体系建设】2011年，宝安区科技局为推进基层科普工作，对1个科普示范街道创建试点单位和13个科普示范社区创建试点单位进行实地检查，通过检查评估完善宝安区科普示范体系建设。新安街道灵芝园社区、海裕社区和观澜街道福民社区被命名为“第三批广东省科普示范社区”。经过认真准备，宝安区以高分通过中国科协“2011～2015年度全国科普示范（县、市、区）”创建检查验收。

【科普活动】2011年，宝安区各街道、基层科协、学会（协会）组织以“全国科技周”和“全国科普日”为主线，以社区、学校、企业和科普教育基地为主阵地，深入开展系列科普活动。举办重点科普教育活动近百场（次），科普受众超过100万人次。同时举办社区科普集市、科技节、科普讲座、科普展览、科技知识竞猜等各类活动600余场次。围绕社会热点、重点事件，及时做好科普宣传，共发放《低碳经济科学发展》、《科技知识集萃》（第1～9辑）、《安全生产防灾减灾》等科普图书7万多册，张贴《低碳节能科学发展》、《安全生产防灾减灾》等科普挂图5万多张（套），制作发放“宝安区网上科技馆”等科普音像制品1000多张。尤其在“全国科技周”和“全国科普日”期间，各级科协组织、学会（协会）和科普教育基地累计开展各类科普活动103项，其中重点科普活动30多项，放映相关科普电影60多部。

【科普教育基地和科普设施建设】2011年，宝安区科技馆、安乐小学、育新学校等3个科普教育基地顺利通过深圳市科普教育基地评估检查。全区有科普教育基地24个，其中省级科普示范基地3个，市级科普示范基地3个。区科协依托科普教育基地积极组织开展社会化科普活动。抓好以科技馆为龙头的科普阵地建设，加快球幕天象馆建设，少儿科学启蒙展厅建设已基本完成，完成区科技馆一楼临时展厅升级改造工程。区科技馆开展岗位设置与管理体制改革，制定岗位设置方案和岗位说明书，进一步明晰部门和岗位职责，并进行全员聘用，完善竞争和考核机制，提高职员的工作积极性，全年举办大型科普活动5场、展览5场、讲座14场，流动科技馆巡展51场，放映4D动感电影767场、流动科普电影16场，NAO智能机器人专场表演334场，接待小记者等团体参观10批次。区科技馆荣获“2009～2010年度广东省十佳科普教育基地”称号。在重点扶持3个申报省级科普示范社区创建单位科普设施建设的同时，加大对相关社区科普设施建设的补助，在福民、灵芝园、凤凰、和平、福中福等20多个社区新建科普活动室、科普图书室、科普画廊、科普园地等科普设施，进一步加强宝安区科普服务的网络建设，丰富居民科普生活。

【青少年科技教育】2011年，宝安区科普教育基地新湖中学被确定为深圳市宝安区青少年科技创新大赛竞赛基地，新湖中学全年荣获多项国内外科技比赛金奖和冠军，其中，在2011年全国青少年测向比赛中共13人次获得全国一等奖，在第二届亚洲机器人锦标赛中国选拔赛中，荣获人形机器人全能挑战赛的冠军和季军，代表中国参加在中国台湾举行的第二届亚洲机器人锦标赛上获得银奖。区科普教育基地西乡中学有109名同学因参加航空航天航海模型比赛成绩显著获得2011年高考加20分的资格。支持西乡中学与北京理工大学珠海学院航空学院订立同盟关系，共建航空专业人才培养生源基地，成为宝安区航空科普特色学校。在第26届全国青少年科技创新大赛宝安区选拔赛上，全区共评选出801项作品，参加市级选拔赛，宝安区有186项作品获奖；在省级选拔赛上，获一等奖1项、二等奖4项、三等奖2项；在国家级大赛中，获二等奖2项。

【科技咨询和学术交流】2011年，宝安区科技局指导区各科技学会（协会）组织举办各类专题讲座、培训、学术研讨会20多场，为宝安区培训科技人员2000多人次；资助出版《小小科学家创新大未来》、《基本职业卫生服务探索与实践》、《病毒性腹泻防治手册》、《植物界的大熊猫——野生仙湖苏铁》等论著，支持宝安区科技企业协会举办第五届亚洲国际激光技术论坛，资助宝安区中医院等单位的专家参加第七届世界中医药大会、首届中欧中医药合作与发展论坛等。区科协主持完成“深圳西部科学城”项目建设可行性研究报告。接待西藏、福泉、吉安等省、市科协来宝安区交流考察科普工作，同时组织科协工作人员赴省内外相关科普示范先进地区考察学习科普示范街道（社区、家庭）的创建经验。　（曹永丽）

附：2011年宝安区科技创新局（科协）领导成员名单

局长(科协主席)：刘继昌
副　局　长：朱北平　辛　逸
科协专职副主席：刘达华

教　育

【概况】2011年，宝安区教育局认真贯彻国家、省、市中长期教育改革和发展规划纲要和教育工作会议精神，坚持以“国际化引领现代化，信息化提升现代化”为总体理念，以特区一体化为总体要求，以服务经济社会发展为根本目的，大力实施“错位竞争、差异发展”战略，不断提高教育现代化、国际化水平。是年，宝安区被教育部基础教育课程教材发展中心授予全市首个“教育国际化实验区”称号。截至2011年12月，全区共有学校、幼儿园483所，其中中小学181所（公办87所，民办94所），幼儿园301所（公办12所，民办289所），全国重点中职学校1所；在校学生总数40.7万人，其中中小学32万人（公办15.37万人，民办16.63万人），幼儿园8.7万人（公办0.53万人，民办8.17万人）。全区义务教育入学率达100%；高中阶段毛入学率达95%以上，适龄儿童（3～6周岁）学前三年入园率达98%以上。全区专任教师2.37万人，其中公办中小学教师0.9万人（在编0.68万人，临聘0.22万人），民办中小学、幼儿园教师1.48万人。全区公办中小学、幼儿园上等级率达100%；民办学校规范化率达98%，等级率达85%，民办幼儿园上等级率56%。

【教育改革】2011年，宝安教育局率先以政府产权配套教育设施承办工作为突破口，按照“免租金、降收费、提工资、惠民生”的原则，推动学前教育公益性改革；深化职业教育改革，进一步完善和提升“宝安职教模式”，宝安职校创建深圳市首批国家中等职业教育改革发展示范学校正式进入实施阶段；继续扩大向优质民办学校购买学位的规模。

【义务教育】2011年，宝安教育局严格落实《义务教育法》和“1+5”人口政策，有序推进义务教育阶段招生工作。通过扩班、向民办学校购买学位等多种渠道，保证符合就读条件的学生享受免费义务教育。全区公办小学一年级新生招生19195人，公办初中一年级新生招生14418人。落实相关政策，符合条件的残障儿童、少年随班就读得到有力保障，特殊学校分教点的有关工作有序推进。

【民办教育】2011年，拟定《关于进一步促进民办学校优质发展的扶持办法（代拟稿）》，提请报送区法制办审核。2011年秋季扩大向优质民办学校购买学位数量，全区实际购买学位9645个，新生到位率80.76%，老生巩固率100%。进一步完善购买学位工作方案作，制定《宝安区向优质民办学校购买学位工作规程》。印发《宝安区公民办中小学结对帮扶行动实施方案》、《2010～2011学年度宝安区公民办中小学结对帮扶考核奖励工作方案》，对所有结对帮扶学校进行全面考核，并编制出《宝安区公民办结对帮扶行动优秀案例材料汇编》。引导公办学校派出公办干部挂职及指导民办学校。全区公民办学校共结对80对。通过督导评估杠杆，推动民办学校上等级创品牌。目前，100%民办学校成为规范化学校，位居全市各区之首，上等级率85%，其中省一级学校已达到11所，市一级学校46所。开展民办学校董事长、校长、中层干部免费培训工作，全年共组织近200人分别奔赴香港、浙江、广州等地进行培训教育。2011年全区31所民办学校获市规范优质办学奖，占全市总数的56%；共获资金1730万元，占全市总额的57.7%，居全市各区之首。

2011年9月21日，宝安区教育局编写的全国首套地方安全教育系列读本走进课堂

【学前教育】2011年，宝安区大力开展学前教育公益性改革，按照“免租金、降收费、提工资、惠民生”的原则，开展政府产权配套园的承办管理工作，学前教育公益性、普惠性进一步凸显。全年新审批设立幼儿园24所，重新核准规模9所，新增学位7000余个。积极推进辖区内幼儿园规范化创建，全区幼儿园规范化比例达86%。加强对幼儿园的督促指导，2011年全区增加省一级幼儿园3所，通过省级复评7所；增加市级幼儿园17所，通过市级复评2所；增加区级幼儿园22所。首次对30所优秀民办幼儿园进行表彰；32所民办幼儿园获得深圳市民办幼儿园规范优质办学奖励。参加《深圳市学前教育三年行动计划》的讨论与制定，协助区人大专题调研组完成《关于宝安区学前教育情况的调研报告》。加强学前教育教师培训，成立宝安区学前教育教师专业发展工作领导小组及教师专业发展中心，印发《宝安区幼儿园教职员工继续教育暂

行规定》，实行分层分类，注重实效的免费培训。全年先后组织园长外出参加高级研修培训、骨干教师研修培训、园医保育员培训，培训人数超过4000人。区教科培中心顺利通过“广东省幼儿园市级园长培训基地”、“广东省幼儿园市级教师培训基地”评估达标验收。

【职业成人教育及社区教育】2011年，宝安职校被教育部确定为首批创建国家中等职业教育改革发展示范学校，目前已开展创建工作。在2011年全国职业院校技能大赛上，宝安区职校共有5人获一等奖、8人获二等奖、10人获三等奖。其中，宝安职校一等奖获奖人数在深圳市7个代表队中位居第一，服装专业连续5年荣获一等奖。社区教育工作继续稳步、扎实推进。社区成人教育培训量突破115万人次。结合宝安区社区教育发展实际，制定《宝安区推进社区教育现代化示范社区教育站督导评估方案》，在全国率先开展推进社区教育现代化示范社区教育站督导评估。共有9个社区被批准成为宝安区“特色社区教育站”，6个社区被批准成为“宝安区推进社区教育现代化示范社区教育站”。深圳市全民终身学习活动周开幕式在宝安区成功举办。培训机构审批工作重新放开。

【素质教育】2011年，宝安区借助大运契机，扎实推进迎大运相关教育活动。宝安教育局荣获“深圳第26届世界大学生夏季运动会宝安赛区突出贡献集体”、“深圳市教育系统迎大运UU五色花活动先进集体”等称号，共3801人参与大运会志愿者工作，360多名师生荣获UU五色花先进个人和优秀学生称号。对23所学校进行中小学德育绩效评估，其中7所通过市级评估。开展宝安区优秀传统文化综合展示等一系列德育主题活动。开展宝安区首届中小学心理健康教育宣传周活动。宝安区教育局关工委荣获广东省“朝阳读书”活动和深圳市“光辉的旗帜”主题教育读书征文活动先进集体称号。滨海小学家长学校分校被教育

2011年5月11日，宝安区获“教育国际化实验区”荣誉称号

部、全国妇联评为“全国示范家长学校”。宝安中学合唱团在中国少年儿童合唱节比赛中夺得第一名。在广东省首届中小学合唱比赛中宝安中学、滨海小学、宝安实验学校、弘雅小学获得一等奖。一年来丹堤实验学校健美操项目等在各级各类竞赛中获得国际荣誉10多项，国家级荣誉近千人次。区教育局与中国戏曲学院附属中等戏曲学校签署京剧教育教学合作框架协议，并正式被授牌为“中国戏曲学院附属中等戏曲学校生源基地”。年内，有12位“京剧娃”进入中国戏曲学院附中学习，有5名学生作为决赛选手入选第三届“和平杯”中国京剧小票友邀请赛，9名学生摘得小梅花金奖。南方卫视记者专程来宝安进行为期一周的“戏曲进校园”专题片采访录制。中高考成绩再创新高，中考平均分达510.5分，比上年增长7.9分；高考三线上线率持续增长，重点本科上线700人，本科B以上上线2751人，省专B以上上线4249人，上线率分别为13.11%、51.54%、79.60%，被北大、清华等名校录取15人。体艺高考有236人上重点线，比上年增加118人，487人上本科线，比上年增加44人。

【教育科研】2011年，宝安区大力实施“科研兴教”战略，组织和指导各学校积极申报国家级、省级科研立项课题，6项课题获得省教育科学“十一五”规划课题立项；有2项课题获得省中小学教学研究“十二五”规划课题立项，其中1项为重点课题。组织完成区教育科学“十二五”规划2011年度课题的申报和评审工作，同意立项课题285项。成立“宝安区中小学心理健康教育指导中心”和“宝安区名师漆鸣工作室”，推进学校心理健康教育科研工作。开展宝安区第二届“深化课程改革，构建高效课堂”为主题的课堂教学模式展示周活动。组织卓越绩效模式示范校评审，14所被评为宝安区卓越绩效模式示范学校。

【教师队伍建设】2011年，宝安区坚持从优待师，从严治教，出台《宝安区关于加强教师队伍建设的实施办法》等系列文件。宝安区被评为广东省“十一五”教师继续教育工作先进单位，3所学校被评为“广东省中小学教师培训实践基地”，宝安区教师队伍建设经验在10月全省教师工作会议上作为经验交流材料印发。5人成为深圳市首批教育科研专家工作室主持人，占全市的四分之一。圆满完成公办中小学校长届满调整工作。制定《宝安区中小学校长任职届满调整充实工作方案》，对全区28所中学校长、59所公办小学校长进行调整。在全区教育系统内公选出5名校长、12名副校长。对全区公办中小学校中层干部进行重新聘任。积极引进优秀教育

人才，年内，共招考应届毕业生452名、社会人员180名，区外调入优秀教师15名。公办学校全年面向社会公开招考临聘教师456名。全年举办“五段互动式”培训130多场，参训教师达6万人次，宝安教师培训模式走进广东中山、江门、惠州、梅州、韶关、揭阳等地，远赴湖南、江西并输出到香港、马来西亚。参加深圳市首批名校长、名师工作室和深圳市基础教育系统第三批名师评审，开展宝安区第二批名校（园）长、名师工作室评审和宝安区第三批名师评审和第一、二批名师复审工作，启动宝安区首批名师工作坊评选。1人成为深圳市“名校长工作室”主持人，3人成为深圳市“名师工作室”主持人；2位校长成为“深圳市名校长”，13位教师成为“深圳市学科带头人”，32位教师成为“深圳市中青年骨干教师”。深入开展“廉洁文化进校园”活动。区教育工会各项工作稳步推进。2011年，新建工会35个，基层工会到期换届53个。全区公办学校工会组建率和会员入会率达到100%。全系统有11个基层妇女组织获2011年深圳市“巾帼文明岗”称号，占全区的35%。计生工作扎实有效，被宝安区委区政府授予“宝安区2010年度人口与计划生育综合治理先进单位”称号。

【依法治校规范办学】2011年，宝安区严格执行《义务教育法》，开展贯彻《义务教育法》情况专项检查，开齐、开足义务教育课程。4所学校通过依法治校示范校验收，6所学校通过深圳市“毒品预防教育示范学校”验收。组织对直属13个单位开展2010年度财务收支审计及部分单位离任审计，审计涉及资金44953万元。加强“三方共管账户”监管，整改后“三方共管账户”开设率为100%，按核定金额存足的单位为99%。对全区94所民办学校、277所幼儿园2010年度财务收支进行审计。对92所民办学校及289所民办幼儿园进行财务检查，整改合格率达98%。寄宿制学校食堂全部完成通过招标引入专业餐饮公司经营，直属学校超市全部完成通过招标引入专业公司经营。

【学校安全管理】2011年，宝安区深入实施学校安全管理“一岗双责”制，在区教育系统全面实行学校安全管理“一岗双责”制。开展学校“平安大运”系列行动。召开全区“创平安校园、迎精彩大运”学校安全工作会议，成立校园周边环境整治工作领导小组，排查校园及周边安全隐患347处。加强交通、卫生、公共安全等方面教育管理。组织开展5次全区校车集中检查和1500多人次司机培训，强制所有校车安装使用卫星定位行驶记录仪。年底开展校车安全大检查。做好传染病防治、防溺水等工作，溺水死亡学生4人，比上年下降50%。完成公办学校创建“无烟学校”任务。全面加强安全教育。编写《宝安区校园安全与生存教育系列读本》，在40所学校和幼儿园近万名学生中进行试点。设计建设中小学生安全教育“警示馆”，组织民办学校学生到教育基地免费接受为期一天的安全警示教育。组织指导中小学开展“学会生存”系列社会实践活动。开展消防宣传教育活动，共有24869名教职工参加消防安全培训及考试，271060名学生参加消防演练，33万人次学生接受消防培训，20万家庭完成“我所熟悉场所灭火逃生预案”的家庭作业，13000多名学生在消防安全动漫画（手抄报）比赛中获奖，11000多名学生被评为“校园消防安全小卫士”，西乡中学、松岗中学、上合小学、为民小学获得深圳市中小学生“我懂安全”燃气知识有奖问答活动优秀组织奖。推进“安全文明校园”创建工作。公民办中小学、区一级及以上幼儿园通过“平安校园”验收，民治中学、塘尾万里学校、滨海小学和建安小学被授予“深圳市安全文明校园”称号。

2011年9月1日，新安中学新高中部等6所新建学校和沙井上寮学校等2所新改制为九年一贯制学校开学，全区新增优质公办学位10680个

【学校建设】2011年，新校建设方面，完成宝安区2011年“十件民生实事”之首要任务，建成开办新安中学高中部、宝安第一外国语学校初中部、坪洲小学、大浪实验学校、龙华第二小学、松岗第二小学等6所新校，总投资约3.5亿，新增优质公办学位10680个。宝安职业技术学校（新校区）项目一期第一批工程动工建设。老校改造方面，完成老校改扩建项目14个，其中3个扩建项目和11个维修改造项目，共计完成投资9966万元。作为大运会场馆之一的宝安实验学校体育馆也按时顺利完成改造工作。校安工程方面，公办学校校舍中，完成观澜德风小学、观澜大水坑小学、观澜二小共5栋建筑物加固工程，总加固

面积15634平方米，总投资1136万元；127栋加固工程和17栋拆除重建工程通过市、区发改部门立项。民办学校校安工程完成17所学校28栋校舍改造项目，总建筑面积113065.94平方米，总投入资金781.67万元。教育装备方面，2011年6所新校共投入装备资金共约8000万元，均安装带超短焦投影和电子白板的教学平台（或大屏幕触摸电视）。全年共投入2亿元对老校和原村小进行设备标准化建设。

【教育信息化】2011年，宝安区完成教育信息综合应用云服务平台建设并正式上线运行，组织机构管理员培训1100多人次。大平台是我国基础教育第一个教育云服务平台，荣获“2011中国城市信息化成果应用奖”，是全国基础教育系统唯一获奖项目。培训动漫及机器人项目教师近400人次，组建动漫及机器人教师学习社团。开展全区新媒体新技术教学应用评比活动。完善及推广“宝安区学生信息技术网上学习与考试评价系统”，更新和优化教育城域网系统，保证全网的畅通、稳定和高效运行。

【教育交流与合作】2011年5月，宝安区被教育部基础教育课程发展中心授予深圳市首个“教育国际化实验区”称号。全年组织开展系列教育国际化活动：举办3次教育国际化专题的校长学习日，承办教育部基础教育课程发展中心的“2011年学校评估认证暨教育国际化研讨会”，国内外300多名校长、教育专家参会；举办多场宝安区教育国际化论坛。宝安中英公学被评为全国第一所国际化民办学校。组织开展国际理解教育教材编写和试用工作，在32所国际理解教育实验学校开设课程并推广使用该教材。与美国、加拿大、东南亚等国家和地区开展教育交流与合作。与香港开展多种形式的教育交流与合作，共有11批近600人次参加宝港两地教育交流及考察。2所学校新加入“粤港姊妹缔结学校”计划。5批14人参加市教育局组织的赴英、美培训。开展宝安区“百名留学生与宝安家庭结对子”系列活动，共有3批51名来自深圳大学国际交流学院的外国留学生走进宝安家庭进行深入交流。受国家侨办的委托和安排，承办“2011年东南亚幼儿园园长培训班”活动，来自7个国家的69名园长在宝安进行为期14天的学习。（梁传斌）

【教育督导专业化发展】2011年，宝安教育督导围绕市、区政府的中心工作，按照市人民政府教育督导室的统一部署和要求，以科学发展观为指导，不断扩大“广东省推进教育现代化先进区”的创建成果，推进教育督导工作的纵深发展。认真履行各项工作职责，进一步强化教育督导在推进区教育现代化发展过程中的督促、指导、调节等作用。完成市、区督学的换届工作，新增69位市兼职督学，组织专、兼职督学参加国家督导办、市督导室等相关部门举办的各种督学培训学习，不断提高区督学队伍的专业化水平。协同区教育局做好区教育发展“十二五”规划。完成市对区2009～2010年度党政领导基础教育责任考核的各项迎检工作。配合市教育督导室做好全市义务教育学校办学水平评估方案的修订及出台工作。完成2010年度13所学校（幼儿园）申报“深圳市办学效益奖”的初评工作。以督导评估为杠杆，促进各级各类学校、幼儿园改善办学条件，提升办学水平：年内，全区有1所学校通过“广东省国家级示范性高中”的终期评估；4所公办学校完成市义务教育阶段学校办学水平评估；19所民办学校通过市一级评估；6所公办学校通过“宝安区优质化学校”评估或终期验收；10所幼儿园通过省一级评估或复评，19所通过市一级评估或复评，22所通过区一级评估，61所通过市规范化幼儿园达标验收；45所中小学、幼儿园通过区“双优学校（园）”评估。同时，完成9个“特色社区教育工作站”评估工作；完成6个“宝安区推进社区教育现代化示范社区教育站”的评估试点工作。

【义务教育办学水平评估】2011年，宝安区人民政府教育督导室组织全区专、兼职督学开展《深圳市义务教育阶段学校办学水平评估实施意见》以及评估指标体系的专题培训，广泛开展义务教育阶段学校办学水平评估的宣传和动员工作，认真指导相关学校做好创建和整改工作。年内，共完成海滨中学、下十围小学、大水坑小学、广培小学等4所学校的深圳市义务教育办学水平督导评估。

【区优质化学校评估】2011年，宝安区人民政府教育督导室继续开展优质

2011年11月22日，宝安区开展小学生“学会生存·走进政府机关”社会实践活动。区长张备热情接待小客人

化学校评估，其中上合小学、黄麻布小学、下十围小学、上寮学校、潭头小学等5所公办学校通过宝安区优质化学校终期验收；新湖中学通过宝安区优质化学校评估。到2011年底，全区符合申报条件（开办满2年）的公办学校全部成为“宝安区优质化学校”。通过创建工作，相关学校的办学条件不断完善、内涵建设不断深化，学校的办学水平和综合实力不断提升。

【等级校（园）评估】2011年，宝安区人民政府教育督导室继续抓好民办学校、幼儿园等级评估工作，督学到申报学校指导创建工作480多人次，全年共有70所民办学校、幼儿园通过等级评估或复评。其中，美中学校、胜华学校、文峰小学、新园学校、冠群实验学校、北亭实验学校、冠华育才学校、振华学校、龙山学校、精英学校、东王实验学校、宝文学校、东星小学、墩背小学、尚文学校、宝华学校、优智实验学校、智园小学、桥兴学校等19所学校通过市一级民办学校督导评估；新安街道海丽达新安湖幼儿园、西乡街道黄田幼儿园、沙井街道壆岗幼儿园等3所幼儿园通过省一级幼儿园督导评估；区机关幼儿园、松岗中心幼儿园、区机关第二幼儿园、新蕾幼儿园、新城幼儿园、沙井中心幼儿园、沙井万丰幼儿园等7所幼儿园通过省一级幼儿园复评；新安街道崛起第一幼儿园、松岗街道金色年华罗田幼儿园、西乡街道豪业华庭幼儿园、西乡街道富通缤纷世界幼儿园、民治阳光新苑幼儿园、福永新和幼儿园、石岩崛起第三幼儿园、沙井星晨第一幼儿园、沙井上南幼儿园、沙井明德第一幼儿园、沙井明德第二幼儿园、沙井欣欣幼儿园、石岩塘头幼儿园、西乡中英公学幼儿园、新安凯旋城幼儿园、新安特蕾新幼儿园、福永和平幼儿园等17所幼儿园通过市一级幼儿园的督导评估；石岩中心幼儿园、观澜中心幼儿园等2所幼儿园通过市一级幼儿园复评；西乡富源幼儿园、西乡龙腾社区幼儿园、西乡双龙幼儿园、民治四季春城幼儿园、石岩春风幼儿园、松岗蒙思幼儿园、新安阳光文莛幼儿园、福永怀德幼儿园、大浪元芬幼儿园、大浪华星贝贝幼儿园、民治上塘幼儿园、民治幸福枫景幼儿园、沙井立才幼儿园、沙井爱德幼儿园、沙井港之龙禧园幼儿园、沙井学府幼儿园、石岩黎光幼儿园、西乡世纪星富通幼儿园、西乡九围幼儿园、西乡华文幼儿园、西乡优智幼儿园、龙华东华明珠幼儿园等22所幼儿园通过区一级幼儿园的督导评估。各被评学校、幼儿园认真对照指标体系加大整改力度，总计投入超过2500万元，办学条件得到大幅改善，办学水平全面提升。

【教师、家长培训“双优学校（园）”专项督导】2011年，宝安区人民政府教育督导室继续开展教师培训、家长培训“双优学校（园）”专项督导，共有西乡中学、潜龙学校、库坑小学、民治小学、民治第二小学、钟屋小学、共乐小学、桥头小学、清华实验学校、三联永恒学校、景山实验学校、育英小学、标尚学校、福民学校、华南中英文学校、宁远实验学校、康桥书院、龙华中学、新湖中学、新安安乐小学、新安永联学校、西乡二小、西乡华胜实验学校、西乡华文学校、沙井明德外语实验学校、沙井上南学校、沙井华一实验学校、沙井欣欣小学、沙井金源学校、松岗陶园中英文学校、松岗碧头文武学校、石岩为民小学、石岩水田实验学校、观澜博文学校、龙华中英文实验学校、龙华龙丰学校、民治上芬小学、展华幼儿园、新城幼儿园、龙华中英文实验幼儿园、民治兴茂幼儿园、民治碧水华庭幼儿园、沙井华一幼儿园、观澜机关幼儿园、观澜中心幼儿园等45所中小学、幼儿园通过区“双优学校（园）”评估。通过“双优学校（园）”专项督导，学校、幼儿园更加重视教师的专业发展，教师培训工作更具有针对性和实效性；“家长学校”工作有效开展，家长培训渠道不断拓宽。

【社区教育站评估】2011年，宝安区人民政府教育督导室通过对社区教育工作站的专项督导，不断促进社区教育的健康发展，推进全区“大教育”体系建设的不断完善。一年来，完成对民治街道民新社区、福永街道桥头社区、松岗街道溪头社区、西乡街道共乐社区、大浪街道高峰社区、福永街道福永社区、观澜街道章阁社区、沙井街道和一社区、新安街道建安社区等9个“特色社区教育工作站”的专项督导评估工作；完成对福永街道怀德社区、观澜街道福民社区、西乡街道桃源社区、沙井街道壆岗社区、龙华街道三联社区、新安街道文汇社区等6个“宝安区推进社区教育现代化示范社区教育站”的督导评估试点工作。

【督导研究和信息公告】2011年，宝安区人民政府教育督导室与区教育局、区社区教育中心联合做好全国教育督导科研规划重点课题《督导评估促进宝安社区教育现代化研究》课题研究工作并取得阶段性成果。认真总结推广督导工作经验和成果，完成《2010年度宝安区教育督导蓝皮书》的编辑、印发。更新宝安教育在线有关教育督导的内容，及时向国家、省、市教育督导部门报送有关宝安区教育督导的情况，向各种新闻媒体提供宝安区教育督导信息。

附录：宝安区2011年度通过督导评估的学校、幼儿园、社区名单

一、广东省国家级示范性高中终期评估（1所）

石岩公学

二、深圳市义务教育办学水平评估（4所）

海滨中学、下十围小学、大水坑小学、广培小学

三、宝安区义务教育优质化学校（6所）

新湖中学、上合小学、黄麻布小学、下十围小学、上寮学校、潭头小学

四、等级学校（19所）

市一级：美中学校、胜华学校、文峰小学、新园学校、冠群实验学校、北亭实验学校、冠华育才学校、

振华学校、龙山学校、精英学校、东王实验学校、宝文学校、东星小学、墩背小学、尚文学校、宝华学校、优智实验学校、智园小学、桥兴学校

五、等级幼儿园（51所）

（一）省一级（10所）：新安街道海丽达新安湖幼儿园、西乡街道黄田幼儿园、沙井街道垦岗幼儿园、区机关幼儿园（复评）、松岗中心幼儿园（复评）、区机关第二幼儿园（复评）、新蕾幼儿园（复评）、新城幼儿园（复评）、沙井中心幼儿园（复评）、沙井万丰幼儿园（复评）

（二）市一级（19所）：新安街道崛起第一幼儿园、松岗街道金色年华罗田幼儿园、西乡街道豪业华庭幼儿园、西乡街道富通缤纷世界幼儿园、民治阳光新苑幼儿园、福永新和幼儿园、石岩崛起第三幼儿园、沙井星晨第一幼儿园、沙井上南幼儿园、沙井明德第一幼儿园、沙井明德第二幼儿园、沙井欣欣幼儿园、石岩塘头幼儿园、西乡中英公学幼儿园、新安凯旋城幼儿园、新安特蕾新幼儿园、福永和平幼儿园、石岩中心幼儿园（复评）、观澜中心幼儿园（复评）

（三）区一级（22所）：西乡富源幼儿园、西乡龙腾社区幼儿园、西乡双龙幼儿园、民治四季春城幼儿园、石岩春风幼儿园、松岗蒙思幼儿园、新安阳光文莛幼儿园、福永怀德幼儿园、大浪元芬幼儿园、大浪华星贝贝幼儿园、民治上塘幼儿园、民治幸福枫景幼儿园、沙井立才幼儿园、沙井爱德幼儿园、沙井港之龙禧园幼儿园、沙井学府幼儿园、石岩黎光幼儿园、西乡世纪星富通幼儿园、西乡九围幼儿园、西乡华文幼儿园、西乡优智幼儿园、龙华东华明珠幼儿园

六、2010年度深圳市办学效益奖（13所）

潜龙学校、新湖中学、龙华中英文学校、明德外语实验学校、大浪爱义学校、观澜中心小学、滨海小学、新安湖小学、上屋小学、桥头小学、流塘小学、机关二幼、松岗中英文幼儿园

七、宝安区教师、家长培训“双优学校（园）”（45所）

西乡中学、潜龙学校、库坑小学、民治小学、民治第二小学、钟屋小学、共乐小学、桥头小学、清华实验学校、三联永恒学校、景山实验学校、育英小学、标尚学校、福民学校、华南中英文学校、宁远实验学校、康桥书院、龙华中学、新湖中学、新安安乐小学、新安永联学校、西乡二小、西乡华胜实验学校、西乡华文学校、沙井明德外语实验学校、沙井上南学校、沙井华一实验学校、沙井欣欣小学、沙井金源学校、松岗陶园中英文学校、松岗碧头文武学校、石岩为民小学、石岩水田实验学校、观澜博文学校、龙华中英文实验学校、龙华龙丰学校、民治上芬小学、展华幼儿园、新城幼儿园、龙华中英文实验幼儿园、民治兴茂幼儿园、民治碧水华庭幼儿园、沙井华一幼儿园、观澜机关幼儿园、观澜中心幼儿园

八、宝安区特色社区教育站、宝安区推进社区教育现代化示范社区教育站（共15个）

特色社区教育工作站（9个）：民治街道民新社区、福永街道桥头社区、松岗街道溪头社区、西乡街道共乐社区、大浪街道高峰社区、福永街道福永社区、观澜街道章阁社区、沙井街道和一社区、新安街道建安社区。

宝安区推进社区教育现代化示范社区教育站（6个）：福永街道怀德社区、观澜街道福民社区、西乡街道桃源社区、沙井街道垦岗社区、龙华街道三联社区、新安街道文汇社区。

（杨穗龙）

附：2011年宝安区教育局领导成员名单

局长、局党委副书记：郑映通

副局长：童尽一

李家勇（兼局纪委书记）

陈代刚

2011年宝安区人民政府教育督导室领导成员名单

主　任：王熙远

副主任：张德梅

文化

综述

【概况】2011年是大运会的举办年，是推进特区一体化建设的关键年，也是“十二五”规划的开局之年。面临新的形势和挑战，宝安区文体旅游局坚持以科学发展为主题，以“办赛事、办城市，新大运、新深圳”为工作重点，不断完善公共文化服务体系和全民健身体系，全力推动宝安区文体旅游业的发展繁荣，文体旅游工作不断迈上新的台阶。

【大部制改革】2011年，按照市、区关于大部制改革部署，顺利完成宝安区文体旅游局（区广播电视局、区新闻出版局）的组建工作。通过广泛征求意见，认真起草“三定”方案；并及时做好工作交接，管理好人财物，理顺工作关系，确保工作不乱；新单位组建完成后尽快抓好建章立制工作，完善了相应规章制度和工作制度。局机关职能科室有：办公室（党委办）、文化科、体育科、旅游管理科、广电与新闻出版科、业务受理审批科、设施建设与场馆运营管理科7个科室，下辖行政事务机构文化市场行政执法大队及行政管理类事业单位文管办，另主管区群艺馆、区图书馆、新安影剧院、宝安画院、区文管所、区青少年业余体校、区体育中心等7个事业单位。全局人员编制总计为121人，现有185人。

【文艺精品创作】2011年，福永街道万福民工街舞队表演的街舞《咱们工人有力量》荣登央视“春晚”舞台，并荣获“我最喜爱的2011年春晚联欢晚会节目特别节目类一等奖”，市委王荣书记率队到福永街道对街舞团进行慰问表彰。宝安区选送的“部落组合”在第8届中国音乐金钟奖流行音乐大赛上取得第三名的好成绩。福永杂技团编排表演的杂技《柔术—窗花造型》、《高空椅技》在第十届古巴夏季杂技节比赛中荣获最高奖金奖及最佳女演员奖。该局和石岩街道联合出品的话剧《突围1978》在第二届全国戏剧文化奖优秀剧目调演中荣获“原创剧目大奖”等6项奖项。10月27日，宝安区专为福永杂技团和话剧《突围1978》剧组召开表彰座谈会，对福永杂技团和话剧《突围1978》剧组分别给予30万元和20万元的奖励。11月，宝安区《突围1978》、粤剧《东江纵队》和先锋相声剧《我的牛郎我的牛》三部大剧被省文化厅入选参加第十一届广东省艺术节，其中话剧《突围1978》荣获优秀剧目二等奖及导演奖、优秀表演奖、编剧奖、舞美奖等。组织参加《广东省第十一届美术书法摄影联展》，荣获金奖1个、银奖6个、铜奖8个。宝安区群众文化艺术馆颜晓萍同志的画作《映日年华·阮玲

2011年9月20日，文化部艺术司副司长陶诚等领导与话剧《突围1978》剧组演员合影留念

玉》参加“百年风云——广东省重大历史题材美术作品展览”荣获银奖，作品被广东省美术馆收藏。“‘百态人生’梁冰壁画、陶艺、雕塑作品展”于12月23日至30日在广州美术学院大学城美术馆展出，“百态人生”组雕中的一、二、三号被国家级美术馆收藏。

【群众文化活动】2011年，宝安区送电影进社区3300余场、送戏下乡100余场，受益人数150万人次。实施少儿舞蹈、跆拳道等培训活动，培训人数达3200多人次。在海滨广场、都之都广场等地开展公益文艺辅导点，免费进行文艺辅导。组织开展“2011年宝安老领导新春座谈会”、“2011年宝安区慰问社会各界新春文艺晚会”等演出活动。参加市民中心醒狮欢乐闹元宵、非遗进社区等大型文艺演出活动21场，活跃了节日文化生活。成功举办深圳市第七届外来青工文体节，开展全市重点活动20项，宝安区承担开幕式、闭幕式、外来青工街舞大赛、外来青工歌手大赛、外来青工风采摄影大赛等5项全市重点文化活动，参与人数近万人次，受益人数20多万人次。在此基础上，组织开展区级文化活动8项500多场，参与人数5万多人次，受益人数50多万人次。该局荣获本届外来青工文体节的最高奖项“特别荣誉奖”；宝安区群众文化艺术馆、宝安区摄影协会、大浪街道办事处、福永街道办事处分别荣获优秀组织奖。成功举办宝安区第二届企业文化活动周，开展企业文化活动180多项。组织开展“宝安音乐厅——宝安周末音乐会”系列活动，现已成功举办24场。组织参加深圳市第十届“鹏城金秋”社区文化艺术节，荣获金奖29个、银奖41个、铜奖56个，宝安区群众文化艺术馆荣获“组织奖”。举办现场读者活动260多场；与宝安日报社合作举办“宝安文化茶座”，成功举办26期；举办各种展览40多次。区图书馆本馆接待读者142.87万人次，外借图书50余万册次，新办读者证2.1万个，接待读者到馆电子阅览4.2万人次，采编加工图书15万册，随书光盘近7000张，音像光盘近4000张；10家直属分馆接待读者82万人次，接待读者上网16万人次，图书借阅12万册次，新办读者证5000多个，举办读者活动100多场次。

【文化市场管理】2011年，宝安区文体旅游局审批发证文化经营场所514间，其中网吧总部33间、门店303间，歌舞娱乐场所98间，游艺娱乐场所41间，报纸、期刊、图书零售单位16间，音像制品零售单位16间，营业性文艺表演团体1间，电影放映单位6间；审批一次性营业性演出4次。受理并立项网吧402间，游艺娱乐场所111间。宝安区游艺娱乐场所和网吧审批数量均占全市审批数量的60%以上。继续深化分类动态执法、错时执法、驻点街道执法等措施，保持对网吧、歌舞娱乐、游艺娱乐、广播电影电视、营业性演出市场等持证场所的常态巡查。按照《宝安区关于无证歌舞娱乐场所常态化查处的工作意见》职能分工，积极联动公安、城管、市场监管等部门，开展无证经营场所专项整治。在大运会、文博会、“五一”、国庆等重要时段，先后开展了整治互联网低俗之风行动、整治校园周边文化市场行动、“迎大运保平安”卫星电视专项整治行动、迎大运文化市场整治行动等，进一步净化了文化市场。年内，出动执法力量1万多人次；检查文化经营场所7470多家次；发现文化违法行为1231起，现场责令整改848家次；发现安全隐患262家次，现场责令整改224家次；移交公安、消防、市场监管等部门216起；受理群众举报和转办投诉217宗；立案156宗；对无证文化娱乐场所查封扣押119家次，扣押娱乐场所经营设备134件。以区“扫黄打非”办为平台，立足重心基层化，印发《关于在街道一级成立文化市场管理工作领导小组、“扫黄打非”工作领导小组及办公室的通知》，推动街道“扫黄打非”建设工作，全区10个街道均顺利成立“扫黄打非”工作机构。联合公安部门开展了专项整治行动，打掉非法出版物及音像制品经营窝点2个，收缴非法音像制品3.343万张、非法书报刊8.2388万件（册），向公安机关移送犯罪嫌疑人6名。严格落实领导干部安全生产“一岗双责”工作责任制，将安全生产纳入日常工作，通过“三结合”构建部门、单位与公民联动大格局，确保文体旅游市场安全稳定。落实监管责任与寻求部门协作相结合，积极探索与其他职能部门的协作机制，推动部门间的信息互通和优势互补。督促隐患整改与推动场所自治相结合，要求经营场所签订《守法经营承诺书》落实主体责任。开展安全宣传与引导社会监督相结合，在影剧院、歌舞娱乐场所和网吧安装安全宣传动漫片，要求在消费娱乐前强制播出。组建第二支文化市场义务监督员队伍，对文化娱乐场所的违法行为和安全隐患进行监督。加强旅游安全生产监管和应急管理，将旅游安全工作和旅游市场综合整治结合起来，开展专项检查行动19次，对全区46家旅游企业进行了全面细致的检查并评分，督促指导宝安区旅游企业制定安保制度、完善应急机制，组织开展应急演练，完善《宝安区突发群体性游客安全事件应急预案》。

【文博工作】2011年，宝安区文体旅游局继续做好文物、文化遗产保护等各项工作。文物保护。圆满完成第三次全国文物普查工作，完善文物普查档案，加大文物征集力度，使宝安区文物管理水平走在全市前列，铁仔山古墓群文物档案卷宗作为全市文物档案学习的标准样板受到推介。加强全区古村落总体保护规划的编制工作，使规划成为宝安区古村落保护的法定性文件。省级文物保护单位铁仔山古墓群和区级文物保护单位王大中丞祠、虔贞女校的文物保护工程获区发改局立项，三个项目前期工作进展顺利。市级文物保护单位上合社区的“云野书室”复建工程完成验收。“三普”工作扎实推进，为新增的区级文物保护单位树立保护标志。博物馆工作。将劳务工博物馆“大讲堂”

分为“大运知识”和“职业规划”两个重点，联合石岩街道义工，开展大运会知识传授，让近千名劳务工志愿者成为大运会的文明使者。劳务工博物馆和中国文化名人大营救纪念馆被市文体旅游局授予深圳市首批红色景区称号，两个馆共接待来自全国各地的参观者2万多人次。文化遗产保护。加大非物质文化遗产保护和传承工作宣传普及，积极申报非物质文化遗产项目。6月，松岗七星狮舞和大浪大船坑舞麒麟入选第三批国家级非物质文化遗产保护项目。新安上川黄连胜醒狮舞和石岩应人石传说已经申报省级非遗名录。成功举办“迎大运茶文化交流展览会”，3800余名市民现场感受茶文化魅力。成功举办“盛世宝安·第二届民间收藏精品展”，展出藏品近五百件。连续第五次举办文物鉴定咨询活动，现场宣传文物保护和非物质文化遗产知识，为800多件民间收藏品免费鉴定。（陈雪峰）

广播影视

【广播电视宣传】2011年，宝安广电中心围绕区委区政府中心工作，引导舆论、服务大众，精心组织深圳大运、加快经济方式转变和特区一体化等主题宣传，开辟“迎大运　看变化”、“青年先锋干部楷模——罗莹哲”、“创先争优”等大型系列报道，形成社会各界积极推动、群众普遍关注支持的态势，为建设和谐幸福宝安提供强有力的舆论支持。

【安全播出】2011年，宝安广电中心优化各项安全工作机制，制定《迎大运安全防范行动方案》等一批制度预案，开展安全专项整治4次、应急演练12次，确保建党90周年、深圳大运等重点保障期的广播电视安全播出。

【广电改革】2011年，宝安广电中心配合市、区有关部门，协助做好全市有线电视网络改革重组的前期准备工作，深入基层开展调研活动，稳定员工队伍，为顺利完成改革重组做好充分的准备。

【广电党建】2011年，宝安广电中心党委深化推进“党政互动”和“党群互动”机制，围绕广电工作大局，加强基层党建，形成人人关心党建，处处推进党建的良好态势。6月，宝安广电中心党委创建宝安广电数字党建系统，借助互联网技术，实现在线党务管理，有效提升党建工作水平，得到区委组织部的充分肯定。年内，广电中心党委继续开展创先争优活动。10月，举办广电中心创先争优成果展，展示中心党委及下属13个党支部创先争优的工作成绩。在中心党建工作的带动下，工青妇工作均取得长足进步，促进广电事业的发展。

【精品创作】2011年，宝安广播电视中心文艺精品创作成绩喜人。5月，电视纪录片《登上〈时代〉的中国女工》获2010年度中国电视纪录片短片十佳作品及2011年度第五届纪录中国一等节目。8月，广播剧《我在你的世界里》获第十一届中国广播剧研究会广播剧专家奖连续剧金奖，这是广电中心连续8届获此殊荣。

【获得荣誉】2011年3月，宝安广播电视中心获“深圳市2010年度广播电视安全播出先进单位”、“深圳市2010年度广播电视精品生产先进单位”和“深圳市2010年度有线数字电视整体转换工作先进单位”等称号。11月，宝安广播电视中心获“广东省基层宣传文化工作先进单位”和“广东省模范职工之家”称号。

【数字电视】2011年，宝安广电中心继续深入实施全区有线电视数字化转换工作，基本完成全区数字电视整转任务。截至12月，累计整转终端约55万台，高清整转比例为33%。宝安广电事业全面进入数字电视发展新阶段。

【有线电视网络改造】2011年，宝安广电中心继续推进宝安区有线电视网络双向化改造，累计完成分配网络改造78.8万户（终端）、光缆敷设964.7公里、分机房土建装修21个，为数字电视增值业务的开展提供基础条件。（罗　华）

附：2010年宝安广播电视中心领导成员名单

主任、党委书记：	冯方明
党委副书记、纪委书记：	方元生
副主任：	欧阳宅光
	袁军群　徐德庭

文化产业

【概况】2011年，宝安区实现文化产业增加值168亿元，同比增长17.5%，增加值占区GDP比重为5.81%。宝安区共有文化产业限额以上企业（主营业务收入2000万元以上）344家，限额以上企业实现营业收入779.3亿元，全市排名第一。限额以上企业从业人员17.47万人。辖区内有观澜版画原创产业基地、深圳F518时尚创意园、永丰源瓷文化创意产业园、雁盟酒店文化产业园、127陈设艺术产业园、深圳22艺术区、西部国际珠宝城、宝安艺术城、中国（观澜）山水田园文化产业园、宝安国际珠宝交易中心等文化产业园区（基地）。2011年度深圳市评选出第三批文化产业基地8家，宝安有4家上榜，占50%。截至2011年底，共培育国家级文化产业示范基地2家，市级文化产业园区（基地）8家，市重点文化企业30家，区级文化产业园区（基地）11家。

【第七届文博会】2011年，宝安区文产办圆满完成第七届文博会主会场参展工作，成功承办观澜版画基地、国瓷永丰源、F518时尚创意园、雁盟酒店文化产业园、观澜山水田园、127陈设艺术产业园、深圳22艺术区、宝安国际珠宝交易中心8个分会场和福永杂技团、深圳市西部国际珠宝城、宝安艺术城、观澜红木艺术产业园等4个专项活动点，观展、交易成果喜人。一是成交金额高，产业效益突出。本届文博会总成交量达到201.99亿元，比上届净增加21.89亿元，同比增长12.15%。二是签约项目多，发展后劲增强。本届文博会投资规模超亿元的项目有35个，成交额达179.24亿元，同比增长54.52%。其中签订合同项目6个，合同金额11.8亿元；签订意向项目29个，意向金额167.44亿元。三是观众范围广，社会影响大。本届文博会宝安展区各项活动的观众达60万人次，创历届新高。波兰驻广州总领事克日什托夫·谢宾，国家文化部副部长赵少华，中国文联副主席、中国美术家协会主席刘大为，广东省美协副主席、秘书长王永，深圳市人民政府副市长吴以环等国内外和省、市、区领导参加宝安区有关活动或参观各分会场，领导、媒体、业界等对宝安区各场点均给予高度评价和充分肯定。四是展会质量高，档次不断提升。第七届文博会评估报告中显示，宝安区分会场的满意度总体得分排名全市第一。中国观澜版画原创产业基地分会场、F518时尚创意园分会场、国瓷永丰源分会场等多次获评优秀分会场。

【第四届国际工业设计节】2011年，作为深圳“创意十二月”活动的重头戏，第四届中国（深圳）国际工业设计节以“跨界体验设计”为主题，掀起设计头脑风暴。举办国际设计大师团品牌创新之旅、全国工业设计产业创新联盟学术年会、设计专题工作坊等专题活动。引进深圳市工业设计中心落户宝安，助推企业品牌发展和技术创新。在第四届中国（深圳）国际工业设计节开幕式上，举行“深圳市工业设计公共服务平台”落户宝安的揭牌仪式，该平台包括信息平台、研发平台等内容，主要服务于深圳市及宝安区有设计需求及相关业务的各类企业，从而推动工业设计和文化创意产业资源的交流与产业创新合作，促进生产型企业向文化型、创新型企业转变。强化文化产业平台作用，进一步提升“宝安设计”的影响力。充分利用中国（深圳）国际工业设计节这一国际化文化产业平台，提高办会水平，扩大本区域企业的影响，加大文化产业招商引资和产品推介力度，推动文化产业的交流与合作。在该次设计节上，许多宝安企业抓住机会，展示设计成果，成功签约项目，收获颇丰。深圳首家由本土民营企业出资建立的奥尼电子“红冠工业设计研究院”向参会的世界一流设计师推介自己。加强国际交流与合作，积极对接北欧设计“智库”。以举办中国（深圳）国际工业设计节为契机，吸引包括宜家、沃尔沃、奥迪等在内的1000多家国内外顶尖品牌企业，通过开展高峰论坛、展览展示、精英大赛、企业对接会等专业领域的高端交流活动，广泛吸纳国际先进设计理念，助推深圳打造“设计之都”。本届设计节上，来自瑞典的20多位资深国际品牌设计师与宝安企业现场交流，为企业寻找转型升级的突破口。

2011年11月29日，2011第四届中国（深圳）国际工业设计节开幕式举行

【创意十二月系列活动】2011年，“创意十二月”期间，除第四届中国（深圳）国际工业设计节成功举办以外，还举办观澜山水田园“创意十二月”系列活动、京华龙潭四皓——深圳创意十二月专展系列活动、艺术深圳——深圳22艺术区第四届当代艺术节、第四届深圳·宝安（国际）创意文化节、深圳市第三届陈设艺术高峰论坛及古瓷艺术收藏展、“创意汇聚，光华闪耀”珠宝文化创意广场、文化传承·探索艺术真谛、盛世红木·文化观澜、雕塑创作等系列活动，丰富了创意十二月的内涵，提升了文化创造力，使创意十二月充满沉甸甸的文化内涵。

【文化产业专项资金】2011年，宝安区采取项目补贴、贷款贴息、奖励资助等资助方式，对文化产业园区（基地）、重点项目和民间演艺团体予以扶持。本年度投入2133.9万元资助38家企业（单位）50多个项目，为推动文化产业发展发挥导向和扶持作用。其中文化创意产业园区（基地）建设、招商及宣传推广补贴50万元，文化创意产业领域内重要展览、学术论坛、赛事及其他重要活动535.4万元，文化创意类企业落户补贴160万元，文博会分会场补贴800万元，文化产业重点领域内重点环节发展项目补贴40万元，演艺团体演出补助249万元，动漫影视、电影项目补贴80万元，贷款贴息115万元，奖励资助70万元，课题经费34.5万元。

【项目进展】2011年，宝安区集中力量推进重点产业项目，进一步提升重大项目对全区文化产业的引领能力、服务能力、竞争能力和创新能力，文化产业园区（基地）的孵化能力大幅提升，文化产业项目亮点纷呈。观澜

2011年5月13日，宝安区文化产业签约仪式举行

版画基地通过“观澜国际版画双年展”、“中国（观澜）原创版画交易会”等平台，打造出国际版画艺术创作、制作、展示、收藏、交流、研究和市场开发为一体的“国家文化产业（美术）示范基地”，先后吸引48个国家和地区304位著名版画家入驻创作，印制原创版画作品3万多幅，收存2700幅，荣获“中国最佳创意产业园区奖”。李长春、汪洋等多位领导亲临视察并给予充分肯定。F518时尚创意园从2007年12月开园至今入驻企业151家，其中工业设计及研发企业62家，影视动漫企业11家，平面广告设计及策划公司29家，建筑环境设计17家，其他各类创意企业30余家，初步形成深圳创意名家1号工作站等六大文化创意主题区。127陈设艺术产业园以“陈设艺术”为主题，形成艺术陶瓷、琉璃、花饰、布艺、灯饰、画饰、家居生活饰品等一体化的展示与设计人才集聚平台。观澜永丰源公司以高新技术加快传统陶瓷产业的更新和升级，永丰源瓷器多次被选为国礼赠送给俄罗斯、马来西亚、菲律宾等国家领导人，广泛行销欧美和东南亚各国。雁盟酒店文化产业园利用旧工业厂房改造而成主题酒店文化产业园，园区入园企业达118家，带来良好的经济效益，获得旅游部门颁发的跨界体验创新奖。国家4A景区观澜山水田园已逐渐发展以国画创作、展览、交易等为一体的山水国画基地。首批全国农业旅游示范点沙井海上田园加强文化与旅游的结合，培育海上田园达瓦孜艺术团等演艺团体。在南方文化产权交易所首个挂牌的当代艺术品交易公司格丰艺术传播公司下力气经营深圳22艺术区，通过参与举办艺术品交易拍卖，促进当代艺术品收藏交易。圈子艺术酒店以经营特色酒店为展示运营平台，努力探索艺术品收藏与交易模式。西部国际珠宝城致力于打造集翡翠交易、珠宝销售、品牌展贸、创意设计、鉴赏拍卖于一体的珠宝玉石文化创意综合体。亚克西和田玉交易中心在和田玉原料交易领域进行大胆尝试，着力打造专业化交易平台。劲嘉集团、星光集团在印刷、包装领域有杰出贡献。

【获奖情况】2011年，宝安区雁盟酒店文化产业园获得旅游部门颁发的跨界体验创新奖。在二维、三维影视动画领域具备专业制作和创作优势的深圳市雨桥动漫有限公司获评国家级动漫企业。（陈瑞利）

附：2011年宝安区文化产业发展办公室领导成员名单

主　任：王明祥

副主任：彭浪燕

图书馆

【概况】宝安区图书馆位于宝安区的文化中心，馆舍占地面积6000平方米，建筑面积8119平方米，楼高6层。图书馆对读者开放自修室、少儿阅览室、报纸阅览室、期刊阅览室、文学及社科阅览室、自然科学阅览室、特色文献室、参考咨询室、港台资料室、电子阅览室、视听室等11个阅览室和8个培训课室，以及24小时自助图书馆。截至2011年年底，该馆拥有纸质藏量80.4万册（其中包括区图书馆60万余册及劳务工直属分馆20万余册）及电子图书9.2万余册，现有总藏量为89.6万余册；订阅报纸182种、期刊1340种（其中有港澳台期刊63种，外文期刊6种）；购买电子期刊9236种，专题数据库19个（其中自建专题数据库5个）。宝安区建有地市级公共图书馆1个、街道级图书馆10个、社区图书馆95个、流动图书馆103个，形成以区图书馆为中心、街道图书馆为骨干、社区及流动图书馆为节点的较为完善的公共图书馆服务网络。

【借阅工作管理】2011年，宝安区图书馆馆接待读者153.9万人次（其中培训中心5万人次、少儿图书馆9.2万人次、自助图书馆13.9万人次），图书外借18.6万余人次48万余册次（其中自助图书馆外借1.2万人次4万余册次），新办理读者证13943张（其中自助办证7434个）。接待到馆电子阅览49619人次，编印二次文献《信息参考》23期，《书韵·2011》、《大运从这里开始》等专题汇编资料2种，提供参考咨询与代查代检服务17人次，各项读者服务数据保持上升趋势，为读者提供优质、便捷的借阅和信息服务。

【优化馆藏结构】2011年，宝安区图书馆按区财政局、区政府采购中心要求，实行图书政府协议采购，并成立文献资源建设委员会，统筹全区文献资源采购、加工及验收工作，本馆及分馆馆藏结构不断优化。全年共采编加工图书150560册（其中本馆52544册、分馆98016册），随书光盘6624张（其中特藏97张），音像光盘3476张（其中特藏2272张）。

【推进信息化建设】2011年，宝安区图书馆在做好现有数字资源续订、更新等日常维护工作的基础上，新引进中国少儿数字图书学习馆专题数据库使用权。同时，做好数字资源使用评估与调研工作，完成《数字资源建设及使用分析》、《读者个性化需求调查》等调研报告。并且在区政府大楼设置24小时自助图书馆，藏书400余册，为读者提供图书预约、图书借还、办证退证等服务。随着公共图书馆信息化建设软硬件系统的不断完善，数字资源使用率大幅度提升。2011年，宝安区图书馆网站点击量达到46万余人次，比去年同期增长44%。方正电子书使用60万余人次，龙源电子期刊使用20万余人次，CNKI中国知网使用11万余人次，点点电子漫画馆使用4万余次，宝安市民学习网使用2443次，中宏信息库使用4791次，VOD视频点播系统读者点播1963次，资治法典使用1197次。

【基层业务培训】2011年，宝安区图书馆2次举办“全区公共图书馆馆员业务培训班”，来自石岩街道、沙井街道等的多个新建街道图书馆馆员以及2011年55个新建社区图书馆（电子阅览室）的馆员参加集中培训。此外，安排松岗、沙井、大浪等街道馆馆员来馆进行岗位实操培训，组织各街道馆馆长前往龙华街道馆和沙井街道馆进行馆际学习交流等，全面提升全区公共图书馆馆员的整体素质和业务能力。

【开展阅读推广工作】2011年，宝安区图书馆首次定期举办馆藏资源及服务推介讲座，每月的第1个星期日定为“阅读推广日”，从4月起，采取讲座与实操相结合的形式，定期举办馆藏资源及服务推介活动9场，对宝图馆藏资源的使用及服务进行全面介绍，约450名读者亲身参与推介活动。读书月期间，举办3场“e时代——不一样的阅读体验”数字阅读推广讲座，努力普及图书馆知识，提高馆藏资源及服务的使用率；推出“上门”服务，针对机关事业单位工作人员整体素质较高、阅读需求大的实际情况，宝安区图书馆特别为全区机关事业单位员工开通免押金办证服务，为机关事业单位工作人员上门办理读者证4611张，占当月新办理读者证数量的83%。同时，各直属分馆在各工业区及厂区设置“固定宣传点”，现场办证并派发馆藏资源宣传资料；读书月期间深入新蕾幼儿园，现场解答家长和小朋友咨询，现场办证45张。主动上门服务，扩大公共图书馆的社会影响力；2011年，继续加大阅读推广宣传力度，通过设计编印、派发全区公共图书馆地图、区馆直属分馆宣传册、馆藏电子图书宣传折页，在新浪网和腾讯网开通“相约宝图”微博等多种形式向读者进行阅读推广。同时，2011年本馆及各直属分馆招募义务馆员百余名，参与图书馆管理与读者活动近300人次。2011年，被评为深圳市首批10家全民阅读示范单位。

2011年11月11日，2011年宝安区度基层图书馆馆员培训班举办

【推进基层图书馆可持续发展】2011年，宝安区图书馆优化直属分馆布局，新建两家较大规模直属分馆。7月，撤回石岩同富康分馆，同时，新建龙华清湖分馆、水斗新围分馆2家较大规模直属分馆，以及新安兴东分馆。其中龙华清湖分馆、水斗新围分馆已于5月对读者开放，龙华两分馆以电子阅览和报刊阅览为主，图书借阅为辅，面积共约1100平方米，藏书共约2万余册，报刊600种，供读者电子阅览电脑共120台，阅览座席位共120个。每馆月平均接待读者1万余人次，受到周边劳务工及居民的欢迎和好评。调整直属分馆开放时间，推出直属分馆绩效考核制度。9月起，宝安区图书馆根据劳务工及周边居民阅读习惯及需求，灵活调整直属分馆开放时间。除西乡伟创力、沙井畅鸿分馆两分馆外，其他直属分馆平日开放时间统一调整为周二至周五12:00～21:00，节省人力物力，也满足读者的阅读需求。同时，继续加强直属分馆日常管理工作，实行直属分馆及分馆馆员年度量化绩效考核制度，从工作态度、业务工作、安全生产等多个方面进行量化考核。直属分馆服务工作进一步规范，服务效益进一步提升。2011年，10家直属分馆接待读者约82万人次，接待读者上网约16万人次，图书借阅约12万册次，新办证量约5000张，举办读者活动101场次。2011年，宝安区图书馆采取以补充流动分馆图书为主、新建流动馆及流动点为辅的建设

“第七届外来青工文体节”之关爱劳务工系列讲座

思路，继续进行流动图书馆建设。2011年共新建流动图书馆1家，为现有基层馆补充流动图书共11000册。同时，协助区民政部门圆满完成2011年区政府重点工作——55个社区图书馆（电子阅览室）建设工作，为55个社区图书馆配送图书共27500册。基层图书馆馆藏资源得到充实。2011年，宝安区图书馆再次对全区各街道、社区图书馆开放情况进行全面摸底，在调查研究的基础上，合理设计和规划全区三级公共图书馆服务体系的功能定位及布局，对《宝安区公共图书馆管理办法》（草案）进行进一步修订和完善，为基层图书馆的可持续发展打下良好的制度基础。

【宝图读者活动】2011年，宝安区图书馆及直属分馆共举办各类现场读者活动326场次，数万名读者亲自参与到活动中，各项活动精彩纷呈。年内，宝安区图书馆共举办“宝图星期讲座”之专家讲座42场，著名作家林清玄，外交大使沈国放，北京大学教授李杨，武汉大学教授尚重生、周长城等名家名嘴登坛开讲。同时，进一步规范讲座后续工作，整理编印讲座汇编资料、制作讲座视频光盘等；针对外来劳务工、少儿等特殊人群举办“宝图少儿读书会”7场、“宝图少儿英语”12场、宝图英语沙龙23场、劳务工专题讲座24场。此外，宝安图书馆紧跟时事举办国际反恐问题、中美关系、大运知识等方面的专题讲座及少儿活动；2011年，宝安区图书馆紧扣活动主题，以区馆及各直属分馆为阵地，成功承办“4·23”世界读书日、外来青工文体节、宝安读书月、“企业文化周”之专题讲座等多项主题活动。活动期间，举办宝安读书论坛、“深圳读书论坛”进宝安、“图书馆之旅”少儿读书会、《书韵·2011》赠阅活动等。各劳务工直属分馆充分发挥地处工业区和劳务工聚居地的优势，针对广大劳务工深入工业区、企业举办“宝图星期讲座”关爱劳务工系列外来青工专场讲座、“我与深圳共成长——关爱青工阅读”等系列特色活动。宝安区图书馆连续6次获“深圳市外来青工文体节组织工作奖”，选送劳务工代表荣获“迎大运”外来青工知识竞赛个人二等奖。2011年，宝安区图书馆继续推进共享工程和“图书馆之城”建设。不断规范共享工程支中心业务工作，加强分中心、共享工程网点的技术支持和业务指导，继续推进文化信息共享工程建设，为最大限度地满足广大市民精神文化需求起到积极作用。同时，根据深圳市统一部署，全力推进宝安区“图书馆之城”统一技术平台建设，完成统一技术平台设备集成项目验收、系统内书目和读者数据修正等合库前各项技术性准备工作。并新购置统一技术平台专用服务器1台，为2012年顺利完成统一技术平台数据合库做好充分准备。（黄震东）

附：2011年宝安区图书馆领导成员名单

馆　长：周英雄

副馆长：熊　军　郑　萌

文化艺术馆

【群众文化活动】2011年年初，宝安区文化艺术馆统一部署认真组织好元旦、春节系列群众文化活动，丰富广大市民节日精神文化生活。春节期间，在馆办文化艺术广场连续承办6场新年文艺晚会。年初，承办“2011年宝安老领导新春座谈会”、“2011年宝安区慰问公安干警新春文艺晚会”、“2011年宝安区慰问社会各界新春文艺晚会”、“新城、同乐检查站这春军民座谈会”、“爱索佳新春晚会”；参加市民中心醒狮欢乐闹元宵、非遗进社区、喜迎大运、展我风采等大型文艺演出共21场。

【公益性文化活动】2～6月，宝安区文化艺术馆活动策划部每周三晚赴爱索佳等单位进行文艺培训，创立宝安文艺辅导站。宝安区文化艺术馆艺术团部分演职人员参加话剧《突围1978》的演出工作，与深圳大学艺术学院再度合作，继续打造这一文艺精品，并于10月赴北京参加全国戏剧文化奖演出夺得6项大奖。2011年，培训中心开展“少儿舞蹈、跆拳道、少儿美术、书法、摄影、手工艺、瑜珈、肚皮舞”等项目的培训，年内，共培训近3200人次。春节期间举办为期1个月的《2011中国景德镇当代陶瓷艺术精品邀请展》，年内，宝安区文化艺术馆展厅举办以“迎大运、庆建党90周年”为主题的各类美术、书法、摄影展览计40余次；组织全区各街道参加由广东省文化厅、广东美术家协会等单位主办的“广东省第十一届美术书法摄影联展”，共获金奖1个、银奖6个、铜奖8个。其中，宝安区文化艺术馆梁冰雕塑作品《胜利大营救》获银奖、莫建文国画作品《暖春》获铜奖。颜晓萍的中国画作品《映日年华·阮玲玉》参加由中共广东省宣传部主办的“百年风云——广东省重大历史题材美术作品展览”获银奖，其作品被广东省美术馆收藏；组织全馆专业干部赴新疆采风创作，并组织“南风情韵”宝安区群众文化艺术馆美术书法摄影作品赴新疆乌鲁木齐市文化馆展出交流；文学创作部出版六期《宝安群文》杂志和《群文简报》；周末《宝安文化茶座》已举办12期；送书下乡和创作交流活动6次。

【外来青工文体节】4月28日～5月28日，宝安区文化艺术馆协办深圳市第七届外来青工文体节的闭幕式大型文艺演出暨颁奖文艺晚会。外来青工文体节期间，宝安区文化艺术馆参与外来青工文体节歌手大赛、摄影大赛、才艺大赛、器乐大赛，共获金奖7名、银奖2名、铜奖2名、优秀奖24名，取得由市外来青工文体节组委会颁发的“优秀组织奖”。外来青工文化节，日渐成为宝安群众文化的亮丽品牌，让广大外来青工在享受文化权力的同时，也极大地提高广大外来青工的文化素质。

【“鹏城金秋”社区文化艺术节】9月19日，宝安区文化艺术馆组织全区各街道参与“鹏城金秋”社区文化艺术节的8项赛事的比赛，获金奖29个、银奖41个、铜奖56个，并取得由深圳市“鹏城金秋”社区文化艺术节组委会颁发的“组织奖”。圆满完成深圳市第六届公园文化节宝安区会场的各项活动任务。

【非物质文化遗产保护】2011年，宝安区非物质文化遗产保护工作成效显著，其中松岗七星狮舞和大浪大船坑舞麒麟获第三批国家级非物质文化遗产名录。宝安区文化艺术馆十分重视民族民间文化艺术的挖掘、收集和整理工作，抽调2人组成宝安区非物质文化遗产保护办公室，安排专人负责日常工作的开展。6月，松岗七星狮舞和大浪大船坑舞麒麟两个项目获第三批国家级非遗名录。2011年，宝安区文化艺术馆组织新安上川黄连胜醒狮舞、石岩应人石传说申报省级非遗名录，3月25～26日分别在观澜世纪广场、西乡大众广场举行非遗进社区活动；组织观澜、新安、沙井、松岗、大浪街道国家、省级、市级名录项目参加深圳市“文化遗产日”活动；11月5～6日组织非遗进社区演出，赴松岗、大浪街道作专场演出，非遗工作成绩显著。　（黄永珍）

附：2011年宝安区文化艺术馆领导成员名单

馆　长：刘明军

副馆长：胡棵育　王文舵

体　育

【大运工作】2011年大运期间，宝安赛区共承办足球、竞技体操、艺术体操、水球、高尔夫球和排球等6个项目的比赛和训练。8月11日～23日13天的时间，赛区共举办各类赛事157场次，产生金牌29块，接待观众41.05万人次，平均上座率超过80%；共接待运动员及随队人员2725人次，接待国际大体联、国际体育联合会官员，各国代表团团长及国家、省、市、区各级领导1233人次；共有来自15个国家和地区的81家新闻媒体的1772名记者对宝安赛区各项赛事进行采访报道。赛时直接参与大运工作的人员每天超过1.1万人，其中场馆运行团队682人、赛会志愿者2084人、安保人员3760人、注册合同商2284人、场馆保障人员2931人。宝安区文体旅游局在大运工作中贡献突出，被区委区政府授予“突出贡献集体奖”。开展大运主题区级文化活动37项300余场，参与人数近万人次，受益人数达百万人次。5月，举办“喜迎大运·展我风采——2011年宝安区外来青工文艺会演活动”，展示了宝安区外来青工昂扬向上、积极健康、开拓创新的精神风貌。组织开展“迎大运·全民健身系列活动”和区文体旅游系统迎大运誓师大会，引导市民积极参与体育锻炼，掀起全民健身新热潮。完成深圳市第七届外来青工文体节拔河比赛、深圳市第四届全民健身运动会开幕式及第九套广播体操比赛承办及参赛任务，完成区级迎大运·网球、劳务工篮球预赛等比赛，成功举办迎大运·绿道行万人参与活动。全区各街道文体中心、企业、单项体育协会共举办“迎大运·全民健身系列活动”104次（项），参与人数达18万人（次）。

【文体设施建设】2011年，宝安区文体旅游局积极推进文体设施建设。大运场馆建设改造。组织召开50多次

2011年6月16日，市委副书记、政法委书记王穗明到宝安检查大运筹备工作，区委书记鲁毅等区领导陪同检查

2011年6月22日，国际大体联国际技术委员会主席多维斯、竞赛助理梅兰林视察宝安体育场馆

工作协调会议，顺利完成宝安体育馆、游泳馆和西乡体育中心等大运场馆的安保设施改造、供电保障改造、灯光夜景工程、景观工程等十余个工程项目。积极配合区工务局等单位完成宝安体育场、中心区跨街天桥等建设工作。全力推进作为大运会配套项目之一的塘朗山辅助发射台建设工程，在4个月内完成发射台建设及广播信号发射任务，按期拆除了影响机场二跑道启用的求雨坛发射塔。基层文体设施项目。龙华及石岩文化艺术中心进入竣工验收阶段，松岗文化艺术中心及体育中心动工开建，沙井及龙华体育中心初步设计方案正在进行修改完善；石岩体育中心项目办理用地规划许可，即将组织方案设计；福永游泳场完成项目选址，正在修改完善项目建议书。宝安体育中心综合训练馆项目获得计划立项，完成可行性研究报告批复；富士康集团龙华和观澜工业园区的劳务工体育设施改造项目正式动工。配合中心区规划办进一步推进中心区图书馆、文化艺术中心和演艺中心建设项目相关工作，中心区图书馆主体工程于11月11日正式动工建设。为全区配送健身路径35条、室外乒乓球台65张、篮球架45副。文体设施地名及设施普查。在街道的支持下，按照深圳市第二次地名普查要求，完成宝安区重点文体设施的目录填写、调查登记、电子地图标注等工作。根据市文体旅游局的要求，制定并实施了全区文体设施普查工作方案，启动对全区700多个公共文化设施及2000多个体育活动场所的设施普查工作，收集汇总有关调查表格5000多份。

【群众体育活动】2011年，宝安区文体旅游局组织开展“全民健身日”、“全民健身月”、区万人长跑等体育活动；参加“全民健身”龙腾狮跃闹元宵全国龙狮大联动活动，荣获由国家体育总局和中国龙狮运动协会颁发的民族传统特别奖、参与奖和最佳摄影效果奖。组织开展区级乒乓球、羽毛球、足球等常规赛事。加大对街道文体中心开展群体工作扶持力度，从体育彩票公益金中安排经费200万元用于群体工作开展。全年，全区各街道、企业、社区共完成规模性赛事活动147项（次）。组织国民体质检测队伍对学生、社区居民、企业劳务工等不同人群进行国民体质测试；完成1.3万人的体质测试工作，其中学生3659人、教师1266人、社区居民2073人、劳务工6100人。

【体育竞技】2011年，宝安区文体旅游局组建宝安区体育代表团备战2012年深圳市第八届运动会。组织760人代表宝安区参加2011年深圳市少年锦标赛（资格赛）14个项目的比赛，取得金牌48枚，射击、田径、跆拳道三个项目取得团体总分第一名的成绩。在国家级跆拳道比赛中取得12金6银46铜的成绩，在省级跆拳道比赛中取得3金11银10铜的成绩；在国家级游泳比赛中取得3金4银6铜的成绩，在省级游泳比赛中取得1金2银的成绩；在省少年拳击锦标赛中取得1铜的成绩；在广东省女足锦标赛中取得第二名的成绩；宝安籍运动员林高远在第七届城运会乒乓球比赛中获得团体第二名、单打第三名的成绩；宝安籍田径运动员黄敏华、陈达裕，跆拳道运动员田伟极代表国家队参加第26届世界大学生运动会，其中，黄敏华在大运会接力比赛中获得第二名的成绩；宝安籍运动员陈静在省大运会三级跳比赛中获得第二名的成绩。（陈雪峰）

旅　游

【概况】2011年，宝安区共接待游客889.12万人次，同比增长13.54%；旅游业总收入44.6亿元，同比增长12.18%。观澜湖休闲旅游度假区成功获评为国家5A级旅游景区；2家酒店成功升级，其中，石岩长丰花园酒店被评定为四星级酒店，观澜观悦酒店被评定为三星级酒店；深圳（宝安）劳务工博物馆和中国文化名人胜利大营救纪念馆获得深圳首批红色旅游景区称号。全区有国家5A级景区1家，4A级景区2家；星级酒店30家。与南方日报、深圳市多彩旅游策划顾问有限公司联合策划“宝安八景”宣传画册，通过美文、诗歌、书法、摄影、题字、游记和点评等形式全方位展现和宣传宝安八景。与邮政部门合作，将“宝安八景”摄影获奖作品设计印制成明信片，作为宝安独特的旅游宣传品。举办第八届“沙井金蚝节”，“沙井金蚝节”被列为广东省国际旅游文化节重要活动内容之一。加强旅游市场营销，组织参加日本东京高尔夫展，重点推介宝安区的高尔夫旅游产品。参加港澳旅游推介大会，派发旅游指南、导游词等宣传资料，巩固拓展宝安区港澳入境客源。参加昆明国际旅游交易会，在全国专业展会派发宣传资料，推介宝安区旅游资源。对《宝安旅游指南》进行修编，做到“一本在手，游遍宝安”。发挥媒体宣传作用，在宝安广电中心宝安一套（宝安综合频道）、宝安二套、翡翠台、凤凰台、本港台等频道每天高频率播出“宝安形象宣传片”；在宝安电台旅游人文节目《一程山水·一程歌》栏目大力推行大运会旅游产品和文化休闲旅游产品；在《宝安日报》、《南方都市报》等主流报刊刊登旅游专版；利用信游网旅游网络宣传平台加大对宝安区旅游资源的宣传推广力度。认真贯彻落实区委、区政府加快发展商贸旅游业“1+8文件”精神，推动企业优化升级。

【深圳市西海岸海上田园风光旅游区】深圳市西海岸海上田园风光旅游区位于宝安区西部的沙井、福永境内，西临珠江入海口，南接深圳黄田国际机场，东依规划的滨海大道，北面与东莞市相邻，总面积约24平方公里。该旅游区大片水面和纵横的塘基形成阡陌纵横、鱼塘万亩的田园风光，是深圳市沿海最具田园风光特色、最富生态农业潜力和环境人为破坏最小的地段。宝安区根据现状条件以及围绕深圳市未来城市定位的大目标，确定该区性质为以海滨园林化的生态基塘养殖和生态旅游为主要特色的大型水乡生态旅游区，兼具生产、观光、休闲、度假、娱乐、生产示范、展示教育、科研教育、自然保护、城市防灾等功能。根据性质定位和基地现状，海上田园风光旅游区划分为三大功能分区，即海上田园风光旅游区、水产及农业生态区和海上生态景观区，并根据功能特点确定两大走廊联系各功能分区，即由海上田园风光旅游走廊联系海上生态景观区和海上田园风光区，由水产及农业生态走廊联系水产及农业生态区。其中，海上田园风光旅游区集中控制区内的主要旅游、观光、度假活动，兼具生态农业展示和示范、科研、教育、城市防灾等主要功能，景点紧凑，相对人工构筑物及建筑物较多；水产及农业生态区以基塘水产养殖和塘基种植为主要特征；海上生态景观区，以沿海红树林、滩涂和珠江入海口海景为区内的主要景观。

【羊台山森林公园风景区】羊台山森林公园位于深圳市西北部，地处宝安区石岩街道、龙华街道与南山区的交会处。公园东面和东北面与宝安区龙华街道相邻，南面与南山区相接，西面和西北面与宝安区石岩街道相连，规划总面积28.52平方公里。园内森林总覆盖面积在98%以上。羊台山森林公园地势走向以大羊台山为中心，向四周延伸，形成中间高，四面低的高丘陵、低山地貌特征。园内最高处为大羊台山，海拔587米，有深圳西部第一峰之称。山区森林茂盛，山谷大小水库、水池4处，天然泉水到处可见。2004年“羊台叠翠”被评为深圳八景之一，2005年深圳市政府对羊台山森林公园进行重新规划，该公园为边建设边开放型，游客随时都可登山游玩，根据规划，羊台山森林公园建设将突出生态、自然、人本三大理念，发展的目标定位为：以生态保护为前提，以森林风景资源为基础，重点保护好羊台山的森林资源及其森林生态环境，改善城市生态环境，并在此基础上，加强森林公园基础设施建设、管理服务设施建设和游憩设施建设，开展森林游憩活动，包括观光、游览、野餐、徒步、探险、野营、科学考察和文化教育等。在规划期内，建设成为深圳市乃至全省知名的森林公园，并以此带动深圳市森林公园体系建设。该公园总体形象定位为：羊台叠翠，绿野仙踪。公园分为水源生态保护区、分散森林游憩区和集中森林游憩区三个功能区，拟建高峰水库生态保育区、大羊台山登山览胜区、小羊台山森林游览区、南山林果观光区、大围肚野营区、罗租山休闲娱乐区、冷水坑科普教育区等七大景区。景区开发分前、后两期，前期主要是以森林游憩区两个景区（大羊台、小羊台森林游览区）作为重点，以建设基础设施和游憩设施为主，对外开放；后期以分散森林游憩区的四个景区放在后期开发，顺序为：冷水坑景区—罗租山景区—大围肚景区—南山景区。森林公园总体规划期限为7年，建设分两期：前期2004～2006年；后期2007～2010年。该园设古道遗址、百米竹径、石雕浮墙、客家民俗围屋、龙浮石刻等40个旅游点供市民观光。经专家测算，羊台山森林公园建成后，可日供1.8万多人次来“天然氧吧”享受。羊台山森林公园主要有“四多两丰富”的特点。“四多”指峰多、石头多、沟谷多、水源多。“两丰富”指野生动植物资源丰富，因园内日照时间长、气候温和湿润，野生动植物资源均非常丰富，共有植物114科400多种、野生动物120多种，其中属于国家重点保护的植物有桫椤、苏铁蕨、白桂木、土沉香、野生樟树等，动物则有蟒蛇、穿山甲、猫头鹰和褐翅鸦鹃等。柿子是羊台山特有水果，成熟之季，树挂金果，满山飘香。

【凤凰山风景区】凤凰山风景旅游区坐落在福永街道凤凰村东面，海拔378米，方圆1.2公里，素有“凤山福水福盈地”的美誉。凤凰奇拔俊秀，像一弯新月镶嵌在西海之滨，西眺伶仃洋，南瞰深圳湾。峰峦连绵叠翠，树木四季葱茂；百鸟啼鸣，花果飘香；山泉浅唱，壑洞幽藏，奇石多姿，古庙生辉。自然风景绮丽，人文景观丰富。水光山色，峭岩古洞，构成一幅风光旖旎、雄伟壮观的山水画卷。景区分为三部分：山下胜景区、古庙胜景区、山顶胜景区。山下胜景区位于凤凰山南麓，由位于岭下的“凤凰文昌塔”以及沿石阶路的“朝阳灵犬石”、“普门示现牌坊”、“青牛跃涧留仙迹”、“圣水灵泉”、“松经风琴”等景区组成；古庙胜景区是凤凰岩风景游览区的主体部分，以始建于1297～1307年间的凤凰庙为主体，配以众多的自然景观，分别为：“净瓶露”、“莺石点头”、“凤凰仙洞”、“长寿仙井”、“合掌枕流”等，峭壁上留下历代文人墨客题咏，还有新建综合大楼和望海楼；山顶胜景区从“云顶参天”开始分为南北两路：南路（沿大茅山方向）有“猪兜石”、“万福洞”、“石乳清湖”、“狮吼巨石”、“烟楼晚望”等；北路有“试剑石”、“伶仃奇石”、“较剪石”等景点。

【观澜山水田园文化产业园】观澜山水田园文化产业园位于宝安区观澜街道。由深圳市山水田园实业有限公司于1999年3月投资兴建，2003年5月全面建成并正式对外运营，总投资3.2亿元人民币。景区以田园农庄的形式，塑造城市中的世外桃源，已建成集生态文化、客家文化及乡村民俗文化为主背景的旅游观光度假酒店，文化娱乐、休闲养生、会议、演艺等为一体的旅游文化产业园。山水田园农庄占地面积400余亩，其中水面面积100亩，总体规划以吃、住、行、旅、娱、购六大要素功能板块为旅游产业基础，由3000多米仿生态栈道、观澜演艺广场、渔樵耕读广场、红色广场，山水轩客栈、乡村酒家、乡村温泉、农家爱心动物园、拓展训练基地、CS野战区、农家绿色果园等组成，一年四季繁花似锦，是深圳市民最喜爱的休闲度假胜地之一。

【中共宝安县“一大”会议旧址】中共宝安县“一大”会议旧址位于松岗街道燕川社区，始建于清代中期，是燕川村陈素白的后人为纪念其祖先而兴建的分支祠堂，该祠为三开间两进一天井两廊枋建筑，主体建筑为砖木结构，清水外墙，大门门面、部分厅柱、墙角下部、檐阶、天井以经砂石岩石条为材料，前厅屋顶为船型脊，后厅屋顶为博古脊，通面阔11.6米、进深18.4米，占地面积213.44平方米。1928年2月23日，中共宝安县委在此召开第一次党员代表会议。抗日战争期间，中共领导建立的东宝行政督导处设在燕川村，这里曾作为督导处开展农民运动、减租减息的办公地。1999年3月29日被宝安区人民政府公布第一批文物保护单位。2000年深圳市和宝安区投入资金100多万元对其进行维修及设备的完善，并举办“宝安革命风云”陈列展览，把素白陈公祠改建成中共宝安县“一大”会议纪念馆，2000年10月建成，2001年6月正式对外开放。现被深圳市确定为青少年爱国主义教育基地，红色旅游景点之一。

【深圳（宝安）劳务工博物馆】深圳（宝安）劳务工博物馆是以外来劳务工为题材的博物馆，位于石岩街道上屋社区，利用旧厂房改造而成，占地面积3500平方米。30年前，25名女工在这家名为“上屋怡高电业厂”的港资工厂中成为全国首批劳务工。该馆收藏并展示了改革开放30年来广大劳务工在深圳工作生活的实物史料，全方位、多角度地反映劳务工群体的发展历史，旨在成为深圳乃至全国劳务工文物的收藏基地、劳务工历史的教育展示基地和劳务工问题研究基地。同时，这家博物馆也以别开生面的方式“昔日重现”了中国第一批“三来一补”企业的创业历程和成长经历。深圳（宝安）劳务工博物馆于2008年4月正式开馆。2011年5月，获得深圳首批红色旅游景区称号。

【中国文化名人大营救纪念馆】中国文化名人大营救纪念馆位于民治街道白石龙旧村，是深圳市目前中国文化名人大营救史料、文物收集最全的纪念馆。营救文化名人行动是抗战以来最伟大的抢救工作之一。在中国共产党的领导下，东江纵队营救出一大批左翼文化名人及爱国民主人士，如邹韬奋、茅盾、胡绳、戈宝权、乔冠华、廖沫沙等300多人，另外还营救了100多名国际友人，在中国革命史和中国文化史上写下光辉的一页。宝安区白石龙村作为这次大营救的主要策划地和接待站，见证了这段历史，成为我党重要的历史文物，载入中国共产党的史册。这也是东江纵队在中国的抗日战争史上所作出的重大历史功绩。2003年11月，宝安区人民政府将该遗址列为第二批区级文物保护单位，并正式纳入全区文物保护名单。2005年5月，宝安区委、区政府和市、区文化局、文管办联合开始对遗址的修复工作，8月，在此基础上建成纪念馆，修复建成后的纪念馆共有白石龙营救文化名人接待站、指挥部、兵工厂等三处历史遗址，于当年9月2日开馆。2011年5月，获得深圳首批红色旅游景区称号。

附：2011年宝安区文体旅游局领导成员名单

局长、党委副书记：吴少平
党 委 书 记：高伟光
副 局 长：佟建华 纪东萍 廖云山

卫 生

【概况】2011年，宝安区医疗卫生机构840间，其中社康中心168间，“十分钟就医圈”进一步完善。卫生人员共16900人（含社会医疗机构5290人），同比增长11.7%，公立医疗卫生机构人员中副高以上职称的1626人，同比增长8.7%，卫生人才队伍进一步优化；总诊疗预计达2742万人次，同比增长6%，门诊2218万人次，同比增长6%，急诊202万人次,同比增长4%，住院为25.5万人次，同比增长6%，病床使用率为85%，同比增长2%；全年社康中心服务人次达1241.33万，同比增长12.27%。群众看病就医难问题得到有效缓解。

【卫生改革】2011年，宝安区深化医药卫生体制改革取得阶段性成效。国家基本药物制度落实有力，加强对国家基本药物制度落实情况的监管，社康中心次均费用为38.68元，在全市处于较低水平。基本公共卫生服务均等化基本实现，宝安区基本公共卫生服务经费提高至1.2亿元。全区已建立490万份居民健康档案，为市民提供妇女儿童保健、计划免疫、老年保健、心理卫生、社区康复等社区公共卫生服务。社康运行机制改革全面铺开，各公立医院全部成立街道社区健康服务管理中心，社康中心内涵显著提升，改革成效引起中央媒体的关注。全市完善社区健康服务管理体制工作现场会在宝安区召开，推广宝安区改革经验。公立医院改革结出成果，临床路径工作推进顺利，在规范管理、合理收费、合理治疗、患者满意等方面初见成效。全面实行岗位绩效工资制度，突出社会效益，充分调动医务人员积极性。改革为卫生事业科学发展提供强大的动力。

【大运医疗卫生保障】2011年，大运医疗卫生保障工作圆满完成。大运期间，宝安1万名医疗卫生工作者同心协力、团结奋斗，圆满完成大运赛事期间医疗卫生保障的任务，实现“零差错、零事故、零投诉”。医疗救护工作细致高效，设立5家定点医院，开辟24小时服务“绿色通道”，设置医疗站点32个，派驻保障团队22支170人，保障训练、比赛168场次，累计接诊人员3000人次。公共卫生防线牢固，组织开展3轮以上涉大场所及周边地区的传染病、病媒生物、公共场所、饮用水卫生监督监测工作。赛事期间每日开展饮用水卫生、公共场所卫生等监测巡查工作。强化涉大人员的健康监测，有效防止传染病的传播。卫生应急保障有力，组建7大专业类别300人的卫生应急队伍。积极开展突发事件风险隐患排查，排查整改一般级别安全隐患51项。差异化场馆医疗应急线路图和个性化“一场馆一预案”得到市、区领导高度评价并在全市推广。精神卫生工作扎实有效，成立首家区级志愿者心理关爱中心，为志愿者提供心理健康教育、咨询和应急救护服

2011年4月25日，副市长吴以环视察宝安区颐康园社康中心

2011年10月22日，宝安区人民医院三级综合医院等级评审反馈会召开

务。配合公安部门筛查新发精神病人，强化对重性精神病人治疗及社区走访收治工作，有效预防不良影响事件的发生。志愿者服务亮点纷呈，积极开展“迎大运，创全国文明城市标兵”志愿服务行动，设立天使U站，提供特色服务，取得良好的社会反响。

【卫生基础设施建设】2011年，宝安区重大卫生基础项目建设全面提速。“加快卫生基础设施建设”被列入区政府2011年“十件民生实事”。区卫生局以此为契机，狠抓责任落实，倒排工期进度，加强沟通协调，有效推动重大项目建设的步伐，向市民交上一份满意的“答卷”。区慢病院新院、民治综合门诊部建成投入使用，松岗、福永、西乡公共卫生服务大楼顺利封顶，区妇幼保健院中心区新院、石岩人民医院扩建（一期）、沙井公共卫生服务大楼实现动工。区预防医学·卫生监督综合楼项目顺利推进，其他公立医院和卫生监督所新、改、扩建项全部立项启动，前期工作正有序进行。现代化的卫生基础设施体系逐渐形成，为宝安卫生事业飞跃发展奠定坚实的基础。

【医疗管理】2011年，宝安区医疗服务质量与水平稳步提高。医院档次显著提升，经过两年的努力，区人民医院顺利通过广东省三级综合医院等级评审，标志着宝安区第一家“三甲”医院创建成功，实现宝安居民多年的期盼。龙华、观澜、福永、松岗人民医院通过“二甲”医院评审，公立医院“二甲”医院基本覆盖，数量位居全市各区之首。区中医院和龙华人民医院分别创建为广州中医药大学和南方医科大学非直属附属医院，全区已拥有7家附属医院，数量全市各区第一。医疗管理更加科学规范，各医院以“三好一满意”和“优质护理服务示范工程”创建活动为载体，积极开展抗菌药物临床应用专项整治活动，规范诊疗行为，加强安全管理，全年未发生重大医疗事故和医疗差错。“科教兴卫”工程全面推进，全系统承担区级以上科研项目295项，其中国家自然科学基金2项，省级立项10项，市级立项72项，医学科技成果丰硕。医疗机构监管力度加大，全年完成监督检查 4600余间次，出动执法人员10000余人次，取缔非法医疗机构 600余间次，收缴药械 13吨，开展联合执法行动 50次，查处药店非法行医 200余宗，群众健康权益得到有效保障。中医药工作进一步加强，积极推进中医适宜技术进社区活动，中医适宜技术诊疗100多万人次，在家门口为居民解决健康问题。区中医院服务能力显著提升，连续第六年在市医疗质量整体评估中位列区级中医院第一名。血液供应保障扎实有效，继续保持无偿献血率100%，顺利完成大运会的血液保障工作。血站新业务大楼全面搬迁启用，服务能力大幅提升。

【社区健康服务】2011年，宝安社康中心内涵建设成效显著。医疗质量管理有效加强，制定并落实《宝安区社区健康服务中心医疗安全重点环节管理制度》，社康诊疗流程进一步优化。各街道社管中心设置全科医学办公室，专人负责医疗质量和医疗安全，社康就医更加安全。就医模式进一步优化，医院和社康双向转诊机制逐步完善，社康中心诊疗人次占全区门诊量的51%，居民社康中心知晓率88.70%，“小病在社区、大病去医院、康复回社区”就医习惯逐渐养成。资金投入和人才引进力度加大，2011年基本公共卫生服务经费同比增长71%，增加社康中心设备经费1000万元，全年引进社康人才155人，为社康中心的健康发展提供财力和智力保障。适宜技术试点工作稳步推进，陈金喜等4名同志被授予卫生部“社区卫生服务适宜技术试点工作先进个人”称号，牛湖社康中心被授予卫生部“社区卫生服务适宜技术试点工作先进集体”称号。2间社康中心成为首批“全国示范社区卫生服务中心”，11间社康中心成为首批“广东省示范社区卫生服务中心”，数量分别是全国和全省第一。

【公共卫生】2011年，宝安区以全国第一名的成绩创建为“国家慢性非传染性疾病综合防控示范区”，公共卫生继续领先。重大传染病防治有效，全面加强重大传染病防治工作，规范开展结核病、艾滋病等重点传染病监测。不断巩固和提高儿童免疫接种率，消灭脊灰强化免疫活动取得显著成效，全区共服苗24万多人，服苗率97%。乙肝、麻疹等传染病的控制进程推进有力，全区报告麻疹病例同比下降87.5%。职业危害整治工作落实有力，及时完成全国职业健康状况调查，受到上级部门的充分肯定。积极开展正己烷使用单位和木质家具制造企业职业危害专项整治，全年共监督有毒有害企业5687间次，职业健康检查16.7万人次，有效保障劳务工身体健康。公共卫生日常监管依法开展，完成集中式供水单位、游泳场所水质专项卫生监督抽检任务。全区1175间住宿业和70间游泳场所100%完成公共场所量化分级评审工作。全年共监督各类各级医疗卫生机构、学校、托幼机构2208间次。妇幼保健工作成绩卓著，全人口孕产妇死亡率为14.01/10万，连续2年控制在15/10万以下。

【人事工作】2011年，宝安区卫生人才队伍建设切实加强。推进人才引进工作全面提速，面向全国公开招考应届毕业生及社会人员601名，赴长春、广州定点招考应届毕业生76名，选聘学科带头人和专业领军人物34名，卫生人才队伍进一步充实。人事制度改革推进有力，公立医疗卫生单位均制定岗位设置方案，并完成人员校核及挂岗的工作。绩效工资基本构架工作初步完成，涉及在编正式工作人员约4100人。加大人才培养力度，继续落实重点专科学科带头人及医护骨干的培养方案，共派出国内进修人员248名，国外进修人员22人；专业技术培训力度切实加大，共举办专业技术人员的培训800余场，参加培训10万人次，医疗技术水平有效提高。

【行风建设】2011年，宝安卫生队伍作风进一步优化。与区纪委派驻第三纪检监察组协调联动，开创党风廉政建设新局面。认真开展上级统一部署的“三好一满意”、廉洁行医和行评回头查活动，以98分的优异的成绩通过区纠风办考评。自行开展的院（所）长体验日和医护人员交叉体验活动，被区纪委作为行风建设好的经验在全区推广。全市卫生和人口计生系统行风建设现场会议在宝安区召开，向全市推广宝安区的行风建设经验。成功创建4个市级和10个区级创建“构建和谐医患关系示范岗”，数量全市各区第一。

【卫生信息化建设】2011年，宝安卫生信息化建设全面铺开。数字化医院建设进展顺利，区妇幼保健院依靠信息化实现医院流程再造，在全市率先实现无纸化、一卡通、一站式就医，有效缓解群众看病就医难问题。预约挂号服务全面铺开，全部公立医院加入并集成市卫人委的预约挂号平台。宝安卫生系统在全区率先使用139信息系统，行政许可、现场监督、行政处罚和信访等工作均启用网上办公。

【财务管理】2011年，宝安区卫生经济管理取得新成绩。积极组织开展新医院财会制度培训，确保新旧制度平稳过渡。加强预算管理，完善对政策性亏损补助和公共卫生服务项目补助的分配方案，为医改提供有力资金保障。强化财务监督机制，深入开展“小金库”治理复查工作，进行离任审计，完善内部控制制度，保障国有资产安全完整。

2011年3月1日，福永公共卫生业务大楼奠基

【卫生应急】2011年，宝安区卫生应急处置能力显著提高。积极落实区政府应急物资储备计划，储备12辆应急救护车。承担卫生部公益性科研专项《严重创伤救治规范的研究与推广》项目和中德地方政府灾害风险治理与预案优化试点子项目，开创突发事件风险治理和应急救援新局面。全年开展各类专业应急培训53次，演练49次；妥善处置暴发疫情14起，成功开展突发事件医疗救援356起，协调处置群体性医疗争议事件10起。

【安全管理】2011年，全力维护宝安区卫生系统安全、稳定的局面。积极开展安全生产领导干部“一岗双责”试点工作，组织全系统每月开展一次全方位的安全生产大检查，排查整治一批安全隐患，实现全系统安全“零事故”；医患纠纷联调联处机制充分发挥，通过联调机制结案79宗，占医患纠纷结案总数的61.2%，完全做到案结事了，无一反悔。设置医疗事故技术鉴定专项资金和尸解专项资金，合计33万元，有效维护患方合法权益。

【健康教育】2011年，宝安区健康教育促进工作上新台阶。全区共组织卫生宣传咨询活动400余次，举办培训班和讲座800余次，发放各类宣传资料近1000万份，将健康知识传播到千家万户和百万劳务工。全面开展健康促进学校创建工作，全区32所学校参与创建，推荐29所参加国家评审。

【红十字会和医学会工作】2011年，宝安区红十字会、医学会工作扎实开展。宝安区红十字医疗救助专项资金共救助困难群众53人，救助金额85万元。为37名早期脑损伤患儿提供105万元康复治疗费用，为1226名高危婴儿进行免费听力筛查。区医学会各专业委员会开展学术交流活动40余场次，参与人数5500人次，有效推广医疗新技术、新方法、新成果。

【工会和干部保健】2011年，各级工会组织以发展和谐劳动关系为主线，认真履行“四个第一人”职责，积极探索卫生文化建设新路子。新创建一批省、市级“巾帼文明示范岗”，职工凝聚力、向心力和主动创新意识进一步增强。干部健康档案信息化管理进度加快，实现干部体检网上申报、网上审核及体检结果的网上传输。　（王　栋）

2011年6月14日，国内首个多功能捐血车固定停靠点宝安区富士康科技集团龙华园区内正式启用

附：2011年宝安区卫生局领导成员名单

局长、党委副书记：陈金喜
党 委 书 记：钟天伦（4月止）
纪 委 书 记：胡晓霞（5月止）
副　局　长：胡晓霞（5月止）
廖　欣　杨北兵(7月起)
副 调 研 员：胡晓霞（5月起）

社会生活

民 政

【**社会救助**】2011年，宝安区社会救助工作扩大和加强对贫困家庭和个人的救助范围与力度，在全市率先建立低收入居民生活救助与物价上涨挂钩的联动机制。全区共有476户1273人纳入低保，全年累计发放低保金565.2万元，养育扶助金74.8万元、燃气补贴13.4万元，为247名低保群众购买综合医疗保险；183户495人纳入分类施保，占全区低保户的38.9%，发放救助金211.5万元；44户127人纳入低保边缘家庭，发放养育扶助金4.8万元；为574户低收入家庭发放物价补贴122.7万元；资助116名困难家庭学生57.4万元；慈善超市销售、发放大米、食用油等物品35.7万元。进一步规范临时救济，制定《宝安区困难居民临时救助实施细则》。全年救济户籍困难人员296人次，123.5万元；救济外来务工人员102人次，25.2万元；推荐患病劳务工128人和劳务工子女28人申请市慈善会救助，获救助金184.7万元；支持各街道30万元做好辖区外来人员的临时救济工作；下拨冬令救济款41万元，帮助户籍孤寡老人、孤儿、弃婴和外来救助人员防寒保暖。健全社会救助动态管理机制，启动救助体系第三方评估工作，对患重大疾病的困难群众的救助工作进行评估调研，新增高危婴儿早期听力筛查、捐赠肾衰竭医疗设备2个项目，调整贫困家庭脑损伤婴幼儿早期康复救助项目，全省民政工作会议充分肯定宝安区社会救助体系建设的经验和做法，要求全省学习和推广。慈善救助条件从原来的月人均收入低于2200元调整到低于2640元，救助困难群众1000多人次，发放救助金600多万元。出台《关于捐赠宝安区人民医院肾功能衰竭医疗设备的决定》，捐赠相关设备290万元。开展“广东扶贫济困日暨深圳慈善日和深圳社会慈善捐赠活动月”活动，募集资金2900万多元，居全市各区之首。开展“一台电脑圆一个梦”募捐活动，募集电脑316台，定向支持粤北、赣南等贫困地区中小学校建设电脑教室。深入推进扶贫开发工作，起草《宝安区委区政府关于新时期区内扶贫开发的意见》，提出的“补贴人均集体分配5000元以下的65个村改居社区社保缴费”的建议，列入2011年宝安区“十项民生实事”。大力扶持革命老区建设，2011年安排革命老区建设资金1000万元，资助项目63个。不断完善应急救灾体系，建立防灾救灾仓库，补贴应急物资储备资金共79.5万元，完成《宝安区应急避险场所专项规划》，全区应急避险场所增至149个；制定《深圳市宝安区自然灾害救助应急预案》，完善避险点路标和指引。

【**基层建设**】2011年，宝安区扎实推进基层社会建设与管理创新，不断完善社区公共服务。第六届社区居委会换届选举顺利完成。236个社区居委会实行直选，直选率99.6%。会同区委组

2011年4月20日，宝安区慈善会第一届理事会第四次会议召开

织部、区职业能力开发局举办“宝安区2011年社区干部社会管理创新专题培训班”，提升社区干部的管理创新能力。稳步推进社区管理体制改革，开展“宝安区社区建设发展问题与对策研究”、“宝安区社区工作职能运行情况、问题与对策研究”和“社区社会管理经费调研”。撰写《深化社区管理体制改革　创新社区管理方式》的亮点工作计划上报区委区政府。深入开展基层民主政治建设，省、市“六好”社区创建率分别达91%和94%，有69个社区完成省居务公开民主管理示范社区创建申报工作，占全区社区总数的29%。提高社区服务水平，在全市率先开展社区服务中心试点工作，新增11个社区服务中心，市、区两级投入550万元，引进专业社工机构运营。2011年7月中共中央政治局常委周永康到宝安视察时对宝安区社区管理服务工作给予高度评价。突出固本强基项目建设，率先向市提出对项目建设用地审批实行备案制改革的建议并得到采纳。2011年4月以来，在全市率先推行固本强基社区建设项目准入评审制度。全区10个街道新增立项项目67个，市、区两级安排投资1亿元，完工项目43个。加强行政区划管理，妥善处理边界纠纷，历时数十年的交椅湾养蚝保护区争议调处取得重大进展。补偿标准由以前的1000元/亩提高到17000元/亩，有力地维护了4000多蚝民的正当权益。

2011年6月6日，由深圳弘法寺慈善功德基金会组织的100多名爱心义工走进深圳市宝安社会福利中心，举办“端午粽福·慈善有情”端午送温暖活动

【优抚安置】2011年，宝安区创新拥军优抚模式，努力帮助优抚安置对象解决实际困难，促进军地和谐发展。建立优抚对象抚恤补助标准自然增长机制，为宝安区70岁以上定期抚恤补助优抚对象（不含在职）每人每月增发300元。全年共发放各类优抚经费812.5万元。发放一次性安置补助金1138万元，生活补助费47.1万元。不断完善退役士兵职业技能培训工作，与宝安职业技术学校合作，拨付28.9万元培训退役士兵87人。会同区人力资源局制定《促进随军家属就业实施方案》，安置随军家属31人。做好“八一”、春节期间的双拥工作，慰问40多个驻地部队，赠送慰问金400多万元。加大对驻区部队建设的支持力度，拨付500万元为部队改善训练和文化设施及生活条件。慈善资助驻地困难官兵30人、15.8万元。积极促进参战退役人员及其子女就业，为39位重点优抚对象解决医疗和生活困难。

【社会组织】2011年，宝安区社会组织健康有序发展。规范社会组织登记管理，全面实施社区社会组织登记和备案双轨制，新登记社会组织108家（包括社区社会组织58家）。宝安区现有社会组织909家，数量位居全市各区之首。撤销登记16家未按规定参加年检的社会组织，对18家未按规定开展活动的社会组织发出整改通知。民政部副部长窦玉沛视察宝安时评价宝安区社区社会组织“功能完善，服务多样，组织健全，和谐安康”。对社会组织的扶持力度进一步加大，起草《宝安区扶持社会组织发展实施方案》，安排扶持公益慈善类、社区维权类社会组织专项资金120万元，比2010年增加33.3%，资助社会组织42家。不断完善政府购买服务制度，投入1380多万元向民间社工机构购买岗位社工，开展专业服务。起草《宝安区社会组织承接政府职能转移委托暂行办法（试行）》。鼓励和指导社会组织承接政府相关职能和工作事项，首次将750家社会组织2010年度年检的初审工作委托有资质的社会组织受理。切实加强社会工作人才队伍建设，新增50个岗位社工、60名社区服务中心专职社工，全区社工岗位（项目）达到275个，居全市各区之首。培育4家区级民间社工机构，撰写《2010年度社工机构财务专项审计情况报告》，社工和社会组织在参与社会管理服务中的作用得到充分发挥。

【社会事务】2011年，宝安区着力提升专项社会事务服务水平，努力为老百姓提供更加优质的公共服务。老龄工作取得新进展，编制《宝安区老龄事业发展“十二五”规划》，开展整合全区公办福利机构资源问题的调研；新登记成立2家民办儿童福利机构。完善居家养老服务，发放补助经费1200多万元。新建31个“星光老年之家”，发放高龄老人津贴1180多万元，制作发放老年优待证3645张。开展首届“宝安区十佳银龄风采老人”评选表彰活动，为宝安区老人“老有所为”树立模范和标杆。区社会福利中心在全市养老福利机构中率先开办老年大学。不断优化婚姻收养登记服务，全年办理结婚登记7866对、离婚登记1411对，出具无婚姻记录证明6141份。完成新婚姻登记场所装修改造。被民政部确立为深圳市唯一的创建国家5A级婚姻登记机关试点单位。全年依法办理国内公民收养登记36件。进一步提高弃婴（童）的福利保障水平，全年接收安置弃婴（童）83人，与广东省杨村社会福利院达成合作协议，首批试点代养脑瘫患儿32人。成功承办中国儿童福利和收养中心主办的涉外收养“希望之旅”活动、全国儿童福利机构社会工作高级研修班。流浪人员救助工作，确立民政、公安、城管、卫生和各街道齐抓共管的联动机制和整治机制。设立深圳北站救助服务点，做好新建2个救助分站的前期调研工作，顺利启用西乡九围救助新站。全年区救助站共救助流浪人员4028人次，其中未成年221人次，精神异常人员64人；护送特殊受助人员返乡51人次；为654名受助人员找到亲属，帮助120名流浪人员找工作，10人成功应聘。进一步深化殡葬改革，宝山园管理处加强墓园管理，认真做好墓位销售管理工作，全年处理遗体收殓业务1812宗。区政府下发《关于进一步深化殡葬改革全面实行殡葬公共服务均等化的通知》。自2012年起，率先在全省由财政承担辖区死亡人员包括非户籍人员殡葬基本服务费用，并加大对困难群众等10类对象救助力度，增加殡葬基本服务费用补助项目，提高补助标准，得到省、市有关领导高度评价和社会各界的良好反响。（黄利东　陈　龙）

附：2011年宝安区民政局领导成员名单

局　长：王捃之（3月止）
胡细银（3月起）

副局长：黄建强　黄毓安　刘国玲

社　保

【概况】2011年，深圳市社会保险基金管理局宝安分局创新思维，狠抓落实，强化服务和责任意识，完善管理制度，努力提高业务水平，全力做好辖区社会保险及各项重点工作，取得积极成效，全区社会保险参保人数取得新突破。全年共征缴各项社会保险费达101.71亿元，全区参加基本养老保险人数为414.24万人，同比增长21.4%，参加基本医疗保险人数为99.95万人，同比增长15.9%，参加劳务工医疗保险人数为255.00万人，参加少儿医疗人数为17.84万人，同比增长24.4%，参加工伤保险人数为363.68万人，参加失业保险人数为39.91万人，同比增长28.6%，辖区各险种参保总人次累计超过1200万，基本实现辖区居民基本享有社会保险的目标。

【养老保险】2011年，宝安区认真做好养老保险各项工作，积极破解历史难题，切实保障参保人权益，民生福利水平稳步提高，确保养老待遇按时足额100%社会化发放。一是针对宝安区农城化人员养老金待遇调整后大幅降低的情况，分局起草文件向上级做专门的情况汇报，稳妥处理农城化人员退休金待遇降低后可能引发的各种问题；二是积极与区人力资源和财政部门沟通协调，顺利完成宝安区208名聘任制公务员养老保险参保录入、核算及补缴等各项工作；三是针对原宝安二轻系统集体职工要求提高待遇的诉求，积极与有关部门进行沟通协调，稳妥解决此项历史遗留问题。截至2011年年底，全区企业退休人员15924人，支付退休人员基本养老金5.06亿元，城市化退休人员达到19357人，支付养老金5.02亿元，全区财政核拨补助及自筹事业单位退休人员791人，累计发放退休金3914万元。

【医疗保险】2011年，宝安区加强定点医疗机构诚信建设，重视监管落实，全面提升定点医疗机构监管能力。分局以构建诚信医保体系为工作重点，以规范医保管理为主要目标，进一步规范宝安区各定点医疗机构的医保管理工作，对深圳恒生龙安医院的严重违规行为进行严格查处，得到上级领导充分肯定。宝安区定点医疗机构信用等级评定工作取得较好的成绩，现场考核综合评比工作中参评的25家定点医疗机构有4家定点医疗机构被评为“AAA”等级机构，12家定点医疗机构被评为“AA+”等级机构，9家定点医疗机构被评为“AA”等级机构，有效推进辖区参保人就医难问题的解决。2011年全区定点医院为参保人提供门诊服务达到664.38万人次，总费用约5.30亿元，住院服务6.48万人次，总费用约为2.95亿元。

【工伤保险】2011年，深圳市社会保险基金管理局宝安分局贯彻落实新修订的《工伤保险条例》，确保新条例的顺利实施。继续加强工伤保险业务管理，严格执行工伤登记备案制度和工伤保险业务值班登记制度，明确管理职责，强化监督检查，提高管理水平，提升服务品质。密切与区安监局、疾病控制中心的沟通，通过召开联席会议，落实重大安全生产事故和职业病的互通制度，将工伤预防工作落到实处。对工伤、职业病多发企业加强监控并约谈，从源头上减少工伤事故的发生。针对现《工伤救助工作方案》与新《工伤保险条例》和《社会保险法》不相适应的地方进行相应修订，并向区主管部门提交修订方案。全年共处理工伤补偿案件16548宗，支付工伤补偿金额2.07亿元。

【失业保险】2011年，宝安区加大对失业员工的救助力度，强化失业保险帮扶救助功能，倾心关爱失业员工，进一步放宽困难补助申请限制，实现对“4050”、单亲家庭、患重病和再就业困难人员的援助，按时足额发放各项失业待遇。2011年，全区发放失业保险救济金4198人次，支付各项失业保险待遇总额411.18万元。

【社保稽核】2011年，深圳市社会保险基金管理局宝安分局积极开展突发事件隐患排查工作，加强应急预案管理，组织应急演练，强化应急维稳能力建设。一是按照上级关于做好大运期间的应急工作要求，开展大运突发事件隐患排查整治，制定《宝安社保分局第26届大运会突发事件应急预案》，明确各部门大运期间的职能和责任，确保实现“平安大运”目标；二是进一步加强社会保险矛盾纠纷隐患排查，及时化解因社会保险问题引发的矛盾纠纷；三是积极开展应急演练工作，组织全局科站相关人员开展因社保问题引发的突发事件应急演练，有效提高全局处置应对涉及社会保险的突发群体性事件的快速反应能力、应急处理能力和协同配合能力。年内，共受理投诉案件1118宗，其中已办结案件1095宗，结案率为97.94%，共检查各类企业1444家，涉及人数约41.71万人，共计追缴社会保险费1226.66万元，排查出不稳定因素案件7宗。　（王　旭）

附：深圳市社会保险基金管理局宝安分局领导成员名单

局　长：钟锦泉

副局长：李锡权　李　敦

任国华（3月起）

人口与计划生育

【概况】2011年，宝安区户籍人口出生6765人，政策生育率为97.9%；流入半年以上流动人口出生36044人，政策生育率为91.85%；9个街道申报“无政策外多孩街道”，105个社区申报“无政策外出生社区”。6月，副省长雷于蓝督查流动人口计生服务管理专项活动时，称赞宝安区“流动人口计生服务管理抓得准、抓得实、抓出成效，值得全省各地借鉴”。9月，副市长吴以环在市委办公厅和市政府办公厅主办的《信息快报》上关于宝安区人口计生工作的信息上批示：“宝安计生工作抓基层抓动态建机制，站在社会建设的高度落实计生工作经验值得推广。”

【层级动态管理】2011年，宝安区把基层工作例会落实情况纳入人口计生目标管理责任制进行重点考核，以工作例会促进层级动态管理责任制的落实。不断强化区级工作例会的督促指导作用。区委副书记张洪华，区委常委、常务副区长刘惠玲和各街道分管领导全部参加区级例会，切实提高街道工作例会的工作落实作用。各街道主要领导参加街道工作例会，研究解决人口计生工作问题。观澜街道每月在街道计生工作例会上对驻社区工作组、社区工作站主要负责人及分管领导、社区计生办工作人员的计生工作情况进行综合评定，奖优罚劣。福永街道实行例会动态考评制度，对完成上月计生任务的社区分别给予2万元奖励。石岩街道在街道计生例会上，给考核达标的社区颁发“人口计生工作先进流动奖牌”，对排在末位的进行“约谈”。充分发挥社区计生工作例会对计生专干的激励作用。民治街道每季度结合人口计生目标管理责任制动态考核情况，进行“十佳人口计生工作者”评选，评出计生专干和出租屋管理员各5名，给予通报表彰，并在社区计生工作例会上发放奖金。龙华街道党工委书记、办事处主任和其他班子成员经常到挂点社区参加计生工作例会，并给7个社区工作站分别下拨2万元例会工作专项资金，每月给予各社区工作量排名第一的计生专干200元奖励；对工作量排名倒数第一的计生专干予以处罚，调动基层工作人员的积极性，建卡率稳步上升，信息准确率明显提高。

【计划生育综合治理】2011年，宝安区进一步完善区指导、街道负责、社区为主的“网格化管理”工作机制，实行街道领导班子成员和中层干部包社区、社区工作站领导包片区、计生专干包“网格”的包干责任制，着力探索“一格多员”管理模式，在全区设立2056个网格，每格配备专职计生工作人员1～2名、兼职计生工作人员2～5名，逐格逐人落实工作任务。实行部门综合治理工作目标责任制，加强部门互动，信息互通，资源共享；建立打击“两非”联席会议制度，人口计生与药监、卫生、公安等部门加大打击“两非”合作力度。全区累计开展专项治理行动32次，取缔非法诊所44家，查处超范围经营诊所12家。宝安区将负责挂钩帮扶的计生兼职单位由原来的10个增至14个，对14个社区进行挂钩帮扶。将湖南、湖北、四川、广西、江西、河南等省（自治区）流入人口量大的县（市、区）作为重点合作地区，加强联系沟通，邀

2012年5月28日，宝安区人口计生局开展“迎大运”特色服务活动。图为在沙井街道举办婴幼儿科学喂养知识讲座

请流出地派人前来开展“区域协作集中管理服务月活动”，在信息互换、联合执法、孕前管理、免费服务上探索合作的新方式，不断强化计划生育区域协作。

【**幸福家庭促进工程建设**】2011年，宝安区被市卫人委推选为全市唯一的“广东省实施幸福家庭促进工程”试点区。宝安区将“幸福家庭促进工程”主要内容确定为：推广家庭人口文化项目，提升全社会家庭的文明指数；拓展生育文化中心的公共卫生服务职能，提高计生家庭的身心健康水平；实施“幸福宝宝”计划，开展免费优生筛查及亲子教育活动，提高计生家庭优生优育优教水平；持续开展“生育关怀”主题活动，完善计生家庭利益导向机制，提高计生家庭保障水平；推广“飞扬绿丝带”会员服务品牌，提高对计生家庭的服务水平；建设“幸福家庭人口文化公园”，扩大“幸福家庭促进工程”的影响。在新安街道海裕社区建立深圳市首个、广东省首批“幸福家庭促进工程”试点基地——海裕社区幸福家庭促进工程驿站，以社区生育文化中心为主体，整合社区服务资源，从人口文化建设的角度促进家庭的婚育文明、健康水平、发展能力和幸福指数。并引入大浪万家服务公司，采取政府服务外包的形式进行幸福家庭促进工程驿站运作。副市长吴以环到宝安区督查人口计生工作时说：“宝安区在实施‘幸福家庭促进工程’中，依托现有社区生育文化中心，整合社区公共服务资源，使社区生育文化中心的功能真正得到发挥，人口计生工作实现从‘管人’到‘创造幸福’，从传统计生工作向家庭服务拓展的转变。”

【**人口计生均等化服务**】2011年，宝安区投入825万元用于完善各级技术服务机构医疗设备，全区11个计生技术服务机构100%完成标准化建设任务。区计生服务中心和西乡、龙华、石岩计生服务站被国家人口计生委首批命名为“全国计划生育优质服务示范站”。全区计生技术服务机构共为144.7万名育龄妇女进行环情孕情检查，为6.18万名育龄群众进行生殖健康普查，为1.4万名育龄群众开展节育手术。继续加强避孕药具免费发放网络建设，全区新建避孕药具免费发放点69个，避孕药具免费发放点达到432个，发放避孕药具380多万只。着力开展特色服务基地建设，建成并启用区计生服务中心优生实验室、生殖健康体检中心和儿童早期发展中心、区儿童孤独症康复基地等特色服务基地。继续实施“情暖四方”——关爱劳务工生殖健康服务项目，按照国际最新标准，为4500名劳务工育龄妇女提供宫颈、乳腺疾病普查初筛和HPV（人类乳头瘤病毒）筛查，为300名男性劳务工提供免费生殖健康检查。积极做好孕前筛查工作，对高危夫妇进行跟踪随访，全面掌握育龄群众的生育动态。全区共开展优生监测1.2万人次。

2011年5月25日，宝安区人口计生局开展“迎大运”特色服务活动。图为在龙华街道举办人口计生知识竞赛

【**人口计生宣传教育**】2011年，宝安区成立由区人口计生局和区计生服务中心干部职工组成的“宝安人口计生特色服务义工队”，利用周六休息时间，深入社区、厂区、公园、汽车站等地段，开展“迎大运”志愿服务活动，共开展活动29场，派发宣传品6.8万份，提供体检卡、优生筛查套餐卡等1923套。继续探索社区生育文化中心可持续发展模式，以社区生育文化中心为平台，开展“计生一家亲”等系列活动。全区社区生育文化中心开展各类主题知识讲座、技术服务和宣传活动3200多场，参加主题活动群众达6.2万人次，到社区生育文化中心阅读图书、观看影视和参与交流活动的群众达27.5万人次。拓展“一街道一特色”宣传服务项目内涵，“计生E家人”、“飞扬绿丝带”、“生殖健康大讲堂”等项目受到群众好评。

【**计划生育利益导向机制建设**】2011年，宝安区出台《职工以外户籍居民独生子女保健费发放管理暂行办法》，在全市率先将职工以外户籍居民独生子女保健费纳入区财政预算保障范围。共受理4542人申请，发放82.1万元。加强宣传，积极落实“节育奖”制度，向1.1万名育龄群众发放“节育奖”602万元。落实深圳市计划生育奖励金政策，向281名群众兑现独生子女父母退休一次性奖励金235万元。落实全市计划生育家庭特别扶助金政策，向21名群众发放计划生育特别扶助金4.8万元，给独生子女死亡或伤、病残家庭送去特别关怀。

【**人口计生信息化建设**】2011年，宝

2011年6月18日，深圳市首家政府投资兴办的儿童早期教育机构——宝安区儿童早期发展中心开业。市卫人委副主任刘萍、罗乐宣，区委常委、常务副区长刘惠玲等领导出席开业仪式

安区配合省人口计生委开展人口计生基层业务应用信息系统专题调研，做好新人口计生信息系统上线准备工作，对全区150多万条育龄妇女信息进行清理，为新人口计生信息系统顺利使用打好基础。全面开展流动人口动态监测调查工作，在10个街道70个样本社区完成调查问卷1400份，及时上报国家人口计生委。进一步规范卫生与人口计生信息共享制度，做好医院分娩信息核查反馈工作，完善部门信息共享机制，加强信息采集和处理。认真开展流动人口计划生育服务管理专项活动。全区开展流动人口计划生育服务管理专项活动2次，共查环查孕10.3万人次，落实避孕节育措施4088例，提交平台通报信息9.6万条，为流动人口发放计生证明5735份。

【计划生育依法行政】2011年，宝安区以开展“迎接大运，争先创优”活动为契机，完善办事流程，开展窗口行风整顿活动。设立独生子女父母优先办证窗口，人口计生系统行政审批效率大幅提高。全区人口计生系统出具各类计划生育证明10.2万份。加强宣传引导，完善“政府推动、部门协作、律师代理、司法救济”的社会抚养费征收长效机制。完成征收个案3565宗，征收社会抚养费23373.7万元（其中“六普”期间征收23054万元），个案征收率和金额征收率分别为94%和91%。加强信访维稳工作。完善领导包案、定期通报、情报信息预警和督办制度，层层分解任务，逐一落实责任，全面排查化解计生信访历史遗留问题和不稳定因素。全区人口计生系统信访总量4042宗，全部妥善处理。

【计生协会工作】2011年，宝安区加强企业计生协会建设，全区共建立企业计生协会和协会小组485个。继续深入开展基层群众自治示范社区创建活动，福永街道新田、石岩街道罗租、观澜街道章阁、龙华街道油松等4个社区被国家人口计生委和中国计生协会授予“第二批全国人口和计划生育基层群众自治示范村（居）”称号；新安街道宝民、西乡街道河东、福永街道新田和兴围、沙井街道共和、松岗街道沙浦围和溪头、石岩街道罗租和水田、观澜街道章阁、龙华街道油松等11个社区被广东省人口计生委和广东省计生协会授予“2011年度广东省人口和计划生育基层群众自治示范村（居）”称号；新安街道文汇、西乡街道西乡和鹤洲、沙井街道沙企和马安山、观澜街道松元厦、大浪街道浪口、龙华街道松和、民治街道民新等9个社区被深圳市卫生和人口计生委、深圳市计生协会授予“2011年度深圳市人口和计划生育基层群众自治示范社区”称号。“生育关怀”特色服务项目，“新婚玫瑰园”、“彩虹家庭”、“心灵港湾俱乐部”等项目的服务针对性、及时性和公益性进一步增强。开展“春风送温暖活动”，元旦、春节期间，全区人口计生系统投入65.1万元，慰问计生困难户等774户。在沙井新美亚、龙华富士康、福永成霖洁具等7家企业继续实施“工作场所艾滋病预防同伴教育”项目，石岩街道获中国计生协会和国际劳工组织颁发的“‘工作场所艾滋病预防国际合作项目’先进单位”称号。组建生殖健康讲师团，开展元旦、春节宣传服务月活动和“青春健康教育”活动。全区开展生殖健康培训604场，受益群众9.4万人次。

【人口计生干部队伍建设】2011年，宝安区人口计生局以读书行动为主要活动载体，努力把全区人口计生系统干部队伍打造成推动人口计生事业科学发展的坚强集体。加强干部能力培养，将理论教育渗入各种会议，局领导带领全局干部职工学习、讨论时事政治和社会热点，开阔党员干部视野。开展好书赠阅活动，引导党员干部学习传统文化，培育健全的人格，提高创新管理、优质服务的本领。坚持预防和纠正并重，在区计生服务中心和各街道人口计生科开展政风行风“回头查”活动。在农民工评计生部门、基层评上级的“双评”活动中，育龄群众对宝安区人口计生工作的满意率达99%以上。社会监督员对全区人口计生系统“回头查”活动的满意率为100%。加强队伍职业化建设。坚持以业务培训为手段，提高基层队伍综合素质。全区人口计生系统举办各类业务培训班197场，培训公务员90人次、计生技术服务人员1500人次、社区计生专干6100人次。　（管佩祥）

职业培训

【概况】2011年，宝安区职业能力开发局认真贯彻《关于全面实施素质工程的意见》和宝安区素质工程领导小组会议精神，全面落实迎大运、创全国文明城市标兵工作部署，积极创新工作机制，大力提升“七类人员”职业能力和市民城市意识、家园意识及文明素养，圆满完成年度各项工作任务，取得良好工作成效。年内，全区（含龙华新区）各级各部门共举办各类培训和宣传教育活动10087班（场）次，受训人数达249.7万人次。

【党政领导干部培训】2011年，宝安区认真落实干部参加中组部、省、市组织的调训，全年共选送32人次参加省、市有关部门举办的调训。围绕中央全会精神、特区一体化、转变经济发展方式等12个重点专题，区委中心组组织集中学习活动总计18次，其中集中学习研讨10次、专家辅导报告会7次、实地考察学习1次。开展党代表素质能力提升专题培训，切实增强党政领导干部思想理论水平和科学决策的能力。举办科级领导职务公务员任职培训班，全区95名科级干部参训。全年举办面向党政领导干部的培训和宣传教育活动419班（场）次，共培训12397人次（含街道科级干部）。

【城市建设管理创新能力培训】2011年，宝安区丰富现代城市管理培训形式，举办城市更新专家讲座，组织公务员、社区干部、企业经营管理者413人学习城市更新政策和项目操作规程。开展城管系统中层干部能力提升、城管综合执法和数字化城管业务等多项综合技能培训，培训1206人次。举办现代城市管理专题赴港项目培训班，深入学习香港城市管理先进经验。在社区“两委”换届顺利完成之际，举办社区干部“经济社会管理创新”专题培训，全区644名社区党组织书记、工作站站长、居委会主任和股份合作公司董事长参加培训。举办第六届社区居委会换届选举培训班，全区800多名街道、社区干部及工作人员参加培训，进一步提升宝安区城市管理能力和专业技能，提高城市更新业务水平。举办“2011年新闻发言人培训系列讲座”，全区各街道、区直各单位新闻发言人、新闻助理和网络联络员等230多人参加系列培训讲座。全年举办面向社区干部的培训和宣传教育活动958班（场）次，共培训62226人次。

【依法行政能力培训】2011年，宝安区针对机关事业单位各类公职人员，组织任职培训、初任培训和自选培训等各类培训34个班次，培训1万多人次。组织全区各部委办局、企事业单位和各街道有关负责人开展依法治区、“六五”普法教育、法制政府建设等专项培训，培训430余人。组织检察人员参加各级各类培训共35期901人次。举办全区人民调解员培训班，来自全区各街道、各社区、各人民调解组织的500多人参加培训。举办处级干部、国有(集体)企业管理人员、基层站所负责人、公安系统科级干部和行政执法系统科级干部等5期党纪政纪法纪教育培训班，培训人员达1700余人。进一步提升行政执法队伍整体素质和执法水平，提高广大党员领导干部和重点领域、关键环节的管理人员廉洁从政水平。年内，共举办面向公务员的培训和宣传教育活动970班（场）次，共培训99895人次。

【维稳综治和应急处置能力培训】2011年，宝安区举办大运安保610防控业务培训，对全区610专干进行培训。组织全区维稳系统领导干部培训，80多名维稳干部参加培训。举办刑事案件办理、妥善处理涉法涉诉信访疑难问题、区街道综治中心业务骨干和人口管理骨干等培训活动，有力提高宝安区广大干部在新形势下维稳工作的政治素质和政策水平，促进基层维稳工作。组织举办全区应急预案编修、突发事件信息员、“风险治理与预案优化”等培训，共培训300多人。全区各单位结合工作实际，组织举办各类应急培训260场次3万多人次，为历年来最多，有效提高全区应急管理队伍的业务水平。同时大力推进应急管理“三进”工作，面向在校学生、企业员工和社区居民开展应急常识宣传教育，有效提高公众应急避险意识和自救互救能力。

【市民讲外语系列活动】2011年，宝安区职业能力开发局组织多项市民讲外语活动，为大运会营造良好国际语言环境，区组委会荣获深圳市民讲

2011年12月26日，2011年宝安区母亲素质提升金虹行动总结表彰会召开，区委副书记、政法委书记赵燕民等领导出席表彰会

外语活动“突出贡献奖”。成功组织宝安区“深圳市民讲外语”活动启动仪式，1000多名市民代表出席现场活动。举办“百名留学生进家庭”活动，促成52户家庭与留学生结对。开展“百场外语口语训练”活动150场。开展“公共场所双语标识纠错行动”，累计查找、纠正双语标志1100余处。开通播出“轻松学英语”广播节目52期，受到听众欢迎。举办大型机关工作人员英语演讲比赛，25个基层党工委组队参加，参与人数达5000余人，激发公职人员学习外语的热情。同时针对窗口服务从业人员、大运会一线工作人员、志愿者、社区居民和在校学生等群体，区相关职能部门举办“英语简易对话”培训、前台工作人员学英语、体育系统迎大运英语培训、社区英语角、百名英语教师进社区、大运英语演讲比赛、英语话剧表演等活动。各部门结合实际，开展机关英语角、“每天1小时英语”广播、“每日一句”英语短信等各类外语学习活动。

【现代城市文明宣传教育】2011年，宝安区职业能力开发局重点突出城市意识、家园意识和文明素养的培养。实施百万员工素质提升行动，全区50个社区的中小企业开展家园共建、文明礼仪、大运文明观赛、心理健康等培训，培训企业员工115.9万人。开展母亲素质提升“金虹行动”试点，举办“素质提升我先行”签名、“母亲素质提升”讲堂、“母亲礼仪10分钟”等活动，完成培训约10万人次。组建“百人交通安全宣讲团”开展来深建设者交通安全教育，举办讲座542场，培训13.4万人。开展民治街道深圳北站周边企业员工城市文明、大运礼仪培训，受训人数6000人。深化“宝安市民讲堂”内涵，举办8个专题共52期讲座，听众共约13000人次。全区各部门立足部门职能，开展“百场礼仪知识讲座”、“百场礼仪知识文艺巡演”、礼仪知识竞赛等系列活动，参与市民达18.8万人次。以各级妇女学校和外来女工流动学校为载体，举办礼仪培训讲座196场，惠及妇女4万人次。开展“微笑在窗口”行动，组织窗口工作人员、出租车司机及公交司乘人员、旅游住宿餐饮行业服务员等群体举办“学微笑、学礼仪”培训活动，提升服务质量和水平。开展大运志愿者培训，培训U站志愿者3万多人次、城市志愿者5万人次。围绕社区科普、青少年科技教育，举办重点科普教育活动、社区科普集市、校园科技节等各类活动达700余场次，发放科普图书7万多册。实施全民健身计划，组织开展“全民健身日”、“全民健身月”、万人长跑、乒乓球、羽毛球等规模性赛事活动147项（次）。同时举办宝安讲坛、宝图星期讲座、劳务工大讲堂、文化茶座、“百万职工学礼仪”系列活动等，受到广大群众的热烈欢迎，进一步提升市民和劳务工的整体文化素质和文明素养。

【法制和安全生产宣传教育】2011年，宝安区以“八个一”系列法制宣传教育活动为主线，开办“法治访谈”、“说法周刊”专栏，创新推出“普法短信”、“电影普法”等活动，制作《来深建设者法律知识宣传系列短片》并在各社区、企业巡回播放859场次。开展“关爱·感恩·回报”普法宣传活动，发放《致全区公民“学法用法”的公开信》、《劳动合同法》等法律宣传资料50000余份，提供咨询服务210人次。在全区规模以上企业建立法制教育培训基地412家，在全区261个邮政网点播放法制宣传公益广告4期4160次，在社区建立“法律超市”8个，建成新安“法制宣传一条街”，有力促进全区各类人群法制意识的提高。成立10个安全生产“教育屋”，通过举办知识讲座、“面对面”教育和宣传图册等形式，对全区2万家企业和广大劳务工进行安全生产宣传教育培训。开展安全生产月主题宣传活动，采取区、街道、社区三级联动宣传模式，组织生产经营企业开展安全咨询活动、安全生产知识竞赛活动、演讲比赛等，受益群众约10万人，进一步提升社区居民安全意识。

【产业人才队伍培养】2011年，宝安区职业能力开发局进一步加强战略性新兴产业和传统优势产业紧缺人才培养，实施企校合作人才培养“金桥行动”，组织暨南大学等18家院校与华测检测等67家企业，召开企校合作交流会，促成17家企业与院校达成人才培养合作。设立政府奖励和补助资金，发放培训券100万元，对17家企业的760名员工、40个工种进行培训券政府补贴。建立103家企业培训示范基地，鼓励企业开展技能人才培养。围绕宝安区物联网、创新低碳能源、生物制药、新材料和新能源等战略性新兴产业的基本特点和发展趋势，举办“战略性新兴产业1+5”和“技能人才”系列专题讲座12场，听众达2400人。提高职业技能鉴定服务水平，组织鉴定考试8批次，完成鉴定人数9565人次，为产业转型升级储备技能人才。

【就业创业培训】2011年，宝安区实施“金钥匙行动”，共推出34个职业技能和28个岗位适应性政府补贴培训项目，完成户籍居民培训2.2万人次。举办助理职业指导师培训班，对全区160个社区工作站的193名参训学员进行培训，确保每个社区设1～2名社区职业指导师，帮助居民转变就业观念，做好职业生涯规划。围绕扶助生源毕业生就业创业目标，组织举办青年职业生涯规划指导等各类培训11期，培训生源毕业生1036人次。举办区第三届户籍青年职业见习推介会，促进青年见习453人。开展第九届“走进社会大课堂”生源大学生社会实践活动，共322名户籍大学生参加活动。全年举办面向户籍居民的培训和宣传教育活动2021班（场）次，共培训454613人次。全面做好来深建设者职业技能培训补贴申报工作，全区173家企业、33万多人成功申请中央财政补贴资金3300多万元。开展职工素质培训补贴，认真落实深圳市有关职工素质培训补贴的文件要求，面向全区符合申报条件的企业和职工发放补贴400万元，督促企业自筹资金2600多万元投入职工培训领域，有力帮助企业开展公共知识、法律知识和岗位技能等职工素质培训活动。全年举办面向劳务工的培训和宣传教育活动4015班（场）次，共培训1618317人次。

【专业技术人员培训】2011年，宝安区围绕大运卫生要求，组织卫生系统临床科室人员，开展急救知识系列讲座，400多名临床一线医生参加培训。组织社区居民、精神卫生工作人员及工作对象举办“大运精神卫生工作保障”系列培训15场，培训1177人次。举办“2011年保大运平安医疗质量安全专题讲座”、传染病防控知识培训、卫生应急演练等，提高卫生保障和传染病防控能力。创新中小学教师远程继续教育模式，首次组织小学教师继续教育网络课程培训，共250班次23000人次。推进五段互动式培训模式，培训各阶段教师1万多人次。举办民办教育系列培训，提升民办学校和幼儿园教师队伍的教育教学能力和专业水平。同时开展审计、统计、防疫检疫培训等各类专业培训，提高专业技术人员业务服务水平。全年举办面向专业技术人员的培训和宣传教育活动1162班（场）次，共培训128199人次。

【企业经营管理人员培训】2011年，宝安区进一步强化企业转型发展意识，组织开展上市业务专题培训、再生资源行业和大型商场安全生产知识培训、进出口企业外贸政策及业务知识培训、清洁生产知识培训、农产品检测人员培训等6类培训活动，培训企业经营管理人员1800多人。专门针对科技企业组织举办“科技政策解读”、“新兴产业专题论坛”、“物联网专题讲座”等创业辅导培训和学术交流活动共26场次，累计培训2800多人次。围绕区属国有企业和社区服务合作公司，开展会计管理、会计政策法规、会计实务和部门预算编制培训共13期，培训1330人次。组织10个街道1000多人开展10期企业经营管理者劳动法律法规培训。组织街道集体资产办管理人员开展为期2天的社区股份合作公司扶持专项资金管理、信息公开培训等，促进企业了解产业转型升级发展趋势，提高经营管理能力。全年共举办面向企业经营管理者的培训和宣传教育活动758班（场）次，共培训121667人次。

【区市民素质教育学校开工建设】2011年，宝安区市民素质教育学校（区职业能力培训基地）被列为区政府民生实事项目。区职业能力开发局会同区工务局只争朝夕，攻坚克难，切实加强项目筹建步伐，按时完成“初步设计及概算编制、概算审定、施工图设计及审查、建筑节能审查、施工排水许可、水土保持方案审批、预算编制及审定”等各项前期工作。12月20日，区市民素质教育学校正式动工，顺利实现年内开工的目标。该项目位于宝城20区，毗邻宝安中学，总用地面积14582.15平方米，总建筑面积32432.99平方米，主要包括教学楼、实训楼、综合办公楼、生活楼、地下室、校前广场、运动区等7个功能区，概算总造价1.24亿元。项目定位为“集职业技术培训、职业需求预测、职业技能鉴定、就业服务、创业培训等多功能于一体的公共培训基地”，规划目标为年培训量4万人次、鉴定量2万人次。建成后将成为深圳西部工种全面、教学规范、质量优良、社会影响大的职业培训和技能鉴定公共服务平台，将在宝安区市民素质教育和中高级技能人才培养中发挥龙头作用。

2011年12月20日，宝安区市民素质教育学校开工仪式举行

【素质工程基础建设】2011年，宝安区职业能力开发局修订《宝安区素质工程专项经费暂行使用办法》，规范素质工程专项资金的分配使用，提高资金的使用效益。开展战略性新兴产业技能人才现状调研和户籍居民就业创业能力培训需求调查，全面了解宝安区战略性新兴产业技能人才及居民就业创业培训需求，为下一步培训提供依据。通过开展居民培训账户卡试点，推行“补贴前置”和“年底清零”培训模式，户籍居民凭培训账户卡可到政府补贴培训定点机构接受培训，进一步提高居民培训的积极性、公平性和规范性。已在沙井街道进行试点工作，发放培训账户卡3000张。根据全区产业结构分布现状，构建宝安区职业能力培训基地“3+8”体系，重点推进西乡文化创意、沙井机电、大浪服装等3个特色产业基地建设，投入144万元用于特色产业培训设备采购，开发特色项目培训课程。同时对

福永、石岩、观澜、龙华等街道培训基地投入156万元增购教学培训设备。进一步优化“宝安培训网”，完善网上报名，视频、音频教育等在线服务功能。多渠道、多层次宣传报道全区素质工程工作，在《南方日报》、《羊城晚报》、《深圳特区报》、《宝安日报》等省、市、区媒体，共刊登专题超过120篇，宝安广电中心播发电视新闻170多条，播发广播新闻200条，全区形成报网台联动的良好的宣传声势。（张省豪）

附：2011年宝安区职业能力开发局（宝安区素质工程领导小组办公室）领导成员名单

局　长（主　任）：范燕塔

副局长（副主任）：卢基贤　尹庆玲

居民收入、消费与权益保护

【居民收入】2011年，根据100户（含户籍和非户籍）居民家庭抽样调查资料，全年城市居民人均可支配收入33859.08元，比上年增长12.8%，扣除物价因素，实际增长7.2%；居民人均消费性支出21229.83元，增长4.2%，扣除物价因素，实际下降1.0%。城市居民家庭恩格尔系数39.1%，比上年上升1.5个百分点。四大类收入呈现全面增长，其中增长最快的是财产性收入，增长38.0%，其次是转移性收入增长19.4%，经营净收入增长12.9%，工资性收入增长9.9%。从四大类收入结构看，工资性收入仍是居民家庭收入的主体，占61.5%，其次是经营净收入，占20.9%，两项共占家庭总收入的82.4%。财产性收入增长居首。据抽样调查资料显示，2011年全区城市居民人均财产性收入2680.22元，同比增长33.1%。首先是居民个人理财意识的增强，加上银行理财产品种类繁多，居民家庭利息收入增长较快；其次是投资渠道不断拓宽，投资产房分红收益等大幅增加，原村民的分红也稳步提高，使居民财产性收入稳步增长；再次是随着地铁的开通，环境不断转好，市里部分白领转移到宝安区居住，有效推动居民出租房出租率有所回升，租金有所上调，使出租房屋收入增长20.5%；转移性收入增长较快。据抽样调查资料显示，2011年全区城市居民人均转移性收入为3816.25元，同比增长17.6%。主要原因是：一方面，近年来人口老年化逐渐显现，加上社会保障覆盖面越来越广，领取养老金或离退休金的人数不断增加；另一方面养老金或离退休金也逐年提高，根据人力资源和社会保障局《关于2011年调整企业退休人员基本养老保险待遇的通知》文件精神，对退休人员基本养老保险待遇进行调整，使个人养老金或离退休金涨幅10%左右；经营净收入增长明显。据抽样调查资料显示，2011年全区城市居民人均经营净收入为7731.85元，同比增长16.0%。主要是一方面实体经济不断好转，个体经营户经营环境不断改善，使个体经营户净收入稳步提高；另一方面，在CPI高企的背景下，个体经营户上调部分商品价格，一定程度上也推高居民经营净收入的增长；工资性收入稳步增长。据抽样调查资料显示，2011年全区城市居民家庭人均工资性收入22768.79元，同比增长9.6%，工资性收入占家庭总收入的比重为61.5%。主要是在通胀压力不断加大背景下，企业为留住人才，普遍提高职工薪酬和待遇，尤其是普工工资增长较快，使居民工资性收入保持稳步增长。

【居民消费】2011年，据抽样调查资料显示，全区城市居民人均消费性支出21229.83元，同比增长4.2%。消费亮点转移到衣食住用等方面，而过去增长强劲的医疗保健、交通和通信、教育文化娱乐服务却出现不同程度的下降。八大类消费中呈现“五升三降”的态势，其中食品支出8303.75元，同比增长8.5%；衣着支出1639.85元，同比增长6.9%；居住支出2482.05元，同比增长11.6%；家庭设备用品和服务支出1528.19元，同比增长21.6%；其他商品和服务支出624.26元，同比增长3.7%。而医疗保健支出815.09元，同比下降25.7%；交通和通信支出3811.58元，同比下降3.7%；教育文化娱乐服务支出2025.06元，同比下降1.5%。耐用品消费力度依然强劲。据抽样调查资料显示，2011年全区城市居民人均家庭设备用品及服务支出1528.19元，同比增长21.6%。主要是居民对洗衣机、电冰箱、微波炉、空调器、热水器等家庭设备的置换需求大，使耐用消费品增长33.9%，从而推动家庭设备用品及服务增长较快。时尚、现代的家庭设备快速广泛地进入居民家庭。与此同时，居民对保姆及钟点工的需求增加，导致家政服务支出大幅增长，抽样调查资料显示，2011年宝安区城市居民人均家政服务支出增长76.6%。居住支出快速增长。据抽样调查资料显示，2011年全区城市居民人均居住支出2482.05元，增长11.6%。其中住房装潢材料及人工费、房屋租金的上涨，带动居民住房类支出增长19.1%；水电等能源价格的上涨，带动水电燃料及其他支出增长9.3%；物业管理费、维修服务费增加也推动居住服务费增长2.3%。CPI高企助推食品支出增加。据抽样调查资料显示，2011年全区城市居民人均食品支出8303.75元，同比增长8.5%，使恩格尔系数（食品占消费性支出的比重）上升至39.1%，比上年同期提高1.5个百分点。主要是全国物价高企，宝安区也不例外，居民消费价格总指数（CPI）涨幅为5.2%，其中食品类价格增长更是达到9.7%，推动居民食品支出稳步增长。衣着消费更加注重时尚和潮流。据抽样调查资料显示，2011年全区城市居民人均衣着支出1639.85元，同比增长6.9%。其中，服装支出1303.90元，同比增长9.3%，单价上涨15.3%。反映居民收入水平的提高，居民更加注重个人的形象，居民对衣着的要求、品位不断提高，更加讲究款式，追求时尚，注重品牌，居民更加舍得在衣着方面的开支。其他商品服务支出增幅平稳。据抽样调查资料显示，2011年全区城市居民人均其他商品和服务支出624.26元，同比增长3.7%。其中以金银珠宝饰品为主的其他商品增长3.9%。居民更注重于个人的打扮，化妆品和美容费也分别增长14.2%和8.7%。医疗保健支出下降幅度较大。据抽样调查资料显示，2011年全区城市居民人均医疗保健支出815.09元，同比下降25.7%，其中药品费支出下降36.8%，医疗费支出下降26.6%。一方面国家为规范市场和加强监管，出台不少遏制药价上涨和规范医疗机构的政策，宝安区也结合实际，加大查处力度，有效地控制药品费和医疗费价格，部分药品费和医疗费不断下降。另一方面经历往年流感肆虐的严重影响，居民的健康意识增强，采取病从浅中医，小病及时吃药就医等措施，提高身体抵抗能力，从而降低出现大病的几率，减少医疗费支出。而居民对冬虫草、人参、燕窝、阿胶等其他医疗保健支出基本持平，反映居民的保健意识有增无减。汽车购置税率优惠取消使交通和通讯类支出收缩。据抽样调查资料显示，2011年全区城市居民人均交通和通信类支出为3811.58元，同比下降3.7%，其中交通类支出下降5.6%，通信类支出微涨0.2%。交通类支出下降主要是居民购置家用汽车减少，这与国家调整车辆购置税率有着直接的关系。车辆购置税现行税率为10%，为扩大内需，国家2009、2010年都分别将1.6及以下排量乘用车征税率调整为5%和7.5%，2011年起则取消车辆购置税率优惠，在一定程度影响了居民购车的欲望。教育文化娱乐服务支出微降。据抽样调查资料显示，2011宝安区城市居民人均教育文化娱乐服务支出2025.06元，同比下降1.5%。其中文化娱乐用品支出691.46元，同比增长17.0%；文化娱乐服务支出458.91元，增长2.2%；教育支出874.68元，同比下降13.0%。

【消费者权益保护】2011年，宝安区消费者委员会围绕“消费与民生质量”和“诚信深圳，喜迎大运”主题，认真组织“3·15”纪念活动。的活动。全区共设点20个，参与本次活动的工作人员近500人次，共受理群众投诉35宗，接受咨询1800余人次，派发各种宣传资料近6万份，悬挂宣传标语、横幅60余条，并专门印制一批标有“放心消费”字样的环保购物袋在活动主、分会场发放。现场群众反响热烈，效果显著。2011年，宝安区消费者委员会共受理消费投诉宗2635，结案2635宗，完结率100%；2011年，宝安区消费者委员会坚持不懈地做好普法宣传和消费教育、指导工作；对一些群众反映强烈的难点热点问题，通过各级新闻媒体予以揭露和批评，得到广大消费者的认同和好评；2011年，宝安区消费者委员会积极与有关消费者权益服务站保持联系，开展送法下乡宣传活动，年内，共派送《消法》、《移动电话机三包规定》和《消费警示》等宣传资料共计4万余册（不含“3·15”活动）；2011年，宝安区消费者委员会狠抓宣传工作，在国家省市区报刊刊登宣传报道100余篇，制作电视专题节目20多个，与宝安广电中心电台104.3频率联合举办“消费在线”栏目，工作人员与广大听众通过电波面对面交流，接受咨询、受理投诉，为广大消费者提供消费指导和服务，全年共制作专栏50期。宝安区消费者委员会被中国消费者协会评选为“2011年度全国消协组织新闻宣传工作先进集体”，广东省仅一家单位获此殊荣。2011年，国家邮政局特约邮政监督员李云昌同志积极履行职责做好邮政监督工作，连续5年被省邮政管理局评选为优秀特约邮政监督员；吴利东作为深圳市消委系统的唯一代表，参加中消协于12月在北京举办的“首届全国消协系统消费调解技能大赛”，获“首届全国消协系统消费调解技能大赛”二等奖。（吴利东）

街 道

新安街道

【概况】新安街道位于宝安区南部，东与南山区西丽街道接壤，西临珠江口，南与南山区南头街道相连，北以新安路为界与西乡街道相邻；辖区面积30平方公里；下辖22个社区，是宝安区委区政府所在地。2011年年末常住人口70万人，其中户籍人口16.4万人。

【经济发展与社会事业】2011年，新安街道实现地区生产总值突破300亿元，增长8%；两税收入首次突破50亿元大关，达到51.67亿元，增长4.4%；规模以上工业总产值204.96亿元，增长13.7%；社会消费品零售总额170.27亿元，增长12.3%；全社会固定资产投资总额75.88亿元，增长3.8%；实际利用外资9431万美元，增长68.9%。产业结构优化。第三产业占GDP的比重达到75%，高出全市平均水平约25个百分点。世界500强企业麦德龙商场顺利开业，海雅缤纷城、吉之岛超市即将开业，华侨城五星级酒店破土动工。龙光世纪大厦、荣超滨海大厦等28栋写字楼共入驻企业2041家，入驻率达90%，腾讯、桂林银行、上海银行等企业纷纷抢滩新安。全年调整“一环四纵五横”（一环：新安一路——新安六路，四纵：新湖路、翻身大道、建安一路、前进一路，五横：龙井路、兴华路、创业路、裕安路、上川路）临街低端商业业态386家，翻身路特色商业街初具规模，同时依法淘汰五类低端工业企业139家。园区建设。打通留仙三路连接留仙大道断头路，利用兴东片区与南山西丽大学城连成一片的优势，提出尖岗山新兴产业园规划建设思路，区和街道成立相应的工作领导小组，并完成《项目建议书》、园区立项及标识设计等工作。重大项目推进。完成地铁1号、5号线沿线工程拆迁和周边环境整治，确保其顺利开通，让新安迈入地铁时代。稳步推进城市更新项目，中央公园、勤诚达22世纪即将发售，上合32区旧改项目主体施工进展顺利，中粮大悦城已列入市城市更新重点项目；安乐37区旧改已完成专项规划报批，并形成初步拆迁赔偿方案。完成铁岗贤兴变电站“两通一平”工作，顺利移交供电部门。新增3所民办市一级学校，街道民办学校超过50%为市一级学校。文汇社区被评为“广东省先进文化社区”。宝安艺术城、国际珠宝城被列为宝安文化产业基地，上合醒狮表演被确定为市级非物质文化遗产。举办2011年春节大型龙狮旗鼓表演、百万市民学礼仪、青工文化节等140场文体活动，15万人次参与。街道通过省“无政策外多孩出生街道”评估验收，大浪、甲岸、兴东、布心等10个社区成功创建“无政策外二孩出生社区”。组织234家“三上”企业顺利完成直报国家统计网试点工作。高新奇公司维修班组被评为“全国工人先锋号”。科普工作扎实开展，灵芝园社区荣获“省

2011年10月14日，省人大常委会副主任陈小川率队到新安调研综治信访维稳工作

2011年5月31日，省委常委、市委书记王荣到新安街道崛起第一幼儿园视察

科普示范社区”称号；2011年，新安街道在全市率先成立社区U站，建立城市志愿服务U站24个，7797名城市志愿者服务大运。机关和社区广大干部职工在大运期间累计服务群众达40万人次。

【社区建设】2011年，新安街道海裕、宝民、海富、海华4个社区服务中心成立，引进专业社工机构，为居民提供康复训练、心理辅导等专业化服务。海裕社区被定为全市社会建设示范点。联合市教育局在文汇社区开办全市首家社区学校，为居民提供学历教育和知识培训。2011年社区创业帮扶协会全年开发居民就业岗位7039个，推荐4995名来深求职者成功就业、帮助1956名户籍居民实现再就业，促成49名户籍居民自主创业，实现“零就业家庭”存量动态归零。22个社区慈善帮扶协会帮扶辖区困难群众2619人，发放救助金、补助金和慰问金153万元。街道为对口扶贫村协调资金400万元。街道被评为“全市残疾人工作先进集体”，街道职康中心在全省残疾人康复工作会议上作经验介绍。

【综合治理】2011年，新安街道圆满完成中心区12个临时建材市场清理整治任务，清走货物20多万吨、拆除违章搭建8万平方米、清空待建地22.7万平方米，为大运宝安分赛场营造良好的环境。投入2.48亿元，高标准完成前进路灯光夜景工程、翻身路等8条道路及国际珠宝城周边道路立面刷新工程，改造建筑物333栋，刷新面积102万平方米，平窗安装防盗网5.5万平方米，更新门店招牌3435家，让新安的城市面貌焕然一新。深入开展“乱停放乱摆卖治理年”活动，教育劝导车辆65万多台次，查处各类交通违章1万多宗，交通事故下降15%。大力整治乱摆卖，规范门店经营行为6.3万宗、清理夜间烧烤档2115宗。曝光脏乱差现象326宗，整改率100%。开展“我为大运种棵树”行动，筹集“绿色基金”660万元，种植一批大树好树。翻新51座垃圾屋，增设1000个环保果皮箱。文雅、海富、洪浪等6个社区被评为省“宜居社区”，龙井、海旺、建安、海华等11个社区被评为市“绿色社区”。拆除违法建筑53处2万多平方米。2011年，新安街道落实安全生产“一岗双责”，新组建5支义务消防分队、157支志愿消防队，配齐748个治安岗亭消防器材，责成各出租屋业主配备灭火器13734个。举办安全应急演练200多场次，培训4.5万人次。街道安全生产教育屋建成投入使用。安全执法立案处罚59宗。率先在全省开展药品安全示范社区创建活动，创建海裕、宝民、新安湖等3个药品安全示范社区。2011年，新安街道受理群众来信来访来电1062件。处置突发事件168宗。排查突出矛盾纠纷21宗，成功调处12宗，稳控9宗。推广“1+3”劳资恳谈协商机制，辖区用工规模200人以上企业推广覆盖率达85%，劳动信访案件、争议仲裁案件同比分别下降48%和34%。举办各类普法宣传24场，受教育群众2.2万人次，提供法律援助118宗，调解各类矛盾纠纷605宗。2011年，新安街道设立43个邻里守望治安值勤点，增配20辆电瓶车、450辆警用自行车加强治安巡逻，安装1360套视频门禁系统，新创建翻身鸿昌花园等3个安全文明小区和1个围合式小区。对出租屋实施“两强管理”，查处违法租赁376宗、罚款210万元，处罚宗数位居全市前列；查封出租屋3191间套，清空出租屋54栋；纳入管理自建房4076栋，纳管率达92%。街道辖区刑事警情和刑事立案同比分别下降47.2%和34.7%。

【党的建设和精神文明建设】2011年，新安街道继续推进党建社区化。成立新乐、上川、海乐、翻身等15个驻社区党委。文汇党代表工作室被省委组织部评为“全省五好党代表工作室”。完成社区党组织、居委会换届选举。依法选出新安辖区区党代表32名、人大代表33名，推荐政协委员12名。组织党代表接待党员群众351人次，走访企业、学校、居民550次，收集意见建议237条。在机关开展“党建杯”、“工会杯”篮球赛、“观摩赏析”、“读书沙龙”等活动100多场次。完善绩效考核机制，开展纪律教育月系列活动，进一步加大党风廉政建设力度。积极参加市“双百”竞赛，开展“想干、敢干、快干、会干”为主题的机关作风大提升活动，营造团结干事的良好氛围。（王景明）

附：2011年宝安区新安街道领导成员名单

党工委书记：欧瑞志

副　书　记：李国雄　曾炳辉　赵俊平　黄万钧

2011年8月31日，市委常委、常务副市长吕锐锋率队到新安检查安全生产工作

纪工委书记： 黄万钧
党工委委员： 欧瑞志　李国雄　曾炳辉
赵俊平　黄万钧　祝锐胜
张水云　王国华　李光华
陈国超　陈素谊
汤卫忠(挂职，8月止)
办事处主任： 欧瑞志
办事处副主任： 赵俊平　梁　坚　蒋资达
魏思环
汤卫忠（挂职，8月止）
闫　虎(7月起)

西乡街道

【**概况**】西乡街道位于宝安区西南部，东与石岩街道和光明新区公明街道接壤，西濒珠江口，南以新安路为界与新安街道毗邻，北与福永街道相连；辖区面积106平方公里，下辖34个社区；2011年年末常住人口129.8万人，其中户籍人口8.1万人。

【**经济发展与社会事业**】2011年，西乡街道实现规模以上工业总产值559.33亿元，同比增长13.9%；规模以上工业增加值125.30亿元，同比增长10.9%；全社会固定资产投资完成额72.58亿元，同比增长5.2%；社会零售消费品总额141.98亿元，同比增长13.6%；预算内财力10.92亿元，同比增长25.5%；两税收入47.83亿元，同比增长26.0%；进口总额297142万美元，上升9.0%；出口总额566386万美元，同比增长8.6%。产业结构调整工作方面。西乡主导实施“1220工程”、十大重点产业项目和双港连接线总部经济带规划等一大批大项目，引路经济转型，提升产业层次。其中，西乡河经济带已完成初步规划，部分项目已落地、启动，双港连接线总部经济带规划成为区级重点推动项目，位于该项目区域内的新安第一工业区升级改造正式启动建设；劳动宝源工业区改造进入收尾阶段。十大工程项目进展顺利，其中，三围建材市场一期已经完工，宝安互联网基地一期第一阶段已完成全部招商，深圳市名优工业产品展示采购中心形象进度达到95%。

【**社区建设**】2011年，西乡街道按计划完成工程项目63项，完成投资4亿元。其中，西乡河整治改造提前8个月完工，景观河风姿初显，西乡中学高中部建设工程提前3个月完工，顺利开学，政府投资重大项目完成进度居全宝安区第一。大力开展街道“5333”工程和社区“五个一”工程，广泛开展“种大树、种好树”绿化植树活动，种植大型树种2000棵，铺种草皮6015平方米；完成西乡大道、广深高速（西乡段）等10条主干道周边建筑立面刷新15.7万平方米。查处城市“六乱”违法案件18294宗、清拆各类乱搭建约24万平方米，辖区市容环境秩序有根本改观，城市品位得到明显提升，在全区公共文明指数测评中西乡连续两次位居各街道第一。年内，西乡高标准完成大运场馆改建和运行团队组建，西乡体育中心从一个街道级文化体育场所蜕变成国际标准化赛场，受到王荣书记等省、市、区领导

2011年5月9日，区长张备到西乡街道调研总部经济工作

综合整改后清澈的西乡河

和有关专家的充分肯定。大运会期间，西乡体育中心承办13场男女子足球预赛，实现“零投诉、零纠纷、零事故”的工作目标。

【**综合治理**】2011年，西乡街道继续强化社会管理工作，初步形成“一个中心、两个机制、三张网络”（即街道综治信访维稳中心，人民大调解机制和说事评理机制，网络型社会管理模式中的防控网、管理网和服务网）的社会治理格局。在34个社区设立“社区法官工作站”，成立10个矛盾纠纷调处智囊团，举办“说事评理进社区”活动；试点开展网络型社会管理模式工作，搭建网格化信息综合管理系统。2011年，西乡综治中心共受理各类矛盾纠纷9911宗，调处成功9588宗，成功率96.74%；各级人民调解委员会共受理各类矛盾纠纷9021宗，调解成功8753宗，调解成功率97.03%；立刑事案件8717宗，同比下降30.9%，破案1337宗，同比上升6.03%，“两抢”警情774起，同比下降21%。西乡安全生产形势平稳，严格落实安全生产“一岗双责”责任制，挂牌成立全区首个安全警示教育中心，排查整治各类安全隐患33742处，整治率100%，安全事故发生数同比下降31%。坚持铁腕查违不放松，制定《西乡街道查违三级捆绑制度》，拆除违法建筑470栋（处）14.7万平方米，违法抢建行为得到全面遏制。

【**党的建设和精神文明建设**】2011年，西乡街道顺利完成该街道34个社区“两委”班子换届选举工作，选出新一届社区领导班子。为促进管理力量下沉，西乡街道由各社区挂点部门选派91名重点培养的干部职工组成社区建设工作组，到相应挂点社区挂任社区党支部副书记和社区建设工作联络员，指导、帮助社区贯彻落实市、区及街道的重点工作部署。（*林彦怀*）

附：2011年宝安区西乡街道领导成员名单

党工委书记： 李　勇（宝安区副区长兼任）
党工委副书记： 黄耀东（正处级）
刘长俊（正处级）
廖　原　张春明
纪工委书记： 廖　原
党工委委员： 魏剑彬
邹合全（6月起）
徐小勇　马　钧　乔永普
张东雁（7月起）
人大工委副主任： 廖兰标（正处级,6月止）
办事处主任： 李　勇（宝安区副区长兼任,6月止）
黄耀东（正处级，6月起）
办事处副主任： 梁奕良（正处级）
陈小龙　叶碧军　王建文

福永街道

【**概况**】福永街道位于宝安区西部，东与光明新区、公明街道接壤，西濒珠江口，南部与西乡街道相连，北与沙井街道毗邻；福永邻近宝安国际机场、港口码头，107国道和广深高速贯通全境，具有良好的交通区位优势；辖区面积66.2平方公里（含机场15平方公里）；下辖13个社区；2011年年末常住人口88.2万人，其中户籍人口1.88万人。

【**经济发展与社会事业**】2011年，福永街道调结构、促转型，强化企业服务，经济平稳较快发展，规模以上工业总产值首次突破千亿元关口，达1023.61亿元，比上年增长12.3%；固定资产投资总额96.03亿元，增长25.1%；社会消费品零售总额58.53亿元，增长16.0%；外贸出口总额91.52亿美元，增长24.3%；两税收入74.75亿元，增长23.7%，其中国税38.32亿元，增长8.1%，地税36.43亿元，增长45.8%，各项主要经济指标位居全区前列。年内，该街道充分发挥福永的区位、交通、产业优势，成功争取环立新湖新兴产业自主创新示范园区、白石厦新能源装备基地规划立项，积极推进福永第一工业区改造，启动福永北清产学园（第三工业区改造）项目。严格落实淘汰低端产业政策，查处无证照经营户2015家，疏导办照3342家，淘汰低端企业298家，超额完成每年淘汰120家的任务。腾空厂房宿舍20.5万平方米，引进工业项目39个，指导51家“三来一补”企业成功就地转型。2011年，福永街道加大重大投资项目建设力度，凤凰山森林公园二期、望牛亭公园、荔园西路、凤凰山大道改造以及配合实施的轨道1号线、松福大道工程基本完成，污水配套干管二期工程以及配合实施的穗莞深城际线、轨道11号线建设启动，累计投资额11.2亿元。教育工作成绩显著，福永中学中考再创佳绩，高分比率和平均分位

2011年12月31日，福永群众文化艺术馆开工仪式举行

居全区第一。凤凰小学校舍安全改造工程主体封顶，福永中学综合楼等学校扩改建工程前期工作进展顺利。群众期盼多年的福永高中已纳入宝安区“十二五”规划，宝安西部（福永）职业培训基地启动用地选址工作。医疗卫生服务质量稳步提升。福永卫生监督所迁址重建工程完成80%工程量，福永人民医院扩建工程完成初步设计方案，塘尾社康中心被评为国家级示范社康中心，新和、和平社康中心被评为市级示范社康中心。年内，该街道扎实开展劳动就业和关爱劳务工工作，开发再就业岗位3.4万个，提供免费职介服务1.8万人次，培训员工4.3万人次，生源毕业生和户籍居民就业率分别达到98.3%和96.8%，13个社区全部实现充分就业。该街道基层文化亮点纷呈。福永杂技、街舞、醒狮成为全市文化品牌，街舞《咱们工人有力量》被评为央视春晚优秀节目，桥头醒狮队获马来西亚国际狮王争霸赛银奖，杂技《窗花——柔术造型》获古巴国际杂技比赛金奖。

【社区建设】2011年，福永街道指导社区股份公司转型发展，怀德、凤凰等社区积极探索建立现代公司制度，完善管理，科学决策，打造新的经济增长点，全年社区集体总资产76.42亿元，净资产46.78亿元，人均分配2.5万元，其中怀德社区总资产8.7亿元，净资产5.7亿元，去年人均分配6.5万元。年内，该街道加大社区交通改善力度，怀德南路、龙翔路、政丰路、福中路、西环路等5条道路完成改造，增设5条小型巴士营运线路，群众出行更加便利。该街道创新“城管进社区”和网格化城市管理，主要街区、道路和生活小区的清扫保洁、绿化管养明显加强。推进“穿衣戴帽”，刷新建筑立面96栋18.69万平方米，整治航道屋顶46万平方米。实施街道“5333”、社区“2211”环境整治工程，按时完成最后25个自然村的消防整治。顺利通过“国家卫生镇”第二次复审，建成区域绿道11.96公里，治理危险边坡7处。

【综合治理】2011年，福永街道创新领导包案制度，狠抓信访服务和矛盾化解，信访案件处理率达97.8%，未发生赴省进京非正常上访。受理社会矛盾纠纷859宗，调处率98%，履行率100%，防止矛盾激化率100%。推进物防设施建设，完成电子防控系统修复工程、安装视频门禁系统2446套，新创建安全文明小区3个、“围合式”小区2个。全年总接报刑事警情4719宗，下降33.4%。年内，该街道推行安全生产“一岗双责”和网格化管理，切实落实企业主体责任。建成开放安全生产教育屋，整治重较大安全隐患企业220家，分类分级排查评定工业企业3430家。全年发生安全责任事故2宗，未发生重较大安全生产事故。年内，该街道在101家企业推广“1+3”劳资恳谈协商机制，企业劳动合同签订率达98.7%，全年处理劳资案件及重大劳资纠纷7887宗，涉案金额1.29亿元。该街道从重打击顶风抢建行为，严格执行查违“铁八条”，年度综合效果名列全区前三位，顺利通过部、省、市的检查验收。2011年，该街道社会管理创新初见成效，作为全区试点之一，在怀德社区开展“民心网”织网工程，有效整合基层工作力量，建设芳华、城市花园、盐田3个民心服务站。

2011年5月12日，国家安监局副局长孙华山到福永街道调研

2011年2月23日，市委书记王荣、市长许勤到福永参加《咱们工人有力量》央视春晚演出成功表彰会

【党的建设和精神文明建设】2011年，福永街道创新基层组织建设，深入开展履职履诺点评等创先争优活动，顺利完成社区“两委”班子换届。积极推进区域化党建，党代表工作室建设全面达标，商会申报省“五好”党代表工作室。流动党员“双向共管”模式作为先进典型在中组部珠三角流动党员管理工作座谈会上发言。怀德、桥头、新田、稔田等4个社区申报“广东省居务公开民主管理示范社区”。年内，该街道不断提升干部队伍执行力，强化绩效考核和督查督办，97项街道重点工作、60项“迎大运，创文明”工作以及37项街道公共服务白皮书工作总体完成率超过95%。该街道扎实开展党风廉政建设，通过建设廉政文化公园、制作党风廉政建设宣传专栏、张贴廉政公益广告、上专题辅助课、观看电教片等方式，促进“廉政、勤政、优政”，全方位立体式地对党员干部进行理想信念和党的宗旨教育，廉洁从政、干净干事氛围更加浓厚。（石马力）

附：2011年宝安区福永街道领导成员名单

党工委书记：廖少权

党工委副书记：钟健君　曾雪莲　庄富兴　谢海生

党工委委员：廖少权　钟健君　曾雪莲　庄富兴　谢海生　周玉强　黄珍才　赖为杰　史纪新　姚伟光　肖锦潮　栾广慧（挂职，8月止）

办事处主任：廖少权

办事处副主任：曾雪莲　程志强　邓炳祥　廖熵臻（7月起）

沙井街道

【概况】沙井街道位于宝安区西北部，东接光明新区公明街道，西临珠江口，南邻福永街道，北连松岗街道，西北隔茅洲河与东莞市长安镇相望；辖区面积64.91平方公里；下辖28个社区；2011年年末常住人口54万人，其中户籍人口3.4万人。

【经济发展与社会事业】2011年，沙井街道实现规模以上工业企业产值798.24亿元，同比增长10.1%；完成社会固定资产投资35.03亿元，增长6.1%；社会消费品零售总额69.22亿元，增长19.4%；预算内财力9.06亿元，增长22%；两税收入47.47亿元，增长20.4%；外贸出口70.92亿美元，增长5.9%。2011年，沙井街道继续实施“一社区一特色经济”战略，重点抓转变经济发展方式，抓产业结构调整，引导推动劳动密集型、资源消耗型、低附加值企业有序转移。从“关、转、并、升、引、合”六方面着手，依法淘汰低端企业185家，推动三洋微马达、捷和电机等100家来料加工企业实现不停产转型，将一批零散工业园整合为新能源产业园区和西部新兴产业园区，重点发展锂离子电池、太阳能风能储能电站、智能终端、大规模集成电路等上游核心关键技术项目，培养、提升德普电子城、中亚电子博览中心等“电子沙井”企业和区出口百强、区服务业百强企业，选择性引进赛格电子、精彩生活时空等大型商贸项目和大富科技、启立光电等高新技术企业，扶持社区股份合作公司做强做大，加快深圳（宝安）国际珠宝创意产业园、西荟城、同心广场等特色产业升级项目，为夯实辖区经济基础、增强经济活力和可持续发展发挥积极的促进作用。2011年，沙井街道坚持把发展社会各项事业作为改善民生和投资发展环境、实现经济社会科学和谐发展的重点来抓。文教事业健康发展。群众文化活动丰富多彩，成功举办深圳宝安第八届金蚝节和深圳市第七届外来青工文化艺术节沙井分会场系列活动。围绕“文化沙井”建设目标，加快文化硬件建设，文化艺术中心开工，体育中心完成方案设计。基础教育稳步发展，上寮小学“九年一贯制”改造全面竣工，已于秋季招收4个班192名初中新生。通过改造挖潜、向民办学校购买学位等方式，增加公办学位951个，新增学前教育学位1200个。计生卫生工作突出流动人口计划生育“一盘棋”的工作重点。强化目标责任管理和服务宗旨，推进利益导向机制，加大生殖健康妇幼保健和疾病防控的宣传，按规定发放节育补助金。工青妇和民兵工作不断创新，重视基层工会规范化建设和职工维权工作，组织团员青年、劳务工开展文明单位、文明社区、文明企业、文明家庭、巾帼文明岗等系列文明创建活动和爱心募捐、困难帮扶及大运志愿者招募活动，有力促进三个文明建设。坚持共富发展，构建和谐社会。切实解决原居民生活困难和就业，低保户做到应保尽保，发放低保金、各类生活救助金和其他临时救助金83万余元，为外来劳务工和户籍居民申请慈善救助金96万元，发放各类敬老助残金500余万元。认真做好对口扶贫工作，在龙川

率先成立全区首个“双到”慈善教育基金会，并在该县汤湖等5个贫困村投入“双到”（关怀到村、温暖到户）扶贫资金1037.5万元，从产业、教育、医卫、道路、水利、饮水、危房改造等方面实地帮扶210个项目，使88%的贫困户实现脱贫。

【社区建设】2011年，沙井街道继续深化社区管理体制改革，提高政府在基层的执行力和服务民众的能力。对社区居委换届选举提前1年进行准备和调研，全面完成28个社区的“两委”选举（沙一社区因于上年进行过选举，故未列入当年选举范围）。社区建设重点在创建“六好”平安和谐社区、推进固本强基建设项目和规范居务公开上下工夫。全街道有21个社区荣膺省“六好平安社区”，23个社区荣膺市“六好平安和谐社区”，61个固本强基项目已有36个投入使用。社区股份合作公司运作日趋规范，制订《沙井街道股份合作公司财务管理实施细则（试行）》、《沙井街道股份合作公司董事会成员薪酬管理暂行规定》和《沙井街道记账中心操作管理制度》等规章制度，对公司高管出国（境）实行审批备案制度。强化对公司的引导培育和结构治理，加快股份制改造，继续实施“一社区一特色经济”经济战略。社区集体经济健康发展，截至2011年底，辖区63家股份合作公司（原行政村改制27家，自然村改制36家）资产总额156.95亿元，比上年增长8.56%；净资产61.75亿元，增长2.56%；总收入18.75亿元，增长5.5%；净收入7849.59万元，增长1.6%。

【综合治理】2011年，沙井街道重点从5个方面加强城市环境和社会治安的综合治理：一是坚持“属地管理，分级负责”的矛盾纠纷排查调处机制，整合信访、司法、综治、公安、应急指挥中心各方资源，完善应急管理机制，提高应付各种突发事件能力，防患于未然，成功化解纠纷隐患60余宗。二是重视构建和谐劳资关系，积极稳妥处置重大劳资纠纷事件，较好解决三洋厂、飞煌厂和汉玉事件等劳资纠纷和治安隐患。监察企业3562宗，受理、审结劳动仲裁案件各1300余宗，处理重大劳资纠纷56宗，为员工追回欠薪6195万元。三是积极推进安全生产“一岗双责”工作，加大对区挂牌督办隐患企业的整治和危险品企业的监管，实行工业企业安全生产分级管理、标准化管理和托管，强化出租屋和“三小场所”消防整治，杜绝重特大安全事故发生。四是加大治安防控和打击犯罪力度。先后开展“平安大运”、“粤安11”、“平安鹏城”等系列行动，严格综治责任制，探索群防群治新机制，加强文明小区和围合式小区创建工作，强化出租屋“两强管理”和重点路段重点场所的巡防布控，有效挤压犯罪分子的作案空间，辖区治安持续好转。全年警情较上年下降17.8%，其中刑事警情下降25.8%，“两抢两盗”警情分别下降51.7%和28.2%。五是以“平安大运”为契机，进一步完善城市基础设施，全面加强城市管理。开展以道路交通、公园广场、旧城改造、防洪排涝为重点的十大民生工程建设和市容环境整治，经济推进城市更新工程，全面实施5333区域市容环境提升工程，加大市容环境投入和整治力度，扎实开展“城管进社区”工作，有效提升城市建设管理和市容环境水平。同时严格城管综合执法，对“乱摆卖”等城市六乱进行大力整治，开展系列打假活动，净化市场秩序，维护消费者权益。

2011年5月13日，第七届文博会宝安国际珠宝中心沙井分会场隆重开幕

【党的建设和精神文明建设】2011年，沙井街道以迎接建党90周年为契机，夯实基层党建基础，建立社区党建基础台账，深入开展创先争优活动，发挥“两新”组织作用，加强“五支队伍”建设，举办“组工干部讲党史”专题讲座，坚持党工委中心组每月1次集中学习，落实班子成员、公务员队伍和公职人员廉洁自律责任制度。积极推进“廉政城市”建设，强化政令检查和效能监察，加强重点领域、关键环节的监管，特别是政府投资领域突出问题的专项治理，严肃对各类违纪违法行为的查处。强化机关作风建设，要求机关工作人员“沉”到基层，做好社会管理工作。坚持社区股份合作公司人员出入境审批备案管理，增强党员干部的反腐保廉意识。重视发挥人大、政协组织对政府的多元监督，共向市人大政协会议提交提案建议45件，协助办理区“两会”提案建议17件。　（汪时健）

附：2011年宝安区沙井街道领导成员名单

党工委书记：刘少雄

党工委副书记： 何奕飞 朱雪飞 张志光 赖志民
纪工委书记： 赖志民
党工委委员： 刘少雄 何奕飞 朱雪飞 张志光 赖志民 刘亚飘 郭培源 陈杰锋 高毅华 杨希成 郭东江 邹宛均（挂职）
办事处主任： 刘少雄
办事处副主任： 何奕飞 邹宛均（挂职） 文旭平 李鼎荣 方荣添 胡应福

松岗街道

【概况】松岗街道位于宝安区西北部，东与光明新区公明街道毗邻，南与沙井街道相接，西北与东莞市接壤，是深圳的西北门户；辖区面积68.6平方公里；下辖18个社区；2011年年末常住人口39万人，其中户籍人口2.36万人。

【经济发展与社会事业】2011年，松岗街道实现地区生产总值207亿元，同比增长17.6%；规模以上工业产值544亿元，增长28.7%；规模以上工业增加值130.24亿元，增长33.8%；社会固定资产投资34亿元，增长13.2%；社会消费品零售总额51亿元，增长21%；两税收入31亿元，增长26%；外贸出口28.7亿美元，增长8.4%。企业服务取得实效，引进优质企业113家，其中外资83家；淘汰低端企业134家，腾出厂房27.8万平方米；57家“三来一补”企业完成转型；组织企业参加10场展销会；协助4家企业申请上市。“门户”建设进展顺利，17个“门户”项目中，东方大道改造等9个已完工，完成投资4.24亿元；松罗路改造等5个正在建设，总投资7.4亿元、完成投资3.47亿元；潭头渠“一渠两岸”改造正在开展前期工作；松安路改造等2个项目移交市交委实施；沙江片区“门户新城”作为全市城市更新单元试点，正在开展前期规划。基础设施不断完善，燕川、沙井污水干管二期工程已完工，燕川、沙井污水处理支管一期工程正在施工；新建、续建燕山泵站等17项防洪排涝工程，实施16项应急水利工程；协助开展沙井河片区排涝等3个市区排涝引水工程；建成卫监所大楼；完成6条道路立面刷新、东方渠综合整治、松岗公园环境提升等一批重点项目。市容环境显著提升，全面改造翡翠市场周边环境；加强“5333”重点区域严管整治，28个城中村整治验收，创建18条社区市容环境“示范街”，为大运会成功举办创造良好市容环境。教育投入继续加大，松岗实验学校建成开学，新增公办优质学位1240个；松岗中学等三个学校扩建项目正在开展前期工作。计生工作紧抓不懈，开展计生宣传讲座630多场，户籍、流动人口双查率分别达95%、91%。积极组织慈善救济活动，“广东扶贫济困日”活动中共募集善款259万元；发放低保、慈善救助、困难补助193万元，发放老人补贴114万元，发放优抚、安置金134万元。扎实推进创业就业工作，发放创业就业资金236.9万元；解决135个户籍残疾人就业；举办公益招聘会51场，6900多名求职者达成录取意向。文体活动硕果纷呈，在第十届“鹏城金秋”艺术节上，松岗街道的舞蹈节目《狮韵》获金奖；松岗七星狮舞列入国家级非物质文化遗产名录，民间醒狮跃上央视2012年元宵晚会舞台。

2011年2月23日，松岗街道党工委工作会议召开

【社区建设】2011年，松岗街道完成社区居委会换届选举，社区干部队伍进一步优化。加强固本强基及同富裕工程项目建设，建成潭头等2个综合服务中心，红星等5个户外文体广场；楼岗等2个户外文体广场正在建设，燕川等4个综合服务中心正在开展前期工作。完善社区老年协会注册登记手续，制定社区老年协会管理办法、活动内容等，并组织开展一系列活动。4个社区被评为省“六好”社区，累计完成17个省“六好”社区的创建工作。54个“村改居”小区实施物业管理。社区集体经济健康发展，全街道50家股份合作公司总资产达到63.1亿元，总收入达到8.9亿元，总收入、净利润均增长5%。

【综合治理】2011年，松岗街道继续推进综合治理工作，社会治安形势持续好转。接访服务不断完善，街道综治信访维稳中心全年共受理案件1881宗，有效调处1855宗、调处率98%，其中排查发现较大矛盾纠纷29宗，成功调处27宗；劳动信访接访3089宗，成功调解2873宗，调处率93%；劳动仲裁立案2402宗，法定期限结案率100%；处理135宗群体性劳资纠纷和240宗突发事件。社会治安持续改善，

2011年12月29日，市委书记王荣、市长许勤、常务副市长吕锐锋到松岗街道参加地铁三期开工奠基仪式

开展“红袖章”大巡逻、全民防盗和“亮灯”工程，派发10万个简易防盗器，设置56个邻里守望点；建成视频门禁2020套；新建2个安全文明小区、1个围合式小区；排查出租屋192万间套，通报隐患信息4.2万条，列管C类高危人员3400多人，查处房屋租赁大要案38宗，查封出租屋605间套；接报总警情29278宗，其中刑事警情6239宗、同比下降15%，立刑事案件5614宗、下降18.4%，破案891宗，打掉犯罪团伙69个，抓获犯罪嫌疑人1183人。继续巩固安全生产整治成果，落实“一格多元”、“五位一体”和“一岗双责”制度，健全长效管理机制；组织教育培训1685场次，培训51万人次；检查各类单位、场所11万家次，发现隐患21853处，整改20575处，整改率94%；整治消防通道49处；整治110家区、街道挂牌督办隐患单位；完成企业分类分级管理196家、安全标杆创建20家、安全标准化建设11家、安全生产托管120家、“一岗双责”示范单位创建4个；事故数量及死、伤人数分别下降20.8%、25.7%、11.6%，全年未发生较大以上安全生产事故。保持查违工作力度不减，组织大型清拆行动133次，拆除违建137处，拆除违建主体、模板、排栅2.6万平方米；卫片执法立案率、履职率、查处率均100%实现工作目标。

【党的建设和精神文明建设】2011年，松岗街道以“迎大运，创文明”为契机，扎实深化党的建设和精神文明建设。继续深化创先争优活动，评议活动实现党组织、党员全覆盖，理论研讨征文26篇，编写简报41期，在上级党建网发布信息147条。不断加强基层组织建设，开展理论中心组学习、讲座18次；18个社区党支部顺利换届；新发展党员51人、转正64人；开展党代表接访、走访143次，切实解决一批群众关心的难点问题。扎实推进党风廉政建设，组织开展党风廉政专题讲座，深入推进纪律教育学习活动；加强跟踪检查和绩效评估，20项白皮书任务按计划完成；完成18个社区书记、主任换届的经济责任审计，严格把好基层干部的廉政关。大力提升市民文明水平，开展百万市民学礼仪“三进”宣讲活动150场，培训人数1.5万人；编印文明礼仪读本20万册；组织100人讲师团，在100家重点企业开展员工文明指数测评；建成22个大运U站，招募志愿者6000多名，组织机关干部志愿服务行动26次。多种形式开展群众文艺活动，举办“微笑迎大运”社区歌咏比赛，展示18个社区文明进步、和谐发展的崭新形象；送电影进社区、企业270场，丰富了群众精神文明生活。　（唐挺亚）

附：2011年宝安区松岗街道领导成员名单

党工委书记：吴汉明

党工委副书记：黄景秀　徐建社　张贵林　陈出新

纪工委书记：张贵林

党工委委员：李协元　柯　明　周海峰　彭奕文　蓝洪春　曾子坤　詹　斌（挂职，8月止）

办事处主任：吴汉明

办事处副主任：黄景秀　张战平　陈贺党　郭志光　陈兴源　熊俊峰（8月起）　詹　斌（挂职，8月止）

石岩街道

【概况】石岩街道位于宝安区中部，东邻龙华新区大浪办事处，西接新安街道和西乡街道，南依南山区西丽街道，北接光明新区公明街道和光明街道；辖区面积65.9平方公里；下辖21个社区，2011年年末常住人口24.81万人，其中户籍人口1.68万人。

【经济发展和社会事业】2011年，石岩街道实现地区生产总值185.32亿元，同比增长11.2%；规模以上工业总产值734.92亿元，同比增长12.5%；高新技术企业产值527.9亿元，同比增长11%，占规模以上工业总产值的73%；完成固定资产投资额25.04亿元，同比增长19%；社会消费品零售总额39.18亿元，同比增长21.8%；实现外贸出口48.8亿美元，同比增长13.9%；两税收入25.3亿元，同比增长10.96%。一是经济建设取得重大突破。石岩总部经济园区项目已经市政府批准，纳入市2011年度城市更新单元第四批计划，羊台山综合开发项目正抓紧开展深度设计、征收补偿等工作。水田、官田、艾美特—明金海等旧工业区升级改造加快推进，104家低端落后企业已淘汰转移，21家“三来一补”企业成功转型并办理“三资”执照，协助2家企业完成国家级高新技术企业认证，编制完成街道《“十二五”规

2011年2月21日，区长张备、常务副区长刘惠玲、副区长蔡颖调研石岩街道生态补偿工作

划纲要》。二是社会大局保持安定有序。矛盾纠纷有效化解，不断健全街道、社区、企业“三级综治信访维稳平台”运作机制，充分发挥街道综治信访维稳中心“六联机制”作用，调处各类矛盾纠纷效能明显提升，调处率达97.5%。以网格为基础，建立“八类”台账全面排查各类矛盾纠纷隐患，对重点信访案件和重点人员落实稳控措施。劳动关系和谐稳定，加强企业经营预警、劳动监察、劳资恳谈协商工作，严厉打击欠薪逃匿，成功处置70宗突发劳资纠纷案件。应急管理水平有效提升，重新修编应急预案和值班工作制度，进一步规范应急处置程序和应急值守，将大运经验固化为常态机制。安全生产全面加强，强力推进安全生产“一岗双责”工作，贯彻落实市、区部署，印发一系列指导性文件，形成齐抓共管的良好局面，5～12月发生各类安全事故1160起，同比下降3.49%。强化行业安全监管，完成282家企业的分类分级达标、119家企业安全生产托管、22家标杆企业创建、8家企业的标准化建设、220家挂牌督办较重大安全隐患单位整治、12家危险化学品生产经营企业安全监管，企业安全主体责任进一步落实。狠抓安全隐患排查整治，上屋社区及其他社区火灾隐患重点地区整治分别通过市、区验收，均获评优秀；深入开展分类分批定期执法行动，扎实整改火灾隐患；持续开展道路交通安全隐患排查整治和“打非禁摩”行动，有效预防和减少道路交通安全事故。不断夯实安全生产基础，主次干道消防设施、安全生产“教育屋”建设顺利完成；建立“一个主体四个补充”的多种形式消防队伍；持续开展“七类人员”安全生产教育培训，共开展安全教育活动380场。街道安全生产形势持续好转，没有发生较大以上安全生产事故。三是民生实事落到实处。深入实施素质工程，开展“展翅”、“春风”等行动和各类培训活动，培训25.2万人次；共帮扶308名户籍失业人员、251名“农转居”居民实现就业，促进23名户籍居民创业；针对户籍居民开发就业岗位329个，应届生源大学生就业率达94%，“零就业家庭”保持动态归零，街道登记失业率为0.14%。加大扶贫帮困力度，坚持“应保尽保”，为各类低保救助对象发放低保金、救助金、扶助金及慰问金、慰问品等共计160.17万元。成立石岩街道老年人协会，强化星光老年之家管理，为老年人发放高龄津贴及养老服务券共计173万元。充分发挥街道残疾人职康中心功能，为残疾人提供工疗、娱疗、职业训练等服务。全面落实驻龙川“双到”工作，采取“一村一策”、“一户一法”等措施，稳步实现帮扶地区村集体和贫困户脱贫。教育事业快速优质发展，新增公办优质中小学学位1488个，深入开展平安校园和“双优”学校创建，所有中小学高分通过区“双优”学校评估，石岩公学成为全市唯一通过广东省“国家级示范性高中”终期督导验收的民办学校。文化建设成果丰硕，广泛组织社区文化活动，举办第十八届“羊台之光”文体节。公共卫生扎实开展，疾病防控、健康教育、计生卫生等工作不断加强，完成石岩医院消防及安全隐患综合整治、手术室改造、发热门诊和急诊区域改造等工程，医疗环境不断优化。完成计生卫生“工作场所艾滋病预防同伴教育”项目拓展培训36场，培训120名师资与2000名员工。扎实开展食品、药品安全排查整治，保障食品、药品安全。四是城市基础设施建设步伐加快。2011年街道政府投资项目64项，投资总额24.14亿元。其中续建项目12项，投资总额5.01亿元；新开工项目30项，投资总额11.5亿元；正在开展前期工作的项目22项，投资总额7.63亿元。全年累计完成投资约4亿元。完成东长路隧道贯通、外环路三标段及松白路施工建设；协调加快北环路改造、石清大道、洲石路延长线、宝石路二期、田心—如意路等城市主干道的前期工作，其中北环路改造工程已动工；完成青年路改造工程、塘头大道北段工程施工建设，完成塘头二号路、国泰路部分工程施工，塘坑路征地拆迁取得重大突破，已恢复施工；德政路、羊台山路、科技路、顺达路等城市次干道和官田路、石岩大道（南段）、石岩片区交通微循环综合整治工程（二期）等支路项目正加快前期工作。市政基础设施不断完善。石岩排污管网主体工程完工；完成入户排污管网改造工程和污水支管网一期工程前期工作；石岩河下游、罗租暗渠清淤工程竣工验收；料坑社区排洪渠、官田二路排水暗渠清淤、石岩河三祝里段河堤修复、石龙仔社区河道清淤等防洪排涝项目正抓紧组织施工；水田二站、廷苑站电缆沟工程已完工并交付供电部门管理；完成王家站、上屋大道、应人石路、塘坑站、坑尾大

道、罗租工业区等6条电缆沟项目招标工作，即将开工建设；创业路、明月街、径贝路等3条电缆沟项目正进行初步设计及概算编制。公共服务设施加快建设。石岩文化艺术中心工程顺利建成投入使用，石岩医院扩建工程（一期）基坑支护工程已动工，石岩大树林城市公园已完成50%工程量，罗租社区建兴路改造等6个同富裕项目和官田社区老人活动中心等7个固本强基项目顺利完工，石岩中心小学、罗租小学、校舍安全工程等教育设施完善工程以及罗租岭城市公园等项目的前期工作正加快推进。五是城市管理水平稳步提高。强力查处违法建筑。持续保持查违高压态势，先后开展“清源”、“雷霆”等查违专项整治行动，严厉打击各类违法抢建行为，累计拆除建筑楼体5.8万多平方米，尤其是一次性拆除水田社区广深港高铁沿线3栋特大型违法建筑，拆除面积达3万余平方米。全面完成迎大运市容环境提升。完成宝石东、西、南路和爱群路、北环路5条道路立面刷新整治工程；对高速公路出入口等石岩重要门户以及宝石东、西、南路等主要道路实施景观提升和绿化升级改造工程；完成黄土裸露整治8.7万平方米；全面开展“街道家具清洗刷新”和种大树工程，城市景观得到提升。

【社区建设】2011年，石岩街道不断夯实基层组织基础。顺利完成区党代表、人大代表和政协委员选举、推荐工作以及社区、街道机关事业单位党组织、“两新”党组织和社区居委会、居民小组的换届选举工作，进一步增强基层组织力量。充分发挥党代表工作室和驻社区党委的平台作用，全面开展党代表接访群众活动和驻社区党委建设，推进街道党建工作区域化发展。持续开展党员教育培训，大力推动塘坑社区等党员活动阵地建设，不断构建完善覆盖全街道的党员活动阵地网络。继续抓好股份合作公司统一记账工作，进一步规范各类经济业务的会计核算，开展对股份合作公司的审计调查，及时对发现的问题进行整改。继续推进社区党风廉政信息公开平台建设，加强对社区党务、站务、居务和财务信息公开及时性、真实性的检查。

【综合治理】2011年，石岩街道治安防控体系不断健全，群防群治力量持续加强。418家百人以上企事业单位签订《治安责任书》，对49个安全文明小区和39个围合式小区全面进行复查；完成8个住宅小区1221套视频门禁系统安装；强化电子监控平台和监控探头的维护保养，确保接通率和在线率90%以上。强化流动人口和出租屋的管理，流动人口信息采集率、准确率达98%以上；实行出租屋“两强管理”，出租屋安全隐患信息通报查处率达98%；查处房屋租赁违规行政案件159宗，进一步规范房屋租赁市场，净化社会治安环境。严打各类违法犯罪活动，深入开展“粤安11”、“铁帚”、“清网”、“鹏城12”等系列严打行动，严厉打击“八类”恶性案件等严重犯罪行为，共接报刑事警情3976起，同比下降23.6%，辖区社会治安进一步好转。大力整治城市环境秩序。城市清扫保洁水平有效提升，全面接管各社区清扫保洁工作，并提高保洁单价和清扫频次；通过购买服务，引入牛皮癣专业清洗队、余泥渣土清理队、中心区域城市管理队和河流清理保洁队参与城市管理，并加强监督考核。强化城市“六乱”监控整治，数字化城管有效结案率87.76%，排名全区第二；对重点企业、中小学校、居民小区周边的乱摆卖、超门线经营、乱挂标语等行为进行重点整治，共组织各类专项行动120余次。持续开展违法广告招牌清理，对街道主要干道违法户外广告依法实施拆除，拆除墙体广告360余块，面积达7300余平方米。切实加强国有土地管理。对违法违规用地卫星图斑全面进行核查，顺利通过国家、省、市国土部门的检查验收；强化对国有储备用地管理，清理违法乱搭建面积9500平方米；对3万平方米违法余泥渣土填土区实施植树复绿。

【党的建设和精神文明建设】2011年，石岩街道深入开展干部队伍作风建设。全面推行绩效考核，持续对查违、“公共服务白皮书”、“十件民生实事”、安全生产“一岗双责”、环境提升、重大项目建设等重点工作进行督查督办，机关干部的精神面貌、工作作风出现明显变化，并带动石岩社会风气转变，街道各项工作落实速度显著加快。深入开展纪念建党90周年系列活动、创先争优活动和机关干部志愿服务行动，不断激发党员群众的认同感、荣誉感和使命感。

2011年10月25日，石岩街道第18届“羊台之光”文体节暨篮球比赛开幕

持续加强党风廉政建设。严格执行党风廉政建设责任制，不断健全和完善人、财、物以及工程建设、公车管理等重点领域的制度。继续开展“纪律教育学习月”活动，利用多种形式开展党纪、政纪、法纪教育，切实提高广大党员、公职人员勤政、廉政意识。此外，武装、侨务、残联、工青妇、司法、三防等工作都取得新成绩。（张 旭）

附：宝安区石岩街道领导成员名单

党工委书记： 陆福强（5月止）
王 敬（5月起）

党工委副书记： 浦文浩（正处级）
梁志虹 张玉秋 戴鼎清

纪工委书记： 梁志虹

办事处主任： 陆福强（5月止）
王 敬（5月起）

办事处副主任： 浦文浩（正处级）
李育基（正处级）
宋乃阵 林松龙
张建安（7月起）

观澜街道

【概况】 观澜街道位于宝安区东北部，东与龙岗区平湖街道和坂田街道相连，西与光明新区公明街道和光明街道毗邻，南与大浪街道接壤，北靠东莞市；辖区面积89.3平方公里，下辖15个社区；2011年年末常住人口75万人，其中户籍人口2.6万人。

【经济发展和社会事业】 2011年，观澜街道实现规模以上工业总产值2004.33亿元，同比增长28.9%；两税收入58.98亿元，同比增长47.5%；进口总额205.95亿美元，同比增长32.2%；出口总额308.67亿美元，同比增长33.7%；全社会固定资产投资完成额89.29亿元，同比增长8.9%；社会消费品零售总额48.02亿元，同比增长20.5%。街道重点实施大项目带动战略，全力助推汽车产业城、大唐低碳产业示范园等重大项目建设，长安标致雪铁龙汽车有限公司已顺利成立并开工建设；积极支持高端项目增资扩产，顺络电子厂区、三九医药工业园、致君制药二期、锦绣国际科技城一期等项目已开工建设，宝明精工多点式电容触摸屏项目正在试投产；加快推进观澜古墟文化旅游街区开发和观澜版画艺术博物馆、版画基地展览中心建设，观澜古寺主体工程已完工；五星级格兰云天酒店正式运营；观澜湖高尔夫球会正式挂牌为国家5A级旅游景区，成为继华侨城之后深圳市第二个获此殊荣的景区。圆满完成大运会高尔夫场馆赛事保障和服务工作。争取市、区两级投资13亿元，大力实施观光路、龙观快速、坂澜大道、配套污水干管、君子布水质净化工程等基础设施建设。在辖区主干道及重要节点开展绿化提升行动，将大和路打造成绿色景观、节能环保的“示范大道”。高标准完成“一河两岸五路”的穿衣戴帽工程和辖区重点大型企业周边环境整治工作。实行城市管理精细化，对辖区重点路段、重点区域进行分类分级管理。高分通过“国家卫生镇”复审。“广东省宜居社区”创建工作进展顺利，观城、新澜等5个社区正在参选省宜居示范社区。率先开展“社区引智工程”，邀请专家制定松元厦、牛湖、章阁等社区发展综合规划并组织实施。顺利完成社区基础设施完善、供水管网改造、市容环境提升等一批民生实事项目，观澜人民公园、章阁社区公园等改扩建工程进展顺利。观澜版画原创产业基地荣登2011年度中国当代艺术权力榜。在第十届鹏城金秋社区文化艺术节上，小品《出租之恋》等获得金奖。2011年高考重点本科上线55人，同比增长66.6%。人口与计划生育科连续16年被宝安区评为“计生工作先进单位”，观澜人民医院成功创建为“二甲”医院，章阁社区和牛湖社康中心分别被评为“全国人口和计划生育基层群众自治示范村（居）”和“全国示范社区卫生服务中心”。街道被评为“全国社区教育示范街道”、“广东省生态文明共建单位”、“优秀示范街道办事处党建工作示范点”。

【社区建设】 2011年，观澜街道大力推进章阁社区建设试点工作，章阁社区综合服务中心基本建成，党员活动中心、来深建设者之家、阳光心灵工作室等16个社区服务机构陆续进驻运作，章阁社区社会管理环境和城市文明指数明显提升。针对集体经济薄弱、城市化水平较低的社区发展现状，率先开展“社区引智工程”，重点选取章阁、牛湖和松元厦3个条件相对成熟的社区作为试点，通过实地调研、现场讨论、规划论证等方式，从经济产业、城市环境、社会建设、文化发展等方面为社区发展出谋划策，助推社区经济社会实现跨越式发展。目前，已完成社区综合规划的草案编制，正在组织实施。社区建设取得显著进展。9个社区综合服务中心相继竣工验收并交付使用；7个社区户外文体广场已竣工使用；观澜人民公园、章阁社区公园等建设进展顺利。

【综合治理】 2011年，观澜街道充分发挥办事处、社区、企业三级综治信访维稳平台作用，2011年共受理调解矛盾纠纷6602宗，调解率达98%。加强社会面稳控，刑事警情同比下降33.7%，“两抢两盗”警情同比下降39.7%，社会治安形势持续好转。观澜流动人口及出租屋综合管理所连续6年被宝安区评为“先进单位”。安全生产工作不断强化。将管人、管事与管安全有机结合，全面落实“一岗双责”和企业主体责任，对发生事故的行业主管部门负责人严格问责倒查，对违法违规的当事人顶格处理。以樟坑径火灾隐患重点地区整治为契机，在全街道15个社区全面开展火灾隐患整治。2011年，街道辖区安全生产事故发生数同比下降19.7%，火灾事故发生数同比下降75%，道路交通事故发生数同比下降23.5%。观澜安监办被宝安区评为“2011年度安监系统先进单位”。

【党的建设与精神文明建设】 2011年，观澜街道结合市“百优处室”、

“百优处室带头人”竞赛活动，大力开展“双优”评选、“我为岗位添风采”等活动，充分激发干部职工干事创业的热情和活力。进一步做好福民、新澜驻社区党委和党代表工作室，新设立驻库坑社区党委和党代表工作，构建大党建格局。开展“虹桥工程”，切实加强和改进党员服务群众的方式方法。整合驻社区党委、党代表工作室等基层党建的优势，搭建紧密联系群众的红色桥梁，开辟“一个红桥网”，建立党群连心的网络管理服务平台，让党旗飘起来；搭建驻社区单位党组织送服务活动和党代表联络小组网格化布点“两座桥梁”；开设党代表工作室、流动民意快车、网上服务平台“三条通道”；出台工作例会、双卡服务、工作简报、多方监督“四项制度”，确保服务到位，使“虹桥工程”真正成为社区党建创新和“听民意、解民忧、暖民心”的民心工程。积极试行“两新”组织党员与社区党员统一管理、共驻共建。新发展预备党员34名，转正64名，“两新”新建独立企业党支部6个，接转党员组织关系56人次。积极创建廉政文化示范点，为15个社区工作站购置廉政文化图书4000多册；大三股份合作公司被树立为全区党风廉政社区活动先进典型。顺利完成14个社区党组织、居委会换届选举工作，一批年富力强的带头人走上社区领导岗位，有力地促进基层经济社会的发展稳定。（魏　薇）

附：2011年宝安区观澜街道领导成员名单

党工委书记：蔡　颖（12月止）

党工委副书记：骆秋雄　赖元欢　刘添云（5月起任副调研员，同时免去副书记职务）　翟招和

纪工委书记：赖元欢

党工委委员：邓水平　黄庆棠　张远桥　李洪洲　吴大雷（6月起）　陈智谦　何洪彬（7月起）　武永庆（挂职，8月止）

办事处主任：骆秋雄

办事处副主任：陈裕通　陈小青　廖永兰　陈　南

大浪街道

【概况】大浪街道位于宝安区东部，东接观澜街道和龙华街道，西与石岩街道、南山区接壤，南临民治街道，北靠光明新区；辖区面积37.84平方公里，建成区17.8平方公里；下辖5个社区；2011年年末常住人口27万，其中户籍人口0.86万人。

【经济发展与社会事业】2011年，大浪街道实现规模以上工业总产值445.94亿元，同比增长13.5%；全社会固定资产投资完成额25.88亿元，同比增长22.4%；社会零售品消费总额18.00亿元，同比增长28.2%。产业转型升级持续推进。推动大浪商业中心及周边片区商业开发，带动周边临街商铺业态提升。服装产业集聚基地5家公司建成投产，5家企业主体建筑封顶，6家企业建设进度加快，6家企业正在规划报建。圆满举办“深圳宝安大浪杯新丝路国际大学生时尚节”活动，市委、市政府主要领导均到基地调研工作，极大地提升了服装基地的关注度和知名度。石凹片区城市发展单元规划试点全面启动。以服装基地为核心的4.6平方公里区域，被市政府列为全市“十二五”期间9个城市发展单元之一，目前规划已在公示之中。服务企业进一步加强。引导企业申报总部经济企业4家，低碳经济试点企业5家，6家公司进行清洁生产改造。辖区6家企业进入宝安区外贸出口百强企业行列，11家企业进入宝安区工业百强企业行列。联建科技工业园被认定为“深圳市（新一代移动通信）特色工业园”。制定产业替换实施工作方案，对社区股份公司主动清退企业的，空置期间由街道财政给予适当补助。替换低端劣势企业136家，71家“三来一补”企业转型6家，终止10家，搬迁7家。清查无照经营户1898家，取缔无证无照经营场所426家。

【社区建设】2011年，大浪街道以人为本，民生优先，不断加大基本公共服务投入，大力解决基层群众最急迫、最关注的问题。社区发展基础进一步夯实。安排2000万元扶持社区集体经济均衡发展，14个生产经营性项目开工。同富裕、固本强基工程2个项目完成，4个项目加快施工，4个项目正在办理前期。完成17个小区巷道硬底化、排水排污、围合及绿化等基

2011年5月20日，民政部副部长罗平飞视察大浪社区服务中心

础设施综合整治，推进17个居民小区“光网社区”建设，基本完成新围村用电抄表到户改造，三合华侨新村中间层改造进展良好。创业就业工作取得新进展。32名应届毕业生源大学生中29人实现就业。举办42场公益招聘会，推荐3704人成功就业。扶持15名户籍居民成功创业，带动48人就业。高峰社区获宝安区“农转居”居民创业就业先进集体。困难群众基本生活得到保障。加大救助救济力度，发放最低生活保障金、低保边缘户补助金、低收入家庭补助、残疾人临时补助、老年优待金、关爱基金128万元，面向99名老年人开展居家养老服务。安排200万元，解决低收入原居民的住房困难问题。社区服务探索新途径。作为全市五个试点之一的大浪社区服务中心挂牌，采取政府购买服务方式，提供多样化、专业化社区服务，受到上级领导的充分肯定。公办学位、公交紧张问题初步缓解。被列为区十大民生实事之一的大浪实验学校新校舍建成，9月份正式招生。大浪小学顺利转制为九年一贯制学校，第二期扩建工程开工。通过新建扩建学校和购买民办学校公办学位，新增公办学位1338个，有效缓解学位紧张状况。高峰社区成功创建“宝安区特色社区教育站”，实现街道“特色社区教育站”全覆盖。调整、新增4条公交线与深圳北站接驳。新建标准公交站台37座，500米公交站点覆盖率85%。群众文化活动丰富多彩。大船坑舞麒麟正式入选国家级非物质文化遗产名录。在大浪成长起来的部落组合荣获广东省第五届群众音乐舞蹈花会比赛金奖、中国音乐金钟奖组合组第三名和最佳音乐表现奖，“星光大浪”劳务工歌手晋级大赛吸引800多名劳务工参赛，打造大浪的“星光大道”。机关女干部组成“浪之韵”业余模特队，与新丝路职业模特同台竞技，展现机关女性的自信和时尚。举办读书沙龙、艺术知识公益培训108场，“公益电影进社区、进企业”放映103场。

【综合治理】2011年，大浪街道全面加强安全生产。认真落实安全生产“一岗双责”工作。顺利通过市挂牌督办新围社区火灾隐患整治验收。20个社区应急小分队成功扑救初期火灾56宗。投入2000多万，集中实施火灾隐患社区消防改造规划、消防通道疏通、“三合一”场所清理。第四季度以1000家重点隐患场所为重点，集中力量开展安全隐患场所“百日千家”排查整治行动，有效防范岁末年初安全事故。完成区、街道挂牌督办220家重、较大安全隐患单位的整治，安全生产总体形势平稳。矛盾纠纷有效化解。制定《重大矛盾纠纷跟踪落实一览表》、《大运会期间信访维稳重点案件及重点人员包案稳控工作方案》，明确包案领导、责任单位、责任人，街道主要领导亲自接访、约谈重点人员，对历史遗留疑难信访案件全面分析研判。整合相关力量，累计排查重大矛盾纠纷44宗，化解26宗，龙华水果批发市场纠纷、金盈新村物业管理纠纷、宝龙新村用电纠纷等一批历史遗留问题得到较好解决。劳动关系和谐稳定。加强企业不稳定因素排查和异常信息研判，提高劳动执法检查频次。处理欠薪逃匿案件27宗，涉及987人、360万元。每月对各个建筑工地工人工资发放情况进行摸底，全年受理劳资纠纷48宗，不到去年的三分之一，圆满处理39宗，追回欠薪1340万元。出租屋“两强”管理成效明显。清空出租屋11栋707间/套，查封不合格出租屋722间/套，停租限租617栋2880间/套；刑拘19人，处罚业主、二房东303人。群防群治体系不断完善。1562家企事业单位组建治保会，2689家企业配备保治安人员。招募6230名业主、二房东为楼管员，组建“我爱我家”义务治安巡逻队41支、义务巡逻队员2549人，协助管理出租屋，开展义务治安巡逻，收到良好的社会效应。全面修复损坏的一类电子监控探头，在8个小区安装1180套视频门禁设备，在19.96万间(套)出租屋安装简易门磁报警装置。社会治安秩序明显好转。辖区立刑事案件3195宗，同比下降21%；刑事警情同比下降28.9%，其中两抢警情同比下降26.5%，入室盗窃警情同比下降26.2%，辖区社会治安平安稳定。

【党的建设和精神文明建设】2011年，大浪街道以全面提升辖区人的综合素质为切入点，大力加强队伍建设，推动各项事业协调发展。认真抓好班子和干部队伍建设，全面落实党风廉政建设责任制，督促党员干部严于律己，进一步规范从政行为。组织机关、社区干部到东莞松山湖科技产业园、福永凤凰山台湾美食街、西乡F518时尚创意园、罗湖蔡屋围京基100等地参观学习，进一步开阔干部队伍的视野。举办大浪讲坛、机关、社区

2011年8月16日，首届“宝安大浪杯”新丝路中国大学生模特大赛总决赛落幕

干部及聘用人员效能提升培训班、社区干部大专学历班，开展展翅行动、金钥匙行动、外来女工流动学校、育苗工程、工会职工之家周末大讲堂等教育培训465场（次），培训8.5万人次，教育培训的针对性明显增强。依法依规完成社区“两委”换届选举，基层干部队伍结构进一步优化。制定社区工作站、居委会、股份公司工作规范，提高社区组织运作效率。进一步规范发展党员工作，培育量能公司、新李英党支部为街道第一批“两新”组织党建示范点。新组建工会102家，发展会员49654人。工会员工关爱中心的工友心灵驿站和法律维权中心受到中华全国总工会的肯定。实施“共青团固本强基工程”，不断提高团组织的战斗力。广泛发动机关干部职工、市民群众参与大运志愿服务工作，14人被市区评为杰出志愿者。3家单位荣获区级“巾帼文明岗”称号，2家单位荣获市级“巾帼文明岗”称号。5户家庭被评为深圳文明家庭。建成13个社区“关心下一代之家”。深入开展人口计生宣教工作，扎实做好计生技术服务，加强计生协会建设，营造和谐的人口计生环境。增加驻村工作组力量，“双到”扶贫工作通过省、河源市交叉检查及各级的督导。侨务、商会、统战、武装、民兵工作有效加强，公安派出所、工商、环保、卫监、交管、消防等驻街道单位各司其职，大力支持配合，形成强大的工作合力。（李　莹）

附：2011年宝安区大浪街道领导成员名单

党工委书记：何家鸿

党工委副书记：黄　伟　卫树强

党工委委员：黄树荣(6月止,转为副调研员)
黄健辉　潘　芸　吴伟忠
印国强　文伟强
彭　程（挂职，8月止）

办事处主任：何家鸿

办事处副主任：卫树强　黄健辉　印国强
文伟强
彭　程（挂职，8月止）
吕有伟

龙华街道

【概况】龙华街道位于宝安区东南部，东与龙岗区坂田街道接壤，西接大浪街道，南邻民治街道，北与观澜街道相连；辖区面积24.8平方公里，下辖7个社区；2011年年末常住人口65.74万人，其中户籍人口5.56万人。

【经济建设与社会事业】2011年，龙华街道实现规模以上工业总产值2656.55亿元，同比增长7.1%；固定资产完成投资83.19亿元，增长6.7%；社会消费品零售总额77.76亿元，增长18.9%；地税收入30.7亿元，增长16.2%；国税收入64.4亿元，增长2.9%。淘汰低端企业64家；15家“三来一补”企业完成自主转型；引进广东省物联网示范工程，富士康集团龙华产业园增资4.38亿元；深超光电第五代低温多晶硅液晶面板正式投产，为国内建成的首条、全球第二条低温多晶硅（LTPS）5代线，填补我国新型显示技术的空白；稳健实业、安邦信电子、天王电子成为宝安区第一批总部企业，硅谷动力产业园被评为“深圳市特色工业园”。全面开展并完成总投资6500万元的4大项16小项富士康周边环境综合整治工程。投入1000多万元完成东环一路、清泉路、东环二路、大发埔出口等路段的绿化升级改造。龙华第二小学、弓村旧改一期、富士康北门人行天桥、龙华公园改造等建设工程竣工，龙华文化艺术中心大楼主体竣工。地铁4号线正式开通，龙华进入地铁时代。110千伏清联变电站土方平整工程、建设路工程（清泉路至梅龙路段）等顺利推进。大力开展首期光网城区建设，推进城中村“三网合一、光纤入户”工作，清湖村、弓村等13个小区近10万人受益。开展市容市貌提升整治行动，完成主干道立面刷新104.7万平方米，全面接管城中村环卫保洁工作，高标准开展清扫保洁、绿化养护和垃圾清运，高分通过国家卫生镇复查，城市面貌大为改善。认真贯彻落实查违“铁八条”，严格执行“24小时不间断巡查、重点区域设点蹲守”的工作机制，对发现的违法建筑坚决做到“四清两断”，有效遏制违建抢建苗头。龙华第二小学建成开学，新增学位360个。新华中学综合楼扩建工程完成主体建设，校舍加固工程有序推进。龙华人民医院晋级“二甲”医院。计生服务体系进一步完善，为16万人次育龄妇女提供免费计生服务，被国家人口计生委授予“第一批全国人口和计划生育依法行政示范乡镇（街道）”。充分发挥公益职介所桥梁作用，举办免费现场招聘会98场，成功推荐13729人就业。街道原创群舞“竹蜻蜓”在文化部举办的全国舞蹈大赛中荣获三等奖。积极响应“广东扶贫济困日”募捐活动，筹集善款253.37万元。选送22名优秀青年入伍，街道连续30年被区征兵办公室评为征兵工作全优单位。

【社区建设】2011年，龙华街道圆满完成20个社区居委会换届选举工作。扎实推进固本强基工程，清湖社区文体综合楼、三联社区户外文体广场、油松社区户外文体广场等10个固本强基建成投入使用，景龙社区综合服务楼及户外文体广场主体竣工。实施“农转居”居民创业就业工程，户籍居民实现成功创业35人，创业带动就业103人。开展“迎春送暖·平安和谐”关爱行动，为社会保障对象等八类人员发放慰问补助。引进居家养老服务机构，为162位老人提供居家养老服务。加强老龄人活动场所建设，建成“星光老年之家”20个，使老人学习有阵地，活动有场所。

【综合治理】2011年，龙华街道综治信访维稳中心、7个社区综治信访维稳工作站和248家综治工作室三级平台有效联动，不断完善矛盾纠纷排查系统、矛盾纠纷化解系统、应急指挥系统、保障系统等四大系统功能，全年排查受理信访矛盾纠纷3696宗，成功化解3690宗，化解率99.8%，将矛盾化解在一线、化解在萌芽状态，确保小事不出社区、大事不出街道。深入推进社会面整体防控，设置岗亭608个，全面开展路面、社区、居民区、出租屋的巡逻防控和重点人员防控工作。组建街道治安联防大队和小区义务巡逻队，深入开展群防群治工作。发挥公安派出所主力军作用，加大打击犯罪力度。大幅提升技防、物防水平，完成视频门禁系统建设2688套，完成率108%。创建安全文明小区2个、围合式小区3个，巩固安全文明小区1个。辖区接报总警情、刑事警情、两抢警情、盗窃警情同比分别下降10%、27%、42%、31%。深入开展“打非禁摩”行动，查扣各类非法营运车辆10862辆。进一步加强交通秩序整治，交通拥堵现象明显改善。加强突发事件应急体系建设，依托龙华武警现役消防中队和民兵应急分队，组建街道综合应急救援队，全年妥善处置各类突发事件128宗。落实安全生产“一岗双责”长效管理机制，全面开展火灾隐患整治，排查整改各类隐患3万多处，取缔无证照经营场所1700余处，全年未发生一宗较大以上安全生产事故，辖区安全生产形势平稳，以全市最高分通过市火灾隐患重点地区考核验收，荣获深圳市2011年火灾隐患整治工作先进单位。

【党的建设与精神文明建设】2011年，龙华街道坚持党建创新，基层基础得到进一步夯实。创新开展党务工作者专职化工作，与省委党校合作，进一步完善培训教育、资格认证、选聘管理和综合考核评价四大体系，初步建立专人、专职、专业的党务工作者队伍，获市委组织部高度评价。全年举办党务工作人员培训、考核共7期1149人。“龙华共产党员网”投入使用，成为街道创先争优活动新阵地。组织开展“争当‘六高’先锋·再造激情年代”、“为大运添彩·为党旗增辉”、“庆‘七一’·唱红歌·迎大运”等三大系列主题活动，不断掀起创先争优活动新高潮。全面启动机关党员进社区工作，积极推动党代表进社区工作，三联、景龙社区党代表工作室开展党代表活动102次。严格落实党风廉政建设责任制，深入开展社区党风廉政建设，扎实推进纪律教育月活动。制定党工委、部门、社区三级党务公开目录，党务公开工作扎实推进。以“迎大运，创文明”为契机，深入开展文明创建活动，精心打造龙华公园“少年先锋队活力U站”等7个特色U站，干部、义工、治安志愿者开展志愿服务14256人次。　（朱育凡）

附：2011年宝安区龙华街道领导成员名单

党工委书记：黄启键
党工委副书记：陈贤彪
纪工委书记：陈贤彪
党工委委员：吴金明　文俊陵　梁兴华　阮开江　高　红　梁业甫
办事处主任：黄启键
办事处副主任：吴金明　梁兴华　阮开江　叶茂春

民治街道

【概况】民治街道位于宝安区东南部，东与龙岗区坂田街道接壤，西与南山区桃源街道相连，南与福田区梅林街道毗邻，北靠龙华街道和大浪街道；是梅林检查站、新区大道检查站、南坪检查站、深圳北站、轨道交通4号和5号线的所在地；辖区面积30.69平方公里，下辖9个社区；2011年年末常住人口58万人，户籍人口3.23万人。

【经济发展与社会事业】2011年，民治街道实现规模以上工业总产值139.01亿元，同比增长39.8%；社会消费品零售总额29.05亿元，同比增长29.7%；固定资产投资75.69亿元，同比增长16.4%；外贸出口总额22亿美元，同比增长44.2%；地税16.2亿元。年内，该街道依法淘汰低端企业49家，查处无证照经营场所1159家，疏导办证照6072家。现代商贸业加快发展，4家品牌商家、4家金融机构先后入驻，牛栏前商圈改造已完成施工图编制和概算，民治、横岭商圈改造项目已立项。股份合作公司“工改商”步伐加快。牛栏前股份合作公司引进的牛栏前电子城正在招商，民治股份合作公司引进的金马服装城、向南股份合作公司引进的Gi灯世界已开业。战略性新兴产业蓬勃发展。展滔电子商务产业园为宝安区第一个电子商务产业园，已列入宝安区“十二五”规划重点推进项目。127陈设艺术产业园荣获“深圳市文化产业基地”、“深圳市宝安区文化产业园区”称号。深圳北站已建成已投入使用，广深港高铁，轨道4、5号线及留仙大道等10条道路已正式通车。上芬路等第一批15条社区道路升级改造已完成75%；上塘西路等第二批15条社区道路升级改造项目建议书正在报批。梅龙路等4个公交首末站（场站）已建成。红山站等5个地铁公交接驳站正式投入使用。建成人行天桥4座，调整新增公交线路22条，增加公交运力105辆，500米公交站点覆盖率达98%。书香小学已进场施工，民新小学等2所新（扩、改）建学校正在进行方案设计，玉龙九年一贯制学校等4所新（扩、改）建学校正在办理环评手续。民治综合门诊部已建成使用。民治公立医院项目已完成用地等相关手续。扎实推进北站周边一、二圈层绿化，绿化面积约90万平方米，复绿黄土裸露地1.63平方公里。对北站周边454栋建筑物进行“穿衣戴帽”和灯光夜景整治。清理北站周边待建地600多万平方米，清拆乱搭建500多处。北站周边地区面貌焕然一新，被市环提指挥部通令嘉奖。落实社会保障、社会救济措施。救济低保户15户（46人），发放救济金约30万元；救助困难劳务工等各类人员87人次，发放救助金约38万元。实行计生动态考核奖惩制度，人口计生服务管理水平进一步提升，荣获宝安区“十佳人口计生工作单位”。筹措帮扶资金约1358万元，扎实推进“双到”帮扶各项工作。

【社区建设】2011年，民治街道在全区率先完成社区居委会换届选举工作。新成立北站等3个社区工作站及北站社区居委会。完成固本强基项目5个、同富裕项目2个。新登记社会组织3家。建成“农转居”居民创业孵化基地，实现自主创业43人，创业带动就业72人。积极落实户籍居民按比例就业政策，已优先聘用37名户籍人员到街道公益性岗位就业。接管樟坑等13个城中村94万平方米的清扫保洁，提高清扫保洁标准。扎实推进“城管进社区”试点工作，试点经验在全区推广。辖区污水干管网一、二期工程已完工，污水支管网一期工程已完成招标。沙吓等3个社区供水管网改造工程已完成。北站周边市政排水管道清淤等工程已完工。

【综合治理】2011年，民治街道进一步完善维稳综治网络建设，充分发挥维稳信息员的作用，共受理各类矛盾纠纷1998宗，调处1858宗，调处成功率为93%。全面构建北站治安“严管区”人防、物防、技防体系，安装视频门禁系统约2500栋，电子监控工程635个。扎实推进出租屋“两强管理”，严厉打击各类违法犯罪行为，全年共查处治安案件800起，破刑事案件548宗，打掉犯罪团伙33个179人，刑拘犯罪嫌疑人499人。圆满完成市、区两级挂牌督办的330家重、较大安全隐患单位和民乐社区火灾隐患重点地区整治任务，消除各类安全隐患5000余宗，全年未发生重特大安全事故。加大劳资纠纷排查化解力度，妥善处理各类劳资纠纷809宗，涉案金额约3172万元，劳资关系总体和谐稳定。

【党的建设和精神文明建设】2011年，民治街道社区党组织挂牌成立社区议事厅12个，组建党员干部志愿者服务队35支，成立社区文化活动排练厅9个。顺利完成6个社区党总支、24个党支部的换届选举，新组建2个社区党支部。在社区党总支召开理论学习会和组织生活会共12次，为党员群众解决落实民生实事62件。开展党代表接待走访等活动80余次，接待、走访、慰问党员群众85名，收集意见建设27条，已解决落实20条。教育质量不断提升，特色教育成绩突出，传统美德、音乐、美术、体育等获多项国际、国家级奖项。街道文体中心顺利通过省文化站验收，北站等3个社区图书馆基本建成，民丰等4个社区图书馆已完成选址。“四点半学校”、《新城市文学》等文化品牌影响力不断扩大。 （邓才斌）

附：2011年宝安区民治街道领导成员名单

党工委书记：刘 斌

党工委副书记：范会艺 文桂培

纪工委书记：范会艺

党工委委员：戴伟鸿 李金俊 林海青 曾创林 陈伟文 王广泳 莫一兵（8月止） 戴一川（3月起）

办事处主任：刘 斌

办事处副主任：文桂培 戴伟鸿 李金俊 林海青 莫一兵(8月止) 戴一川（3月起）

人物

全国先进模范人物

查红俐 女，1965年11月出生，中共党员，现任宝安区统计局局长。任职以来，围绕区中心大局和经济社会发展需求，团结带领统计队伍求真务实、锐意创新，通过采取“规范管理、宣传执法、素质培养、信息化建设”等措施保障统计数据质量，提升统计监测、调研和分析水平，统计服务能力和公信力得到有效提高。带领全系统顺利完成每年近万家定报企业的数据报送工作以及30余项常规调查和专项调查任务；每年出版年度、季度、月度及不定期统计刊物14类，为部门提供、审核统计数据和分析资料200余份；出色地完成第二次全国经济普查、第六次全国人口普查等全国性大型普查工作，为全市的普查工作作出巨大贡献，得到国家、省、市的充分肯定。任职4年来，宝安统计工作一直处于全市前列，区统计局获得4项国家级荣誉，7项省、市级荣誉。2011年被授予“第六次全国人口普查国家级先进个人”和“第二次全国R&D资源清查国家级先进个人”称号。

广东省先进模范人物

邓桂洪 男，1963年1月出生，中共党员，现任宝安区人大常委会副主任、宝安区总工会主席。2011年11月获得“广东省五一劳动奖章”。邓桂洪同志忠诚党的工运事业，热爱工会工作，爱岗敬业，求真务实，以勇于担当、与时俱进、敢为人先的精神，努力开创“宝安工会工作模式”新局面。任职期间，区总工会多项工作获得突破性发展，探索实践的工会组织建设“覆盖再覆盖”、职工教育培训、女职工工作等创新工作经验，获得全国、省、市总工会的高度肯定，多次在全国、省、市会议上作专题经验介绍，区总工会先后获得“全国工会干部教育培训先进集体”、“全国工会职工法律援助等维权服务示范单位”以及省、市各种奖励达10余次。2008年12月，“宝安模式”被评为改革开放30年广东工会“十大最有影响力事件”。因该同志在工会工作上作出的突出成绩，2011年11月被广东省总工会授予“广东省优秀工会工作者标兵”称号，同时获得“广东省五一劳动奖章”。该同志还光荣地当选为中国工会第十五次全国代表大会代表、广东省总工会委员、深圳市总工会委员、常委等多项职务。

刘红瑛 女，1964年7月出生，中共党员，现任宝安区人口和计划生育局局长，在其统筹协调下，宝安区人口计生工作屡获佳绩：连续多年获得省、市政府“人口和计划生育工作先进单位”；社区生育文化中心、关爱女性健康大讲堂等多个单项工作获得全省系统创新奖；基层队伍数次荣获全省、全市系统技能竞赛团体奖和个人奖第一名；人口文化作品、协会工作在全国系统获最高奖项。宝安区同时是全国流动人口动态管理监测点之一，“强基提质”与队伍职业化建设全国、全省试点地区之一，全省孕前健康服务试点地区之一。近年其荣获2006年市优秀党务工作者、2007～2008年度市“三八”红旗手和2010年“全国计生协先进志愿者”等荣誉称号。2011年3月被授予广东省“三八红旗手”荣誉称号。

何　斌 男，1971年9月出生，中共党员，1994年毕业于中国刑警学院，现任深圳市公安局宝安分局刑警大队副大队长。参加工作至今，何斌同志一直在刑侦一线工作，先后从事过命案、反黑、反绑、缉毒、打击团伙犯罪等各项工作。先后荣立个人二等功1次，个人三等功4次，2004年荣获“广东省优秀人民警察”称号，2008年被评为深圳市宝安区“劳动模范”。从2005年至今，一直负责全区命案侦破工作，在其带领下，连续6年完成命案侦破任务，命案破案率连年上升，2004～2010年，宝安区命案破案率大幅提升22.2%。命案侦破逐渐成为宝安刑警的“品牌”。2011年4月，由于公安工作成绩突出，何斌同志被评为广东省劳动模范。

曲晓顺 男，1957年6月出生，中共党员，现任宝安区委常委、政法委书记、宝安公安分局局长。在“清网行动”开展以来，曲晓顺同志高度重视、亲自挂帅，主动包案参与追逃行，先后两次远赴湖南、四川等省慰问一线追逃民警，并亲自劝投5名清网逃犯；关爱民警及家属，组织大规模的追逃组归建欢迎仪式，还亲自慰问民警家属30余次，解决疾苦，进一步凝聚队伍的团结力；组织有关部门大力宣传宝安警队清网事迹。制作《我们在路上》追逃民警感人事迹宣传片，在各大媒体发表民警清网事迹80余篇，赢得社会各界对宝安警队的更高认可。在行动中，宝安公安分局共到案行动前逃犯1335人，清网率达75.51%，逃犯到案绝对数全国第一，抓获部B级逃犯1人、部督逃犯2人、省督逃犯1人，抓获外地逃犯787人。因工作成绩突出，曲晓顺同志于2012年2月荣立个人一等功。

郭向阳 男，1967年8月出生，中共党员，大学本科，现任宝安区公安分局政委。大运期间，郭向阳同志担任宝安学警支队支队长，分管大运反恐攻坚队业务工作，在市局和区委区政府的统一部署和正确领导下，实现“大事不出、小事不多、有事处理得当”及“五个不发生、四个确保、三个满意”的安保目标，出色完成各项安保工作任务。在“清网行动”工作中，郭向阳同志倾力抓战时思想工作，努力打造一支英勇善战的宝安警队，这支队伍攻坚克难不断突破极限，最终取得清网行动的全面胜利。至行动结束，该局共到案行动前逃犯1335人，清网率达75.51%，逃犯到案绝对数全国第一，还抓获部B级逃犯1人、部督逃犯2人、省督逃犯1人，抓获外地逃犯787人。因公安工作成绩突出，郭向阳同志于2011年10月荣立个人二等功，于2012年2月荣立个人一等功。

刘忠文 男，1968年6月出生，中共党员，现任宝安区公安分局刑警大队党总支书记、大队长。大运安保期间，刘忠文同志带领宝安分局刑警大队313名民警圆满完成上级交给的各项安保任务，组织核查“八类案件”警情224起，核实“八类案件”59宗，破获51宗，打掉犯罪团伙3个，抓获嫌疑人51名；共处理各级线索核查指令54宗，落地54宗，达到落地率100%，处理率100%，隐患排除率100%；组织反恐攻坚队15名民警累计巡控里程达5000多公里，排查虚假恐怖信息类警情600余宗，组织全区排查扬言报复社会类重点人员，共排查扬言报复社会类重点人员25名、重点上访人员21名。2011年10月，刘忠文同志因工作成绩突出，荣立个人一等功。

叶雪松 男，1970年2月出生，现任宝安区公安分局刑警大队副大队长。在全国网上追逃专项督察“清网行动”期间，叶雪松同志任深圳市公安局赴外追逃湖南组组长，肩负逃犯数量最大、重刑犯比例最高、追逃难度最大的重担，带领追逃组深入湖南13个地市，行程8000多公里，深入基层办案单位，指挥、协调各警种，各分局追逃组，在23天时间内完成湖南片劝投、抓捕逃犯270人，为全市追逃任务取得重大突破作出贡献。同时，叶雪松同志还担任区公安分局“清网办”情报研判专班负责人，并主动承担分局情网办的日常管理工作，带领民警抓获逃犯1335人，其中抓获526人、占到案总数的39.4%，劝投809人，占60.6%，行动前逃犯下降75.51%。共抓获全国各地各类上网逃犯1481人。因公安工作成绩突出，叶雪松同志于2012年2月荣立个人二等功。

赖丹丹 女，1965年9月出生，中共党员，2009年7月至今任西乡派出所教导员，自2011年起，主持西乡派出所全面工作。2011年11月份荣立“大运安保个人一等功”。大运安保期间，赖丹丹同志兼任所长和教导员，作为一名基层的女警官，她身先士卒、率先垂范，带领全体民警认真贯彻落实上级机关关于大运安保工作的一系列指示精神，精心组织，周密部署，狠抓维稳处突工作，严密社会面防控，狠抓出租屋“两强”管理及消防隐患排查整治，切实做好后勤保障，辖区未发生重大案件和群体性事件，实现开幕式日、闭幕式日刑事警情“零发案”，8月9日至8月13日更是实现110刑事警情连续五天“零发案”的佳绩。赖丹丹同志因工作成绩突出，2011年11月份荣立“大运安保个人一等功”，2011年被市公安局评为“优秀党务工作者”，荣获宝安区首届“我最喜爱宝安警察”。同时在她的带领下，2011年西乡派出所被公安部评为二级派出所，省“缉毒”先进基层单位，荣立集体三等功，被市公安局党委、宝安区区委评为“先进基层党组织”，市局“清网行动”先进基层单位，分局“严打整治”先进单位，案件侦查队被公安部命名为“全国一级责任区刑警队”，户政室被评为省级“巾帼文明岗”称号。

梁荣新 男，1976年12月出生，中共党员，现任宝安区公安分局福永派出所案件侦查队副队长。“清网行动”期间，梁荣新连续加班加点。为规劝4名深圳户籍逃犯早日投案，他耐心工作，数十次到逃犯家里进行劝导，宣讲政策，最终使逃犯放下思想包袱，主动走进派出所投案自首；为使本单位能够按时超额完成各项清网任务指标，他远赴云、贵、湘等省，通过上门劝投、多方协作，成功到案21名清网逃犯。在他和战友们的不懈努力下，福永所取得清网行动的好成绩，短短3个月，共到案逃犯63人，逃犯到案率78.75%，位居全局前列。因工作成绩突出，梁荣新同志于2011年12月被评为全省“清网行动”先进个人。

刘　峰 男，1976年4月出生，中共党员，现任深圳市公安局龙城派出所景龙社区警务室警长。刘峰同志在龙城派出所工作期间，立足实效，勇于开拓创新，利用脚踝骨折住院期间，刻苦自学开发一套“辖区人口互联网申报系统”，此系统免费提供给辖区各企业单位使用，通过网络，广泛发动群众，信息采集更全面、及时、方便，得到辖区群众的一致好评，警民关系更密切。自投入使用以来，抓获逃犯4名，发现前科劣迹人员165人，市局、分局领导给予高度肯定和赞扬，实践证明，该系统的使用为探索社区警务管理模式提供新的思路。因工作成绩突出，刘峰同志于2011年6月被评为“广东省十佳优秀社区民警”。

2011年宝安区国民经济和社会发展统计公报

2011年，面对复杂的国内外环境，全区上下在区委、区政府的领导下，以科学发展观为主题，以转变经济发展方式为主线，以特区一体化为发展机遇，抓住迎办“大运会”的历史契机，加速产业转型升级，经济保持较快增长，社会事业取得新的进步，实现了“十二五”时期良好开局。

一、综合

初步核算，2011年全区生产总值(GDP)为3269.52亿元（含光明新区，下同），比上年增长14.5%。总量和增长速度均保持深圳市六个行政区第一。按常住人口计算的人均生产总值72227元，比上年增长10.6%，按中国人民银行公布的平均汇率计算，人均生产总值为11178美元。

全区生产总值2887.83亿元（不含光明新区，下同），增长13.2%，高于全市3.2个百分点。其中，第一产业增加值0.76亿元，下降22.1%，对GDP增长贡献率为-0.1%；第二产业增加值1803.86亿元，增长15.7%，对GDP增长贡献率为74.5%；第三产业增加值1083.21亿元，增长8.5%，对GDP增长贡献率为25.6%。三次产业比例为0.03：62.46：37.51。

2011年全区单位土地产出GDP5.07

图1　2006～2011年生产总值及其增长速度

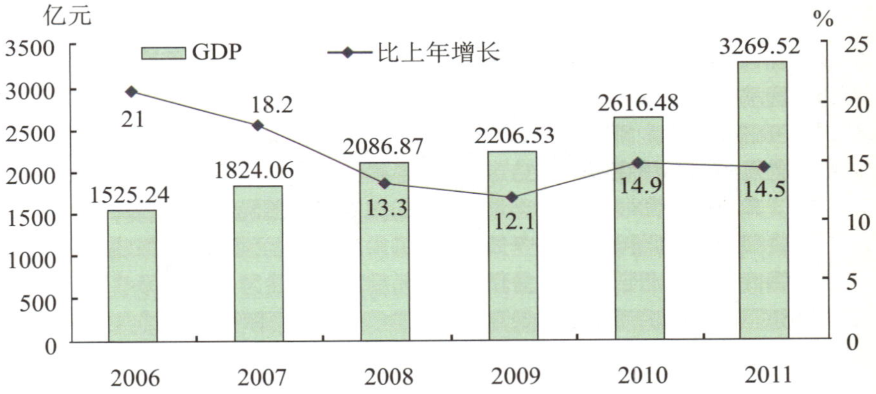

表1　初步核算本地生产总值

（单位：亿元）

指　标	2011年	比上年（±%）
本地生产总值	2887.83	13.2
第一产业	0.76	-22.1
第二产业	1803.86	15.7
#工业	1722.41	15.6
第三产业	1083.21	8.5
交通运输、仓储和邮政业	65.62	11.3
批发和零售业	259.28	10.2
住宿和餐饮业	73.36	3.1
金融业	108.50	10.6
房地产业	258.63	6.4
其他	317.81	8.5

亿元/平方公里，比上年增加9587万元；税收地均集约度0.86亿元/平方公里，增加1428万元；万元GDP水耗、电耗分别下降11.5%和7.4%。

全年物流业增加值271.69亿元，增长14.9%。文化产业增加值167.66亿元，增长17.5%。

全年居民消费价格比上年上升5.2%。其中，服务项目类价格上涨3.0%，消费品价格上升6.2%。

经济和社会发展中存在的主要问题：物价水平处于高位，原材料、劳动力等生产要素成本上升；部分企业经营困难，利润下降，工业投资下滑，资源瓶颈日益突显；社会建设相对滞后，城市管理难度较大，特区一体化任务繁重。

二、农业

全年农业增加值1.69亿元（含光明新区，下同），比上年下降10.5%。农业总产值4.51亿元，增长0.4%。

农业增加值0.76亿元（不含光明新区，下同），下降22.1%，总产值1.23亿元，下降17.5%。其中，种植业产值下降15.7%；林业产值增长57.5%；牧业产值下降34.0%；渔业产值增长54.6%；农林牧渔服务业产值下降43.7%。

三、工业和建筑业

全年工业增加值1962.39亿元（含光明新区，下同），比上年增长17.6%，占全区生产总值的比重为60.0%。规模以上工业企业3207个，实现总产值10123.62亿元，增长15.3%。

全年工业增加值1722.41亿元（不含光明新区，下同），增长15.6%，占全区生产总值的比重为59.6%。规模以上工业企业2665个，实现总产值9110.91亿元，增长14.0%。其中，国有企业产值78.32亿元，增长17.5%；民营企业产值1303.93亿元，增长24.9%；港澳台及外商企业产值7340.22亿元，增长11.9%。分轻重工业看，轻工业和重工业产值分别为1962.09亿元和7148.82亿元，增长12.9%和14.4%。

通信设备、计算机及其他电子设备制造业产值6142.43亿元，增长15.2%，占规模以上工业产值的比重为67.4%。规模以上工业销售产值8922.57

图2 2006～2011年居民消费价格涨跌幅度

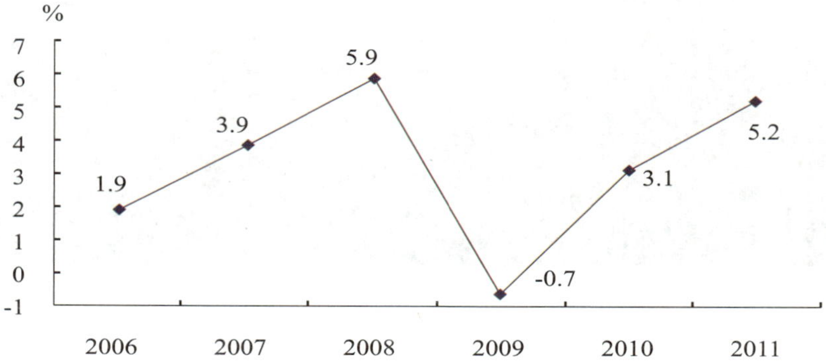

表2 2011年居民消费价格比上年涨跌幅度

（单位：%）

指标	比上年涨跌幅度（±%）
居民消费价格	5.2
服务项目价格	3.0
消费品价格	6.2
1、食品	9.7
2、烟酒及用品	4.0
3、衣着	3.7
4、家庭设备用品及维修服务	3.3
5、医疗保健和个人用品	4.2
6、交通和通讯	1.7
7、娱乐教育文化用品及服务	2.0
8、居住	4.3

表3 主要农产品和畜产品产量

指标	单位	数量	比上年（±%）
蔬菜	吨	14199	-10.9
活鸡上市量	万只	67.4	-26.2
乳鸽上市量	万只	44.2	7.0
生猪出栏量	头	5500	-54.8
水产品	吨	1384	11.4

图3 2006～2011年工业增加值及其增长速度

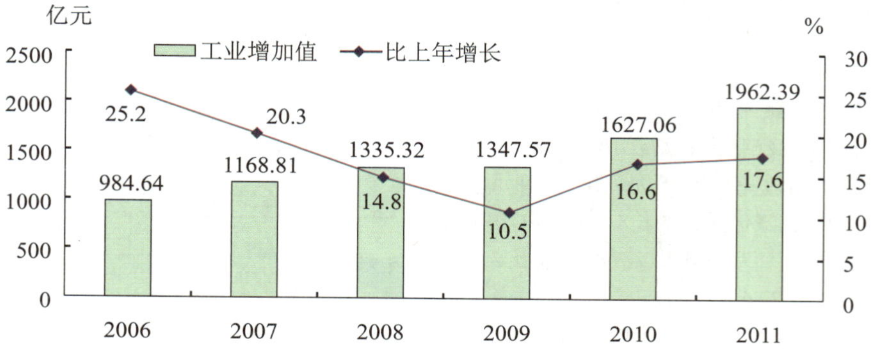

亿元，增长14.7%。工业产品销售率为97.9%，比上年提升0.4个百分点。出口交货值5961.23亿元，增长11.8%。

全年规模以上工业经济效益综合指数为150.88%，比上年提高0.66个百分点。总资产贡献率7.35%，下降0.57个百分点，资产负债率61.31%，下降2.76个百分点，资产保值增值率117.19%，下降10.81个百分点，成本费用利润率3.15%，下降0.47个百分点，全员劳动生产率103894元/人，增长14.5%，流动资产周转率2.14次，下降0.13个百分点，利润总额259.9亿元，下降4.6%。

全年资质等级以上建筑企业83个（含光明新区，下同），比上年增长6.4%；实现建筑业增加值109.78亿元，增长17.0%，占全区生产总值的比重为3.4%。

全年资质等级以上建筑企业78个（不含光明新区，下同），比上年增长6.8%；实现建筑业增加值81.45亿元，比上年增长17.4%，占全区生产总值的比重为2.8%。

四、固定资产投资和房地产

全年固定资产投资784.28亿元（含光明新区，下同），比上年增长13.6%，比全市高3.5个百分点，总量和增速分别列全市六个行政区第一位。

全年完成固定资产投资611.01亿元（不含光明新区，下同），比上年增长11.3%。其中，基本建设投资379.61亿元，增长3.0%，占固定资产投资的62.1%，比上年下降5.0个百分点；更新改造投资52.04亿元，增长5.1%。分产业看，第二产业投资122.2亿元，下降14%；第三产业投资488.81亿元，增长20.1%。

从社会投资和政府投资看，社会投资478.32亿元，占全区投资总额的78.3%；政府投资132.69亿元，占全区投资总额的21.7%。从投资方向看，工业完成投资122.20亿元，比上年下降14.0%；住宅完成投资238.54亿元，增长41.3%；公共设施完成投资233.04亿元，增长5.3%。

全区73个重大建设项目累计完成投资60.53亿元，完成年度计划的105%。其中，政府投资项目38个，

表4　规模以上工业企业主要产品产量

产品名称	单　位	数　量	比上年(±%)
光电子器件	万只	859778.89	18.1
电子元件	亿只	872.68	55.2
印制电路板	万平方米	3688.58	127.3
半导体分立器件	万只	75334	-49.3
显示器	万台	1706.99	-53.5
移动通信手持机（手机）	万台	14162.95	10.0
电饭锅	万个	78.92	15.9
家用吸尘器	万台	1228.62	2.8
家用电热烘烤器具	万个	1904.6	-42.5
家用电风扇	万台	1203.55	32.0
彩色电视机	万台	1032.45	55.6
照相机	万台	445.39	-26.8
组合音响	万台	2706.45	-3.4
数字激光音、视盘机	万台	1582.31	-16.9
半导体存储器播放器	万个	2051.89	-16.0
液晶显示器件	万片	13282.11	-46.8
复印和胶版印制设备	万台	178.92	477.3
打印机	万台	196.19	98.9
家具	万件	737.38	17.8
啤酒	千升	585373.08	12.6
软饮料	吨	149653	-39.4
服装	万件	5464.79	-20.3
塑料制品	万吨	44.28	-13.6
中成药	吨	28567	8.0
表	万只	4562	-12.8
卷烟	万支	1877085	3.3
自来水生产量	万立方米	57385.21	7.2

图4　2006～2011年固定资产投资及其增长速度

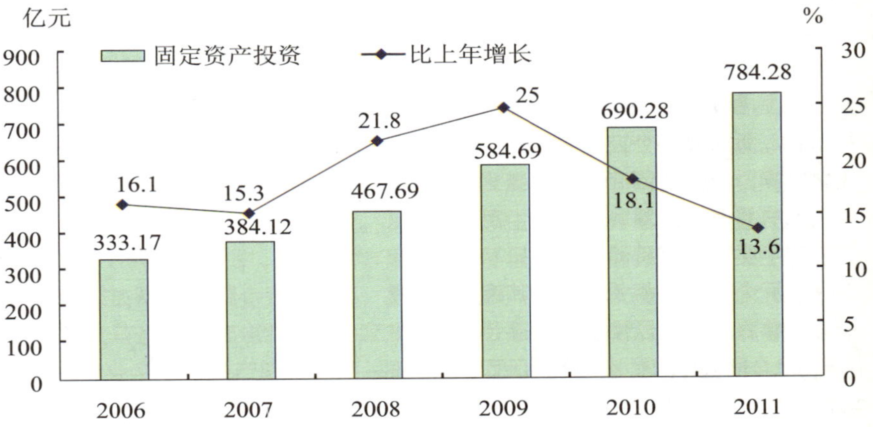

完成投资27.63亿元；社会投资项目35个，完成投资32.9亿元。项目分行业看，道路交通13个、宜居环境9个、社会民生19个、新兴产业4个、现代服务业10个、高新技术与先进制造业8个、城市更新10个。

全年房地产开发投资174.63亿元，比上年增长38.3%。施工房屋面积892.42万平方米，增长15.1%；竣工房屋面积60.59万平方米，下降45.4%；商品房销售量12595套，下降7.4%；商品房销售面积108.32万平方米，下降11.4%；商品房销售额205.07亿元，下降12.3%。

五、国内贸易

全年社会消费品零售总额764.38亿元（含光明新区，下同），比上年增长17.6%，总量列深圳市六个行政区第二位，增速列第三位。

全年社会消费品零售总额703.23亿元（不含光明新区，下同），比上年增长16.9%。总计中，限额以上批发零售业零售额301.77亿元，增长28.7%；限额以下批发零售业和个体户零售额279.47亿元，增长9.8%；餐饮业零售额121.99亿元，增长8.5%。

全区限额以上批发零售业商品销售额718.45亿元，增长36.5%，其中食品、饮料、烟酒类137.74亿元，增长29.4%；服装、鞋帽、针纺织类36.49亿元，增长30.1%；日用品类19.22亿元，增长30.3%；家用电器和音像器材类32.86亿元，增长35.9%。

六、对外经济

全年进出口总额1698.26亿美元（含光明新区，下同），比上年增长14.5%，其中出口总额992.43亿美元，增长14.8%，出口总额分别占深圳市、广东省、全国的40.4%、18.7%和5.2%。进口总额705.83亿美元，增长14.0%。实际使用外商直接投资金额13.5亿美元，增长7.9%。

全年进出口总额1602.17亿美元（不含光明新区，下同），比上年增长12.5%。其中，进口总额659.03亿美元，增长10.6%；出口总额943.14亿美元，增长13.9%。贸易顺差284.11亿美元。

图5　2006～2011年社会消费品零售总额及其增长速度

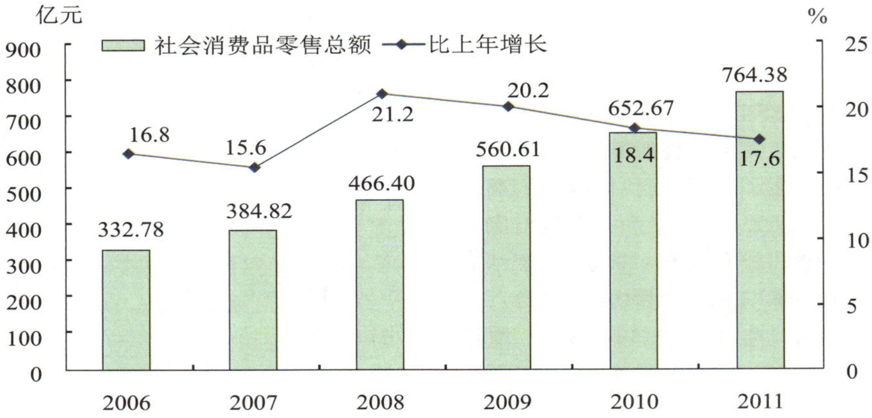

表5　2011年进出口总额及其增长速度

（单位：亿美元）

指　标	绝对数	比上年（±%）
进出口总额	1602.17	12.5
出口额	943.14	13.9
其中：一般贸易	95.74	3.2
加工贸易	760.16	10.4
其中：国有企业	64.94	4.8
外商投资企业	745.07	12.1
其中：机电产品	823.41	12.2
高新技术产品	541.18	13.3
进口额	659.03	10.6
其中：一般贸易	60.92	-0.4
加工贸易	504.71	10.2
其中：国有企业	37.87	-1.3
外商投资企业	509.52	9.3
其中：机电产品	558.58	13.4
高新技术产品	362.31	15.5

表6　2011年对主要国家和地区进出口总额及其增长速度

国家和地区	出口额（亿美元）	比上年（±%）	进口额（亿美元）	比上年（±%）
美　国	135.66	-2.4	20.22	41.3
欧　盟	90.34	-6.8	22.63	-3.7
香　港	553.81	30.0	2.46	0.3
日　本	34.78	20.9	79.01	11.8
东　盟	31.04	13.6	87.24	17.0
加拿大	7.26	1.3	2.80	5.3
台　湾	12.82	14.8	99.20	-6.8

全年新批外商投资项目726宗，比上年增长36.5%。实际使用外商直接投资金额10.28亿美元，增长8.2%。其中，第二产业外商直接投资7.72亿美元，占75.1%；第三产业外商直接投资2.56亿美元，占24.9%。在第三产业中，批发和零售业直接投资金额1.09亿美元，占42.7%。

七、交通、邮电与旅游

全年完成货物周转量314.94亿吨公里，比上年增长16.9%；旅客周转量334.99亿人公里，增长14.9%。全年邮政业务总量27910.74万元，下降3.5%；全年邮政国内汇款210.38亿元，下降2.6%；年末邮政储蓄余额112.86亿元，增长15.2%。电信业务收入86272.63万元，下降3.7%；固定电话用户134.08万户，增长6.5%；互联网宽带用户68.74万户，增长13.4%。

全区星级酒店29家，与上年持平。其中，五星级3家，四星级9家，三星级16家，二星级1家。

全年接待游客885.05万人次，比上年增长13.0%。其中，接待国内游客811.34万人次，增长14.1%；入境游客73.72万人次，增长2.7%。过夜游客289.46万人次，增长6.3%；过夜游客中的国外游客39.71万人次，下降1.9%。

全年旅游总收入44.43亿元，比上年增长11.7%。其中，国内旅游收入36.29亿元，增长13.8%；入境旅游收入8.14亿元，增长3.2%。

八、财税和金融

全年地方财政一般预算收入151.05亿元，比上年增长47.4%。地方财政一般预算支出198.94亿元，增长52.3%，其中，用于公共安全、教育、文化体育与传媒的支出分别增长10.5%、35.3%、74.0%。全年税收收入467.88亿元，比上年增长17.5%。

年末国内金融机构人民币各项存款余额2849.26亿元，增长10.1%。其中城乡居民储蓄存款余额1475.12亿元，增长12.4%。人民币各项贷款余额1564.99亿元，增长14.7%。全区全年金融机构累计现金净投放189.02亿元。

九、教育和科学技术

年末全区学校总数490所，比上年增加31所。其中，职业技术学校2所，普通中学92所，小学85所，幼儿园311所。全年各类教育招生人数11.44万人，比上年增长21.8%；在校生39.73万人，增长7.3%；毕业生8.09万人，增长11.3%。年末各类学校教职工总数3.33万人，其中专任教师2.32万人。

全年高新技术产品产值5659亿元（含光明新区，下同），比上年增长16.3%，占规模以上工业总产值的55.9%。其中，具有自主知识产权的产值2881亿元，增长18.6%，占高新技术产品产值的50.9%。高新技术产品增加值1137亿元，增长18.8%。全年专利公开公告12819件（不含光明新区，下同），比上年增长17.5%。其中发明专利4780件，增长6.5%；实用新型专利5069件，增长44.9%；外观设计专利2970件，增长1.7%。专利授权量10561件，增长11.7%。全区累计认定高新技术企业683家，其中民营高新技术企业476家，占69.7%。全年科技计划立项1718项，比上年增长22.8%。

十、文化、卫生和体育

年末全区有区级图书馆1个，街道级图书馆16个，社区图书馆135个，总藏书量431.9万册；区级群艺馆1个，街道级文化馆（站）11个，博物馆11个，影剧院13个。全年共开展各类文化活动4307场次，其中“送电影进社区”3300场，“送戏下乡”100余场。全年获省级以上文化艺术奖项64项，其中国家级26项，省级35项。

年末全区共有卫生机构832家，比上年减少20家，其中医院28家，卫生监督所10家，门诊部、诊所504家，社区健康服务中心170家。年末各类卫生技术人员14167人，比上年增加1522人。其中执业（助理）医师5382人，注册护士5699人。卫生机构拥有病床6125张，比上年减少44张。全年总诊疗2780.96万人次，比上年增长7.3%，其中门诊诊疗2274.36万人次，增长10.3%。病床使用率84.8%，比上年提高1.5个百分点。

全区各类体育设施2815个，比上年增长4.6%。其中，健身路径361条，增长10.7%；游泳馆（池）92个，增长1.1%；篮球场1151个，增长1.9%；足球场78个，增长2.6%。全年举办群众性体育活动147次，比上年增长8%；参加人数25万人次，增长19%。国民体质测试有效人数13145人，合格以上率87.2%。全年获得金牌87枚，下降22.3%，其中国家级23枚，下降54.0%；获得银牌36枚，下降46.3%，其中国家级18枚，增长20.0%。

十一、城市建设、环境保护、安全生产

年末全区公园207个，比上年增加8个，其中社区公园171个；垃圾转运站达到235个，增加46个；公共厕所408个；宝安区绿地总面积289.79平方公里，绿地率为50.53 %。全年处理垃圾159.74万吨（含光明新区，下同），增长11.9%，其中采取卫生填埋处理的达116.43万吨，采取焚烧处理的达43.31万吨，全区城市生活垃圾无害化处理率100%。

全年空气综合污染指数1.718（不含光明新区，下同），比上年上升4.5%。二氧化硫年平均值0.015毫克/立方米，上升15.4%；二氧化氮年平均值0.063毫克/立方米，上升6.8%；可吸入颗粒物年平均值0.068毫克/立方米，下降1.4%。全年区域环境噪声年平均值57.1分贝，上升0.7%；道路交通噪声69.0分贝，上升0.4%。

全年共发生道路交通事故517宗，比上年下降28.9%。死亡189人，下降9.6%；受伤559人，下降36.5%；直接经济损失181.25万元，下降45.2%。发生火灾事故115宗，比上年增长40.2%。死亡1人，受伤4人，直接经济损失445.2万元。全年亿元生产总值生产安全事故死亡率0.07人，下降22.2%。

十二、人口、人民生活和社会保障

年末全区常住人口454.84万人(含光明新区，下同)，比上年末增加4.33万人，增长1.0%。其中，户籍人口52.22万人，增长7.3%。年末全区常住人口406.14万人（不含光明新区，下同），增长0.9%。其中，户籍人口46.57万人，增长7.7%。户籍人口出

生率14.86‰，比上年下降1.02个千分点；死亡率1.63‰，增加0.07个千分点；人口自然增长率13.24‰，下降1.08个千分点。

年末在岗职工（不含私营和个体）31.07万人，比上年下降3.4%。全年在岗职工工资总额135.73亿元，比上年增长13.4%。在岗职工平均工资3607元/月，增长13.7%。

根据100户（含户籍和非户籍）居民家庭抽样调查资料，全年城市居民人均可支配收入33859.08元，比上年增长12.8%，扣除物价因素，实际增长7.2%；居民人均消费性支出21229.83元，增长4.2%，扣除物价因素，实际下降1.0%。城市居民家庭恩格尔系数39.1%，比上年上升1.5个百分点。

全年受理治安案件75887宗，上升22.2%；查处治安案件74552宗，上升22.0%；查处人数19073人，下降20.9%。全年刑事案件立案数55207宗，比上年下降26.3%；破案数9413宗，下降7.6%。

全区年末各险种参保人数1190.63万人，比上年增长7.3%。其中参加基本养老保险414.24万人，增长21.4%；参加医疗保险人数372.79万人，增长0.3%（其中，基本医疗保险人数99.95万人，增长15.9%；劳务工医疗保险人数255.0万人，下降5.9%）；工伤保险人数363.68万人，下降0.7%；失业保险人数39.91万人，增长28.6%。

全年共完成社会保险费征缴101.71亿元，比上年增长40.0%。其中，养老保险费81.99亿元；工伤保险费3.68亿元；基本医疗保险费8.66亿元。

全年抚恤费679.8万元，比上年增长13.5%；安置费1460.2万元，下降3%。城镇居民家庭最低生活保障标准510元/人月，比上年提高60元。年末领取最低生活保障人数1273人，发放低保救济金565.23万元，增长6.8 %。

注：

1. 本公报中2011年数据均为初步统计数，统计图中2006～2010年数据为年报数。

2. 个别数据因四舍五入的原因，存在着与分项合计不等的情况。

3. 2011年起，规模以上工业统计口径由500万元调整为2000万元及以上；固定资产投资项目统计起点由计划总投资50万元提高到500万元，增速为可比口径。

4. 地区生产总值及各产业增加值绝对数按现行价格计算，增长速度按可比价格计算。

5. 重大项目、邮电、旅游、进出口、利用外资、财税、金融、教育、科技、文化、卫生、体育、城市建设、环境保护、安全、社会治安、社会保障的数据来源于部门统计。

6. 恩格尔系数是指居民食品消费支出占全部消费支出的比重。

宝安区主要经济指标（含光明新区）

指标名称	计算单位	本月数	1～12月累计	累计同比（±%）
1. 宝安区生产总值（季报）	亿元	—	3269.52	14.5
2. 规模以上工业总产值	亿元	890.50	10123.62	15.3
3. 规模以上工业增加值	亿元	174.09	2011.16	18.0
4. 农业总产值	亿元	1.38	4.51	0.4
5. 社会消费品零售总额	亿元	73.10	764.38	17.6
6. 固定资产投资完成额	亿元	85.87	784.28	13.6
7. 财政一般预算收入	亿元	19.58	166.58	—
财政一般预算支出	亿元	80.45	222.23	—
8. 国、地税收入	亿元	40.81	529.71	18.9
其中：税收收入	亿元	39.30	509.71	18.1
#国税收入	亿元	28.08	310.23	13.5
地税收入	亿元	12.73	219.43	27.6
#税收收入	亿元	11.22	199.48	26.1
9. “三资”企业直接投资额	亿美元	0.20	13.50	—
10. 出口总额	亿美元	104.57	992.43	—

深圳市及各区主要经济指标对比（1～12月）

指标名称		深圳市	宝安区（含光明新区）	龙岗区（含坪山新区）	福田区	南山区	罗湖区	盐田区	宝安区	龙岗区	光明新区	坪山新区
1. 地区生产总值（季报）（亿元）	累计	11502.06	3269.52	2157.64	2098.63	2441.75	1209.16	325.36	2887.83	1881.31	381.69	276.33
	同比（±%）	10.0	14.5	12.0	8.5	11.6	8.2	10.0	13.2	11.5	28.5	14.5
2. 规模以上工业总产值（亿元）	累计	20412.94	10123.62	4361.88	788.00	4001.97	596.20	541.27	9110.91	3561.76	1012.71	800.12
	同比（±%）	10.3	15.3	12.4	-9.0	12.3	11.3	15.8	14.0	11.7	29.7	15.6
3. 规模以上工业增加值（亿元）	累计	5228.78	2011.16	1366.24	149.19	1546.69	94.98	60.51	1766.82	1176.65	244.34	189.59
	同比（±%）	12.6	18.0	14.6	-5.0	13.2	11.1	10.2	16.1	14.5	33.8	15.0
4. 固定资产投资完成额（亿元）	累计	2136.39	784.28	705.55	180.28	296.17	81.04	89.06	611.01	570.45	173.28	135.10
	同比（±%）	10.1	13.6	11.6	3.4	3.1	10.7	2.0	11.3	7.2	22.8	34.7
5. 社会消费品零售总额（亿元）	累计	3520.87	764.38	463.53	1086.09	457.27	708.00	41.67	703.23	421.58	61.15	41.95
	同比（±%）	17.8	17.6	18.5	17.0	19.7	17.5	16.9	16.9	17.9	25.2	25.0
6. 地方财政一般预算收入（亿元）	累计	1339.59	166.58	128.68	91.66	77.56	52.19	20.16	151.05	116.36	15.53	12.32
	同比（±%）	21.0	—	32.7	32.3	67.3	42.1	25.0	47.4	30.0	74.7	65.8
7. 出口总额（亿美元）	累计	2455.25	992.43	359.52	360.40	170.28	194.18	131.49	943.14	307.79	49.29	51.73
	同比（±%）	20.2	—	20.4	9.2	6.6	2.5	26.0	13.9	21.4	22.0	15.1
8. 实际外商直接投资额（亿美元）	累计	45.99	13.50	6.34	11.66	4.75	7.80	0.72	10.29	5.45	3.21	0.89
	同比（±%）	7.0	—	3.1	12.6	7.8	—	0.2	8.2	6.2	7.1	-12.5

注：各区主要经济指标为各区公布数。

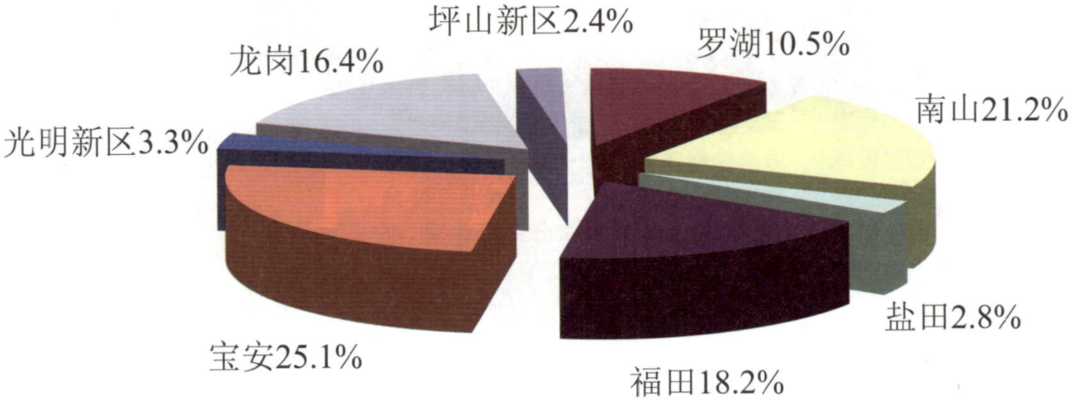

地区生产总值占全市比重

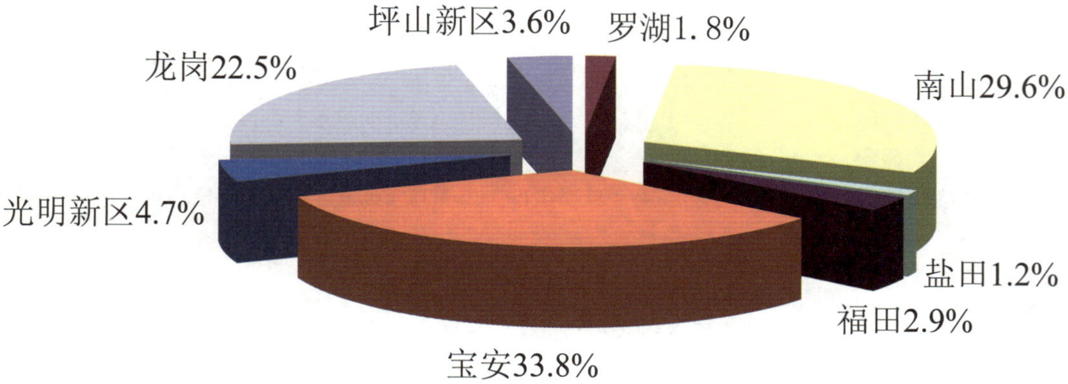

各区规模以上工业增加值占全市比重

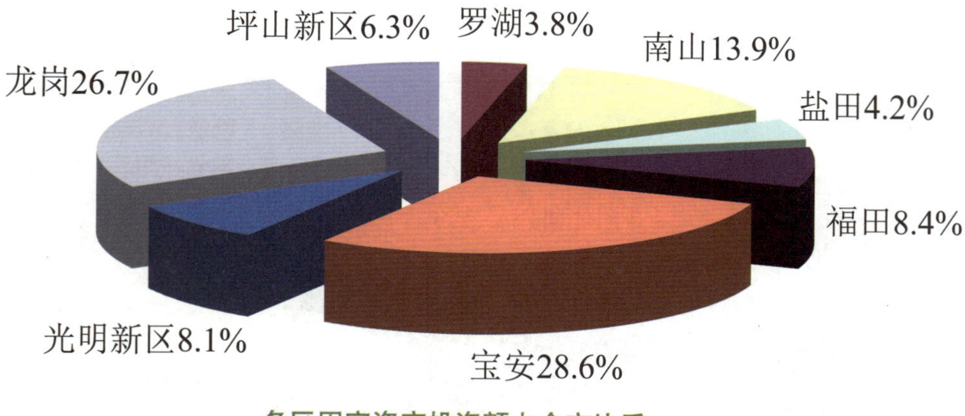

各区固定资产投资额占全市比重

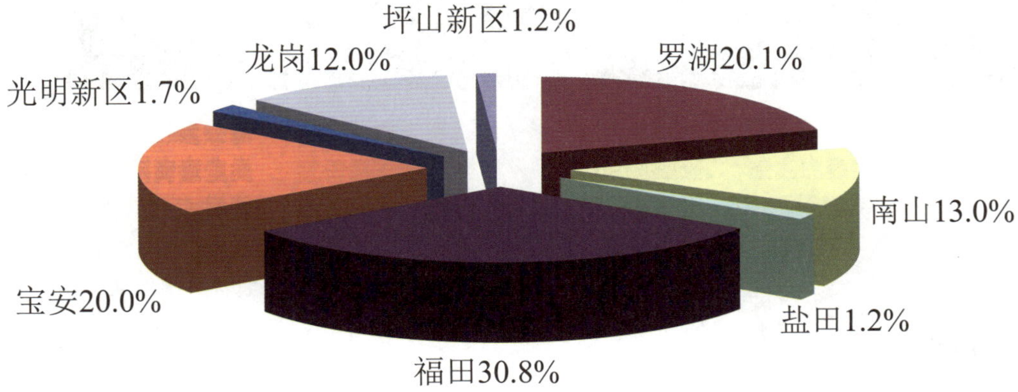

各区社会消费品零售总额占全市比重

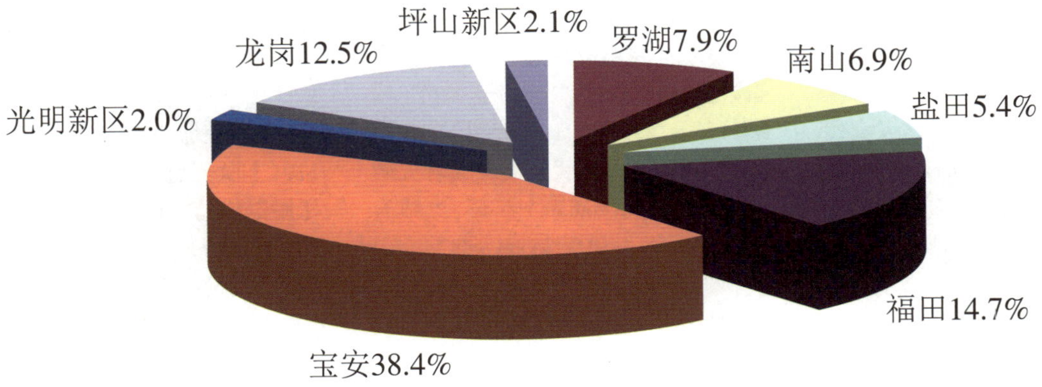

各区出口总额占全市比重

1月

1日　2011年西乡街道重点投资项目启动。该街道十大重点投资项目投资建设预计2013年1月之前完成。区领导鲁毅、张备、沈建英、张洪华、戴斌、王立新、麦启锐、李勇等参加启动仪式。

5日　市委常委、市公安局局长李铭率队到军警联勤牛湖治安检查点，检查勤务运作情况，并慰问执勤武警官兵和公安民警。区领导张洪华、曲晓顺、蔡颖参加慰问活动。

6日　深圳市首家干混砂浆企业深圳宝创置业有限公司在西乡三围码头投产，填补了全市干混砂浆生产的一大空白，有望突破预拌砂浆推广难的瓶颈。

8日　宝安区“迎大运、创全国文明城市标兵”200天行动暨机关干部志愿服务行动启动仪式在海滨广场举行。区领导鲁毅、张备、沈建英、张洪华，机关干部、公安民警、来深建设者、社区居民、学生和义工代表，约1500人参加启动仪式。

17日　区委书记鲁毅主持召开宝安区第四届委员会十二次全体（扩大）会议，审议通过区四届七次党代会有关事项等。区领导张备、张洪华、李桦、赵燕民、刘惠玲、戴斌、曲晓顺、李立军、王立新及区委委员、区委候补委员等参加会议。

18日　宝安区启动迎大运、保平安“平安鹏城11”行动，这也是市公安局代号为“春雷”的社会治安重点地区集中整治专项行动第一次在宝安进行。区委常委、政法委书记、区公安分局局长曲晓顺参加启动仪式。

20日　中共深圳市宝安区第四届代表大会第七次会议在宝安区委区政府会堂召开。区委书记鲁毅作题为《加快特区一体化　建设和谐幸福宝安》的工作报告，区委副书记、代区长张备作关于贯彻落实区四届五次党代会精神的情况报告。会议强调要把握科学发展主题，抓住加快转变经济发展方式主线，坚持一手抓建设、一手抓管理，全面推进经济建设、政治建设、文化建设、社会建设、生态文明建设和党的建设，充分发挥党委总揽全局、协调各方的领导核心作用和共产党员先锋模范作用，以优异成绩迎接建党90周年，确保“十二五”发展开好局、起好步。

21日　宝安人民法院开通官方微博（http://t.sina.com.cn/szbafy），成为广东省第一家开通微博的法院。

23日　由深圳市妇联、市人力资源和社会保障局、市关爱办、深圳报业集团联合举办的评选深圳市十大优秀外来女员工活动名单揭晓，宝安区4名巾帼位列其中：福永街道文体中心舞蹈编导肖惠霞、富士康中央安全处行政后勤主管赵文选、福永新和高美玩具厂系统管理部主管罗英和松岗街道劳动保障服务中心书记员何彩眉。

24日　宝安区召开文艺界新春恳谈会，区委书记鲁毅要求全区文艺工作者引领群众文化，着力提升城市公共文明指数。区领导李桦、戴斌参加会议。

26日　宝安区档案馆特藏室新增4件特藏珍品：季羡林、任继愈、张中行三位知名学者、国学大师为“宝山园”的题词。

27日　首届“万里杯——全国旅客最满意汽车客运站”评选结果揭晓，凭借“为旅客提供贴心服务，助劳务工平安返乡”，宝安客运中心榜上有名，该中心负责人钟国强同时被评为“旅客最满意汽车客运站站长”。

28日　位于宝安中心区金科路的迎春花市开市，花市铺位374个，其中50个爱心铺位免费提供给周边辖区的创业青年。代区长张备、副区长龙耀庭出席剪彩仪式。

由宝安区委区政府与深圳报业集团联合打造的宝安区综合性门户网站——深圳宝安网（www.baoannet.com）正式开通，这既是宝安区全面落实市委市政府实施网络问政要求的一个重要举措，也标志着宝安在电子政务建设和网络宣传阵地建设方面又迈出重要的一步。

30日　宝安区纪委四届六次全体（扩大）会议在区委区政府会堂举行。区委常委、区纪委书记林梓明主持会议，区委书记鲁毅出席会议并作重要讲话，区委副书记、代区长张备，区政协主席沈建英，区委副书记张洪华等出席会议。鲁毅强调，必须坚持“以人为本、执政为民”，深入推进“廉洁城区”建设，不断完善惩治、预防腐败体系，为加快特区一体化、建设和谐幸福宝安提供坚强的纪律和作风保障。

2月

11日　区领导鲁毅、戴斌、王立新到桃花源科技创新园调研，并召开全区科技工作调研会。会上，区领导对区科技局提出的需要解决的问题进行现场研究，并提出具体的解决建议并希望区科技局继续紧紧围绕宝安经济社会发展的时代特征，抓好制度创新、科技创新。

12～13日　宝安区政协第三届委员会第七次会议在区委区政府会堂隆召开。178位区政协委员在为期两天的大会中，为促进宝安经济社会发展、加快特区一体化、建设和谐幸福宝安倾情建言献策。区政协主席沈建英代表宝安区政协第三届常务委员会作工作报告。会议补选杨浩勃为区政协三届委员会副主席。

13～14日　宝安区第四届人民代表大会第七次会议在区委区政府会堂隆重召开，164名区人大代表到会。区委书记鲁毅主持大会，代区长张备在会上作政府工作报告。大会圆满完成各项议程，补选鲁毅为区人大常委会主任，补选张备为区人民政府区长；会议批准通过宝安区“十二五”规划纲要，批准通过区政府工作报告等六个报告。鲁毅表示，将同区人大常委会组成人员一道，恪尽职守，忠实履行法定职责，尽心尽力把人大工作做好，决不辜负全体代表和全区人民的重托。张备表示，将紧紧依靠区人大、政协的监督支持，紧紧依靠区政府班子的团结合作，紧紧依靠全区人民的智慧和力量，尽职尽责，勤政廉政，努力交上一份让全区人民满意的答卷。

16日　市委常委、市纪委书记周林祥在区领导张备、张洪华、林梓明、李慧民、龙耀庭陪同下，率队到宝安检查迎大运和绿化美化工作情况。

17日　福永第十八届贺元宵群狮会在万福广场喜庆上演，区领导张备、邓桂洪、孙波，与3000余名群众一起欢庆元宵佳节。

21日　宝安区召开2011年度政法工作会议暨“平安大运行动”工作会议。会议传达贯彻全国、省、市政法工作会议精神，总结2010年全区政法综治维稳工作，并对2011年政法综治维稳工作和“平安大运行动”进行部署。区领导鲁毅、张洪华、戴斌、曲晓顺、陈桂其、李勇、周格机等出席会议。

22日　区委书记鲁毅率队到民治、大浪街道检查市容环境提升工作。区领导赵燕民、刘惠玲、戴斌、龙耀庭参加活动。同日，区长张备率队前往沙井检查市容环境提升工作，并提出要提高整治标准，让市民得实惠。

国家发改委副主任解振华到深圳市安托山特种机电有限公司调研。副市长唐杰，区领导鲁毅、戴斌、王立新参加调研。

23日　省委常委、市委书记王荣，市长许勤率队到宝安检查市容环境提升工作。他寄望宝安放大中心城区的辐射、示范作用，以大运会为重要节点，加快推进特区一体化进程。市委常委、常务副市长吕锐锋，市委常委、市委秘书长王毅，区领导鲁毅、张备、戴斌、龙耀庭参加调研。

《咱们工人有力量》央视春晚演出成功表彰座谈会在福永召开。会议由市委常委、宣传部部长王京生主持。省委常委、市委书记王荣，市领导许勤、吕锐锋、王毅，区领导鲁毅、张备、李桦、戴斌等出席座谈会。市领导向受表彰先进单位颁发“先进单位”奖牌，向受表彰先进个人颁发荣誉证书。张备代表区委区政府向全体演职人员颁发奖励支票30万元。福永街道领导代表街道向全体演职人员颁发奖励支票20万元。

25日　宝安区荣获广东省2010年度人口与计划生育先进单位称号。这是宝安区连续15年获得广东省人口与计划生育先进单位称号。

同日，区长张备主持召开区政府四届九次全体（扩大）会议。张备强调，每个部门、每个街道都要认真对照政府工作报告任务分解表和公共服务白皮书，强化执行，凝神聚力，扎扎实实为老百姓办几件事，要多做好事，多干实事。区领导刘惠玲、戴斌、王立新、李慧民、龙耀庭、孙波、蔡颖、李勇等出席会议。

26日　区教育系统“迎大运，百支宣传队伍进社区”系列活动启动仪式在桃源居社区举行。区教育系统迎大运系列活动以“迎大运、讲外语、提素质、树形象”为主要内容，具体包括“文明交通我带头”、“宝安市民讲外语”、“百支宣传队进社区”、“百名外语教师进社区”、“万名教师访万家”等。

3月

1日　中共中央政治局委员、省委书记汪洋率队到深圳检查大运会筹备及相关工作。在深圳北站，汪洋一行登上正在试运行的地铁5号线，仔细询问客流量、车班次，察看沿线美化、绿化情况，汪洋要求相关部门尽量把工作往前赶，把工作做得更细致、漂亮。省委常委、市委书记王荣，省委常委、省委秘书长徐少华，市长许勤，市人大常委会主任刘玉浦等陪同考察；区领导鲁毅、张备、戴斌参加相关调研活动。

3日　宝安区召开纪念“三八”国际劳动妇女节101周年表彰大会。市妇联主席蔡立，区领导张洪华、姜锦笑、杨浩勃出席会议。张洪华殷切寄语广大妇女谨记“以阳光心态面对人生”、“以辛勤劳动创造生活”、“以感恩情怀融入社会”三句名言，紧跟时代步伐、巾帼不让须眉，为加快特区一体化、构建和谐幸福宝安作出更大贡献。

4日　宝安区以“温暖你我她，维权服务进万家”为主题的“三八”妇女维权周暨法律宣传服务活动在新安街道海裕社区启动。区委常委、组织部部长赵燕民出席活动。

5日　“青春灵动　给力大运”宝

安区大运会志愿行动誓师大会在新安街道海裕社区深业新岸线社区一期会所广场举行。区委常委、组织部部长赵燕民、副区长李慧民参加活动。这是全市首个大运社区志愿服务站。

8日 宝安区召开2011年查处违法建筑和违法用地工作会议，传达省、市相关会议精神，通报3年来各街道查违工作情况，并部署2011年查违工作。区委书记鲁毅要求，建立查违的常态、高压机制，查事与查人相结合。区长张备与街道代表签订责任书。区领导赵燕民、戴斌、林梓明、龙耀庭、李勇等参加会议。

10日 宝安区举行2010年度区政府法律顾问工作座谈会暨2011年度区政府法律顾问续聘仪式，11人获聘宝安区政府法律顾问。区长张备，区委常委、区委区府办主任戴斌出席会议。

宝安召开2011年全区宣传思想工作会议。区委书记鲁毅对此次会议作出重要批示。区委副书记张洪华传达重要批示精神并讲话。区委常委、宣传部部长李桦总结2010年宣传思想工作，部署2011年工作。副区长李慧民主持会议并宣读授予福永万福民工街舞团周生财等宝安区“优秀劳务工”荣誉称号的决定。

12日 宝安区“深圳市民讲外语”暨“百名外国留学生进家庭”、“百场外语口语训练”、“公共场所双语标识纠错”活动在海滨广场正式启动。市政协副主席黄中伟，市外办主任汤丽霞，区领导刘惠玲、戴斌、蔡颖、杨浩勃一起拉动活动的启动杆，并向“10个国际友好家庭”颁发纪念牌。

15日 区委区政府召开全区党政机构改革动员大会，全面部署全区党政机构改革步骤。经调整，区委、区政府设25个党政工作部门。区几套班子领导参加会议。

17日 宝安召开企事业治安保卫重点单位“迎大运、保平安”动员部署会议。会上，区委常委、政法委书记、区公安分局局长曲晓顺要求各相关单位要落实责任，加强内部安保，全力确保“平安大运”目标顺利实现。副区长李勇参加会议。

18日 区委常委、常务副区长刘惠玲主持召开宝安区医疗机构监督管理工作会议。刘惠玲表示，卫生事业是民心工程、民生工程，医疗机构是治病救人、保障人民群众身体健康的场所，卫生主管部门要对社会医疗机构进行全面清理检查，各方共同参与，负起责任。

23日 国家人口计生委社会抚养费征收工作调研组在省、市人口计生部门领导陪同下到宝安区考察，对宝安建立依法申请法院强制执行“绿色通道”，构建社会抚养费征收长效机制的创新做法给予充分肯定。

24日 深圳大运会宝安赛区委员会志愿者部第一次全体会议在区政府召开。区委常委、组织部部长赵燕民参加会议。宝安建立169个志愿服务站，在全区招募城市志愿者5万人。

25日 宝安区首批12个“明师工作坊”正式授牌。首批68位“明师”轮流主持“工作坊”工作，通过课题研究来带动其他教师提升业务水平。

26日 宝安区经济促进局贸易工业检测研究中心副研究员王泽填博士为第一作者撰写的《结构转型与巴拉萨·萨缪尔森效应》荣获“2010年度浦山世界经济学优秀论文奖”。

29日 区长张备，区委常委、副区长王立新率队到创维公司调研，张备要求相关部门积极协调，解决问题，创造好的环境，协助企业留住人才，促进企业发展。

30日 区委书记鲁毅率队检查大运场馆建设及维修改造工作，并听取大运筹办有关工作汇报。鲁毅强调，全区要全面进入战时状态，举全区之力，抓好大运会的组织、安保、后勤等各项工作。各级各部门要“求实务实抓落实，细致细致再细致”，确保大运会成功举办。区领导沈建英、张洪华、赵燕民、刘惠玲、戴斌、麦启锐、李慧民、龙耀庭、蔡颖、李勇、毛伍元、杨浩勃参加检查活动。

31日 深圳市西部公共汽车有限公司迎大运车辆投放仪式在海滨广场举行，投放的337台公交车主要补充近20条跨区线路，以缓解市民在大运场馆之间的乘车需要。副区长孙波出席仪式。

4月

1日 为加快生态宝安建设，区委区政府与中国绿化基金会合作建立的“绿色宝安基金”正式启动。中国绿化基金会主席、国家林业局原局长王志宝，中国绿化基金会第一副秘书长兼办公室主任陈蓬，中国绿化基金会副秘书长杨旭东，省林业局党组成员、巡视员陈俊勤，市城管局党委委员、公园管理中心主任田学根，区委书记鲁毅，区长张备，区政协主席沈建英出席启动仪式，区几套班子领导带头为“绿色宝安基金”捐款。

2日 宝安区“迎大运、创全国文明城市标兵”文明提升与迎检行动督查工作会议召开。会议传达贯彻区委常委会关于加大公共文明建设力度的有关精神，提出要把提升城市公共文明指数与迎大运、创全国文明城市标兵工作结合起来，切实加大整改落实力度。

6日 区长张备率队检查大运场馆建设及维修改造情况，并听取大运筹办有关工作汇报。张备强调，各相关单位要做好角色转变，考虑问题时优先考虑怎么做好服务、当好东道主。副区长李慧民参加检查。

华丰世纪集团被中国关心下一代教育研究院授予“中国优秀企业青年职工教育示范基地”称号。近两年来，该公司有五位员工被评为“深圳十佳劳务工”、“深圳百名优秀劳务工”，公司也多次获得“十佳关爱劳务工企业”称号。

7日 深圳宝安国际机场被世界航空货运权威杂志社《Air Cargo News》评为“年度最佳货运机场”。这是宝安机场首次获得此项殊荣，也是获得世界级荣誉中分量最重的一个。

宝安区教育硕士实习实践基地正式挂牌成立。宝安中学、宝安实验学校等12所区内学校，成为首批基地学校。

8日　省委常委、市委书记王荣率队来宝安检查西乡体育中心维修改造情况和场馆周边市容环境提升工作情况，并到沙井街道民兵应急分队检查工作。王荣强调，要凝聚各方力量，调动大家的积极性，切实加强社会建设。市领导王毅、王小毛，区领导鲁毅、张备、戴斌、曲晓顺、李立军、龙耀庭、李勇参加活动。

中央文明办社区志愿者全国联络总站召开表彰大会，对荣获“全国奉献之星”的50名优秀社区志愿者颁发证书及奖品。新安街道驻海裕社区党委书记、工作站站长王永生获得“全国奉献之星”殊荣，成为全市唯一获此殊荣的个人。

11日　省委常委、市委书记王荣率队到位于新安街道的深圳市汇川技术股份有限公司调研。市领导王毅、袁宝成，区领导鲁毅、张备、戴斌、王立新参加调研。王荣强调，各级政府部门要进一步增强服务意识，推动企业在加快转型升级中继续保持良好的发展势头，为深圳在新时期实现又好又快发展提供有力保障。

宝安区2011年社区干部“社会管理创新”专题培训班开班。区委书记鲁毅作开班动员并以主题为“想干敢干快干会干，为夯实和谐幸福宝安基础再立新功”讲授第一课。区长张备主持开班仪式。区领导赵燕民、刘惠玲、戴斌出席开班仪式。全区600多名社区党组织书记、工作站站长、居委会主任、股份合作公司董事长（包括原行政村和自然村股份合作公司）参加培训。

14日　宝安区“平安大运”社区平安志愿者行动暨社会面整体防控工作会议召开。区委常委、组织部部长赵燕民出席会议。

15日　区人大常委会召开环保专项工作监督动员会，就听取和审议区政府关于环境保护专项工作报告的实施方案作说明。区人大常委会常务副主任麦启锐、副主任陈桂其，副区长蔡颖等出席会议。

16日　市规划和国土资源委员会、宝安区委区政府办公室、龙华街道联合开展“迎大运、创文明、公务员在行动”志愿服务活动。市规划和国土委主任王芃，区委书记鲁毅，区委常委、区委区府办主任戴斌等参加活动。

18日　中国县市报研究会第五届第二次常务理事会在宝安召开。38位来自全国县市区域报的老总们齐聚宝安，交流经验，总结中国县市报研究会上半年工作，部署今后工作。深圳报业集团总编辑宣柱锡，宝安区委常委、宣传部部长李桦出席相关活动。

21日　区领导鲁毅、赵燕民、蔡颖到观澜街道调研版画艺术博物馆、版画基地展览中心建设进展情况，并现场检查参观大运会观澜湖高尔夫球会场馆筹备情况。

22日　宝安老干部书画院揭牌，这是全市（区）老干中心首家开设的书画院。“迎大运、庆祝建党90周年”宝安老干部书画摄影作品展在宝安老干部书画院开展。

24日　第十三届“广东青年五四奖章”评选个人奖和集体奖揭晓，福永街道万福民工街舞团获“广东青年五四奖章”集体奖。

25日　深圳市完善社区健康服务管理体制工作现场会在宝安西乡街道举行，提出在全市正式推广宝安区完善社康管理体制和改革运行机制的成功经验，副市长吴以环，深圳市卫生和人口计划生育委员会主任江捍平、副主任罗乐宣，宝安区副区长李慧民出席会议。

26日　宝安召开安全生产“一岗双责”试点工作动员大会。市政府副秘书长、市安监局局长李一康出席会议并讲话，区几套班子领导参加会议。

28日　宝安区召开2011年人口和计划生育工作会议，学习和贯彻中央、省、市有关会议精神，总结去年全区人口和计生工作，全面部署“十二五”期间和今年的人口计生工作。区委书记鲁毅、区长张备、区委副书记张洪华等领导为2010年度宝安区人口与计划生育工作先进单位颁奖。

29日　大浪街道成立五周年暨“迎大运”十大民生工程开工、竣工仪式在羊台山森林公园大浪入口广场启动。启动仪式上，区领导鲁毅、沈建英、赵燕民、戴斌、陈桂其、李勇参加活动。

29日　2011年宝安区劳务工工作领导小组第一次全体成员会议召开，会议审议并原则通过《宝安区2011年加强和改善劳务工工作方案》和《宝安区2011年关爱劳务工专项资金使用计划》。宝安投入专项资金1897.6万元，在依法保障劳务工合法权益和民生福利的基础上，构建和谐劳动关系，不断提升劳务工综合素质，继续加强和改善对劳务工的公共服务和社会管理工作。区领导张备、张洪华、刘惠玲、孙波参加会议。

5月

6日　宝安区第五届母亲文化节开幕式暨幸福母亲颁奖典礼举行。10位“幸福母亲”获奖者及5位“幸福母亲”提名奖获奖者获得表彰。

10日　总投资8800多万元、被列入宝安区2011年“10件民生实事项目”的松岗文化艺术中心正式开工建设。

11日　市委常委、市纪委书记周林祥，市政协副主席钟晓渝一行来深圳机场调研大运会期间宾客抵离工作。区领导鲁毅、张备、戴斌、林梓明、孙波等陪同调研。

12日　“健康迎大运、文明促和谐”西乡街道社区巾帼健身队妇女小组在西乡大众广场成立。成立的34个社区巾帼健身队妇女小组是宝安区及深圳市成立的首批社区巾帼健身队妇女小组。全国人大常委、华侨委员会副主任委员黄丽满，市妇联主席蔡立，区委领导鲁毅、赵燕民、戴斌、李勇出席仪式，并为首批34个社区巾帼健身队妇女小组赠送音箱。

13日　第七届文博会宝安区文化产业项目签约仪式在深圳会展中心举行。宝安主展馆现场签订14项重大文化产业项目。区领导鲁毅、张备、沈建英、张洪华出席仪式。

2010年度中国纪录片颁奖盛典在

天津开幕。会上，由区委宣传部、区劳务工办公室和宝安广播电视中心联合摄制的纪录片《登上<时代>的中国女工》被评为年度十佳纪录片。

16日 第七届中国（深圳）国际文化产业博览交易会落幕，宝安区在本届文博会宝安区总成交量达到201.99亿元，比上届净增加21.89亿元，同比增长12.16%。投资规模超亿元的项目有35个，成交额达179.24亿元，同比增长54.52%。其中签订合同项目6个，合同金额11.8亿元；签订意向项目29个，意向金额167.44亿元。

18日 区长张备率队调研福永凤凰社区，就该社区未来发展把脉支招。张备表示，凤凰社区要主动和规划国土部门对接，从社区规划做起，逐步争取向深圳“城市发展单元”迈进，做好城市更新和环境提升工作。区委常委、副区长王立新参加调研。

宝安区举行大运会医疗卫生保障誓师大会，各团队代表纷纷上台宣誓保障大运医疗卫生安全。按照上级的统一部署，宝安区卫生系统共承担大运会宝安赛区7项医疗卫生保障工作，包括医疗保障、卫生监督、疾病控制、食品安全、卫生应急、控烟和精神卫生保障。

19日 2011年宝安区素质工程领导小组会议召开。会议原则通过区素质办先后制定的《宝安区实施素质工程“十二五”发展规划》、《宝安区2011年实施素质工程工作方案》、《宝安区2011年素质工程专项资金使用及职业能力培训办班计划》、《宝安区2011年企校合作人才培养金桥行动试点方案》和《2011宝安区百万员工素质提升行动实施方案》。区领导张备、张洪华、赵燕民、戴斌、王立新、蔡颖、李勇参加会议。

19日 宝安统一战线召开迎大运保平安暨安全生产“一岗双责”工作动员大会，全力保平安、保稳定、保和谐。区、街道、社区三级统侨干部，各党派和无党派人士、各宗教团体主要负责人参加。

20日 深圳市文体旅游局正式授牌深圳18家单位为深圳首批红色旅游景区称号，位于石岩街道上屋村的深圳（宝安）劳务工博物馆及位于民治街道的中国文化名人胜利大营救纪念馆名列其中。

24日 地处宝安区福永街道的2.2公里长的凤凰山隧道贯通，标志着宝安区福永街道与石岩街道间一条新的交通干线贯通。这一通道将成为深圳东西部交通网络中的又一条“捷径”。

25日 省委常委、政法委书记、省公安厅厅长梁伟发率队到宝安调研诉前联调工作。市中级人民法院院长李华楠，区委副书记张洪华，区委常委、政法委书记、区公安分局局长曲晓顺等陪同调研。

26日 区委书记鲁毅率队调研社区文化、社区建设工作。区领导一行还探望新安海裕社区深业新岸线小区U站的志愿者，并参观社区志愿者服务中心、社区工作站一站式服务窗口、党代表工作室、法律超市等。

27日 宝安体育场工程竣工暨交接仪式在宝安体育场举行，大运会宝安赛区所有比赛场馆的建设与改造任务圆满完成。区领导张备、沈建英、戴斌、麦启锐、李慧民参加仪式。

30日 区委书记鲁毅来到安乐小学、区青少年活动中心，与孩子们共同庆祝“六一”国际儿童节。他祝愿全区小朋友们阳光健康，快乐成长。区领导赵燕民、戴斌、姜锦笑、李慧民、杨浩勃参加慰问活动。

6月

1日 省委常委、市委书记王荣来到宝安区新安街道崛起第一幼儿园，与孩子们一起庆祝“六一”国际儿童节。市委常委、市委秘书长王毅，区领导鲁毅、张备、戴斌参加慰问活动。

2日 区委书记鲁毅主持召开区委常委（扩大）会议，传达学习贯彻中共中央政治局委员、省委书记汪洋在《深圳宝安区启动“5年6000家”低端企业淘汰工程》上的重要批示精神，传达中央和省、市领导在深圳和宝安调研时的重要讲话精神，听取全区产业转型升级工作汇报。

3日 为充分借助深圳大运年的契机，提升宝安的商业业态，进一步优化宝安区的消费环境，由宝安区人民政府主办，宝安区经济促进局、深圳市零售商业行业协会承办的2011年宝安购物节，于6月3~30日为消费者带来前所未有的优惠和特色体验。

7日 副省长雷于蓝到宝安督查流动人口计划生育服务管理专项工作，并对宝安工作给予充分的肯定。省政府副秘书长、省人口计生委主任张枫，省人口计生委副主任、巡视员云斌，副市长吴以环，区领导鲁毅、张备、张洪华、刘惠玲、戴斌等参加活动。

7～8日 全国高考如期举行。宝安共有7400位考生迎战高考，考生人数比去年增加1457人。为保证宝安区考场各路口畅通无阻，高考期间，禁止社会车辆通过高考考场周边道路相关路段。

10日 国务院国发[2011]14号文公布第三批国家级非物质文化遗产名录，宝安区松岗七星狮舞和大浪大船坑舞麒麟入选名录。至此，宝安区国家级非物质文化遗产实现零的突破。

11日 深圳北站举行“深圳北站周边市政道路”开通仪式。开通的10条道路，分别是留仙大道、新区大道、玉龙路、白龙路、中梅路、红木街、民塘路南段、民宝路、致远路、简上路。10条道路总长约26公里，其中有3条城市主干道、6条次干道、1条支路。

4~12日 宝安掀起拆除违建“飓风行动”，依法拆除违建总面积3万平方米，是宝安建区以来一次性拆除面积最大的违建。在宝安区查处违法建筑工作现场会上，副区长李勇痛斥违建的五大危害，呼吁市民监督检查。

14日 市人大常委会副主任周光明率队视察大浪街道环境提升和城市建设工作，并对大浪街道下一阶段工作提出要求。

15日 地铁1号线（罗宝线）续建段开通试运营仪式及地铁建设者试乘地铁活动在机场东站西侧公交接驳站举行，宝安正式进入地铁时代。市委常委、常务副市长吕锐锋宣布地铁1号线续建段正式开通试运营。开通仪式由区委书记鲁毅主持，区长张备，区委常委、区委区府办主任戴斌等出席仪式。

16日　市委副书记王穗明率队到宝安检查大运场馆建设和团队运行情况。区领导鲁毅、张备、赵燕民、戴斌、李慧民等参加活动。

地铁龙华线（4号线）全线开通。深圳市市长许勤，香港政务司司长唐英年，深圳市委常委、常务副市长吕锐锋，深圳市委常委、统战部部长张思平，深圳市政府秘书长李平，区领导鲁毅、张备、戴斌、孙波等出席开通仪式。

17日　观澜湖休闲旅游度假区举行国家5A级旅游景区挂牌仪式，该景区将作为大运会高尔夫项目的比赛场地。深圳市文体旅游局局长陈威，区领导鲁毅、戴斌、蔡颖等出席挂牌仪式。

18日　深圳市首家公办儿童发展中心——宝安区儿童早期发展中心正式开业，深圳市卫人委副主任刘萍、罗乐宣，宝安区委常委、常务副区长刘惠玲等领导出席开业仪式。

20日　全市首条“小支线巴士”在宝安福永试运营。该线路从福永万福广场至和平市场，全程8公里，票价1元。副市长张文，市交通运输委主任黄敏，区领导鲁毅、戴斌、孙波出席开通仪式。

22日　深圳北站开通启用，各项设施准备就绪。同时，深圳地铁5号环中线（前海湾—黄贝岭）在黄贝岭站举行全线开通试运营仪式。深圳轨道交通4、5号线在深圳北站实现接驳。

23日　宝安公安分局举行纪念建党90周年“七一”总结表彰暨首届“我最喜爱的宝安警察”颁奖大会。方永嘉、王东、王军、卢紫坚、刘峰、李浒、钟声波、黄溧聪、曾冠群、赖丹丹被评为宝安区首届“我最喜爱的宝安警察”。区委常委、宣传部部长李桦，副区长李勇出席表彰大会。

25日　宝安举行“深圳市2011年保障性安居工程6月份十二项目宝安区三项目开工仪式”，区内固成、西乡、石岩三个保障性住房项目正式开工。副区长孙波出席活动。

27日　2011年全国职业院校技能大赛在天津落幕。宝安职校荣获5个一等奖，同时获得6个二等奖、9个三等奖，成为全市一等奖获奖人数最多的代表队，创下该校历年在全国职业院校技能大赛的最好成绩。

28日　《旗帜飘扬——宝安区纪念建党90周年大型图片展览》在区档案馆开幕。省老领导方苞，区领导鲁毅、沈建英、张洪华、赵燕民、戴斌、麦启锐等共同为图片展开幕剪彩。剪彩仪式由戴斌主持。

30日　宝安区“广东扶贫济困日暨深圳慈善日和深圳社会慈善捐赠活动月”活动在区行政中心大厅启动。区委书记鲁毅、区长张备、区政协主席沈建英、区委副书记张洪华等区几套班子领导和广大机关干部职工带头捐款。启动仪式现场共募集捐款141460元。

7月

1日　宝安区召开纪念中国共产党成立90周年座谈会。区领导向获得区委表彰的先进基层党组织负责人和优秀共产党员、优秀党务工作者代表颁奖。区委书记鲁毅要求学党史、用党史，在建设和谐幸福宝安中保持共产党员先进性。区委副书记、区长张备主持会议。区政协主席沈建英、区委副书记张洪华等区几套班子领导参加会议。

在庆祝中国共产党成立90周年大会上，新安街道驻宝民社区党委被授予“全国先进基层党组织”荣誉称号。

4日　副市长唐杰以市党代表身份到沙井街道新二社区开展“学党史、鼓干劲、送关怀”活动，区人大常委会常务副主任麦启锐、副区长孙波等领导参加活动。

6日　最高人民法院公布《关于表彰全国法院党建工作先进集体和先进个人的决定》，宝安法院被授予“全国法院党建工作先进集体”荣誉称号。

7日　“第十一届中国（深圳）国际品牌服装服饰交易会”在深圳会展中心开幕。市政协主席白天，市委常委、统战部部长张思平，市政协副主席林洁，区委常委、副区长王立新等参会。宝安共30多家企业参展。

10日　由深圳市社会科学院等单位组成的课题组对2011年第七届中国（深圳）国际文化产业博览交易会做的评估报告显示，本届文博会各区分会场的满意度总体得分及排名中宝安区分会场总体得分为79.91分，排名第一。

11日　区领导鲁毅、张备、戴斌、王立新、蔡颖到观澜街道调研长安标致雪铁龙项目，深入基地为项目排忧解难。

12日　在中国（深圳）国际节能减排和新能源科技成果产业化及投融资博览会上，宝安企业格普斯纳米电热科技有限公司（简称格普斯）的纳米多晶硅电热膜技术及产品引起相当关注。

14日　宝安区召开“迎大运、保平安”、安全生产“一岗双责”暨第三季度防范重特大安全事故工作会议。区委书记鲁毅指出，整个第三季度都在特别防护期内，各级各部门要始终绷紧弦、不松懈，全面抓好安全生产各项工作的落实，确保不发生较大以上事故，减少一般事故。

全市首家志愿者关爱中心在宝安区义工联揭牌，并同时开通志愿者心理咨询和志愿者维权两路热线，在大运期间为宝安赛区大运志愿者提供免费咨询和维权服务。

15日　市委常委、市纪委书记周林祥率队到宝安调研纪检监察派驻组试点工作和基层党风廉政建设情况。

18日　中共中央政治局常委、中央政法委书记周永康到新安街道海裕社区考察社会管理工作。他强调，要深入贯彻落实胡锦涛总书记“七一”重要讲话和在深圳经济特区建立30周年庆祝大会上的重要讲话，发扬特区精神，大胆探索实践，在不断破解难题中加强和创新社会管理，努力为全国当好排头兵、闯出新路子。中共中央政治局委员、广东省委书记汪洋等领导陪同考察。

19日　昨日下午，市委常委、常务副市长吕锐锋到宝安检查市容环境提升情况，并对宝安市容环境提升工作表示赞赏。区领导鲁毅、张备、戴斌、李勇陪同调研。

22日　以“一体两翼”为市场和业务定位的浙商银行正式登陆深圳宝安区。开业当天浙商银行深圳宝安支行各项存款近20亿元。

22日　区长张备率队到龙川县考察扶贫开发“规划到户、责任到人”工作，为90多万龙川乡亲送去2700万热心帮扶款。副区长蔡颖等陪同考察。

25日　安徽宿州（深圳宝安）投资环境说明暨重点项目推介会在福永宝利来国际大酒店举行。会上，宝安区政府与宿州市政府达成双方经贸战略合作框架协议，共同签订《深圳市宝安区人民政府、宿州市人民政府经贸战略合作框架协议》。市委常委、常务副市长吕锐锋，区领导鲁毅、张备、戴斌、王立新、李勇，宿州市领导等参加推介会。

26日　机场二跑道正式启用，T3航站楼钢结构封顶。省委常委、市委书记王荣，市委副书记、市长许勤出席活动并讲话，市领导王毅、周林祥、唐杰、张文，区领导鲁毅、张备、戴斌等出席仪式。

留仙三路至留仙大道等21条“断头路”打通工程通车仪式举行，留仙三路连通留仙大道“断头路”正式通车。省委常委、市委书记王荣，市委副书记、市长许勤出席活动并讲话。市领导王毅、张文，区领导鲁毅、张备、戴斌、孙波等出席通车仪式。

27日　宝安区召开迎大运决战冲刺动员大会。区委书记鲁毅传达深圳市“精益求精、决战冲刺、全面迎大运”总动员大会会议精神并指出，大运“集结号”已经吹响，全区广大干部要在思想上、动员上、预案上、落实上更精细，以“不一样的精细”，为大运会“不一样的精彩”作出应有的贡献。会议由区长张备主持。

“2011年宝安区企业融资洽谈会”举行。12家企业与6家银行现场签订金额高达5.94亿元的意向或贷款协议。宝安区委常委、常务副区长刘惠玲和区委常委、副区长王立新出席会议。

民治小学“小百灵合唱团”应邀参加在香港举办的第十五届世界青少年“金紫荆花奖”音乐、舞蹈、器乐艺术大赛，队员们以一曲无伴奏曲目《爸爸妈妈听我说》唱响香江。合唱队力压全群，荣膺本届合唱唯一最高奖。

28日　佛山市委常委、南海区区委书记邓伟根，区长区邦敏率党政考察团到宝安考察学习产业转型升级、城市规划建设等方面的经验。区领导鲁毅、刘惠玲、戴斌陪同考察。

29日　2011年宝安区纪律教育学习月动员会暨廉政教育和换届纪律党课在区委区政府会堂举行。会议由区委常委、区纪委书记林梓明主持，区委书记鲁毅作廉政教育辅导报告。区委、区人大、区政府、区政协领导，全区副处级以上干部及各街道社区党组织书记等参加会议。鲁毅要求全区各单位以学习贯彻《建设廉洁城市的决定》为契机，认真抓好教育学习月活动，党政“一把手”要认真备课，讲好党课。他从世界观和方法论的角度谈廉政建设。他认为，加强廉政建设，关键是要认得清，时刻保持廉政的警惕性；站得稳，不断提高廉政的自觉性；管得住，努力增强廉政的规范性。

8月

2日　宝安区儿童孤独症康复基地在区计生服务中心揭牌成立，这是深圳市首家由政府举办的儿童孤独症公益性治疗干预机构。

3日　市委常委、组织部部长、市社区平安志愿服务行动工作领导小组组长戴北方到宝安调研社区平安志愿服务行动工作进展情况。区领导鲁毅、赵燕民、戴斌陪同调研。截至8月1日，全区共组织发动各类治安辅助力量和平安志愿者29.6万人，超额完成任务，全区治安大局稳定。

4日　大运会宝安赛区新闻服务与媒体沟通工作培训班在新安影剧院开班。区委常委、宣传部部长李桦在开班动员会上指出，要精益求精、精雕细琢，以更高的标准、更高的效率、更高的质量做好大运会新闻媒体服务工作，尽最大可能满足记者的采访需求，尽最大可能提供优质服务。

5日　区委书记鲁毅主持召开区委常委（扩大）会议，研究大运会安保及安全生产等有关工作。会议要求，要长期保持大运特别防护期的一整套应急处置机制，在大运结束后的“后大运”时期安保不能松懈。

6日　区召开全区社会稳定工作会议，确保全力以赴投入大运安保工作中，实现平安大运。区委副书记张洪华，区委常委、政法委书记、区公安分局局长曲晓顺参加会议。

8日　区委书记鲁毅率队到宝安游泳馆、宝安体育馆、宝安体育场检查大运各项筹备工作。区领导张洪华、赵燕民、曲晓顺、李慧民等参加活动。

9日　区委书记鲁毅率队到观澜湖高尔夫球会和牛湖检查站检查大运安保工作并慰问大运一线安保人员。区领导张洪华、曲晓顺、蔡颖参加活动。

新安湖、海富、洪浪、灵芝园、文雅、海裕社区6社区被省住房和城乡建设厅、省民政厅、省环境保护厅等部门联合评为“广东省宜居社区”。

10日　市中小学生赠送大运会运动员万件美术、手工作品仪式在大运村举行。大运村领导以及已经抵达的各国代表团代表出席参加赠送仪式。赠送给运动员的13000余件作品中来自宝安区中小学生的作品有3000件左右。

11日　大运会男足、女足及男子水球比赛在宝安相关场馆开打，区领导鲁毅、张备、张洪华、赵燕民、戴斌、李慧民、毛伍元等亲临赛场检查相关工作并观看比赛。

第八届世界东安恳亲大会在福永街道宝利来国际大酒店拉开序幕，来自40多个国家和地区的90多名观礼大运会开幕式的华人华侨社团领袖、出席本届恳亲大会的400多名深圳和东莞籍海外侨胞和港澳同胞欢聚一堂，共同迎接大运盛会。市委常委、统战部部长张思平，市人大常委会副主任周光明，东莞市委常委、副市长江凌，区领导刘惠玲、姜锦笑、黄英来等领导参加活动。

龙华中英文实验学校9岁小学生肖紫涵（艺名肖韵），走上中国电影表演艺术学会第十三届学会奖（金凤凰奖）颁奖典礼红地毯，并喜摘金凤凰新人奖。这是金凤凰奖自1987年设立以来，首次将新人奖颁给儿童。

14日　国家文化部部长蔡武一行到宝安区考察文化产业发展。市文体旅游局局长陈威，区领导鲁毅、戴斌、蔡颖陪同考察。蔡武肯定观澜版画原创产业基地的成绩。他指出，深圳宝安在文化建设引领社会建设，以及调动群众参与文化创作、文化建设等方面做得很好，精神文化提升群众幸福指数，提高群众生活质量，文化建设促进创造和谐社会。在观澜街道永丰源集团，蔡武鼓励企业要以文化理念引导产业发展，打造中国陶瓷的文化品牌。

福永杂技艺术团在古巴举办的第十届“CIRCUBA”国际夏季杂技节中，《窗花——柔术造型》荣获大赛最高奖金奖，《高空椅技》夺得最佳女演员奖。

15日　区领导鲁毅、张备、赵燕民、戴斌、曲晓顺、杨浩勃到宝安体育馆慰问一线工作人员。鲁毅对大家坚守岗位、尽职尽责地工作表示感谢，对大家不畏高温、服务大运的精神表示赞赏，并希望大家保持昂扬斗志，不松懈、不大意，继续坚守岗位到最后，确保出色完成大运会各项工作任务。

全市首个中小学生安全教育警示室在宝安区中小学生综合实践活动教育基地启用，当日便迎来西乡中学高一年级的1100多名受训学员。

16日　2011“宝安大浪杯”新丝路中国大学生模特大赛总决赛在福永宝利来国际大酒店圆满落幕。从全国40多所高校中层层甄选出的20名大学生模特通过青春激昂、精彩纷呈的T台秀，尽显当代大学生风采。经过激烈角逐，来自上海东华大学的选手马菁最终摘得冠军头衔。副市长袁宝成，市政协副主席林洁，省外经贸厅副厅长吴军，区领导张备、沈建英、李桦、戴斌、王立新等出席活动。

18日　省委常委、市委书记王荣到宝安检查大运场馆赛事运行情况，慰问大运一线工作人员。王荣希望，通过办大运，提升深圳社会管理标准、创新社会管理新办法，在社会管理、市场管理上新台阶，为大运留下丰厚的物质遗产、制度遗产、精神遗产、文明遗产。王荣一行在宝安游泳馆，和全场观众一起观看大运女子水球1/4决赛：意大利队对阵澳大利亚队。市委常委、市委秘书长王毅，区领导鲁毅、张备、戴斌、毛伍元陪同检查。

省委常委、政法委书记、省公安厅厅长梁伟发到宝安体育场检查赛事运行情况，他对宝安体育场的赛事运行情况表示肯定，并现场观看大运会男足比赛。市委常委、市公安局局长李铭，区领导鲁毅、张备、张洪华、戴斌、曲晓顺、李慧民陪同检查。

19日　由深圳万丰医院捐资成立的“深圳市关爱行动公益基金会·万丰健康关爱基金”签约仪式在深圳报业集团举行。市关爱行动公益基金会、市文明办领导和众豪集团、万丰医院负责人等出席签约仪式。

24日　副区长李勇率队到西乡街道通达五金（深圳）有限公司检查安全生产。李勇表示，必须高度重视安全生产工作，不能放松，不能大意，企业要有整套完善的制度，对制度落实要紧抓不懈。

新安街道文汇社区在由广东省委宣传部、省文化厅等联合主办的“幸福广东　和谐家园——首届广东社区文化节”上，获评“广东省文化先进社区”。

25日　苏州市委副书记徐建明、苏州市副市长周玉龙率队一行25人，到宝安新安街道海裕社区考察社区社会建设工作。市委常委、组织部部长戴北方，区领导鲁毅、赵燕民、戴斌、蔡颖等陪同考察。

全区社会稳定工作会议提出，后大运期间要固化、传承大运期间好的经验做法，强化责任，丝毫不懈怠，确保后大运时期平安稳定。区委副书记张洪华，区委常委、政法委书记、区公安分局局长曲晓顺参加会议并讲话。

25~27日　区长张备、副区长李勇率宝安代表团前往台湾高雄、台南等地，考察城市建设、产业转型、环境保护等内容。张备强调，宝安当前所处的发展阶段与20年前的台湾很相似，20年来，台湾在发展新兴产业、自主创新产业、园区建设、城市建设、河流整治、生态保护等诸多方面创造一系列成功做法，宝安应该好好学习和借鉴这些宝贵的经验，全面推进“两区一中心”建设。

29日　新安中学新高中部举行开学典礼，800多名高一新生成为新安中学新高中部的第一批学生。区领导张洪华、刘惠玲、姜锦笑、李慧民、杨浩勃出席开学庆典。

30日　区领导和处级领导干部落实安全生产一岗双责要求，下基层到所包（挂）点街道、社区开展以安全生产为主题的检查和调研活动，重点检查消防安全、建筑施工安全、道路安全以及工矿商贸企业生产安全等，确保后大运期间平安稳定。

30日　由国家文化部、宁夏回族自治区人民政府主办的第九届全国舞蹈比赛决赛在银川市宁夏人民会堂落下帷幕，由龙华街道文化体育中心创作选送的群舞《竹蜻蜓》最终获得群舞表演三等奖。

31日　第三届宝安区户籍青年职业见习推介会在宝安体育馆举行。市人力资源和社会保障局副巡视员蔡焕行，区委常委、组织部部长赵燕民，区委常委、常务副区长刘惠玲出席推介会启动仪式。

9月

1日　副市长袁宝成率专项活动第六调研组走访宝安多家企业，近距离听取企业心声，帮助企业解决发展难题。市科工贸信委副主任陆建、副区长蔡颖参加活动。

4日　宝安科技馆荣获2009~2010年度“十佳广东省科普教育基地”称号，是深圳在本届评选中唯一获奖单位。

5日　全区公共文明建设工作会议召开。区委副书记张洪华强调，后大运时期宝安的公共文明建设面临的形势更严峻，任务也更重，各街道、各部门要实现各项工作从“赛时”状态向“平常”状态无缝衔接，确保后大运时期公共文明水平稳步提升。区委常委、宣传部部长李桦主持会议。

6日　副市长吴以环到宝安调研人口计生工作。她感谢宝安为深圳争了光，对宝安区人口计生队伍建设、投入保障、层级动态管理、诚信计生工作等给予充分肯定，称赞宝安人口计生工作抓住重点，抓出亮点。市卫人委主任江捍平，宝安区委常委、常务副区长刘惠玲等领导陪同调研。

7日　区政府召开宝安区土地例行督察整改工作动员大会。会议部署土地例行督察整改工作，明确具体的整改措施、整改时间和责任单位，推动整改工作落实到位。国家土地督察广州局督察四室主任江福秀，区长张备、副区长李勇出席会议并讲话。

9日　宝安公安分局大运安保工作总结表彰大会召开。市委常委、市公安局局长李铭，区领导张备、张洪华、曲晓顺出席会议。

10日　第八届中国音乐金钟奖流行音乐大赛（金钟奖）决赛暨颁奖晚会——“金钟盛典”在宝安体育馆举行。区委区政府获“特别贡献奖”，来自宝安的“部落组合”捧得“最佳音乐表现奖”。区领导张洪华、李桦、李慧民等出席颁奖晚会。

11日　卫生部公益性科研专项《严重创伤救治规范的研究与推广》项目在宝安区人民医院正式启动。宝安区成为卫生部在华南地区的首个试点区域。区委副书记张洪华出席启动仪式。

13日　“聚焦珠江东岸、走进深莞湾区”大空港发展研讨会在福永宝利来国际酒店召开，专家学者汇聚一堂，为大空港地区的规划建设把脉献策。区领导张备、王立新、李勇等参加活动。

15日　大龙华片区最佳休闲娱乐场所——龙华公园，在投入2800多万元资金、历经8个月的升级改造后重新开园。

16日　区长张备率队到区人民医院、区中医院调研“创三甲”工作情况，深入多个医疗科室现场考察，现场办公解决医疗系统发展难题，助力“三甲医院”落户宝安。副区长李慧民参加调研。

17日　深圳市保安服务业第一家民办非企业单位——深圳市中安保保安职业培训中心在观澜街道揭牌开业。这是国家人保部全国唯一授权可进行城市综管人员培训的机构。

19日　广发证券深圳新安二路营业部正式开业。这是广发证券在宝安区设立的首家证券营业部，提供交易、咨询以及团队投资顾问等多项特色服务。区委常委、常务副区长刘惠玲出席开业仪式。

20日　市委常委、常务副市长吕锐锋率队到龙华、观澜污水处理厂二期扩建项目施工现场，调研观澜河流域综合整治工作。他要求加快污水处理厂建设，加快推进观澜河流域综合整治，改善生态环境和人居环境。区长张备、副区长蔡颖陪同调研。

宝安原创话剧《突围1978》在北京长安大戏院正式演出，参加第二届“全国戏剧文化奖”优秀剧目展演。在本届展演中，《突围1978》共夺得六项大奖，其中，“原创剧目奖”为“全国戏剧文化奖”评选中唯一的综合最高奖项。

21日　《宝安区校园安全与生存教育系列读本（试用本）》在滨海小学举行启用仪式，由宝安区编撰的全国首套安全教育读本正式走进宝安课堂。市教育局副局长曹赛先，区领导张备、王立新、李慧民参加活动。

23日　宝安职校在中国职业教育与物流行业发展对话活动获得教育部授予的“物流职业教育人才培养基地”称号。

区委书记鲁毅主持召开区委常委（扩大）会议，专题学习换届纪律，传达全市换届工作动员会议精神。会上，区委常委集体作出换届工作的“8项公开承诺”，并向社会公开，接受社会各界的监督，以自身的实际行动，带头严肃换届纪律，坚决抵制不正之风，保证换届风清气正。

26日　区委常委、区纪委书记林梓明主持召开区纪委“正确对待进退留转，确保换届风清气正”专题组织生活会，学习换届纪律，传达全市换届工作动员会议和9月23日区委常委会议精神，部署换届纪律监督检查工作。

宝安机场（集团）有限公司与黑龙江省机场管理集团有限公司在哈尔滨签署友好合作备忘录，宝安国际机场和哈尔滨太平国际机场缔结为姐妹机场。

27日　宝安区召开领导班子换届工作动员会，研究部署全区换届工作。区委书记鲁毅代表区委、区人大、区政府、区政协等几套班子领导郑重表态，将以实际行动接受组织的考验，接受全区广大干部群众的监督。会议要求，各级领导干部，无论职务是否会发生变化，都要以一名党员干部的标准来严格要求自己，聚精会神、心无旁骛、尽心尽力地做好本职工作。会议由区委副书记张洪华主持。区委常委、组织部部长赵燕民传达深圳市六区领导班子换届工作动员会有关精神。区几套班子领导、全区副处级以上干部、驻区正处级单位主要负责人、区属企业主要负责人、各社区党支部书记、居委会主任、工作站站长参加会议。

28日　大运会宝安赛区志愿者总结表彰大会在区委区政府会堂召开。区委常委、组织部部长、区志愿者部部长赵燕民，副区长、区大运办主任李慧民，区政协副主席毛伍元出席会议，区志愿者部、区义工联、区各街道负责人、大运会宝安赛区城市志愿者代表、获奖单位及个人代表1000余人参加表彰活动。

宝安区教育信息综合应用服务平台正式开通运行。这是全国基础教育首个云平台，对提升区域教育现代化水平具有重要作用。

30日　深圳市第26届世界大学生夏季运动会宝安赛区总结表彰大会在区委区政府会堂隆重举行。大会表彰宝安赛区先进集体和先进个人，总结宝安大运经验，弘扬大运精神。区领导鲁毅、张备、沈建英、张洪华等出席表彰大会并为获奖者颁奖。

10月

9日　区长张备率队前往老虎坑环境园，了解老虎坑焚烧发电扩容项目建设情况，调研全区垃圾处理工作。张备强调，相关部门在垃圾处理、污水处理、污泥处理等方面要长远规划，真正做到永续利用。副区长蔡颖、李勇参加活动。

11日　省委常委、政法委书记、省公安厅厅长梁伟发，省高院院长郑鄂，市委副书记、政法委书记王穗明等领导到宝安实地调研诉前联调工作。区领导鲁毅、张洪华、戴斌、曲晓顺等陪同调研。

区长张备主持召开区政府四届十次全体（扩大）会议，传达贯彻落实市委书记王荣到宝安调研时的讲话精神，就换届工作与各街道、各职能部门负责人倾心交谈，并就年底前的各项工作进行部署和要求。张备强调，政府工作重在落实，要全力以赴抓好当前工作，确保完成全年各项任务，及早谋划明年乃至以后多年的工作，有蓝图、有规划，为今后工作打下坚实的基础。

12日　深圳北站综合整治协调领导小组办公室正式挂牌。区委副书记张洪华希望全区共同努力，将深圳北站打造成“明星车站”、“平安车站”。区委常委、政法委书记、区公安分局局长曲晓顺，副区长孙波出席挂牌仪式。

13日　宝安区召开推进火灾隐患重点地区整治暨开展“清剿火患”战役动员部署会，继续深化消防安全“大排查、大整治、大宣传、大培训、大练兵”活动，预防和遏制重特大火灾事故。区委常委、副区长王立新出席会议。

14日　省人大常委会副主任、省人大代表第一视察组组长陈小川一行到宝安视察综治信访维稳三级平台和诉前联调工作，并对此项工作表示高度肯定。市人大常委会副主任及聚声，区委副书记张洪华，区人大常委会常务副主任麦启锐陪同调研。

18日　深圳市宝安建设投资有限公司正式挂牌成立，是宝安区政府直接出资设立的国有独资公司，注册资本25亿元，其中市财政委给予种子基金10亿元，划入各项优质资产15亿元。市财政委副主任汤暑葵，区领导鲁毅、张备、沈建英、刘惠玲、戴斌、王立新、麦启锐、孙波、李勇出席挂牌仪式。

宝安客运中心被广东团省委授予“全省青年文明号”荣誉称号。宝安客运中心汽车站是宝安重要的交通枢纽，靠优质的客运服务、规范的管理赢得广大旅客的信任，先后被授予市、区“青年文明号”称号。

20日　中共中央政治局委员、国务委员刘延东视察宝安观澜版画原创产业基地。刘延东寄望观澜版画原创产业基地将中国版画艺术向前推进，进一步弘扬中华文化。中科院院长白春礼、教育部副部长鲁昕、科技部副部长王志刚、文化部副部长赵少华、中科院副院长詹文龙；省、市领导朱小丹、王荣、徐少华、宋海、许勤、王京生、王毅、吴以环，区领导鲁毅、张备、戴斌、蔡颖陪同视察。

21日　省委常委、市委书记王荣来宝安调研。王荣要求，要坚持以经济和社会的转型发展来加快特区一体化进程，提升城市现代化水平，真正能让百姓生活质量提高，生活环境不断优化。市委常委、市委秘书长王毅，区领导鲁毅、张备、戴斌、孙波陪同调研。

25日　民治街道办新增北站、大岭、民强3个社区工作站。区委常委、常务副区长刘惠玲，副区长蔡颖出席3个社区工作站揭牌仪式。

26日　在鹏城环卫杯、鹏城优秀美容师表彰大会上，宝安区荣获“鹏城环卫杯”竞赛第二组优胜杯，宝安两名环卫工人王荣、冯朝帅获2011年度“鹏城优秀美容师”称号，福永街道办被评为深圳市环境卫生管理十佳单位，何小群等13人获得“鹏城环卫杯”竞赛活动先进个人。

29日　2011年深圳市全民终身学习活动周在宝安区文化艺术广场拉开帷幕。开幕式由宝安区人民政府承办，区教育局协办。

30日　观澜格兰云天国际大酒店正式开业迎客，这标志着观澜街道又有一家五星级酒店投入使用。该酒店有256间高级客房，可承接大型赛事和会议，将进一步提升观澜的软环境。

11月

1日　深圳市第32届市民长跑日宝安区万人长跑活动暨全民健身月活动启动。区政协主席沈建英，区委副书记张洪华，区委常委、区纪委书记林梓明等参加活动。

3日　区长张备，区委常委、常务副区长刘惠玲到区人力资源局调研，现场察看区公共就业服务大楼运作情况。张备强调，全区人力资源工作要树立大人才观念，打造品牌，全力以赴为宝安转型升级服务。

7日　宝安区人民代表大会换届选举工作会议召开，区领导戴斌、李立军、梁敏华、蔡颖出席会议。戴斌在会上作换届选举工作动员。梁敏华就换届选举工作的时间节点、方法步骤等进行部署。会议宣布换届选举委员会及工作机构组成人员名单，并对参会人员进行选举工作相关法律法规及操作规程培训。

8日　在“神冠杯”全国第二届南狮擂台赛上，福永街道怀德醒狮队获得120公斤以下级别冠军、120公斤以上级别亚军。

9日　区政协召开2011年建议案和重点提案办理进展情况汇报会听取《关于推动产业转型升级、加快转变经济发展方式的建议案》和《关于设法解决农转居居民基本养老保险和医疗保险断供难题的提案》的办理进展情况汇报。区长张备，区委常委、常务副区长刘惠玲，区委常委、副区长王立新参加会议。

11日　中共中央政治局常委李长春到福永街道文化艺术中心调研，观看福永万福民工街舞团的表演，与打工文学作家亲切交流，勉励福永街道积极开展面向农民工的公益性文化服务，不断丰富他们的精神文化生活；勉励打工文学作家深入生活，走进基层，为社会主义文艺大发展大繁荣、中华民族的伟大复兴努力创作。中共中央政治局委员、广东省委书记汪洋，省委副书记、代省长朱小丹，省委常委、深圳市委书记王荣，市长许勤，区委书记鲁毅，区长张备等领导陪同调研。

12日　深圳宝安桂银村镇银行正式开业。广西壮族自治区人民政府金融办副主任陈建林、桂林市政府党组成员杨思情等出席开业庆典。市金融办主任肖亚菲和区长张备代表市、区政府，分别向该行颁发金融机构总部落户奖800万元、200万元。区委常委、常务副区长刘惠玲参加活动。

13日　国务院副秘书长、国务院机关事务管理局局长焦焕成一行到观澜版画原创产业基地考察，并称赞宝安区大力发展文化产业。市领导许勤、李铭，区领导鲁毅、张备、戴斌、蔡颖陪同视察。

14日　盛世宝安——第二届民间收藏精品展在区群众文化艺术馆举行。区领导张洪华、李桦、李慧民，区老领导彭晋行等出席活动并剪彩。

“汇流成海·积善成德”——宝安区首届义工文化节在区青少年活动中心隆重开幕。团市委书记张志华，区委常委、组织部部长赵燕民出席开幕式。赵燕民希望广大义工持之以恒地参与义工服务，让义工精神在宝安薪火相传、绽放异彩。

16日　第十三届中国国际高新技术成果交易会在深圳会展中心正式开幕。宝安参展企业170多家，参展面积3800多平方米，其中宝安政府组团参展企业20家，总面积299平方米；自行参展企业150多家，参展面积约3500平方米。

18日　宝安区人民政府与清华大学深圳研究生院、武汉大学深圳研究院在深圳市会展中心举行科技创新合作协议的签约仪式。市委常委、副市长陈应春，市政府副秘书长高国辉，区领导鲁毅、张备、沈建英、戴斌、王立新、麦启锐，清华大学党委副书记韩景阳、武汉大学副校长蒋昌忠等出席签约仪式。

20日　长安标致雪铁龙汽车有限公司成立暨奠基仪式在观澜街道举行。长安标致雪铁龙注册资金40亿元人民币、初期投资84亿元人民币，是国内投资最大的合资汽车企业。中共中央政治局委员、广东省委书记汪洋，省委副书记、代省长朱小丹，省委常委、深圳市委书记王荣，副省长招玉芳，市长许勤，区领导鲁毅、戴斌、王立新、蔡颖等出席仪式。

“节能环保”特色的大型文化产业园区——旭生节能环保文化体验中心落成。区领导张洪华、李桦、李勇出席落成典礼。

21日　深圳（宝安）和田玉文化节暨亚克西和田玉交易中心落户沙井。首届和田玉原材料电子竞拍交易会在沙井亚克西和田玉交易中心举行，竞拍会云集来自全国各地的和田玉加工企业代表、雕刻大师、收藏家、投资者共300余人。

22日　宝安区政府科技顾问聘任仪式举行，12位科技界顶级专家被聘为区政府科技顾问。区长张备出席仪式并为到场接受聘任的专家颁发聘书。张备指出，宝安将加大人才引进力度，着力打造创新人才聚集的高地。

23日　宝安区民治小学承担的国家A级课题——“小学英语阅读课教学模式与学生阅读能力培养研究”顺利结题，该课题研究成果被评为“中国基础教育英语教学研究优秀成果”一等奖，其研究成果达到国内同类研究的领先水平。

25日　第三届宝安·福永家私节开幕。本届家私节的主题为“彰显福永家私特色，提升福永家私品牌”，数千家国内外知名品牌参与，让利超亿元。

27日　作为读书月重点主题活动之一的“第二届名著新编短剧大赛”进行最后的总决赛，深圳清华实验学校学生编演的作品《东郭先生和狼》，历经报名、海选到总决赛3个月的赛程，与近百部参与作品角逐后脱颖而出，夺得小学组唯一的一等奖。

28日　宝安区新兴产业招商推介会在深圳五洲宾馆五洲厅举行。本次招商会共引进83个项目，总投资额达502.6亿元。签约项目涵盖战略性新兴产业和总部经济、物流、商贸业等现代服务业行业领域。新一佳总部、优凯斯总部、宝安区上市公司总部及研发中心、福永北清产学园等28个大型项目达成合作意向现场签约。区委书记鲁毅出席推介会并致辞，推介会由区长张备主持。区政协主席沈建英等区几套班子领导参加推介会，区委常委、副区长王立新作投资环境介绍。

28日　区委书记鲁毅主持召开区五届一次党代会报告征求意见座谈会。区领导赵燕民、戴斌、王立新参加会议并作发言。会上，鲁毅强调，党代会报告要真正体现科学发展、转型发展、低碳发展、创新发展的理念；体现区委要达到的目标；体现“民本理念”，即“认真了解民意，充分发挥民智，紧紧依靠民力，努力实现民望”；体现区委按照市委市政府的部署，遵循宝安人民期盼已久的愿望，求实务实抓落实，加快推进特区一体化的决心。

29日　第四届中国（深圳）国际工业设计节在宝安恒丰国际大酒店开幕，来自世界各地的设计大师集聚一堂，交流经验，分享成果，共谋工业设计发展大计。市委常委、宣传部部长王京生，区长张备，副区长蔡颖以及瑞典驻华使团副团长、公使衔参赞齐亚博，芬兰驻广州总领事馆总领事苏爱文，瑞典皇室代表贝尔吉塔公主等领导和嘉宾出席开幕式。

30日　市委决定：吕维、刘佳晨任中共深圳市宝安区委员会委员、常委；免去李桦中共深圳市宝安区委员会常委、委员职务。

新安街道驻安乐社区党委等12个驻社区党委挂牌成立，至此，新安22个驻社区党委挂牌成立，在全区率先实现驻社区党委全覆盖。区委常委、组织部部长赵燕民出席揭牌仪式。

12月

1日 宝安区援藏干部、西藏察隅县委书记郑新强率察隅县党政考察团来宝安考察。区领导赵燕民、陈桂其、李勇、杨浩勃陪同参观考察。察隅县党政考察团一行就科技、社会管理、城市规划建设等相关课题，先后考察宝安桃花源科技创新园、西乡臣田社区、西乡花园街区和西乡体育中心。

3日 宝安区2011年“12·4”全国法制宣传日暨法治广东宣传教育周活动启动仪式在宝城都之都广场举行。省司法厅宣教处处长吕如亮，市依法治市办专职副主任杨时敏，区领导陈桂其、蔡颖、毛伍元出席启动仪式。社区居民代表、劳务工代表、学生代表等300多人参加活动。

4日 市委市政府召开全市建设“志愿者之城”动员大会，表彰“第三届义工服务市长奖”和大运会志愿服务的先进集体、先进个人。宝安义工陈锦花获得“第三届深圳市义工服务市长奖”。

5日 位于西乡街道九围社区虎背山脚下的宝安区新救助管理站正式启用。新救助管理站总建筑面积为6070平方米，设有受助人员宿舍18间，共100个床位，最大容纳受助人数500人。

6日 深超光电（深圳）有限公司低温多晶硅（LTPS）液晶面板项目点亮投产仪式，在宝安区龙华街道深超光电科技园举行。这是国内首条、全球第二条低温多晶硅（LTPS）5代线，标志着我国平板显示器产业迈入高端显示产品生产供应行列。中共中央政治局委员、省委书记汪洋，省委副书记、代省长朱小丹，省委常委、市委书记王荣，副省长招玉芳，市长许勤，市委常委、秘书长李华楠，区领导鲁毅、张备、戴斌、王立新出席投产仪式。

区四届人大常委会召开第四十二次会议，会议通过投票表决，任命吕维、谢晓东、张勇为区人民政府副区长。会议还审议并表决通过《宝安区2011年政府投资项目调整计划》和《宝安区2011年区本级财政综合预算调整方案》。

8日 分别位于西乡、沙井、大浪，以创意设计、机电、服装设计为特色的三个特色产业培训基地揭牌。宝安迈入自主培养高级技能人才以满足产业发展需求的道路。

12日 中国共产党深圳市宝安区第五届代表大会第一次会议在区委区政府会堂开幕。会议应到会代表280名，实到会代表275人。大会由赵燕民主持，鲁毅代表中国共产党深圳市宝安区第四届委员会向大会作题为《增创科学发展新优势 努力建设现代化国际化新宝安》的报告。大会一致通过关于区委工作报告、区纪委工作报告的决议。会议选举产生中共深圳市宝安区第五届委员会书记鲁毅，副书记张备、赵燕民，常务委员鲁毅、张备、赵燕民、吕维、曲晓顺、林梓明、李立军、蔡颖（女）、李勇、黄盛华、刘佳晨（女）。会议通过区纪律检查委员会第一次全体会议选举产生的区纪委书记林梓明，副书记贺远东、王新，常务委员林梓明、贺远东、王新、刘伟、田向伟、余光林、徐颖（女）。

14日 观澜牛湖社康中心和福永塘尾社康中心被国家卫生部授予“国家级社区卫生服务示范中心”。

15日 由深圳市委组织部、市委宣传部和深圳特区报社联合主办，面向全市征集“基层党建创新案例”活动揭晓，“宝安区党代表大会常任制试点”名列“深圳基层党建创新案例十大品牌”之中。宝安区委常委、副区长李勇代表宝安区上台领奖。

16日 宝安区第五届人民代表大会代表选举开始。全区158个选区依法组织选民进行投票选举，从454名正式代表候选人中产生288名区五届人大代表。区领导鲁毅、张备等以普通选民的身份，分别在各自选区投票。

19日 石岩北环路改造工程正式动工。该项目西起于现状松白路，终点至现状宝石东路，全长约4.1公里（北段3.7公里，南段0.4公里），设计标准为双向6车道的城市主干道，设计速度为50公里/小时，总投资29240万元。

20日 作为2011年宝安区“十大民生实事”项目之一的宝安区市民素质教育学校工程开工仪式隆重举行。区领导沈建英、蔡颖、黄盛华、梁敏华、孙波以及市人力资源和社会保障局副巡视员蔡焕行出席开幕式。

21日 第八届沙井“金蚝节”开幕，千年蚝乡再摆“蚝”门盛宴。本届“金蚝节”以“千年蚝乡、幸福宝安”为主题，8大类20多道美味可口的“招牌菜”将供市民选用。副区长李慧民出席活动。

22日 区长张备率队调研顺丰速运及旗下顺丰航空，上门为企业服务。他强调，对类似顺丰的先驱企业，政府在提供服务时不仅要做到一企一策，更要推出对口产业扶持政策。副区长谢晓东参加调研。

23日 凤凰台湾街周年庆暨宝安区第二届台湾美食推广会在福永街道凤凰山大道开幕。省台湾事务办公室副主任张科，宝安区委常委、副区长蔡颖，深圳市台商协会会长张周源等出席活动。

区委书记鲁毅主持召开区委常委（扩大）会议，传达学习中央经济工作会议精神以及省、市学习中央经济工作会议精神的有关情况。会议审议通过宝安区《关于纠治收送“红包”建立长效机制的意见》、《宝安区纠治收送“红包”工作方案》。这意味着宝安区正加快推进廉洁城区建设步伐，着力以建立长效机制的方式纠治收送“红包”行为。区领导张备、沈建英、赵燕民等参加会议。

26日 广深港高铁（广深段）正式开通运营，中共中央政治局委员、广东省委书记汪洋，铁道部党组书记、部长盛光祖，中央委员、广东省原省长黄华华，代省长朱小丹等出席开通运营剪裁仪式。深圳北站是华南当前建设占地最大、建筑面积最大、具有口岸功能的特大型综合交通枢纽，将成为珠三角地区最忙碌的交通枢纽。深圳北站东起上塘路、西至致远中路、南起玉龙路、北至留仙大道并紧邻未来龙华中心区，新区大道经由建筑群地下通道横穿北站南北，整个枢纽占地约50万平方米，总建筑面积为39万平方米，总投资约60亿元。

27日　市长许勤到大浪调研深圳市服装产业集聚基地建设情况，要求服装产业在转型升级中迈出新的步伐，在全国乃至全球竞争中杀出一条路，真正走向高端。宝安区委书记鲁毅等参加调研。

肩负深圳北站周边治安防控重任的民新派出所正式挂牌。区委副书记、政法委书记赵燕民，区委常委、区公安分局局长曲晓顺等为民新派出所揭牌。

29日　宝安区召开2011年度“十件民生实事”落实情况汇报会。区领导张备、吕维、黄盛华、刘惠玲、谢晓东、张勇参加会议。截至28日，民生实事整体完成情况良好，9月份前新增7000个公办优质学位等33个子项已完成，其余6个子项可于12月31日前完成。

30日　深圳市龙华新区挂牌仪式隆重举行。省委常委、市委书记王荣要求宝安区与龙华新区做好相关机构、人员、物资和工作的交接，按照新的发展格局谋划好、推动好宝安的发展，加快实现建设现代化、国际化新宝安的战略目标。市领导许勤、白天、戴北方、陈应春、李华楠、谭国箱，龙华新区领导和宝安区几套班子领导出席挂牌仪式。

31日　宝安区妇幼保健院（新院）工程开工仪式举行。区领导吕维、李勇、李慧民、孙波等参加开工仪式。区妇幼保健院（新院）地处宝安中心区玉林路与玉律路的交叉口，项目占地29803.9平方米，总建筑面积99007.98平方米，主要建筑包括门急诊楼、门诊楼、医技楼、住院楼、行政后勤楼以及一层地下室等，设计总床位600张，设计日门诊量3000人次，总投资64356.58万元。区妇幼保健院（新院）建成后，将成为集妇产医院、儿童医院和妇幼保健院三院一体的，具有国家三级甲等基础设施规模的妇幼保健专科医院。

主题索引

说明

1.本索引按照主题词首字汉语拼音字母顺序排列。

2.索引条目后的数字表示本书的页码；数字后的拉丁字母（a、b、c）分别表示该页码的左栏、中栏、右栏。

3.本期的文献、人物、统计资料和大事记等内容未作索引。

A

B

C

D

E

F

G

H

J

K

L

M

N

P

Q

R

W

X